Amerikanisierung
Traum und Alptraum im Deutschland des 20. Jahrhunderts

TRANSATLANTISCHE HISTORISCHE STUDIEN

Veröffentlichungen
des Deutschen Historischen Instituts Washington, DC

Herausgegeben von
Detlef Junker
unter Mitwirkung von
Manfred F. Boemeke

Band 6

Franz Steiner Verlag Stuttgart
1996

AMERIKANISIERUNG
Traum und Alptraum
im Deutschland
des 20. Jahrhunderts

Herausgegeben von

Alf Lüdtke
Inge Marßolek
Adelheid von Saldern

Franz Steiner Verlag Stuttgart
1996

Die Deutsche Bibliothek - CIP-Einheitsaufnahme
Amerikanisierung : Traum und Alptraum im Deutschland des
20. Jahrhunderts / hrsg. von Alf Lüdtke ... – Stuttgart : Steiner,
1996
  (Transatlantische historische Studien ; Bd. 6)
  ISBN 3-515-06952-6
NE: Lüdtke, Alf [Hrsg.]; GT

ISO 9706

Jede Verwertung des Werkes außerhalb der Grenzen des Urheberrechtsgesetzes ist unzulässig und strafbar. Dies gilt insbesondere für Übersetzung, Nachdruck, Mikroverfilmung oder vergleichbare Verfahren sowie für die Speicherung in Datenverarbeitungsanlagen. Gedruckt auf säurefreiem, alterungsbeständigem Papier. © 1996 by Franz Steiner Verlag Wiesbaden GmbH, Sitz Stuttgart. Druck: Druckerei Peter Proff, Eurasburg.
Printed in Germany

INHALT

Einleitung
Amerikanisierung: Traum und Alptraum im Deutschland
des 20. Jahrhunderts 7
Alf Lüdtke, Inge Marßolek, Adelheid von Saldern

I. Nationaler Fordismus? Zur "Paßgenauigkeit" industrieller Rationalisierung

1. "Die Begründer der amerikanischen Technik sind fast lauter schwäbisch-allemannische Menschen": Nazi-Deutschland, der Blick auf die USA und die "Amerikanisierung" der industriellen Produktionsstrukturen im "Dritten Reich" 37
Rüdiger Hachtmann

2. Rationalisierung und "Amerikanismus" in Büros der zwanziger Jahre: Ausgewählte Beispiele 67
Ursula Nienhaus

3. Technik, Kompetenz, Modernität. Amerika als zwiespältiges Vorbild für die Arbeit in der Küche, 1920–1960 78
Michael Wildt

4. "Sozialistischer Fordismus"? Oder: Unerwartete Ergebnisse eines Kopiervorganges. Zur Geschichte der Produktionsbrigaden in der DDR 96
Peter Hübner

II. Image "Amerika" und Massenkultur

5. Lesewut, Kinosucht, Radiotismus: Zur (geschlechter-)politischen Relevanz neuer Massenmedien in den 1920er Jahren 119
Eve Rosenhaft

6. Internationalität und kulturelle Klischees am Beispiel der John-Kling-Heftromane der 1920er und 1930er Jahre 144
Inge Marßolek

Inhalt

7. America, Paris, the Alps: Kracauer and Benjamin
   on Cinema and Modernity 161
   Miriam Hansen

8. Ikonen des Fortschritts. Eine Skizze zu Bild-Symbolen und
   politischen Orientierungen in den 1920er und 1930er Jahren
   in Deutschland 199
   Alf Lüdtke

III. "Amerikanismus" im Kreuzfeuer

9. Überfremdungsängste. Gegen die Amerikanisierung der
   deutschen Kultur in den zwanziger Jahren 213
   Adelheid von Saldern

10. Eine andere Welt. Vorstellungen von Nordamerika
    in der DDR der fünfziger Jahre 245
    Ina Merkel

IV. Sieg des Amerikanismus?

11. Die USA als "Kulturnation". Zur Bedeutung der Amerikahäuser
    in den 1950er Jahren 257
    Axel Schildt

12. Die Bauhaus-Legende. Amerikanisch-Deutsches *Joint-Venture*
    des Kalten Krieges 270
    Paul Betts

13. Amerikanisierung von unten. Demonstrative Vulgarität und
    kulturelle Hegemonie in der Bundesrepublik der 50er Jahre 291
    Kaspar Maase

Personenregister 315

Einleitung

Amerikanisierung: Traum und Alptraum im Deutschland des 20. Jahrhunderts

Alf Lüdtke, Inge Marßolek, Adelheid von Saldern

> Kinowerbung 1992: Die Skyline von Manhattan, die Kamera fährt auf den höchsten Wolkenkratzer zu, aus dem sich eine überdimensionierte Blue jeans herausschält: "the jeans that built America".

1. DIE ANFÄNGE

BEWUNDERNDE, MEHR ABER NOCH SKEPTISCHE, wenn nicht scharf-ablehnende Äußerungen zur "Amerikanisierung" der eigenen Welt setzten in Deutschland nach der Jahrhundertwende ein. In den 1920er Jahren verdichteten sie sich zu einem viel verwendeten Topos. So unterschiedlich die Akzente gesetzt wurden, so präsent waren Hoffnungen—verbreiteter jedoch Ängste und Sorgen.

Freilich waren dabei immer auch Vorstellungen und Erfahrungen von vergleichsweise "langer Dauer" gegenwärtig. Man zitierte oder beschwor, benutzte oder attackierte Bilder von "Amerika"—als Symbol der Hoffnung auf eine wirklich "neue Welt". In der Vision vom "neuen Jerusalem" hatte eine solche Sehnsucht nicht nur die *Pilgrims* im frühen 17. Jahrhundert angespornt, die Reise in die "Fremde" zu wagen. Imaginationen, in denen die "neue Welt" in Amerika von Not und Herrschaft befreit erschien, die dieses irdische Jenseits als Reich des Überflusses und der Selbstbestimmung zeigten, hatten seit den Berichten von der "Entdeckung" und den ersten Eroberungen[1] das Reden und Träumen nicht nur der Gebildeten angetrieben. Und diese Bilder besaßen enorme Prägekraft und Reichweite. Auch die Auswanderer, die nach den Hungersnöten von 1816/17 sowie 1846/47 der Not und Bedrückung in Hessen, Württemberg und anderen deutschen Staaten zu entkommen suchten, orientierten sich an solchen Vorstellungen vom "irdischen Paradies" in (Nord-)Amerika.[2] In Zeitungs- und Zeitschriftenberichten wird das ebenso greifbar wie in ihren brieflichen Selbstzeugnissen.

Hier finden sich aber auch Reflexe neuer und unerwarteter Erfahrung. Die Befreiung von feudaler Herrschaft und ständischer Borniertheit hatte eine Kehrseite: Kommunal-volkskulturelle Rechte oder Ansprüche auf Subsistenz, auf "Nießbrauch" gemeinen Eigentums und regelmäßige Almosen fanden keine Resonanz

---

1 Vgl. jetzt Michael Harbsmeier, Wilde Völkerkunde. Andere Welten in deutschen Reiseberichten der Frühen Neuzeit. Frankfurt a.M./New York 1994.
2 Peter Assion, Von Hessen in die Neue Welt. Eine Sozial- und Kulturgeschichte der hessischen Amerika-Auswanderung mit Text- und Bilddokumenten. Frankfurt a.M. 1987, 31.

mehr. So waren es nicht nur die Verteidiger monarchischer Legitimität, bürokratischer Effizienz oder "abendländisch"-kultureller Überlegenheit, für die "Amerika" zur Chiffre einer von Ordnung wie Tradition entbundenen Gesellschaft wurde. Heinrich Heines Wort vom "Freiheitsgefängnis" spiegelte gewiß mehr bittere Verzweiflung als die Arroganz der Besserwisser. Die rauhe Alltagswirklichkeit in den USA—für viele gleichbedeutend mit einem täglichen Kampf ums Überleben—hatte mit der Utopie kaum etwas gemein und ließ diese nicht selten erneut in weite Ferne rücken.

Zugleich wurde Amerika zur Folie für die Zivilisations- und Industriekritik im späten 19. Jahrhundert. Die Romane von Karl May, die wie kaum eine andere Literatur das Amerikabild von Generationen von Jugendlichen prägten, sind auch als Kritik an der Moderne zu lesen.[3] Old Shatterhand und Winnetou kämpfen nicht nur gegen das Gewinnstreben der amerikanischen Siedler, sondern kritisieren auch die europäischen Gesellschaften mit ihren Beschränkungen und ihrer Enge.

Aber auch wenn es über die Jahre und Jahrzehnte Hunderttausende wurden, die auswanderten, so blieben es Minderheiten, die eigene Anschauung suchten oder eigene Erfahrungen machten. Kaspar Maase hat zurecht darauf aufmerksam gemacht, daß bis zur Mitte des 19. Jahrhunderts alle die Stereotypen formuliert waren, die uns seither begegnen und auf die weiter unten eingegangen wird.[4]

Während Befürwortung oder Ablehnung von "Amerika" im Europa des 19. Jahrhunderts kaum damit zu tun hatten, wie man die Zukunft der eigenen Gesellschaft sah, hatte sich dies spätestens nach dem Ersten Weltkrieg dramatisch geändert. Jetzt vibrierten solche Debatten und Auseinandersetzungen vor Sorge —wie aber auch Hoffnung: "Amerika" zeige die eigene Zukunft. Nach Faschismus und Zweitem Weltkrieg entwickelte sich seit den 1950er Jahren nicht nur auf der Westseite des "Eisernen Vorhangs" weniger eine freudige als eine gelassene, zumal bei Älteren nicht selten auch eine resignierte Gewißheit, daß darüber nicht mehr zu diskutieren sei. "Amerikanisierung" schien so oder so die eigene Zukunft.

2. ZUM BEGRIFF

"Amerikanismus", "Amerikanisierung", "Amerikanisation" oder gar "Amerikanität"—das waren vor allem seit den zwanziger Jahren die Schlagworte, die den Einfluß Amerikas in Europa schlagwortartig abzudecken suchten.[5] Am gebräuchlichsten waren die Begriffe "Amerikanismus" und "Amerikanisierung". Mit ihnen wurden im einzelnen sehr unterschiedliche Zeitströmungen bezeichnet: Sie alle

---

3 Jochen Schulte-Sasse, Karl May. Amerika-Exotik und deutsche Wirklichkeit—zur sozialpsychologischen Funktion von Trivialliteratur im Wilhelminischen Deutschland, in: Literatur für viele. Bd. 2. Göttingen 1972, 123–145.
4 Kaspar Maase, BRAVO Amerika. Erkundigungen zur Jugendkultur der Bundesrepublik in den fünfziger Jahren. Hamburg 1992, 21ff., 32ff.
5 Siehe dazu Otto Basler, Amerikanismus. Geschichte eines Schlagwortes, in: Deutsche Rundschau, August 1930, 142–147, hier 142; vgl. auch Theodor Lüddecke, Amerikanismus als Schlagwort und Tatsache, in: ebd., März 1930, 214ff.

galten als überaus modern. Jedenfalls wurden "Moderne" und "Amerika" zu Synonymen.

Das Wort von der "Amerikanisierung" meinte für William T. Stead, der es 1901 prägte, eine kulturelle Praxis, in der die Vielfalt sozialer und mehr noch ethnischer Herkünfte in den Vereinigten Staaten zu einer einheitlichen "Nation" umgeformt würden. Er sah in dieser homogenisierenden Dynamik allerdings schon damals eine Tendenz, die nicht nur auf eine Gesellschaft begrenzt bleiben würde. Vielmehr vermutete er darin eine Entwicklungsperspektive, die schließlich die ganze Welt erfassen würde.

Der *Brockhaus* von 1928 verstand "Amerikanismus" als ein Konglomerat von Merkmalen, das die Eigenart der Amerikaner ausmache: angefangen vom Pionier- und Fortschrittsgeist, über Freiheit, Selbstbestimmung und Demokratie bis hin zur Rationalisierung und Typisierung einer auf die Spitze getriebenen Maschinenproduktion. Für die europäische Kultur galten als nicht nachahmenswert, so konnte man weiter lesen, folgende Erscheinungen des Amerikanismus: "die Vorherrschaft des Massenwillens in den täglichen Lebensformen, Wahlkorruption, die Massenerzeugung von entbehrlichen Gütern, der Imperialismus in Wirtschaft und Technik, die Überschätzung der großen Zahl und der Geldwerte, der Hang zum Sensationellen, der Feminismus in Kulturfragen, die durch die Arbeitsteilung und Maschinenarbeit bedingte Auflösung des persönlichen Verhältnisses zu Arbeit und Beruf, die abschätzige Bewertung traditioneller Bindungen, die versteckte oder öffentliche Plutokratie."[6] Mit diesen Kennzeichnungen fand ein ganzes Bündel von stereotypen Vorbehalten Eingang in ein weithin respektiertes Lexikon.

3. STEREOTYPEN

Die Vorstellungen von "Amerika" waren dominiert von Stereotypen—und bekräftigten sie zugleich immer neu. Dabei wurden diese Stereotypen ebenso wie die Wort- und Bildmetaphern, die sie transportierten[7], nicht selten ganz unterschiedlich, wenn nicht gegensätzlich gelesen und gedeutet.

3.1 *"Machbarkeit" von Natur und Geschichte*

Amerika war seit langem, wie ein Zeitgenosse der zwanziger Jahre formulierte, das "Geheimnis weiten Raumes, unentdeckter Größe, der Kampf der in die Indianersteppen vordringenden Westkultur, das Aufblühen einiger größerer Städte, weit offenes Land als freies Siedlungsgebiet . . ."[8] Die Bewunderung für die, mit europäischen Maßstäben gemessen, überwältigenden Dimensionen der Wälder und Ebenen, der Flüsse und Berge mischte sich allerdings nicht selten mit Unbehagen,

---

6 Der Große Brockhaus, 15. Aufl. Bd.1, Leipzig 1928, 390.
7 Dazu James W. Fernandez, Spielerisch und planvoll. Zur Theorie der Tropen in der Anthropologie, in: Historische Anthropologie 2 (1994), 1–19.
8 Basler, Amerikanismus, 142f.; vgl. zur Tradition dieses Stereotyps Ulrich Ott, Amerika ist anders. Studien zum Amerika-Bild in deutschen Reiseberichten des 20. Jahrhunderts. Frankfurt a.M. 1991, 79ff., bes. 87f. zu Friedrich Gerstäckers Schriften der 1840er Jahre.

mitunter Grauen vor den Gefahren einer Natur, die kaum zu durchdringen oder zu bezwingen schien.

Mit "Amerika" verband sich zugleich die Vorstellung, das eigene Leben, aber auch das der sozialen Bezugsgruppe und der Gesellschaft insgesamt lasse sich in die "eigene Hand nehmen", Gesellschaft und Geschichte seien "machbar". Nach der Mitte des 19. Jahrhunderts erweiterte sich diese Vorstellung. Auch die Natur wurde einbezogen: Die transkontinentalen Eisenbahnbauten galten als Beweis dafür, daß auch die Naturgewalten für menschliches Ingenium und menschliche Arbeitskraft keine unbezwingbaren Hindernisse mehr waren. Nun endlich mußte Zukunft ganz aus eigenen Kräften und Mitteln zu formen und zu bestimmen sein. Es waren Konservative, die aus einer vergleichbaren Perspektive im nordamerikanischen "Volk" das Potential für eine globale politische Neuordnung entdeckten. Heinrich von Treitschke votierte 1871 für eine Allianz zwischen den—für ihn— "modernsten Staaten" der Zeit, d.h. den USA und dem borussischen Deutschen Reich: Diese beiden seien doch die "jugendkräftigen Träger germanisch-protestantischer Gesinnung".[9]

Hoffnungen auf eine bessere Zukunft, auf selbstgemachten Progress und ein "Paradies auf Erden", das nicht mehr göttlicher Gnade, sondern menschlicher Arbeit zu verdanken wäre, fanden aber nicht nur enthusiastische Aufnahme. Religiöse Bindung und Heilsgewißheit war und blieb für Jahrzehnte die Hauptquelle einer nicht selten schroffen Abwehr eines Weltbildes, in dem sich natürliche Evolution (in Sinne Charles Darwins) mit Geschichte als menschliche Selbsterzeugung verband. Erst im Angesicht der völkermordenden Gewalt des (deutschen) Faschismus, aber auch der Atombomben von 1945 ist die "Dialektik der Aufklärung" (Max Horkheimer/Theodor W. Adorno) zum Thema für die Vertreter einer "rationalen" Moderne geworden.

3.2 Übermacht amerikanischer Technik

Das darauf aufbauende Stereotyp war doppelschichtig. Es umspannte die Faszination ebenso wie die Irritation über die "technischen Errungenschaften". Diese Mischung galt auch für die Wahrnehmung der *man made*-Dimensionen von Gesellschaft, Wirtschaft und Alltag in den USA, von den Bauwerken bis zu den technischen Einrichtungen, von den Werkzeugmaschinen bis zu den Lokomotiven und Wolkenkratzern.

Das Stereotyp verdichtete sich—zunehmend—zum Bild von der Übermacht amerikanischer Technik. Zum einen war es bestimmt durch die enormen Dimensionen, zugleich aber auch durch die besondere Effizienz der in Amerika entwickelten, produzierten und verbreiteten Maschinerie. Nicht mehr englische oder

---

9 Heinrich von Treitschke, Parteien und Fractionen, in: Preussische Jahrbücher 27/1 (1871), 175–208, 186. In sehr anderer Weise fanden Vorstellungen, die in "Amerika" enorme Potentiale sahen, Resonanz bei Führern der jungen Sozialdemokratie, etwa in dem Appell Wilhelm Liebknechts von 1871, daß "in Deutschland ... unser Amerika" liege; vgl. Werner Kremp, In Deutschland liegt unser Amerika. Das sozialdemokratische Amerikabild von den Anfängen der SPD bis zur Weimarer Republik. Münster/Hamburg 1993.

deutsche, sondern amerikanische Werkzeugmaschinen bestimmten seit dem späten 19. Jahrhundert die Weltentwicklung. Und die Entwicklung der Atomwaffen wurde in der Mitte des 20. Jahrhunderts zu einer erneuten Bestätigung dieser Vorstellung—die mit den Gefahren der völligen Selbstvernichtung die (kurzlebige) Illusion der Kontrolle unermeßlicher Energien auch für friedliche Zwecke weckte.

3.3 "American Way of Life"

Während die einen bei dem "jungen Land" die Chance der Vorurteilslosigkeit und der Ungezwungenheit hervorhoben, sahen andere darin den Grund für "kindisches" Verhalten oder für "Oberflächlichkeit". Zwar sei ungezwungene Gastlichkeit häufig—bleibe sie nicht aber ganz "oberflächlich"? Wie paßte dann jedoch dazu die Überraschung und Unsicherheit über spontane Hilfsbereitschaft und Zuwendung in Alltagssituationen?

Mit dem "jungen Land" korrespondierte ein anderes Stereotyp, das im einzelnen unterschiedlich belegt wurde: das der "Heuchelei". Insbesondere die Rede von der Bigotterie—der weißen Amerikaner—ist in diesem Zusammenhang zu sehen. Reibungsflächen bot dabei vor allem das, was als unzulässige Verknüpfung erschien—nämlich die individuelle Rücksichtslosigkeit im Geschäftsleben, aber auch der demonstrativ zur Schau getragene Anspruch auf das "Gottgefällige" des eigenen Erfolges.

Zur "Machbarkeits"-Erwartung und dem nachdrücklichen Setzen auf die Befreiungs- und Machtpotentiale von Technik und großer Industrie gehörte ein weiteres stereotypes Bild: das von der "Lockerheit" der Lebensformen und Lebensstile. Schwach ausgeprägte Förmlichkeit im Umgang untereinander schien in jedem Fall unverkennbar "amerikanisch". Und angesichts feudal und militärisch geformter Umgangsformen, wie sie in den kontinentaleuropäischen Gesellschaften bis in die 1950er Jahre weithin andauerten, mußte dezidiert "ziviles" Auftreten in der Öffentlichkeit besonders auffallen.

3.4 Amerika—eine "Massengesellschaft"

Unbehagen über soziale Egalität und politische wie kulturelle Partizipation der "Massen" wurde nicht erst in den zwanziger Jahren formuliert. In den Zirkeln des lesenden Publikums hatten annähernd neunzig Jahre zuvor die Erkundungen von Alexis de Tocqueville "Über die Demokratie in Amerika" große Beachtung gefunden, nicht nur in Frankreich: Ein Jahr nach der französischen Ausgabe von 1835 erschienen zwei deutsche Übersetzungen.[10] Der Autor beobachtete eine "gewisse äußerliche Gleichförmigkeit im Tun der Menschen"—allerdings nicht in den USA, sondern in England. Dort, nicht aber in den USA, herrsche Zentralisierung von Regierung wie von Verwaltung; die Folge sei die Vereinzelung der einzelnen und ihr Aufgehen in der "allgemeinen Masse" (99ff.). In den USA fehle aber gerade die Zentralisierung der Verwaltung; vielmehr sei hier die "Macht des

---

10 Theodor Eschenburg, Tocquevilles Wirkung in Deutschland, in: Alexis de Tocqueville, Über die Demokratie in Amerika. München 1976, 879–932, 880; die Zitate im folgenden nach dieser Ausgabe.

Volkes" unmittelbare Quelle der Regierungsgewalt (über die gesetzgebende Versammlung). Daraus entspringe aber keine Anarchie, wie Europäer vielfach behaupteten. Denn wenn "das Volk gebildet und aufmerksam seine Anliegen wahrzunehmen gewohnt ist, wie dies in Amerika geschieht" (102), werde die "Gesamtstärke der Bürger stets mächtiger als die Regierung" sein. Und dies sei völlig ausreichend, "das soziale Wohlergehen" zu fördern (ebd.). Die verbreitete Irritation der Europäer beruhte für Tocqueville also auf kurzsichtiger Beobachtung.[11] Genauerer Blick enthülle hinter der Gleichförmigkeit der Vielen "das Bild einer Kraft, die freilich etwas roh, aber mächtig ist; Leben mit allerlei Überraschungen des Zufalls, aber voller Bewegung und Spannkraft" (104f.). Politisch resultiere daraus der "große Vorzug der Amerikaner . . ., daß sie gutzumachende Fehler begehen können" (268).[12]

Die Folgen der Gleichheit—unabhängig davon, ob Egalität als agitatorische Forderung erschien oder als Diagnose aktueller Entwicklungen galt—waren seit den 1840er Jahren heftig umstritten, zumindest in intellektuellen Zirkeln. Bruno Bauer sah in den "niederen Klassen" eine eminente Bedrohung, die "Diktatur der Mehrheit" würde jede gesellschaftliche "Bildung" blockieren. Für Karl Marx verkörperten die "Massen" des industriellen Proletariats hingegen das Potential einer neuen gesellschaftlichen Ordnung, jenseits der Zwänge des "Reiches der Notwendigkeit"; seinen historischen Ort sah er im englischen "workshop of the world" und später in Zentraleuropa.

Ängste vor den "Massen" zeigten im späten 19. Jahrhundert eine neue Färbung: "Masse" bezog sich mehr und mehr auf "Rasse", eine Wendung, die im Sozialdarwinismus gleichermaßen gespiegelt und bestärkt wurde.[13] Parallel verfestigte sich die bereits vertraute Sicht auf "die Masse" als negatives Gegenstück zu Persönlichkeit und Individualität, aber auch zu "Geist". "Masse erschien als das amorphe, gleichwohl reale Phänomen des Zerfalls, war die soziale Macht der Moderne schlechthin, die alle kulturellen Errungenschaften in Frage stellt . . ."[14] In den Schriften von Gustave Le Bon, Oswald Spengler und Ortega y Gasset[15] fanden Bildungsbürger und Bildungsbürgerinnen in Deutschland eine Bekräftigung ihrer

---

11 In dieser Hinsicht ordnet Helmut König Tocqueville zu pauschal unter die Kritiker von "Vermassung" ein; vgl. ders., Zivilisation und Leidenschaft. Die Masse im bürgerlichen Zeitalter. Reinbek 1992, 138ff.
12 Auch im 2. Band von Tocquevilles Buch (1840), der keine zeitgenössische Übertragung ins Deutsche bekam, ist von den enormen "friedlichen Tugenden" der nordamerikanischen Gesellschaft die Rede, die ihr "einen geregelten Gang geben und den Handel fördern"; ebd., 726.
13 Hans-Günter Zmarzlik, Der Sozialdarwinismus in Deutschland als geschichtliches Problem, in: Vierteljahrshefte für Zeitgeschichte 11 (1963), 246–273; Hans-Georg Marten, Sozialbiologismus. Biologische Grundpositionen der politischen Ideengeschichte. Frankfurt a.M./ New York 1983.
14 Helmuth Berking, Masse und Geist. Studien zur Soziologie in der Weimarer Republik. Berlin 1984, 164.
15 Gustave Le Bon, Psychologie der Masse, dt. Ausg., 3. Aufl. Leipzig 1919; Oswald Spengler, Der Untergang des Abendlandes. 2 Bde. München 1918/1922; José Ortega y Gasset, Der Aufstand der Massen. Stuttgart 1947 (span. 1929, dt. zuerst 1931).

Abwehrhaltung. Das Massenzeitalter schien unausweichlich zum "Untergang des Abendlandes" (Oswald Spengler) zu führen.

3.5 Amerika—"ein Land ohne Kultur"

In bildungsbürgerlichen Rede- und Sichtweisen galt, daß die wahre Kultur an Europa gebunden sei. Die USA könnten allenfalls für sich in Anspruch nehmen, ein Land der Zivilisation zu sein. Gerade die Deutschen hielten sich kulturell für den "Nabel der Welt". Allein die Terminologie spreche für sich, hieß es. "Kultur" lasse sich gar nicht übersetzen. Die Amerikaner hätten, so meinte der neben Adolf Halfeld wohl bekannteste Amerika-Kritiker des frühen 20. Jahrhunderts, Paul Rohrbach, nicht nur keine Kultur; sie würden nicht einmal den Unterschied zwischen Kultur und Zivilisation verstehen.[16]

Es dominierte—fast unbefragt—eine Vorstellung von Kultur, die sich ausschließlich auf "Hochkultur" bezog. Jedenfalls prägte ein elitär-eingeschränkter Begriff das gängige Stereotyp. Kultur meinte danach "geistige Tätigkeit und ihren Ertrag im weltlichen Felde", so Helmuth Plessner 1935. Zivilisation, Bildung, Kultiviertheit seien zu flach, zu nüchtern: "Ihnen fehlt die Schwere, die trächtige Fülle, das seelenhafte Pathos, das sich im deutschen Bewußtsein des 19. und 20. Jahrhunderts mit diesem Wort verbindet und seine oft emphatische Verwendung verständlich macht."[17] Kultur verband sich in dieser Sicht mit Tiefe und Innerlichkeit—Eigenschaften, die amerikanischer Musik, Literatur und Theater angeblich völlig abgingen.

Kultur wurde mit "Sein" assoziiert; Amerikaner wären aber lediglich auf das "Tun" und auf materielle Werte ausgerichtet. Kultur sei hingegen mit "Seele" verbunden—und Deutschland stehe gerade in dieser Beziehung an der Spitze. Deutschland, so der Publizist Eugen Kühnemann in der Sonderbeilage der *Deutschen Allgemeinen Zeitung* vom 24. August 1929, stünde in dieser Beziehung "einzig [da] in der Seelengeschichte der Menschheit". Seele meinte für den Autor die geistige Verbindung der Menschen untereinander: eine angebliche Zusammengehörigkeit über Räume und Zeiten wie über soziale Grenzen hinweg. Dies alles besitze Amerika nicht. Ja, in Amerika sei sogar diese "Seele" verloren gegangen. Dort würden die sittlichen Normen wegen des "Mammonismus" und einer "sogenannten Sachkultur" geopfert.[18] Es waren vergleichsweise amerikafreundliche Stimmen, die demgegenüber einräumten, daß Amerika in mehr oder weniger ferner Zukunft eine Seele haben werde; jetzt sei es aber noch ein zu junges und zu gemischtes Volk—noch seien die Amerikaner nichts als Kinder.

---

16 Paul Rohrbach, Ein Blick in Amerikas Zukunft, in: Kölnische Zeitung, 11.6.1924.
17 Helmuth Plessner, Das Schicksal deutschen Geistes im Ausgang seiner bürgerlichen Epoche. Zürich/Leipzig 1935, 57; vgl. jetzt zu der neuhumanistischen Grundlegung dieses—stereotypen—Kulturkonzepts um 1800 sowie seiner Wirkung im 20. Jahrhundert Georg Bollenbeck, Bildung und Kultur. Glanz und Elend eines deutschen Deutungsmusters. Frankfurt a.M. 1994.
18 Vgl. als Beispiel: Joseph Draim, Der Amerikanismus, in: Pharus. Katholische Monatsschrift für Orientierung in der gesamten Pädagogik 23/2 (1932), 237–241, hier: 241.

Bei einigen der Parteigänger dieser Sicht gehörte "heimatgebundenes Volkstum" zur Kulturfähigkeit einer Nation. Auch hier schnitten die USA schlecht ab—Joseph Roth konstatierte: "Amerika hat kein Volkstum und damit keinen Mutterboden für geschichtlich wollende Gedanken; alles ist hoffnungsloser Diener einer bürgerlichen Zivilisation geworden."[19]

Vielfach wurde die angebliche Kulturlosigkeit Amerikas—hier zeigt sich die wechselseitige Verflechtung der Einzelstereotypen—mit dem Stereotyp von der "Vermassung", "Uniformierung" und "Verherdung" verknüpft. Amerika sei Zivilisation, aber nicht Kultur. Amerikanisierung bedeutete deshalb für einen Großteil des deutschen Bildungsbürgertums, daß die Kultur früher oder später der Zivilisation zu unterliegen drohe. Im Zirkelschluß mußte die deutsche Kultur hochgepriesen werden, um dieser "Niederlage" zu entgehen.

Alfred Kerr, der amerikafreundliche Kulturkritiker der zwanziger Jahre, gehörte zu den wenigen, die in der stereotypen Amerikaverdammung nichts anderes sahen als ein "altes Unrecht", einen "alten Unsinn", ein "altes Rachsprechen", einen "alten Hochmut".[20]

4. NATIONALE ANTWORTEN UND ANEIGNUNGEN

"Amerikanisierung" bedeutete eine Vielzahl von heterogenen "Bildern", von Wort- und Bildmetaphern. Diese Vielgestaltigkeit erleichterte unterschiedliche, wenn nicht gegensätzliche Deutungen, je nach spezifischen Erfahrungen und Lebenspraxen, Interessen und Bedürfnissen. Die Vielgestaltigkeit oder Mehrschichtigkeit von "Amerikanisierung" war die Bedingung der Möglichkeit, daß man in den europäischen Gesellschaften den damit verbundenen Angeboten oder Nötigungen nicht nur passiv begegnete. Aktives Aneignen gründete in der Resonanz, die einzelne Momente von "Amerikanisierung" selbst dann auslösten, wenn Skepsis oder Abwehr überwogen. Wer die "Negermusik" in den zwanziger Jahren verabscheute, mochte gleichwohl vom Bild wie der empirisch dokumentierten Zugkraft neuester Dampflokomotiven beeindruckt sein; wen das Fehlen jeder Sozialversicherung empörte, mochte dennoch den "Fünf-Dollar-Tag" bei Ford (1916) als überaus nachahmenswert ansehen.

Bereits in den zwanziger Jahren war zu erkennen, daß Ängste vor linearem Übernehmen dessen, was "Amerika" anzubieten hatte oder aufzunötigen schien, nur abstrakte Schreibtischperspektiven verlängerten. Die "Eindringtiefe" dessen, was "Amerika" als Herausforderung darstellte, war je nach Handlungsfeldern, vor allem aber auch entsprechend der eigenen Orientierungen, der sozialen wie politischen Zugehörigkeiten überaus unterschiedlich. Jedenfalls ging es selten allein um ein Entweder-Oder von Übernehmen oder Abwehren, weder bei der "Massenkultur" noch auf dem Feld der industriellen "Rationalisierung". Vielmehr wurden

---

19 So Joseph Roth, Die Vereinigten Staaten von Amerika, in: Gelbe Hefte. Historische und politische Zeitschrift für das katholische Deutschland 3/1 (1927), 337–361, hier: 349f.
20 Alfred Kerr, New Yorker Eindrücke, in: Berliner Tageblatt und Handelszeitung, 18.6.1922.

die vielfältigen Anreize oder Nötigungen "Amerikas" in vielfältiger Weise bearbeitet—und damit angeeignet.

Bearbeitung konnte vielerlei bedeuten. Das Spektrum reichte vom Ausgrenzen über das gezielte oder auch scheinbar "naturwüchsige" Auswählen (und Übernehmen) bis zum bewußten oder auch kaum reflektierten "Eindeutschen". Vor allem beim "Eindeutschen" ging es darum, Verfahren, Konzepte oder Vorstellungen, die in Amerika Furore machten, den deutschen Verhältnissen anzupassen, sie umzuformen, zu "veredeln", jedenfalls in hiesige Kontexte einzubauen. In vier Themenbereichen, die zugleich den Kapiteln dieses Bandes entsprechen, sollen die Grundlinien solcher Bearbeitungs- und Aneignungspraktiken knapp umrissen werden.

4.1 Nationaler Fordismus? Zur "Paßgenauigkeit" industrieller Rationalisierung

Gegen Ende des 19. Jahrhunderts konzentrierte sich die Aufmerksamkeit beim Stichwort "(Nord)Amerika" mehr und mehr auf das gewaltige industrielle Wachstum, zugleich auf die Formen ungebremsten Hochkapitalismus und der damit verbundenen Vermachtung der Märkte durch Trusts und Monopole. Aber auch die Dynamik des industriellen Prozesses selbst wurde mehr und mehr beachtet. Dabei ging es nicht nur um schiere Quantitäten. Entscheidend war vielmehr die Massenproduktion qualitativ hochwertiger Produkte für die Industrie wie für die individuellen Haushalte. Das reichte von schnellaufenden Präzisionswerkzeugmaschinen (Dreh- oder Fräsbänken) bis zu Nähmaschinen oder transportablen Weckuhren. Insofern kann es nicht überraschen, daß Frederick Winslow Taylors Schriften zur Rationalisierung der industriellen Produktion (ab 1903) rasch auf Interesse diesseits des Atlantiks stießen.[21] Industrielle, Wissenschaftler und Gewerkschafter machten sich ebenso wie Schriftsteller vor 1914 auf, die neuen und für viele beunruhigenden Entwicklungen in Amerika genauer zu studieren.[22] Und in Zeitungs- wie Buchform erscheinende Schilderungen eines "proletarischen Globetrotters" über die "Neue Welt" fanden offenbar Interesse bei deutschen Kollegen.[23]

---

21 Frederick W. Taylor, Shop Management, 1903 (dt.: Die Betriebsleitung, insbesondere der Werkstätten, 1909); Ders., On the Art of Cutting Metals, 1906 (dt.: Über Dreharbeit und Werkzeugstähle, 1908); Ders., The Principles of Scientific Management, 1911 (dt.: Die Grundsätze wissenschaftlicher Betriebsführung, 1913; neu hrsg. v. Walter Volpert und Richard Vahrenkamp, Weinheim/Basel 1977).

22 Vgl. zu zwei Beispielen literarisch-journalistischer Berichte, Wilhelm von Polenz (1903) und August Holitscher (1912), die insgesamt informativen Darlegungen von Ott, Amerika ist anders, 101–152.

23 Fritz Kummer, Eines Arbeiters Weltreise (1913/1924). Leipzig/Weimar 1986; zwei Drittel des Textes (37-216) waren den Erfahrungen "Zwischen dem Atlantischen und dem Stillen Weltmeer" gewidmet; das letzte Drittel behandelte vor allem Japan; zu Verbreitung und Rezeption vgl. Horst Groschopp, Nachwort, ebd., 398–415. Vielleicht war aber der bereits im Jahr des Erscheinens, 1906, in deutscher Übersetzung herausgekommene Roman von Upton Sinclair über den (Schlachthaus-)"Jungle" in Chicago eine auch unter Arbeitern sehr beachtete Einführung in das Leben und Arbeiten im Taylor-System. Zu den Wahrnehmungen in der Spitze der SPD vgl. Kremp, In Deutschland liegt unser Amerika.

Der Ausgang des Weltkrieges 1914/18 verstärkte das Interesse an der wirtschaftlichen Überlegenheit der "Neuen Welt" auf dramatische Weise. Dabei ging es nicht allein um die kriegsentscheidende Bedeutung der USA-Ökonomie. Ebenso drängend war die anhaltende wirtschaftliche Abhängigkeit von den USA, die insbesondere die politischen Handlungschancen der Nachkriegsgesellschaft begrenzte. Die Dynamik dieser Ökonomie beruhte offenbar nicht nur auf den Dimensionen des inneren Marktes der USA; entscheidend schienen die spezifischen Formen industrieller Rationalisierung. Und neben Taylor wurde mehr und mehr Henry Ford und seine Kombination von Fließfertigung mit hohem Lohn, dem *five dollar day*, genannt.[24] So deutlich diese Gegebenheiten waren—in der Reaktion darauf zeigte sich nicht nur das Bestreben, offensichtlich erfolgreiche Prinzipien und Techniken einfach zu kopieren. Es war nicht nur eine Augenblicksreaktion, wenn ein Ingenieur der Gutehoffnungshütte (Oberhausen) in seinem Bericht über eine Diskussion im "Rationalisierungskomitee der deutschen Wirtschaft" vom Juni 1920 festhielt, man sei sich einig gewesen, die Zerlegung der Arbeit dürfe nicht zu weit getrieben werden. Denn das wäre das Haupthindernis bei dem Versuch, "wieder die Arbeitsfreude beim Arbeiter zu wecken".[25]

Skepsis war auch bei Arbeitern (und wohl auch Arbeiterinnen) verbreitet, zumindest in den Äußerungen der gewerkschaftlich Organisierten. Allerdings stand dabei die Notwendigkeit der Rationalisierung der Arbeit grundsätzlich außer Zweifel, zumindest in den sozialdemokratischen Arbeiterorganisationen und beim Gros der Funktionäre in SPD und ADGB.[26] Mehr noch, das Ford-Beispiel einer Rationalisierung der Arbeit bei gleichzeitiger Hochlohnpolitik weckte bei vielen Gewerkschaftsführern die Hoffnung, daß sich durch Rationalisierung die Verteilungskämpfe zwischen Kapital und Arbeit mildern würden—auf Kosten allerdings der Rationalisierungs-Arbeitslosen; deren Durchkommen blieb dem Sozialstaat überlassen. Skepsis erregten allerdings manche der Rationalisierungs-Methoden (besonders bei rigoroser Arbeitszerlegung).

Ablehnung bei Arbeitern wie Funktionären gründete sich vor allem auf dem Ausbleiben der "anderen Seite" des Ford-Modells oder Fordismus. Im Unterschied zur Suche nach dem *one best way* beim Arbeitsablauf—nur das war für Taylor interessant—verknüpfte das Fordsche Konzept Arbeitszerlegung und Fließarbeit

---

24 Dazu Stephen Meyer III, The Five Dollar Day: Labor Management and Social Control in the Ford Motor Company 1908-1921. Albany, NY, 1981, 95ff.; zu den Reaktionen in Deutschland Thomas von Freyberg, Rationalisierung in der Weimarer Republik (untersucht an Beispielen aus dem Maschinenbau und der Elektroindustrie). Frankfurt a.M./New York 1989, bes. 390f.

25 Haniel Archiv, GHH, 30411/45, Reisebericht des Dipl.-Ing. Stieler, 4.6.1920, Bericht über die Diskussion eines einschlägigen Vortrags des Oberingenieurs Michel, Obmann des Ausschusses für Zeitstudien; vgl. generell Anson Rabinbach, The Human Motor: Energy, Fatigue, and the Origins of Modernity. Berkeley, CA/Los Angeles 1990, Kap. 7, 9 und 10; und auch Joan Campbell, Joy in Work, German Work: The National Debate, 1800–1945. Princeton, NJ, 1989.

26 Mary Nolan, Visions of Modernity: American Business and the Modernization of Germany. New York/Oxford 1994, Teil II.

mit vergleichsweise hohem Lohn. Die Lebensbedürfnisse konnten mit den in den Ford-Fabriken Highland Park und River Rouge an Gelernte gezahlten fünf (und mehr) Dollars pro Tag in ganz anderer Weise wahrgenommen und befriedigt werden, als mit den Löhnen, die in fast allen anderen Branchen und Regionen der USA üblich waren—zu schweigen von denen in Deutschland. In der zweiten Hälfte der 1920er Jahre wurde in der deutschen gewerkschaftlichen Presse immer wieder nachdrücklich das Fehlen dieser Lohnkomponente eingeklagt.[27] Einer der führenden Theoretiker des Austromarxismus, Otto Bauer, fügte der Lohnkomponente noch eine Dimension hinzu: Das Ziel "aller Rationalisierung" sei doch ausschließlich "die Senkung der Produktionskosten"; dabei gehe es "dem Unternehmer . . . aber immer nur um die Senkung seiner [betrieblichen] Produktionskosten". Und dies könne er tun, indem er "die gesellschaftlichen Produktionskosten [erhöhe]". Eine solche Rationalisierung, welche "die Gesamtheit ärmer" mache, sei aber eine "Fehlrationalisierung".[28]

Der Vergleich mit den Verhältnissen und Verfahren in den USA hatte auch Bedeutung für diejenigen, die in der jungen Sowjetunion die reale Chance zur globalen Befreiung von Ausbeutung sahen. Versuche, die Fortschritte der "Neuen Welt", die sich im Osten etablierte, ins erwünschte Licht zu rücken, konnten diesem Vergleich kaum ausweichen. Jürgen Kuczynski, Wirtschaftsredakteur der *Roten Fahne*, des Zentralorgans der KPD, operierte in einem statistischen Vergleich zur Lage der Arbeiter mit den Löhnen von Nordamerika und Deutschland einerseits und denen der Sowjetunion andererseits (wobei der Zeitpunkt, 1931, die scharfen Einbrüche durch die Depression bei den kapitalistischen Ökonomien besonders markierte, während in der Sowjetunion Erfolge des ersten Fünfjahresplanes sichtbar wurden).[29] Aber auch Arbeitshaltungen und Arbeitsinhalte in der Sowjetunion wurden Thema; denn nicht nur der Vorwurf des Hungerlohns, sondern auch der der Arbeitssklaverei war zu entkräften. Wo aber sei kapitalistische Lohnsklaverei ausgeprägter als in den USA?

---

27 Vgl. auch: Amerikareise deutscher Gewerkschaftsführer. Berlin 1926, 157ff.; danach lagen Mitte der 1920er Jahre die in den USA gezahlten (Nominal-)Stundenlöhne gelernter Arbeiter in der Metallverarbeitung um das Drei- bis Viereinhalbfache über denen in Deutschland; und für die Reallöhne zeigte ein Vergleich von Philadelphia und Berlin für 1924 das—im Durchschnitt—Dreieindrittelfache zugunsten Philadelphias; ebd., 172ff., bes. 184. Generell zur Bedeutung der USA als Musterbeispiel für "die Bedeutung des Lohnfaktors für die Gesamtwirtschaft" ebd., 254ff.
28 Otto Bauer, Rationalisierung—Fehlrationalisierung. Wien 1931, 167; vgl. auch: Die 40-Stunden-Woche. Untersuchungen über Arbeitsmarkt, Arbeitsertrag und Arbeitszeit. Hrsg. im Auftrage des Allgemeinen Deutschen Gewerkschaftsbundes von Theodor Leipart. Berlin 1931; zu den hier versammelten Beiträgen gehören auch Überlegungen zur Begrenzung der Arbeitszeit, zu mehr "freier Zeit" und einem Arbeitsrythmus, der als natürlich erschien— überhaupt zu einem ganzheitlichen Konzept von Arbeit und Arbeitspolitik, wie es im gewerkschaftlichen Rahmen des ADGB sonst unüblich war.
29 Jürgen Kuczynski (Hrsg.), Rote Arbeit. Der neue Arbeiter in der Sowjetunion. Berlin 1931, 13–23.

Dieses Moment, der direkte oder auch indirekte Appell an einen Facharbeiterstolz, hatte offenbar auch Bedeutung, wenn das Lohnverhältnis zunächst nicht in Frage gestellt wurde, wie in den sozialdemokratisch orientierten Gewerkschaften. Als mentale Kompensation für die Löhne war der Verweis auf die Geschicklichkeit und Qualifikation der deutschen Kollegen bedeutsam. Offenbar mußten in den USA die Arbeitsvorgaben so präzise sein, daß sie *foolproof* waren, also narrensicher. Demgegenüber war es doch gerade der Stolz deutscher Metallarbeiter, daß sie eigene Lösungen fanden, um bearbeitete Stücke "passend" zu machen und ein "gutes Produkt" herzustellen.[30]

Die Machtzentren und Machteliten des deutschen Faschismus hatten offenbar keine Scheu, amerikanische Konzepte, insbesondere die des Taylorismus, aber auch den Fordismus positiv zu bewerten. Tayloristische Konzepte wurden nicht nur vermehrt praktisch umgesetzt—der Fordismus erhielt überhaupt erst nach 1933 größere Bedeutung.[31] Rüdiger Hachtmann zeigt in seinem Beitrag in diesem Band, daß sich hier eine durchgängige Linie erkennen läßt, die bei Hitler selber in die Jahre der NS-"Bewegung" zurückreichte. Vor allem wurde sie auch während des Krieges bzw. ab 1941 nicht gebrochen.[32] Henry Fords 1920 veröffentlichtes wüstes antisemitisches Pamphlet bedeutete für Hitler eine nur zu erwünschte Bestätigung seiner eigenen Ideen—und war zugleich ein Grund, Ford auch sonst ernst zu nehmen. Die rüstungsorientierte Industriepolitik des NS-Regimes bediente sich jedenfalls, so Hachtmann, einer Kombination von Taylorschen und Fordschen Vorstellungen, um Kostensenkung und vermehrte Arbeitsproduktivität mit sozialer Integration und Disziplinierung zu verknüpfen. Demgegenüber sieht er Propagierung wie reale Förderung von "Handfertigkeit und Geschicklichkeit" an den Arbeitsplätzen nur als Ergänzung, also nicht als einen spezifisch "deutschen Weg" der industriellen Rationalisierung.[33] An dieser Konstellation änderte sich für die reichsdeutschen ArbeiterInnen auch während der Raub- und Vernichtungskriege ab 1939 kaum etwas. Massive Gewalt und brutalster Rassismus, wie sie gegen die unterschiedlichen Gruppen von ZwangsarbeiterInnen alltäglich waren, bekräftigten

---

30 P. Otto, Bilder aus amerikanischen Betrieben, in: Betriebsräte-Zeitschrift [des Deutschen Metallarbeiter-Verbandes] 11 (1930), 213–216, hier 214.
31 Vgl. Franz W. Henne, A German Path to Fordism. The Socio-Economic Transformation of a Region: The Bergische Land and the Maerkische Sauerland 1930–1960. Ph.D. Diss. Univ. of Chicago 1993.
32 Ungeachtet der propagandistischen Maßnahmen, die insbesondere die "Kulturlosigkeit" US-Amerikas betonen sollten; vgl. dazu Günter Moltmann, Amerikaklischees der deutschen Kriegspropaganda 1941–1945, in: Amerikastudien 31 (1986), 303–314; vgl. zu dem massenwirksamen populären Autor A.E. Johann und dessen *Land ohne Herz* (1942) Ott, Amerika ist anders, 255–274; zu abweichenden Veröffentlichungen zwischen 1933–1939, die ein nuancierteres Bild zeichneten, ebd., 274–278.
33 Vgl. dazu generell aber Charles Sabel/Jonathan Zeitlin, Historical Alternatives to Mass Production: Politics, Markets and Technology in Nineteenth-Century Industrialization, in: Past & Present 108 (1985), 133–176, und Alf Lüdtke, Eigen-Sinn. Fabrikalltag, Arbeitererfahrungen und Politik vom Kaiserreich bis in den Faschismus. Hamburg 1993, 283ff., 329ff.

nur den Vorzugsstatus der Reichsdeutschen, die dabei ihre Überlegenheitsvorstellungen kultivieren konnten. Soziale Integration—oder besser: Mitmachen bei Herrschaft und Unterdrückung wurden nicht nur über direkte Teilhabe an dieser Herrschaft, sondern auch über Konsumangebote (oder Konsumversprechen) angeregt und gestützt.

Taylorismus und Fordismus als Kernstücke industrieller Rationalisierungsstrategien zielen in aller Regel auf den industriellen Produktionsprozeß. Ursula Nienhaus zeigt hingegen, daß diese Sicht einen doppelten Fehlschluß begünstigt. Seit den 1870er Jahren wurden in bestimmten Bereichen der Büroarbeit intensive Anstrengungen zur Arbeitszerlegung betrieben: im Telegraphendienst wie bei der Telephonvermittlung der Deutschen Reichspost. Diese arbeitstechnischen Rationalisierungen bezogen sich auf Büroarbeit; zugleich wurden sie unabhängig von US-amerikanischen Initiativen entwickelt. Seit den 1920er Jahren bekamen Vorbilder aus den USA freilich zunehmende Bedeutung für Rationalisierungen an Büroarbeitsplätzen, zumindest in den Sorgen der Betroffenen, in erster Linie erwerbstätige Frauen. Dabei muß offenbleiben, inwieweit für diese Frauen mit "Amerika" immer auch noch etwas anderes verbunden war, eben der Traum von den "unbegrenzten Möglichkeiten" für jede und jeden.

Die Rationalisierung von Arbeit, zugleich die Auseinandersetzung mit amerikanischen Vorbildern betraf weder nur die industrielle Fertigung, noch war sie mit der Büroarbeit erschöpft. Michael Wildt umreißt Konzepte "rationeller Hausarbeit", wie sie seit Mitte der 1920er Jahre insbesondere in Deutschland entwickelt wurden. Auch hier zeigt sich, daß einschlägige Vorstellungen keineswegs ausschließlich oder primär aus Nordamerika stammten. Vielmehr wird hier eine Entwicklungslinie greifbar, die auf die bürgerlichen Sozialreformer in Deutschland und nicht zuletzt die Werkbundbewegung vor 1914 verweist. Philanthropische und erzieherische Konzepte verbanden sich mit Kalkülen über bessere Nutzung der—weiblichen—Arbeitskraft in Haushalt und Familie. Auch hier bedeutete der Machtantritt der Nationalsozialisten keinen Bruch. Vielmehr erlaubte die relative wirtschaftliche Erholung durch die Rüstungskonjunktur ab 1936/37 manchen Familien den Kauf von (kleinen) Haushaltsmaschinen, eine der Voraussetzungen für "rationelle Hausarbeit". Wildt widerspricht dabei der Vorstellung einer einfachen Akzeptanz des amerikanischen Vorbilds. Die "moderne Küche" mit den technischen Küchengeräten erschien zahlreichen Frauen in der Nachkriegszeit erstrebenswert, doch zugleich wehrten sie sich, bewußt oder unbewußt, gegen eine mögliche Minderung ihrer Kompetenz. Die *Kluge Hausfrau*, das Organ der Handelsorganisation Edeka, spiegelte die Widersprüchlichkeit: Begeisterung für amerikanische Küchen- und Lebensmitteltechnologien war gepaart mit einem "mokanten Ton", in dem man sich über die Übereifrigkeit und Naivität der Amerikaner amüsierte und sich zugleich davon distanzierte. Gegenüber dem Vorbild Amerika auf der Ebene der "großen Politik" verharrte man in den eigenen vier Wänden auf dem "vertrauten Deutschen". Erst Anfang der 1960er Jahre fanden sich auch in deutschen Küchen *pie* und *fruit-salad*, d.h. amerikanisierte Alltagskultur.

Auf eine eigenartige, in manchem ironische Verkehrung von Übernahmen und Aneignungen verweist Peter Hübner. Er zeigt zunächst, daß die Arbeitsbrigaden, ab 1958 die "Brigaden der sozialistischen Arbeit" in der DDR dem sowjetischen Vorbild möglichst direkt entsprechen sollten. Dieses wiederum war ein Versuch gewesen, tayloristisch-fordistische Prinzipien unter den Bedingungen der Industrialisierung in der frühen Sowjetunion umzusetzen. Hübner argumentiert nun, daß die Brigadebewegung in der DDR insbesondere seit den späten 1950er Jahren immer auch Chancen für die Mitglieder bot, sich Anforderungen und Zumutungen von "außen" und "oben" zu entziehen, Freiräume zu sichern und "Eigensinn" zu entfalten. Nach Hübner wurden durch diese sehr eigene Mischung von Kopie und innovativer Aneignung kulturelle Redifferenzierung und Ansätze für einen eigenständigen privaten Lebensstil gefördert. Die Folge sei eine Amerikanisierung der Lebensweise gewesen—im Gegensatz zur Amerikanisierung der Produktionsstrukturen, die in der DDR zwar unter anderen Etiketten versucht, aber nie wirklich erreicht wurde.

4.2 Image "Amerika" und Massenkultur

Bilder eines fremden Landes entstehen in der öffentlichen Meinung nicht mit der Absicht, die Realität eines Landes abzulichten. Im Gegenteil: Die Bilder von Amerika blieben vielfältig, mehrdeutig, sie sind Ausdruck der Erfahrungen im eigenen Land, sie projizieren Wünsche, Hoffnungen, zum Teil aus der eigenen Vergangenheit geronnene Erfahrung auf das Fremde. Die Bilder werden zu Argumenten im politischen und gesellschaftlichen Diskurs.[34] Obwohl man seit den zwanziger Jahren mit den Massenmedien, in der Literatur und vor allem in den Wirtschaftsbeziehungen nunmehr tatsächlich von einem Export des *American way of life* in vielfältiger Weise sprechen kann, lagen doch die amerikanischen Bilder und Erfahrungen meist so quer zu den in der deutschen Gesellschaft vorfindlichen, daß von einer einfachen Adaption nicht gesprochen werden kann. Unter alltagsgeschichtlicher Fragestellung lösen sich bisher gängige lineare Vorstellungen auf zugunsten eines Geflechts von Aktion und Reaktion, von Anpassung und eigener Übernahme, von Beharren auf spezifisch Nationalem oder Regionalem, von Einpassung und Widerständigkeit. Es scheint so, daß gerade im Alltag die Folie Amerika die Funktion der Utopie behielt, und die Mythen die realen Verhältnisse im eigenen und im fremden Land überformen konnten: Amerika blieb Glücksentwurf, Projektion aus der mühevollen Gegenwart in eine bessere Zukunft.

Der *American dream* stand in Konkurrenz etwa zur kollektiven Utopie der Arbeiterbewegung: Die Freiheitsstatue, verwandelt zum *glamour girl*, löste die Maiengöttin ab. Dies wurde verstärkt durch die Botschaften etwa der Filme mit ihrem Glamour, dem Starkult, aber auch dem Mythos "Vom Tellerwäscher zum Millionär".

Eve Rosenhaft führt in ihrem Beitrag aus, daß alle wichtigen Merkmale der neuen Massenkultur—Konsum, das Vergnügen am Visuellen und die Definition

---

34 Peter Berg, Deutschland und Amerika 1918–1929. Über das deutsche Amerikabild der zwanziger Jahre. Lübeck/Hamburg 1963, 8.

von "Masse"—geschlechtsspezifisch konnotiert waren. Der durch die Massenkultur bedingte Strukturwandel der Öffentlichkeit, der sich auch als Amerikanisierung beschreiben läßt, scheint in den kulturellen zeitgenössischen Diskursen, zumindest der Arbeiterbewegung, kaum Niederschlag gefunden zu haben. Dennoch war die radikale Betonung von Männlichkeit in den Propagandamethoden von rechts wie links eine Reaktion auf die Prozesse der Amerikanisierung—die zugleich als Feminisierung verstanden wurden. Amerikanismus galt als Ausdruck eines neuen Geschlechterverhältnisses, war "Kulturfeminisierung". Die USA schienen der Ort von Frauenemanzipation schlechthin zu sein. Die USA waren aber auch das Land der Masse, der Medien und des Konsums. Vor allem: Jedes dieser drei Momente wurde stereotyp mit Weiblichkeit verknüpft.

Vergegenwärtigen wir uns: Erstmalig in der Geschichte des Deutschen Reiches wurde mit der Weimarer Republik nicht nur die politische Demokratie etabliert, sondern die Frauen hatten das Wahlrecht errungen; damit war eine entscheidende Voraussetzung für die politische und soziale Gleichberechtigung verwirklicht. Dies traf zusammen mit einer Umstrukturierung des Arbeitsmarktes: Zwar blieb der Anteil der weiblichen Erwerbspersonen relativ konstant, neu war die Konzentration von Frauen in den modernen Sektoren wie Industrie, Handel und Dienstleistungsbereich, die einherging mit der Herausbildung neuer "typischer" Frauenberufe, vor allem in den Großstädten. Erstmalig hatten Mädchen und junge Frauen in bestimmten Bereichen größere Chancen, einen Arbeitsplatz zu bekommen als Männer.

Zugleich bot die neue Massenkultur insbesondere den Frauen eine Erweiterung von Raum- und Zeiterfahrungen. Lesewut, Tanzsucht und Radiotismus deuten auf einen Strukturwandel der Öffentlichkeit hin, wie Rosenhaft in ihrem Beitrag herausgearbeitet hat. Einer der Gründe dafür, weshalb Frauen in der neuen Sprache der Bilder geübter waren, oder Frauen den Bildern des Kinos mit "absorbierter Aufmerksamkeit" begegneten, ist darin zu suchen, daß Frauen nicht die Angst der Männer vor Veränderungen ihrer Rolle in der Gesellschaft (Wahlrecht, Arbeitsmarkt etc.) und vor dem weiblichen Körper teilten. Oder in anderen Worten: Wenn die Bedrohung durch die Massenkultur so massiv war, daß der männliche Betrachter fürchtete, sich selbst in ihr zu verlieren, mußte die weibliche Art des gebannten Zuschauens als regressiv diskriminiert und die Produkte der Massenkultur als "weiblich" disqualifiziert werden.[35]

Die neue Massenkultur bedeutete für Frauen aus dem Bürgertum auch ein Stück Rückeroberung von Öffentlichkeit. Modezeitschriften, Illustrierte etc. zelebrierten die "Neue Frau". Für Frauen aus den Arbeitermilieus—soweit sie nicht von der Doppel- oder Dreifachbelastung durch Erwerbs-, Haus- und Kinderarbeit absorbiert waren—bedeutete die Massenkultur Eroberung von Freizeit, die früher weitgehend männliches Privileg war. Die "Puschenkinos" waren gefüllt von

---

35 Patrice Petro, Modernity and Mass Culture in Weimar: Contours of a Discourse on Sexuality in Early Theories of Perception and Representation, in: New German Critique, 40–42 (1987), 115–146.

Frauen, die der Hausarbeit für kurze Zeit entwichen (und auch den Zumutungen der Familie).[36] Auch wenn die Realität in vielen Bereichen eine andere war—tatsächlich wurde die Familienstruktur kaum tangiert—so wurde doch die Welt der Bilder zu einer medialen Realität, sie beeinflußte die Phantasie und Lebensentwürfe vieler Frauen.

Parallel wirkten Neue Frau und "girl-Kultur" als eine Bedrohung nicht nur für Männer, sondern auch für viele Frauen. Die konkurrierenden Frauenbilder der Weimarer Republik geben dafür zahllose Belege. Das moderne Frauenbild der konsumorientierten, unpolitischen jungen Angestellten, von der Medienwelt mit Bubikopf, geschminktem Gesicht und Zigarette präsentiert, wurde zum Traumbild unzähliger weiblicher Angestellter. Dem stand entgegen das Bild der Frau, die zurückkehrt zum Status der Mutter und Hausfrau—allerdings ist dies nun vielfach die modern-aktive Mutter und die modern-professionelle Hausfrau. Konträre Bilder propagierten nicht nur die Nationalsozialisten, sondern auch Teile der bürgerlichen Frauenbewegung. Sie sahen in dem Leitmotiv der "girl-Kultur" die "Entartung" alles Weiblich-Mütterlichen und nicht selten eine provokante Übertretung der geschlechterspezifischen Trennungslinien der kulturellen Sphären. Angesichts der Massenarbeitslosigkeit, die die Familienstrukturen bedrohte und oft Frauen im besonderen Maße belastete—vielfach wurden sie zu den Hauptenährern der Familie—schien vielen Frauen, besonders aus den unteren Mittelschichten, die von den Nationalsozialisten propagierte Trennung von weiblichen und männlichen Räumen durchaus attraktiv, zumal dies einherging mit Modernisierung und Aufwertung der weiblichen Sphäre.[37]

Die Nationalsozialisten tolerierten unterschiedliche Frauenbilder—die Leinwandstars von Hollywood und UFA, das Idealbild der deutschen Frau, die nicht raucht und sich nicht schminkt, die Mutter und Kameradin, im Krieg die "Kleine Schaffnerin". Zugleich aber provozierte oder stützte der national-völkische und rassistische Bezug, der diesen Bildern gemeinsam war, die Abkoppelung von amerikanisierten Frauenbildern; diese verwiesen immer auch auf Emanzipation.

Die Massenkultur transportierte nicht nur Bilder von Frauen und ihrer gesellschaftlichen Rolle; zugleich waren hier auch vielfältige und ambivalente Bilder von Männern und Männerrollen zu finden. Frauen wie Männer, Mädchen wie Jungen wurden so "Malbücher" in die Hand gegeben, in denen sie die vorgegebenen Muster mit eigener Phantasie und in ihren Farben ausmalen konnten. Inge Marßolek arbeitet in ihrem Beitrag heraus, daß die Heftromane kulturelle Klischees produzierten, die Raum ließen für solche eigenen Konnotationen und "Ausmalungen". Amerikabilder, so Marßolek, waren ein Konglomerat von Bildern aus deutscher Sicht und Stereotypen aus der deutschen Diskussion über Amerika.

36 Miriam Hansen hat dies für das Kaiserreich herausgearbeitet: Miriam Hansen, Early Silent Cinema. Whose Public Sphere? in: New German Critique 29 (1983), 145–184; vgl. für die Weimarer Republik: Heide Schlüpmann, Unheimlichkeit des Blicks. Das Drama des frühen deutschen Kinos. Frankfurt a.M. 1990.
37 Claudia Koonz, Mothers in Fatherland: Women, the Family and Nazi Politics. New York 1986.

Hier fanden vor allem die Leser, aber auch die Leserinnen eine Folie für ihre Projektionen von eigener Potenz, aber auch von der "des starken Mannes".

Der Diskurs über Amerikanisierung, der zugleich ein Diskurs über die Moderne war, artikulierte sich in den Bildern, die die Massenkultur produzierte und die im Konsum durch die "Masse" weithin positive Resonanz fand. So ist es kein Zufall, daß Siegfried Kracauer und Walter Benjamin—zwei der wenigen deutschen Theoretiker der Massenkultur und damit der Moderne der Weimarer Republik—sich mit den Bildern und deren Aneignungen durch die Masse beschäftigten. Insbesondere Kracauer—Benjamin verharrte, gerade was das Kino angeht, in den von der Arbeiterbewegung propagierten Erziehungsidealen—sah, so Miriam Hansen, in den Produktionen der Massenkultur neue soziale und sexuelle Konfigurationen. Hier kündigten sich veränderte soziale wie geschlechtliche Beziehungen nicht nur an, sondern wurden sinnlich vorgeführt und erfahren. "Amerika" (aber auch Berlin!) stand zunächst für eine Versöhnung von Zivilisationsprozessen der Moderne mit den Emanzipationszielen des Sozialismus: das "homogene Weltstadtpublikum" als emanzipatorisches Subjekt. Gegen Ende der Weimarer Republik verdüsterte sich jedoch Kracauers Zukunftsbild. So galt ihm die zunehmende Popularität der Alpenpanoramen in den Vergnügungsparks als Flucht aus den Verwerfungen der Moderne: ein Rückzug in die scheinbar ahistorische Natur, ein Versuch, die emanzipatorischen und egalitären Wirkungen der Moderne gleichermaßen zu domestizieren und zu nationalisieren.

Alf Lüdtke umreißt die Doppelgesichtigkeit der Ikonen des Fortschritts. Ihre internationale Dimension, besonders der Bezug auf "amerikanische Technik"—auf Stromlinie und Geschwindigkeit—wurde durch die Kopplung an die "deutsche Qualitätsarbeit" in eine nationale verwandelt. Die Nationalsozialisten nutzten auch dieses Arsenal. Die NS-Propaganda transportierte durch dieselben Bilder eine Botschaft, in der die eindeutig nationalistischen Linien vorgezeigt wurden. Das visuelle Lob der Technik war nunmehr darauf gerichtet, die Produktion von Zerstörung als ihren eigentlichen Kern zu zeigen. Destruktion wurde als technische Zwangsläufigkeit und als ästhetischer Genuß präsentiert. Diese Bilder nahmen Raubkriege und die Vernichtung der "(Gemeinschafts-)Fremden" vorweg.

4.3 "Amerikanismus" im Kreuzfeuer

Wahrnehmung und Deutungen von Amerikanisierung und Amerikanismus zeigten sich in benutzten Bildern, Metaphern und Stereotypen. Es kam aber auch zu Auseinandersetzungen darüber in Wort und Schrift, zumal in den zwanziger Jahren. Buchpublikationen, Zeitschriften und Zeitungen versuchten das neue Phänomen zu fassen, teils fasziniert, teils mit einerseits-andererseits Positionen, teils ablehnend. Aber auch in den Parlamenten kam es zu scharfen Kontroversen über die tatsächliche oder angebliche Amerikanisierung der deutschen Kultur, wie der Beitrag von Adelheid von Saldern zeigt.

Antiamerikanismus trat nicht erst in den zwanziger Jahren auf: bereits im Wilhelminismus waren deutliche antiamerikanische Töne zu vernehmen. Norbert Elias hat argumentiert, das Selbstbild der Deutschen im Kaiserreich sei äußerst unbestimmt und in sich brüchig gewesen. Danach trafen Modernisierungserfahrungen in Deutschland nicht auf ein selbstverständliches alltägliches Nationalgefühl. Unsicherheiten und kollektive Ängste begünstigten vielmehr Mentalitäten, die es nahelegten, alle Bedrohungen durch die Moderne auf Fremdes und auf Fremde zu projizieren.[38] Im Zeichen der imperialistischen Außenpolitik des Wilhelminischen Reiches war die Kulturkritik zwar mehr auf das "perfide Albion" als auf die Vereinigten Staaten gerichtet, doch gewann die Vorstellung von der kulturellen Gleichartigkeit Englands mit Amerika größere Resonanz im öffentlichen Bewußtsein. Stereotype wie der der "Krämernation" (Werner Sombart) trieben die Dichotomie zwischen deutscher Innerlichkeit versus angloamerikanischem Pragmatismus auf die Spitze. Daneben hielten sich allerdings auch Auffassungen über Amerika als einer kraftvoll-jungen, nicht dekadenten und deshalb besonders zukunftsreichen Nation (s.o.). In anderen der ungezählten zeitgenössischen Gedankenmischungen vor 1914 galt England neben Deutschland als die eine der beiden *white nations*. Ob die Bewertungen negativ oder positiv waren—sie alle bedienten sich aus dem oben beschriebenen Arsenal.

Nach dem Ersten Weltkrieg hatte sich die Situation Deutschlands gegenüber Amerika grundlegend verändert. Amerika war nicht mehr jenes "ferne Land" jenseits des Atlantiks, das man bewundern oder verachten konnte, dessen Einflüsse auf Deutschland sich aber bis dahin im allgemeinen in engen und überschaubaren Grenzen gehalten hatten. Davon konnte nach dem Eintritt der USA in den Weltkrieg keine Rede mehr sein. Auf politischem Gebiet galt Wilsons USA als kleineres Übel im Vergleich zu Frankreich. Für manche waren sie auch Retter der deutschen Nation—bis der Vertrag von Versailles zutiefst ernüchterte. Als Initiator des Kredite bereitstellenden Dawes-Plans erfuhren die Vereinigten Staaten auf Grund ihrer Stabilisierungspolitik[39] eine Art Vernunftsfreundschaft seitens des offiziellen Deutschlands, ähnlich wie viele sich als Vernunftsrepublikaner einstuften. Zugleich aber war seit Kriegsende, verstärkt durch die Revolutions- und Inflationserfahrungen, die sozialmoralische Ordnung des Kaiserreichs endgültig ins Wanken geraten. Die Repräsentanten der alten Milieus reagierten, quer durch die politischen Lager, mit einem erneuten Rekurs auf den "deutschen Geist". Angesichts der eigenen Ohnmachtserfahrung betonten sie die Überlegenheit der "deutschen Kultur".

Der Nationalsozialismus knüpfte an die Erfahrungen des Ersten Weltkriegs an, wie sie von Vertretern der "konservativen Revolution", vor allem von Ernst Jünger, artikuliert worden waren. Während Jünger die Symbole der Neuen Sachlichkeit und der Technik mit Destruktion, Krieg und Zerstörung verklammert hatte, verknüpfte der Nationalsozialismus die Ikonen des Fortschritts überdies mit nationalistischen, antidemokratischen und rassistischen Ideologemen.

Die Nationalsozialisten schätzten Roosevelts Amerika wegen dessen New Deal-Politik zunächst eher positiv ein. Doch rasch verschlechterte sich das Verhältnis

---

38 Norbert Elias, Studien über die Deutschen. Frankfurt a.M. 1989, 420ff.
39 Werner Link, Die amerikanische Stabilisierungspolitik in Deutschland 1921–1930. Düsseldorf 1970; hierzu und zum folgenden siehe auch die informative Aufsatzsammlung von Frank Trommler (Hrsg.), Amerika und die Deutschen. Bestandsaufnahme einer 300-jährigen Geschichte. Opladen 1986.

der beiden Länder, vor allem von Seiten der Vereinigten Staaten. Obwohl die offiziellen Beziehungen bis 1938 formal unverändert blieben, distanzierten sich die USA zunehmend von der deutschen Diktatur. Aufrüstung und Judenverfolgung gaben vielen Amerikanern zu ernster Besorgnis Anlaß. Aber auch die deutsche Autarkiepolitik, kombiniert mit einer offensiven NS-Handelspolitik in Südosteuropa und in Lateinamerika, führte zu handelspolitischen Gegensätzen zwischen den beiden Ländern.[40] Von deutscher Seite kam es im Zuge verstärkter Aufrüstung und Gewaltpolitik schließlich zu regelrechten Hetzkampagnen gegen Roosevelt. Allerdings änderte sich dadurch nicht die positive Bewertung der industriellen Rationalisierung in den USA. Auch sorgten amerikanische Filme und Coca-Cola, Schüleraustausch und amerikakundliche Bücher dafür, daß Amerika in den Köpfen der Deutschen präsent blieb.[41]

Selbst während des Zweiten Weltkrieges blieben die USA ein—umstrittenes—Leitbild der Moderne. Erst danach konnte vor allem die junge Generation, für die bürgerliche Wohlanständigkeit durch die Erfahrungen im Dritten Reich und bei Kriegsende tiefgreifend, wenn nicht für immer in Frage gestellt waren, den vormals angeprangerten Pragmatismus westlicher, vor allem angelsächsischer Prägung akzeptieren. Daraus entwickelten sich Verhaltensvorbilder und -muster, die in den 1950er und 1960er Jahren allmählich prägend wurden. Die Vertreter der alten Eliten beharrten demgegenüber, trotz aller politischen Bejahung der Westintegration, auf den Besonderheiten des "deutschen Geistes". Ihnen mochte zumal in den späten 1940er und frühen 1950er Jahren die Vision eines "christlichen Abendlandes" einen letzten Ausweg bieten, vor der sonst unausweichlichen "Amerikanisierung".

Nicht nur in der Weimarer Republik, sondern bis weit in die 1950er Jahre war Kritik an der amerikanischen Zivilisation nicht selten rassistisch aufgeladen. Dies zeigte sich nicht allein im Stereotyp von der "Nigger-Kultur", die vor allem mit bestimmten Sportarten sowie mit Jazz und modernem Tanz verbunden wurde. Im deutschen Diskurs glichen die antiamerikanischen Stereotypen von der pragmatischen, auschließlich am Gewinn orientierten Weltanschauung den Stereotypen des Antisemitismus. Die Furcht vor der Dominanz Amerikas war verbunden mit der Angst vor dem als "jüdisch" verschrieenen amerikanischen Kapital; beide verstärkten sich wechselseitig.

In der Dramatik der Modernisierungsprozesse aber entstand in Deutschland auch eine radikale Kritik an der Moderne, die nicht nur eine Spielart des Antiamerikanismus war. Gerade die künstlerische Avantgarde kritisierte bei aller Faszination, die Moderne und Amerika ausübten, dennoch zugleich deren einseitigen Rationalismus und Technikkult. Hier ist Detlev Peukert zuzustimmen: Es gebe "keineswegs eine gerade und abschüssige Linie der 'Zerstörung der Vernunft',

---

40 Siehe dazu Detlef Junker, Der unteilbare Weltmarkt. Das ökonomische Interesse in der Außenpolitik der USA 1933–1941. Stuttgart 1975, 98ff.
41 Hans Dieter Schäfer, Das gespaltene Bewußtein. Die deutsche Kultur und Lebenswirklichkeit 1933–1945. München 1981, 126ff.; allgemein zur Kulturpolitik der NS-Zeit: Peter Reichel, Der schöne Schein des Dritten Reiches. Faszination und Gewalt im Faschismus. Wien 1991.

der fortschrittsfeindlichen Modernisierungskritik von Nietzsche bis Hitler".[42] Zudem müßten die hellsichtigen Anteile der Modernisierungskritik ernst genommen werden, wolle man die zerstörerischen Potentiale der Moderne erkennen— und im Zaume halten oder überwinden.

Ging es in diesem Diskurs um die ambivalenten Potentiale der Moderne und der Modernisierung, so ist ein Teil davon sicherlich auch in den Antiamerikanismus der DDR eingeflossen. Allerdings wurde dieser durch einen spezifischen Kontext neu geformt. Da war zum einen der Versuch des Aufbaus einer sozialistischen Kultur, definiert als Gegenentwurf zur kapitalistischen Massenkultur amerikanischer Prägung. Zum anderen war dieser neue Kontext aber immer auch durch den Kalten Krieg charakterisiert—wie Ina Merkel in ihrem Beitrag zu diesem Band zeigt. Amerika wurde zum Inbegriff des Bösen in dieser Welt; die alten Faszinationen, die auch noch im Antiamerikanismus mitschwangen, mußten sich in die Nischen der DDR-Gesellschaft zurückziehen, fanden keinen öffentlichen Ausdruck mehr. Gerade das Scheitern des Versuchs der kompletten Abschottung eines Landes von den "verderblichen Einflüssen des amerikanisierten Westens" verdeutlicht das Ausmaß der Globalisierung des "Amerikanismus". Vor allem waren hier die Medien im Spiel. Amerika fand hauptsächlich durch die westdeutschen Radio- und Fernsehsender Eingang in die Wohnzimmer vieler DDR-Deutschen, und das Symbol jenes fernen Landes schwang mit, als die Träume vom "guten", für viele auch vom "freien Leben" im Westen Gestalt annahmen und schließlich mithalfen, den "real existierenden Sozialismus" zu Fall zu bringen.

4.4 Sieg des Amerikanismus?

Die Nachkriegszeit gilt als die Zeit, in der die Amerikanisierung Westeuropas endgültig zum Durchbruch kam.[43] In der Bundesrepublik—so die landläufige Meinung—vollzog sich dieser Prozeß mit besonderer Virulenz und erfaßte nahezu alle Bereiche der Gesellschaft. Aber aus alltags- und mentalitätsgeschichtlicher Sicht zeigt sich, daß diese Prozesse ebensowenig linear verliefen wie in den zwanziger Jahren, daß es nämlich auch hier um Adaptionen, Umdeutungen und Verweigerung ging.

Erstmalig in der Geschichte der Deutschen waren Amerika und die Amerikaner in der Nachkriegszeit keine "Fremden von einem anderen Kontinent": Der Besatzungsstatus ermöglichte und beförderte vielfältige Begegnungen im Alltag.[44] Anders als in der sowjetisch besetzten Zone traten den Deutschen in den Westzonen auch nicht "Vertreter des Untermenschen", so die rassistische Propaganda der Nationalsozialisten, gegenüber, sondern Repräsentanten einer feindlichen

---

42 Detlev Peukert, Die Weimarer Republik. Frankfurt a.M. 1987, 188.
43 Vgl. dazu Ralph Willet, The Americanization of Germany 1945–1949. London 1989.
44 Dazu Hermann-Josef Rupieper, Die Wurzeln der westdeutschen Nachkriegsdemokratie. Der amerikanische Beitrag 1945–1952, Opladen 1993; vgl. auch Ders., Der besetzte Verbündete. Die amerikanische Deutschlandpolitik 1949–1955, Opladen 1991; Volker Berghahn, Unternehmer und Politik in der Bundesrepublik. Frankfurt a.M. 1985.

Macht, deren Faszination auch im Dritten Reich ausgestrahlt hatte. Nachdem sich sehr bald herausstellte, daß die tiefsitzende Furcht der Deutschen, kollektiv bestraft zu werden, in der Realität der Politik der westlichen Besatzungsmächte keine Entsprechung fand, wurden insbesondere auf die USA alle Hoffnungen projiziert. Zwar hielt der *American dream* der Wirklichkeit der "Rationen-Gesellschaft" nicht stand: Im Hungerwinter 1946/47 stieg die Kritik an den USA. Demokratie und Versorgung waren im Alltagsverständnis der ZeitgenossInnen aufs engste miteinander verknüpft.[45] Das typische Szenario der Begegnung mit Schokolade oder Bananen schenkenden US-Soldaten fand dann aber seine Fortsetzung in den Care-Paketen und den "Rosinen-Bombern" während der Berlin-Blockade. Beglaubigt wurde es durch den Marshall-Plan.

Auch für die alten Eliten war die Entscheidung für die Westbindung bzw. für das Bündnis mit den USA, nachdem die Entnazifizierung sich als "Mitläuferfabrik" (L. Niethammer) erwies[46] und der Kalte Krieg das alte Feindbild stabilisierte[47], relativ einfach. Zugleich aber hielten sie an dem Verteidigungsbedarf der "deutschen Kultur" gegenüber amerikanischen Einflüssen fest, während Teile der Arbeiterbewegung und der Jüngeren trotz Zustimmung zur Westbindung durchaus für größere Eigenständigkeit plädierten, vor allem dort, wo es um die "Lehren aus der Vergangenheit" ging. Die Friedensbewegung der 1980er Jahre hatte ihre Wurzeln in dem Kampf gegen die Remilitarisierung, wie sie in den 1950er Jahren betrieben wurde. Zugleich zeigte diese Kritik aber eine neue Qualität: Sie war weit mehr an Militär- und Wirtschaftsstrategien als an (angeblichem) kulturellem Verfall interessiert. Insofern wäre es überspitzt und unangemessen, aus dem wiederholten Auftreten von Kritik an den USA eine Kontinuität von Antiamerikanismus der Linken zu folgern (so aber jüngst Dan Diner[48]). Trotz dieser umfassenden Zustimmung zur Westintegration erfuhr die Gesellschaft der fünfziger Jahre die kulturellen Modernisierungsschübe in vieler Hinsicht nur partiell und dosiert. Amerikanische Filme wurden vielfach durch Heimat- wie Landserfilme konterkariert (wenn sich nicht Bilder aus dem "Wilden Westen" zwanglos mit den einheimischen Stereotypen über "Indianer", Frauen

---

45 Vgl. Rainer Gries, Die Rationen-Gesellschaft. Versorgungskampf und Vergleichmentalität: Leipzig, München und Köln nach dem Kriege. Münster 1991; sowie die grundlegende Studie von Günter J. Trittel, Hunger und Politik. Die Ernährungskrise in der Bizone (1945-1949). Frankfurt a.M. 1990.
46 Lutz Niethammer, Die Mitläuferfabrik. Die Entnazifierung am Beispiel Bayerns. 2. Aufl. Berlin/Bonn 1982; vgl. auch den Überblick von Klaus-Dietmar Henke, Die Trennung vom Nationalsozialismus. Selbstzerstörung, politische Säuberung, "Entnazifizierung", Strafverfolgung, in: Ders./Hans Woller (Hrsg.), Politische Säuberung in Europa. München 1990, 21-83.
47 Werner Link, Der Ost-West-Konflikt. Die Organisation der internationalen Beziehungen im 20. Jahrhundert. Stuttgart 1980; Arnold Sywottek, Der Kalte Krieg 1947-1991. Aspekte einer Epoche, in: Jahrbuch für Historische Friedensforschung 2 (1993), 5-22.
48 Dan Diner, Verkehrte Welten. Antiamerikanismus in Deutschland. Ein historischer Essay. Frankfurt a.M. 1993.

und Gewalt deckten); Jazz blieb die Vorliebe einer eher intellektuellen Minderheit, zumal bei den Älteren dominierten deutsche Schlager.

Kaspar Maase untersucht die Amerikanisierung der fünfziger Jahre als "einen Krieg der Zeichen", der vor allem unter Jugendlichen ausgetragen wurde. Amerikanisierung verband sich hier mit jugendlicher Selbstbehauptung, die sich eindeutig im Klassengefüge verorten lasse. Der Rock 'n Roll, der für den Lebensstil eines proletarisch-"halbstarken" Submilieus stand, war eine gezielte Provokation nicht nur für die ältere Generation, sondern für das gesamte Normensystem der kleinbürgerlichen Adenauer-Republik. Diese Jugendlichen, die in Kleidung, Musik und "zivilem" Verhalten auffällige (und anstößige) Symbole des *American way of life* nutzten, wurden zu Katalysatoren einer "amerikanisierten" Alltagskultur: Jeans, Coca-Cola und Rock 'n Roll traten ihren Siegeszug an. Maase sieht in diesem "wie" des Verhaltenswandels einen entscheidenden Modernisierungsschub der Bundesrepublik.

Die Amerika-Häuser—das Thema von Axel Schildt in diesem Band—sind ein anderes signifikantes Beispiel. Nach dem Sieg über den Nationalsozialismus präsentierten sich die Vereinigten Staaten nicht nur als Modell der westlichen Demokratie, sondern auch als Kulturnation. Das paßte vor allem zu dem baldigen Abrücken von einem Bestrafungs- und Säuberungskonzept zugunsten der Westintegration; die *re-education* wurde durch die *re-orientation* ersetzt. Das politische und kulturelle Bildungs-Programm der Amerika-Häuser verlor jedoch relativ bald in zweierlei Hinsicht an Bedeutung. Zum einen stand die politische Akzeptanz der Westintegration wie der demokratischen Institutionen in der Bundesrepublik grundsätzlich nicht mehr in Frage. Zum anderen vollzog sich der Durchbruch der Amerikanisierung im Zeichen des "Wirtschaftswunders", also auf den Feldern von Massenkonsum und populärer Alltagskultur, in erster Linie bei Jugendlichen.

Die Erfolgsgeschichte der Bauhaus-Legende im Zeichen des Kalten Krieges, die Paul Betts beschreibt, kann auch als Beispiel einer internationalen Homogenisierung der Hochkultur im Zeichen der klassischen Moderne interpretiert werden. In der Architektur lagen ihre Wurzeln in Europa; sie wurde nach den USA exportiert und später in veränderten Formen, neuen Mischungsverhältnissen und anderen Kontexten reimportiert. In den fünfziger Jahren galten die USA schlechterdings als Land der internationalen Moderne. Vor diesem Hintergrund konnte die Bauhaus-Geschichte, unter der spezifischen Konstellation des Kalten Krieges, als Zeugnis für amerikanische und (west-)deutsche Moderne interpretiert werden: Deutsche Kultur und amerikanische Zivilisation verschmolzen in der klassischen Moderne, wie die Bauhaus-Legende sie präsentierte.

5. EUROPÄISCHE ANTIAMERIKANISMEN—UND AMERIKANISCHE ANTWORTEN

Es waren nicht nur Deutsche, die die Amerikanisierung und deren Folgen für die eigene Kultur kritisierten. Vielmehr war der Antiamerikanismus auch in anderen europäischen Ländern verbreitet, vor allem in England und in Frankreich. Argumente und Stereotypen ähnelten denjenigen der Deutschen. Faszination war ebenfalls häufig gleichzeitig im Spiel, die "lediglich" ins Negative gewendet werden mußte, um antiamerikanische Stereotypen zu erzeugen.[49]

In England versuchte man um und nach 1900 vielfach, die abtrünnige einstige Kolonie einfach zu ignorieren. Kritik an den USA gab es gleichwohl. Genauso wie in Deutschland nahm sie oft Einzelphänomene zum Anlaß; sie hatten offensichtlich Symbolcharakter für das, was man generell ablehnte. Beklagt wurde die niedrige Qualität der amerikanischen Theaterstücke; man regte sich über die Amerikanismen auf, die in die englische Sprache eindrangen, oder über amerikanische Zigaretten. Hier galt dasselbe Muster, nach dem man auch die amerikanische Demokratie kritisierte: Nur die englische sei die wahre. Kein Wunder, daß auch die amerikanischen neuen Tänze dem Verdikt verfielen. Nach 1945 wurde der kulturelle englische Antiamerikanismus zumindest ein Stück weit durch das besondere (außen- und machtpolitische) Verhältnis beider Nationen neutralisiert.

Die Franzosen sahen sich seit dem Ersten Weltkrieg in einer Zwickmühle. Sie hatten zwar den "großen Krieg" gewonnen, wußten aber, daß ihre Nation im Vergleich zum aufsteigenden Amerika im Abstieg war. Auf der einen Seite waren sie seither bemüht, ihre ökonomische Position in der Welt zu halten. Dies erforderte "eigentlich" ein *business*-Verhalten, wie man es am besten aus Amerika lernen konnte. Auf der anderen Seite sollten unbedingt die *vieilles valeurs* aufrechterhalten werden. Die französische *grandeur* sollte selbst als Modell für andere Länder wirken. Vor allem fürchtete man in Frankreich, daß Modernisierung, welche mit Amerikanisierung gleichgesetzt wurde, die Alltagswelten verändern würde. Unter den Intellektuellen Frankreichs, die sich mit der Amerikanisierung besonders kritisch auseinandersetzten, taten sich—außer Georges Duhamel (1930)—vor allem Robert Aron und Arnaud Dandieu hervor. Ihren politökonomischen Aufsatz in der Zeitschrift *Europe* aus dem Jahre 1931 versahen sie mit der Überschrift "Le cancer américaine". Und bezeichnend für die Hoffnung auf eine französisierte und nicht amerikanisierte Welt war die Antwort eines Kommissionärs des Französichen Pavillons auf der Weltausstellung in New York im Jahre 1939: Auf die Frage, wie die Welt von morgen aussehen werde, antwortete er, daß die Welt von morgen —so wie die Welt von gestern und heute—vom französischen Geist inspiriert sein würde.[50]

In Frankreich kreuzten sich nach dem Zweiten Weltkrieg die kultur- und modernismuskritischen Antiamerikanismen mit einem zumindest zeitweilig stark ausgeprägten nationalistischen Antiamerikanismus, jedenfalls unter den kulturellen Eliten und dann vor allem unter de Gaulle. Dem ging parallel die antikapitalistische sowie zeitweilig prosowjetische Haltung der französischen Kommunisten.

---

49 Zum englischen Antiamerikanismus siehe auch Modris Eksteins, Rites of Spring. The Great War and the Birth of the Modern Age. New York 1989, 270.

50 Pascal Ory, From Baudelaire to Duhamel: An Unlikely Antipathy, in: Lacorne u.a, Rise and Fall, 45 und 48. Zum französischen Antiamerikanismus siehe auch die ältere Arbeit von David Strauss, Menace in the West. The Rise of French Anti-Americanism in Modern Times. Westport, CT/London 1978; vgl. jetzt aber Kristin Ross, Fast Cars, Clean Bodies. Decolonization and the Reordering of French Culture. Cambridge, MA, 1995.

Coca-Cola wurde auch in Frankreich zum Symbol der amerikanischen "Kolonisation Europas", bekräftigt durch bekannte Denker wie einerseits Sartre und andererseits Baudrillard. Erst in den siebziger und den frühen achtziger Jahren schwächte sich der Antiamerikanismus in Frankreich beträchtlich ab; ein Pro-Reaganismus setzte sich durch, der sich auch auf die Einstellung gegenüber den USA insgesamt auswirkte. Die Gründe lagen in der Außenpolitik, dem Verhalten der führenden Intellektuellen und—bei den Kommunisten—dem sich verschlechternden Image der Sowjetunion.[51] Der fortdauernde staatlich geförderte und geforderte Schutz der französischen Sprache, überhaupt für französischsprachige kulturelle Produktionen (wie Filme), zeigt freilich, daß noch immer versucht wird, der Amerikanisierung wenigstens auf diesem Gebiet zu entgehen. Denn nirgendwo war und ist das Bewußtsein so verbreitet, daß die Sprache nicht allein Kommunikationsmittel, sondern ein essentieller Ausdruck der Kultur eines Landes sei.

Amerikanische Publizisten reagierten in der Zwischenkriegszeit vorwiegend auf den englischen und französischen Antiamerikanismus, den deutschen nahmen sie weniger zur Kenntnis. Dies hing offensichtlich mit der Gesamtsituation nach dem Ersten Weltkrieg zusammen, handelte es sich doch um eine Situation, in der Deutschland in der Welt nicht mehr als Großmacht zählte. Der Aufstieg der USA im und durch den Ersten Weltkrieg schwächte die Großmachtstellung Englands und Frankreichs. Nachdem die Freude über den gemeinsamen Sieg verklungen war, begann zwischen Amerikanern und Franzosen eine Ära *of bad feeling*, wie im *Yale Review* zu lesen war.[52]—Im übrigen gab es immer auch einen Antiamerikanismus in den USA selbst, insbesondere unter der kritischen Intelligenz und unter Literaten.[53] Dieser unterschied sich von anderen Antiamerikanismen dadurch, daß das Gegeneinanderausspielen aus nationalistischen Gründen wegfiel; Stereotypen wurden von differenzierterer Kritik in den Hintergrund gedrängt.

Der europäische Antiamerikanismus rief vor allem in den USA der Zwischenkriegszeit eine Reihe von Publizisten auf den Plan. In Zeitschriften wie *Harper's Magazine, Outlook, The New Republic, North American Review, Forum* u.a.m. wurden verschiedene Antworten angeboten, die hier nur kurz angedeutet werden können.[54] Publizisten stellten die Kritierien und Maßstäbe in Frage, nach welchen über Amerika so scharf geurteilt wurde. Würden, so fragte man, nicht beispielsweise die Menschen in Europa genauso dem Geld nachjagen wie die Amerikaner, und was sei denn eigentlich unter Materialismus zu verstehen?[55] Darüber

---

51 Denis Lacorne/Jacques Rupnik, Introduction: France Bewitched by Amerika, in: Ders. u.a. Rise and Fall, 6.
52 Yale Review 18 (März 1929), 443.
53 Siehe dazu Paul Hollander, Anti-Americanism. Critiques at Home and Abroad 1965–1990. New York/Oxford 1992.
54 Die folgenden Ausführungen basieren auf Recherchen von Adelheid von Saldern über die amerikanische Reaktion auf den europäischen Antiamerikanismus der zwanziger Jahre. Dem German Marshall Fund sei für die Unterstützung dieses Projekts gedankt.
55 Siehe dazu zum Beispiel die Antwort von Charles A. Beard, Professor für Geschichte und Politikwissenschaft an der Columbia-Universität, auf das Buch des Franzosen André Siegfried *America Comes of Age*, in: The New Republic, 51 (8. Juni 1927), 75f.

hinaus relativierten sie die Ansichten der Europäer über Amerika, indem sie auf die innerhalb wie "quer" zu den Nationen doch recht unterschiedlichen Auffassungen über amerikanische Eigenschaften und Sachverhalte hinwiesen. Zugleich versuchten sie selbst eine differenzierte Position gegenüber dem größten "Stein des Anstoßes", der Massenkultur, zu entwickeln, beispielsweise gegenüber dem Jazz. Manches Argument, so im Hinblick auf die Frauenemanzipation, drehten sie einfach um, sahen in Deutschland einen radikaleren Entwicklungsumschlag als in den USA (in diesem Punkt bezogen sie sich auf die Einführung des Frauenwahlrechts in Deutschland 1919).

Doch der Kern der amerikanischen Antworten lag nicht in der Auseinandersetzung mit einzelnen antiamerikanischen Kritiken und Stereotypen. Vielmehr galt es, den europäischen Antiamerikanismus zu nutzen, um ein positives amerikanisches Selbstbild zu entwerfen. Von amerikanischer Seite wurde und wird die Amerikanisierung der westlichen Welt als Erfolgsgeschichte gesehen und geschrieben.[56] Diese Deutung war vereinzelt schon in der Zeit vor dem Ersten Weltkrieg, dann aber vermehrt in der Zwischenkriegszeit zu beobachten. Die wichtigste Antwortstrategie war, auf den Verlauf der Menschheitsgeschichte zu verweisen. Diese sei im 20. Jahrhundert in ein neues Stadium eingetreten. In diesem Zusammenhang wurde die moderne Zivilisation beschworen—in einem durchaus positiven Sinn: Sie sei durch Maschine und Wissenschaft bestimmt. Maschine und Wissenschaft verkörperten zugleich eine soziale Ordnung, die ihrerseits wieder der Rationalität geschuldet sei. In dieser Perspektive wurde die "soziale Rationalisierung" als Fortschritt gewertet. Was Europäer als Kultur bezeichneten, würde sich auf dieser neuen Basis auch in Amerika entwickeln: ". . . there will come great minds, and artists, and leaders of thought, surpassing any that have yet revealed themselves. All our reading of history points to that revolution."[57] Diese Art von Selbstdeutung schuf ein Amerika-zentriertes Selbstvertrauen, eine nach vorne gerichtete *invention of future*.[58]

6. "THE AMERICAN DREAM"

Der "amerikanische Traum", für viele Amerikaner ein Schlüsselwort ihres nationalgeschichtlichen Selbstverständnisses, symbolisierte stets auch für zahllose EuropäerInnen den Traum von einem "besseren Leben", von einem "guten Leben" durch Eigentätigkeit in und mit einem ungehemmten Kapitalismus. Die Erwartungen und Hoffnungen gingen tief, nicht nur bei den vielen europäischen

---

56 Dazu als Beispiel: Peter Duignan/L.H. Gann, The Rebirth of the West. The Americanization of the Democratic World, 1945–1958. Cambridge, MA, 1992.
57 Philip Gibbs, What England Thinks of America, in: Harper's Magazine 141 (Juni 1920), 11.
58 Vgl. in diesem Zusammenhang die im Titel ihres Buches angezeigte These von Eric Hobsbawm/Terence Ranger (Hrsg.), The Invention of Tradition. Cambridge 1983; vgl. auch James Davison Hunter, Culture Wars. The Struggle to Define America. o.O. (Basic Books) 1991, z.B. 55.

Auswanderern, sondern auch bei jenen, die Amerika nur aus den neuen Massenmedien kannten.

Traum und Medien—Medien und Traum: Diesen Zusammenhang hat vor allem Daniel Boorstin thematisiert und dabei die Warnung ausgesprochen, daß aus dem amerikanischen Traum, der in der Geschichte des Landes zu überaus großen Leistungen befähigt habe, dank der Massenmedien eine amerikanische Illusion erwachse.[59] Amerika sei von der Gefahr der Substanzlosigkeit, "the menace of unreality", bedroht. Und er fuhr fort: "We are the most illusioned people on earth. Yet we dare not become disillusioned, because our illusions are the very house in which we live; they are our news, our adventure, our forms of art, our very experience."[60]

Der amerikanische Traum—für viele allerdings ein Alptraum—war von Anfang an unlösbar verbunden mit den widersprüchlichen Potentialen der Moderne. Ist dieser amerikanische Traum im Zeitalter einer "reflexiven Moderne" noch weiterhin möglich? Hat es sich nicht endgültig ausgeträumt? Entweder wird der "amerikanische Traum", wie Boorstin meinte, durch ein Übermaß an Medienwirklichkeit tatsächlich zu einer reinen Illusion, oder er wird sich—genauso wie der amerikanische Alptraum—transformieren und zu einem reflexiven Umgang mit den Potentialen und Ambivalenzen der Moderne und folglich auch der USA führen.

Die kritische Selbstreflexion bezieht sich insbesondere auf die "übrige Welt". In den Regionen jenseits der industriekapitalistischen Zentren zeigt sich eine Gleichzeitigkeit des Ungleichzeitigen, deren Potentiale kaum abzuschätzen sind. Im ehemaligen "sozialistischen Lager", aber auch in weiten Teilen Afrikas und Asiens—und selbst in den Peripherien, die in den "Zentren" liegen, von Brooklyn bis Nordirland—wird erneut sichtbar, welche Faszination ethnische und religiöse Orientierungen entwickeln. Parallel haben aber die ungezählten "Leningrad Cowboys" ebenso wie die neuen Flüchtlinge aus Kuba zum ersten Mal die Chance, nicht nur vom "guten Leben" in den USA zu träumen, sondern es konkret auszuprobieren.

Die Reflexionen über Amerikanismus und Amerikanisierung erhalten um so größeres Gewicht, als die globale Dynamik womöglich mehr und mehr von kulturellen Praxen und Mustern—und Konflikten um deren Dominanz—geprägt wird.[61] Solche Prozesse kultureller Neuorientierung erscheinen häufig verkürzt; nur die Veränderungen bei den "anderen" interessieren. Obendrein erleichtern es populäre Schablonen, wie die von der Re-Islamisierung oder vom Fundamentalismus, die Vielfalt und die Widersprüche dieser Prozesse zu ignorieren. Zugleich aber mehren sich die Anzeichen, daß die USA und (West-)Europa, aber auch

---

59 Daniel Boorstin, The Image or what Happened to the American Dream. Harmondsworth 1961.
60 Ebd., 240.
61 So die Thesen des Harvard-Professors Samuel P. Huntington, The Clash of Civilizations? in: Foreign Affairs 72/3 (1993), 22-49; vgl. Ders., Im Kampf der Kulturen, in: Die Zeit 33/1993, 13. August 1993, 3; sowie Ders., If not Civilizations, What? in: Foreign Affairs 72/5 (1993), 186-194.

Japan, im Bewußtsein der "anderen" mehr und mehr als aggressive sozio-kulturelle Einheit gelten: "The West against the rest".[62] Vom "Rest der Welt" aus gesehen ist Modernisierung der westlichen Welt als Amerikanisierung längst keine Frage mehr. Sie gilt ebenso als Faktum wie ihre globalen Folgen.[63]

---

62 Vgl. Thomas Molnar, The Emerging Atlantic Culture. New Brunswick, NJ, 1994.
63 Dazu John Tomlinson, Cultural Imperialism. Baltimore 1991, vor allem das Kapitel "The Culture of Capitalism", 102–140.

I

NATIONALER FORDISMUS?

Zur "Paßgenauigkeit" industrieller Rationalisierung

1

"Die Begründer der amerikanischen Technik sind fast lauter schwäbisch-allemannische Menschen": Nazi-Deutschland, der Blick auf die USA und die "Amerikanisierung" der industriellen Produktionsstrukturen im "Dritten Reich"

Rüdiger Hachtmann

AM 9. APRIL 1942 DOZIERTE "DER CHEF", wie Hitler von Vertrauten auch genannt wurde, im engsten Kreis beim Mittagessen im Führerhauptquartier: "In wirtschaftlicher Hinsicht" müsse man dem "Beispiel der Vereinigten Staaten von Amerika" folgen. "Dort seien von den großen Autofabriken einige wenige Typen herausgebracht und durch weitgehende Normung so verbilligt worden, daß sich Fabrikarbeiter aus eigenen Ersparnissen hätten Wagen kaufen können. Wir dagegen hätten einen Typ nach dem anderen entwickelt und durch ständige Konzessionen an die augenblickliche Nachfrage auf dem Automobilmarkt unsere vorhandenen Typen wieder abgeändert. So komme es auch, daß wir eine Fülle verschiedenster Ersatzteile für dieselben Motorteile der verschiedenen Autotypen benötigen, während in den USA diese Ersatzteile weitgehend normiert seien." Eine "Beschränkung der deutschen Autoproduktion auf 10 bis 12 Typen" sei nicht nur aufgrund augenblicklicher, kriegsbedingter Erfordernisse, sondern für die Zeit "nach dem Kriege erforderlich, um das Genie unserer Erfinder auf eine weitgehende Motorvereinfachung hinzulenken. Die Motorsteigerung dürfe nach dem Kriege nicht mehr durch den Bau verschiedenartiger Zylinder, sondern müsse durch die Vermehrung der normierten Zylinder erreicht werden. Auch bei den Schaltbrettern sei eine weitgehende Vereinfachung anzustreben. Das wichtigste sei aber, daß man einen Einheitsmotor schaffe".[1]

"VOM LUXUSARTIKEL ZUM GEBRAUCHS-OBJEKT FÜR ALLE": DER VOLKSWAGEN ALS NATIONALSOZIALISTISCHES SYMBOL FÜR MASSENFERTIGUNG, MASSENKONSUM UND MASSENINTEGRATION

Bereits in den ersten Jahren nach der Etablierung des NS-Regimes hatte der "Führer" die deutsche Öffentlichkeit unmißverständlich auf das US-amerikanische Modell der Massenfertigung zu orientieren versucht. Den wichtigsten Anlaß hier-

---

[1] Zitat: Henry Picker (Hrsg.), Hitlers Tischgespräche im Führerhauptquartier. Stuttgart 1976, 207.

Amerikanisierung: Traum und Alptraum im Deutschland des 20. Jahrhunderts. Hrsg. v. Alf Lüdtke, Inge Marßolek und Adelheid von Saldern. (Transatlantische Historische Studien, Bd.6.) © 1996 by Franz Steiner Verlag Stuttgart.

für bildeten die jährlich in Berlin veranstalteten Internationalen Automobilausstellungen. In seiner Rede vom 11. Februar 1933, mit der er das erste Mal diese Ausstellung eröffnete, zeigte er sich zur Freude der anwesenden Unternehmer als "Sachkenner und Motorisierungsexperte". Zugleich erwies er dem Auto als modernstem Verkehrsmittel seine Referenz, indem er erklärte, daß "man in der Zukunft die Kilometerzahl der für den Kraftverkehr angelegten Straßen" als Maßstab "für die Lebenshöhe der Völker" anlegen werde.[2] Bei der Eröffnung der Internationalen Automobilausstellung im folgenden Jahr entpuppte sich Hitler nicht nur allgemein als "Autofreak", sondern zugleich als vehementer Anhänger forcierter Rationalisierung und verschonte in diesem Zusammenhang auch die nach "amerikanischen" Maßstäben antiquierten deutschen Industriellen nicht mit Kritik. In seiner Rede vom 7. März 1934 wandte er sich nämlich explizit gegen das bis dahin in der deutschen Automobilindustrie vielfach praktizierte "Prinzip des hochqualifizierten Einzelfahrzeugs" auf Basis arbeitsintensiver Einzelfertigung und forderte die Massenproduktion, um "die Kraftwagenbesitzer in Deutschland in die Millionenzahl steigern" zu können.[3]

Wie sehr die USA für Hitler das Vorbild waren, an dem sich die deutsche Industrie zu orientieren hatte, machte Hitler zwei Jahre später zu gleichem Anlaß vor den führenden Vertretern der deutschen Automobilindustrie unmißverständlich deutlich: Anfangs sei das Auto wie "jede menschliche Erfindung ... ein Luxusartikel für einen mehr oder weniger beschränkten Kreis" der Bevölkerung. Wenn der Kraftwagen jedoch "der Volkswirtschaft wirklich einen gewaltigen Auftrieb geben" solle, "dann muß er vom Luxus-Objekt einiger weniger zum Gebrauchs-Objekt für alle werden".

> Das deutsche Volk hat genau dasselbe Bedürfnis, sich des Kraftwagens zu bedienen wie, sagen wir, das amerikanische. Es ist oberflächlich, für Amerika die Zahl von 23 oder 24 Millionen Kraftwagen als natürlich und verständlich anzusehen und für Deutschland (nur) die Zahl von 500.000 oder 600.000, (obwohl) das deutsche Volk zahlenmäßig etwas mehr als die Hälfte der nordamerikanischen Union ausmache. Nein, die volkliche Bedingung ist auch in Deutschland gegeben.

Langfristig anzustreben sei für das Deutsche Reich also eine Zahl von mindestens 12 Mio. Autos; für die nächsten Jahre hoffte der "Führer", "auf einen Kraftfahrzeugbestand von drei oder vier Millionen zu kommen". Allerdings habe es die deutsche Kraftfahrzeugindustrie bisher nicht verstanden, "die Anschaffungs-, Betriebs- und Erhaltungskosten" der Autos für jedermann "in ein tragbares Verhältnis zum Einkommen dieser breiten Masse unseres Volkes zu bringen, wie wir dies in Amerika an einem so glanzvollen Beispiel", gemeint war das T-Modell von Ford, "bereits als gelungen gelöst [sic] sehen können." Die angepeilte Motorisierung des deutschen Volkes würde freilich nur nach "Senkung der Wagenkosten auf 5.000 Mark" realisiert werden können.[4]

---

2 Nach: Max Domarus, Hitler. Reden und Proklamationen. Kommentiert von einem Zeitgenossen. München 1965, 208f.
3 Nach: ebd., 369f.
4 Nach: ebd., 576ff.

Mit der Errichtung des Volkswagenwerks nahe Fallersleben schien das Konzept, den Kraftwagen zum "Volksverkehrsmittel" zu machen und seines bisherigen Charakters, "klassentrennendes Mittel" zu sein, zu entkleiden, (so Hitler bei der Grundsteinlegung am 26. Mai 1938) in Erfüllung zu gehen.[5] Zwar fuhr der KdF-Wagen als "Volkswagen" nur in Einzelstücken für den zivilen Verbrauch vom Band. Aber er zog hunderttausende von "Volkswagensparern" in seinen Bann und wurde zum Symbol für Technikbegeisterung und industriellen "Modernisierungs"-willen der Nazis. Dabei war der KdF-Wagen mit 990 Reichsmark (RM) zwar der billigste, nicht jedoch der einzige "Volkswagen": Der Opel P-4 mit 1.450 RM, die DKW-Reichsklasse mit 1.650 RM oder der Opel-Kadett mit 1.750 RM waren gleichfalls für relativ breite Bevölkerungsschichten erschwinglich.[6]

Der Volkswagen wurde zum Symbol für den angepeilten Massenindividualverkehr. Das Auto allgemein wiederum (besonders der Rennwagen) repräsentierte, neben Zeppelin, Flugzeugen, Motorbooten, "Raketenwagen", "Flugbooten" und schließlich technisch anspruchsvollem Kriegsgerät, im Bewußtsein des "kleinen Mannes" nicht nur *die* moderne Technik. Zugleich stand das Auto für den Massenkonsum, den das NS-Regime auch in anderer Beziehung zu realisieren versprach und in vielen Haushalten—über den "Volksempfänger", elektrische Haushaltsgeräte, die "Leica" u.a.m.—in bescheidenen Grenzen seit etwa 1936 auch Wirklichkeit werden ließ.

Wie sehr die Massenkonsumgesellschaft USA zum Vorbild wurde, läßt sich nicht zuletzt daran ablesen, daß Coca Cola als der Inbegriff des "Amerikanismus" die Zahl seiner Abfüllbetriebe von fünf im Jahre 1934 auf 50 bei Kriegsbeginn steigerte. Die Zahl der Großhändler, die dieses Massengetränk, das erst 1929 in Deutschland eingeführt wurde, vertrieben, erhöhte sich während des gleichen Zeitraumes von 120 auf 2.000. Daß ausgerechnet auf den Mauern des Sportpalastes, in dem Goebbels seine aggressiven Reden hielt, die werbende Aufschrift prangte, "Coca Cola eiskalt" zu trinken, war von kaum zu übersehender Symbolkraft.[7] Gegen den breit angelegten, nach amerikanischem Muster konzipierten Werbefeldzug, der Coca Cola so rasch popularisierte, hatten die NS-Gewaltigen also offensichtlich nichts einzuwenden. Auch "Freizeit" ist der Konsumgesellschaft im weiteren Sinne zu subsumieren. Elemente moderner Urlaubs- und Freizeitkultur wurden zwar bereits in der Weimarer Republik entwickelt; zu einer ansatzweisen Verallgemeinerung dieser Aspekte moderner "Kultur" kam es jedoch

---

5 Nach: ebd. 867. Zu Äußerungen weiterer, führender Repräsentanten des NS-Regimes zu Technik und Rationalisierungsbewegung vgl. Ludolf Herbst, Der totale Krieg und die Ordnung der Wirtschaft. Die Kriegswirtschaft im Spannungsfeld von Politik, Ideologie und Propaganda. Stuttgart 1982, 320–325. Zum folgenden vgl. den wichtigen Aufsatz von Hans-Dieter Schäfer, Das gespaltene Bewußtsein. Über die Lebenswirklichkeit in Deutschland 1933–1945. Frankfurt a.M. 1984, 146–206, hier bes. 150–157, sowie ders., Amerikanismus im Dritten Reich, in: Michael Prinz/Rainer Zitelmann (Hrsg.), Nationalsozialismus und Modernisierung. Darmstadt 1991, 198–215.
6 Nach: Schäfer, Das gespaltene Bewußtsein, 153.
7 Vgl. ebd., 151f., bzw. ders., Amerikanismus, 205.

gleichfalls erst seit Mitte der dreißiger Jahre, wesentlich unter der Ägide der Deutschen Arbeitsfront (DAF) und der von ihr begründeten Organisation "Kraft durch Freude" (KdF).[8]

Die Massenkonsumgesellschaft, die dem NS-Regime vorschwebte, sollte dem Ideologem der "Volksgemeinschaft" wenigstens eine gewisse Realitätstüchtigkeit verleihen.[9] Im Unterschied zu den USA stand hinter dem nationalsozialistischen Konzept von Massenkonsum(gesellschaft) indessen nicht die Absicht, einer pseudo-egalitären Ideologie eine begrenzte materielle Basis zu verschaffen. Im Gegenteil: Das NS-Regime zielte von Anbeginn darauf ab, auch über den Massenkonsum die Segmentierung der (deutschen wie europäischen) Bevölkerung nach rassistischen Kriterien abzusichern und zu vertiefen. In den Genuß eines Volkswagens, eines elektrischen Staubsaugers, eines Kühlschrankes oder eines Fotoapparates sollten nur die "erbgesunden" Angehörigen der "deutsch-arischen Herrenrasse" kommen, wie denn überhaupt (darauf wird noch zurückzukommen sein) der Amerikanisierung der Konsumtions- und vor allem Produktionsstrukturen durch den Rassismus unüberwindbare Schranken gesetzt waren.

Im folgenden soll in einem groben Überblick entwickelt werden, daß die Arbeits- und Arbeiterpolitik des NS-Regimes unübersehbar fordistische Züge trug. Doch was heißt in diesem Zusammenhang "Fordismus"? Mit Blick auf den industriellen Produktionsprozeß bedeutet dies zunächst einmal folgendes: Sowohl durch das auf Frederick W. Taylor zurückgehende *Scientific Management*, d.h. den Versuch, durch Zerlegung und anschließend synthetischer Wiederzusammensetzung der einzelnen Produktionsabläufe, als auch durch primitivere oder entwickelte Systeme der Fließfertigung (Ford) sollten der Masse der produktiven Handarbeiter die letzten Reste handwerklicher Kompetenz, einschließlich daraus resultierender Freiräume, genommen und die jeweiligen Produktionsabläufe bis ins letzte "verwissenschaftlicht", d.h. für die Unternehmensleitungen berechenbar und kontrollierbar gemacht werden. Dies bedeutet allerdings keineswegs, daß (a.) der "Facharbeiter" als Arbeitertypus völlig verschwand und (b.) das angepeilte betriebsöko-

---

8 Vgl. ausführlich Wolfhard Buchholz, Die nationalsozialistische Gemeinschaft "Kraft durch Freude". Diss. phil. München 1976; Hasso Spode, Arbeiterurlaub im Dritten Reich, in: Carola Sachse u.a., Angst, Belohnung, Zucht und Ordnung. Opladen 1982, 275–328; ders., Der deutsche Arbeiter reist. Massentourismus im Dritten Reich, in: Gerhard Huck (Hrsg.), Sozialgeschichte der Freizeit. Wuppertal 1980, 281–307; Matthias Frese, Betriebspolitik im "Dritten Reich". Deutsche Arbeitsfront, Unternehmer und Staatsbürokratie in der westdeutschen Großindustrie 1933–1939. (Forschungen zur westfälischen Regionalgeschichte, Bd. 2.) Paderborn 1991, bes. 371–383.

9 Sicherlich nicht zufällig gründete das "Institut für Wirtschaftsbeobachtung" 1935 eine "Gesellschaft für Konsumforschung", der Ludwig Erhard vorstand. Diese Gesellschaft widmete sich der systematischen Erhebung der Konsumgewohnheiten deutscher "Volksgenossen" und unterhielt zu diesem Zweck 1935 zunächst 500, 1938 mehr als 600 und 1941 schließlich 880 sogenannte Konsumbezirke, in denen von je einem Korrespondenten die Verbrauchergewohnheiten systematisch beobachtet und prokolliert wurden—mit dem Ziel, "der Werbung eine totale Wirkung zu geben" und die Menschen auch als Konsumenten "total zu erfassen". Siehe Schäfer, Amerikanisierung, 211.

nomische und herrschaftsstrategische Kalkül auch tatsächlich aufging. Denn (a.) wurden Facharbeiter zur Überwachung wie Reparatur der Produktionsanlagen (und zum Teil auch der Arbeiter) weiter benötigt; das Tätigkeitsprofil für hochqualifizierte Arbeitskräfte wandelte sich also. Und (b.) verlief dieser Prozeß nicht so friktionsfrei, wie seine Initiatoren sich dies vorstellten. Darüber hinaus, im weiteren Sinne, meint "Fordismus" ein Gesellschaftsmodell, in dem einerseits die Entfremdung des (fordisierten) Arbeiters von seiner Arbeit auf die Spitze getrieben wird (Reduktion der Tätigkeit auf ganz wenige, höchst stumpfsinnige Bewegungen), andererseits—zwecks Kompensation dieser Entfremdung—eine gleichfalls weitgehend standardisierte Freizeit- und Konsumkultur angeboten wird.

Beide Ebenen fordistischer Konzepte blieben in den hochindustrialisierten Ländern bis in die siebziger Jahre auf betrieblicher wie gesellschaftlicher Ebene handlungsbestimmend. Die revolutionierenden Wirkungen der Mikroelektronik und die (ältere) Tendenz der Automatisierung industrieller Produktion bereiteten fordistischen Konzepten in den letzten zehn, zwanzig Jahren ein Ende; auch das fordistische Gesellschaftsmodell scheint angesichts der derzeitigen makroökonomischen wie sozialstaatlichen Krise inzwischen an Aktualität eingebüßt zu haben. Im Gegensatz zu den meisten volkswirtschaftlichen und wirtschaftshistorischen Darstellungen, die die Entfaltung des "Fordismus" (auf beiden Ebenen) ab etwa 1948/49 datieren, soll im folgenden nachgewiesen werden, daß in Deutschland der Durchbruch wesentlicher Elemente des Fordismus—vor allem auf der betriebswirtschaftlichen Ebene und zumindest in der deutschen Produktionsgüter- und Rüstungsindustrie—bereits in den Jahren seit 1935 einsetzte und nach Kriegsbeginn weiter an Tempo gewann.

DER GRÖSSTE AUTOMOBILFABRIKANT: EIN "REINER ARIER" UND "EHRLICHER" ANTISEMIT—HENRY FORD UND DAS MODERNE, INDUSTRIELLE AMERIKA IN DER PERSPEKTIVE DER NATIONALSOZIALISTEN VOR UND NACH 1933

Das für NS-Ideologen brisante Problem, daß das US-amerikanische Volk keineswegs "reinrassisch arisch" war und deshalb die in den Vereinigten Staaten entwickelten Formen rationeller, industriekapitalistischer Produktion nicht als Vorbild fungieren könnten, entschärfte "der Chef" elegant. Am 7. Februar 1942 bemerkte Hitler, gleichfalls während eines Tischgesprächs im Führerhauptquartier, "die Begründer der amerikanischen Technik sind fast lauter schwäbisch-allemannische Menschen", mithin "reinblütige Arier" und als Vorbild für die deutschen, rationalisierungsbewegten Ingenieure akzeptabel.[10] Auch dies war keine verspätete ideologische Kehrtwende, mit der die Übernahme amerikanischer Produktionsmethoden widerstrebenden deutschen Wirtschaftsfunktionären schmackhaft gemacht werden sollte. Bereits vor Beginn seiner politischen Laufbahn hatte Hitler aus

---

10 Zitat: Picker (Hrsg.), Hitlers Tischgespräche, 103. Entsprechend der von Gottfried Feder eingeführten, von Hitler übernommenen Unterscheidung in "raffendes" (=böses) und "schaffendes" (=gutes) Kapital waren "die Juden" bereits in *Mein Kampf* (723) zu "Regenten der Börsenkräfte (auch) der amerikanischen Union" gemacht worden.

seiner Begeisterung namentlich für Henry Ford, den Namen, der in den zwanziger und dreißiger Jahre für die US-amerikanische Variante der industriellen Moderne schlechthin stand, keinen Hehl gemacht.

Um die Jahreswende 1920/21 befand sich der spätere "Führer", zu diesem Zeitpunkt umtriebiger Bohemien, gelegentlicher Parteiredner und noch ohne den riesigen Massenanhang der späteren Jahre, in München auf ständiger Suche nach Leuten, die seinem rassistisch-völkischen "Wortgeschepper" zuhörten. An einem regnerischen Wintertag erkor Hitler sich den bayrischen Schriftsteller Oskar Maria Graf, der 1933 in die USA emigrierte und seine Begegnung mit Hitler in höchst amüsanter Weise in seiner Autobiographie schildert, zum Opfer. Ihm schwärmte Hitler in höchsten Tönen von Ford vor. "'Da', sagte er und hielt mir Henry Fords Buch Der Internationale Jude hin: 'Das müssen Sie lesen. Es gibt auch ehrliche Amerikaner, die genauso denken wie wir. Ford ist der größte Automobilfabrikant in Amerika und reiner Arier. Lesen Sie das einmal—'".[11] Dieser ehrliche Amerikaner hatte in seiner Schrift *Der Internationale Jude*, die im Oktober 1920 auf deutsch erschienen war und innerhalb weniger Jahre in über hunderttausend Exemplaren aufgelegt wurde, "den Juden" als den "einzigen und ursprünglichen Kapitalisten" bezeichnet und in seiner Schrift auch sonst Ansichten geäußert, die Hitler und seinen Gesinnungsgenossen gewissermaßen vom Munde abgelesen waren. Unter anderem hatte Ford behauptet:

> Was in Amerika "Kapital" genannt wird, ist gewöhnlich Geld, zu produktiven Zwecken verwandt, und irrtümlich wird der Fabrikant, der Werkleiter, der Lieferant von Werkzeug und Arbeit "Kapitalist" genannt. O nein, er ist nicht der Kapitalist im wahren Sinne. Auch er muß zu den Kapitalisten gehen, um mit dessen Geld seine Pläne zu finanzieren. Es ist auch eine Macht über ihm, die ihn härter und unbarmherziger behandelt, als er es je wagen würde, die Arbeiter zu behandeln. Das ist eine der Tragödien dieser Zeiten, daß "Kapital" und "Arbeit" sich bekämpfen, wo es doch nicht in beider Hand liegt, die Verhältnisse, gegen die beide protestieren und unter denen beide leiden, zu verbessern; es sei denn, daß sie ein Mittel finden, jener Gruppe von internationalen Finanzleuten die Macht zu entreißen, welche die Verhältnisse schaffen als auch ausbeuten.

---

11 Oskar Maria Graf, Gelächter von außen. Aus meinem Leben 1918–1933. München 1983 (Erstveröffentlichung 1966), 123. Daß Hitler und seine Münchner Gesinnungsfreunde sich für den großen US-amerikanischen Automobilfabrikanten begeisterten, hat der sozialdemokratische, bayerische Politiker Wilhelm Hoegner später bestätigt: "Ford spielte in der nationalsozialistischen Partei eine große Rolle. Man wollte ihn nach München kommen lassen und hier wie einen König empfangen. Für sein Buch 'Der internationale Jude' und seine Ideen wurde in den nationalsozialistischen Kreisen Propaganda gemacht." Siehe: Hitler und Kahr. Die bayerischen Napoleonsgrößen von 1923. Ein im Untersuchungsausschuß des bayerischen Landtages aufgedeckter Justizskandal, II. Teil, hrsg. vom Landeshauptausschuß der SPD in Bayern. München 1928, 102, zit. n.: Kurt Gossweiler, Kapital, Reichswehr, NSDAP 1919–1924. Köln 1982, 360; vgl. auch Werner Maser, Die Frühgeschichte der NSDAP. Hitlers Weg bis 1924. Frankfurt a.M./Bonn 1965, 88f. Die ideologischen Affinitäten sind wichtig. Ob Ford, wie gelegentlich behauptet wurde, die frühen Nazis mit größeren Geldsummen unterstützt hat, oder sonst auf die Anbiederungsversuche der damals ja noch sehr bayerisch-provinziellen Nationalsozialisten reagiert hat, ist hier nebensächlich.

Solchen einleitenden Sätzen läßt Henry Ford dann auf mehreren hundert Seiten in langatmigen Ausführungen die allbekannten antisemitischen Klischees vom jüdischen "Über-Kapitalismus" und einer jüdischen "Ober-Regierung" folgen; ebensowenig fehlt die Behauptung von der jüdisch-bolschewistischen Weltverschwörung. ("Jeder Kommissar in Rußland ist heute ein Jude." Die Juden seien die "Revolutionsmacher in Deutschland" gewesen etc.) Besondere Freude dürfte der Herrscher über den damals größten US-amerikanischen Automobilkonzern dem späteren Führer schließlich mit der Behauptung gemacht haben, "es gibt keinen stärkeren Gegensatz in der Welt als die rein germanische und rein semitische Rasse".[12]

Ford ist ein wichtiger Schlüssel, der erklärt, warum selbst die borniertesten Nazis spätestens ab 1934/35 Technikbegeisterung, Amerikanisierung und Rassismus komplikationslos miteinander vereinbaren konnten. Die von Hitler hochgelobte Schrift Fords erlebte bis 1934 insgesamt 31 Auflagen. Sie dürfte in der Zeit der Weimarer Republik den Boden für antisemitische Einstellungen gerade auch unter denjenigen Technikern, Betriebswirtschaftlern und Arbeitswissenschaftlern bereitet haben, die vehement die Übernahme amerikanischer Fertigungstechnologien und Arbeitsorganisation forderten.

Mit dem Bewußtsein, daß Rassismus und Amerikanisierung der industriellen Produktionsstrukturen komplikationslos miteinander zu vereinbaren seien—ein Bewußtsein, das durch die zitierten und weitere Reden Hitlers wie auch anderer NS-Größen immer wieder von neuem bestärkt wurde—ließ sich nach 1933 der breite Einzug des Taylorismus und des Fordismus als den Kernelementen "amerikanisierter" Produktion in die deutsche Industrie vorzüglich legitimieren. Betriebswirtschaftler und Techniker rezipierten insbesondere seit 1936 offen jeweils aktuelle Aufsätze US-amerikanischer Zeitschriften zum Thema Fertigungstechnologie und Arbeitsorganisation. Zumindest in Einzelfällen fanden derartige Aufsätze, ins

---

12 Henry Ford, Der internationale Jude. Leipzig 1922 (28. Auflage), Zitate: 24f., 29f. Das erste Kapitel, dem die Zitate entnommen sind, erschien als separater Artikel im Mai 1920 in *The Dearborn Independent*. Inwieweit sich Ford vom frühen deutsch-österreichischen Antisemitismus, wie er nach der Revolution 1918/19 in rechtsradikalen Kreisen Blüten trieb, und Gottfried Feders Ideologem vom "raffenden" und "schaffenden Kapital" (unmittelbar) inspirieren ließ, wäre eine eigene Untersuchung wert. Unwahrscheinlich scheint mir dies jedenfalls nicht. Bemerkenswert ist außerdem, daß das 25-Punkte-Programm der NSDAP, in dem diese Positionen programmatisch zusammengefaßt sind, kurz vorher, Ende Februar 1920, erschien. Ford, dessen Forderungen denen der NSDAP weitgehend entsprachen, zieht—ähnlich wie Hitler in vielen seiner Reden—in seiner Schrift die vom russischen Geheimdienst Ochrana gefälschten *Protokolle der Weisen von Zion* als "Argument" heran, befaßt sich detailliert mit dem angeblichen Einfluß der "internationalen Juden und ihrer Helfershelfer" auf das US-amerikanische Bankwesen, die dortige Film- und Musikindustrie etc., um so seine These von der jüdisch-kapitalistisch-bolschewistischen Weltverschwörung dem Leser plausibel zu machen. Last but not least tadelt er die ihm unverständliche, für die USA angeblich typische, "gutartige Duldsamkeit gegen alle Rassen", während man in "Deutschland sich der Juden erwehrt".

Deutsche übersetzt, auch in Fachzeitschriften Eingang.[13] Deutsche Wirtschaftsfachleute lernten im übrigen US-amerikanische Produktionsmethoden nicht nur aus zweiter Hand kennen; sie besuchten das Land auch. Namentlich die vom "Wirtschaftsdiktator" Hermann Göring herausgegebene Zeitschrift "Der Vierjahresplan" warb gezielt für Studienreisen in die USA, um die deutsche Wirtschaft von der relativen Überlegenheit der dortigen Industrie nicht zuletzt in Sachen Fertigungstechnik profitieren zu lassen. Allein 1937 bot der Norddeutsche Lloyd mehr als vierzig Nordamerika-Fahrten vornehmlich für Fachleute aus Industrie und Handwerk an. Die Deutsche Arbeitsfront (DAF) erweiterte ihre "wirtschaftskundlichen Studienfahrten" noch Anfang 1939 um "drei große Reisen nach Amerika". Namentlich die Ford-Automobilwerke in River Rouge waren ein beliebtes Ziel solcher Reisen.[14]

Aber nicht nur die Fordsche Fließfertigung galt als Vorbild. Auch Taylor und Gilbreth wurden in ein höchst günstiges Licht gestellt. Auf ihnen fuße, so betonten die Fachleute unisono, auch die deutsche Arbeitswissenschaft. Den Taylorismus nannte einer der führenden Arbeitswissenschaftler blumig eine der vielen positiven "Früchte jener nordamerikanischen Vereinigung von rauher Betriebsnotwendigkeit und gesundem Menschenverstand". Die Hawthorne-Studien schließlich wurden (spätestens) seit 1939 positiv rezipiert und für die deutsche Kriegswirtschaft nutzbar gemacht.[15]

DIE AUSBILDUNG "HOCHWERTIGER" UND "WENDIGER" FACHARBEITER: EINE "DEUTSCHE ANTWORT" AUF DIE "AMERIKANISCHEN RATIONALISIERUNGSMETHODEN"?

Allerdings blieb die Übernahme des Taylor'schen und des Ford'schen Systems der Produktionsorganisation nicht ganz widerspruchsfrei. Angelpunkt der Kritik auch aus Wirtschaftskreisen war die mit tayloristischer Arbeitszerlegung und der Fließfertigung einhergehende Monotonisierung der individuellen Tätigkeiten, die der

---

13 Vgl. z.B. C.N. Harwood, Schulung der Zeitnehmer zu Leistungsbewertern, in: Heat Treating and Forging, Oktober 1937; übersetzt in: Industrielle Psychotechnik 17 (1940), 164ff.
14 Vgl. (inkl. Belege) Schäfer, Amerikanisierung, 203f. Ebenso kamen mehr ausländische Besucher nach Deutschland als selbst in den "goldenen" zwanziger Jahren. Allein in Berlin lag die Zahl der ausländischen Besucher 1937 bei 285.313. Sie war damit gegenüber 1927, dem besten Jahr der Weimarer Republik, um mehr als 25% gewachsen. Die Zahl der in Berlin registrierten Übernachtungen von amerikanischen Bürgern stieg infolge des günstigen Dollar-Kurses auf 25.955; vgl. ebd.
15 Vgl. z.B. Erwin Bramesfeld, Entwicklung und Stand der Zeitstudie in Deutschland, in: Technik und Wirtschaft (im folgenden TuW), 35 (1942), 93 (Zitat); Kurt Pentzlin, Arbeitsforschung und Betriebspraxis (I), in: ebd. 35 (1942), 58; K. Setter, Sinnvolle Gestaltung des Fertigungswesens, in: Maschinenbau (im folgenden MB), 18 (1939), 1f.; Hermann Böhrs, Anpassung der Akkorde an den technischen Fortschritt, in: Zeitschrift für Organisation (im folgenden ZfO) 11 (1937), 243; ferner Margrit Schuster/Helmuth Schuster, Industriesoziologie im Nationalsozialismus, in: Soziale Welt 35 (1984), 96, 109f. In den meisten der zahllosen zeitgenössischen Aufsätze zum Thema "industrielle Rationalisierung" war der Bezug auf das amerikanische Vorbild selbstverständlich.

angeblich besonders ausgeprägten "Arbeitsfreude" des "deutschen Arbeiters" entgegenstand. Namentlich das Deutsche Institut für Technische Arbeitsschulung (DINTA) versuchte eine "deutsche Antwort" auf die Amerikanisierung der industriellen Produktionsstrukturen, indem es die Ausbildung "hochwertiger" und "wendiger" Facharbeiter in eigens errichteten, der Industrie angegliederten Lehrwerkstätten forcierte. Noch Ende 1933 wurde das DINTA von der DAF beauftragt, in expliziter Abgrenzung zu "amerikanischen Rationalisierungsmethoden" psychologisch-pädagogische Konzepte zur Steigerung des menschlichen Arbeitsvermögens zu entwickeln.[16] Indessen verlor die Gegenüberstellung von "deutschen" und "amerikanischen" Rationalisierungsmethoden bald an Schärfe und wurde spätestens seit Mitte der dreißiger Jahre auch von NS-Ideologen nicht mehr betont.

Tatsächlich handelte es sich bei der vermeintlich "deutschen Antwort" auf die Amerikanisierung weniger um die Formulierung einer Alternative als vielmehr eher um eine spezifische *Ergänzung* der in den USA entwickelten Formen der betrieblichen Rationalisierung, ihre Konkretisierung auf die besonderen deutschen Verhältnisse.[17] Denn erstens erlaubte der vergleichsweise kleine deutsche Binnenmarkt nur sehr beschränkt die Einführung von Massenfertigung; diese jedoch war eine elementare Voraussetzung für die Rationalisierung der Fertigungstechniken und Arbeitsorganisation nach amerikanischem Vorbild. Zwar wurde (darauf wird zurückzukommen sein) die Massenfertigung nach 1933 bzw. 1935/36 in großen Teilen der Industrie ausgeweitet. Das heißt jedoch nicht, daß der seit 1935/36 beobachtbare Rationalisierungsschub sämtliche Bereiche der deutschen Industrie gleichmäßig erfaßte. In Teilen der Industrie blieben die Einzelfertigung und entsprechende Formen traditionaler, qualifizierter Tätigkeiten weiterhin dominant.[18]

16 Vgl. Frese, Betriebspolitik, 253. Zur Skepsis namentlich der deutschen Schwerindustrie gegenüber dem Taylorismus bis Mitte der dreißiger Jahre vgl. auch Alf Lüdtke, Eigen-Sinn. Fabrikalltag, Arbeitererfahrungen und Politik vom Kaiserreich bis in den Faschismus. Hamburg 1993, bes. 244f. Zum DINTA in den zwanziger Jahren vgl. Frese, Betriebspolitik, 15ff., sowie den Überblick bei Rüdiger Hachtmann, Zur Lage der Industriearbeiterschaft im Ruhrgebiet während der NS-Zeit, in: Ottfried Dascher/Christian Kleinschmidt (Hrsg.), Die Eisen- und Stahlindustrie im Dortmunder Raum. Wirtschaftliche Entwicklung, soziale Strukturen und technologischer Wandel im 19. und 20. Jahrhundert. Dortmund 1992, 233–264, hier bes. 235ff. (und die dort jeweils genannte Literatur).
17 Hinzuweisen ist in diesem Zusammenhang darauf, daß das DINTA als Exponent der "deutschen Antwort" auf Taylor und Ford den Schwerpunkt seiner Tätigkeit auf die Betriebe der Schwerindustrie gelegt hatte, deren Produktionsstrukturen ganz anders waren als die der metallverarbeitenden Unternehmen, wo das Ford'sche Fertigungssystem am stärksten Fuß faßte. Daß die von DINTA propagierten Prinzipien, vor allem die Ausbildung "wendiger", leistungsbereiter Facharbeiter, und tayloristische Konzepte sich auch in der Perspektive des Instituts auf Dauer keineswegs ausschlossen, beweist die enge Zusammenarbeit zwischen DINTA und REFA seit 1933/35; vgl. Anm. 20.
18 Dies gilt nicht nur etwa für bestimmte, nicht-rüstungsrelevante Industriesektoren, sondern auch für einzelne Bereiche der fertigungstechnisch führenden Elektroindustrie. Heidrun Homburg spricht deshalb von einer "*Annäherung* an das amerikanische Vorbild der hochgradig mechanisierten, standardisierten Massenfertigung". In den zwanziger Jahren hätten

Zweitens machte Fließfertigung qualifizierte Tätigkeiten keinesfalls gänzlich überflüssig. Zur Kontrolle, für Reparaturen, zu Vor- und Nacharbeiten, für Versuchsreihen und Umstellungen wurden auch weiterhin "wendige" Facharbeiter benötigt.[19] Allerdings hatte sich (wie gesagt) ihr Tätigkeitsprofil häufig grundlegend gewandelt. Drittens schließlich bot das NS-Regime für den Einwand, dem "deutschen Arbeiter" seien die für tayloristische und fordistische Fertigungen typischen, monotonen Arbeitsplätze nicht "artgemäß", eine rassistische "Lösung" an. Darauf wird noch zurückzukommen sein.

Mit der, allen partiellen Vorbehalten zum Trotz, auch für die NS-Zeit typischen Orientierung am "Pionier" USA setzte sich seit Mitte der dreißiger Jahre fort, was bereits in der Weimarer Republik begonnen hatte. Daß es seit Anfang der zwanziger Jahre im Deutschen Reich vor allem in den verarbeitenden Industriezweigen zu einer breiten Rezeption der damals modernen, US-amerikanischen Fertigungsmethoden und arbeitsorganisatorischen sowie sozialtechnischen Rationalisierung kam, ist bekannt. Weniger bekannt ist, daß der breiten Rationalisierungs*diskussion* eine nur begrenzte Rationalisierungs*praxis* folgte.

In lediglich gut einem Prozent aller Industrieunternehmen waren bis zur Weltwirtschaftskrise Systeme fließender Fertigung eingeführt worden. In nennenswertem Umfang vor allem in der Metallverarbeitung: Hier arbeiteten nach einer Erhebung des "Deutschen Metallarbeiterverbandes" aus dem Jahre 1931 in einem Fünftel aller (größeren) Betriebe Teile der Belegschaften nach dem Prinzip der fließenden Fertigung. In den meisten Fällen fand das Fließprinzip freilich nur auf der organisatorischen Ebene, noch ohne laufende Bänder, als sog. Taktarbeit Anwendung. Lediglich fünf Prozent der metallverarbeitenden Unternehmen hatten in einzelnen Produktionsabschnitten Fließ*bänder* eingeführt. Innerhalb der Metallverarbeitung waren die Automobil- und die Elektroindustrie führend. In beiden Branchen kannten immerhin 11,6% bzw. 17,0% aller Betriebe Fließbänder.[20]

---

die Rationalisierungsanstrengungen in den von Homburg exemplarisch untersuchten Siemens-Werken "experimentellen Charakter" besessen. Seit Mitte der dreißiger Jahre sei dann allerdings "eine Wende" eingetreten, hätten die Fließfertigungssysteme auf breiter Basis Fuß gefaßt. Vgl. Heidrun Homburg, Rationalisierung und Industriearbeit. Das Beispiel des Siemens-Konzerns 1900-1939. (Schriften der Historischen Kommission zu Berlin, Bd. 1.) Berlin 1991, hier 526f. So falsch es im übrigen wäre, für *sämtliche* Industriezweige einen gleichmäßig massiven Rationalisierungsschub ab 1935/36 zu konstatieren (und die jeweils branchenspezifischen Entwicklungen außer Acht zu lassen), so irreführend ist es auf der anderen Seite, die "Standards der Einzelfertigung" zum auch seit Ende der dreißiger Jahre generell dominanten Produktionsprinzip zu erklären und zu suggerieren, eine Amerikanisierung der Produktion hätte in den rüstungsrelevanten Kernbereichen der verarbeitenden Industrie weitgehend nur auf dem Papier stattgefunden. So Lüdtke, Eigen-Sinn, bes. 328.

19 Vgl. (resümierend) Homburg, Rationalisierung und Industriearbeit, 653; Lüdtke, Eigen-Sinn, 247f. Gerade der Facharbeitermangel war ein wichtiger Stimulans, die Produktionsstrukturen fordistischen und tayloristischen Strukturen anzupassen und auf diese Weise qualifizierte Arbeiter durch Ungelernte oder Angelernte zu ersetzen.

20 Zahlen nach der Erhebung des Vorstandes des Deutschen Metallarbeiterverbandes (Hrsg.), Die Rationalisierung in der Metallindustrie. Berlin 1932, 117, 138. Dort auch Angaben

Unternehmen des Maschinen- und Apparatebaus als des größten Zweigs der Metallverarbeitung waren dagegen bis etwa 1938/39 nur in seltenen Ausnahmefällen "fordisiert". Und selbst in den Unternehmen, die Fließbänder aufgestellt hatten, arbeitete im Regelfall tatsächlich nur eine Minderheit der Gesamtbelegschaft am Band, war die Fließarbeit auf sog. Fließinseln, d.h. wenige Operationen innerhalb des gesamten Produktionsprozesses beschränkt. Selbst bei Opel, seit 1929 zu 80%, seit 1931 schließlich ganz im Besitz von General Motors, damals größtes deutsches Autounternehmen und am stärksten fertigungstechnisch am US-amerikanischen Vorbild orientiert, lag der Anteil der eigentlichen Bandarbeiter an der Gesamtbelegschaft bei lediglich 19%.[21]

Ganz ähnlich stellt sich die Situation dar, wenn wir die tayloristische Ebene der Amerikanisierung der deutschen Industrie betrachten. Der "Reichsausschuß für Arbeitszeitermittlung", die von dieser Institution entwickelte deutsche Variante des Taylorismus, das sog. *REFA*-Verfahren, fand bis 1933 fast ausschließlich nur in den metallverarbeitenden Branchen Anwendung. Auch die Normierung von Produktteilen und die Begrenzung der Produkttypen kam bis 1933, gemessen an den diskutierten Möglichkeiten, kaum voran. In manchen Fällen waren sogar beträchtliche Rückschritte unübersehbar: 1929 bauten 17 größere Automobilunternehmen 34 PKW-Typen; 1932 boten dagegen dieselben 17 Unternehmen ihren Kunden fast doppelt soviele Modelle, nämlich 60 PKW-Typen, an.[22]

Wenn Taylorismus und Fordismus bis zur Weltwirtschaftskrise nur sehr begrenzt in die deutsche Industrie Eingang fanden, dann lag dies nicht etwa (bzw. nur in Ausnahmefällen) an der Antiquiertheit der Unternehmer. Im Gegenteil, diese waren, wie die Stillegung bereits installierter Fließbänder in den Jahren 1929/30 zeigt[23], vielfach "moderner" als die makroökonomischen Verhältnisse erlaubten. Durch die objektiven Gegebenheiten wurden der deutschen Industrie bis 1933 in zweierlei Hinsicht Grenzen gezogen: (1.) durch den erwähnten, vergleichsweise kleinen Binnenmarkt, der Massenfertigung in großem Maßstab als elementare Voraussetzung für eine Rationalisierung der Fertigungstechniken und Arbeitsorganisation nach amerikanischem Muster nicht erlaubte, sowie (2.) durch die Arbeiterparteien und Gewerkschaften, die einer Rationalisierung zwar keineswegs gänzlich abgeneigt waren, der Autonomie der Unternehmer jedoch, in dieser

---

für die übrigen Industriezweige. Vgl. außerdem Gerhard Duvigneau, Untersuchungen zur Verbreitung der Fließarbeit in der deutschen Industrie. Diss. phil. Breslau 1932.
21 Vgl. Anita Kugler, Von der Werkstatt zum Fließband. Etappen der frühen Automobilproduktion in Deutschland, in: Geschichte und Gesellschaft (im folgenden GG), 13 (1987), 336f.
22 Vgl. H.C. Graf v. Seherr-Toss, Die deutsche Automobilindustrie. Eine Dokumentation von 1886 bis heute. Stuttgart 1974, 212. Zur Frühgeschichte von REFA vgl. Homburg, Rationalisierung und Industriearbeit, 291–304.
23 Bis 1930/31 waren nach Ermittlungen des DMV in zwölf Fällen Fließbänder "wegen Überschätzung des Absatzes" stillgelegt worden; vgl. DMV, Rationalisierung, 163. Die Gewerbeaufsichtsbeamten nannten in ihren Jahresberichten 1932/33, 31, und 1933/34, 41, weitere Beispiele.

Hinsicht nach Gutdünken schalten und walten zu können, aufgrund ihrer (freilich zunehmend schwächeren Stellung) bei Tarifverhandlungen und über die Mitspracherechte der Betriebsräte Fesseln anlegten.

DISZIPLINIERUNG UND DIFFERENZIERUNG, ANGST, APATHIE UND AUFSTIEGSMENTALITÄT—ZU FUNKTIONEN UND FOLGEN DES NATIONALSOZIALISTISCHEN ARBEITSRECHTES UND DER NATIONALSOZIALISTISCHEN ARBEITERPOLITIK

Beide Fesseln sprengte das NS-Regime. Gewerkschaften und Arbeiterparteien wurden bekanntlich bereits in den ersten Monaten nach der "Machtergreifung" zerschlagen, ihre Mitglieder systematisch eingeschüchtert und verfolgt. Anfang 1934 wurde mit dem "Gesetz zur Ordnung der nationalen Arbeit" die Entrechtung der Arbeitnehmer festgeschrieben: Gewerkschaften existierten nicht mehr. Die Deutsche Arbeitsfront, der sich bis Kriegsbeginn faktisch die gesamte Arbeitnehmerschaft als Zwangsmitglieder hatte anschließen müssen, organisierte auch Unternehmer; vor allem jedoch erlaubte es die Verpflichtung auf die sozialen und ökonomischen Ziele des Regimes nicht, daß sich diese größte NS-Massenorganisation unter der Hand zu einer gewerkschaftsähnlichen Vereinigung entwickelte. Der 1934 in den einzelnen Unternehmen installierte "Vertrauensrat" trat nicht in die Rechte des vormaligen Betriebsrates ein. Er war dem Betriebswohl und damit dem Unternehmer sowie dem NS-Staat verpflichtet; substantielle Kompetenzen, Arbeitnehmerrechte gegenüber dem "Betriebsführer" zu vertreten, besaß er nicht. Die zuvor in Tarifverhandlungen ausgehandelten Tarifverträge schließlich wurden durch Tarifordnungen ersetzt, die einseitig von den staatlicherseits eingesetzten "Treuhändern der Arbeit" erlassen wurden.

In sozialökonomischer Hinsicht waren Zerstörung der organisierten Arbeiterbewegung und arbeitsrechtliche "Neuordnung" für Unternehmerschaft und Staat vor allem in dreierlei Hinsicht von Bedeutung: Erstens konnten die Brutto- und Nettoverdienste im Durchschnitt in allen Branchen und für alle Arbeitergruppen seit 1933 gegenüber dem sowieso schon sehr niedrigen Niveau 1931/32 zunächst weiter gesenkt werden[24], ohne daß die "Betriebsführer" und das NS-Regime fürchten mußten, auf nachhaltigen Widerstand der betroffenen Arbeiterschichten zu treffen. Die infolgedessen vielfach drastisch reduzierten Lohnkosten erklären zu einem guten Teil den raschen rüstungskonjunkturellen Aufschwung seit etwa 1934/35. Die durch Arbeitnehmerrechte nicht mehr angefochtene Stellung der Betriebsleiter hatte zweitens den Vorteil, daß man weitaus umstandsloser als zuvor auf den verschiedenen Ebenen rationalisieren konnte und nicht fürchten mußte, auf den Widerstand des Betriebsrates als Sprachrohr der Belegschaft zu treffen, oder sich—im günstigen Fall—Rationalisierungsmaßnahmen durch sozialpolitische

---

24 Zur Praxis und zum Ausmaß untertariflicher Entlohnung sowie zu den Dimensionen des Lohnabbaus in den verschiedenen Industriezweigen 1933 bis 1936/37 vgl. im einzelnen Rüdiger Hachtmann, Industriearbeit im Dritten Reich. Untersuchungen zu den Lohn und Arbeitsbedingungen. (Kritische Studien zur Geschichtswissenschaft, Bd. 82.) Göttingen 1989, 92–111.

Konzessionen erkaufen zu müssen. Obwohl während des "Dritten Reiches" zu keinem Zeitpunkt ein formalisiertes Streikverbot bestand, waren *kollektive* Protestaktionen streng diskriminiert und riefen umgehend die nationalsozialistischen Verfolgungsorgane auf den Plan. Eine Folge dieser Politik des NS-Regimes war, daß Arbeiter Lohnerhöhungen, Verbesserungen der Arbeitsbedingungen etc. individuell durchzusetzen suchten, und zwar Arbeiter solcher Schichten, die auf dem Arbeitsmarkt besonders "nachgefragt" waren und mit Arbeitsplatzwechsel drohen konnten. Dieser politisch bedingten (verstärkten) Differenzierung und Individualisierung der Arbeitnehmereinkommen, die durch die Tarifordnungen und die dort vielfach fixierten, "großzügigen" Ausnahmeregelungen begünstigt wurden, entsprach drittens eine zunehmende Orientierung auf leistungsbezogene Lohnsysteme. Je nach Branche konnte dies unterschiedliches bedeuten: In den Zweigen des Baugewerbes beispielsweise, die ursprünglich einen hohen Anteil von Beschäftigten aufwiesen, die im Zeitlohn beschäftigt wurden, erhöhte sich der Anteil der Akkordarbeiter. In den industriellen Kernbereichen dagegen wuchs der Anteil der Arbeitskräfte, die im (taylorisierten) Zeitstudienakkord, im Pensum- oder Prämienlohn oder auch im Gruppenakkord, bei dem der soziale Druck auf schwächere Mitglieder der Akkordgruppe weitaus höher ist als im Einzelakkord, beschäftigt wurden.[25]

Gewerkschaften und Betriebsräte hätten, das zeigt in Deutschland der Blick auf die Weimarer Republik oder die Bundesrepublik Deutschland, Systemen leistungsbezogener Entlohnung zwar gewiß keine unüberwindlichen Barrieren entgegengestellt; sie wären mit ihnen jedoch nicht so rasch und reibungsfrei durchzusetzen gewesen. Folge der vertieften und verfeinerten, weniger qualifikations- als vielmehr tätigkeits- und leistungsbezogenen Binnendifferenzierung der Industriearbeiterschaft wiederum war, daß die Arbeitereinkommen im Durchschnitt auch nach Einsetzen der Voll- und Überbeschäftigung etwa ab 1936/37 im Durchschnitt nur langsam stiegen und zudem Voraussetzungen für kollektive Handlungen schwanden (und zwar auch unabhängig von den rechtlichen Rahmenbedingungen). Ergänzt und abgestützt wurde die durch Arbeitsrecht, Arbeitsmarkt und überbetrieblich wie innerbetrieblich forcierte Leistungsentlohnung bedingte Zersplitterung und Lähmung der Industriearbeiterschaft, indem unter dem Signum städtebaulicher "Sanierung" nicht zuletzt gewachsene, proletarische oder subproletarische Sozialmilieus zerstört wurden. Brüchig geworden waren die überkommenen Solidarstrukturen der alten Arbeiterbewegung freilich bereits während der Weltwirtschaftskrise; im "Dritten Reich" wurde dieser Prozeß nur fortgesetzt und zu einem gewissen Abschluß gebracht. Die Durchsetzung der Belegschaften mit "alten Kämpfern" und jungen, enthusiastischen Nationalsozialisten tat ein übriges, um die traditionellen Solidarstrukturen der alten Arbeiterbewegung häufig endgültig zu zerbrechen; auch unterhalb der Ebene förmlicher Organisierung wurde gemeinsames Handeln größerer Arbeitergruppen nahezu unmöglich.

---

25 Ausführlich hierzu: ebd., bes. 112–153, 161–223; Tilla Siegel, Leistung und Lohn in der nationalsozialistischen "Ordnung der Arbeit". Opladen 1989, 210–238.

An die Stelle solidarischer Verhaltensmuster und traditioneller, von der organisierten Arbeiterbewegung geprägter Werte traten allmählich und von den Betroffenen häufig nicht bemerkt—neben dem Rückzug ins Private, in die Resignation und Apathie—vor allem bei den Jüngeren neue Denk- und Verhaltensformen, die sich am ehesten mit Begriffen wie "Individualismus", "Leistungsdenken" und "Karrierestreben" umschreiben lassen. Die erhöhte, durch den 1936 einsetzenden Facharbeitermangel ausgelöste, soziale Aufstiegsmobilität, die das NS-Regime durch medienwirksam in Szene gesetzte Aktivitäten wie den "Reichsberufswettkampf" der DAF mit offenbar einigem Erfolg politisch auf das eigene Konto verbuchte, gaben dem Mythos (nicht: "Vom Tellerwäscher zum Millionär", sondern:) "Vom Hilfsarbeiter zum Generaldirektor" den Anschein einer gewissen Realitätstüchtigkeit. Zwar schaffte tatsächlich nur eine kleine Minderheit den Karrieresprung zum Facharbeiter, Meister oder technischen Angestellten. Trotzdem gelang es den Nationalsozialisten augenscheinlich mit ziemlichem Erfolg, diesen neuen, auf Individualisierung, Konkurrenz (Wettbewerb) und unbedingte Leistungsbereitschaft zielenden *German Way of Life* in breiteren Schichten der Industriearbeiterschaft zu verankern—und die traditionellen, auf Solidarität basierenden und auf Egalität zielenden Utopien der organisierten Arbeiterbewegung auszuhöhlen.

Auch sonst wies der hier nur in ganz groben Umrissen skizzierte soziale und "mentale" Prozeß nicht zufällig Ähnlichkeiten mit entsprechenden Prozessen in den USA auf. Ford war bekanntlich ein erklärter Gegner der Gewerkschaften; ebenso bekannt ist, daß die Nationalsozialisten ihm hierin nicht nachstanden. So hart Ford gegenüber Arbeitnehmerorganisationen auftrat, so bewußt praktizierte er auf der anderen Seite eine Politik hoher Löhne, ausgedehnter betrieblicher Sozialleistungen, der Anerkennung individueller Leistung und Propagierung einer Massenkonsumgesellschaft. Das NS-Regime, das ausgedehnten betrieblichen Sozialleistungen und hohen Verdiensten, sofern diese leistungsbezogen gewährt wurden, grundsätzlich keineswegs abgeneigt war, konnte sich in dieser Hinsicht gleichfalls an die Ford'sche Politik (und dessen deutsche Vorläufer wie Nachahmer) anlehnen. Selbst der rechtlich-politische Rahmen für diese Politik, das Konzept der "Betriebsgemeinschaft", Kern der 1933/34 ins Werk gesetzten neuen Arbeitsverfassung, trug wenigstens partiell fordistische Züge.[26]

---

26 Das unter dem Oberbegriff "Betriebsgemeinschaft" ein Jahr nach der "Machtergreifung" im nationalsozialistischen "Grundgesetz der Arbeit" verankerte Organisationskonzept, so hat Matthias Frese seine Untersuchung der nationalsozialistischen Betriebspolitik resümiert, wirke nur auf den ersten Blick antiquiert. Tatsächlich fuße es, als Bestandteil "technokratisch-kapitalistischer Wirtschaftsführung" auf den "Ergebnissen der amerikanischen Taylor-Ford-Diskussion" und ihrer Anwendung in deutschen Industrieunternehmen; vgl. Frese, Betriebspolitik, 449f. Dieser Feststellung ist grundsätzlich zuzustimmen. Zu berücksichtigen ist allerdings, daß die "Betriebsgemeinschaft" als Zentralkategorie des NS-Arbeitsrechts zugleich wesentlich in patriarchalisch-frühkapitalistischen Konzepten vor allem der rheinisch-westfälischen Schwerindustrie wurzelte und sich bestimmte Elemente der im Januar 1934 verankerten Arbeits- und Betriebsverfassung auf Dauer für einen modernen,

"... EIN TEMPO ANGENOMMEN WIE NIE ZUVOR"[27]—ZU DEN DIMENSIONEN DER FERTIGUNGSTECHNISCHEN RATIONALISIERUNG IM DRITTEN REICH

Nicht nur in rechtlicher und politischer Hinsicht wurden nach der NS-Machtergreifung Fesseln abgestreift, die einer ungezügelten "Amerikanisierung" des industriellen Sektors bis dahin hinderlich im Wege gestanden hatten. Mehr noch die makroökonomischen Konstellationen und wirtschaftspolitischen Interventionen begünstigten seit 1933 die Entfaltung der Rationalisierungsbewegung in der deutschen Industrie: Das von Anbeginn avisierte Ziel, ganz Europa dem Nationalsozialismus zu unterwerfen und zu diesem Zweck die Nachbarländer mit Krieg zu überziehen, erforderte Massenproduktion von Waffen und Munition. Hierfür die Voraussetzungen zu schaffen, überließ das NS-Regime nicht den einzelnen Unternehmen. Der NS-Staat suchte vielmehr die Schwächen der deutschen Kriegsführung während des Ersten Weltkrieges auch in ökonomischer Hinsicht zu vermeiden; er wurde selbst aktiv, und zwar bereits vor Beginn des Zweiten Weltkrieges.

Mitte Dezember 1938 forderte Göring als "Beauftragter für den Vierjahresplan" den Reichswirtschaftsminister Funk auf, "alle Maßnahmen, die zur Leistungssteigerung der deutschen Wirtschaft erforderlich sind, anzuordnen und durchzuführen", insbesondere die "Verbesserung der Betriebsanlagen, Produktionsmittel und Produktionsmethoden" voranzutreiben. Bereits im November 1938 war der Oberst und Amtsgruppenchef im Oberkommando des Heeres Adolf v. Schell zum "Generalbevollmächtigten für das Kraftfahrzeugwesen" ernannt worden; im Dezember 1938 folgte der Geschäftsführer der Wirtschaftsgruppe Maschinenbau innerhalb der Reichsgruppe Industrie Karl Lange als "Bevollmächtigter für die Maschinenerzeugung". Aufgabe dieser und anderer "Bevollmächtigter" sollte es sein, die einzelbetrieblichen "Rationalisierungsfortschritte möglichst schnell zu verallgemeinern". Zwecks Koordinierung und Straffung innerhalb der Selbstverwaltung der Wirtschaft bestehender "Rationalisierungs-Ausschüsse" wurde Mitte Januar 1939 außerdem ein "Reichsausschuß für Leistungssteigerung" geschaffen; an dessen Spitze stand der Vorsitzende des "Reichskuratoriums für Wirtschaftlichkeit", Georg Seebauer. Die nationalsozialistischen Funktionsträger gingen zunächst davon aus, daß der Staat lediglich "die Entwicklung fördern [brauche], die sich bei freier Wirtschaft ... von selbst schon" angebahnt habe.[28]

---

hochtechnisierten Industriekapitalismus wohl als dysfunktional erwiesen hätten. Vgl. hierzu u.a. Rüdiger Hachtmann, Die Krise der nationalsozialistischen Arbeitsverfassung – Pläne zur Änderung der Tarifgestaltung 1936–1940, in: Kritische Justiz 17 (1984), 281–299.

27 So formulierte der "Bevollmächtigte für die Maschinenerzeugung" mit Blick auf den "(fertigungs-)technischen Fortschritt"; vgl. Karl Lange, Maschinenbau und neue Wirtschaftsaufgaben, in: Deutsche Volkswirtschaft (im folgenden DVW) 7 (1938), 50.

28 Georg Seebauer, Leistungssteigerung durch Rationalisierung, in: Der Vierjahresplan 2 (1938), 524; Lenkung durch die Maschinenproduktion, in: DVW 7 (1938), 1355f. Bemerkenswert ist in diesem Zusammenhang, daß die NS-Machtergreifung US-Unternehmen keineswegs hinderte, in die deutsche Industrie, auch die Rüstungsindustrie zu investieren, und damit zumindest indirekt zu helfen, deren Leistungsfähigkeit zu steigern. ITT beispielsweise

Im Hinblick auf den avisierten Krieg erwies sich dieses Vorgehen jedoch als zu zeitaufwendig. Deshalb wurde das Instrumentarium staatlicher Intervention in der Folgezeit relativ rasch ausgebaut (ohne allerdings die Gewinnträchtigkeit einzelkapitalistischer Produktion zu reglementieren und einzuschnüren): Eine Verordnung über die Typenbegrenzung in der Kraftfahrzeugindustrie unterwarf die Herstellung von PKWs, LKWs, Motorrädern, Anhängern etc. der Genehmigung durch den "Generalbevollmächtigten für das Kraftfahrzeugwesen". Infolgedessen wurde—und entsprechend der eingangs zitierten Losung Hitlers—bis Ende 1939 die Zahl der Kraftfahrzeugtypen von 335 auf 81 und die der Lastwagen-Haupttypen von 113 auf 19 gesenkt. Einfluß auf Tempo und Ausmaß der einzelbetrieblichen Rationalisierung nahm der Staat außerdem, indem er bei der Vergabe von Rüstungs- und sonstigen Aufträgen solche Unternehmen bevorzugte, die kurze Lieferfristen und niedrige Herstellungskosten garantierten. Betriebe mit traditioneller Arbeitsorganisation und veralteten Produktionsanlagen waren auf diese Weise gezwungen, nachzuziehen und gleichfalls zu "taylorisieren" und zu "fordisieren".

Während des Krieges setzte sich diese Entwicklung fort: Die Zahl der Typen wurde nicht nur im Fahrzeugbau weiter vermindert; auch im zuvor stiefmütterlich behandelten Maschinenbau kam es zu einer drastischen "Typenbereinigung". Beträchtliche Fortschritte wurden außerdem im Bereich der Normung erzielt; bei Kriegsbeginn waren mit etwa 6.500 mehr als doppelt soviele Normblätter verbindlich gemacht worden wie 1929. Nachdem 1941/42 mit der Schlacht um Moskau die Kriegswende absehbar wurde und der Kriegseintritt der USA die ökonomische Unterlegenheit des Deutschen Reiches gegenüber den Alliierten sichtbarer werden ließ, suchten Hitler, Todt und Speer durch eine Reihe von Erlassen weitere fertigungstechnische und arbeitsorganisatorische Vereinfachungen zu erzwingen und die Verallgemeinerung der jeweils fortgeschrittensten Systeme auf die jeweiligen Industriezweige zu forcieren. Dem lief vor allem seit 1942/43 die Stillegung veralteter Produktionsanlagen und die Konzentration auf sog. Bestbetriebe parallel.[29]

Bemerkenswert ist in diesem Zusammenhang die behutsame Behandlung der Eigentumsfrage von Unternehmen, die sich in ausländischem, vor allem in US-amerikanischem Besitz befanden. Bei rigiden Enteignungsmaßnahmen fürchtete man die Unterbindung des Technologie- und Patenttransfers. Der Transfer moderner Fertigungstechnologien hatte bis 1941 nicht unerheblich zur Modernisierung industrieller Produktionsanlagen beigetragen. In besonderem Maße galt dies für die General-Motors-Tochter Opel, die als größtes Automobil-Unternehmen in den dreißiger Jahren mehr als ein Drittel sämtlicher deutscher PKWs herstellte. Erst

beteiligte sich u.a. mit 28% an der Bombenflugproduktion des deutschen Unternehmens Focke-Wulf; vgl. Schäfer, Amerikanismus, 207.
29 Die Zahl der staatlicherseits erlaubten Typen im Maschinenbau lag 1942 bei insgesamt 1.011 gegenüber 3.637 bei Kriegsbeginn, die der Werkzeugmaschinen bei 526 gegenüber 1.321. Vgl. hierzu und zu weiteren Maßnahmen des Staates, die einzelbetrieblichen Rationalisierungsmaßnahmen zu beschleunigen und zu verallgemeinern, ausführlich: Hachtmann, Industriearbeit, 71ff., 77f., 331-335.

Ende November 1942, ein knappes Jahr nach der Kriegserklärung des Deutschen Reiches an die USA, wurde Opel de facto unter deutsche Verwaltung gestellt, ohne daß die Interessen des US-Mutterkonzerns grundsätzlich tangiert wurden.[30] Allen staatlichen Anstrengungen zum Trotz blieben bis Kriegsende freilich beträchtliche Rationalisierungspotentiale ungenutzt. Die Typenvielfalt war auch nach den o.g. Erlassen weiterhin beträchtlich. Wie groß bis Kriegsende die Defizite im Bereich der überbetrieblichen Standardisierung von Produkten und Produktteilen blieben, läßt sich daran ablesen, daß Speer als Minister für Bewaffnung und Munition noch Mitte 1944 eine "Kommission für Typung und Normung" unter dem Vorsitz des Präsidenten des "Deutschen Normenausschusses" Hanns Benkert einrichtete. Sonderwünsche und fehlende Absprachen zwischen den verschiedenen Wehrmachtsteilen bei der Vergabe von Rüstungsaufträgen führten während des gesamten Krieges immer wieder zu erheblichen Reibungsverlusten.[31] In anderer Hinsicht bildeten allerdings Kompetenzwirrwarr und -konkurrenz kein rationalisierungshemmendes Moment. Spätestens seit 1941 begann "Rationalisierung" nicht

---

30 Im Einvernehmen mit General Motors wurde Ende 1942 mit Eduard Winter ein dem Unternehmen loyaler, ehemaliger Opel-Händler zum Vorstandsvorsitzenden ernannt, der bereits in den dreißiger Jahren als Behördenvertreter für Opel in Berlin tätig geworden war und seit April 1941 die besetzten GM-Betriebe in Frankreich und Belgien verwaltet hatte. Opel, dessen Produktion bereits seit Kriegsbeginn zu 100% auf die Rüstung umgestellt wurde, fiel als juristisch eigenständiges Unternehmen nicht unter die "Verordnung über die Behandlung von Feindvermögen" vom 15. Januar 1940. Bis zum 30. März 1942 saßen im Aufsichtsrat fünf Amerikaner, darunter der GM-Präsident Alfred Sloan. Einen "direkten staatlichen Zugriff auf die Entscheidungsfindung des Konzerns, geschweige denn auf das Vermögen" habe es, so Anita Kugler, während des gesamten Zweiten Weltkrieges nicht gegeben, um die zuvor begonnene Amerikanisierung der Produktion nicht zu gefährden. Vgl. ausführlich Anita Kugler, Die Behandlung des feindlichen Vermögens in Deutschland und die "Selbstverantwortung" der Rüstungsindustrie. Dargestellt am Beispiel der Adam Opel AG von 1941 bis Anfang 1943, in: 1999. Sozialgeschichte des 20. und 21. Jahrhunderts 3/2 (1988), 46–78, Zitat: 77. General Motors war im übrigen keineswegs das einzige nordamerikanische Unternehmen, das direkt oder indirekt deutschen Konzernen fertigungstechnische und sonstige wirtschaftliche Hilfestellungen bot. Nach der NS-Machtergreifung (bis 1939) intensivierten beispielsweise Standard Oil und I.G. Farben ihre schon vorher bestehende Zusammenarbeit noch, namentlich den Austausch von Patenten und Kartellabsprachen; vgl. Schäfer, Amerikanisierung, 207; ferner Anm. 28.

31 Weitere Defizite resultierten aus der Struktur der NS-Wissenschaftspolitik. Sie litt—über den auch in wissenschaftlicher Hinsicht gravierenden Aderlaß, den die Emigration jüdischer Wissenschaftler für die deutsche Universitäts- und Wissenschaftslandschaft bedeutete, hinaus—daran, daß der Staat wesentlich auf die "schöpferische Kraft und Fähigkeit der *einzelnen* Person" (Hitler, Mein Kampf, 495) setzte. Moderne, *kooperative* Formen der Forschung (Teamwork) wurden jedenfalls bis Kriegsbeginn nicht gezielt gefördert. Hinzu kam, daß die technischen Fachbereiche der Universitäten und Technischen Hochschulen schrumpften, wenn auch nicht in dem Umfang wie die geisteswissenschaftlichen Fakultäten. U.a. als Folge dieser Vernachlässigung wissenschaftlicher und technischer Forschung ging zwischen 1930 und 1939 die Zahl der angemeldeten Patente von 78.400 auf 47.555, die der erteilten Patente von 26.737 auf 16.525 zurück. (Nach: Karl-Heinz Ludwig, Technik und Ingenieure im Dritten Reich. Düsseldorf 1974, 227.)

nur zu einem ökonomischen, sondern auch zu einem politischen Schlagwort zu werden. Daß in dieser Hinsicht Druck auf die einzelnen Unternehmen nicht von einer Seite, sondern von zahlreichen staatlichen Institutionen ausgeübt wurde, dürfte einen eher kumulierenden Effekt gehabt haben, zumal der Profitmechanismus als privatwirtschaftlicher Stimulans für Rationalisierung nicht grundsätzlich außer Kraft gesetzt wurde.

Neben den—vielfach freilich verspäteten und häufig inkonsistenten—Initiativen staatlicher Institutionen trugen auch die Aktivitäten der DAF zur Beschleunigung der industriellen Rationalisierung bei. Sie setzten auf drei Ebenen an: Erstens verleibte sich die Arbeitsfront bereits 1933 das bereits erwähnte Deutsche Institut für technische Arbeitsschulung ein. Das DINTA, das zunächst in "Deutsches Institut für nationalsozialistische technische Arbeitsschulung" umbenannt wurde und seit 1935 "Amt für Berufserziehung und Betriebsführung" (ABB) hieß, war 1925 von führenden Vertretern der rheinisch-westfälischen Schwerindustrie mit dem Ziel gegründet worden, die "Seele des Arbeiters" vom "verderblichen Gift" der Gewerkschaften und Arbeiterparteien zu reinigen und in diesem Zusammenhang über die Errichtung eigener Lehrwerkstätten die Ausbildung "hochwertiger" und "wendiger" Facharbeiter sowie den Aufstieg besonders "leistungswilliger" Arbeiter gezielt zu fördern, ein Konzept, das im Grundsatz den späteren Reichsberufswettkampf der DAF vorwegnahm.[32] Das DINTA und später das ABB stellten außerdem mittleren und kleineren Unternehmen sog. Ingenieurtrupps zur Verfügung, die gegen ein Entgelt den Betrieb systematisch "durchleuchteten" und der Unternehmensleitung Rationalisierungsvorschläge vornehmlich arbeitsorganisatorischer Art unterbreiteten.

Wie sehr das anfänglich auf industrieadäquate Facharbeiterausbildung ausgerichtete, in seinem Selbstverständnis bis 1933 mitunter antiquiert wirkende DINTA sich in zunehmendem Maße modernen Rationalisierungskonzepten verpflichtet fühlte, zeigt sich unter anderem daran, daß es seit 1933 mit REFA eng kooperierte, um der deutschen Version des Taylorismus über die metallverarbeitende Industrie und den Berliner Wirtschaftsraum hinaus zur allgemeinen Durchsetzung zu verhelfen.[33] Zweitens verschoben sich bei den von der DAF jährlich veranstalteten *"Leistungskämpfen der Betriebe"* für die Auszeichnung "NS-Musterbetrieb" seit 1938/39 die Bewertungskriterien. Anfangs standen Einrichtungen und Maßnahmen der betrieblichen Sozialpolitik im Vorder-

---

32 Hierzu sowie zu den ideologischen Affinitäten des DINTA gegenüber dem Nationalsozialismus, die die Eingliederung des Instituts in die DAF erheblich erleichterten, vgl. vor allem Frese, Betriebspolitik, 10–24, 252–258; ferner Hachtmann, Lage der Industriearbeiterschaft, 234ff.

33 Die nach der "Machtergreifung" begonnene Kooperation fand am 5. Oktober 1935 in einem förmlichen Vertrag zwischen beiden Einrichtungen ihre Krönung: Die rasche Ausbreitung von REFA seit 1935 verdankt sich nicht zuletzt dem weit größeren personellen Apparat des DINTA und der Verankerung der letzteren Institution in Branchen, in denen REFA bis dahin weitgehend unbekannt war; vgl. Engelbert Pechhold, 50 Jahre REFA. Berlin u.a. 1974, 75–83.

grund. Im letzten Vorkriegsjahr und stärker noch während des Krieges wurden dann vor allem Rationalisierungsmaßnahmen unterschiedlicher Couleur prämiert.[34] Von gewisser Bedeutung war drittens schließlich das *Arbeitswissenschaftliche Institut* der DAF. Zwar war dessen Stellenwert für die betriebliche Rationalisierungsbewegung nicht so groß, wie die Papierflut, die von diesem Institut ihren Ausgang nahm, nahelegt. In einer wichtigen Hinsicht spielte es jedoch eine Art Vorreiter-Rolle: Auf Basis der aus den USA "importierten" Bedaux'schen Bewertungskriterien[35] entwickelte das AWI ein Arbeitsbewertungssystem, das statt der bis dahin überwiegend praktizierten qualifikationsbezogenen die tätigkeitsbezogene Eingruppierung von Arbeitskräften erlaubte und seit 1939 in einer wachsenden Zahl von Unternehmen zur Einführung gelangte. Die Vorarbeiten des AWI gingen dann in den "Lohnkatalog Eisen und Metall" (LKEM) ein, der als "Gemeinschaftswerk" des Sozialwirtschaftlichen Ausschusses der Fachgemeinschaft Eisen und Metall der Reichsgruppe Industrie und des Fachamtes Eisen und Metall der DAF entstand. Seit 1942 wurde dieser Lohnkatalog allen Unternehmen der metallverarbeitenden Industrie verbindlich zur Einführung vorgelegt. Zwecks rascher Einführung in den Betrieben sah der LKEM statt der ursprünglich vorgesehenen analytischen Arbeitsbewertung freilich nur die einfachere summarische Zuordnung der verschiedenen Tätigkeiten zu den insgesamt acht verschiedenen Lohngruppen vor. Bis Ende 1944 wurde der LKEM in immerhin 1317 Betrieben eingeführt; das waren 12,3% sämtlicher Betriebe der metallverarbeitenden Industrie im Deutschen Reich (einschließlich Österreich, Sudetenland, Westpreußen/Dan-

---

34 Ausführlich: Matthias Frese, Vom "NS-Musterbetrieb" zum "Kriegs-Musterbetrieb". Zum Verhältnis von Deutscher Arbeitsfront und Großindustrie 1936–1944, in: Wolfgang Michalka (Hrsg.), Der Zweite Weltkrieg. Analysen, Grundzüge, Forschungsbilanz. München/Zürich 1989, 382–401, bes. 387ff.; Tilla Siegel, Rationalisierung statt Klassenkampf. Zur Rolle der DAF in der Nationalsozialistischen Ordnung der Arbeit, in: Hans Mommsen (Hrsg.), Herrschaftsalltag im Dritten Reich. Düsseldorf 1988, 97–143, bes. 114ff.

35 Charles Bedaux, ursprünglich Franzose, dann in die USA ausgewandert, trat bekanntlich noch während des 1. Weltkrieges mit dem nach ihm benannten System an die Öffentlichkeit, das dann von vielen US-amerikanischen Unternehmen übernommen wurde. In Deutschland wurde 1926 die erste Bedaux-Gesellschaft gegründet. 1933 zunächst aufgelöst, wurde sie 1937 unter neuem Namen, "Gesellschaft für Wirtschaftsberatung m.b.H." erneut ins Leben gerufen. Während der Weimarer Republik und der NS-Zeit bis 1939 gelangten das Bedaux-System bzw. verwandte Verfahren nur in Einzelfällen zur Anwendung, nämlich seit 1927 in der Reifenfabrik Continental (Hannover), seit 1930 bei Opel (Rüsselsheim), seit 1937 in der Maschinen- und Fahrzeugfabrik Klöckner-Humboldt-Deutz, den Kupfer & Kabel-Betrieben des Carlswerks (Köln), den Deutschen Linoleum-Werken (Bietigheim bei Stuttgart), der Günther Wagner AG (Hannover), den Glanzstoffwerken (Elberfeld) sowie seit 1938 bei Daimler-Benz. Vor allem seit 1937/38 wurde das Bedaux-System nicht nur vom AWI, sondern auch in betriebswirtschaftlichen und technischen Fachzeitschriften breit rezipiert; vgl. Hachtmann, Industriearbeit, 208ff., 377ff.; Siegel, Leistung und Lohn, 252–257 und die dort genannte Literatur.

zig). Für andere Branchen wurden in der zweiten Kriegshälfte zwar vergleichbare Lohnkataloge konzipiert; sie gelangten jedoch nicht mehr zur Anwendung.[36]

Wie sehr die Existenz bzw. Nicht-Existenz von Gewerkschaften die konkrete Umsetzung der Arbeitsbewertungsverfahren wie die jeweiligen Formen der Leistungsentlohnung und Lohndifferenzierung beeinflußte, zeigt der Vergleich mit den USA, wo sich Arbeitsbewertungverfahren und damit systematische, tätigkeitsbezogene Zuordnungen der Arbeiter zu verschiedenen Lohngruppen gleichfalls erst während des Zweiten Weltkrieges endgültig etablierten. Dort blieb die Spannweite zwischen niedrigster und höchster Lohngruppe im übrigen we taus kleiner als im Deutschen Reich bzw. der Bundesrepublik, wo der LKEM bis in die sechziger Jahre Anwendung fand. Während der Abstand zwischen erster und achter Lohngruppe beim LKEM 177% betrug, höchstgruppierte Arbeiter ohne Zusatzprämien also fast das dreifache dessen verdienten, was ihre Kolleginnen[37] auf der untersten Stufe der Lohnhierarchie erhielten, wirkten die geringen Spannweiten zwischen niedrigsten und höchsten Lohngruppen in den USA (wie Mitarbeiter von Siemens noch 1963 während einer Studienreise durch die USA etwas herablassend kommentierten) "stark leistungsnivellierend".[38]

Nicht nur die Arbeitsbewertung wurde in Deutschland seit dem Zweiten Weltkrieg zum festen Bestandteil betrieblicher Arbeitsorganisation und Lohnpolitik. Ebenso wurden das REFA-Verfahren und die Systeme fließender Fertigung sowie darauf aufbauende Lohnsysteme seit 1935/36 in einem Ausmaß und Tempo eingeführt, wie es in der Weimarer Republik selbst während der "goldenen zwanziger Jahre" 1925 bis 1929 auch viele Fachleute kaum erahnten bzw. zu hoffen wagten.[39] Einige grobe Hinweise müssen hier genügen. 1929, auf dem Höhepunkt

---

36 Ausführlich zu Vorgeschichte, Struktur und Umsetzung des LKEM: Marie-Luise Recker, Nationalsozialistische Sozialpolitik im Zweiten Weltkrieg. (Studien zur Zeitgeschichte, Bd. 29.) München 1985, 223–250; Hachtmann, Industriearbeit, 210–223; Siegel, Leistung und Lohn, 257–264. Eine Ausnahme bildete das Baugewerbe; die für diesen Wirtschaftszweig seit Anfang 1943 verbindlichen "Bauleistungswerte" waren dem LKEM allerdings nicht vergleichbar, da sie an der Ausbildung der verschiedenen Berufsgruppen des Baugewerbes ausgerichtet waren.

37 Die untersten Lohngruppen des LKEM waren für die überwiegend unqualifizierten Arbeiterinnen "reserviert".

38 Vgl. Siegel, Leistung und Lohn, 249f., 266f. Bei Siemens war die Lohnspanne in den sechziger Jahren nochmals erweitert worden, und zwar auf 192%.

39 Die große Akzeptanz, auf die das Taylor-System in Deutschland stieß, hat möglicherweise, darauf hat Gertraude Krell aufmerksam gemacht, nicht nur ökonomische (Produktivitätssteigerung und Sozialdisziplinierung), sondern auch psychologische Gründe gehabt. Taylor habe sich durch äußeres wie inneres Chaos bedroht gefühlt. *Control,* innere wie äußere, sei das zentrale Motiv in Taylors Leben und Werk gewesen, so Krell unter Bezug auf die Biographie Taylors. Zeitökonomie, Schematisierung und Vereinfachung, der Versuch das Chaos der Produktionsabläufe zu ordnen und den Belegschaften Restbestände ökonomischer und sozialer Autonomie zu nehmen, waren die Grundpinzipien des von ihm entwickelten *Scientific Management.* Ähnliche Motive und Ziele seien auch für das Handeln der Nationalsozialisten zu beobachten gewesen. Der Zerlegung komplexer Arbeitsvorgänge in einfache Handgriffe habe die Sehnsucht nach Gleichförmigkeit auf seiten der Repräsen-

der REFA-Aktivitäten während der Weimarer Zeit, waren von dieser Einrichtung knapp 1.700 Zeitnehmer ausgebildet worden. Bereits 1935 wurde diese Zahl übertroffen, 1942 mit 12.000 frisch ausgebildeten REFA-Leuten der Spitzenwert während der NS-Herrschaft erreicht. Die deutsche Variante des Taylorismus kam außerdem nicht nur, wie bis 1933, in den Zweigen der metallverarbeitenden Industrie zum Einsatz, sondern darüber hinaus etwa in der Bekleidungsindustrie, dem Holz- und papiererzeugenden Gewerbe sowie anderen Zweigen der verarbeitenden Industrie. Trotz der rasch wachsenden Zahl von Zeitnehmern trat "in vielen Teilen des Reiches" selbst in diesem und den beiden folgenden Jahren, wie der Sicherheitsdienst der SS in seinen Lageberichten klagte, "das Fehlen von ausgebildeten Fachkräften sehr stark in Erscheinung. Obwohl man versucht habe, zur Wehrmacht eingezogene Fachkräfte freizumachen und auch aus den Betrieben herausgezogene Kräfte weiterhin in Lehrgängen und Refa-Kurzkursen zu Refa-Bearbeitern umschule, sei das Ergebnis doch äußerst gering." Da es überall an "geeigneten Refa-Fachleuten" fehle, würde auch die einzelbetriebliche Umsetzung des LKEM erschwert.[40] Denn die REFA-Männer hatten nicht nur Arbeits- und Zeitstudien durchzuführen, sondern zugleich die Aufgabe, die Einstufung der verschiedenen Tätigkeiten, und damit der Arbeiter, nach den Kriterien des LKEM vorzunehmen.

Meist ging die Arbeit von REFA-Zeitnehmern auch der Einführung von Systemen fließender Fertigung voraus. Dies galt vor allem dann, wenn Fließarbeit lediglich auf organisatorischem Wege unter weitgehender Beibehaltung der vorhandenen Betriebsmittel, noch ohne die Installierung eines die einzelnen Arbeitsprozesse verbindenden Fließbandsystems eingeführt wurde. Auch bei unentwickelten Formen der Bandarbeit—wenn zur Vermeidung von Produktionsstockungen die Errichtung von Zwischenlagern (Materialpuffern) notwendige Voraussetzung war oder die einzelnen Arbeitsgänge noch relativ komplex blieben und nur locker durch das Band verknüpft wurden—, holte man REFA-Kalkulatoren, damit diese verbindliche Zeiten für die einzelnen Arbeitsverrichtungen festlegten. U.a. daran

---

tanten des NS-Regimes entsprochen, der Ablehnung des Chaos seitens Taylors die Ablehnung politischer und kultureller Pluralität und Individualität durch "faschistische Männer" korrespondiert, der vollständigen *control* über die Arbeiter schließlich das Ziel unbedingter, totaler politischer Herrschaft. Der Mensch werde dort ökonomisch, hier politisch zur berechenbaren, im Gleichklang laufenden Maschine degradiert; vgl. Gertraude Krell, Das Bild der Frau in der Arbeitswissenschaft. Frankfurt a.M./New York 1984, bes. 155, 188–200. Vielleicht sind die zumindest partiell ähnlichen Mentalitätsstrukturen der ökonomisch-technokratischen und der politischen Ordnungs- und *control*-Fanatiker auch ein Grund, warum die meisten und vor allem die führenden Arbeitswissenschaftler sich so widerspruchslos für die NS-Kriegswirtschaft funktionalisieren ließen.

40 Heinz Boberach (Hrsg.), Meldungen aus dem Reich. Die geheimen Lageberichte des Sicherheitsdienstes der SS 1938–1945, 16 Bde. Herrsching 1984, hier: Meldungen vom 7. Juni 1943 bzw. 21. Februar 1944, Bd. 14, 5335, bzw. Bd. 16, 6356. Angesichts des Mangels an qualifizierten REFA-Männern wurden im letzten Kriegsjahr auch Frauen zu Zeitnehmern ausgebildet. Zur Anwendung von REFA während des Dritten Reiches vgl. Pechhold, 50 Jahre REFA, 82–89; Hachtmann, Industriearbeit, 176–181.

wird deutlich, daß, wenn hier von Ausweitung fließender Fertigung die Rede ist, es sich dabei häufig um (jedenfalls im Rückblick betrachtet) ausgesprochen primitive Systeme handelte.

Es wurden jedoch auch in zunehmendem Maße moderne Fließbandanlagen eingebaut, beispielsweise im neuerrichteten Opel-Werk in Brandenburg, wo insgesamt 27 vollautomatische Transportbänder installiert worden waren und, seit November 1936, das erste Mal in der deutschen Industrie die fließende Fertigung für alle Produktionsschritte praktiziert wurde. Im Rüsselsheimer Stammwerk der General-Motors-Tochter wurden bis 1937 96 laufende Bänder mit einer Gesamtlänge von fast zwölf Kilometern installiert. Die in deutschem Besitz befindlichen Unternehmen zogen nach: Daimler-Benz rüstete in den Vorkriegsjahren die Fahrzeugherstellung gleichfalls auf Massenfertigung um und führte in großem Maß Montagebänder ein. Das Volkswagen-Werk, seit Sommer 1938 abseits der Großstädte, in der Nähe des niedersächsischen Fallersleben errichtet und als größte Automobilfabrik der Welt geplant, wurde von Anbeginn nach "amerikanischen" Kriterien konzipiert.[41] Ferdinand Porsche, 1934 mit der Entwicklung des "KdF-Wagens" beauftragt, hatte in den Jahren zuvor die Ford-Werke in Detroit und die Fabriken von General-Motors und die dort praktizierten Formen der Massenproduktion gründlich studiert.[42]

Der Trend zur Einführung und Perfektionierung von fließender Fertigung und Bandarbeit war keineswegs auf den Fahrzeugbau und die Elektroindustrie beschränkt. Selbst weite Bereiche der vom NS-Regime in ihren ökonomischen Entfaltungsmöglichkeiten künstlich eingeschnürten Konsumgüterindustrie wurden fertigungstechnisch modernisiert. Die Keksfabrik Bahlsen in Hannover begann 1936 sogar mit der vollkontinuierlichen Produktion von Waffeln und Salzstangen; das endlose Waffelband wurde automatisch gebacken, gefüllt, gedeckt, gekühlt und geschnitten.[43]

Indessen wäre es verfehlt, die in der Fachpresse breit publizierten Erfolgsmeldungen vorbehaltlos zu verallgemeinern. Namentlich die Automatisierung der Produktion steckte noch in den Kinderschuhen; im allgemeinen befand sich die industrielle Produktion in Deutschland, wie einer der führenden deutschen Arbeitswissenschaftler 1942 einräumte, "*noch nicht* auf der Stufe der Vollauto-

---

41 Vgl. zu Opel: Seherr-Toss, Automobilindustrie, 284; Heinrich Hauser, Opel. Ein deutsches Tor zur Welt. Frankfurt a.M. 1937, 192, 201. Zu Daimler-Benz: Karl-Heinz Roth, Der Weg zum guten Stern des "Dritten Reiches". Schlaglichter auf die Geschichte der Daimler-Benz AG und ihrer Vorläufer (1890–1945), in: Das Daimler-Benz Buch. Ein Rüstungskonzern im "tausendjährigen Reich". Nördlingen 1987, 27–382, hier 199, 230f. Zu VW: Lutz Budraß/Manfred Grieger, Die Moral der Effizienz. Die Beschäftigung von KZ-Häftlingen am Beispiel des Volkswagenwerks und der Henschel Flugzeugwerke, in: Jahrbuch für Wirtschaftsgeschichte 2 (1993), 89–136, bes. 95f., 100f.
42 Vgl. Schäfer, Amerikanismus, 203.
43 Bahlsen war freilich fertigungstechnisch traditionell führend. Hier wurden bereits seit 1905 (vor Ford!) erste Förderanlagen eingesetzt; vgl. Bahlsen 1889–1964. Hannover 1964, 14, 26, 29, nach: Rudolf Berthold u.a. (Hrsg.), Produktivkräfte in Deutschland, Bd. 3: 1917/18 bis 1945. Berlin 1988, 76.

matisierung".[44] Entsprechend dem im Vergleich zu den USA auch noch während des Krieges relativ unentwickelten Stand der fertigungstechnischen Rationalisierung blieben die der Massenfertigung angepaßten, besonders leistungsfähigen Spezialmaschinen eher die Ausnahme, während die für kleine Serien und häufigen Produktwechsel optimalen Universalmaschinen weiterhin dominant waren: Der Anteil der Spezialwerkzeugmaschinen im engeren Sinne stieg zwischen 1939 und 1945 von 4% auf 7%, der der Universalmaschinen sank während des gleichen Zeitraumes von etwa 90% auf gut 75%. Am stärksten ausgedehnt hatte sich der Anteil leistungsfähiger Mehrzweckwerkzeugmaschinen, die zwar keine echten Spezialmaschinen waren, durch die Anbringung von Spezialvorrichtungen jedoch sowohl im Rahmen der Massenfertigung einsetzbar waren als auch je nach Bedarf wieder als Universalmaschinen fungieren konnten. Ihr Anteil erhöhte sich von etwa 6% bei Kriegsbeginn auf knapp 17% bei Kriegsende.[45] Vor allem aus zwei Gründen spielten Einzweckmaschinen auch während des Krieges nur eine untergeordnete Rolle: Erstens kalkulierten die Unternehmer, daß sie sich nach (1942) dem angeblich nahe bevorstehenden "Endsieg" bzw. 1944/45 nach dem Zusammenbruch des NS-Regimes auf neue Nachfragestrukturen flexibel einstellen mußten, Universalmaschinen hier also am sinnvollsten waren. Zweitens verlangten die zahlreichen, kaum berechenbaren Änderungen und Wechsel der Wehrmachtsprogramme eine Flexibilität, die den Einsatz der Spezialmaschinen erheblich behinderte.

Darüber hinaus wurden im fertigungstechnischen Bereich seit 1933 im allgemeinen lediglich Veränderungen im Detail vorgenommen; maßgebliche Erfindungen waren überwiegend bereits während der Weimarer Republik gemacht worden. Während der NS-Zeit kamen sie allerdings zu breiter Anwendung. Illustrieren läßt sich dies am Beispiel hartmetallbestückter Werkzeugmaschinen, die die gesamte Schneid- und Bohrtechnik revolutionierten. Seit etwa 1927/28 wurden unter der Bezeichnung "Widia" ("Wie Diamant") von Krupp und Siemens besonders harte und verschleißresistente Metallegierungen hergestellt. Infolge der wirtschaftlichen Depression blieb die Herstellung von Hartmetallwerkzeugen bis zur NS-Machtergreifung quantitativ jedoch unbedeutend. Das änderte sich nach 1933 schnell. Die Widia-Produktion verzeichnete jährliche Wachstumsraten von 25% und mehr; Hartmetallwerkzeuge, anfangs nur im Drehbankbau eingesetzt, erfaßten seit 1934 dann zunehmend auch andere Verfahren der spanabhebenden Formgebung.[46]

---

44 Pentzlin, Arbeitsforschung und Betriebspraxis (II), in: TuW 35 (1942), 80.
45 Die Zahlen können nur Richtwerte sein, da die Grenzen zwischen den drei Grundtypen nicht eindeutig zu ziehen sind. Ausführlich hierzu und zum folgenden: Tilla Siegel/Thomas v. Freyberg, Rationalisierung unter dem Nationalsozialismus. Frankfurt a.M./New York 1991, 216–221.
46 Vgl. Rainer Stahlschmidt, Innovation und Berufsfeld—Die Einführung des Hartmetalls als Werkzeug der Drahtzieherei, in: Ulrich Troitzsch/Gabriele Wohlauf (Hrsg.), Technikgeschichte. Historische Beiträge und neuere Ansätze. Frankfurt a.M. 1980, 357–389, bes. 366, 376; Homburg, Rationalisierung, 454–468, 470f.

Trotz der hier nur grob angesprochenen Einschränkungen waren die Rationalisierungsanstrengungen alles in allem doch erheblich. Die Verdreifachung der Produktion der Werkzeugmaschinenindustrie gegenüber 1929 und die zum Teil (bei gleichzeitig vielfach dramatischer Ausdehnung der Arbeitszeiten) beträchtlichen Produktivitätszuwächse signalisieren, daß Taylorisierung wie Fordisierung nicht auf einzelne Segmente der deutschen Industrie beschränkt waren.

Allerdings blieben bis Kriegsbeginn wichtige Kernbereiche der deutschen Wirtschaft vom skizzierten Trend ausgespart. Dies galt vor allem für den Maschinenbau. Kriegswirtschaftliche "Zwänge" und zunehmend massivere staatliche Interventionen führten freilich dazu, daß selbst hier, wenn auch in engen Grenzen, seit 1941 Fließfertigungssysteme eingeführt wurden. Weit nachhaltiger setzten sich fordistische Poduktionsprinzipien in der während des Krieges ausgebauten Waffen- und Munitionsindustrie durch.[47] Zusätzlich zu den erwähnten Ingenieurtrupps des DINTA trug der seit Mai 1940 durch den kurz zuvor ernannten Minister für Bewaffnung und Munition Todt institutionalisierte "Erfahrungsaustausch" zwischen den Unternehmen dazu bei, daß Spitzentechnologien auch im fertigungstechnischen Bereich verallgemeinert wurden. "Prüfingenieure", die einer von Todt eingerichteten "Arbeitsgruppe Leistungsprüfung" unterstanden, wurden in "leistungsschwache", meist kleinere Unternehmen entsandt und setzten dort mitunter auch "trotz des Widerstandes von seiten der (noch stark handwerklich orientierten) Betriebsführer und Belegschaften" die Einführung der Fließfertigung durch.[48] In den Industriezweigen, die sich aufgrund ihrer spezifischen Produktionsstruktur der Fordisierung entzogen, z.B. dem Schiffbau, wurde während des Krieges wenigstens taylorisiert, und zwar ziemlich flächendeckend.[49]

Die Amerikanisierung der deutschen Industrie zielte während der NS-Zeit im Grundsatz auf dreierlei, nämlich (1.) auf Senkung der Kosten und Steigerung der Arbeitsproduktivität, (2.) auf Sozialintegration und (3.) auf Sozialdisziplinierung. Daß der Taylorisierung und Fordisierung nicht zuletzt auch das dritte Motiv zugrunde lag, zeigt der Blick in die zeitgenössischen Fachzeitschriften. Die Reduktion menschlicher Arbeit auf jeweils wenige Handgriffe und das zwangsläufige, von außen gesteuerte Arbeitstempo, so lobten nationalsozialistische Betriebswirtschaftler und Arbeitswissenschaftler unisono, zögen die Arbeiter unwillkürlich "in den Rhythmus des Arbeitsflusses" und erzwängen eine "Ordnung im Arbeitsgeschehen", der sich der Einzelne nicht entziehen könne. Soziale Kontakte und vor allem Gruppenbildungen wurden durch die monotone und angestrengte Arbeit am Band zumindest erschwert. Hinzu trat der Anspruch der Wissenschaftlichkeit und betriebspolitischen Neutralität, mit dem REFA-Zeitnehmer und -Arbeitsbewerter auftraten. Sozialdisziplinierung dieser Art, der sich die an den Bändern beschäf-

---

47 Zum Maschinenbau vgl. ausführlich Siegel/v. Freyberg, Rationalisierung, bes. 269ff.; zur Luftwaffen-, U-Boot- und Panzer-Fabrikation vgl. den Überblick bei Dietrich Eichholtz, Geschichte der deutschen Kriegswirtschaft, Bd. 2. Berlin 1984, 308–313.
48 Zitat: Pentzlin, Arbeitsforschung und Betriebspraxis (I), in: TuW 35 (1942), 59; vgl. hierzu Hachtmann, Industriearbeit, 78, 80f., 336ff. und dort angeführte weitere Belege.
49 Ausführlich: Siegel, Leistung und Lohn, 143–164; Hachtmann, Industriearbeit, 179.

tigten, vor allem unqualifizierten, männlichen wie weiblichen Arbeitskräfte kaum entziehen konnten, suchte verspätet wahr zu machen, was bis dato nicht vollständig gelungen war: Den unteren Schichten des Industrieproletariats, die sich auch den Organisierungsversuchen der Gewerkschaften und der Arbeiterparteien weitgehend entzogen hatten, bürgerliches Arbeitsethos und Zeitdisziplin aufzuzwingen. Infolge der scharfen politischen und rechtlichen Restriktionen gelang dies zwar in einem gewissen Maße; dennoch ließ sich nicht leugnen, daß aus der Perspektive des NS-Regimes und der Unternehmer weiterhin große Probleme bestanden: Die Fluktuation blieb unter unqualifizierten männlichen wie weiblichen Arbeitskräften, dem mit monotonen Tätigkeiten befaßten Industrieproletariat, weitaus höher als unter Facharbeitern—obgleich die Freizügigkeit der Arbeitskräfte zwischen 1934 und 1939 drastisch beschnitten wurde. Kritik und Proteste gegen REFA-Leute und Stoppuhren sind vor allem aus den Anfangsjahren der NS-Herrschaft überliefert.[50] Danach wurden Proteste gegen harte Arbeitsbedingungen, von Anbeginn mit großem persönlichem Risiko verbunden, zunehmend härter bestraft. Nicht zufällig füllten sich seit 1936/38, einem Zeitraum, in dem auch unqualifizierte Arbeitskräfte knapp zu werden begannen, die nationalsozialistischen Konzentrationslager mit "Arbeitsunwilligen", "Bummelanten", "Minderleistungsfähigen" und sonstigen "Asozialen" und "Gewohnheitsverbrechern", alles Bezeichnungen, die nicht präzise definiert, sondern zwecks Einschüchterung nicht willfähriger Arbeitskräfte inhaltlich bewußt offen gehalten wurden.

EIN DEUTSCHER SONDERWEG: DIE BIOLOGISTISCHE UND RASSISTISCHE VARIANTE INDUSTRIELLER RATIONALISIERUNG IN DEN JAHREN 1933 BIS 1945

Das von Arbeitgeber- und Staatsseite vielbeklagte angebliche Krankfeiern und "Bummelantentum" oder die Verweigerung von Überstunden waren nicht nur ein Disziplinproblem. Sie verweisen zugleich auf eine Schranke, die der Amerikanisierung der deutschen Industrie durch den nationalsozialistischen Rassismus gesetzt waren. Verwerflich, so nationalsozialistische Rasseideologen, sei es, daß die Verrichtung einfachster Handgriffe, wie sie für die Fließarbeit typisch war, "die jeweils nur Teilkräfte der schaffenden Menschen beanspruchten, dem *deutschen* Menschen in seiner rassisch-biologischen Bedingtheit, die auf der Ganzheit der Arbeitsweise und Einsatz der ganzen Persönlichkeit beim Arbeitsvollzuge abzielt, nicht artgemäß sein" könne. Angesichts der raschen Ausweitung der Fließfertigung ging es auch

---

50 Einige Proteste bis hin zu streikähnlichen Aktionen sind erwähnt bei Hachtmann, Industriearbeit, 199–204. Wie sehr die NS-Fachwissenschaftler die sozialdisziplinierenden Effekte der Fließfertigung begrüßten, ist dem Überblick: ebd., 82f., 339 zu entnehmen. Bezeichnenderweise kam es zu Streiks in nennenswerter Zahl nicht in den "durchrationalisierten" Branchen, sondern dort, wo den Arbeitern keine maschinellen Hilfsmittel zur Verfügung standen, die körperlichen Anstrengungen extrem und zudem die Verdienste niedrig waren: im Baugewerbe und hier wiederum im Tiefbau; vgl. Günther Morsch, Arbeit und Brot. Studien zur Lage, Stimmung, Einstellung und Verhalten der deutschen Arbeiterschaft 1933–1936/37. Berlin u.a. 1993, 411–450.

nicht an, das schnell wachsende un- oder angelernte Rationalisierungsproletariat als "*biologisch* vielfach minderqualifiziert" abzuwerten.[51]

Grundsätzlichere "Lösungen" mußten her. Bis 1940/41 setzte man auf die deutschen *Frauen*, allerdings höchst widerwillig. "An sich" sollten "deutsch-arische" Frauen, so die Position der nationalsozialistischen Machthaber, allen voran Hitler, überhaupt nicht in der Industrie beschäftigt werden. Dadurch würde ihre Gebärfähigkeit geschädigt. "Es sei das nationalsozialistische Ideal, das im Frieden einmal verwirklich werden müsse, daß grundsätzlich nur der Mann verdiene.... Jetzt im Kriege müsse man freilich auch die Frau zur Arbeit heranziehen, im Frieden werde hoffentlich die Frau im allgemeinen wieder aus den Betrieben herausgenommen werden können, damit sie sich der Familie widme. Dieses nationalsozialistische Ideal solle man daher auch im Kriege nur soweit durchbrechen, als es unbedingt notwendig sei", so betonte Hitler in Anlehnung an ältere, konservativ-patriarchalische Positionen noch im letzten Kriegsjahr.[52] Bereits angesichts der forcierten Aufrüstung 1934 bis 1939 und dann der kriegswirtschaftlichen "Zwänge" war an eine Verwirklichung dieses Ziels zunächst nicht zu denken. Bis etwa 1940/41 suchte man die "privaten und häuslichen Freuden und Sorgen", denen das Hauptaugenmerk der "arischen" Frauen zu gelten habe, und die Notwendigkeit, Frauen in wachsendem Maße zu industrieller Lohnarbeit heranzuziehen, dadurch zu vereinbaren, daß man gehäuft Teilzeitbeschäftigungsmöglichkeiten anbot. Vor allem wiesen die Unternehmen den Frauen jedoch taylorisierte und fordisierte Arbeitsplätze zu. Diese seien ihrem Geschlecht adäquat, "weil die schnell erlernbaren Handgriffe, die ... fast automatisch ausgeführt werden, die Frau mit geringer Denkarbeit ... nur lose an die Arbeit und vor allem den Sinn der Arbeit" binden würden; sie könne mit ihren Gedanken abschweifen, "sich während der Arbeit mit ihren privaten und häuslichen Sorgen und Freuden beschäftigen".[53]

Seit dem "Polenfeldzug" vom Herbst 1939, vor allem aber nach dem Überfall auf die Sowjetunion konnte das NS-Regime daran denken, das Provisorium der Beschäftigung reichsdeutscher, "arischer" Frauen zu beenden. Die Millionen von "Fremdarbeitern", die zunächst auf freiwilliger Basis, dann rasch immer stärker unter massivem Zwang ins Deutsche Reich gebracht wurden, erlaubten es, die mit der Amerikanisierung der deutschen Industrie einhergehende neue Arbeitsteilung zunehmend entlang rassistischer Kriterien vorzunehmen. Rationalisierung, das kann hier nicht ausgeführt werden, zieht keineswegs eine generelle Dequalifizie-

---

51 Zitate: Albert Brengel, Die Problematik der Arbeitsbewertung. Saarbrücken 1941, 94; AWI der DAF, Jahrbuch 1940/41, Bd. 1, 337.
52 Hitler am 25. April 1944. Ausführlich inkl. weiterer Belege: Rüdiger Hachtmann, Frauen in der deutschen Kriegswirtschaft 1936 bis 1944/45, in: GG (1993), 332–361, hier: 360. Daß die biologisch begründete Diskriminierung von Frauen in Deutschland wie auch in den anderen industrialisierten Ländern Tradition hatte, ist bekannt und braucht hier nicht weiter geführt zu werden.
53 AWI der DAF, Jahrbuch 1940/41, Bd. 1, 399. Ähnliche Zitate finden sich in Publikationen dieses Instituts wie technischen, betriebswirtschaftlichen und sozialpolitischen Fachzeitschriften zuhauf.

rung der Belegschaften nach sich. Den monotonen, kaum qualifizierten Tätigkeiten am Band stand die Aufwertung anderer Tätigkeiten gegenüber, vor allem der Kontroll- und Reparaturfunktionen der zunehmend komplexeren Produktionsanlagen. Letztere wurden seit Kriegsbeginn für die deutschen, männlichen Arbeitskräfte reserviert; vor allem für sie waren die zahlreichen Umschulungs- und Aufschulungsprogramme während des Krieges gedacht. In die unqualifizierten Funktionen, die tayloristisch zerlegten bzw. die fordistischen Tätigkeiten im engeren Sinne rückten die Fremdarbeiter männlichen und weiblichen Geschlechts ein. Statt männlich-deutscher Arbeitskräfte beschäftigte man an den Montagebändern jetzt "durchweg Russen".[54] Deutsche Frauen wiederum räumten allmählich diese Arbeitsplätze und stiegen in niedere Angestelltenfunktionen auf. (Letzteres war ein Trend, der 1944/45 noch keineswegs abgeschlossen war.)

Rationalisierung und Amerikanisierung waren im "Dritten Reich" mit Rassismus und Biologismus zu einem unentwirrbaren Geflecht verwoben. Dies forcierte und hemmte die Modernisierung der deutschen Industrie gleichzeitig. Auf der einen Seite hatte das NS-Regime den überkommenen "Bleimantel" (Gramsci) an sozialen und politischen Traditionen gesprengt und damit auch der Rationalisierung enormen Auftrieb gegeben. Zugleich entwickelte sich während des "Dritten Reiches" eine spezifisch rassistische Variante einer am US-amerikanischen Vorbild orientierten Modernisierung der industriellen Produktionsstrukturen. Die in der Weimarer Republik vom DINTA und von anderer Seite artikulierten Vorbehalte gegenüber einer zu weitgehenden "Amerikanisierung" der Produktion wurden aufgenommen und integriert, indem die verschiedenen, in modernen betrieblichen Produktionsökonomien notwendigen Funktionen strikter als zuvor hierarchisch gegliedert und tendenziell nach rassistischen Kriterien vergeben wurden. Dem politische Ideal nach sollte die Arbeitsplatzzuweisung nach angeblichen, spezifisch "rassischen" Eigenheiten zum ausschlaggebenden Kriterium werden. Aufgrund des kriegsbedingten Mangels an Facharbeitern, der sich nach "Stalingrad" weiter dramatisch verschärfte, wurden die rassistischen Zuordnungskriterien allerdings immer wieder und immer stärker durchbrochen und insbesondere ab 1943 auch (männlichen) Angehörigen rassisch angeblich minderwertiger Völker qualifizierte Tätigkeiten zugewiesen.

---

54 So lautete z.B. die Erfolgsmeldung eines größeren Maschinenbauunternehmens; vgl. Siepmann/Pohl, Fließende Fertigung im Armaturenbetrieb Werk Klein, Schanzlin & Becker AG, in: Fließende Fertigung im Deutschen Maschinenbau, hrsg. vom Hauptausschuß Maschinen beim Reichsminister für Bewaffnung und Munition. Essen 1943, 75, 77. Ähnliche "Erfolge" meldeten auch die Werkzeugmaschinenfabrik Pittler und das Maschinenbau-Unternehmen Gustloff-Werke, Fritz-Sauckel-Werk/Wismar, in: ebd., 113f. 192. Zum Fremdarbeiter-Einsatz bei Siemens vgl. Siegel/v. Freyberg, Rationalisierung, 385-398; allgemein außerdem Ulrich Herbert, Fremdarbeiter. Politik und Praxis des "Ausländer-Einsatzes" in der deutschen Kriegswirtschaft des Dritten Reiches. Berlin/Bonn 1985, 276-281; Eichholtz, Kriegswirtschaft, Bd. 2, 282ff.

In längerfristiger Perspektive mußte der "Arbeitseinsatz" rassistisch stigmatisierter und extrem diskriminierter Menschen in den industriellen Kernbereichen Unternehmer und NS-Regime vor unüberwindliche Probleme stellen. In der letzten Phase des Krieges wurden nicht nur Kriegsgefangene und Konzentrationslager-Häftlinge, sondern auch die aus den osteuropäischen Ländern rekrutierten zivilen Fremdarbeiter mittels außerökonomischen Zwangs zur Industriearbeit in Deutschland verpflichtet. Sie verrichteten nicht mehr Lohnarbeit, sondern—das zeigt der Blick auf die zahlreichen Erlasse zur Kontrolle, Disziplinierung und Bestrafung der "Fremdarbeiter"—Sklavenarbeit. Sklaven jedoch lassen sich innerhalb hochkomplexer und zunehmend störungsanfälliger Anlagen auf die Dauer profitabel nicht einsetzen. Zwar versuchte das NS-Regime, neben massivstem Terror zivile Fremdarbeiter auch über Leistungsanreize zu Arbeitsintensität und sorgsamem Umgang mit Werkzeug und Maschinen anzuspornen. Angesichts der kümmerlichen Prämien und der schlimmen Arbeitsbedingungen wirkten diese Bemühungen jedoch wie blanker Hohn.

Der massenhafte Einsatz von "Fremdarbeitern", Kriegsgefangenen und KZ-Häftlingen—für letztere ist die Bezeichnung "Arbeitssklave" noch ein Euphemismus—forderte überdies langfristig ein Riesenheer an Überwachungspersonal, das (in der Perspektive des NS-Regimes und der Industrie) die anfänglichen "Kosten-" und Herrschaftsvorteile zunichte gemacht und sich, im Wortsinne, nicht "ausgezahlt" hätte. So waren sich führende Siemens-Manager auf einer unternehmensinternen Tagung Ende Dezember 1942 einig, "daß uns die Ausländer sehr viel mehr Kosten verursachen als deutsche Arbeiter". Es sei fraglich, ob der "Fremdbeiter-Einsatz" "wirtschaftlich überhaupt noch vertretbar" sei.[55] Die Furcht, die "Effektivität der hochrationalisierten Produktion" könne leiden, war vermutlich auch der Grund, warum Opel als fertigungstechnisch führendes Automobilunternehmen zwar "Fremdarbeiter" und Kriegsgefangene, aber keine Konzentrationslager-Häftlinge beschäftigte.[56] Auf der anderen Seite wurden offenbar in ziemlich vielen Unternehmen keineswegs nur zivile Fremdarbeiter, sondern auch KZ-Häftlinge an Fließbändern eingesetzt. Bei der überwiegend nach dem Prinzip der Fließfertigung organisierten Triebwerkproduktion von BMW in Allach lag der Anteil der ausländischen Arbeitskräfte bei 71%, darunter etwa ein Drittel KZ-Häftlinge.[57] Nach meinem Eindruck handelte es sich dabei meist um relativ

---

55 Nach: Siegel/v. Freyberg, Rationalisierung, 391f.
56 Vgl. Kugler, Behandlung feindlichen Vermögens, 67.
57 Zu BMW vgl. Zdenek Zofka, Allach—Sklaven für BMW, in: Dachauer Hefte 2/2 (1986), 68–78, bes. 70; Rainer Fröbe, Der Arbeitseinsatz von KZ-Häftlingen und die Perspektive der Industrie 1943–1945, in: Ulrich Herbert (Hrsg.), Europa und der "Reichseinsatz". Ausländische Zivilarbeiter, Kriegsgefangene und KZ-Häftlinge in Deutschland 1938–1945. Essen 1991, bes. 362–368, bzw. in: "Deutsche Wirtschaft". Zwangsarbeit von KZ-Häftlingen für Industrie und Behörden, hrsg. von der Hamburger Stiftung zur Förderung von Wissenschaft und Kultur. Hamburg 1991, bes. 44–47. Vgl. außerdem Budraß/Grieger, Moral der Effizienz, 96, 108, 114, 117; Florian Freund/Bertrand Perz, Fremdarbeiter und KZ-Häftlinge in der "Ostmark", in: Herbert (Hrsg.), Europa, 325f.; Hans Mommsen, Zwangsarbeit bei VW, in: "Deutsche Wirtschaft", 222f.

primitive Formen der Fließfertigung; bei stärker automatisierten, komplexeren Anlagen dürfte der Einsatz von Fremdarbeitern (vorsichtig formuliert) erhebliche Probleme aufgeworfen haben. Nicht zufällig scheinen überdies KZ-Häftlinge, also die ausländischen Arbeitskräfte mit den geringsten Rechten, weniger in den Kernbereichen industrieller Produktion als vielmehr bei produktionsvorbereitenden Maßnahmen, namentlich der Errichtung neuer Fabrikanlagen, Untertage-Verlagerungen u.ä., eingesetzt worden zu sein.[58]

Der Einsatz schließlich sogar von KZ-Häftlingen an Fließbändern muß außerdem vor dem Hintergrund gesehen werden, daß auch die rüstungsrelevanten Unternehmen ab 1942/43 unter dem Druck eines extremen Arbeitskräftemangels standen, der in ihrer Perspektive die Mehrkosten für Überwachung etc. rechtfertigen konnte. Selbst in dieser Hinsicht stieß das NS-Regime und die von ihm und den Unternehmen praktizierte Variante rassistischer "Amerikanisierung" der Produktion an seine Grenzen. Da mit Prämien und sonstigen Leistungsanreizen vor allem die völlig rechtlosen ausländischen Arbeitskräfte kaum zu motivieren waren, mußte etwa BMW in Allach in der zweiten Kriegshälfte die Zahl der im werksinternen Sicherheitsapparat beschäftigten Personen um ein Drittel erhöhen. In der ersten Jahreshälfte 1944 scheiterte der Häftlingseinsatz in der Industrie allgemein schließlich häufig daran, daß trotz aller Anstrengungen keine Wachmannschaften zu bekommen waren.[59] Nur kurzfristig, unter den Bedingungen des Krieges konnte der Einsatz von rassisch stigmatisierten und extrem diskriminierten "Arbeitssklaven" aus der Sicht fertigungstechnisch entwickelter Unternehmen ökonomisch "sinnvoll" sein. Langfristig war ein mörderischer Rassismus, so wie ihn das NS-Regime und viele deutsche Unternehmen praktizierten, in hohem Maße "anti-modern", präziser: ökonomisch dysfunktional, in industriekapitalistischer Perspektive eine Sackgasse.

Die spezifischen politischen Bedingungen, so läßt sich ein Fazit ziehen, gaben der "Amerikanisierung" der Industrie in Deutschland 1933–1945 eine ganz andere Richtung als in den USA selbst. Das NS-Regime war modern und anti-modern zugleich. Wie eng allerdings jedenfalls spezifische Formen des Amerikanismus und des Nazismus selbst ideologisch liegen konnten, machte Henry Ford mit seiner anfangs zitierten Unterscheidung in "schaffendes" und "raffendes Kapital" sowie seiner These von der jüdisch-kapitalistisch-bolschewistischen Weltverschwörung deutlich—und ebenso Hitler mit seinem Enthusiasmus für den Antisemitismus des Vorreiters und Propagandisten von Fließbandfertigung und sozialer "Rationalisierung". Politische Diktatur und industrielle Modernität, das sollte aus den Ausführungen auch hervorgegangen sein, schlossen (und schließen) sich nicht aus. Auf der politischen Ebene stehen Demokratie und Diktatur wie Licht und Schatten der industriekapitalistischen Moderne zueinander. Die hier skizzierten Entwick-

---

58 Vgl. allgemein Falk Pingel, Häftlingszwangsarbeit, in: "Deutsche Wirtschaft", 147.
59 Vgl. Fröbe, Arbeitseinsatz von KZ-Häftlingen, 46, 51, bzw. 363, 368. An dem Mangel an Wachmannschaften änderte sich im Grundsatz auch dadurch nichts, daß in der Produktion beschäftigte deutsche Arbeiterinnen z.B. im KZ Ravensbrück zu "Aufseherinnen" umgeschult wurden, die nach Angestellten-Tarif entlohnt wurden.

lungen während des "Dritten Reiches", namentlich die "Amerikanisierung" der deutschen Industrie, lassen in besonders zugespitzter Form die verheerenden Entwicklungsmöglichkeiten hervortreten, die in der "Moderne" grundsätzlich immer auch angelegt sind.

2

Rationalisierung und "Amerikanismus" in Büros der zwanziger Jahre: Ausgewählte Beispiele

Ursula Nienhaus

1. EIN FORSCHUNGSDESIDERAT

DIE MECHANISIERUNG, besonders aber die Elektrifizierung und betriebliche Reorganisierung, also "Rationalisierung", in den Büros deutscher Privat- und Staatsbetriebe ist in vielen Aspekten bisher gegenüber dem Taylorismus und Fordismus in der Produktion wissenschaftlich unterbeleuchtet geblieben. Der Grund dafür sind Einseitigkeiten in der historischen Angestelltenforschung aber auch generell geringes Interesse für genauere Betrachtung von sogenannten Frauenarbeitsplätzen. Solche Arbeitsplätze wurden bis vor kurzem in der Regel meist global als Folgen von modernen Rationalisierungsprozessen thematisiert, aber nur selten ausführlich untersucht.[1]

2. ANFÄNGE DER BÜRORATIONALISIERUNG

Bürorationalisierung hatte in Deutschland seit etwa 1924 Hochkonjunktur. Sie wurde jedoch bereits sehr viel früher, nämlich sowohl als *Voraussetzung* wie auch als *Folge* des Einsatzes neuer Rechen-, Schreib-, Kopier-, Registrier- und Telefonvermittlungsgeräte seit spätestens der Jahrhundertwende massenhaft eingeleitet.[2] Schon bevor die Berliner Firma Georgowski 1882 die Generalvertretung für Remington-Schreibmaschinen übernahm, war in vielen kaufmännischen Büros durch Arbeitsreorganisation und -spezialisierung sowie durch Einstellung von weiblichen neben oder anstelle von männlichen Arbeitskräften, besonders in den Großstädten, rationalisiert worden.[3]

Nach 1889 beschäftigte auch die staatliche Postverwaltung neben Männern im Telegrafendienst vorwiegend Frauen für den Telefonvermittlungsdienst, der ständig

---

1 Dieses Ungleichgewicht der Forschung spiegelt die Ungleichheit der Erwerbschancen von Frauen und Männern; dazu: Karin Hausen (Hrsg.), Geschlechterhierarchie und Arbeitsteilung. Zur Geschichte ungleicher Erwerbschancen von Männern und Frauen. Göttingen 1993.
2 Ursula Nienhaus, Berufsstand weiblich. Die ersten weiblichen Angestellten. Berlin 1982, 13–30.
3 Ursula Nienhaus, Büro- und Verwaltungstechnik, in: Ulrich Troitzsch/Wolfhard Weber (Hrsg.), Die Technik von den Anfängen bis zur Gegenwart. 2. Ausg. Stuttgart 1987, 544–563; dies., Vater Staat und Kapovaz. Das Beispiel der Post, in: Karin Hausen/Gertraude Krell (Hrsg.), Frauenerwerbsarbeit. Forschungen zur Geschichte und Gegenwart. Mehring 1993, 69–84.

fortgesetzter Rationalisierung unterlag.[4] Seit 1908 folgte man in Deutschland dem Vorbild Amerikas und Englands und führte zunächst in Berlin, dann auch in anderen Städten, auf großen Büromessen "Technik im Kontor" vor. Dabei wetteiferten Kohlepapiere, Farbbänder, Rechen-, Frankier-, Falz-, Briefschließ- und -öffnungsgeräte, Adressiermaschinen, Papierschneider, Bleistiftanspitzer, Kopier- und Geldzählgeräte, Diktierphonographen, Porto- und Druckapparate, sogenannte pneumatische Post, Perforierer, Schreibmaschinen und Telefonanlagen um die Gunst des Publikums. Schon vor dem Ersten Weltkrieg hielt auch die "Wunderkraft Elektrizität" ihren Einzug in die Büros, wo sie kleine Motoren für Vervielfältigungsmaschinen, Duplikatoren, Ventilatoren, Addier- und Multipliziermaschinen oder Phonographen antrieb. Bürorationalisierung in der privaten Verwaltung wie auch im öffentlichen Dienst verlief deshalb weitgehend parallel mit dem "Fordismus" in der Produktion. Denn auch das Fließband wurde in Deutschland erst 1924, in den USA dagegen schon seit 1913, in der Produktion eingesetzt.

Die unterschiedlichen Maschinen als *Mittel intensivierter Rationalisierung* waren deutschen oder europäischen wie auch amerikanischen Ursprungs. Beispielsweise vertrieb auch die Firma With & Co in Frankfurt am Main schon um 1875 Schreibmaschinen, als die amerikanische Firma Remington gerade die Serienproduktion ihrer *Type Writer* begann.

Die Arbeitszerlegung als *Rationalisierungsmethode* ging ebenfalls nicht allein von den USA aus: Frederick W. Taylors amerikanische "wissenschaftliche Betriebsführung" hatte auch europäische Vorläufer bzw. Parallelentwicklungen, etwa Effizienzsteigerungsmaßnahmen in Frankreich, Bewegungsstudien preußischer Offiziere und Ernst Kraepelins psychologische Veröffentlichungen (1896 *Zur Hygiene der Arbeit* und 1902 *Die Arbeitscurve*).

Die weiblichen Büroangestellten, die an den zur fortdauernden Rationalisierung eingesetzten Geräten vorwiegend tätig waren, begrüßten zunächst oft die Einführung der Maschinen, wie auch die damit einhergehenden arbeitsintensivierenden Wettbewerbe. So feierte etwa eine Frau 1902 die mit der "Amerikanisierung" in der ersten Phase erweiterten Erwerbsmöglichkeiten:

> Wie festgestellt worden ist, liegt das Maschineschreiben mehr der weiblichen Kraft als der männlichen, wohl infolge der Beschaffenheit der Hand, wie dies durch die Ergebnisse der Wettschreiberinnen jenseits des Ozeans, aus denen fast immer die femininen Schreiber preisgekrönt hervorgegangen sind, bestätigt wird. Wir werden auch seltener männliche Bedienungen auf dem Tippinstrument finden, während die Zahl der Maschinenschreiberinnen bald zur Lawine anwächst.[5]

Bereits erheblich weniger optimistisch waren die Frauen dagegen wohl in den zwanziger Jahren, wie das folgende Beispiel andeutet:

> Bei der Anfertigung von Telephonapparaten ist die Arbeit so zerlegt worden, daß jede Arbeiterin am Transportband nur einen bestimmten Griff macht. Wo früher 120 Facharbeiter beschäftigt waren, sind heute 62 Arbeiterinnen und 6 Mechaniker tätig, die jedoch die doppelte Leistung vollbringen, also genau genommen sind heute nur 34

---

4 Birgitta Godt, Die Entwicklung der Handvermittlung, in: H. Gold/A. Koch (Hrsg.), Fräulein vom Amt. München 1993, 68–85.
5 Mitteilungen für weibliche Angestellte.

Arbeitskräfte erforderlich, wo man früher 120 brauchte. . . . Die Entwicklung der Maschinen und die fortschreitende Arbeitszerlegung war der weiteren Vermehrung der Frauenarbeit günstig. Neuerdings scheint der Mann jedoch (zumindest) in der Textilindustrie wieder vorzudringen.[6]

Und für Büroarbeiten wurde nun festgehalten:

> Zur Bedienung der Maschinen werden vorzugsweise Frauen verwendet und unter diesen wieder jüngere bevorzugt, deren unverbrauchte Nerven dem Lärm der Maschinen besser standhalten, als die älterer Personen, die zudem der Aufspaltung der Arbeit in zahllose Einzelverrichtungen soweit wie möglich aus dem Wege gehen. Die Arbeitsteilung bringt nicht nur Vereinfachung, sondern auch Minderentlohnung mit sich.[7]

Kritik an Taylor übten vor allem Vertreter der Psychotechnik um Hugo Münsterberg (1863–1916) in Deutschland und Henri Fayol in Frankreich. Nach dem Ersten Weltkrieg sah auch das mittlere betriebliche Management die "Arbeitsfreude beim Arbeiter" gefährdet; es teilte daher den Enthusiasmus von Rationalisierungsbefürwortern nicht.[8]

Aber Fords Arbeitszerlegung, seine Einführung von Fließbandtakt bei gleichzeitiger Bindung der Arbeitskräfte an den Betrieb durch Propagierung der "Werksgemeinschafts"-Idee fand dennoch zumindest in der Organisation großstädtischer Telefonvermittlung zunächst durch die bayerische, dann auch durch die deutsche Reichspost eine zeitgleiche Parallele, schon ehe die Reichspost seit 1919 auch erste psychotechnische Versuche mit Telefonistinnen anstellen ließ. Denn die Postverwaltungen hatten bereits 1899 in München, 1909 auch in Steglitz und 1910 in Hamburg das sogenannte "Dienstleitungssystem" eingerichtet. Damit war jede manuelle Telefonvermittlung auf zwei bis drei Arbeitsplätze aufgeteilt worden. Die Tätigkeit der Telefonistinnen hatte man von der Ausführung zusammenhängender komplexer Tätigkeiten auf wenige gleichbleibende, aber schneller auszuführende Handgriffe reduziert. Seit 1900 wurden zudem von Berlin aus staatlicherseits—wie zugleich in den USA bei privaten Telefongesellschaften—Versuche mit automatischer Telefonvermittlung durch sogenannte Selbstanschlußämter angestellt. 1920 waren fünf Prozent der Telefonkunden an ein solches Amt angeschlossen; 1928 waren 11 Prozent aller Anschlüsse automatisiert.[9]

3. BEREICHE, UMFANG UND GRENZEN DER RATIONALISIERUNG

Der Umfang der Rationalisierung in Form des zahlenmäßigen Einsatzes von Maschinen, aber auch betriebsorganisatorische Formen von Rationalisierung lassen sich für Bürotätigkeiten vorerst kaum befriedigend beschreiben. Auch Begründun-

---

6 Clara Mleinek, Frauenarbeit in der Kriegs-, Inflations- und Rationalisierungszeit. Ein Überblick von 1913–1930, in: Jahrbuch der Frauenarbeit 8 (1932), 45–74, hier 63.
7 Ebd. 71.
8 Alf Lüdtke, Betriebe als Kampffeld: Kontrolle, Notwendigkeits-Kooperation und "Eigensinn". Beispiele aus dem Maschinenbau, 1890–1940, in: R. Seitz/U. Mill/E. Hildebrandt (Hrsg.), Organisation als soziales System: Kontrolle und Kommunikationstechnologie in Arbeitsorganisationen. Berlin 1986, 103–139.
9 Unter dem Reichsadler 21 (1929), 373; ebd. 23 (1914), 470ff.

gen, die für Rationalisierung ins Feld geführt wurden, wären zu thematisieren. Folgen der Rationalisierung in Form von Arbeitsintensivierung, Arbeitsplatzentwertung oder Arbeitsplatzreduzierung, aber auch Grenzen der Rationalisierung müßten stärker als es in bisheriger Forschung geschehen ist, nach Regionen, Wirtschaftszweigen, Betriebsformen und Arbeitsplätzen getrennt und vergleichend untersucht werden, bevor gefragt werden kann: Nahmen die deutschen Staatsmonopolbetriebe Bahn und Post dabei eine andere Rolle ein als private Betriebe? Welche Bürorbeiten wurden früher, welche später und jeweils warum wurde wo rationalisiert?

Tatsächlich war der angeblich unproduktivere öffentliche Dienst in den zwanziger Jahren wohl zumindest in bezug auf Büroarbeitsplätze von Frauen nicht minder der Rationalisierung unterworfen als Privatbetriebe diesseits und jenseits des Atlantiks. Beispielsweise wurde durch neueingeführte Maschinen im deutschen Postscheckdienst zwischen 1913 und 1928 eine Arbeitssteigerung um 780% erreicht.[10] Seit 1925 sollte der Berliner Postscheckdienst als sogenannte "Postversuchsstelle" auf arbeitswissenschaftlicher Grundlage eingerichtet werden. 1926 probierte man dort vier verschiedene Buchungsmaschinen aus, um eine Personaleinsparung von 30% zu erreichen. Kurz darauf wurden auch in Frankfurt/Main durch Einführung von 11 Remington-Buchungsmaschinen 24 Arbeitskräfte, d.i. gut 42% der Gesamtbelegschaft des Postscheckamtes, eingespart. Die Behörde schrieb:

> Die Maschinenbuchung muß unbedingt als Fortschritt angesprochen werden. Das anstrengende Kopfrechnen kommt in Wegfall. Es lassen sich erhebliche Ersparnisse an Arbeitskräften erzielen. ... Die neuen Buchungsmaschinen arbeiten weniger geräuschvoll als die Additionsmaschinen. Dadurch wird die Unruhe in den Arbeitssälen bedeutend vermindert.[11]

Die an den Maschinen beschäftigten Frauen aber klagten:

> Die Systeme sind so verschieden, daß z.B. an einem Arbeitstage und von einer Beamtin bei zahlenmäßig gleicher Leistung bei dem einen 7.500 Handgriffe mehr getan werden müssen als bei einem anderen. Der Buchungsdienst ist der anstrengendste Geschäftszweig im Postscheckbetrieb und hat durch die Einführung der Buchungsmaschine an Schwere bedeutend zugenommen.[12]

An einem Maschinenbuchungsplatz mit drei Beamtinnen wurden in 8¼ Stunden durchschnittlich 2.800 Buchungen erledigt. Die dabei anfallenden Tätigkeiten bestanden laut Aufstellung eines Prüfbeamten aus insgesamt neun Schritten:

1. Reinigen der Maschine und Prüfen, ob sämtliche Zahlwerke vorhanden und leer sind.
2. Mithilfe beim Ordnen der Lastschrift und Gutschriftenbelege.
3. Buchen der Belege mit der Buchungsmaschine in die mit den Kontoauszügen vereinigten Kontoblätter auf Grund der Hauptteile. Bei Beginn der Buchung ist die

---

10 Ebd. 5 (1929), 267; vgl. auch ebd. diverse Artikel (1925–1928), sowie ebd. 24 (1927), 516ff.: Gertrud Bäumer über "die Einordnung der Frau in das Reich der Technik".
11 Badisches Generallandesarchiv Karlsruhe, Abt. 420, Zug. 1981, 5, Nr. 10: Akten betr. Maschinenbuchung.
12 Denkschrift über die Personalverhältnisse der Deutschen Reichspost, 1929, 26.

Kontonummer in Spalte 1 vorzutragen und das alte Guthaben in Spalte 2 einzutragen. Das Buchen dauert so lange, als neue Belege vom Prüfungsbeamten 2 zugehen. Beim zweiten, dritten usw. Arbeitsgang ist das neue Guthaben immer wieder in Spalte 2 einzutragen.

4. Weitergabe der Belege und der Kontoblätter an den Prüfungsbeamten 1 zur Prüfung der Eintragungen.
5. Eintragen der Summen aus den Zählwerken für die Spalten 3 und 4 in die vom Prüfungsbeamten 2 übergebenen Merkzettel. Die Merkzettel sind jeweils hinter dem letzten noch in dem Betrag des Merkzettels enthaltenen Beleg einzureihen und an den Prüfungsbeamten 1 weiterzugeben.
6. Bei jedem Verlassen des Arbeitsplatzes und nach jedem Arbeitstag sind unter Ausschaltung der oberen Zählwerke Zwischenabschlüsse zu fertigen. Nach dem Zwischenabschluß muß das Querzählwerk leer sein. In den Zwischenabschlüssen ist anzugeben, welche Buchungen sie umfassen. Bei Wiederaufnahme der Arbeit ist stets zu prüfen, ob die Summen in den Zählwerken noch mit denjenigen im letzten Zwischenabschluß übereinstimmen. Am Schluß des Buchungsgeschäfts ist stets ein Zwischenabschluß zu fertigen.
7. Anlegen der neuen Kontoblätter (handschriftlich). Minusguthaben sind dabei mit roter Schrift zu übertragen. Das Datum ist durch Stempelabdruck anzugeben.
8. Tippen des neuen Guthabens der bewegten Konten auf Grund der neu angelegten Kontoblätter und Angabe des Namens unter der Schlußsumme des Streifens.
9. Fertigen des Tagesabschlusses und gleichzeitig eines Durchdrucks unter Benutzung von Durchdruckpapier. Am Fuße des Abschlusses ist auf Grund der gefertigten Tippstreifen das neue Guthaben der bewegten Konten und das Guthaben der nicht bewegten Konten zusammenzustellen. Die Aufrechnung muß mit der Endsumme der Spalte 8 des Abschlusses übereinstimmen. Neben dieser Zusammenstellung sind die Summen aus Spalte 3 und 4 zusammenzutippen und von dem Ergebnis die Summen der Spalten 5 und 7 abzuziehen. Der Restbetrag muß mit dem an zweiter Stelle in Spalte 8 angegebenen Betrag übereinstimmen. Der Durchdruck des Tagesabschlusses verbleibt bei den neu angelegten Kontoblättern. Der Durchdruck des Abschlusses vom Tag vorher, die am Buchungstag gefertigten Maschinenstreifen über das alte und neue Guthaben der bewegten und das Guthaben der nicht bewegten Konten und die Zwischenabschlüsse des Buchungstages sind an den Stellenvorsteher abzugeben.[13]

Die derart beschäftigten Frauen beschweren sich vor allem über die Arbeitshetze:

Bei aller Gewandtheit, Gewissenhaftigkeit und Konzentrationsfähigkeit erfordert [der Dienst] Aufmerksamkeit in höchstem Grade, zumal durch die Überlastung der einzelnen Buchungsplätze die Beamtinnen gezwungen sind, ihre Arbeit stets in einem Hetztempo zu erledigen. Hinzu kommt, daß unzählige Belege sehr kleine, undeutliche Zahlen aufweisen, die nur zu leicht Fehler verursachen. . . . Zeit für die Aufklärung von Fehlern ist aber bei dem auferlegten Arbeitspensum in den planmäßigen Dienststunden . . . nicht vorhanden, so daß Aufklärungsarbeiten von den Beamtinnen nur durch Einsparung von Erholungspausen und durch Überstunden getätigt werden können. Obwohl die einzelnen Buchungsplätze überlastet sind und die Beamtinnen nicht die Zeit haben, das Prüfungsgeschäft vorschriftsmäßig zu erledigen, haften sie für vorkommende Fehl- und Unterbuchungen, falls die Beträge nicht wiedererlangt werden können.[14]

---

13 Wie Anm. 11.
14 Denkschrift (1929), 26f.; vergl. Unter dem Reichsadler 12 (1932), 187f.

Nach den Jahresberichten der Gewerbeaufsichtsbeamten für 1925 über den Gesundheitszustand von Maschinenschreiberinnen war zu diesem Zeitpunkt elektrischer Antrieb von Schreibmaschinen noch neu und wenig verbreitet.[15] Elektrische Buchungsmaschinen kamen etwa seit 1925 auf den Markt; die Post setzte sie also umgehend ein. Den Anfang machten die großen Postscheckämter in Berlin, Erfurt, Karlsruhe und Frankfurt am Main. Im September 1929 wurden für den gesamten Postscheckdienst 20.000 Büromaschinen registriert, davon 5.000 Schreibmaschinen, 5.000 Addiermaschinen, 1.200 Vervielfältigungsmaschinen, 600 Rechenmaschinen und 800 Buchhaltungsmaschinen. Bei 12 von 19 Postscheckämtern wurde bereits der ganze Buchungsdienst maschinell erledigt. 1931 war die Umstellung auf maschinelle Buchung infolge Arbeitsbeschaffungsmaßnahme-Programmen für die Büromaschinenproduktion und Abnahmegarantien der Staatsbetriebe fast völlig durchgeführt. Ab Ende 1928 wurden zumindest in Bayern, wenn nicht schon auch im Reich, in Postscheckämtern an Adrema-, Druck- und Prägemaschinen beschäftigte männliche und weibliche Beamte durch junge, nur noch angelernte Arbeiterinnen ersetzt.[16] Der Maschineneinsatz ging also auch bei der Post mit Dequalifizierungsprozessen einher.

Im Telegrafendienst, der seit 1925 einen anhaltenden Nachfragerückgang zu verzeichnen hatte, steigerte die Post zwischen Anfang 1924 und Ende 1928 die Jahrestelegrammleistung um 13,3%, reduzierte aber zugleich das Personal um 24,35%. Einige Telegrafenämter führten zur zusätzlichen Leistungssteigerung Prämienzahlungen ein, während andere dazu übergingen, die Telegrafierleistungen der einzelnen Beschäftigten öffentlich bekanntzugeben.[17] In der Telefonvermittlung entfielen auf eine Beamtin im Ortsvermittlungsdienst 1922, als ein neues Leistungszählverfahren eingeführt wurde, 76.500 Gespräche pro Jahr, 1926 aber waren es bereits 107.000 Gespräche. Gleichzeitig wurde Ende 1923 die Wochenarbeitszeit der Telefonistinnen ausgedehnt und der Nachtdienst geringer berechnet.[18] Dem Maschineneinsatz parallel gingen Rationalisierungsmaßnahmen betriebstechnischer und betriebsorganisatorischer Art: Von den insgesamt 2.840 im Jahre 1928 bei der Deutschen Post eingesparten Arbeitskräften entfielen 1.160 durch Dienstvereinfachung und sogenante "wirtschaftliche Betriebsführung", 760 durch Stellenabbau wegen Automatisierung und 560 durch Mechanisierung.[19]

Zur Begründung der verschiedenen, gleichzeitig durchgeführten Rationalisierungsmaßnahmen verwies der Leiter der psychotechnischen Stelle beim telegrafentechnischen Reichsamt, Diplomingenieur Oskar Klutke, auf Privatbetriebe in den USA. Sie hätten gesteigerte Leistungen durch individuelle Lohnerhöhung erzielt, deutsche Staatsbetriebe müßten nach dem Ersten Weltkrieg aber Leistungssteigerung ohne Ausdehnung der Personalkosten, also ohne Belastung des Staatshaus-

---

15 Jahrbuch für Frauenarbeit 3 (1927), 34.
16 Bundesarchiv Koblenz, R. 48/752, Bl. 128ff.
17 Unter dem Reichsadler 13 (1929), 240.
18 Ebd. 23 (1924), 378ff.
19 Bundesarchiv Koblenz, Abt. Potsdam, RPM 22549, Bl. 1ff.

halts, erreichen.[20] Solche Begründungen sind auf ihren Realitätsgehalt zu hinterfragen, da erhöhte Löhne auch von Ford 1914 zwar in einer besonderen Situation gezahlt, aber schließlich wieder zurückgenommen wurden.

4. TRANSATLANTISCHE KOOPERATION

Neben einer Parallelität zwischen Entwicklungen in Amerika und Europa gab es auch direkte Kooperation über die Kontinente hinweg. Eine von amerikanischen Privatfirmen angeregte experimentelle Untersuchung zur psychischen Eignung und Leistungssteigerung bei Telefonistinnen durch Hugo Münsterberg erreichte 1919 schon eine vierte Auflage in deutscher Sprache.[21] Untersucht worden waren in Gruppen- und Einzelprüfungen: Gedächtnis, Aufmerksamkeit, Intelligenz, Genauigkeit und Schnelligkeit der Probandinnen. Der Wilmersdorfer staatliche Telegrafendirektor O. Olivier baute auf dieser Grundlage seine Forderung nach "Drillen" der am Klappenschrank arbeitenden Beamtinnen auf:

> Gehirn, Nacken und Augen leisteten also unnütze Arbeit. Daraus ergab sich für mich: Alle Beamtinnen müssen die erste Reihe 0 bis 96 auswendig lernen und durch Unterricht dazu gezwungen werden, Kopf, Augen und Arm erst in Bewegung zu setzen, wenn sie sich den Punkt, wo die gewünschte Zahl steht, im Geiste vorstellen.[22]

Solche Rationalisierung zielte also hauptsächlich auf Internalisierung von Gedächtnisleistungen und Bewegungsabläufen. Es wurden körperliche und charakterliche Eigenschaften als Ursachen zu geringer Leistungen ermittelt, wie z.B. übergroße Ängstlichkeit beim hektischen Hantieren mit Telefonvermittlungsschnüren. Die erstrebte Internalisierung ging für die Rationalisierungsexperten mit angeblicher Reduzierung der Arbeitsleistung und also Arbeitserleichterung einher:

> Worauf es ankam, war die Elastizität der Beamtin zu erhöhen. . . . Es sind fast nur noch die Muskeln, die Arbeit zu leisten haben; die geben es schon her; der Kopf und die Augen, die sonst bei flottem Betrieb am meisten in Anspruch genommen wurden, sind nur noch schwach beteiligt.[23]

Auch für kaufmännische Angestellte, besonders für Maschinenschreiberinnen, wurden in Amerika wie in Deutschland ähnliche auf Rationalisierung zielende psychotechnische Experimente entwickelt.[24]

---

20 Oskar Klutke, Beiträge zur psychotechnischen Eignungsprüfung für den Fernsprechdienst, in: Praktische Psychologie 3 (1922), H. 4, 93–110, hier 94.
21 Psychologie und Wirtschaftsleben. Ein Beitrag zur angewandten Experimental-Psychologie. Leipzig 1919, 63–71 zu: "Versuche mit Telephonistinnen".
22 O. Olivier, Rationalisierung im Fernsprechbetriebe, in: Praktische Psychologie 2 (1921), H. 11, 332–338.
23 Zur Psychologie der Schaltarbeit im Fernsprechbetriebe, in: Praktische Psychologie 2, Oktober 1920, H. 1, 13–18; Unter dem Reichsadler 15 (1922), 231; ebd. 1 (1933), 6–11.
24 E. G. Klockenberg, Rationalisierung der Schreibmaschine und ihrer Bedienung. Psychotechnische Arbeitsstudien. (Bücher der industriellen Psychotechnik, hrsg. von W. Moede, TH Berlin-Charlottenburg, Bd.2). Berlin 1926; Hildegard Sachs, Psychologische Berufseignungsprüfungen für Frauen, in: Jahrbuch der Frauenarbeit 8 (1932), 7-22.

5. BEDAUX-SYSTEME

Ein weiteres Beispiel für transatlantische Kooperation und Parallelentwicklungen waren Akkord- und Prämiensysteme, die als Bedaux-Arbeit bekannt wurden. Charles E. Bedaux, ein in Frankreich geborener Ingenieur, der in jungen Jahren nach Amerika ging, entwickelte dort das neue System menschlicher Kraftleistungs-Messung. Ein B(edaux) als eine kombinierte Zähleinheit für Arbeitsleistung und Erholung sollte den Umfang menschlicher Arbeit darstellen, den ein normaler Arbeiter unter normalen Arbeitsbedingungen und normalem Arbeitstempo in einer Minute leisten könne. Ein Aushang in jeder Abteilung sollte täglich die Arbeitsleistung jedes einzelnen Arbeiters am vorhergehenden Tage anzeigen.[25] Noch vor Einführung des Bedaux-Systems in deutsche Privatbüros am Ende der zwanziger Jahre entwickelten Ingenieure im Auftrag der deutschen Reichpost um und nach 1920 diesem System zumindest ähnliche Verfahren für den Fernsprechdienst. Die von Olivier bereits 1921 für die große Masse der Telefonistinnen erstrebte Leistung waren fünf Verbindungen pro Minute, gezählt durch einen automatischen Kontrollapparat, der nicht zustande gekommene Verbindungen nicht registrierte. Klutke berechnete 1922 die Arbeitsvorgänge von Telefonistinnen sogar in Sekunden.

Nachdem schon in den USA diverse Bedaux-Gesellschaften gegründet worden waren, entstanden 1926 in London und 1927 in Deutschland die ersten europäischen Gesellschaften. 1929 sollen in Deutschland fünf Werke mit rund 15.000 Arbeitern das Bedaux-System angewandt haben. Erst um etwa 1929 wurde das System erstmalig auch für Arbeitsleistungen an kaufmännischen Büromaschinen, bei den Continental Gummiwerken in Hannover, angewandt: "Wenn wir die Haube der Schreibmaschine abnahmen, zurecht packten, Bögen, Kohlepapier nahmen, waren schon die ersten B's gemacht"[26], schrieben die Angestellten der Conti-Werke, die anders als die schärfer kontrollierten Telefonistinnen bald Tricks herausfanden, um das an ihrer Schreibmaschine angebrachte Zählwerk zu überlisten. Sie wehrten sich auch mit einer Zeitschrift namens *Bedaux-Hölle*.

Unbekannt ist bisher, wieviele Firmen tatsächlich das Bedauxsystem für Büroarbeiten übernahmen. Immerhin maß beispielsweise auch die Firma Christian Dierig AG in Oberlangenbielau die Leistungen der an den Buchungsmaschinen arbeitenden Angestellten durch die Anzahl der gebuchten Zeilen. Dabei wurden schwere, mittlere und leichte Buchungen unterschieden; jede Kategorie hatte eine Bewertungsziffer, nämlich 2, 1,5 und 1. Bei der Feststellung der Buchungszeiten wurde der Bogenwechsel und das Leerschreiben der Zählwerke mitberücksichtigt.

---

25 F. Fuykschot, Die Rückwirkungen der Verwendung von Büromaschinen, in: Mitteilungen des Internationalen Bundes christlicher Angestelltenverbände. Vierter Internationaler Kongreß. München 1929, 108–147, hier 148ff.

26 Silke Lesemann/Rainer Spittka, Angestellte und Rationalisierung, in: Adelheid von Saldern u.a. (Hrsg.), Stadt und Moderne. Hannover in der Weimarer Republik. Hamburg, 91–116, hier 94; zu Versuchen mit Akkord bei Stenotypistinnen: Jahrbuch der Frauenarbeit 6 (1930), 62ff.

Auf diese Weise sollte eine Anzahl von 18.000 Zeilen erreicht werden, die mit einer Leistungsprämie von 70 Mark bezahlt wurde. Für die nächsten vollen Tausend wurde eine Prämie von jeweils einer zusätzlichen Mark gezahlt.[27]

"Das Bestreben, die Maschinenarbeit zu einer rein mechanischen Tätigkeit zu degradieren, also das [amerikanische] 'Stuffer'-System bis in die letzte Konsequenz durchzuführen, wird hier ohne irgendwelche Verschleierung deutlich", schrieben Kritiker.[28]

6. KRITIK DES "AMERIKANISMUS"

Selbst christliche, also gemäßigte Angestelltenorganisationen, betonten 1929 den "Hass der Angestellten" gegen das Bedaux-System. Dabei galt dieses System der "rationalen" Messung und Prämierung von Arbeitsleistungen als gleichbedeutend mit "Amerikanismus":

> Der Aushang der Arbeitsleistung jedes Angestellten, der offenbar gut in das Bedaux-System paßt, erinnert an die Schulbänke und die guten und schlechten Schulzensuren, ist jedoch nicht so harmlos, denn der Angestellte liest eventuell seine Entlassung von diesem Aushang ab.... Über das Fordsche Arbeitssystem ist schon viel Ungünstiges gesagt worden. Jedoch wird bei Ford die Aufgabe pro Tag festgesetzt, bei Bedaux pro Minute, was eine bedeutend höhere Gesamtleistung ergibt. Überdies ist das Ford'sche System durch eine fünftägige Arbeitswoche und einen kurzen Arbeitstag gemildert, wovon bei dem Bedaux-System gar nicht die Rede ist.[29]

Schon Telegrafendirektor Olivier notierte 1921 als Hauptschwierigkeit der Psychotechnik: das "Widerstreben der Arbeitskräfte" dagegen.[30] Solche Beschäftigten schrieben beispielsweise: "Die Arbeit dieser Maschine [Burroughs Multiplex] grenzt ans Wunderbare. Der Angestellte braucht gar keine körperliche Kraft anzuwenden, er hat nur der Maschine die äußerste Aufmerksamkeit zu widmen". Aber auch: "... bei diesen Maschinen ist die Denkarbeit nicht ausgeschaltet. Der Angestellte beherrscht im Gegenteil diese Maschinen und gibt ihnen fortwährend Aufträge, vorher gut durchdachte Aufträge, die sie tadellos erledigen" und:

> Die ständige Arbeit an Büromaschinen hat andererseits, was manche nicht anzunehmen geneigt sein könnten, eine starke geistige Anspannung zur Folge. Wohl erfordert sie keine besondere intellektuelle Anstrengung, da der Mechanismus der Maschine ja gerade das menschliche Gehirn entlasten soll. Aber die Bedienung der Maschine muß sehr rasch sein und stellt große Anforderungen an die Aufmerksamkeit des Bedienenden.[31]

Beklagt wurde auch, daß oft zusammen mit den Maschinen das Akkordsystem eingeführt würde. "Es kommt hinzu, daß zumal die elektrischen Maschinen die Eigenschaft haben, die bedienenden Angestellten zur schnellen Arbeit anzutreiben."[32]

27 Fuykschot, Rückwirkungen, 148f.
28 Ebd. 131 und 135f.
29 Ebd. 147 und 151.
30 Olivier, Rationalisierung, 338.
31 Fuykschot, Rückwirkungen, 116, 120 und 141.
32 Ebd. 147.

Damit war auch im privaten und staatlichen deutschen Bürobetrieb erreicht, was die Fließproduktion auszeichnete. Die Kritik der organisierten weiblichen Postbeschäftigten zielte auf "Amerikanismus" als "Überrationalisierung", eine "Überspannung des Wirtschaftsgedankens".[33] Denn Rationalisierung überhaupt lehnten auch weibliche Angestellte und Beamte in der Regel nicht ab, waren sie doch in ihrem Selbstverständnis als "moderne" Frauen und Arbeitskräfte weitgehend von den zeitgenössischen Rationalisierungsdiskursen bestimmt.[34] Die Frauen forderten jedoch "Schutzmaßnahmen, die zeitweiligen und dauernden Schädigungen vorbeugen. Wir lehnen jeden Raubbau an der menschlichen Arbeitskraft energisch ab ... damit nicht die Maschine über den Mensch, sondern der Mensch über die Maschine herrsche."[35]

Die Gewerbemedizinalrätin Erika Rosenthal-Deussen beschwor die "Gefahr der chronischen Übermüdung" durch "Monotonie".[36] Katharina Müller, die Vorsitzende des Verbands weiblicher Angestellter (VWA), plädierte als Abhilfe für einen "Tageswechsel mit 4–5 stündiger Maschinenarbeit. ... Unbedingt ablehnen müssen wir alle Bestrebungen, die dahin zielen, zwecks besserer Rentabilität der zumeist nur geliehenen Sortier- und Lochmachinen die Nachtarbeit an denselben einzuführen. So wichtig kann die Rentabilität nicht sein."[37]

Auch Frieda Habricht schrieb 1927 für den VWA in einem Kommentar zu Bürorationalisierung und DINTA-Bemühungen, "den wendigen Menschen heranzuziehen": "Die Wirtschaft ist um der Menschen willen da; die Wirtschaft dient dem Leben."[38]

Der Amerikanismus-Topos der Angestellten und Beamtinnen war nicht frei von Ressentiments. Amerika stand zwar vor allem für Modernität, besonders aber auch für Kapitalismus. Die von Rationalisierungsmaßnahmen in den Büros der deutschen Post betroffenen Frauen erfuhren wiederholt von den mit hoher Publizität vermarkteten technologischen Entwicklungen im amerikanischen Bell-Telephone-System, ebenso wie von der dort praktizierten rigiden Ausbildung der Arbeitskräfte und deren Streiks.[39] Zumindest die Vorsitzende des Verbands der deutschen Post- und Telegraphenbeamtinnen, Else Kolshorn, traf im Rahmen ihrer Tätigkeit für die "Internationale der Postbeschäftigten" (I.P.T.T.) sehr wahrscheinlich auch Kollegen und Kolleginnen aus Übersee. Für sie war "Amerikanismus" deshalb ein

---

33 Unter dem Reichsadler 21 (1927), 34.
34 D. Reese/E. Rosenhaft/C. Sachse/T. Siegel (Hrsg.), Rationale Beziehungen? Geschlechterverhältnisse im Rationalisierungsprozeß. Frankfurt a.M. 1993.
35 Fuykschot, Rückwirkungen, 152.
36 Jahrbuch der Frauenarbeit 8 (1932), 19ff.
37 Fuykschot, Rückwirkungen, 163.
38 Frieda Habricht, Arbeitsmethoden, ihre Wirkungen für die Frau in Industrie und Handel. Vortrag gehalten auf der Hauptversammlung des Verbandes der weiblichen Handels- und Büroangestellten e.V. in Stuttgart, 10–12. September 1927. o.O., o.J., 41; Mary Nolan, Das Deutsche Institut für technische Arbeitsschulung und die Schaffung des "neuen" Arbeiters, in: Reese u.a. (Hrsg.), Rationale Beziehungen, 189–221.
39 Stephen H. Norwood, Labor's Flaming Youth. Telephone Operators and Worker Militancy. Urbana, IL/Chicago 1990.

Synonym für profitorientierten Kapitalismus, für eine "einseitige Auslegung des Begriffes 'Wirtschaftlichkeit'".[40] Gleichzeitig symbolisierte "Amerika", besonders New York und Chicago, aber auch Freiheiten für weibliche *urban pioneers*[41], für finanziell unabhängige Frauen, deren Repräsentantinnen auch im Bund deutscher Frauenvereine zunehmend mehr Bedeutung erlangten und dort von Kolshorn vertreten wurden.

Für organisierte weibliche Angestellte und Beamtinnen, die der Frauenbewegung nahestanden und die der Öffentlichkeit als Verkörperung der "Neuen Frau" galten, bedeutete "Amerika" einen zwar fernen Kontinent, wo der Kapitalismus triumphierte, jedoch auch eine Welt mit bemerkenswerten Erfolgsmöglichkeiten für Frauen, die ihren Lebensunterhalt selbst verdienten und ihr Leben meisterten. Über Beispiele berichteten die Verbandszeitschriften von kaufmännischen Angestellten oder Postbeamtinnen immer wieder begeistert. Weniger gebrochen war dagegen die Wahrnehmung von konservativeren Vertreterinnen der Frauenbewegung, die dem Hausfrauenbund näher standen. So schrieb beispielsweise eine namentlich nicht bekannte Autorin im November 1930 in der *Evangelischen Frauenzeitung* unter dem Stichwort "Amerikanismus":

> Es ist eine leider immer wieder bestätigte Erfahrung, daß wir Deutschen nur zu bereit sind, Einflüssen des Auslandes, besonders Amerikas, zu erliegen. "Gerechtigkeit gegen Andersdenkende", "vorurteilslose Prüfung", mit solchen Schlagworten, die nach Edelmut und Wissenschaftlichkeit klingen, werden die Bollwerke sittlichen Widerstandes niedergelegt. So ging es mit der amerikanischen Importware der Kameradschaftsehe, die vielleicht nirgends so gründlich erörtert worden ist, wie bei uns in Deutschland . . .[42]

Es bleibt dagegen festzuhalten, daß gerade moderne Rationalisierungserfahrungen in Erwerbszusammenhängen wenigstens weiblichen Büroangestellten klarmachten, daß nicht nur Einflüsse des Auslandes, Krisen jenseits, sondern auch solche diesseits des Atlantiks ständige Begleiterscheinungen des Kapitalismus waren.

---

40 Else Kolshorn, in: Unter dem Reichsadler 1 (1927), 2; auch in: Ursula Nienhaus, "Eine Frau mit feurigem Herzen, eine hervorragende Organisatorin", Else Kolshorn (1873–1962). Berlin 1992, 72.
41 Ausführlich dazu: Joanne Meyerowitz, Women Adrift. Independent Wage Earners in Chicago, 1880–1930. Chicago/London 1988, 117ff.
42 Evangelische Frauenzeitung, 32. Jg., November 1930, 28f.

3

Technik, Kompetenz, Modernität. Amerika als zwiespältiges Vorbild für die Arbeit in der Küche, 1920–1960

Michael Wildt

> Die falsche, oft zimmermäßige Einrichtung der Küche ist die Ursache für viele Schwierigkeiten, die übermäßigen Zeitverlust zur Folge haben. Die Küche soll die Arbeitsstelle, das Laboratorium der Hausfrau sein, in dem jede überflüssige räumliche Größe, und jede unhandliche Anordnung der Einrichtungsgegenstände zu dauernder Mehrarbeit führen. Sie muß zu einem Mechanismus, einem Instrument werden. Die Zeit sollte der Frau des Hauses zu kostbar sein, um tagaus, tagein die Mühseligkeiten der altmodischen Küchenbewirtschaftung zu ertragen.

DIESER ENTWURF EINER RATIONALISIERTEN KÜCHE, die nach wissenschaftlichen Kriterien zu einem "Laboratorium der Hausfrau" werden sollte, stammt von Georg Muche. Unter der Bauleitung von Adolf Meyer und Walter March stellte er im Sommer 1923 in Weimar das erste Versuchshaus des Bauhauses vor, in dem Sachlichkeit, Funktionalität und klare Formen herrschten.[1] Das Technische ist das Leitmotiv dieses Textes, der Ingenieur wird zum Ratgeber im Alltag. In gleicher Weise wies der Architekt Bruno Taut, dessen Buch über *Die neue Wohnung* in Frauenzeitschriften und Haushaltsratgebern der zwanziger Jahre breit rezipiert wurde, der Frau im neuen Heim die Rolle einer Ingenieurin zu, "denn sie muß bei sich anfangen und so weit kommen, wie der Mann organisatorisch vielfach im Büro, in der Fabrik, in allen Berufen gekommen ist, in denen ein leichter und beweglicher Geist lebt."[2] In "Amerika [zähle] die Kochkiste zu den drei größten Erfindungen unserer Zeit und [werde] mit der Radiotelegrafie und dem Flugzeug auf eine Stufe gestellt."[3] Zeit, Bewegung wurden zu Schlüsselbegriffen: "'Schnittig' wird die neue Mode heißen".[4]

Es waren die Architekten des "Neuen Bauens", die die technische Rationalität der Fabrik auf den Haushalt übertrugen.[5] Das neue Paradigma entsprang den

---

1 Georg Muche, Das Versuchshaus des Bauhauses, in: Ein Versuchshaus des Bauhauses in Weimar. Zusammengestellt von Adolf Meyer. München 1925, 15–23, Zitat: 15–16.
2 Bruno Taut, Die neue Wohnung. Die Frau als Schöpferin. Leipzig 1924, 104.
3 Ebd., 67.
4 Ebd., 66.
5 Vgl. jüngst dazu Adelheid von Saldern, Neues Wohnen. Wohnungspolitik und Wohnkultur im Hannover der Zwanziger Jahre. (Hannoversche Studien Bd. 1, Schriftenreihe des Stadtarchivs Hannover.) Hannover 1993.

"Grundsätzen wissenschaftlicher Betriebsführung" des Amerikaners Frederick W. Taylor, der seine Überlegungen keineswegs auf die Fabrik beschränkt wissen wollte, sondern sie "mit gleichem Recht und gleichem Erfolg auf alle Gebiete menschlicher Tätigkeit anwendbar" hielt.[6] 1921 erschien in Berlin das Buch der Amerikanerin Christine Frederick *Die rationelle Haushaltsführung*, das die wissenschaftliche Organisation und Rationalisierung der Hausarbeit auf der Grundlage des Taylor'schen Systems als Programm formulierte. Ihr deutsches Pendant fand Christine Frederick in der Architektin Erna Meyer, deren Buch *Der neue Haushalt*, 1926 erschienen, ein Jahr später bereits die 23. Auflage erlebte.[8] Neben dem Einsatz neuer Haushalts- und Küchenmaschinen bildete die Arbeitszeit die entscheidende Variable. Wie in der Fabrik sollte auch im Haushalt der Arbeitsprozeß in kleinste Einheiten zerlegt, zergliedert werden, um die einzelnen Elemente zu standardisieren und rationalisieren. Hausarbeit wurde zu einer mathematischen Größe, die sich berechnend beherrschen lassen sollte.

Christine Fredericks Buch machte nach eigenem Eingeständnis großen Eindruck auf Grete Schütte-Lihotzky, ebenfalls Architektin und Schöpferin jener berühmt gewordenen Einbauküche, die unter der Bezeichnung "Frankfurter Küche" zum erfolgreichen Prototyp einer vorgefertigten, standardisierten Küche im Massenwohnungsbau wurde.[9] In einem Interview 1989 erinnerte sie sich:

> Ich hab' ein Buch in die Hand bekommen—1922 ist das erschienen, ich glaub', ich hab' das schon im selben Jahr in die Hand bekommen—von zwei Frauen, das hieß 'Die rationelle Haushaltsführung'. Und die haben sich beschäftigt mit der Arbeitsersparung im Haushalt. Aber wirklich, also auch wissenschaftlich und sehr gründlich—und erwähnen aber nur in einem Satz, daß auch die Wohnung könnte dazu beitragen. Sonst haben sie sich damit nicht beschäftigt, hauptsächlich mit arbeitssparenden Geräten und mit der Frage, wie wird's, wenn die Elektrizität in den Haushalt eindringt, mit ganz grundsätzlichen, prinzipiellen Fragen. Ein sehr interessantes Buch, ich besitze es heute noch. Das kam aus Amerika. Eine Amerikanerin und eine Deutsche haben es zusammen gemacht.[10]
> ...
> Damals war ja das sogenannte Taylor-System in Amerika aufgekommen, in den Betrieben. Man hat mit der Stoppuhr gemessen in Betrieben, wieviel Zeit ein Arbeiter braucht für das und das und das, und hat, nachdem man das gemessen hat, rationalisiert und hat damit ungeheure Einsparungen an Arbeitszeit gemacht. Während aber in der Fabrik und in den Betrieben die ersparte Arbeitszeit natürlich aufgeworfen hat die Frage der Arbeitslosigkeit, also die negativen Dinge. Aber in der Hauswirtschaft, habe ich mir gesagt, die

---

6 Frederick W. Taylor, Die Grundsätze wissenschaftlicher Betriebsführung. Berlin 1913, 5.
7 Christine Frederick, Die rationelle Haushaltsführung. Betriebswissenschaftliche Studien, übersetzt von Irene Witte. Berlin 1921. Die amerikanische Originalausgabe war 1913 unter dem Titel *The New Housekeeping: Efficiency Studies In Home Management* erschienen.
8 Erna Meyer, Der neue Haushalt. Ein Wegweiser zu wirtschaftlicher Hausführung. Stuttgart 1926.
9 Vgl. Heinz Hirdina, Rationalisierte Hausarbeit. Die Küche im Neuen Bauen, in: Jahrbuch für Volkskunde und Kulturgeschichte (1983), 44–80.
10 Frau Schütte-Lihotzky erinnerte sich offenkundig sowohl an die (amerikanische) Autorin wie die (deutsche) Übersetzerin; siehe Anm. 7.

Zeit, die erspart wird, die kommt lediglich der Frau selbst, ihrer Gesundheit und ihrer Familie zugute. Also keine Negative. Und darauf hat diese Frankfurter Küche beruht.[11]

Die Utopie einer rationalisierten Küche, die sich explizit auf das Vorbild USA gründete, war auf eine (Haus-)Frau zugeschnitten. In dem Arbeitsraum, der nach tayloristischen, zeit- und kraftsparenden Prinzipien organisiert werden sollte, war sie allein, auf sich selbst gestellt. Ihr als Individuum sollte die neue Küche Erleichterung und freie Zeit bringen—und isolierte sie zugleich. Selbstverständlich müsse der Eßraum neben der Arbeitsküche liegen, verlangte Elke Osterloh 1951, und auch die Küchentür aus Glas dürfe nicht vergessen werden, damit die übrige Wohnung von Küchengerüchen befreit und zugleich die Mutter in der Lage war, ihre Kinder zu "überwachen".[12] "Vom Standpunkt der Wohnkultur aus wird die Frau die kleine, aber gut durchdachte Arbeitsküche ohne Tür zum Wohnzimmer bevorzugen, damit keine Beschädigung der Möbel durch Wasserdampf und keine Belästigung durch Küchengerüche entstehen."[13] So wurde die Hausfrau auf einen isolierten Arbeitsplatz verbannt; Bedürfnisse nach Kommunikation hatte sie hintanzustellen und ihrerseits die Gerüche und Dämpfe klaglos zu ertragen.

GENOSSENSCHAFTLICHE UND TAYLORISTISCHE ORGANISATION DER KÜCHENARBEIT

Rationalisierung im US-amerikanisch bedeuteten Horizont verband sich eng mit Individualität, deren kritischer Gegenbegriff bezeichnenderweise die "Massengesellschaft" wurde.[14] Es gab jedoch auch einen konträren Entwurf hauswirtschaftlicher Rationalisierung, der nicht deshalb, weil er historisch unterlag, vergessen werden darf. In seinem Buch *Die Frau und der Sozialismus*, das erstmals 1879 erschien, verurteilte August Bebel die Privatküche als "eine der anstrengendsten, zeitraubendsten und verschwenderischsten Einrichtungen", die ebenso wie die Werkstätte des Kleinmeisters abzuschaffen sei.[15] Nahrungszubereitung müsse ebenso wissenschaftlich betrieben werden wie andere menschliche Tätigkeiten. Die "kommunistischen Küche" war die große, in erster Linie elektrische, automatisierte Küche:

> Kein Rauch, keine Hitze, keine Dünste mehr; die Küche gleicht mehr einem Salon als einem Arbeitsraume, in dem alle möglichen technischen und maschinellen Einrichtungen vorhanden sind, welche die unangenehmsten und zeitraubendsten Arbeiten spielend er-

---

11 Interview mit Grete Schütte-Lihotzky, gesendet vom Norddeutschen Rundfunk am 4.Juni 1989. Zur Biographie dieser ungewöhnlichen Frau siehe Margarete Schütte-Lihotzky, Erinnerungen aus dem Widerstand. Das kämpferische Leben der Architektin von 1938–1945. Hrsg. von Irene Nierhaus. Wien 1994.
12 Elke Osterloh, Frauenwünsche zum Wohnungsbau. (Bautechnische Merkhefte für den Wohnungsbau, H. 2). Berlin 1951, 18.
13 Ebd.
14 Zur vieldeutigen Rezeption der USA in der Weimarer Republik siehe das Kapitel: Zwischen "Amerikanismus" und Kulturkritik, in: Detlev J.K. Peukert, Die Weimarer Republik. Krisenjahre der Klassischen Moderne. Frankfurt a.M. 1987, 178–190.
15 August Bebel, Die Frau und der Sozialismus. Stuttgart/Berlin 1922, 469 (erstmals Leipzig 1879 erschienen).

ledigen. Da sind die elektrisch betriebenen Kartoffel- und Obstschäler, die Entkernungsapparate, Würstestopfer, Speckpresser, Fleischhacker, Fleischröster, Bratapparate, Kaffee- und Gewürzmühlen, die Brotschneideapparate, Eiszerkleinerer, Korkzieher, Korkpresser ...[16]

Die fortschrittsgläubige Allianz von Wissenschaft, Technik und Befreiung der Arbeit prägte Bebels Entwurf, dessen technizistische Phantasie und industrieller Horizont einerseits weitgehend mit Taylors Rationalität übereinstimmte. Andererseits markierte jedoch die geplante Kollektivierung von bislang individueller Arbeit eine wesentliche Differenz zum "tayloristischen" Modell. Für die Sozialdemokratin Lily Braun lag die Lösung des Problems der Hausarbeit in der genossenschaftlichen "Produktionsweise". Sie entwickelte um die Jahrhundertwende das Modell eines "Einküchenhauses":

Ich stelle mir ihr äußeres Bild folgendermaßen vor: In einem Häuserkomplex, das einen großen, hübsch bepflanzten Garten umschließt, befinden sich etwa 50 bis 60 Wohnungen, von denen keine eine Küche enthält; nur in einem kleinen Raum befinden sich ein Gaskocher, der für Krankheitszwecke oder zur Wartung kleiner Kinder benutzt werden kann. An Stelle der 50–60 Küchen, in denen eine gleiche Zahl zu wirthschaften pflegt, tritt eine im Erdgeschoß befindliche Zentralküche, die mit allen modernen Maschinen ausgestattet ist. ... Die Mahlzeiten werden, je nach Wunsch und Neigung, im gemeinsamen Eßsaal eingenommen oder durch besondere Speiseaufzüge in alle Stockwerke befördert.[17]

Ebenso wie Grete Schütte-Lihotzky verband Lily Braun ihren Entwurf mit der Befreiung der Hausfrau von der Hausarbeit. Nur wenn der Herd nicht mehr im Mittelpunkt der Familie stünde und die Frauen von ihrer doppelten Arbeitsbelastung als Berufstätige und Hausfrau entlastet würden, könne ihre Emanzipation gelingen. Das genossenschaftliche Modell hauswirtschaftlicher Rationalisierung stand jedoch in krassem Gegensatz zur bürgerlichen Familie, die auf geschlechtlicher Arbeitsteilung beruht. Wer wie Lily Braun die außerhäusliche Erwerbsarbeit der Frauen als Grundlage einer partnerschaftlichen Beziehung in der Ehe ansah, konnte entweder dafür plädieren, daß die notwendigen familiären Arbeiten gleichermaßen vom Ehemann wie der Frau getragen werden sollten–oder die individuelle Organisation der Hausarbeit grundsätzlich in Frage stellen. Die "Frankfurter Küche" ließ hingegen die geschlechtliche Arbeitsteilung in der Kleinfamilie unberührt. Vielleicht liegt hier der wesentliche Grund, warum das kollektive Modell Entwurf blieb.[18]

---

16 Ebd., 470.
17 Lily Braun, Frauenarbeit und Hauswirthschaft. Berlin 1901, 21–22. Zum Einküchenhaus siehe auch Günther Uhlig, Kollektivmodell "Einküchenhaus". Wohnreform und Architekturdebatte zwischen Frauenbewegung und Funktionalismus, 1900–1933. Gießen 1981.
18 Vgl. Barbara Orland, Verschmelzung der Gegensätze. Hausarbeit und Rationalisierung als Frauenpolitik in der Weimarer Republik, in: I. Kettschau/B. Methfessel (Hrsg.), Hausarbeit—gesellschaftlich oder privat? Entgrenzungen – Wandlungen – Alte Verhältnisse. Hohengehren 1991, 122–40; sowie übergreifend Karen Hagemann, Frauenalltag und Männerpolitik. Alltagsleben und gesellschaftliches Handeln von Arbeiterfrauen in der Weimarer Republik. Bonn 1990, bes. 99–117.

Das genossenschaftliche Modell hauswirtschaftlicher Rationalität orientierte sich ebenso wie das tayloristische ausschließlich an der Organisation von Arbeit und blendete deren kulturelle und symbolische Dimension aus. Das tägliche Essen erschöpft sich jedoch nicht in der Nahrungsaufnahme, sondern stillt ebenso soziale und kulturelle Bedürfnisse, um den Menschen zu sättigen. "Küche" kann nicht allein auf das Problem der gerechten Verteilung von Arbeit reduziert werden. Eine so komplexe und differenzierte Arbeit wie die Zubereitung von Speisen, die sich durch sinnlichen, stofflichen Umgang mit Nahrungsmitteln, durch Erfahrung, Phantasie und Improvisationsvermögen auszeichnet, widerstand der zentralistischen Utopie einer Gemeinschaftsküche. Arbeit in der Küche kann sogar die "Verschwendung" von Zeit und Kraft bedeuten, wäre im Gegenteil also höchst "ineffizient". Gefordert sind individuelle Kompetenz, Erfahrungswissen und handwerkliche Geschicklichkeit, die keineswegs durch Maschinen einfach substituiert werden können.[19]

Die Benutzerinnen und Benutzer der "Frankfurter Küche" in der Weimarer Republik verhielten sich keineswegs so, wie es der Plan einer "effizienten" Arbeitsökonomie ihnen zuwies. Die zeitgenössische Kritik spottete zum Beispiel über die für die "Frankfurter Küche" charakteristischen Schütten für Nahrungsmittel: "Darf ich Ihnen noch meine Typenküche zeigen? Bitte hier. Sehen Sie noch die furchtbaren Töpfe, Sago, Grieß, Reis? Alles eingebaut. Ein Griff in die Nische–der Zucker, ein Griff dort in die Nische–das Salz.–Wie bei Chaplin!"[20] Der Bezug auf Charlie Chaplin setzt die Hausfrau in der "Frankfurter Küche" in eins mit dem Bild des verzweifelt mit der übermächtigen Maschine kämpfenden Arbeiters in dem Film "Moderne Zeiten". Ohne das Vorbild Amerika aufzugeben wurde zugleich Kritik an der gleichfalls auf die USA bezogene Fortschrittsgläubigkeit geübt. Amerika ist kein eindeutiger Mythos gewesen, sondern bot Stoff für unterschiedliche, womöglich sogar widersprüchliche Deutungen.

Auf der "Deutschen Bauausstellung" 1931 wurde die "Frankfurter Küche" als bahnbrechend gefeiert. Wenig später, im nationalsozialistischen Wohnungsbau hatte der "Baubolschewismus" der Weimarer Zeit nichts mehr verloren. Während in Deutschland die "Frankfurter Küche" in Vergessenheit zu geraten drohte, blieb sie vor allem in den USA, in Schweden und der Schweiz der dreißiger und vierziger Jahre als Modell einer zweckmäßigen und rationellen Küche erhalten, an deren Konzeption weitergearbeitet wurde. So kehrte nach dem Zweiten Weltkrieg

---

19 Vgl. Barbara Methfessel, . . . entscheidend bleibt die Arbeitskraft der Frau, in: G. Tornieporth (Hrsg.), Arbeitsplatz Haushalt. Zur Theorie und Ökologie der Hausarbeit. Berlin 1988, 55–85. Siehe ebenfalls die Studie von Alf Lüdtke zum "Produzieren der Gerichte" als soziale Praxis: ders., Hunger, Essens-"Genuß" und Politik bei Fabrikarbeitern und Arbeiterfrauen. Beispiele aus dem rheinisch-westfälischen Industriegebiet, 1910–1940, in: ders., Eigen-Sinn. Fabrikalltag, Arbeitererfahrungen und Politik vom Kaiserreich bis in den Faschismus. Hamburg 1993, 194–209.

20 Fips, Wir lassen uns überholen—und stellen uns um auf neue Sachlichkeit, in: Frankfurter Generalanzeiger, 7.4.1928, zit. nach Hirdina, Rationalisierte Hausarbeit, 64.

eine modifizierte "Frankfurter Küche" als "Schwedenküche" oder "amerikanische Küche" nach Deutschland zurück.[21]

ELEKTRIFIZIERUNG DER KÜCHE

Dorothee Wierling schildert in ihrer Studie über den Alltag von Dienstmädchen um die Jahrhundertwende, daß elektrisches Licht in den Haushalten noch eine Rarität war: "Erst die zwanziger Jahre brachten eine allmähliche Technisierung und Elektrifizierung der Arbeiten, die bis dahin von Dienstmädchen erledigt worden waren."[22] Und auch Johanna Naegele schrieb 1918 in ihrer Untersuchung der Haushaltstechnik: "Man gewinnt den Eindruck, daß die Technik des elektrischen Kochens über das Stadium des Experiments noch nicht völlig hinausgekommen ist."[23] Die nach 1919 produzierten billigen elektrischen Kochplatten waren von so schlechter Qualität, daß das Interesse am elektrischen Kochen versickerte: 1931 waren nur 400 elektrische Großküchen und rund 50.000 elektrische Haushaltsküchen im Deutschen Reich registriert.[24]

Im Laufe der dreißiger Jahre fanden zunächst andere elektrische Geräte in den privaten Haushalten Verbreitung. Die entscheidende Voraussetzung bestand in der Ausdehnung der Stromversorgung, die die Elektrizitätswerke im 20.Jahrhundert energisch vorantrieben.[25] Nahezu 55% aller Haushaltungen Groß-Berlins waren 1928 mit Elektrizität versorgt gegenüber knapp 28% drei Jahre zuvor[26]; 1932 waren 80% der Haushalte in Deutschland an die elektrische Stromversorgung angeschlossen.[27] Aus einer Bestandsaufnahme, die Theodor Krückels Anfang der

---

21 Vgl. Meinhard Wagner, Küche und Bad in der Sozialwohnung. Diss. phil. Aachen 1956, 21–32.
22 Dorothee Wierling, Mädchen für alles. Arbeitsalltag und Lebensgeschichte städtischer Dienstmädchen um die Jahrhundertwende. Berlin/Bonn 1987, 106.
23 Johanna Naegele, Technik und Organisation im Dienste der Hausfrau. Diss. phil. Breslau 1918, 110.
24 Wilhelm Coulon, Die Anfänge des elektrischen Kochens—wie ich sie sah, in: Elektrowärme-Jahrbuch 1931. Hrsg. von G. Dettmar. Berlin 1931, 96–99.Daß die technische Entwicklung von elektrischen Haushaltsgeräten deshalb nicht mit ihrem Verbreitungsgrad gleichgesetzt werden darf, und die Zeitspannen zwischen Entwicklung, Produktion und Einsatz im Haushalt sehr unterschiedlich waren, betonen Ulrike Bussemer/Sibylle Meyer/Barbara Orland/Eva Schulze, Zur technischen Entwicklung von Haushaltsgeräten und deren Auswirkungen auf die Familie, in: Gerda Tornieporth (Hrsg.), Arbeitsplatz Haushalt. Zur Theorie und Ökologie der Hausarbeit. Berlin 1988, 116–127.
25 Gerold Ambrosius, Die wirtschaftliche Entwicklung von Gas-, Wasser- und Elektrizitätswerken, in: H. Pohl (Hrsg.), Kommunale Unternehmen. Geschichte und Gegenwart. Stuttgart 1987, 125–153.
26 Erich Schäfer, Die Verbreitung von Elektro- und Gasapparaten. Eine marktanalytische Studie über die Absatzbedingungen in den 20 Verwaltungsbezirken Groß-Berlins. Stuttgart 1993, 12.
27 Lothar Reissmüller, Die Interessen öffentlicher Elektrizitätswerke an der Bedarfsweckung und -deckung elektrotechnischer Erzeugnisse. Diss. phil. Berlin 1935, 9. Eine Sammlung von Erinnerungen an die Elektrifizierung in Österreich bietet Viktoria Arnold (Hrsg.), "Als das Licht kam". Erinnerungen an die Elektrifizierung. Wien/Köln/Graz 1986.

dreißiger Jahre in 26 ländlichen Gemeinden in Württemberg durchführte, geht hervor, daß in nahezu allen Haushalten ein elektrisches Bügeleisen, in einem Viertel ein elektrisches Heizkissen und in 12% ein Radio vorhanden war.[28]

Hans Vogt, der Ende der dreißiger Jahre in einer süddeutschen Industriestadt mit überwiegendem Arbeiteranteil nach der Ausstattung mit elektrischen Haus- und Küchengeräten fragte, stellte bereits höhere Werte fest: 85% der Haushalte besaßen zu diesem Zeitpunkt ein Bügeleisen, knapp 65% ein Radio, je ein Drittel einen Staubsauger und ein Heizkissen, wiederum stark differenziert nach Einkommensklassen.[29] Insgesamt blieb die Ausstattung privater Haushalte mit elektrischen Geräten in Deutschland vor dem Zweiten Weltkrieg auf ein Bügeleisen und das Radio beschränkt. Wie stark der Unterschied zu den USA war, zeigt eine Übersicht, die Vogt nach verschiedenen Erhebungen zusammengestellt hat:

Tabelle: *Ausstattung privater Haushalte mit elektrischen Haus- und Küchengeräten im Deutschen Reich und in den USA*

Sättigung mit elektrischen Geräten in %

Elektrische Haushaltsgräte	süddt. Industriestadt 1938	deutsche Kleinstadt 1937/38	Berlin 1928	USA nach Kellog 1937	USA nach El. World 1938
Bügeleisen	85,4	76,7	56,0	103	94,0
Netzanschlußgeräte	64,2	51,1	5,2	106	–
Staubsauger	36,0	26,4	27,5	50	49,0
Heizkissen	29,8	23,7	16,3	–	19,5
Kochtöpfe, Kaffee- und Teemaschinen	21,4	2,6	5,9	27	32,0
Haartrockner	20,6	6,3	8,6	–	–
Heiz-und Strahlöfen	12,7	1,2	7,4	21	19,9
Kochplatten	4,7	0,3	0,8	–	17,2
Bohner	1,7	0,5	0,4	–	–
Waschmaschinen	1,4	1,7	0,5	49	57,6
Kühlschränke	0,7	0,8	0,2	50	51,7

Quelle: Hans Vogt, Die Gerätesättigung im Haushalt. Berlin 1940, 11.

28 Theodor Krückels, Konstruieren nach marktgerichteten Gesichtspunkten (Unter besonderer Berücksichtigung der ländlichen Absatzverhältnisse für Elektrogeräte). Würzburg 1935, 26. Evident waren die sozialen Abstufungen im Besitz von Elektrogeräten. Während nahezu jeder Haushalt der Gruppe 1, zu denen Krückels Lehrer, Pfarrer, Ärzte, Rechtsanwälte, Fabrikanten und höhere Beamte zählte, ein Bügeleisen und 62% von ihnen einen Rundfunkempfänger besaßen, waren in nur 58% der Arbeiterhaushalte ein Bügeleisen, bzw. nur in 7% ein Radio vorhanden. Die gleiche soziale Diskrepanz gilt für die Ausstattung mit Staubsaugern, Waschmaschinen, elektrischen Herden oder Kaffeemaschinen.
29 Hans Vogt, Die Gerätesättigung im Haushalt. Berlin 1940, 9.

Das Interesse in Westdeutschland nach dem Krieg an neuen technischen Küchengeräten, an den neuen Einbauküchen war groß. "Man hat das Gefühl, daß sie [die Hausfrauen] möglichst rasch mit den technischen Neuerungen vertraut werden möchten," zitieren die Autoren einer Umfrage aus dem Jahr 1949 den Leiter einer Beratungsstelle, "immer wieder kann man hören: 'Das ist aber praktisch, ganz anders als bei meinem alten Gerät; da kann man viel Zeit und Arbeit sparen!' Oder: 'Ich habe das ewige Hantieren in meiner Küche satt, warum soll ich es nicht auch ein bißchen einfacher haben!'."[30] Lebhafte Nachfrage bestehe nach Einbauküchen, die die Frauen oft als "amerikanische Küchen" bezeichneten. "Das Interesse für diese modernen Küchen ist in allen Käuferschichten gleich stark", faßte ein Geschäftsführer seine Erfahrungen zusammen, "die Frau von heute will bequemer leben, sie sieht sich nicht mehr nur als dienstbarer Geist, und die Familie steht nicht mehr allein so im Mittelpunkt ihres Interesses; sie möchte sich auch anderen Lebenskreisen zuwenden."[31]

Tatsächlich besaßen 1951 erst 1,9% der befragten Hausfrauen in einer Erhebung der Gesellschaft für Konsumforschung, Nürnberg (GfK) eine Einbauküche, 47,5% eine reine Arbeitsküche, über 35% eine Wohnküche und 13,6% eine Kochnische.[32] Die Küchenarbeit machten über 70% der Frauen allein; den übrigen half zu 10% eine Zugehfrau und zu 8,5% eine Hausangestellte. Während ansonsten auch Kinder, die eigene Mutter oder Verwandte mithalfen, war der Ehemann bei weniger als 1% der Frauen eine Hilfe in der Küche.[33] Über die Hälfte der befragten Frauen waren mit ihrer Küche unzufrieden. Nahezu gleichermaßen wollten alle Altersgruppen zu jeweils rund 40% eine Arbeitsküche, während mehr jüngere Frauen als über 50jährige eine Einbauküche wünschten. "Bei den einfachen Leuten", berichtete eine Korrespondentin aus Hessen, "sind die Wünsche nach einer Wohnküche am größten, da die Küche der Raum ist, in dem sie den ganzen Tag sind." Allerdings: "Als Ideal", so ein Bericht aus Nordrhein-Westfalen, "schwebte natürlich allen Befragten die neuzeitliche Einbauküche vor, die oft in Illustrierten gezeigt wird, und der Hausfrau die Arbeit so wesentlich erleichtert und angenehm macht. Jedoch, wem ist dieser Traum vergönnt? Nur ganz wenigen mit einem dicken Geldbeutel, denn in Deutschland sind diese modernen Einrichtungen für den normalen Mittelstand noch unerschwinglich."

---

30 Gerhard Baumert/Edith Hünniger, Deutsche Familien nach dem Kriege. Darmstadt 1954, 116–177.
31 Ebd., 117.
32 Gesellschaft für Konsumforschung, Nürnberg, Rund um die Küche. Eine Basis-Untersuchung der GfK, Juli/August 1951 (masch.), (Archiv der GfK, Nürnberg, U 129).
33 Hausarbeit blieb in den fünfziger Jahren eine zeitraubende, mühselige und unbezahlte Arbeit von Frauen. Nach Analysen verschiedener hauswirtschaftlicher Institute betrug die wöchentliche Arbeitszeit einer Hausfrau rund 70 Stunden; s. Ursula Schroth-Pritzel, Der Arbeitszeitaufwand im städtischen Haushalt, in: Hauswirtschaft und Wissenschaft 6 (1958), H. 1, 7–22; Ernst Zander, Arbeitszeitaufwand in städtischen Haushalten, in: ebd. 15 (1967), H. 2, 71–81.

Auf den ersten Blick wird die Differenz zwischen Ideal und Wirklichkeit durch die materiellen Verhältnisse bestimmt, durch den schmalen Geldbeutel, der die Anschaffung einer neuen "amerikanischen" Küche (noch) nicht erlaubte. Aber mir scheint sich die darin der Abstand zum Ideal nicht allein zu erschöpfen. Die Wünsche der "einfachen Leute" nach einer Wohnküche, weil sich hier die Familie tagsüber aufhält, verweist auf andere Bedürfnisse, die nach Sicherheit strebten und sich nicht dem Neuen, "Amerikanischen" zuneigen wollten. Nach all den Jahren der Anspannung, der Ängste und extremen Situationen erlangte das (schon wieder) Neue, Unbekannte nicht sofort ungeteilte Zustimmung.[34]

Es gab aber auch gegenläufige Tendenzen, Kontinuitätsbrüche im Verhältnis zwischen den Generationen. Die Kriegs- und Nachkriegszeiten, in denen es schwer wurde, Koch- und Haushaltskenntnisse wie selbstverständlich weiterzugeben, die Veränderung des Haushaltes durch Technisierung und nicht zuletzt der Wunsch, einen "modernen" Haushalt zu führen, stellten junge Hausfrauen in eine Situation, mit der sie allein fertigwerden mußten. Frau G. hat das Kochen nicht von ihrer Mutter gelernt:

> Das habe ich mir tatsächlich selber angeeignet. Ich hab's sehr, sehr schwer in meinem Haushalt anfangs gehabt und war froh, daß die ersten Jahre noch kein Kind da war. Ich wollte das sogenannte Puddingabitur machen mit zusätzlich Latein, das Hauswirtschaftsabitur. Und da hatten wir auch Kochunterricht während des Krieges, natürlich mit den entsprechenden Zutaten, aber die Grundbegriffe, die stammten doch daher: Wie machst Du die Mehlschwitze und wie machst Du Hefeteig undsoweiter. Insofern hab' ich etwas kochen gelernt in der Schule, aber nicht zu Hause.[35]

Ähnlich fand Anne-Katrin Einfeldt in ihren Interviews mit Bergarbeiterfrauen über die Hausarbeit in den fünfziger Jahren, daß diese als junge Frauen im Arbeitsdienst, im Land- bzw. Haushaltsjahr neue Standards erlernten. "Disziplin, Einordnung hatten die Mädchen auch zu Hause gelernt. Die Schnelligkeit aber, die Ausrichtung einzelner Tätigkeiten nach der Uhr, war eine neue Erfahrung. Ihre Mütter hatten wohl das Arbeitsergebnis nach der Uhr ausgerichtet, aber nicht den Arbeitsprozeß."[36] Die Ausbildung in den Hauswirtschaftsschulen entsprach den Vorstellungen einer "modernen", rationalisierten Küche[37], deren Organi-

---

34 Die (An)Spannungen, die Lutz Niethammer in den Interviews des LUSIR-Projekts entdeckte, verweisen auf die tiefen Brüche und unbewältigten Vergangenheiten, die die "Erfolgs-Story" der Bundesrepublik unterlaufen; s. Lutz Niethammer, "Normalisierung im Westen": Erinnerungsspuren in die 50er Jahre, in: G. Brunn (Hrsg.), Neuland. Nordrhein-Westfalen und seine Anfänge seit 1945/46. Essen 1987, 175–206; vgl. dazu Hans Braun, Das Streben nach "Sicherheit" in den 50er Jahren, in: Archiv für Sozialgeschichte 28 (1978), 279–306.
35 Interview mit Frau G. am 28.2.1990.
36 Anne-Katrin Einfeldt, Zwischen alten Werten und neuen Chancen. Häusliche Arbeit von Bergarbeiterfrauen in den fünfziger Jahren, in: Lutz Niethammer (Hrsg.), "Hinterher merkt man, daß es richtig war, daß es schiefgegangen ist". Nachkriegserfahrungen im Ruhrgebiet. (Lebensgeschichte und Sozialkultur im Ruhrgebiet Band 2.) Berlin/Bonn 1983, 149–190, Zitat: 161.
37 Siehe die Untersuchung des Hauswirtschaftsunterrichts in den zwanziger Jahren von Karen Hagemann, in: dies., Frauenalltag und Männerpolitik, 117–132.

sation nach Effizienz und Arbeitsökonomie von der Küchenpraxis der Müttergeneration abwich. Junge Hausfrauen, die wie Frau G. das Kochen im Haushaltsjahr oder auf der Hauswirtschaftsschule erlernten, konnten an die Erfahrungen ihrer Mütter nur noch schwerlich anknüpfen. Desto eher waren sie empfänglich für das Neue, für "Modernität", zumal Rationalisierung des Haushalts von der Mühsal befreien sollte, die die Hausarbeit für die Mütter bedeutet hatte und die ihre Töchter erlebt hatten und keinesfalls fortführen wollten. "Die jungen Frauen . . . füllten ihre Hausfrauenarbeit aktiv aus, indem sie versuchten, ihre—neuen—Vorstellungen durchzusetzen, ohne an sie herangetragene Erwartungen zu verletzen."[38]

VORBILD AMERIKA IN DER *KLUGEN HAUSFRAU*

Im folgenden will ich versuchen, anhand der in den fünfziger Jahren auflagenstärksten Kundenzeitschrift, der *Klugen Hausfrau*, herausgegeben und verteilt von der Handelsorganisation Edeka, diese Mehrdeutigkeit des Vorbilds Amerika näher zu untersuchen. Die *kluge Hausfrau*, bereits vor dem Krieg existent, erschien seit 1949 im vierzehntägigen Rhythmus und erreichte Mitte der fünfziger Jahre eine Auflage von über einer Million Exemplare, mit der sie sich durchaus mit Publikumsillustrierten wie *Stern, Quick* und *Constanze* messen konnte.[39] Unter den regelmäßigen Leserinnen lagen die 40–49jährigen Hausfrauen an der Spitze, mehrheitlich aus Arbeiter- und kleinen Angestellten-, Beamtenfamilien mit niedrigerem Einkommen in kleinen und mittleren Städten.[40] Der Ton der *Klugen Hausfrau* in den fünfziger Jahren war familiär, vertraut; die Zeitschrift pries sich als Freundin der Hausfrau an. Ihre Themenseiten widmeten sich vor allem der Hauswirtschaft, gaben Tips, machten auf Trends aufmerksam. Die *Kluge Hausfrau* sprach ihre Leserinnen als "moderne" Frauen an, aufgeschlossen gegenüber technischen Verbesserungen und Erleichterungen der Küchenarbeit. Dazu gehörte auch, sich der Rolle als Verbraucherin bewußt zu werden: Die Hausfrau als unverzichtbarer und wichtiger Teil der Marktwirtschaft, durch deren Hände Millionen Mark gingen, war ein immer wiederkehrendes Thema der *Klugen Hausfrau*.

Amerika stellte im Horizont der *Klugen Hausfrau* den Hort des Fortschritts dar, das Land der unbegrenzten, aber auch der entgrenzten Möglichkeiten. So wurde nicht ohne heimliches Schaudern über einen englischen Unterhaus-Abgeordneten berichtet, der bei einer kürzlichen Reise in die USA eine ganz neue Art der Frischhaltung entdeckt hatte: die Elektronisierung. Ein intensiver "Atombeschuß" würde jegliches Wachstum im Bruchteil einer Sekunde beenden und da-

---

38 Einfeld, Zwischen alten Werten und neuen Chancen, 182.
39 Siehe Institut für Publizistik der Freien Universität Berlin, Die deutsche Presse. Ein Handbuch. Berlin 1956; die Jahresberichte der Edeka 1955ff., Hamburg (Archiv der Edeka, Hamburg).
40 Leserinnenanalyse der *Klugen Hausfrau* 1963/64, durchgeführt vom DIVO-Institut, Frankfurt a.M. 1964 (masch.), (Archiv der Edeka, Hamburg, V.-D-49).

mit auch allen Bakterien den Garaus machen. Auf die Frage, was den aus dem Aroma würde, ob denn der Geschmack erhalten bliebe, antwortete der Abgeordnete: "Das ist ja das Wunderbare—der Geschmack bleibt ganz der gleiche, ganz frisch."[41] Gleichermaßen offenbaren Artikel wie "Radar kocht Schinken mit Ei"[42] einerseits die Gläubigkeit, mit der sechs Jahre nach dem Abwurf der Atombombe auf Hiroshima und Nagasaki von einer segensreichen Atomenergie ausgegangen wird. Andererseits zeigt der Einwand, daß der "Atombeschuß" möglicherweise den Geschmack des Fischs verändern könne, daß dem aus den USA angebotenen Fortschritt nicht blindlings vertraut wurde.

Diese Zwiespältigkeit gegenüber Amerika ist jenem Artikel deutlich anzumerken, der 1952 das Küchenideal der amerikanischen Hausfrau zu beschreiben suchte:

> Alles zweckmäßig und praktisch, elektrisch, komfortabel und hochmodern.
> Es war eigentlich von jeher das Los der Frauen, daß ihre Arbeit im Haushalt nicht richtig anerkannt wurde. Heute können wir uns darüber nicht mehr beklagen; denn allmählich stellen sich die technischen Errungenschaften immer mehr in den Dienst der Frau, um ihr das Leben zu erleichtern. Da die Amerikanerin bei dem Wort "Hausarbeit" wohl am ehesten die Nase rümpft und sich nicht gern die Finger schmutzig macht, hat sie es allerdings auch am besten verstanden, sich die Neuerungen zunutze zu machen. Aber wie so oft im Lande der unbegrenzten Möglichkeiten werden auch hier des Guten zuviel getan; und wir alle hatten schon Gelegenheit, über die Witze vom Kühlschrank mit Sinfoniekonzert und vom Rundfunkgerät, das gleichzeitig Spiegeleier brät, zu lächeln. Alle wirklich praktischen und nützlichen Geräte gibt es auch bei uns. Leider ist die Anschaffung zum Teil eine Kostenfrage. Was wir uns aber alle zur Aufgabe machen sollten und uns auch ohne Kostenaufwand leisten können, das ist eine zweckmäßige Anordnung aller Kücheneinrichtungen, die der geplagten Hausfrau viele Kilometer im Jahr ersparen kann.[43]

Auch in diesem Text spielte das fehlende Geld eine wichtige Rolle. Viele technischen Geräte konnten sich die westdeutschen Haushalte tatsächlich erst gegen Ende der fünfziger Jahre leisten.[44] Aber der Artikel enthält darüber hinaus einen mokanten Ton, der sich über Amerika erhebt. Daß sich Amerikaner nicht gern die Finger schmutzig machten, erinnerte wenige Jahre nach dem Krieg an das Bild vom GI, der nicht im Dreck gekämpft, sondern aufgrund seiner größerer Nachschubressourcen und ökonomischen Kraft gesiegt habe. Und "wie so oft" schössen Amerikaner über das Ziel hinaus und täten "des Guten zuviel". Maßlosigkeit und Naivität sind hier die unausgesprochenen Eigenschaften, die Amerikanern zugeschrieben werden.[45] Ja, die *Kluge Hausfrau* belächelte sogar die übereifrigen

---

41 "Frischfisch durch Atombeschuß. Die modernste Art, Lebensmittel zu konservieren", in: Die Kluge Hausfrau (im folgenden KH). Nr. 19/1951.
42 KH, Nr. 20/1950.
43 KH, Nr. 9/1952.
44 Ausführlich zum Konsum in den fünfziger Jahren siehe Michael Wildt, Am Beginn der "Konsumgesellschaft". Mangelerfahrung, Lebenshaltung, Wohlstandshoffnung in Westdeutschland in den fünfziger Jahren. Hamburg 1994.
45 Diese unterstellten amerikanischen Eigenschaften sind nicht neu. Adolf Halfelds Bücher zum Beispiel wie *Amerika und der Amerikanismus. Kritische Betrachtungen eines Deutschen*

Amerikaner, in dem sie ihrer Phantasie freien Lauf ließ und die Hybris karikieren wollte, mit der Amerika in seinem Innovationswillen auch Absurdes zustande bringt. Auf einer Witzseite stellte der Karikaturist der *Klugen Hausfrau* eine Sammlung solcher lächerlichen Apparate vom "Sammelspargaskochofen" bis hin zum selbsttätigen "Geschirrabwasch- und Trockengerät" vor:

> Der Traum aller Hausfrauen! Das selbsttätige "Geschirrwasch- und Trockengerät". Einfach in der Bedienung! Man gibt das abzuwaschende Geschirr in den Geschirraufnahmebehälter, stellt den Hebel auf "Ein"—und man kann das gespülte und getrocknete Geschirr vom Fließband nehmen. Durch einen eingebauten "Selbstkitter" wird das etwa zerbrochene Geschirr automatisch wieder geklebt.[46]

Natürlich beschreiben solche Karikaturen in erster Linie die technische Phantasie des Zeichners, der sich damals nicht vorstellen konnte, daß sich in einer Geschirrspülmaschine nicht das Geschirr, sondern der Wasserstrahl bewegt. Von größerer Bedeutung scheint mir aber der Dünkel zu sein, mit dem die *Kluge Hausfrau* zu Beginn der fünfziger Jahre künftige technische Neuerungen vorstellt. Hier versteckt sich das überhebliche Bewußtsein einer den USA überlegenen europäischen, auch deutschen Kultur. Und zugleich offenbart der technische Horizont, der 1950 bezeichnenderweise nicht das Schinken mit Ei kochende "Radar", d.h. die Mikrowelle, sondern einen "Sammelgassparofen" vorstellte, wie weit Amerika in Wirklichkeit entfernt war. Fünf Jahre später mutete die Phantasie "realitätsnäher" an. Auf einer Karikaturenseite, die "Küche im Jahre 2000" überschrieben war, machte sich die *Kluge Hausfrau* über "Algenbrot", "Nährpillen" und einen "Atom-Mix" lustig.[47]

Dieses mehrdeutige Verhältnis zu den USA drückte sich gleichermaßen in den Meinungsumfragen aus, die im Auftrag der amerikanischen Behörden in Deutschland durchgeführt wurden. Auf die Frage Anfang 1950, was Deutsche von den Amerikanern lernen könnten und umgekehrt, gestand man für die Bereiche Landwirtschaft, Politik, Radio und Presse einen deutlichen amerikanischen Vorsprung zu, wohingegen beim System sozialer Wohlfahrt und in der Kultur sich die Deutschen überlegen glaubten. Sechs Jahre später antworteten 70% der Befragten, daß man vor allem technologisch und industriell von den USA lernen könne, während für Politik die Zahl der Stimmen, die darin die USA als vorbildlich betrachteten, zurückgegangen war.[48] So sind beide Stimmen zu vernehmen. Einerseits rief Peter von Zahn 1954 in seinen Berichten aus der "neuen Welt" seinen Lesern zu:

---

und Europäers, Jena 1927 oder *USA greift in die Welt*, Hamburg 1941 [sic!] variierten dieses Thema bereits in den zwanziger Jahren. Vgl. dazu Peter Berg, Deutschland und Amerika 1918–1929. Über das deutsche Amerikabild der zwanziger Jahre. Lübeck 1963; allgemein: Frank Trommler (Hrsg.), Amerika und die Deutschen. Bestandsaufnahme einer 300jährigen Geschichte. Opladen 1986.

46 KH, Nr. 27/1950.
47 KH, Nr. 39/1955.
48 Siehe Axel Schildt, Moderne Zeiten: Freizeit, Massenmedien und "Zeitgeist" in der Bundesrepublik der 50er Jahre. Hamburg 1995.

"Keine Furcht vor der Welt von morgen".[49] Andererseits warnte zur gleichen Zeit Robert Jungk, daß "die 'neueste Welt' . . . immer deutlichere Züge totalitärer Art" aufweise und die "menschliche Einzelexistenz immer mehr in die Uniform der Standardisierung" presse.[50]

Es ist charakteristisch, daß in der *Klugen Hausfrau* Mitte der fünfziger Jahre lange Zeit von Amerika kaum noch die Rede ist. Technischer Fortschritt allein war kein Wert, der die USA als Vorbild ausmachte. Anders gesagt: Während die USA auf der großen politischen Ebene ein unantastbarer Verbündeter waren, blieb in den eigenen vier Wänden das vertraute "Deutsche" noch lange bestimmend. "Aus deutschen Gauen" überschrieb die *Kluge Hausfrau* eine Rezeptserie, die keine Oder-Neiße-Grenze kannte und wie selbstverständlich Schlesien und Ostpreußen aufführte.

TECHNIK UND HANDFERTIGKEIT

Die technisierte, automatische, amerikanische Küche berührte ein Problem, das unterhalb von großflächigen Mentalitäten sehr konkret die Arbeit von Hausfrauen betraf. In einem Nebensatz findet sich 1964 ein Hinweis auf den Grund für die Abstinenz gegenüber Amerika in der *Klugen Hausfrau*. Dort heißt es: "Vor Jahren wurde die konservendosenknackende amerikanische Hausfrau wegen ihrer scheinbaren Kochunlust noch vielfach geringschätzig belächelt . . ."[51] Damit taucht jener Widerstreit zwischen Technik und Kompetenz wieder auf, der bereits den Umgang mit der "Frankfurter Küche" bestimmt hatte.

Nach ihren Erfahrungen mit neuen Küchenmaschinen befragt, gab noch Anfang der sechziger Jahre ein Großteil der Hausfrauen an, daß sie viele Arbeiten weiterhin mit der Hand erledigten.[52] Zu umständlich waren der Aufbau und die Reinigung der Küchenmaschine, als daß sich jedesmal die Mühe gelohnt hätte, sie aufzustellen. Immer wieder klang in den Antworten der gleiche Grundton an: Gemessen an der Menge, die zubereitet werden muß, sei der Aufwand, die Maschine aufzubauen und nachher wieder zu reinigen und wegzupacken, zu hoch. Da könne die Hausfrau lieber gleich per Hand die Arbeit erledigen, das ginge schneller. "Das Kartoffelschälen", schrieb ein Korrespondent, "hat wohl wegen verschiedener Nachteile nicht die rechte Liebe der Hausfrauen erlangt. Die Kartoffeln müssen einigermaßen rund sein und es wird wohl doch nicht so akkurat wie man es erwartet.'[53] Ein anderer Korrespondent berichtete: "Eine Hausfrau verwendet für die Zubereitung von schwerem Teig nicht ihre Küchenmaschine, weil sie mir erklärte, daß sie gerade bei dieser Arbeit das Gefühl ihrer

---

49 Peter von Zahn, Fremde Freunde. Bericht aus der neuen Welt. Hamburg, 127.
50 Robert Jungk, Die Zukunft hat schon begonnen. Amerikas Allmacht und Ohnmacht. Stuttgart/Hamburg 1952, 10.
51 KH, Nr. 1/1964.
52 Gesellschaft für Konsumforschung e.V., Hausfrauenbefragung über Küchenmaschinen, 1962 (masch.), (Archiv der GfK, Nürnberg U 778).
53 Ebd.

Hände und Finger brauche, um festzustellen, wann der Teig jetzt 'richtig' sei. Dieses Gefühl der Hände könne ihr die Küchenmaschine nicht ersetzen."[54]

Frau G., die in den fünfziger Jahren als junge Hausfrau in Hamburg lebte, schilderte ihre Erfahrung mit dem ersten Mixgerät:

> Den ersten Mixer haben wir uns angeschafft, um für Birgit [die Tochter] Brei zu machen. Aber wir haben natürlich auch viel Mixgetränke gemacht, Milch mit Apfelsine oder Banane, das war damals eine ganz tolle Sache.
> Frage: Das war ja hochmodern?
> Das war damals das, ja ja. Was das für eine Marke war, das weiß ich nicht mehr. Da war 'mal jemand an der Haustür. Und dann waren wir eigentlich beide begeistert davon.
> Frage: Wann hörte das Mixen auf?
> Ach, das hatte man eigentlich nachher bald satt. Wenn Du das dann ein paarmal gemacht hast, und dann immer dieses umständliche Aufschrauben und Saubermachen. Es ist ja wie mit allen Küchenmaschinen, zuerst volle Begeisterung, nachher steht es irgendwo ganz hinten im Schrank."[55]

Frau G.'s Umgang mit dem neuen Mixer umreißt das Spannungsfeld von Neugier, Erwartungen an die Technik und Desillusionierung in der alltäglichen Praxis, in der sich die Geräte als aufwendig in Handhabung, Wartung und Pflege erweisen. Das Versprechen auf Arbeitserleichterung löst sich nicht ein, wenn das "umständliche Aufschrauben und Saubermachen" die Zeit, die vorher eingespart wurde, wieder wettmacht. Aber ist es überhaupt allein das funktionale Argument der Ersparnis von Arbeit, der Rationalisierung des Haushalts? Die "tolle Sache", die neuen kulinarischen Möglichkeiten, die ein Gerät wie der Mixer in sich zu bergen schien, besaßen offenkundig mindestens ebensoviel Attraktivität wie eine funktionsgerechte Küche. Die Bedeutungen, die technischen Geräten beigemessen werden, bestimmen demnach nicht nur die Kaufentscheidung, sondern auch den Umgang mit ihnen. Im Gebrauch der neuen, elektrischen Küchenmaschinen stießen unterschiedliche Erfahrungen aufeinander. So kann die Küche mit einer Fülle von Spezialgeräten ausgestattet sein, ohne daß damit die komplexe Arbeit des Kochens wesentlich erleichtert würde. Die Arbeit der Hausfrau umfaßte und umfaßt weitaus mehr Bereiche als die der materiellen Produktion oder güterbezogenen Dienstleistungen. Und selbst diese sind nicht im Sinne von Taylors wissenschaftlicher Betriebsführung erfaßbar, zerlegbar und technisierbar.

Auf die Befürchtung, durch den Gebrauch technischer Küchengeräte die eigene Kompetenz in Zweifel zu ziehen, ging selbst die Werbeindustrie ein. In einem zeitgenössischen Buch über neue Formen des Einkaufs in den USA stellte die Autorin eine Anzeige für Campbell's Suppen vor, auf der eine alte Frau abgebildet ist, die mit der Hand Kartoffeln schält. Der Slogan lautete: "Manche Leute nennen uns altmodisch—Wir halten es immer noch für nötig, Gemüse mit der Hand zu putzen."[56] So sollten die Käuferinnen überzeugt werden, daß die Konservensuppe mit zeitraubender Sorgfalt von liebevollen Hausfrauen zubereitet

---

54 Ebd.
55 Interview mit Frau G. am 28.2.1990.
56 Janet L. Wolff, Kaufen Frauen mit Verstand? Düsseldorf 1959, 24.

worden sei, auch wenn sie selbst nur eine oder zwei Minuten brauchten, um die Dose aufzuwärmen. Ebenso fand Ernest Dichter, Leiter des U.S.Institute for Motivationale Research und einer der umstrittensten Werbeforscher der fünfziger Jahre, in einer Untersuchung heraus, wie tief der Konflikt zwischen Arbeitserleichterung und angenommenen Kompetenzverlust war.

Von einem Hersteller will die Hausfrau, so Dichter, nicht etwa hören: "Wir produzieren die besten Kuchen-Fertigmischungen, die es auf der Welt gibt." Sondern die Ansprache müsse lauten: "Du bist eine ganz prima Köchin. Unsere Kuchenmischung wird dir die Möglichkeit bieten, dein Talent ohne jede Mühe einzusetzen. Du bist es, die eine bemerkenswerte Leistung vollbringt, wir liefern dir ja nur die Mittel dazu."[57] Die alte, puritanische Moral verurteile die Hausfrau zu lebenslanger schwerer Arbeit und tue sie nicht jeden Handgriff selbst, sehe sie sich dem Vorwurf ausgesetzt, sie sei faul. Dieses anhaltende Schuldgefühl behindere die Akzeptanz von Lebensmittelkonserven, Kaffeepulver und Tiefkühlkost. Dichter empfahl daher den Herstellern, die Argumentation dahingehend zu formulieren, daß die gesparte Zeit eben dazu verwendet werden könne, eine bessere Mutter und Ehefrau zu sein.[58]

AMERIKA ALS LEBENSSTIL

Ende der fünfziger, Anfang der sechziger Jahre erschienen die USA in einem neuen Bild auf den Seiten der *Klugen Hausfrau*. Amerika stellte nun nicht mehr allein das neidvoll betrachtete, aber auch belächelte Land technischen Fortschritts dar, sondern die Verkörperung eines aufgeschlossenen, modernen Lebensstils. Dieser war weniger von technischer Rationalität, von tayloristischer Organisation der Arbeit geprägt als von Freizeit, Konsum und neuen Rollenerwartungen. Unter der Überschrift "Die Frau von heute—von Kopf bis Fuß gepflegt" verwies die *Kluge Hausfrau* auf die Amerikanerin Elizabeth Arden, die bereits vor mehreren Jahren verkündet habe, daß jede Frau schön sein könne.

Nicht mehr allein die Mutter und Hausfrau standen als dominierende weibliche Rollen im Vordergrund, hinzu gesellte das Bild von der "gepflegten Ehefrau", die es sich "leisten" könne, modisch und attraktiv zu sein.[59] Die Technisierung der Küche, die Rationalisierung des Haushalts verhieß den Frauen nicht allein, mehr Muße, sondern sollte ihnen zusätzlich die Rolle der attraktiven, "adretten" wie es im Jargon der fünfziger Jahre hieß, Ehefrau ermöglichen, die auch mit vierzig

---

57 Ernest Dichter, Strategie im Reich der Wünsche. Düssseldorf 1961, 218.
58 Ebd.
59 Das Rollenbild einer "gepflegten Hausfrau" war durchaus schon in der Vorkriegszeit geläufig; s. zum Beispiel die Auswertung der *Hannoverschen Allgemeinen* von 1930 in: Adelheid von Saldern, Reformwohnungsbau und Familie. Einige Aspekte aus dem Hannover der Weimarer Republik, in: Jürgen Schlumbohm (Hrsg.), Familien und Familienlosigkeit aus Niedersachsen und Bremen vom 15. bis 20. Jahrhundert. Hannover 1993, 243–260, bes. 257–259; vgl. ebenfalls Karen Heinze, "Schick, selbst mit beschränkten Mitteln!" Die Anleitung zur alltäglichen Distinktion in einer Modezeitschrift der Weimarer Republik, in: WerkstattGeschichte, 3 (1994), H. 8, 9-17.

"vorzeigbar" sei. In einem Beitrag über "Länger jung bleiben durch richtige Ernährung" von 1962 wurde dieses erweiterte Rollenbild in der *Klugen Hausfrau* expliziert formuliert:

> Es ist erst wenige Jahrzehnte her, daß eine Frau von vierzig Jahren bereits zum alten Eisen gehörte. Man betrachtete sie als "passé", hatte sie vom aktiven Leben abgeschrieben. Sie war in diesem Alter nichts anderes mehr als Mutter, die ihren bestimmten Platz innerhalb der Familie einnahm, die die Kinder großzog und sich später um die Enkel sorgte.
>
> Die moderne Vierzigjährige von heute dagegen wirkt jung und elastisch, obwohl sie häufig doppelter Belastung ausgesetzt ist. Einmal steht sie im Beruf und hat daneben ihre Familie zu versorgen. Sie ist, im Gegensatz zu ihrer Großmutter fest entschlossen, sich ihre Jugend noch lange zu erhalten. Sie kennt auch die Geheimnisse der Verjüngungskuren und weiß, daß ein geregelter Stoffwechsel eigentlich die wichtigste Voraussetzung zum Jungbleiben ist.[60]

In einem Test "Sind Sie eine moderne Hausfrau?", in dem die Leserin wissen sollte, daß tiefgekühltes Gemüse besser ist als Trockengemüse, daß tiefgekühlte Erbsen nur eine geringe Garzeit benötigen, daß Salat am besten mit Sonnenblumenöl und Zitrone angerichtet wird und der Tag mit einem Glas Orangensaft begonnen wird, sollte sich die Leserin als "moderne, aufgeschlossene Hausfrau" bestätigt sehen. In New York, so wußte die *Kluge Hausfrau* zu berichten, sei das Berufsleben nicht so anstrengend wie bei uns. "Sobald man müde oder abgespannt ist, trinkt man ein Glas eisgekühlten Gemüsesaft, und im Nu fühlt man sich wieder wohl und tatkräftig."[61]

Selbst auf der Rezeptseite ist diese Hinwendung zu einem neuen Amerikabild zu erkennen. Amerika erschien zu Beginn der fünfziger Jahre keineswegs häufig auf der Rezeptseite der *Klugen Hausfrau*. Zwar gab es 1953 "Nieren auf amerikanische Art", deren Bezeichnung aber nicht mehr besagte, als daß sie mit Speckscheiben zu braten waren. Erst in den sechziger Jahren fand das "Amerikanische" zunehmend Eingang in die Rezepte. Zum Beispiel die Pastete: "Wenn man Fleischreste oder Äpfel mit einem einfachen Pastetenteig bedeckt und im Ofen überbackt, hat man gleich ein festliches Essen auf den Tisch. In Amerika gehören Pasteten zu den Lieblingsspeisen der amerikanischen Familien."[62] In den folgenden Jahren griff die Redaktion der *Klugen Hausfrau* sogar auf den amerikanischen Begriff zurück: "Pie—herzhaft und süß"[63] oder direkt: "Kennen Sie Pie? Man kann für die Pie (sprich: Pei) einen Mürbeteig verwenden . . ."[64] Aber was das "Amerikanische" tatsächlich bezeichnete, wird erst durch Gerichte wie die "Amerikanische Fischmayonnaise" klar, die mit "süßsauren Früchten wie Kirschen, Pflaumen, Ananas usw., Kapern" zubereitet wurde[65], oder den "Amerikanischen Fruchtsalat", bei dem die Früchte gezuckert und der Saft mit Weißkäse verrührt

---

60 KH, Nr. 18/1962.
61 KH, Nr. 37/1962.
62 KH, Nr. 21/1954.
63 KH, Nr. 38/1959.
64 KH, Nr. 33/1963.
65 KH, Nr. 30/1955.

untergemischt wurde.[66] Die Besonderheit des "Amerikanischen Tomatensalats" waren die beigefügten Bananen[67]; der "Amerikanische Rohkostsalat" 1960 bestand aus Äpfeln, Möhren, Rosinen, Nüssen und Mayonnaise[68], und ein "Amerikanischer Salat" schließlich setzte sich aus Äpfeln, Sellerie, Grapefruit, Chicorée, Rosinen, Joghurt und Mayonnaise zusammen.[69]

Das "Amerikanische" war demnach eine süß-saure, fruchtige Mischung, die als leicht, bekömmlich, gesund gelten konnte. Nüsse und Rosinen gehörten dazu wie leichte Mayonnaise oder Joghurt. Nicht das Zeichen der Internationalität verband sich mit "Amerika", sondern ein bestimmter Lebensstil, der sich u.a. durch "gesunde Ernährung", "leichte Kost" und einen besonderen Geschmack auszeichnete—das "Amerikanische" als Signum für eine "leichte Küche für die schlanke Linie".

Mit Amerika verband sich zu dem Zeitpunkt, als sich die Konsummöglichkeiten in Westdeutschland spürbar erweiterten, sich die Wünsche in den Worten des holländischen Soziologen Ernest Zahn vom Entbehrten auf das Begehrte richteten, ein neuer, "moderner" Lebensstil, der erstrebenswert wurde. Und selbst wenn man noch nicht die Möglichkeit besaß, in eine Neubauwohnung zu ziehen, konnte die neue Kücheneinrichtung ein Stück modernen Lebens in die alte Wohnung bringen. Für Frau L., Jahrgang 1924, aufgewachsen im Arbeiterstadtteil Hamburg-Eimsbüttel, waren die neuen Küchenmöbel Ausdruck von Fortschritt und Modernität, aber auch des Hinter-sich-Lassens, des Ablösens von der Vergangenheit:

> Die neue Küche kam 1957, als wir von der Methfesselstraße in die Alsenstraße zogen. Es war eine neue, moderne Küche, mit Schiebeschränken, rosa und hellblau. Und der Tisch mit Resopalplatte, das war ganz wichtig. Und die Spüle mit Kunststoff gepolstert, es war einfach toll. Dazu einen Elektroherd, den Kühlschrank haben wir uns auch auf Abbezahlung gekauft.
> Frage: Waren Sie denn diejenige, die das Moderne wollte oder Ihr Mann?
> Nein mein Mann braucht unheimlich viel Sicherheit. Und er meint immer, Geld ist Sicherheit. Insofern mußte ich immer bohren, das war sehr anstrengend. Ich konnte vor lauter Bohren gar nicht dicker werden, weil ich immer neue Ideen hatte, die ich verwirklichen wollte. Ist mir auch gelungen.
> Ich hab' gern Möbelgeschäfte beguckt. Da stand man davor und hat sich die Nase platt gedrückt. Da haben wir uns dann '58 bei Möbel Reimers den sogenannten Gelsenkirchener Barock geleistet, fand ich todschick.[70]

Der gewollte Bruch mit der Vergangenheit, dem Mangel und den Provisorien, mit denen man im Krieg leben mußten, ist nicht zu überhören. Aber auch mit dem Alten, das der Generation ihrer Mütter anhaftete, mit der täglichen Mühsal und Haushaltsplackerei wollten Frauen wie Frau L. Schluß machen.

Die neuen Möbel versprachen einen Schlußstrich unter die beschwerliche Vergangenheit und einen unbeschwerten Neubeginn. Die Küche bot eine im Wort-

---

66 KH, Nr. 52/1955.
67 KH, Nr. 25/1957.
68 KH, Nr. 18/1960.
69 KH, Nr. 8/1965.
70 Interview mit Frau L. am 9.2.1990.

sinn unübersehbare Chance, die Ablösung von der Vergangenheit und die Zugewandtheit zu einem "modernen" Lebensstil weniger ideell als vielmehr gegenständlich zu dokumentieren. Amerika war in den fünfziger Jahren kein konsistenter Mythos, dessen diskursive Elemente klar hätten definiert werden können. Mit technischem Fortschritt allein waren die USA nicht gleichzusetzen. Die Taylorisierung der Arbeit in der Küche stieß dort an ihre Grenzen, wo statt Kraft Handfertigkeit, statt Mathematik Phantasie, statt Organisation Improvisationsvermögen gefragt war. Das Neue, dem man sich nach dem Krieg gern zugewandt hätte, vertrug sich nicht problemlos mit dem Bedürfnis nach Ruhe und Sicherheit. Und nicht zuletzt erlaubten es die beengten materiellen Verhältnisse bis in die späten fünfziger Jahre nicht, sich den "amerikanischen Traum" zu erfüllen. Amerika war, so scheint es, eine Chiffre, hinter der sich "Modernität" verbarg, die vielleicht nicht viel mehr bedeutete als die Abkehr von der Vergangenheit und den Wunsch, endlich zur Neuen Welt zu gehören.

4

"Sozialistischer Fordismus"? Oder: Unerwartete Ergebnisse eines Kopiervorganges. Zur Geschichte der Produktionsbrigaden in der DDR

Peter Hübner

DER BEGRIFF "ARBEITSPRODUKTIVITÄT" war im öffentlichen Sprachgebrauch der DDR relativ häufig anzutreffen.[1] Immer wiederkehrende Forderungen der SED nach ständiger Steigerung der Arbeitsproduktivität richteten sich in erster Linie an die Arbeiterschaft. Wie diese damit zurechtkam, lohnt durchaus eingehendere Nachfrage.

Um Arbeitsproduktivität ging es schon seit 1946/47. Sowohl die Besatzungsmacht wie auch die SED drängten besonders in den Schwerpunktindustrien der SBZ auf schnelle Steigerung der Arbeitsleistung.[2] In diesem Kontext gab es auch Überlegungen, nach dem Vorbild der sowjetischen Stoßbrigaden-, Bestarbeiter-, Aktivisten- und Rationalisatorenwettbewerbe Produktionskampagnen zu initiieren.[3]

Produktionsbrigaden[4], wie sie in der SBZ/DDR um 1950 entstanden, sind unter sehr verschiedenen Forschungsperspektiven untersucht worden.[5] Da sie so

---

[1] Vgl. Petra Opitz, Die Kategorie Arbeitsproduktivität in der politischen Ökonomie der DDR von 1945 bis Ende der 70er Jahre, in: Jahrbuch für Wirtschaftsgeschichte 1985, Teil 4. Berlin 1985, 25–45.

[2] Ausführlicher dazu Peter Hübner, Umworben und bedrängt: Industriearbeiter in der SBZ, in: Alexander Fischer (Hrsg.), Studien zur Geschichte der SBZ. Berlin 1993, 195–209.

[3] Siehe u.a.: Klaus Ewers, Aktivisten in Aktion. Adolf Henecke und der Beginn der Aktivistenbewegung 1948/49, in: Deutschland Archiv (DA) 9 (1981), 947–970. Eine Übersicht bietet auch Gottfried Dittrich, Die Anfänge der Aktivistenbewegung. Berlin 1987.

[4] Als Brigaden wurden zunächst Arbeitsgruppen bezeichnet, die mit der Gewinnung oder der Herstellung von Waren beschäftigt waren. Später weitete sich dieser Begriff auch auf andere Tätigkeitsbereiche aus. Im folgenden Text findet der Begriff "Produktionsbrigade" auf Arbeitsgruppen im industriellen Produktionsbereich Anwendung.

[5] Die Geschichte dieser Brigaden hat in der Literatur umfangreich Niederschlag gefunden. Allerdings beschränkte sich das Interesse in der DDR weitgehend auf die Rolle der Brigaden in den Produktionswettbewerben und für den Zeitraum um 1960 auf damit zusammenhängende kulturhistorische Aspekte. In der Bundesrepublik erfuhr das Thema vor allem unter dem Gesichtspunkt des Arbeitsrechts und des sozialistischen Kollektivismus eine Problematisierung. Ob und inwieweit Brigaden aus der vorgegebenen Rolle ausscherten, wurde hingegen kaum gefragt. Ihr unvorhergesehener Funktionswandel harrt noch eingehender Untersuchung, wobei die soziologische Forschung mit Gewinn zu Rate zu ziehen

oder so als Kopie des sowjetischen Modells galten, erscheint es sinnvoll, einen Blick auf dessen Voraussetzungen zu werfen.

1. "FORDISMUS" IN ROT

Die Modernität der mit den Namen Frederick W. Taylor und Henry Ford verbundenen betriebsorganisatorischen Innovationen bei der industriellen Massenfertigung muß den Zeitgenossen sehr deutlich gewesen sein.[6] Auch bei dem russischen Revolutionsführer Lenin löste die amerikanische Praxis einen bemerkenswerten Sinneswandel aus: Lehnte er noch im Jahre 1912 den "Taylorismus" pauschal als System zur Schweißauspressung ab[7], so stellte er kurz nach dem erfolgreichen Petrograder Umsturz vom November 1917 die Formel auf: "Sowjetmacht + preußische Ordnung auf den Eisenbahnen + amerikanische Technik und Organisation

---

sein dürfte. Raumgründe erlauben nur einige knappe, keinesfalls vollständige Literaturhinweise: Vgl. Georg Aßmann, Industriebetrieb und Lebensweise, in: Jahrbuch für Soziologie und Sozialpolitik 1980. Berlin 1980, 107–122; Katharina Belwe, Mitwirkung im Industriebetrieb der DDR. Planung, Einzelleitung, Beteiligung der Werktätigen an Entscheidungsprozessen des VEB. (Schriften des Zentralinstituts für sozialwissenschaftliche Forschungen der Freien Universität Berlin 31). Opladen 1979; Axel Bust-Bartels, Herrschaft und Widerstand in den DDR-Betrieben. Leistungsentlohnung, Arbeitsbedingungen, innerbetriebliche Konflikte und technologische Entwicklung. (Campus-Forschung 153). Frankfurt a.M./New York 1980; Dittrich, Anfänge; Wilfried Doering/Günter Kempe, Die Arbeitsbrigade im sozialistischen Industriebetrieb. Berlin 1959; Waltraud Falk, Zur Genesis der sozialistischen Intensivierung, in: Beiträge zur Geschichte der Arbeiterbewegung (BZG) 4 (1984), 451–464; dies. unter Mitarbeit von Horst Barthel, Kleine Geschichte einer großen Bewegung. Zur Geschichte der Aktivisten- und Wettbewerbsbewegung in der Industrie der DDR. Berlin 1966; Fred Klinger, Die "Brigaden der sozialistischen Arbeit" im Kontext der "Syndikalismus"-Kritik, in: Der X. Parteitag der SED. 25 Jahre SED-Politik. Versuch einer Bilanz. 14. Tagung zum Stand der DDR-Forschung in der Bundesrepublik Deutschland, 9.–12. Juni 1981. Köln 1981, 75–86; Manfred Messing, Arbeitszufriedenheit im Systemvergleich. Eine empirische Untersuchung an Bau- und Montagearbeitern in beiden Teilen Deutschlands. Stuttgart 1978; Wolfgang Mühlfriedel, Zu einigen Methoden der Analyse und Darstellung des Einflusses des wissenschaftlich-technischen Fortschritts auf die Industriearbeiter der DDR, in: Freiberger Forschungshefte. D 91, Studien zur Entwicklung der Arbeiterklasse in der DDR (Beiträge zur Geschichte der Produktivkräfte X.) Leipzig 1976, 25–38; Jörg Roesler, Aufsicht und Kontrolle in den volkseigenen Industriebetrieben der DDR 1945 bis Anfang der sechziger Jahre, in: Jahrbuch für Wirtschaftsgeschichte 1984 (Teil 4). Berlin 1984, 9–31; ders., Gab es sozialistische Formen der Mitbestimmung und Selbstverwirklichung in den Betrieben der DDR? Zur Rolle der Brigaden in der betrieblichen Hierarchie und im Leben der Arbeiter, in: utopie kreativ, 31/32 (1993), 122–139; Hubert Staroste, Zur Analyse der sozialistischen Brigadebewegung in der Industrie der DDR von 1959 bis 1971, Diss. phil., Humboldt-Universität Berlin 1984; Dieter Voigt, Montagearbeiter in der DDR. Darmstadt/Neuwied 1973.

6 Vgl. Henry Ford, My Life and Work. In collab. with Samuel Crowther. New York 1923; (dt.), Erfolg im Leben. Mein Leben und Werk. München 1963.

7 W.I. Lenin, Ein "wissenschaftliches" System zur Schweißauspressung, in: Werke. Berlin 1974, Bd. 18, 588.

der Trusts + amerikanische Volksbildung etc. etc. ++ Σ = Sozialismus".[8] Und wenig später plädierte Lenin für eine "Verbindung der Sowjetmacht und der sowjetischen Verwaltungsorganisation mit dem neuesten Fortschritt des Kapitalismus". Man müsse "in Rußland das Studium des Taylorsystems, die Unterweisung darin, seine systematische Erprobung und Auswertung in Angriff nehmen".[9]

Vor allem im Maschinenbau und in der Autoindustrie der UdSSR hielt das Ford'sche Fließbandsystem Einzug, wobei die Betriebsführungen nicht zuletzt amerikanische Managementmethoden zu adaptieren versuchten. Auch sahen die Konzessionsverträge mit ca. 400 ausländischen Investoren nach Ablauf der Konzessionsfrist eine Übergabe der Werke, also relativ moderner Technik, an die sowjetische Regierung vor.[10]

Wichtig dabei war wohl, daß "Fordismus" einen Weg zum massenhaften und effektiven Einsatz un- bzw. angelernter Arbeitskräfte eröffnete. Außerdem schien es naheliegend, den "Klassenfeind" mit seinen eigenen, modernsten Waffen zu schlagen. Diese Zielsetzung gab schon der 14. Parteitag der KPdSU (B) 1925 zu erkennen; 1926 folgte ein Beschluß über industrielle Schwerpunktbauten und 1927 lag ein entsprechend akzentuierter Fünfjahrplan vor.[11]

Seit 1926/27 traten "Stoßbrigaden" in Erscheinung, die sich—nicht ohne revolutionäres Pathos—um höhere Produktionsleistungen bemühten. Rationalisierung spielte dabei eine eher geringe Rolle, erlangte jedoch ab 1935 im Rahmen der "Stachanow-Bewegung" größeres Gewicht.[12] Als dominante Organisationsform des unmittelbaren Arbeitszusammenhangs setzten sich in dieser Zeit Produktionsbrigaden durch. Sie schienen auch geeignet, die immer häufiger aus der Landwirtschaft stammenden und vielfach noch nicht alphabetisierten Beschäftigten rasch für den jeweiligen Arbeitsplatz auszubilden. Bei solcher Werkschulungsarbeit wurde allgemein eine Kurs- und Brigadeausbildung während der Arbeitszeit bevorzugt.[13]

Dieses Verfahren stand im Zusammenhang mit dem vorrangigen Aufbau einer Schwer- und Rüstungsindustrie und war auf die massenweise und teils durch Zwangsmaßnahmen forcierte Rekrutierung von Arbeitskräften aus einer vor-

---

8 Lenin-Dokumente zum sozialistischen Aufbau (Renate Hertzfeldt), in: BZG 2 (1975), 289.
9 W.I. Lenin, Die nächsten Aufgaben der Sowjetmacht, in: Werke. Berlin 1974, Bd. 27, 249f.
10 Siehe dazu Valentin Gittermann, Die russische Revolution, in: Propyläen Weltgeschichte. Berlin/Frankfurt a.M. 1991, Bd. 9, 177; Theodor Schieder (Hrsg.), Handbuch der europäischen Geschichte. Stuttgart 1979, Bd. 7, 498f.; Wolfram Fischer (Hrsg.), Handbuch der europäischen Wirtschafts- und Sozialgeschichte. Stuttgart 1987, Bd. 6, 692–701.
11 Zu diesem Schwenk in einen geradezu mörderischen Industrialisierungskurs vgl. Isaac Deutscher, Stalin. Eine politische Biographie. Berlin 1990, 412–415.
12 Hierzu besonders: Robert Maier, Die Stachanow-Bewegung 1935–1938. Der Stachanowismus als tragendes und verschärfendes Moment der Stalinisierung der sowjetischen Gesellschaft. (Quellen und Studien zur Geschichte des östlichen Europa, 31.) Stuttgart 1990.
13 Vgl. Gottfried Dittrich, Methodologische Fragen eines stadialen Vergleiches der Geschichte des sozialistischen Wettbewerbs in der DDR und in der UdSSR, in: BZG 5 (1982), 676.

modernen Agrargesellschaft heraus abgestimmt.[14] Gerade weil es mit einem dramatischen sozialen Entwurzelungsprozeß einherging, gewannen Arbeitsbrigaden als neue Sozialisationskerne an Bedeutung. Sie kamen den Erfahrungen der Beschäftigten, die zumeist in kollektiven Zusammenhängen der dörflichen Gemeinschaft zu leben gewohnt waren, in gewisser Weise entgegen. Auch scheint der Rückgriff auf militärische Traditionen eine Rolle gespielt zu haben.[15] Zweitrangig schien es zunächst, daß die Brigadestruktur von den Funktionären der KPdSU und der Gewerkschaft ganz offen auch als Anleitungs-, Erziehungs- und Kontrollinstrument gehandhabt wurde.[16] "Fordismus" erfuhr so eine "Sowjetisierung".

2. PRODUKTIONSBRIGADEN IN DER DDR

Für eine Übernahme des sowjetischen Brigadekonzeptes gab es in der SBZ eigentlich keinen zwingenden Grund. Wohl bestand nach 1945 besonders bei neu in das Arbeitsleben eintretenden Frauen ein erhöhter Anlern- und Qualifizierungsbedarf, doch reichten die dafür vorhandenen Instrumentarien gewöhnlich aus.[17] Trotz kriegs- und nachkriegsbedingter Einschränkungen verfügten die meisten Betriebe über eine bewährte Produktionsorganisation, in der die Meister als untere Leitungsinstanz eine Schlüsselstellung einnahmen. Als überschaubare Handlungsrahmen waren die Meisterbereiche für die Beschäftigten zugleich alltägliche Arbeitszusammenhänge und Kommunikationsräume, wesentlich auch für die berufliche Qualifizierung. Vielfach blieben in ihnen Rationalisierungserfahrungen präsent, wie sie gerade bei der Durchsetzung der Fließfertigung in der Elektro-, Fahrzeug-, und Flugzeugindustrie erworben worden waren. In diesen Bereichen konnte tatsächlich von einer "Amerikanisierung" der Produktionsabläufe gesprochen werden. Kriegszerstörungen, Demontagen und Enteignungen führten zwar zu erheblichen Belastungen, jedoch nicht zu einem völligen Kontinuitäts-

---

14 Vgl. Hans-Henning Schröder, Arbeiterschaft, Wirtschaftsführung und Parteibürokratie während der Neuen Ökonomischen Politik: Eine Sozialgeschichte der bolschewistischen Partei 1920–1928. (Forschungen zur osteuropäischen Geschichte 31.) Wiesbaden 1982; ders., "Neue" Arbeiter und "neue" Bürokraten. Gesellschaftlicher Wandel als konstituierendes Element von "Stalinismus" in den Jahren 1928–1934, in: Vierteljahrsschrift für Sozial- und Wirtschaftsgeschichte (VSWG) 4 (1986), 494–496; siehe dazu auch: Hartmut Kästner, Wirtschaftliche Ausgangspunkte für die sozialistische Industrialisierung der UdSSR, in: Jahrbuch für Wirtschaftsgeschichte, Teil 4/1987. Berlin 1987, 9–27.
15 Nicht zu übersehen ist z.B. die militärische Provenienz des Begriffs "Brigade", wie überhaupt die verschiedensten Wettbewerbsaktionen während der sowjetischen Industrialisierung recht martialisch als "Kampf" oder "Schlacht" daherkamen; es gab "Stöße" und "Durchbrüche", die normale Arbeitsschicht wurde als "Wacht" bezeichnet.
16 Weiterführende Hinweise hierzu bei Leo van Rossum, Western studies of Soviet labour during the thirties, in: International Review of Social History 35 (1990), 433–453.
17 Vgl. Peter Hübner, Die Zukunft war gestern: Soziale und mentale Trends in der DDR-Industriearbeiterschaft, in: Hartmut Kaelble/Jürgen Kocka/Hartmut Zwahr (Hrsg.), Sozialgeschichte der DDR. Stuttgart 1994.

bruch.[18] Freilich wurden die überkommenen Organisationsformen der Meisterbereiche nach 1945 als problematisch betrachtet, weil sie nicht nur alte Hierarchien konservierten, sondern weil sich in ihnen auch als überholt geltendes Sozial- und Konfliktverhalten reproduzierte.[19] Im Lichte gesellschaftspolitischer Zielprojektionen der SED erschien das sowjetische Modell der Produktionsbrigaden als bessere Alternative.

Erste Brigadegründungen verzeichnete die Industrie zwischen dem Herbst 1947 und Ende 1948, wobei es sich zumeist um sogenannte Jugendbrigaden handelte.[20] Diese Bemühungen fanden ihre Ergänzung in den besonders von Walter Ulbricht favorisierten Produktionsberatungen: Sie seien es, in denen "unter Einbeziehung der Masse der Arbeiter, der technischen Intelligenz und der Angestellten" in jedem Betrieb "die fortschrittlichen Arbeitserfahrungen besprochen werden" und wo man Maßnahmen gegen ungenügende Qualität, Maschinenstillstand usw. vereinbaren müsse.[21]

Das war in doppelter Weise zweckrational: Brigaden und Produktionsberatungen vermochten durchaus betriebswirtschaftliche Erfordernisse zu bedienen, sie eigneten sich aber auch, alte Hierarchien aufzuweichen, in denen die SED einen Nährboden für die bekämpfte "Konzernideologie" sah.[22] Zugleich konnten so die Gewichte zugunsten der Betriebsgewerkschaftsleitungen (BGL) verschoben und der Einfluß von Betriebsräten reduziert werden.[23]

Der SED ging es dabei vor allem um den Ausbau ihrer politischen Positionen in der Arbeiterschaft, denn dort entwickelte sich die Lage aus der Sicht der Partei besorgniserregend. Das schleppende Anlaufen der Hennecke-Aktivistenkampagne[24], das drohende Versanden der Produktionsberatungen[25] und ganz besonders die verbreitete Ablehnung aller Vorstöße zur Anhebung von Normen und zur Einführung von Leistungslöhnen[26] signalisierten ein tiefes Mißtrauen vieler

---

18 Einen guten Überblick bietet Werner Matschke, Die industrielle Entwicklung in der Sowjetischen Besatzungszone Deutschlands (SBZ) von 1945 bis 1948. (Wirtschaft und Gesellschaft im geteilten Deutschland 2.) Berlin 1988.

19 Vgl. Peter Hübner, Um Kopf und Kragen. Zur Geschichte innerbetrieblicher Hierarchien im Konstituierungsprozeß der DDR-Gesellschaft, in: Mitteilungen aus der kulturwissenschaftlichen Forschung (MKF) 16 (1993), H. 33, 210–232.

20 Vgl. Horst-Otmar Henneberg, Zur Entwicklung und Organisation der Arbeitsbrigaden in der volkseigenen Industrie. Berlin 1955, 35.

21 Ebd., 400.

22 Die Führungen von SED- und FDGB zeigten sich zunehmend irritiert davon, "daß noch große Teile der Werktätigen in den Betrieben nicht mitgehen", daß "sie geistig daneben stehen". Stiftung Archiv der Parteien und Massenorganisationen der DDR im Bundesarchiv (SAPMOBA), Zentrales Gewerkschaftsarchiv (ZGA) FDGB-Bundesvorstand (BV) 6804: Referat Bernhard Görings auf der 8. BV-Sitzung am 6.10.1948, 10.

23 Vgl. Siegfried Suckut, Die Betriebsrätebewegung in der Sowjetisch Besetzten Zone Deutschlands (1945–48). Frankfurt a.M. 1982.

24 Siehe Ewers, Aktivisten, 957–960.

25 Walter Ulbricht, Zur Geschichte der deutschen Arbeiterbewegung. Berlin 1956, Bd. 3, 400.

26 Vgl. u.a. die im Juli 1948 vom FDGB-Bundesvorstand angenommenen "Richtlinen zur Lohnpolitik", in: SAPMOBA, ZGA FDGB-BV 6804, unpag: Beschlußprotokoll der 7. BV-

Arbeiter, die um ihren Lohn fürchteten. Aus der Perspektive von Betriebsfunktionären der SED und des FDGB mochte sich solches Verhalten als nervende Renitenz dargestellt haben.

All dem hoffte die SED-Führung durch das sowjetisch präformierte Sozial- und Kulturmodell des "neuen Menschen" begegnen zu können, mit dessen Hilfe die "Werktätigen" auf das Projekt der klassenlosen Gesellschaft hin "erzogen" werden sollten. Der Vorgang blieb eng an die Stalinisierung der SED[27] gekoppelt und äußerte sich u.a. in Forderungen nach arbeitenden Menschen "neuen Typusses" [sic].[28] Schwierigkeiten im Umgang mit der neuen Terminologie ließen zumindest andeutungsweise erkennen, daß sich wohl auch Funktionäre von SED und FDGB noch nicht so recht in die Erzieher-Rolle hineingefunden hatten. In der betrieblichen Praxis erschien die Brigadestruktur als geeigneter Rahmen für die doppelte Zielsetzung von Produktion und Erziehung. Seit Mitte 1949 kam es unter dem Argument, Qualitätsarbeit fördern zu wollen, in der Industrie in größerem Umfange zur Bildung von Brigaden.[29]

Im Mai 1950 sollen bereits ca. 6.000 und im Juni gar 16.445 solcher Qualitätsbrigaden existiert haben.[30] Bei dieser relativ starken Beteiligung scheint Berufsstolz eine motivierende Rolle gespielt zu haben[31], gewichtiger allerdings dürfte das Interesse an Prämierungen gewesen sein.[32]

SED- und FDGB-Führung verstanden die "Diktatur des Proletariats" nicht zuletzt als Erziehungsdiktatur gegenüber der vorgeblich "herrschenden Klasse" selbst. Brigaden fungierten nach diesem Konzept als eine "Pädagogische Provinz", an die offenbar große Hoffnungen geknüpft wurden, wie sie etwa der stellvertretende FDGB-Vorsitzende, Rudi Kirchner, im November 1950 formulierte:

Tagung vom 6./7.7.1948, 10f.; siehe auch Jörg Roesler, Vom Akkordlohn zum Leistungslohn. Zu den Traditionen des Kampfes der deutschen Arbeiterklasse und zur Einführung des Leistungslohnes in der volkseigenen Wirtschaft der DDR 1948 bis 1950, in: Zeitschrift für Geschichtswissenschaft (ZfC) 9 (1984), 778–795.
27 Vgl. Hermann Weber, DDR. Grundriß der Geschichte 1945–1990. Hannover 1991, 21–25.
28 SAPMOBA, ZGA FDGB-BV 6804, unpag.: Referat Bernhard Görings auf der 8. FDGB-BV-Tagung am 6.8.1948, 10.
29 Siehe dazu die Kurzbiographie Luise Ermischs in: DDR—Wer war wer? Ein biographisches Lexikon. Berlin 1992, 104; Aus der Geschichte der Aktivistenbewegung der DDR. Arbeiterporträts (Heinz Deutschland, Luise Ermisch), in: BZG, 5/1979, 752–755.
30 Vgl. Geschichte des Freien Deutschen Gewerkschaftsbundes. Berlin 1982, 355.
31 Dieses Motiv galt allerdings als ambivalent, weil dahinter auch konservative Haltungen gesehen wurden. SAPMOBA, ZGA FDGB-BV 6834, unpag.: Rede des Vorsitzenden der IG Bergbau, Werner Lucas, auf der 21. BV-Tagung, 2.–4.12.1955, 47.
32 Prämien wurden zu dieser Zeit meist als Sachleistungen vergeben. In Einzelfällen handelte es sich um Fahrräder und Radios, schon öfter waren Schuhe oder Kleidungsstücke zu haben. Eine Beteiligung an Produktionskampagnen lohnte aber auch deswegen, weil Sonderzuteilungen etwa von Kaffee bevorzugt Aktivisten und Bestarbeitern zugute kamen. Vgl. Brandenburgisches Landes-Hauptarchiv, Potsdam (BLHP), Rep. 903, Synthesewerk Schwarzheide, Zugangsnr. 311, unpag.: Bekanntmachung der BGL vom 21.11.1949.

Es muß unser Ziel sein, bis zum Ende des 5-Jahrplanes die überwiegende Masse der Produktionsarbeiter in Arbeitsbrigaden zu organisieren, den Geist der Aktivisten auf die Masse der Brigademitglieder zu übertragen, durch die kollektive Arbeit in den Brigaden und die mit ihr verbundene Erziehung zur kollektiven Verantwortung die individualistischen und Einzelgängertendenzen zu zerschlagen und die Brigade zu der Zelle der vollen Entfaltung der schöpferischen Kräfte der Arbeiter zu machen.[33]

In der Praxis begann die "Brigadeära" allerdings viel weniger spektakulär. Die archivalische Überlieferung vermittelt das Bild eines pragmatischen Adaptionsprozeßes an politisch vorgegebene Muster. So erfährt man z.B. aus einem Bericht vom Dezember 1950 über das Hydrierwerk Schwarzheide:

> Am 18.12.50 wurde für die Meistergruppe K. und am 13.12.50 für die Meistergruppen L., N. und Sch. eine Belegschaftsversammlung einberufen, die durch den AGL-Leiter Koll.f.eröffnet wurde. In einem Rechenschaftsbericht wurden die Erfolge und Mängel unseres Aktivistenplanes erläutert und dabei auf die Notwendigkeit der Bildung von Brigaden hingewiesen. Nach der anschließenden Diskussion wurde die Wahl der Brigadeure [sic] durch die AGL vorgenommen. Dabei ist zu bemerken, daß jede Brigade ihren Brigadeur selbst wählte.[34]

Aus vier Meisterbereichen entstanden, gewissermaßen als eine Unterstruktur, sieben Brigaden von minimal sechs und maximal 20 Mitgliedern.[35]

Die bereits bestehenden Arbeitszusammenhänge blieben, wenn auch in etwas stärkerer Differenzierung, erhalten. Die obligaten "Aufgaben und Ziele", wie sie sich jede Brigade verordnete, ließen zudem in ihrer Übereinstimmung auf Vorgaben schließen:

1. Soweit im Leistungslohn gearbeitet wird, neue Normerstellung und Normerhöhung auf gesunder Grundlage nach dem Arbeitskatalog.
2. Die Qualität zu verbessern und zu steigern. Frauen zu qualifizieren.
3. Die Arbeitsproduktivität zu erhöhen, Wettbewerbe zu organisieren, Verbesserungsvorschläge anzuregen und durchzuführen, richtige Einhaltung und Ausführung der Arbeitszeit, Produktionsbesprechungen am Arbeitsplatz.
4. Überplanmäßige Selbstkostensenkung erzielen, Grund- und Hilfsstoffe einsparen, Werkzeuge und Maschinen schonend behandeln.
5. Unfallverhütung, Belehrung am Arbeitsplatz.
6. Ausnutzung der betrieblichen Reserven.[36]

Unverkennbar sollte mit den Brigaden auch ein Rationalisierungsschub erreicht werden, wobei besondere Hoffnungen in die Übernahme sowjetischer Arbeitserfah-

---

33 SAPMO-BA, ZGA FDGB-BV 6808, unpag.: Referat Rudi Kirchners auf der 2. BV-Tagung am 9./10.11.1950, 13f.
34 BLHP, Rep. 903, Synthesewerk Schwarzheide, Zugangsnr. 261, unpag.: Mitteilung der Betriebsuntergruppe Gaserzeugung und Reparatur an die Direktion des Werkes Schwarzheide, 18.12.1950. Die Abkürzung "AGL" steht für "Abteilungs-Gewerkschaftsleitung." Aktivistenpläne sollten die besten Arbeitserfahrungen auch für die übrigen Belegschaftsmitglieder handhabbar machen. Dieser Versuch stand in engem Zusammenhang mit der Durchführung von Produktionsberatungen.
35 BLHP, Rep. 903, Synthesewerk Schwarzheide, Zugangsnr. 261, unpag.: Ausarbeitung der Abt.-Gewerkschaftsleitung B/G/R für den Aktivistenplan, 27.12.1950.
36 Ebd.

rungen gesetzt wurden.[37] In dem hier vorgestellten Beispiel reichten solche Adaptionen von der Überprüfung der Arbeitsabläufe über die Verlängerung von Fahrzeuglaufzeiten bis zur persönlichen Maschinenpflege.[38] Eine genauere Betrachtung solcher Methoden läßt allerdings Widersprüche erkennen. So ergaben sich zwar aus Arbeitsplatz- und -ablaufanalysen durchaus Konsequenzen mit "fordistischen" Elementen, doch standen denen viele Vorschläge entgegen, die nicht einer funktionalen Zergliederung und Aufteilung, sondern der Anlagerung von Nebentätigkeiten an die eigentliche Arbeitsaufgabe dienten. Verbreitung fand es beispielsweise, wenn Maschinen- oder Anlagenarbeiter sich verpflichteten, Vorbereitungs- und Hilfsarbeiten selbst zu übernehmen. Dahinter standen freilich weniger durchdachte und umfassende arbeitsorganisatorische Modelle, als vielmehr ein eher spontanes Bemühen, Arbeitskräfte einzusparen und vieleicht auch das Qualitätsmotiv bei der eigenen Arbeit zu stärken.

Auch wirkte die Ablehnung von Taylor- und REFA-Normungssystemen in der Industriearbeiterschaft fort und übertrug sich auf Normungsbemühungen in der SBZ/DDR.[39] Die SMAD und die Deutsche Wirtschaftskommission (DWK) setzten deshalb bei der Einführung von Leistungslöhnen besonders auf eine politische Selbstmotivation der Arbeiter.[40] Doch Ansätzen eines "sozialistischen Fordismus" stand nicht nur die Tradition entgegen, auch die soziale Zielprojektion des "neuen Menschen" erwies sich hierfür als zu sperrig. So lehnte die Normenabteilung des Werkes Schwarzheide "Taylor, erweitert durch REFA" ab, weil so die Arbeiter "in primitive, 'mechanische' Tätigkeiten" abgedrängt würden. Statt dessen sei der "Schaffende" so mit seiner Arbeitsmaterie vertraut zu machen, daß er "damit in ein höheres Stadium der Befriedigung" eintrete, um "durch eine fortgesetzte, planmäßige Steigerung der Arbeitsproduktivität . . . ein höheres, fortschrittliches Lebensniveau zu verwirklichen".[41]

---

37 Diese Entwicklung spielte ab 1950 eine große Rolle. Vgl. Bernhard Schwalbe, Sowjetische Arbeitserfahrungen sind Wege zum besseren Leben, in: Die Arbeit 8/1951, 412. Doch schon zuvor lebte das traditionelle betriebliche Vorschlagswesen wieder auf: Im Juli 1948 befahl der Oberste Chef der SMAD z.B., bei der DWK und bei den VVB Büros für Erfindungswesen einzurichten, um diese Aktivitäten zu koordinieren—und 5% der Betriebsgewinne als Prämien zu verwenden. Vgl. Fritz Selbmann [u.a.], Volksbetriebe im Wirtschaftsplan. Der Auftakt in Leipzig. Bericht von der ersten Zonentagung der volkseigenen Betriebe am 4. Juli 1948. Berlin 1948, 17.
38 BLHP, Rep. 903, Synthesewerk Schwarzheide, Zugangsnr.311, unpag.: Bericht über die Einführung von Neuerer-Methoden für die Berichtszeit 1946–53. Abt. Arbeit. Werk Schwarzheide, 1.12.1953.
39 Rudi Kirchner dazu: "Noch gibt es viele Fälle von Versuchen, unter einem 'Sozialmantel' die Gleichmacherei verewigen zu wollen." SAPMOBA, ZGA FDGB-BV 6808, unpag.: Rede Rudi Kirchners auf der 2. BV-Sitzung am 9./10.11.1950, 22.
40 Vgl. den Brief des SED-Zentralsekretariats an Adolf Hennecke vom 17.10.1948, in: Dokumente der SED. Berlin 1952, Bd. 2, 138f.
41 BLHP, Rep. 903, Synthesewerk Schwarzheide, Zugangsnr. 435, unpag.: Begründung und Entwurf einer TAN-Normgliederung, TAN-Büro Werk Schwarzheide, 3.5.1950, 1.

Solche Überlegungen wollten ihre historischen Wurzeln in der politisch linksorientierten Arbeiterbewegung zwar nicht leugnen, sie vermochten es jedoch auch nicht, mehrfache Unsicherheiten im Umgang mit Rationalisierungsmaßnahmen unter sozialistischem Vorzeichen zu beheben.[42] Schwierigkeiten bereiteten der DDR-Industrie u.a. ihr hoher Verschleißgrad sowie Roh- und Brennstoffmangel. Bei den hieraus resultierenden Ausfall- und Wartezeiten mußte jedes Normensystem löcherig werden. Damit hing zusammen, daß die im Leistungslohn Beschäftigten, um ihr Einkommen zu sichern, auf relativ hohe Normenerfüllung angewiesen waren—und sich deshalb Leistungsreserven bewahrten.[43]

Demgegenüber bemühte sich die SED-Politik, im Arbeiterverhalten eine Bündelung von Kollektivität und Leistungsprinzip[44] zu erreichen. Angesichts der Erfahrungen mit der mangelnden Akzeptanz des Leistungslohnes oder auch der verbreiteten Ablehnung der seit 1950 einzuführenden Betriebskollektivverträge fielen die Reaktionen der Arbeiterschaft auf die Brigadekampagne vergleichsweise zurückhaltend aus. Anfängliche Erscheinungen von Verweigerung und hinhaltendem Abwarten wichen relativ schnell einer Ausweitung der Brigadebildungen: Ende 1956 registrierte man in der DDR (außer Ostberlin) 107.396 Brigaden mit 1.375.139 Beschäftigten, die—überwiegend in der staatlichen Industrie—an Arbeitswettbewerben teilnahmen.[45]

3. KURSABWEICHUNGEN

Die quantitativ beeindruckende Tendenz konnte jedoch kaum darüber hinwegtäuschen, daß diese Kampagne am Kernziel der ganzen Aktion vorbeiging. Vor allem entsprach die Vorstellung, mit der Brigadestruktur sei "fortschrittliches" Verhalten bereits vorprogrammiert, nicht der Wirklichkeit.[46] Bei der Bewertung dieser Vorgänge fällt z.B. auf, daß etwa 1956 nur ca. 13% der in VEB Beschäftigten an Wettbewerben von Arbeiter zu Arbeiter teilnahmen, sich also persönlich exponier-

---

42 Dieser Gesichtspunkt kann im Rahmen des Beitrages nicht weiter ausgeführt werden. Vgl. Rainer Deppe/Ulrich Hoß, Sozialistische Rationalisierung. Leistungspolitik und Arbeitsgestaltung in der DDR. Frankfurt a. M./ New York 1980; Raymond Benthley, Technological Change in the German Democratic Republic. Boulder, CO/London 1984.
43 Dabei waren sie recht erfolgreich, wie die durchschnittliche Normenerfüllung zeigt. Im Synthesewerk Schwarzheide lag sie 1952 bei den Leistungslöhnern bei 116,6%, und 1959 in den Produktionsabteilungen bei 137,6%. BLHP, Rep.903, Synthesewerk Schwarzheide, Zugangsnr. 437, unpag.: Beschäftigte im Leistungslohn, Abt. Arbeit, Werk Schwarzheide, 15.1.1954; ebd, Zugangsnr. 436, unpag.: Lohnanalyse Werk Schwarzheide, undat. [1961].
44 Vgl. u.a. Walter Ulbricht, Was heißt Aktivist sein? Aus der Rede auf der Tagung der Aktivisten der Eisenbahn. 26./27.8.1948, in: Walter Ulbricht, Zur sozialistischen Entwicklung der Volkswirtschaft seit 1945. Berlin 1959, 154.
45 Statistisches Jahrbuch der DDR (StBJ) 1956. Berlin 1957, 183.
46 Gerade in der Krise von 1956 hatte sich gezeigt, daß der Schwerpunkt vor allem kurzfristiger Arbeitsniederlegungen bei Brigaden zu finden war, wobei es fast ausschließlich um lohnrelevante Forderungen ging. SAPMOBA, ZGA FDGB-BV 6842, unpag.: Diskussionsrede Herbert Warnkes auf der 25. BV-Tagung am 13./14.12.1956, 80.

ten, während sich zwei Drittel aller Brigademitglieder oder ca. ein Viertel aller Beschäftigten für einen Wettbewerb von Brigade zu Brigade entschieden.[47]

Dieser zunächst unauffällige Umstand markierte Anfänge einer geradezu spannenden Entwicklung: Brigaden, deren Mitglieder sich in der Regel gut kannten und mehr oder weniger gut litten, boten nach außen hin für den Einzelnen den Schutz kollektiver Anonymität. Daraus erklärt sich auch die Bevorzugung eher anonymer Wettbewerbsformen. Es kam jedoch ein noch gewichtigerer Grund hinzu: Brigaden vermochten ihre Interessen viel massiver als einzelne Beschäftigte zu artikulieren. Beachtenswertes Geschick bewiesen sie bei deren Durchsetzung und insbesondere beim Festklopfen von Gewohnheitsrechten. So vermerkte z.B. ein Bericht aus dem Werk Schwarzheide schon 1951, daß die Belegschaft verstimmt sei, weil am Tag der Aktivisten keine Werkstatt-Brigade eine Prämie erhielt. "In der Fertigungswerkstatt wünscht die Belegschaft für die Weiterführung von Wettbewerben die Zusicherung eines Geldpreises für den Sieger."[48] Brigaden in solch fordernder Position sollten zu einer ebenso langfristigen wie allgemeinen Erscheinung werden.

Wie schnell die neue Struktur politische Schlagseite bekommen konnte, zeigte sich u.a. auch im Umfeld des 17.Juni 1953, als im selben Werk die Belegschaft, von der vier Fünftel nach Brigaden gegliedert war[49], zwar zu 83,7% am Wettbewerb teilnahm[50] und offenbar auch die Normenerhöhungen ohne größeren Widerstand akzeptierte, doch am 29. Juni den 1. Sekretär der SED-Bezirksleitung Cottbus "offen und ohne Hemmungen" Gründe ihrer politischen und sozialen Unzufriedenheit vortrug, entsprechende Forderungen stellte—und durchsetzte.[51]

Kaum merklich mutierten viele Brigaden in der DDR zu Interessengruppen. Ihnen galt Einkommensmaximierung als Hauptmotiv, was zu Bestrebungen führte, Brigaden lediglich aus den "Leistungsträgern" der jeweiligen Arbeitsbereiche zu bilden, reine "Männerbrigaden" etwa.[52] Die Bildung von "Frauenbrigaden" erfolgte hingegen deutlicher in der Verbindung von sozialen mit kommunikativen Aspekten.[53] Zwischen den Brigademitgliedern einerseits und deren direkten Vorgesetzten reproduzierte sich auch sehr markant die traditionelle "Kragenlinie".

---

47 Vgl. StJB DDR 1956, 183.
48 BLHP, Rep. 903, Synthesewerk Schwarzheide, Zugangsnr. 232, Bl. 32: Stimmungsbericht der Technischen Gruppe Werkstätten und sonstige Betriebe des Werkes Schwarzheide, 4.12.1951.
49 Ebd., Bl.77: Monatliche Wettbewerbsmeldung. April 1952, Schwarzheide, 13.5.1953.
50 Ebd., Bl.71: Wettbewerbsauswertung II/1953, Schwarzheide, 10.7.1953.
51 Ebd. Zur Geschichte des Synthesewerkes Schwarzheide in der Periode der Schaffung der Grundlagen des Sozialismus (1949-1955). ausgearb. von Ing.oec. H. Brose, 77.
52 Vgl. Jörg Roesler, Die Produktionsbrigaden in der DDR. Zentrum der Arbeitswelt? (unveröffentlichtes Manuskript).
53 Vgl. Petra Clemens, Die "Letzten". Arbeits- und Berufserfahrungen einer Generation Niederlausitzer Textilarbeiterinnen, in: Jürgen Kocka (Hrsg.): Historische DDR-Forschung. Aufsätze und Studien. (Zeithistorische Studien 1.) Berlin 1993, 245–261.

Meister, Technologen, Normensachbearbeiter usw. gehörten den Brigaden nicht an und galten wie Partei- und Gewerkschaftsfunktionäre als Außenstehende.[54]

Dieser Prozeß setzte sich auch innerhalb der Arbeiterschaft fort und löste sowohl politische wie auch soziale Differenzierungen und Widersprüche zwischen kleinen, im Sinne des SED-Regimes engagierten Gruppen und dem Gros der politisch Distanz wahrenden Arbeiterschaft aus. Auch in der SED-Führung nahm man das wahr. So kritisierte der für Wirtschaftsfragen zuständige Sekretär des SED-Zentralkomitees, Gerhart Ziller, Ende 1955, daß die Partei jenen Teil der Arbeiterklasse, "der auf den Kongressen ist", für das Ganze hielte und "Hunderttausende, die schwanken", übersehe.[55] Auch die Isolierung, in die Arbeiter gegenüber ihren bisherigen Mitbeschäftigten gerieten, wenn sie sich als "Vorzeige"-Aktivisten aufbauen ließen, war Ergebnis solcher Differenzierungen.[56] Andererseits machte die betriebliche Praxis Kommunikation zwischen Funktionseliten und Arbeiterschaft täglich erforderlich. Brigaden wuchsen dabei in eine Doppelfunktion hinein: Sie bildeten Interessenpools und bedienten gleichzeitig eine Scharnierfunktion zwischen Oben und Unten.

Wenn auch der Rationalisierungsaspekt der Brigadestruktur hinter deren sozialen Funktionen zurücktrat, ging er doch nicht völlig verloren. Allerdings blieb es für die Industrie in der DDR kennzeichnend, daß Neuinvestitionen nur in engen Teilbereichen möglich wurden, während gleichzeitig in weiten Bereichen ein Maschinenpark verblieb, der längst hätte abgeschrieben sein müssen. Immerhin stieg in der zentralgeleiteten Industrie bis 1959 der "Technisierungsgrad" der Produktion auf 81,5% und der Arbeit auf 54,0% an.[57] Allerdings eigneten sich die Schwerpunktbereiche dieser Entwicklung—Metallurgie, Energieerzeugung und Chemie—nicht unbedingt für "fordistische" Methoden. Aber das verbreitete Neben- und Durcheinander überalteter mit relativ neuer Maschinen und Anlagen bot viel Raum für technische Improvisationen und Teilrationalisierung. So wurden etwa im Jahre 1957 in der DDR pro Quartal rund 80.000 Verbesserungsvorschläge sowie über 1.000 Erfindungen und Gebrauchsmusteranmeldungen registriert.[58] Insbesondere die staatlichen Betriebe blieben angehalten, das Vorschlagswesen zu unterstützen. Ohne dessen reale Effekte in Abrede zu stellen, ist jedoch nicht zu übersehen, daß auf diesem Gebiet vielfach nur ein Schattenboxen stattfand, um Lohnzuschläge bzw. Prämien zu sichern.[59] Auch die verbreitete Praxis, Arbeits-

---

54 Vgl. Roesler, Die Produktionsbrigaden.
55 SAPMOBA, ZGA FDGB-BV 6834, unpag.: Diskussionsrede Gerhart Zillers auf der 21. BV-Sitzung, 2.–4.12.1955, 64/2.
56 Vgl. SAPMOBA, ZGA FDGB-BV 6829, unpag.: Schlußwort H.Warnkes auf der 16. BV-Tagung am 28./29.5.1954, 58/3.
57 Wolfgang Mühlfriedel/Klaus Wießner, Die Geschichte der Industrie in der DDR bis 1965. Berlin 1989, 292.
58 StJB DDR 1957. Berlin 1958, 201.
59 In den Leuna-Werken wurden z.B. zwischen 1949 und 1954 insgesamt 7.885 Verbesserungsvorschläge mit durchschnittlich je rund 100 Mark honoriert. SAPMOBA, ZGA FDGB-BV 6830, unpag.: Diskussionsbeitrag des stellv. BGL-Vorsitzenden der Leuna-Werke auf der 18. BV-Tagung am 25.-27.11.1954, 90.

kräfte durch übertarifliche Lohnzahlungen zu gewinnen und zu halten, begünstigte diese Tendenz. Insgesamt sank dabei im Verlaufe der 1950er Jahre der Anteil des Tariflohnes am Effektivlohn auf teilweise unter 60% ab.[60] Daß Brigaden in dieser unübersichtlichen Situation "herauszuholen" suchten, was möglich war[61], dürfte kaum überraschen, zumal die Betriebsleitungen lohnpolitisch und in der Arbeitsnormung nach dem 1953er Schock einen ausgesprochen vorsichtigen Kurs bevorzugten.[62]

Arbeitsbrigaden gelang es vielfach, obligate Wettbewerbsprämien einzufordern und so de facto zum Lohnbestandteil zu machen[63] oder, wie 1957 in einigen Bergbaubetrieben geschehen, Lohnforderungen zu stellen, von deren Erfüllung die "Ergebenheit zu unserer Republik abhängig" gemacht wurde.[64] Eindeutig stand die Lohnproblematik an vorderer Stelle des sozialen Interessenspektrums. Auf diesem Felde schienen männliche Arbeiter zu offensiverem Vorgehen zu neigen. Frauen haben sich zögernder zu offenen Arbeitskonflikten entschlossen, was aber auch dadurch beeinflußt worden sein mag, daß Frauenarbeitsgruppen häufig wegen stärkerer Fluktuation instabil blieben. Andererseits gab es Forderungen, die wahrscheinlich im familiären Raum primär von Frauen formuliert, dann aber auch von Männern aufgegriffen und gegenüber Vorgesetzten und Funktionären artikuliert wurden. Hier ging es besonders um die täglichen Probleme der Lebenshaltung, vor allem der Versorgung mit Lebensmitteln, Kleidung und Dienstleistungen. Im industriellen Bereich selbst bedingte der zunehmende Anteil beschäftigter Frauen den Ausbau spezifischer sozialer Infrastrukturen, von der Betriebsverkaufsstelle bis zu Frauenruheräumen. Gerlinde Petzoldt hat in dem Zusammenhang auf Angleichungen weiblichen Zeitverhaltens an industriegesellschaftliche Vorgaben hingewiesen, womit auch eine "Taylorisierung" von Hausarbeit gemeint war.[65] Die Mitglieder von Brigaden dürften diesen Vorgang durch mancherlei gegenseitige Unterstützung beim Einkaufen, bei der Kinderbetreuung, beim Renovieren der Wohnung usw. befördert haben.

60 Bundesarchiv, Außenstelle Potsdam (BAP), E-1, 13480, Bl.4: Entwurf eines lohnpolitischen Programms der IG Metall/Metallurgie bis 1965, 25.5.1959.
61 Vgl. Fragen der sozialistischen Bewußtseinsbildung und der Entwicklung der sozialistischen Gemeinschaftsarbeit. Protokoll einer Beratung der "Einheit", in: Einheit 7/1959, 868, 871.
62 Die Abteilung Arbeit und Löhne des FDGB-Bundesvorstandes hatte auf diesen Gebieten "eine verbreitete opportunistische Haltung" ausgemacht. SAPMOBA, ZGA FDGB-BV 1372, unpag.: Analyse der Einflüsse der Lohnbewegung auf die Entwicklung der Arbeitsproduktivität 1945–1960, Büro Lehmann, undat. [1960].
63 SAPMOBA, Zentrales Parteiarchiv (ZPA) IV 2/603/94: Bericht über Stand und Organisation komplexer Wettbewerbe auf den Großbaustellen des Energieprogramms, ungez., undat. [1958].
64 SAPMOBA, ZGA IG Bergbau 45, unpag.: Schlußwort des IG-Vorsitzenden Werner Lucas auf der 3. Zentralvorstandssitzung am 27./28.6.1957 in Halle.
65 Gerlinde Petzoldt, "Freie Zeit—was nun?" Alltägliche Modernisierung in der Alltagsgesellschaft DDR, in: MKF 16 (1993), H. 33, 156.

4. KORREKTURVERSUCHE

Die offenkundigen Verselbständigungstendenzen von Arbeitsbrigaden bildeten gar nicht so sehr einen betrieblichen Störfaktor. In der Regel lernten es Betriebsleitungen schnell, Brigadesprecher als Interessenvertreter zu akzeptieren. Das Problem lag mehr darin, daß damit SED- und Gewerkschaftsfunktionäre Einfluß- und Kontrollmöglichkeiten einbüßten. Für die politischen Machtverhältnisse in der DDR konnten sich aus solchen Ansätzen gefährliche Weiterungen entwickeln. Im Juli 1958 unternahm die SED-Führung deshalb auf dem 5. Parteitag einen Korrekturversuch, wobei den Gewerkschaften wegen ihrer vorgeblich laxen und ängstlichen Haltung heftige Kritik zuteil wurde.[66] Ulbricht unterbreitete bei dieser Gelegenheit ein ganzes Erziehungsprogramm, das in zehn "Gebote[n] der neuen, sozialistischen Sittlichkeit" gipfelte.[67] Die Brigaden sahen sich ermahnt, nicht nur an Prämien interessiert zu sein, sondern auch sozialistisches Bewußtsein zu entwickeln[68]; man solle nun "wie Sozialisten arbeiten".[69] Die Forderungen nach Rationalisierung der Arbeit und zur Durchsetzung kollektiver Normen standen dabei dicht nebeneinander.[70]

Die SED-Führung agierte hierbei in enger Bindung und Anlehnung an die Sowjetunion. Die sozialistische Führungsmacht schien zu dieser Zeit ernsthaft auf eine entschlossene Modernisierungskampagne festgelegt, und veranlaßte das östliche Blocksystem zum Versuch, die Industriestaaten des Westens bis 1965 in der Produktion der wichtigsten Güter und im Verbrauch pro Kopf der Bevölkerung zu überholen. Die SED formulierte 1958 in diesem Sinne die "Ökonomische Hauptaufgabe"[71] und ließ 1959 den "Siebenjahrplan" als Gesetz verabschieden.[72] Neben einem technischen und technologischen Innovationsschub—der angesichts andauernder "Sputnik-Euphorie" möglich schien—galt die ideologische Mobilisierung der Arbeiterschaft als unverzichtbar.

Daß aber Ulbrichts Grundsätze sozialistischer Ethik und Moral sowie seine Ausführungen über die sozialistische Arbeitsmoral nicht sonderlich wirksam waren, zeigte sich in der zweiten Jahreshälfte 1958 deutlich. Um so aufmerksamer verfolgten SED- und FDGB-Führung eine in der UdSSR begonnen Kampagne "Brigaden der kommunistischen Arbeit". Hier glaubte man den "neuen Menschen" schon in Aktion zu sehen. Auch der FDGB-Vorsitzenden Warnke erblickte wahrscheinlich in solchen Brigaden eine Möglichkeit, um Produktivitätsentwicklung und politische Erziehung zu verbinden. Ende 1958 meinte er, einen überzeugenden Anlaß gefunden zu haben: "Der Wettbewerb zum 10. Jahrestag der Deut-

---

66 Vgl. Protokoll des V.Parteitages der SED. Berlin 1959, Bd. 2, 890.
67 Ebd., Bd. 1.
68 Ebd., 162.
69 Ebd., 84.
70 Ebd., 85.
71 Vgl. ebd., 68–78.
72 Vgl. Der Siebenjahrplan des Friedens, des Wohlstands und des Glücks des Volkes. Rede Walter Ulbrichts vor der Volkskammer der DDR am 30. September 1959. Gesetz über den Siebenjahrplan 1959–1965. Berlin 1959.

schen Demokratischen Republik in Verbindung mit der Entwicklung des technischen Fortschritts, der eine hohe Qualifikation der Arbeiter erfordert, sowie die Stärkung des sozialistischen Bewußtseins auf der Grundlage der 10 Gebote der Ethik und Moral scheinen mir besonders geeignet zu sein, eine solche Bewegung der 'Brigaden der sozialistischen Arbeit' auszulösen."[73] Wie die Quellen zeigen, ging diese Kampagne nicht auf irgendwelche Arbeiterinitiativen zurück, sondern die Entscheidung darüber fiel schnell und wenig abgestimmt unter wenigen Spitzenfunktionären der SED und des FDGB.[74]

Einer Jugendbrigade aus dem Bitterfelder Chemiekombinat fiel die Aufgabe zu, sich Anfang Januar 1959 mit einem Aufruf an die Öffentlichkeit zu wenden, in dem sie sich zur Steigerung der Arbeitsproduktivität verpflichtete. Nach den Geboten sozialistischer Moral wolle man leben und sich fachlich für einen zweiten Beruf qualifizieren; mit Arbeitsbummelei und Trinkerei solle Schluß sein. Dafür würde man sich mit schöngeistiger Literatur befassen und die Ehefrauen zu den Brigadenachmittagen hinzuladen. Kurz: "Wir wollen uns in wahrer Freundschaft bei der Arbeit, beim Lernen und im Leben gegenseitig helfen."[75] Eine "Brigade der sozialistischen Arbeit" solle so entstehen und im "Kampf" um diesen Titel wolle man mit anderen in den Wettbewerb treten.

Das war auch ein massiver Zugriff auf die Privatsphäre der Arbeiter. Da sich die Brigaden inzwischen als recht stabile Strukturen erwiesen hatten, die ja politisch auch so gewollt waren, ging es jetzt um ihre ideologische Indoktrination möglichst rund um die Uhr. Wieder tauchte die Forderung auf, daß der "Sieg des Sozialismus auch neue Menschen erfordert"[76], die man erziehen müsse, damit "ihre schöpferischen Talente und Fähigkeiten im Kampf um den technischen Fortschritt und eine hohe Arbeitsproduktivität noch mehr zur Entfaltung kommen".[77]

Tatsächlich schien es, als sei der große Durchbruch gelungen: Im Dezember 1959 hatten sich bereits 59.364 Brigaden mit 706.657 Mitgliedern dieser Aktion angeschlossen, und bis Dezember 1960 stieg die Beteiligung gar auf 130.074 Brigaden mit 1.669.208 Mitgliedern.[78] Auf diesem Niveau verharrte die Kampagne "Brigade der sozialistischen Arbeit" einige Jahre, um dann, erweitert auf alle möglichen "Kollektive", 1969 knapp 2.150.000 Beschäftigte zu erfassen.[79]

Vornehmlich finanzielle Interessen ließen die Teilnehmerzahlen rasch ansteigen. Für den Erwerb des Titels waren Brigadeprämien ausgesetzt; im Wettbewerb stehende Brigaden vermochten oftmals, sich besondere Vergünstigungen in der

---

73 SAPMOBA, ZGA FDGB-BV 3961, unpag.: Brief H. Warnkes an P. Verner, 15.12.1958.
74 Ausführlicher dazu Peter Hübner, Syndikalistische Versündigungen? Versuche unabhängiger Interessenvertretung für die Industriearbeiterschaft der DDR um 1960 (vorgesehen für das Jahrbuch für historische Kommunismusforschung 1994, Berlin 1994).
75 Dokumente zur Geschichte der FDJ. Berlin 1963, Bd. 4, 291f.
76 SAPMOBA, ZGA FDGB-BV 6859, unpag.: Rechenschaftsbericht des Präsidiums und des Sekretariats des BV auf der 35. BV-Tagung, 11.–13.3.1959, 5.
77 Ebd.
78 StJB DDR 1960/61, 205.
79 StJB DDR 1970, 70.

Material- und Werkzeugbereitstellung zu sichern, was höhere Normerfüllung beförderte; oft zahlten Betriebe kollektive Leistungszuschläge bzw. waren Lohnformen wie der Objektlohn direkt auf die Brigadestruktur zugeschnitten; nicht ganz ohne Bedeutung dürften auch bestimmte Formen der Geselligkeit, wie Brigadeabende, gemeinsame (kostenfreie) Theaterbesuche u.ä. gewesen sein.[80] Im Staatshaushalt zog der Posten "Aktivistenbewegung und sozialistische Wettbewerbe" von ca. 22 Mio. Mark 1959 auf fast 46 Mio. Mark 1960 kräftig an[81], um über die Lohn- und Prämienmittel der Betriebe hinaus bestimmte Stimulanzien bereithalten zu können.

Trotz aller Bemühungen, der Brigadekampagne die vorgesehene Richtung zu geben, wurden sehr bald in Führungskreisen der SED und des FDGB Warnsignale laut. Schon frühzeitig beklagte der stellvertretende FDGB-Vorsitzende Otto Lehmann ein "Zurückbleiben in der sozialistischen Überzeugungsarbeit"; noch seien "unter den Werktätigen" Theorien der gewerkschaftlichen Neutralität verbreitet.[82] Auch wurden Erscheinungen benannt, die auf einen Rückzug gerade guter Fachkräfte in individuelle Freizeitnischen hindeuteten.[83]

Waren solche Erfahrungen keinesfalls neu, so gaben sie doch gerade im Kontext der Brigadekampagne Fragen auf. Im Juli 1959 mußte Lehmann z.B. konstatieren, daß die "Bewegung" in jüngster Zeit durch leere Versprechungen und Verpflichtungen ausgehöhlt wurde. In Einzelfällen hätte man feststellen müssen, "daß kaum die Hälfte (der offiziell gemeldeten Brigaden, P.H.) echt sich dieser Bewegung angeschlossen haben. Es gibt also gegenwärtig eine mächtige Tendenz der Zahlenhascherei."[84] Auch das mag beigetragen haben, Brigaden aus dem vorgegebenen Handlungsrahmen zu lösen und sie als soziale Räume sui generis und als Interessensubjekte zu konstituieren.

Um diese Entwicklung entbrannte 1960 in verantwortlichen SED- und FDGB-Gremien eine heftige Auseinandersetzung.[85] Auf der 4. FDGB-Bundesvorstandssitzung machten besonders Otto Lehmann und der Leipziger Arbeitswissenschaftler Hans Thalmann Front gegen "Syndikalismus" in den Brigaden und brachen eine

---

80 Dieser hier nicht näher zu verfolgende Aspekt läßt sich recht gut über die spezifische Quelle der Brigadetagebücher erschließen. Vgl. Jörg Bernhard Bilke, Auf den Spuren der Wirklichkeit, in: Der Deutschunterricht, 4/1969, 24–60; Günther Rüther, "Greif zur Feder, Kumpel. Schriftsteller, Literatur und Politik in der DDR 19491990. Düsseldorf 1991, 88.
81 StJB DDR 1960/61, 240.
82 SAPMOBA, ZGA FDGB-BV 6859, unpag.: Referat Otto Lehmanns auf der 35. BV-Tagung am 11.–13.3.1959, 9a.
83 SAPMOBA, ZGA FDGB-BV 6860, unpag.: Diskussionsbeitrag von L. Stoy, BGL-Vorsitzender im Braunkohlenkombinat Lauchhammer auf der 35. BV-Tagung am 11.-13.3.1959 (2.–3. Verhandlungstag), 233.
84 SAPMOBA, ZGA FDGB-BV 6861, unpag.: Referat Otto Lehmanns auf der 36. BV-Tagung am 9.–11.7.1959, 25f.
85 Ausführlicher dazu Fred Klinger, Die "Brigaden der sozialistischen Arbeit" im Kontext der "Syndikalismus"-Kritik, a.a.O., passim; Peter Hübner, Syndikalistische Versündigungen?

Lanze für den "demokratischen Zentralismus".[86] Beide bezogen sich dabei kritisch auf einen Artikel, den der Sektorenleiter im FDGB-Bundesvorstand, Rudi Rubbel, unter dem Titel "Größere Rechte den Brigaden" in der Gewerkschaftszeitung *Tribüne* veröffentlicht hatte.[87] Thalmann meinte dazu: "Da wird eben die Brigade schlechthin zu einer Leitungseinheit mit entsprechenden Vollmachten im Betrieb gestempelt und eine entsprechende Entwicklung propagiert. Das geht nicht."[88]

Auf der gleichen Tagung wurde an einem Beispiel aus dem Büromaschinenwerk Sömmerda warnend darauf hingewiesen, daß die Angelegenheit politisch zu entgleisen drohte. Dort hatten Dreher und Fräser eine höhere Schmutzzulage und sechs Tage Sonderurlaub wegen starker Lärmbelästigung gefordert und "ihre Auffassung dazu, was in der Welt alle friedlichen Menschen jetzt beschäftigt von der Realisierung dieser Forderungen abhängig" gemacht. Elf Arbeiter gaben bei dieser Gelegenheit als Zeichen des Protestes gegen die gewerkschaftliche Untätigkeit ihre FDGB-Mitgliedsbücher zurück. Unter Einsatz von mehr als 30 Funktionären gelang es zwar, diesen Konflikt einzudämmen, indem die Wortführer der Arbeiter aus den Brigaden ausgeschlossen und fristlos entlassen wurden, doch als Lösung mochte dies von keiner Seite verstanden worden sein.[89]

Offen sprach der Abteilungsleiter Gewerkschafts- und Sozialpolitik beim SED-Zentralkomitee, Fritz Rettmann, aus, daß viele Brigaden der politischen Führung zu entgleiten drohten und Sonderrechte einforderten.[90] Allerdings riet er, scharfe Kritik an den Brigaden zu vermeiden; die "Last dieser Diskussion" könne man sich nicht leisten.[91] Während der SED-Funktionär aus den Sonderrechten für Brigaden die Gefahr der Anarchie, des Zerfalls von Staat und Gewerkschaften herleitete[92], forderte der FDGB-Vorsitzende Warnke, Schluß zu machen mit Überspitzungen und Erweiterungen der Brigadebewegung: "Nirgends ist das beschlossen worden."[93] In einigen Betrieben gäbe es—unter Einfluß des jugoslawischen Selbstverwaltungs-Sozialismus—bereits Brigaderäte, "die ... sozusagen die Macht dort an sich (reißen)".[94]

Mit einer Entschließung, die solcherart Verletzungen des "demokratischen Zentralismus" sowie Erscheinungen des Syndikalismus und der Selbstverwaltung

---

86 Vgl. Otto Lehmann, Die Leitung des Wettbewerbs verbessern, in: Tribüne 28.5.1960, 5; SAPMOBA, ZGA FDGB-BV 6868, unpag.: Diskussionsrede Hans Thalmanns auf der 4. BV-Tagung am 24./25.5.1960, 27.
87 Rudi Rubbel, Größere Rechte den Brigaden, in: Tribüne, 27.4.1960, 3.
88 SAPMOBA, ZGA FDGB-BV 6868, unpag.: Protokoll der 4. BV-Tagung. 24./25.5.1960. Diskussionsrede Hans Thalmanns, 27.
89 Ebd., Diskussionsrede des stellv. Vorsitzenden des FDGB-Bezirksvorstandes Erfurt. 90–92.
90 Ebd., Diskussionsrede Fritz Rettmanns, 123f.
91 Ebd., 128–130.
92 Ebd., 124f.
93 Ebd., Schlußwort Herbert Warnkes, 184.
94 Ebd., 204a.

verurteilte, versuchte der Bundesvorstand gegenzusteuern.[95] Aber schon ein dreiviertel Jahr später beklagte der Leiter der Abteilung Löhne beim Bundesvorstand, daß sich Wirtschafts- und Gewerkschaftsfunktionäre in den Betrieben auf ein Stillhalteabkommen mit den Arbeitern eingelassen hätten.[96] Gewerkschaftschef Warnke ergänzte, Gewerkschaftsvertrauensleute seien inzwischen durch die Brigadiere de facto ausgebootet worden.[97] Und das Mitglied des SED-Politbüros Alfred Neumann sprach gar von einer "Linie der Demoralisierung". Es gehe nur noch um Geld. "Aber damit kann man keinen Staat leiten und aufbauen."[98] SED- und FDGB-Führung suchten dieser Krise durch drei Gegenmittel Herr zu werden: Erstens wurde die weitere Bildung von Brigaden abgebremst und ein Teil der bestehenden sogar aufgelöst[99]; zweitens sollten unter der Vorgabe einer qualitativen Entwicklung eine Reideologisierung der Brigaden in Angriff genommen werden[100]; und drittens schließlich bemühten sie sich, die neue Basiselite in den Brigaden unter Kontrolle zu bekommen, indem deren Vertreter in die aus den Produktionsberatungen hervorgegangenen Ständigen Produktionsberatungen[101] eingebunden wurden.[102]

Letztere waren das Ergebnis einer in das Jahr 1956 zurückreichenden Entwicklung und sie schienen geradezu prädestiniert, das aus der Sicht der SED fatale "Entgleisen" der Brigadekampagne aufzuhalten: Um der in der Herbstkrise 1956 aufkommenden starken Unruhe in der DDR-Arbeiterschaft zu begegnen, reagierte die SED-Spitze mit Teilzugeständnissen wie der kontrollierten Bildung von Arbeiterkomitees.[103] Diese sollten in Planungs-, Personal-, Produktions- und Prämienfragen ein Mitspracherecht erhalten[104], wobei Ulbricht persönlich jeden Gedan-

---

95 Über die Entwicklung des sozialistischen Wettbewerbs. Entschließung der 4. Tagung des Bundesvorstandes des FDGB, in: Tribüne, 11.6.1960, 3.
96 SAPMOBA, ZGA FDGB-BV 6874, unpag.: Diskussionsbeitrag von G. Muth auf der 8. BV-Tagung am 27.–29.3.1961, 39.
97 Ebd., Diskussionsbeitrag Herbert Warnkes, 136.
98 Ebd., Diskusionsbeitrag Alfred Neumanns, 255.
99 In dem schon als Beispiel angeführten Treibstoffwerk Schwarzheide löste man zur "Verbesserung der Leitungstätigkeit" fast alle Brigaden auf und faßte sie erneut zu Meisterbereichen zusammen. BLHP, Rep. 903, Synthesewerk Schwarzheide, Zugangsnr. 2161, unpag.: Lohnanalyse, ungez., undat. [1961], 3.
100 Mit dieser Zielstellung formulierte das Präsidium des FDGB-Bundesvorstandes auf seiner Beratung vom 28./29.7.1960 einen "Offenen Brief an die Gewerkschaftsgruppen der Brigaden in den sozialistischen Betrieben". Tribüne, 9.8.1960, 1.
101 Siehe dazu: Dieter Schulz, Zur Entwicklung von Ständigen Produktionsberatungen in sozialistischen Industriebetrieben der DDR von 1957/58 bis 1965, in: ZfG 9/1980, 842–850.
102 SAPMOBA, ZGA FDGB-BV 6868, unpag.: Schlußwort Herbert Warnkes auf der 4. BV-Tagung am 24./25.5.1969, 184.
103 Vgl. Dietrich Staritz, Die "Arbeiterkomitees" der Jahre 1956/58. Fallstudie zur Partizipationsproblematik in der DDR, in: Der X. Parteitag der SED, 35 Jahre SED-Politik. Versuch einer Bilanz. Köln 1980, 64.
104 Vgl. Ulrich Gill, Der Freie Deutsche Gewerkschaftsbund (FDGB). Opladen 1989, 216f.

ken an Selbstverwaltungsmechanismen zurückwies.[105] Trotzdem blieb die Angelegenheit für SED und FDGB mit erheblichen Risiken behaftet. Aus diesem Grund schlug FDGB-Chef Warnke Ende 1956 vor, nach sowjetischem Modell Ständige Produktionsberatungen in den VEB einzurichten, um darin die Arbeiterkomitees quasi aufzulösen.[106]

In der Folgezeit wurden die Ständigen Produktionsberatungen parallel zur Kampagne um die "Brigaden der sozialistischen Arbeit" stets favorisiert[107], weil sie durch SED und FDGB personell und in ihren Tätigkeitsschwerpunkten wesentlich besser zu kontrollieren waren. Vor diesem Hintergrund ist auch der erwähnte Vorschlag zu verstehen, die Vertreter der Brigaderäte in die Ständigen Produktionsberatungen einzugliedern.

Die Brigaden allerdings erwiesen sich auch nach dem Ende der Brigaderäte als Heimstatt eines mitunter renitenten und von anarchischen Anwandlungen nicht freien "Eigensinns", durchaus in der Tradition des von Alf Lüdtke beschriebenen Phänomens.[108] Sie blieben in Ermangelung einer echten und wirksamen Interessenvertretung der DDR-Arbeiterschaft Strukturen, die in der Lage waren, wenigstens Gruppeninteressen zu artikulieren. Brigaden bildeten den wohl effektivsten Organisationsrahmen für Forderungen und Proteste bis hin zu Arbeitsniederlegungen. Unter deren Druck mußte auch die FDGB-Spitze 1963 für lohnpolitische Korrekturen eintreten, die alle Versuche, Leistungssteigerungen bei Abbremsen oder Stoppen der Lohnentwicklung zu erreichen, beendeten.[109] Das mit der Einleitung des "Neuen ökonomischen Systems" 1962/63 im Zusammenhang stehende Einschwenken der SED auf ein nunmehr von einigen ideologischen Vorbehalten entlastetes Prinzip der "materiellen Interessiertheit"[110] zeigte, daß der "neue Mensch" dem alten Adam das Feld überlassen mußte.

Dieser hier nur skizzierte Prozeß wirft schwierige Fragen nach gesellschaftsgeschichtlichen Konsequenzen auf. Interesse verdient in dem Zusammenhang die Argumentation Sigrid Meuschels: "Man kann wohl in bezug auf die DDR, wenn nicht von Industriegesellschaft, doch von einer auf industrielle Produktion konzentrierten Arbeitsgesellschaft sprechen. Im Alltagsleben und in der Freizeit, in der Organisationsstruktur der Partei, auch in der kollektiven und individuellen Orientierung und im Selbstbewußtsein der Arbeitskräfte nahm der Betrieb eine

---

105 Vgl. Staritz, Die "Arbeiterkomitees", 66.
106 Vgl. Wolfgang Eckelmann/Hans-Hermann Hertle/Rainer Weinert, FDGB Intern. Innenansichten einer Massenorganisation der SED. Berlin 1990, 50.
107 Vgl. Beschluß über die Unterstützung der Ständigen Produktionsberatungen in den sozialistischen Betrieben durch die Betriebsleitungen und die Organe der staatlichen Verwaltung, in: Gesetzblatt der DDR, Teil I, Nr. 25, 28.4.1959, 329.
108 Vgl. Alf Lüdtke, "Eigen-Sinn". Fabrikalltag, Arbeitererfahrungen und Politik vom Kaiserreich bis in den Faschismus. Hamburg 1993, passim.
109 SAPMOBA, ZGA FDGB-BV 5884, unpag.: Schlußwort des stellv. FDGB-Vorsitzenden, Rolf Berger, auf der 16. BV-Tagung am 27./28.2.1963, 268.
110 Siehe Walter Ulbricht, Zum neuen ökonomischen System der Planung und Leitung. Berlin 1967, 170f.

zentrale Rolle ein. Das Selbstbewußtsein war allerdings mit individuellen Qualifikationen und Kenntnissen verbunden, deren nur eine sozialistische Plan- und Mangelwirtschaft bedarf."[111] Die Konstellation sei "modern und dennoch eine 'Modernisierungsfalle'" gewesen. Denn: "Die unter der Herrschaft der Partei entdifferenzierte und politisch verfaßte Gesellschaft erwies sich als Hemmschuh für nahezu alle Innovationen, welche die Parteiherrschaft in ihrer Machtvollkommenheit durchzusetzen sich anschickte."[112] Dem mag man weitgehend folgen, zumal auch jüngere wirtschafts- und technikgeschichtliche Forschungen einen solchen Gesamtzusammenhang bestätigen.[113]

Freilich stellt sich die Frage, ob die "Modernisierungsfalle" vollständig zuschnappte. Eine Antwort darauf fällt nicht leicht. Einerseits formierten sich mit den Brigaden soziale Räume, die zwar strukturell einem sozialutopischen Kontext entsprachen, andererseits konterkarierten sie denselben aber auf merkwürdige Weise. Standen sie dem vor- oder frühindustriellen Genossenschaftsgedanken vielleicht näher, als es für eine zentral geplante Industriegesellschaft sowjetischen Typs gut sein konnte? Boten sie unter den Bedingungen des sozialistischen Fürsorgestaates einer mentalen "Deindustrialisierung" oder "Entwirtschaftlichung" Raum? Oder griffen sie gar einer "postmodernen" Lebenswelt vor? Auf jeden Fall ermöglichte die Brigadestruktur eine enorme soziale und mentale Anpassungsleistung. Im kollektiven Rahmen verschaffte sie nicht zuletzt und vielleicht gerade individuellen Interessen Geltung. Und im Grunde trug sie damit Redifferenzierungstendenzen in die stark entdifferenzierte DDR-Gesellschaft hinein. Gewiß wäre es überhöht, von einem gegenläufigen Modernisierungsprozeß zu sprechen, der den Systemkollaps von 1989 mit vorbereitet hätte. Doch sollte man ausschließen, daß sich unter dem Gewande eines teilweise recht pfiffigen "Eigensinns" lebenspraktisch-mentales Modernisierungspotential erhielt oder gar anreicherte, zumal Strukturen und Funktionen der westdeutschen Gesellschaft als Gegenentwurf in der Vorstellungswelt von DDR-Einwohnern durchaus präsent waren? Durch Briefkontakte mit westdeutschen Verwandten, wechselseitige und seit den 1960er Jahren einseitige Besuche, aber wahrscheinlich mehr noch durch die westdeutschen Funkmedien wurde diese Projektionsfläche immer erneut aktualisiert. Und Arbeitsbrigaden boten einen recht günstigen Raum für den internen Informationsaustausch. Sowohl die solcherart rezipierenden Arbeiter wie auch die SED-Führung selbst dürften sich dabei im klaren gewesen sein, daß durch die westdeutsche Vermittlung ein gerüttelt Maß an "Amerikanisierung" in die DDR gelangte. Die verbissenen zeitgenössischen Fehden um das Für oder Wider von Jeans-Bekleidung und amerikanischer Rock-Musik setzten Zeichen für den Verlauf

---

111 Sigrid Meuschel, Überlegungen zu einer Herrschafts- und Gesellschaftsgeschichte der DDR, in: Geschichte und Gesellschaft (GG) 1/1993, 9.
112 Ebd.
113 Vgl. Jörg Roesler, Einholen wollen und Aufholen müssen. Zum Innovationsverlauf bei numerischen Steuerungen im Werkzeugmaschinenbau der DDR vor dem Hintergrund der bundesrepublikanischen Entwicklung, in: Jürgen Kocka (Hrsg.), Historische DDR-Forschung, 263–285.

der Interessenlinien und wohl auch für die "Ignoranz gegenüber der Logik des Arbeiterlebens".[114]

Doch im Gegensatz dazu tat sich der "Amerikanismus" in industrieller, "fordistischer" Gestalt unter den Bedingungen der DDR-Wirtschaft schwer. Schon Mitte 1958 hatte der Vorsitzende der Wirtschaftskommission beim Politbüro der SED, Erich Apel, zur "Frage der Technik und Mechanisierung" festgestellt: "Soweit Vorstellungen darüber bestehen, bewegen sie sich in der bisherigen Richtung auf Erweiterung und Ergänzung der Maschinen und techn. Anlagen, zum Teil mit erheblichen Investitionsmittelforderungen verbunden. Einrichtung von Takt- und Fließverfahren, der Automation von Arbeitsprozessen, also Gedanken einer Revolutionierung der Technologie, werden kaum entwickelt."[115] Was hier Sorge bereitete, wurde ein Jahr später, aus der Not eine Tugend machend, in der theoretischen Zeitschrift der SED, "Einheit", bereits konsequent ignoriert: "Durch die volle Ausnutzung der sozialistischen Produktionsverhältnisse werden wir bei einem relativ geringen Aufwand an Produktionsgebäuden, Maschinen und Ausrüstungen sowie an menschlicher Arbeit einen Stand der Arbeitsproduktivität erreichen, der über dem Westdeutschlands liegt."[116] Nur Monate darauf war das Scheitern des "Siebenjahrplanes" schon evident.

Wie die weitere Entwicklung zeigte, blieb die Industrie der DDR in einem beträchtlichen Maße durch kurzfristige Improvisationen, durch den vielfachen Weiterbetrieb veralteter Maschinen und Anlagen und durch eine sehr störanfällige Betriebs- und Arbeitsorganisation bestimmt. Doch nicht zuletzt weil es hier keine "Amerikanisierung" der Produktion gab, erlangten die Brigaden ihren so charakteristischen Status innerhalb der Betriebe. So gesehen, hält die eigenartige Entwicklung der Produktionsbrigaden in der DDR eventuell mehr Auskünfte über die Anatomie des "realsozialistischen" Projektes bereit, als man diesem kollektiven Arbeitszusammenhang in seiner doch eher unscheinbaren Alltäglichkeit auf den ersten Blick zugestehen möchte.

---

114 Dietrich Mühlberg, Kulturelle Ursachen für das Scheitern des Staatssozialismus in der DDR, in: MkF 29 (1991), 28.
115 BAP, E-1, 13466, Bl. 104: Brief E. Apels an H. Wunderlich, Leiter der Abt. Maschinenbau der Staatlichen Plankommission. 18.6.1958.
116 Hermann Grosse, Zu einigen Fragen des Nutzeffekts der Investitionen, in: Einheit 11/1959, 1484.

II

IMAGE "AMERIKA" UND MASSENKULTUR

5

Lesewut, Kinosucht, Radiotismus: Zur (geschlechter-) politischen Relevanz neuer Massenmedien in den 1920er Jahren

Eve Rosenhaft

GLEICHZEITIGKEIT NEUER MEDIEN

IM DEUTSCHLAND DER ZWANZIGER JAHRE erschienen illustrierte Zeitschriften in einer Gesamtauflage von einigen Millionen pro Woche. Und bei einem Verkauf von 353 Millionen Eintrittskarten für fast zwei Millionen Kinoplätze konnte 1928 gerechnet werden, daß jede/r Erwachsene fast neun Mal im Jahr ins Kino ging; in Wirklichkeit besuchten weniger Menschen das Kino, diese aber dafür um so öfter—normalerweise einmal in der Woche. 1923, kurz nach der Eröffnung des öffentlichen Rundfunks, gab es offiziell nicht mehr als 500 Rundfunkteilnehmer in Deutschland. Doch bereits 1926 waren es über eine Million, Anfang 1928 zwei Millionen, Ende 1929 drei Millionen. 1932 wurden mehr als vier Millionen Rundfunkteilnehmer, oder ein Rundfunkgerät in jedem vierten Haushalt, gezählt.[1]

In Deutschland traf die Entwicklung neuer Medien mit der Einführung und ersten Einübung demokratischer Verfassungsformen und mit der Verdoppelung der Wählerschaft durch die Verleihung des Frauenstimmrechts zusammen. Dies läßt sich als grundlegender Strukturwandel der Öffentlichkeit (im Sinne Jürgen Habermas'[2]) verstehen; der genauere Zusammenhang zwischen neuen Medien und neuen Formen politischer Betätigung ist jedoch bislang in der deutschsprachigen Literatur wenig erforscht. Während beispielsweise die sozial- und kulturhistorische Forschung zur Herausbildung einer bürgerlichen Kultur im 18. Jahrhundert die Wechselwirkung zwischen kulturellem Selbstbewußtsein, Leseverhalten und politischem Potential einer neuen Gesellschaftsschicht betonte, blieb die wissenschaftliche Diskussion der Massenmedien im zwanzigsten Jahrhundert lange einer kulturkritischen Tradition verhaftet, für die der Triumph des Faschismus die Bestätigung des antidemokratischen, ja des antipolitischen Charakters der "Kulturindustrie" bedeutete.[3]

---

1 Eberhard Kolb, The Weimar Republic. London 1988, 92; Klaus Wernecke, Kinobesuch als Freizeitvergnügen, in: MKF. Mitteilungen aus der kulturwissenschaftlichen Forschung 15/30 (März 1992): Arbeiter und Massenkultur, 92–100; W.B. Lerg, Rundfunkpolitik in der Weimarer Republik. München 1980, 116, 524ff.
2 Jürgen Habermas, Strukturwandel der Öffentlichkeit. Darmstadt 1962.
3 Zum Begriff: Max Horkheimer/Theodor W. Adorno, Kulturindustrie. Aufklärung als Massenbetrug, in: Dialektik der Aufklärung. Frankfurt a.M. 1969, 128–176. Eine ähnliche Kritik

So wurde die "Lesewut" des 18. Jahrhunderts als Motor der geistigen Mobilmachung des neuen Bürgertums—die ja auf dem politischen Sektor weitgehend unterblieb—interpretiert. Den neuen Massenmedien unterstellte man hingegen durchgehend, das Publikum zu demobilisieren bzw. eine unkritische Passivität zu fördern und stilisierte sie so zu einem Hauptfaktor in dem Prozeß der Selbstzerstörung der Moderne. In beiden Fällen wurde das jeweilige Selbstbild der Zeitgenossen übernommen, wobei die Ambivalenz, die die Väter der Aufklärung der "Lesewut" (manchmal auch "Lesesucht", besonders wenn es um Frauenlektüre ging) entgegenbrachten, weitestgehend historisiert wurde. Es fällt anscheinend schwerer, sich von der Skepsis gegenüber der eigenen Zeitkultur, wie sie an den Anfängen der neuen Medien in den Begriffen "Kinosucht" und "Radiotismus" Ausdruck fand[4], zu distanzieren. Schon in den zwanziger und dreißiger Jahren allerdings ahnten manche Beobachter, daß neue Formen technischer Reproduktion mit einem Wandel im Charakter des Wahrnehmens und somit des Handelns einhergingen, der sowohl emanzipatorische als auch antidemokratische Möglichkeiten in sich barg. "Die Quantität ist in Qualität umgeschlagen", schrieb Walter Benjamin 1935. "Die sehr viel größeren Massen der Anteilnehmenden haben eine veränderte Art des Anteils hervorgebracht."[5]

Bis Ende der 1970er Jahre fanden die Aussagen Benjamins zum Verhältnis zwischen politischer Entwicklung und neuen Medien nur wenig Beachtung und wurden, wenn überhaupt, in stark reduzierter Weise unter der These der "Ästhetisierung des politischen Lebens" im Faschismus rezipiert.[6] Erst in den achtziger Jahren ist dies einer differenzierteren Interpretation gewichen. Die neuere kulturhistorische Forschung betont die Ambivalenz zeitgenössischer Kritik der Massenkultur und damit der Wirkung der neuen Medien, besonders dort, wo sie

der gängigen Theorien der Massenkultur (im Zusammenhang mit der amerikanischen Geschichtsschreibung) bringt Steven J. Ross, der sich allerdings nicht mit den politischen Konsequenzen der Massenkultur, sondern mit dem Mitwirken von Arbeitern bzw. Mitgliedern von radikalen politischen Bewegungen an deren Herstellung beschäftigt: Struggles for the Screen: Workers, Radicals and the Political Uses of Silent Film, in: American Historical Review 96 (1991), 333–367.

4 "Kinosucht" erschien zum ersten Mal, mit einem spezifischen Bezug auf das weibliche Kinopublikum, in der Dissertation von Emilie Altenloh, Zur Soziologie des Kino. Leipzig 1914; vgl. Heide Schlüpmann, Kinosucht, in: Frauen und Film 33 (Oktober 1982), 45–52. Zu "Radiotismus" s. unter "Radiot" in Heinz Küpper, Wörterbuch der deutschen Umgangssprache. Hamburg 1963, Bd. 1. Vgl. auch "Deliriumskommode", "Einschläferungsmittel", "Verstandesschmelze" als Bezeichnungen für das Radio im Berlin der zwanziger und dreißiger Jahre: Franz Dornseiff, Der deutsche Wortschatz nach Sachgruppen. Berlin/Leipzig 1934, 377.

5 Walter Benjamin, Das Kunstwerk im Zeitalter seiner technischen Reproduzierbarkeit (1935/36), in: Gesammelte Schriften I.2. Frankfurt a.M. 1974, 471–508, hier 503.

6 Z.B. Berthold Hinz u.a. (Hrsg.), Die Dekoration der Gewalt. Kunst und Medien im Faschismus. Gießen 1979; Rainer Stollmann, Faschistische Politik als Gesamtkunstwerk. Tendenzen der Ästhetisierung des politischen Lebens im Nationalsozialismus, in: Horst Denkler/Karl Prümm (Hrsg.), Die deutsche Literatur im Dritten Reich. Themen, Traditionen, Wirkungen. Stuttgart 1976; vgl. Benjamin, Das Kunstwerk, 506–508.

sich für Geschlechterfragen interessiert. Dabei kann sie sich auf Theorien eines "aktiven" oder politisch relevanten Zuschauertums berufen, die im Rahmen der feministischen Medienforschung entwickelt worden sind.[7] Neuere sozialhistorische Studien, die auf einen reichen Bestand an zeitgenössischen Untersuchungen und Umfragen zurückgreifen können, heben die Vielfalt möglicher Reaktionen auf die Darbietungen der Massenmedien hervor. Es wird zwar immer wieder bestätigt, daß spezifische Gesellschaftsgruppen—Jugendliche und Frauen—besonderes Interesse für die neuen Medien zeigten. Dabei wird jedoch klar, daß sowohl unterschiedliche Rezeptionsbedingungen als auch eine individuell und schichtenmäßig unterschiedliche Bereitschaft, die angebotenen Traumbilder im Lichte der eigenen Erfahrung kritisch zu bearbeiten, einheitliche Schlüsse auf die Folgen neuer Medien für kollektives Bewußtsein und Selbstbewußtsein kaum zulassen.[8]

Fragt man nach der "politischen Relevanz" neuer Medien, so gilt es nicht nur die Rezeption ihrer Produktionen oder die Folgen bestimmter Eigentums- und Kontrollstrukturen, die erwiesenermaßen den Inhalt solcher Darbietungen beeinflußten, zu untersuchen. Ebenso bedeutsam sind die Folgen für die Gestalt der Öffentlichkeit als eines Geflechts von Kommunikations- und Identifikationsstrukturen, das auch Machtverhältnisse und Handlungsspielräume impliziert. Hier läßt sich ein (vermuteter) Wandel kollektiver Wahrnehmungsformen—Benjamins "veränderte Art des Anteils"—kaum trennen von den spürbaren Wandlungen und Verschiebungen im Bereich symbolischer Repräsentationen, in den Mitteln und Schauplätzen politischer (Selbst)Artikulation. Die Brisanz—im wortwörtlichen Sinne—der neuen Medien lag nicht nur in deren Tendenz, ein immer größeres Publikum schichtenübergreifend anzusprechen, einer Tendenz, die sehr früh als eine besondere Gefahr für die Arbeiterbewegung angesehen wurde. Neu war auch der Einsatz einer neuen "Sprache", der Sprache der scheinbar unvermittelten Reproduktion des Sichtbaren und Hörbaren. Die Entwicklung der Reproduktionstechnik und ihre Verbreitung durch die Massenmedien hatte eigene Implikationen, insbesondere für die Autorität der "Wahrheit" als Gegenstand politischer Argumentation, aber sie war auch Teil einer allgemeineren Verschiebung vom Diskursiven zum Visuellen in der Politik wie in der Kultur der Weimarer Zeit. Es liegt nahe, daß diese Verschiebung, die mit einer allgemeinen Krise gesell-

---

7 Siehe z.B. Patrice Petro, Joyless Streets: Women and Melodramatic Representation in Weimar Germany. Princeton, N.J., 1989; Erica Carter, Vorüberlegungen zu einer Theorie der Wohlstandskultur—feministische Kritik, populäre Kultur und Konsumismus, in: Feministische Studien 8 (November 1990), 35–54; sowie die unten zitierten Aufsätze von Miriam Hansen und Heide Schlüpmann und die Beiträge in New German Critique 40 (Winter 1987).

8 Vgl. Adelheid von Saldern, Massenfreizeitkultur im Visier. Ein Beitrag zu den Deutungs- und Einwirkungsversuchen während der Weimarer Republik, in: Archiv für Sozialgeschichte 33 (1993), 21–58 (hier vor allem die Bemerkungen zum Verhältnis Massenkultur und Nationalsozialismus, 56–58); dies., Der Wochenend-Mensch, in: MKF. Mitteilungen aus der kulturwissenschaftlichen Forschung 15/30 (März 1992): Arbeiter und Massenkultur, 5–33; Rainhard May, Die Schallplatte als "Kult"-Mittel, ebd., 182–225; Detlev J.K. Peukert, Jugend zwischen Krieg und Krise. Köln 1987, 209–219.

schaftlicher Beziehungen einherging, als besondere Herausforderung an die tradierte Klassen- und Geschlechterordnung erfahren wurde.

ENTWICKLUNG DER MASSENMEDIEN GLEICH AMERIKANISIERUNG?

In den zwanziger Jahren hatten die Massenmedien in Deutschland bereits eine eigene Tradition und eine eigene Entwicklungsdynamik; sie waren keine Importware. Trotzdem lag es nahe, die Ausbreitung und Verdichtung des Mediennetzes als einen Amerikanisierungsprozeß zu begreifen. Gegenstand öffentlicher Diskussion seit der Stabilisierung der Währung war die zunehmende Abhängigkeit der deutschen Kinoproduktion und -distribution von amerikanischem Kapital, die den Siegeszug eines ausgesprochen amerikanischen Geschmacks, einer Hollywood-Ästhetik selbst im deutschen Film zu begünstigen schien; der amerikanische Film galt als "der neue Weltmilitarismus".[9] Überdies war man sich bewußt, daß Deutschland in vieler Hinsicht noch in den ersten Stadien einer Entwicklung steckte, die in den USA weiter fortgeschritten war.

Die Verbreitung des Rundfunks illustriert dies besonders deutlich. In den Großstädten hatte 1932 im Durchschnitt fast jeder zweite Haushalt ein Radio, in den Kleinstgemeinden dagegen bloß jeder zehnte.[10] Wenn es bereits im rein zahlenmäßigen Sinn ein Massenpublikum gab, war die Sättigung der Öffentlichkeit durch die neuen Medien auf überregionaler Ebene noch nicht erreicht. Sie stand aber als mögliche—erwartete oder auch befürchtete—Tendenz auf der Tagesordnung der öffentlichen und fachmännischen Diskussion, eine Entwicklung, die es noch zu gestalten galt. Und Amerika wurde sehr oft als Sinnbild für das geahnte Ende einer solchen Entwicklung zitiert. In der Diskussion um die deutsche Rundfunkpolitik ab 1920 lagen die USA als Vorbild auf der Hand; schließlich gab es bis 1932 zweimal so viel Rundfunkgeräte im Vergleich zur Bevölkerung in den USA als in Deutschland. (Daß das Modell Amerika auch in diesem Kontext eine eigene Kraft entfaltete, läßt sich daraus schließen, daß nicht die USA, sondern Dänemark zu der Zeit die höchste Rundfunkdichte verzeichnete.) Wo es also darum ging, das Funknetz und die Anzahl der Rundfunkteilnehmer auszuweiten, war Amerika auch für die Mitglieder etwa der Reichsfunkkommission ein durchaus positiver Bezugspunkt. Kontroverser war das amerikanische Modell einer Rundfunkpolitik, die auf der freien Konkurrenz mehrerer privater Sender basierte. Während Radioamateure die damit zusammenhängende *freedom of the air* feierten, sah man auf Regierungsebene die "Zustände wie in den

---

9 Herbert Jhering, Ufa und Buster Keaton (1926), zit. bei Anton Kaes, The Debate about Cinema: Charting a Controversy, in: New German Critique 40 (Winter 1987), 7–33, hier 21. Vgl. Victoria de Grazia, Mass Culture and Sovereignty: The American Challenge to European Cinemas, 1920–1960, in: Journal of Modern History 61 (März 1989), 53–87; Bruce Murray, Film and the German Left in the Weimar Republic. Austin, Texas, 1990, 57–60.
10 Lerg, Rundfunkpolitik, 528.

Vereinigten Staaten"[11] als etwas, was zu vermeiden sei—sowohl aus wirtschaftlichen als auch aus politischen Gründen.

Darüber hinaus aber war Amerika Chiffre für die moderne Massengesellschaft schlechthin und somit zugleich Mahnung und Vorbild für das deutsche zwanzigste Jahrhundert. Das Amerika-Bild der Deutschen beschwor Assoziationen, die in den zwanziger Jahren durch die Einführung formal-demokratischer politischer Strukturen und den Einsatz neuer Technologien besonders aktuell wurden. Die Mehrdeutigkeit des Begriffs "Amerika" oder der Ikonen, die für ein deutsches Publikum Amerika verkörperten, ist oft betont worden. Ein Beispiel aus dem Bereich der Massenmedien: Forschungen zur Chaplin-Rezeption in Deutschland unterstreichen den Nutzen der *Little Tramp*-Figur als Bezugspunkt für ein breites Spektrum von Wünschen und Ängsten; jeder hat darin gesehen, was er sehen wollte, bis hin zu den Nazis, für die Chaplin den Typ des jüdischen bolschewistischen Millionärs verkörperte. Dabei war Chaplin selber eine besonders ambivalente Figur unter den Stars des amerikanischen Stummfilms, im Vergleich etwa zu Buster Keaton oder Harold Lloyd, die die Hektik der amerikanischen Gesellschaft und die Abenteuerlust des jungen Aufstrebers zelebrierten.[12]

Etwas weitergehend könnte man sagen, daß für manche deutsche Beobachter gerade die ihr eigene Ambivalenz das Faszinosum an der amerikanischen Kultur ausmachte. Genauer: Amerika faszinierte dadurch, daß die amerikanische Kultur erfolgreich Werte und Erscheinungen zu versöhnen schien, die in der europäischen Kultur gemeinhin als Gegenpole angesehen wurden. Als zentrale Begriffspaare sind hier zu nennen: "Individuum und Masse" und "Sachlichkeit und Utopie". Gerade in und durch die Beherrschung der neuen Medientechnik war Amerika gleichzeitig die Quintessenz der Sachlichkeit und die Traumfabrik *par excellence*, die Utopien am laufenden Band produzieren und bedenkenlos vermarkten konnte. Es vereinten sich in Amerika der wirksame Mythos vom Land der unbegrenzten Möglichkeiten, eine hochentwickelte Industriekultur mit einem systembedingten Antrieb zu ständiger technologischer Innovation, und die Strukturen und Praktiken einer radikal markt- bzw. verbraucherorientierten Gesellschaft—Praktiken, die im massendemokratischen *free for all* auch auf den politischen Entscheidungsprozeß übertragen wurden.[13]

---

11 Hans Bredow auf der Sitzung der RFK 9.6.1922, zit. bei Lerg, Rundfunkpolitik, 70.
12 Sabine Hake, Chaplin Reception in Weimar Germany, in: New German Critique 51 (Herbst 1990), 87–111; vgl. Thomas J. Saunders, Comedy as Redemption: American Slapstick in Weimar Culture, in: Journal of European Studies 17 (1987), 253–277; allgemein zur Verbindung Amerika und Massenkultur: Isolde Dietrich, Die nüchternen Räusche oder der Balsam der Gedankenlosigkeit. Wie amerikanische und deutsche Autoren der 1920er Jahre den American way of life gesehen haben, in: MKF. Mitteilungen aus der kulturwissenschaftlichen Forschung, 15/30 (März 1992): Arbeiter und Massenkultur, 264–272.
13 Zur Eigenart Amerikas als "Massengesellschaft" vgl. de Grazia, Mass Culture, 54–57, der es um die Erklärung des *Widerstands* europäischer Beobachter gegen den Einfluß der amerikanischen Massenkultur geht.

Die Dynamik und der Reichtum der amerikanischen Gesellschaft schienen aus einer ganz besonderen Wechselwirkung der scheinbar paradoxen Triade der Modernität, Mensch-Masse-Maschine, hervorzugehen. Diese Triade stand mehr oder weniger explizit im Mittelpunkt der deutschen Diskussion darüber, wie im Rahmen der industriellen Rationalisierung die Individualität und Leistungsorientierung des Einzelarbeiters zu fördern sei.[14] Sie verbarg sich auch hinter der Faszination des deutschen Publikums, nicht zuletzt deutscher Intellektueller, von der Figur des Boxers, dessen Bewegungen das maschinenhafte innerhalb des proteisch-heldenhaften Individuums verrieten.[15] In seinem Gedicht *Verschollener Ruhm der Riesenstadt New York* spricht Bert Brecht, der poetisierende Boxing-Fan, das typische Gemisch von Individuellem und technisch Reproduzierbarem an. Seine Darstellung des vorbildlichen, jedem Kinobesucher vertrauten Amerikaners spricht von "breitspurigen Anzüge[n]" und gebremsten Bewegungen sowie von "jene[r] gefürchtete[n] Undurchsichtigkeit . . . des 'poker face man', der sich seinen Mitbürgern als unlösliches Rätsel aufgab". Und indem er den Untergang, die Selbstentlarvung des Traumes Amerika in der Weltwirtschaftskrise feierte, gedachte Brecht auch der einzigartigen Integrationskraft gerade dieses Traumes, des "unerschöpfliche[n] Becken[s]", das alles aufnahm, was hineinfiel, um es "in zweimal zwei Wochen bis zur Kenntlichkeit" zu verwandeln, der "hierorts so sehr Anwesenden", die "wie ein guter Sauerteig . . . jede auch noch so große Masse von Teig" nicht zu fürchten hätten, denn "sie wußten sie durchdrangen alles!"[16]

MASSENMEDIEN UND GESCHLECHTERPROBLEMATIK

Voraussetzung dieser Integrationskraft war nicht nur ein Reichtum, der den USA schon in den zwanziger Jahren den Charakter einer Überflußgesellschaft verlieh, sondern auch das Konsumdenken. Neben dem reichen Angebot an Konsumgütern versprach die Ideologie der *consumer choice* und der Gleichheit auf dem Markt jedem einzelnen Zugang zum Massenprodukt. Gleichzeitig wurde Konsum bewußt als Mittel zur Individualisierung gefördert, bzw. der Trieb zur Individualisierung zur Förderung des Konsums mobilisiert; man sollte sich auszeichnen (wollen) durch das, was man trug, oder durch das, was man besaß. Frauen traten dabei besonders hervor: Mit dem Entstehen der bürgerlichen Kultur waren sie innerhalb der gesellschaftlichen Arbeitsteilung zuständig für die Reproduktion und damit für den Verbrauch von Konsumgütern im weitesten Sinne. In der entwickelten Konsumgesellschaft hatten sie als Einkäuferinnen nunmehr eine Schlüsselstellung inne. Die neuen Möglichkeiten der Individualisierung durch Massenkonsum prägten

---

14 Mary Nolan, Das Deutsche Institut für technische Arbeitsschulung und die Schaffung des "neuen Arbeiters", in: Dagmar Reese/Eve Rosenhaft/Carola Sachse/Tilla Siegel (Hrsg.), Rationale Beziehungen? Geschlechterverhältnisse im Rationalisierungsprozeß. Frankfurt a.M. 1993, 189–221.
15 David Bathrick, Max Schmeling on the Canvas: Boxing as an Icon of Weimar Culture, in: New German Critique 51 (Herbst 1990), 113–136.
16 Bertolt Brecht, Gesammelte Werke 9. Frankfurt a.M. 1968, 475–483.

auch in Deutschland das Bild der selbstbewußt konsumorientierten "neuen Frau", der Trägerin einer (ausdrücklich amerikanisierten) "Girlkultur".[17]

Die Konsumgesellschaft amerikanischer Art galt als besonderer Schauplatz für eine neue Dialektik zwischen Individuum und Masse: Am nachdrücklichsten wurde diese Dialektik in den Massenmedien vorgeführt—und da vor allem im Kino. Die Filmdiva verkörperte die Doppelstellung der "neuen Frau" in der Konsumgesellschaft, die sie zur Herrscherin des Marktes und zugleich zur Ware auf dem Markt machte. Gerade durch die ständig wiederholte Zurschaustellung ihrer Einzigartigkeit bot sie sich als Identifikationsfigur an. Und Identifikationen lassen sich weitervermarkten. Ab den 1930er Jahren wurde durch den Einsatz von *commodity tie-ins*—Mode-, Kosmetik- und anderen Waren—vor allem jungen Frauen die Möglichkeit angeboten, die eigene Identifikation mit der Filmdiva durch den Kauf des *star look* zu bestätigen.[18]

Mittlerweile war in der amerikanischen Filmindustrie der Wert des Kinos als Werbemittel im breiteren Sinn—als "idealer Ausstellungsraum"[19] für das Bild einer homogenen konsumorienterten Gesellschaft sowie für spezifische Einzelwaren—längst anerkannt. Die Wirksamkeit des amerikanischen Modells basierte nicht nur auf wirtschaftlichem Erfolg, sondern auch auf einer Kongruenz zwischen politischen und ökonomischen Strukturen. In der Demokratie amerikanischer Prägung fanden die neuen Massenmedien ihre Funktionen vor. Sie wurden einerseits als Vermittler des—selbstverständlich—freien Marktes an Waren und Meinungen angesehen und gehandhabt. Gleichzeitig wurden die neuen technologischen Medien, Kino und Rundfunk, als Mittel zur nationalen Integration einer ethnisch hoch differenzierten und geographisch zerstreuten Bevölkerung überwiegend und ausdrücklich positiv aufgenommen.[20]

In Deutschland bestand weder die eine noch die andere Voraussetzung für die Entwicklung einer massendemokratischen Konsumgesellschaft. Schon die zeitgenössische Diskussion um die technische und organisatorische Rationalisierung, durch die sich die deutsche Industrie den Bedingungen der Stabilisierung anzupassen hoffte, ging davon aus, daß die Bedingungen, wie sie in den USA existierten, nämlich die hohen Löhne als Stimulanz für den Massenkonsum, für

---

17 Fritz Giese, Girlkultur. Vergleiche zwischen amerikanischem und europäischem Rhythmus und Lebensgefühl. München 1925; vgl. Atina Grossmann, *Girlkultur* or Thoroughly Rationalized Female: A New Woman in Weimar Germany?, in: Judith Friedlander/Blanche Wiesen Cook/Alice Kessler-Harris/Carol Smith-Rosenberg (Hrsg.), Women in Culture and Politics: A Century of Change. Bloomington, IN, 1986, 62–80.

18 Charles Eckert, The Carole Lombard in Macy's Window, in: Quarterly Review of Film Studies 3/1 (Winter 1978), 1–22.

19 Judith Mayne, Immigrants and Spectators, in: Wide Angle 5 (1982), 32–41, hier 34, zit. bei Mary Ann Doane, The Desire to Desire. The Woman's Film of the 1940s. Bloomington, IN, 1987, 25. S. auch Jeanne Allen, The Film Viewer as Consumer, in: Quarterly Review of Film Studies 5/4 (Herbst 1980), 481–499.

20 Vgl. Miriam Hansen, Early Silent Cinema: Whose Public Sphere?, in: New German Critique 29 (Frühjahr/Sommer 1983), 145–184; Susan J. Douglas, Inventing American Broadcasting 1899–1922. Baltimore/London 1987, 305ff.

Deutschland nicht zu realisieren seien. In den zwanziger Jahren hieß Modernisierung Selbsteinschränkung statt Verschwendung, Spezialisierung auf "Qualitätsarbeit" statt Massenherstellung, auch wenn man gern mit dem Amerikanismus liebäugelte. Und das waren ausgesprochen männliche Tugenden.[21]

Auch die radikal-individualistische Demokratie amerikanischer Art war den Deutschen fremd. So sehr eine Versöhnung zwischen Individuum und Masse auch zu wünschen war, so tief wurzelte in der europäischen Kultur die Überzeugung ihrer Gegensätzlichkeit. In der kulturkritischen und psychologischen Literatur des ausgehenden 19. Jahrhunderts bekam das Unbehagen vor dem Aufstieg der Masse als politischer Agentin einen geschlechterpolitischen Akzent. Der Masse wurden Charakteristika zugeschrieben, die sie deutlich in den Bereich des Weiblichen rückten. Galt die Prostituierte bis ins 20. Jahrhundert als Sinnbild für die bedrohliche Anonymität der Großstadt, erwies sich die Psychologie der Masse bei systematischer Betrachtung (etwa durch Le Bon oder Freud[22]) als diejenige einer hysterischen Patientin: heimtückisch-irrational, unberechenbar, beängstigend unergründlich. Hitler hat nur einem gängigen Topos krassen Ausdruck gegeben, indem er meinte, die Masse sei eine Frau, die es nicht zu überzeugen, sondern zu verführen gelte.[23] Mit der Verleihung staatsbürgerlicher Rechte an Frauen war ein Prozeß vollzogen, vor dem schon das Wort "Masse" hatte warnen wollen: die Zulassung von Menschen zum politischen Prozeß, denen die Voraussetzungen zur bürgerlichen Individualität fehlten.

So wundert es nicht, daß der Umgang mit den Massenmedien in Deutschland eine spezifische Ambivalenz verrät, die die Ambivalenz der Medien, besonders in geschlechterpolitischen Fragen, selbst reflektiert.[24] Die Massenmedien erschienen als Verkörperung der Gefahr der Vermassung und somit Verdummung der Öffentlichkeit, aber auch als Mittel, dieses neue Massenpublikum anzusprechen, zu erziehen und nicht zuletzt zu bändigen. Vor allem die Entwicklung des Rundfunks spiegelt diese Logik wieder, wobei gleichzeitig klar wird, daß sich im Laufe dieser Entwicklung neue Räume für die Aktivität von Frauen auftaten. Die Rezep-

---

21 Nolan, Das Deutsche Institut, 195. Daß der deutsche Weg zur Konsumgesellschaft auch für Frauen über "mentale Anpassungsleistungen bei 'beschränkten Mitteln'" (K. Heinze) ging, bestätigen neuere Studien zur Geschichte der Steuerung des weiblichen Konsums: Karen Heinze, "Schick, selbst mit beschränkten Mitteln!" Die Anleitung zur alltäglichen Distinktion in einer Modezeitschrift der Weimarer Republik, in: WerkstattGeschichte 7 (April 1994), 9–17; Erica Carter , Deviant Pleasures? Women, Melodrama and Consumer Nationalism in West Germany, in: Victoria de Grazia (Hrsg.), Conspicuous Constructions. Berkeley, CA, 1995.

22 Gustave le Bon, La psychologie des foules. Paris 1895; Sigmund Freud, Massenpsychologie und Ichanalyse. Wien 1921.

23 Adolf Hitler, Mein Kampf. München 1935, 44, 371f.; vgl. Theodor W. Adorno, Freudian Theory and the Pattern of Fascist Propaganda. New York 1951, Nachdruck in: Andrew Arato/Eike Gebhardt (Hrsg.), The Essential Frankfurt School Reader. New York 1978, 118-137.

24 Zur Besonderheit der deutschen Rezeption der Massenkultur, vgl. von Saldern, Massenfreizeitkultur, 54f.

tion der neuen Medien als Gesamterscheinung (Rundfunk, Illustrierte und Kino) wurde vermittelt durch die dreifache Assoziation Amerikanismus-Konsum-Weiblichkeit. Es wurde in und durch die neuen Medien ein neues Raster sozialer und politischer Selbstartikulation geschaffen, in dem Frauen als Konsumentinnen und Zuschauerinnen neue Subjektpositionen eingeräumt wurden. Diese Entwicklung löste Unbehagen aus, soweit die neue Subjektposition sich als eine neue Art von Herrschaft zu manifestieren schien.

VOM SENDEN UND EMPFANGEN: DIE ENTWICKLUNG DES RUNDFUNKS

Für die Organisation des Rundfunks entschied man sich für das britische Modell eines staatlich gelenkten, gesellschaftlich überwachten Konsortiums möglichst weniger Sender: ein Rundfunk im öffentlichen Interesse/Dienst, aber ohne direkte Beteiligung der Öffentlichkeit bzw. des Publikums am Sendebetrieb.[25] Was das demokratische Potential des Rundfunks anbelangt, so wies der deutsche Rundfunk in der Folge ein zwiespältiges Bild auf. Die politische Rolle des neuen Mediums wurde eher negativ als positiv bestimmt, im Sinne einer Vermeidung politischer Kontroverse statt einer Verpflichtung zur politischen Bildung. Diese verordnete Abstinenz von der parteipolitischen Auseinandersetzung lief notorisch auf eine staatserhaltende Haltung hinaus, die in der Praxis eine Diskriminierung der radikalen Linken und eine Begünstigung konservativer und völkischer Kräfte bedeutete. Hinzu kam die Ausübung einer ausgesprochenen Zensurfunktion durch die Überwachungsausschüsse, mit ihrer starken Beteiligung von Vertretern staatlicher Instanzen, so daß der Rundfunk als Sprachrohr der Regierung bezeichnet werden konnte, lange bevor er (1932) faktisch verstaatlicht wurde. Zugleich aber erzeugte schon die Existenz eines öffentlichen Rundfunknetzes eine Nachfrage nach einer breiteren Palette von Sendungen über aktuelle Themen, ein Bedürfnis, das zuweilen auch bei Mitarbeitern des Rundfunks gespürt wurde. Eine Folge war, daß trotz alledem mit der Sendung politischer Reden und Gespräche experimentiert wurde, bis im Sommer 1932, auf der Höhe der Weimarer Staatskrise, zum ersten Male Wahlreden gesendet wurden.

Daß es anders hätte kommen können, zeigen nicht nur die Spuren einer Rundfunktheorie, die bereits in den zwanziger Jahren "eine Art *Aufstand* des Hörers, seine Aktivisierung und seine Wiedereinsetzung als Produzent" (Brecht) verlangte.[26] Auch die Praxis in anderen Ländern verweist auf die schon in den Anfangsstadien der Rundfunktechnik realisierbaren Möglichkeiten einer Demokratisierung des Sendebetriebs und somit einer praktischen Ver-öffentlichung des Rundfunks. Die von deutschen Rundfunkpolitikern kritisierten anarchischen Zustände im amerikanischen Rundfunkbetrieb ergaben sich aus einem anfänglichen

---

25 Lerg, Rundfunkpolitik, 65, 70ff.
26 Bertolt Brecht, Erläuterungen zum *Ozeanflug*, in: Gesammelte Werke 18. Frankfurt a.M. 1967, 126; zur Radiotheorie sozialistischer Organisationen: Peter Dahl, Arbeitersender und Volksempfänger. Proletarische Radio-Bewegung und bürgerlicher Rundfunk bis 1945. Frankfurt a.M. 1978.

Mangel an staatlicher Regulierung, der es zuließ, daß sowohl Privatpersonen als auch die organisierten Vertreter einer Reihe gesellschaftlicher Interessen Zugang zum Äther hatten. Auch nach der Straffung der Lizenzbedingungen und der Einführung einer dreifachen Einteilung der Wellenlängen 1923, die die großen Rundfunkkorporationen ausdrücklich bevorzugte, besaßen Kirchen, Universitäten und Gewerkschaften eigene Sender.[27] Die Konstruktion des Publikums als passiven Empfängers von Seiten deutscher Rundfunkpolitiker war somit eine Option unter anderen, und zwar eine bewußte, da der Rundfunk in den Händen der revolutionären Kräfte 1918/19 eine gewisse Rolle gespielt hatte.[28]

So wurde das deutsche Radiopublikum bereits im gewissen Sinne weiblich konstruiert, bevor die Programmplaner begannen, sich mit geschlechterpolitischen Fragen bzw. mit den Bedürfnissen von Frauen als Zuhörerinnen auseinanderzusetzen. Eine solche Auseinandersetzung wurde ihnen aber durch den Charakter des Mediums aufgedrungen.[29] Am Anfang war der "Radiotismus" anscheinend eine Männerkrankheit, zumal das Radiohören mit Radiobasteln einherging. Man glaubte, eine gewisse Zurückhaltung von Frauen gegenüber der neuen Radiotechnologie, die auch eine Konkurrentin im häuslichen Raum darstellte, zu registrieren. Als im weitesten Sinne politische Institution, die dem Interesse der Allgemeinheit zu dienen habe, war und blieb der Rundfunk zum größten Teil auf eine geschlechtsneutrale bzw. männliche Hörerschaft abgestimmt. Dabei wurde man sich bald bewußt, daß der Rundfunk besonders geeignet war, wenn man zu Frauen reden *wollte*. Auch hier ging der Zugang zum Weiblichen über den Konsum; der Impuls zu einem Frauenfunk ging von den Sponsoren aus, für die Sendungen für Frauen als Werbespots dienten.[30] Der Frauenfunk wuchs aber stellenweise über seine anfängliche Funktion als Ratgeber in Haushaltssachen hinaus, um eine Anstalt für allgemeine Bildung und Information der Frau zu werden, die (wie die vom NORAG gesendete "Schule der Frau" bei der Hans-Bredow-Schule) Innovationen im Bereich von Form und Inhalt der Sendungen brachte. Es entstand somit ein Raum, in dem Frauen freiwillig *und* beruflich an der Produktion von Sendungen mitwirken konnten. In diesem Raum entwickelten sich erste Ansätze zu Sendungen, die auf Interaktion unter den Hörern zielten: Unter der Leitung von Carola Hersel bot sich ab Anfang 1930 die "Jungmädchenstunde" bei der Deutschen Welle als "Briefkasten" für Hörerinnen an, die Brieffreundinnen suchten. Dies entwickelte sich im Laufe der Weltwirtschaftskrise zu einer neuen Art Sendung, "Jugend hilft der Jugend", bei der um Rat und Unterstützung für einzelne Hilfsbedürftige gebeten wurde. In diesem Raum war es auch möglich, Vorstellungen über die Funktion des neuen Mediums für eine weibliche Öffent-

---

27 Douglas, Inventing American Broadcasting, 315f.
28 Dahl, Arbeitersender, 13–18.
29 Hierzu und zum folgenden: Katharine Lacey, Bridging the Divide: Women, Radio and the Renegotiation of the Public and Private Spheres in Germany, 1923–1945. Diss. phil. Liverpool 1993; dies., From *Plauderei* to Propaganda. On Women's Radio in Germany 1923–45, in: Media, Culture and Society (Herbst 1994).
30 Ebd. 44f.; vgl. Lerg, Rundfunkpolitik, 136–139.

lichkeit zu entwickeln: etwa (wie bei Adele Schreiber, Vorsitzende des Weltbundes für Frauenstimmrecht und Mitarbeiterin bei der Berliner Funkstunde) die "Erziehung von Staatsbürgerinnen", oder die Erweiterung des kulturellen Horizonts der Landfrauen bzw. die Schaffung eines Gemeinschaftsgefühls unter Frauen über Stadt-Land-Barrieren hinweg.

Im weiteren Sinne gehörte es zur paradoxen Logik der dem Publikum zugeschriebenen Rolle des passiven Empfängers, daß Meinungen *angeboten* werden mußten, was faktisch auf eine Politisierung hinauslief, die bezeichnenderweise—wie oben skizziert—im Frauenfunk früher einsetzte als im allgemeinen Teil des Sendeprogramms. Derselben Logik folgend sahen nationalsozialistische Rundfunkleute das Medium selbst als weiblich an. Nach 1933 wurde im Rundfunk die Ersetzung des sogenannten "Erkenntnisgeists" durch einen dem neuen Medium eigenen "Muttergeist" gefordert, einen Geist, der sich den Belangen der Zeit "anschmiegen" könnte.[31] Trägerin dieses Geistes sollte die Frauenstimme sein, deren Wert jetzt anerkannt wurde, zusammen mit einem intimeren, ungezwungeneren Stil in den Sendungen. Dies galt vor allem, aber nicht nur, im Frauenfunk, dessen Pflicht, das politische Bewußtsein der Frau zu erhöhen, weiterhin unterstrichen wurde, natürlich im Sinne des Nationalsozialismus. In der Tat zeigten Hörerinnenbefragungen ein starkes Interesse bei Frauen an Nachrichten und Sendungen zu aktuellen Themen. Dabei blieben Frauen von der Mitwirkung an staatspolitischen oder Nachrichtensendungen ausgeschlossen. Im Frauenfunk wurde der politische Beitrag der Frauen, ihr Anteil am Leben und Überleben des Volkes, zunehmend mit ihrer Rolle als Konsumentinnen identifiziert. Er wurde zum Hauptinstrument in den Verbrauchslenkungskampagnen der späten dreißiger und der Kriegsjahre.[32]

Interessant an der Diskussion der zwanziger Jahre um die Aufgabe eines Frauenfunks ist, daß sie sich, in dem sie sich auf die Isoliertheit der Frau im häuslichen Raum bezog, mehr oder weniger explizit in dem Spannungsfeld zwischen privat und öffentlich bewegte. Ob man Frauen aus ihrer häuslichen Existenz befreien oder sie dort behalten wollte—die Ambivalenz des neuen Mediums war kaum zu übersehen. Denn der Rundfunk ist ein individualisierendes (wenigstens: vereinzelndes) Massenmedium. Auf konservativer Seite hieß es:

> Die Frau steht nun einmal im öffentlichen Leben, objektiv und subjektiv. Der Rundfunk führt sie täglich weiter hinein. [Sie] erfaßt in der Einsamkeit unter dem Eindruck einer Rede, eines guten Vortrags, stark die Gefühlswerte, die ihr vermittelt werden.[33]

Von Frauen, die im Radio sprachen, fiel in den zwanziger und dreißiger Jahren mehr als einmal das Wort von einer "unbegrenzten" Hörerschaft, die den beson-

---

31 Vgl. Lisa Peck, Die Frau und der Rundfunk, in: Rufer und Hörer (1934), zit. bei Lacey, Bridging, 112.
32 Ebd., Kap. 6. Vgl. Jill Stephenson, Propaganda, Autarky and the German Housewife, in: David Welch (Hrsg.), Nazi Propaganda: The Power and the Limitations. London 1983, 117–142.
33 Der deutsche Sender: Wochenschrift des Reichsverbandes Deutscher Rundfunkteilnehmer für Kultur, Beruf und Volkstum, 28. Juni 1931, zit. bei Lacey, Bridging, 37.

deren Reiz des Ansagerberufs ausmache, die man aber so ansprechen möchte, als säße man bei jeder einzelnen am Küchentisch.

Damit wurde die Möglichkeit der Auflösung jener Spannung zwischen Privatleben und Bürgersinn angesprochen, die für die Frauenfrage immer konstitutiv war. Gleichzeitig aber wurde ein Begriffspaar beschworen, das ich anfangs im Zusammenhang mit dem Thema Amerika erwähnte: Individuum und Masse. Wenn das weibliche Publikum das Unberechenbare und Unkontrollierbare an der neuen Demokratie verkörperte, so war der Rundfunk, der sie gleichzeitig als Einzelne und Masse ansprechen konnte, *das* politisch relevante Medium für die neue Zeit. In der amerikanischen Rundfunkdiskussion der zwanziger Jahre wurde in ähnlicher Weise die Fähigkeit des Radios gepriesen, einerseits den Hunger nach Welterfahrung mit der Sehnsucht nach einer bequemen Häuslichkeit zu versöhnen und andererseits den Zuhörer in politischen Sachen als raisonnierenden Einzelnen anzusprechen, frei vom "Pöbelgeist", der öffentliche Versammlungen beherrsche.[34] In der amerikanischen Diskussion scheint allerdings ein zu domestizierendes männliches Publikum im Blick gestanden zu haben. Für deutsche Rundfunkpolitiker hingegen, sowohl Konservative als auch Vertreter der Arbeiterradiobewegung, gab gerade die Tatsache, daß Rundfunk innerhalb des Familienkreises wirkte, Anlaß für prophylaktische Intervention. Sie war die Voraussetzung jeder Diskussion um die Behandlung kontroverser politischer Themen im Rundfunk.

SEHEN UND GESEHEN WERDEN: DIE KONSEQUENZEN EINER KULTUR DES VISUELLEN IM POLITISCHEN ALLTAG

Eine ähnliche Sensibilität für das Geschlecht des Publikums ist auch von HistorikerInnen der deutschen Kinorezeption registriert worden. Das Anlegen literarisch-kultureller Maßstäbe bedeutete, daß schon vor dem Ersten Weltkrieg das Kino in erster Linie als moralische Anstalt kritisiert wurde. Eine Folge davon war, daß in Deutschland das Kinopublikum verhältnismäßig früh als weiblich identifiziert und dieses Weiblichsein problematisiert wurde.[35] Während die Diskussion über Frauen und Kino vor dem Krieg sich auf das Erscheinen unbegleiteter Frauen an öffentlichen Vergnügungsstätten bzw. auf die Art der Vergnügung beschränkte, drückte sich das Unbehagen in den zwanziger Jahren in der Wahrnehmung des Kinos als Unterhaltung für "die kleinen Ladenmädchen"[36] aus, die es in die zweifelhaft-faszinierende Welt des weiblichen Massenkonsums *à l'americaine* rückte. Die Besonderheit dieser deutschen Reaktion läßt sich am

---

34 Vgl. Douglas, Inventing American Broadcasting, 309–311.
35 Hierzu und zum folgenden: Anton Kaes, Mass Culture and Modernity: Notes toward a Social History of Early American and German Cinema, in: Frank Trommler/Joseph McVeigh (Hrsg.), America and the Germans: An Assessment of a Three-Hundred-Year History, Bd. 2. Philadelphia 1985, 317–331; Hansen, Early Silent Cinema, 174f.
36 Siegfried Kracauer, Die kleinen Ladenmädchen gehen ins Kino (1927), in: Ders., Der verbotene Blick. Leipzig 1992, 156–171; vgl. Heide Schlüpmann, Die nebensächliche Frau. Geschlechterdifferenz in Siegfried Kracauers Essayistik der zwanziger Jahre, in: Feministische Studien 11 (1993), 38–47.

Vergleich mit den USA verdeutlichen. Dort sahen Mitarbeiter der Filmindustrie früh ein, daß das Kino eine besondere Attraktivität für Frauen hatte.[37] In der öffentlichen Diskussion aber stand die Problematik gesellschaftlicher Integration im Vordergrund, und das Hauptinteresse galt der Klassenzugehörigkeit oder ethnischen Herkunft der Zuschauer. Der moralisch-politisch herabsetzende Blick, mit dem deutsche Beobachter auf das Kinopublikum schauten, verrät allerdings eine spezifische Unsicherheit gegenüber dem Medium selbst. Neuere Studien zur Geschichte der Filmkritik bzw. der ersten Rezeption amerikanischer Filme in Deutschland haben die Schwierigkeiten betont, die der Umgang mit dem visuellen Charakter des Kinos deutschen Intellektuellen bereitete. Deutsche Kritiker "gaben sich der Logik des Visuellen erst dann hin, wenn sich diese diskursiv rationalisieren ließ".[38]

Die Logik des Visuellen war allerdings die eigene Logik der neuen Medienlandschaft, in der jedes Medium—Illustrierte wie Kino wie Rundfunk—seinen Platz einnahm. Die Illustriertenpresse zeichnete sich innerhalb des an sich schon traditionsreichen Spektrums der Massenunterhaltungsliteratur als Novum aus durch den Aufwand an Bildmaterial, das den Text buchstäblich an die Seite drängte, d.h. durch den Gebrauch der Photographie. Darin lag ihr besonderer Reiz; in den zwanziger Jahren verwandelte sich Lesewut in Schaulust. Auch die Rundfunkindustrie, die Radiokultur als ganze, lehnte sich sehr stark an die breitere Medienkultur an, etwa durch die Anstellung bekannter Schauspieler und Schauspielerinnen oder durch die Aufmachung der Programmzeitschriften im Illustriertenformat. So nahm auch das am wenigsten visuelle Medium an einem Publikumsangebot teil, das schon in den zwanziger Jahren aus einem Geflecht von Bildern bestand; Modeschau, Nachrichten, Fortsetzungsroman und wahre und erfundene Geschichten über berühmte Leute im öffentlichen Leben, Film- und Sportstars, flossen mühelos ineinander.[39] Und die Illustriertenpresse realisierte die geschlechterpolitische Logik der neuen Medien, indem sie bewußt immer stärker auf ein weibliches Publikum abzielte.

Die Unsicherheit und Ambivalenz gegenüber den Möglichkeiten der neuen Medien, die sich überall in der Weimarer Kultur niederschlagen, lassen sich u.a. als Reaktion auf die Mehrdeutigkeit des Visuellen interpretieren. Jede Form der technischen Reproduktion—hier die Photographie oder Kinematographie—hat eine doppelte Fähigkeit: einerseits, die Wirklichkeit (soweit sie sichtbar ist) unmittelbar zu registrieren, andererseits aber Phantasien, Wunschträume, Utopien

---

37 Allen, The Film Viewer, 486.
38 Saunders, Comedy as Redemption, 273.
39 Zur Illustriertenpresse: Petro, Joyless Streets, Kap. 3; zu Programmzeitschriften: Lerg, Rundfunkpolitik, 218ff.; Lacey, Bridging, 54; zum Kino als Werbemittel: Wernecke, Kinobesuch, 97; zur "zunehmenden Verflechtung von Rundfunk, Schallplatte und Kinematographie": Lutz Haucke, Kinematographie und Filmkunst zwischen Markt und politischer Öffentlichkeit, in: MKF. Mitteilungen aus der kulturwissenschaftlichen Forschung 15/30 (März 1992): Arbeiter und Massenkultur, 86–91. Zur Wahrnehmung eines "Hungers nach Bildern" in der Kultur des frühen 20. Jahrhunderts, vgl. Kaes, Debate, 23f.

so zu verbildlichen, als wären sie Wirklichkeit. Der Einsatz der neuen Technik potenzierte und komplizierte zugleich die Eigenschaft des Visuellen überhaupt: nämlich die Kraft der Bilder, rationellen Diskurs zu ersetzen bzw. zu untergraben. Diese Problematik wurde in der Weimarer Zeit am vordergründigsten reflektiert in der Entwicklung neuer Formen politischer Propaganda, für die nicht diskursive Argumentation, sondern Verbildlichung und Zurschaustellung zentral waren: in der nationalsozialistischen Propaganda, sowie in der Reaktion der Arbeiterbewegung darauf.

Allen voran gaben nationalsozialistische Propagandisten der Bildpropaganda in der Form von Plakaten und des gezielten Gebrauchs bestimmter Farben und visueller Symbole wie des Hakenkreuzes einen hohen Rang im agitatorischen Instrumentarium. In der Inszenierung eines "Aufstandes der Bilder"[40] seitens der NSDAP schlug sich die grundsätzliche Überzeugung Hitlers und Goebbels' nieder, daß der direkte Appell an die Phantasie bzw. die Gefühle des Publikums politisch wirksamer sein konnte als der Appell an die Vernunft. Ausdrücklich verwies man auch auf konkrete Zeiterfahrungen und Vorbilder: die Massenwirksamkeit amerikanischer Reklamekunst, sowie die Gewöhnung der "Massen" an Bilder durch die neuen Medien. Und die Nazis bemühten sich auch, nach Möglichkeit die neuen Medien—Kino, Rundfunk, Illustrierte—selber in der Propaganda einzusetzen.

Überdies zielte fast jede Propagandaaktion der Nationalsozialisten auf visuellen Eindruck, auf die Vermittlung eines Bildes. Dies galt auch und besonders für das Auftreten der SA. Als Stoßtruppe gegen die Arbeiterbewegung wirkte die Sturmabteilung auf zwei Ebenen. Durch aktiven Terror sollte sie die Arbeiterbewegung lähmen, während sie gleichzeitig durch militantes Auftreten, radikale Parolen und nicht zuletzt direkte Agitation in den Arbeitervierteln Proletarier für den Nationalsozialismus gewinnen sollte. Aber selbst die handgreiflichsten Aktionen der SA hatten in erster Linie eine demonstrative oder repräsentative Funktion, oder ergaben sich aus dieser. Die SA hatte nicht nur zu handeln, sondern in erster Linie gesehen zu werden, da sie eine Grundfigur nationalsozialistischer Politik verkörperte: Sie realisierte das Wunschbild des radikal-nationalen Arbeiters, der gleichzeitig proteisch und gebändigt, dynamisch und diszipliniert war. Als bewegliches Bild hatte die SA einen dem Kino vergleichbaren Charakter; sie brachte Mythen als lebendige Wirklichkeit zur Schau. In diesem Sinne gehört die SA selber, neben allen offiziellen Darstellungen der SA, in das Spektrum der NS-Propagandabilder, die den Arbeiter oder Arbeitertypen thematisierten.[41] Diese Bilder waren nicht nur Ausdruck der Feindschaft der NSDAP gegen die Arbeiterbewegung, sondern sie stellten eine spezifische Form der Konkurrenz dar. Zum ersten Mal wurde der

---

40 Hierzu und zum folgenden: Gerhard Paul, Aufstand der Bilder. Die NS-Propaganda vor 1933. Bonn 1992.
41 Ausführlicher hierzu: Eve Rosenhaft, Links gleich Rechts? Militante Straßengewalt um 1930, in: Alf Lüdtke/Thomas Lindenberger (Hrsg.), Physische Gewalt. Studien zur Geschichte der Neuzeit. Frankfurt a.M. 1995, 238–275. Vgl. Thomas Balistier, Gewalt und Ordnung. Kalkül und Faszination der SA. Münster 1989; Paul, Aufstand der Bilder, 43. S. Paul, Abb. 49–52, 63, 76 für Beispiele des Arbeitertyps in der NS-Propaganda.

Arbeiterbewegung das Monopolrecht auf die Darstellung des Proletariats streitig gemacht—auf dessen Repräsentation im doppelten Sinne des Wortes. Es ist nicht nötig, die irrationalistisch-psychologisierende Begründung der nationalsozialistischen Bildpropaganda zu akzeptieren, um nahezulegen, daß diese Art Propaganda eine neue Ebene des politischen Kampfes anerkannte und dadurch selbst eine politische Arena ausmachte.

Der von der nationalsozialistischen Bewegung initiierte Kampf um die Hegemonie über die Arbeiterklasse war also nicht zuletzt ein Kampf um die Definition des Arbeiters—darüber, wer die Macht der Definition behalten würde. In diesem Kampf erwiesen sich die Kommunisten als beweglicher und einfallsreicher als die Sozialdemokraten: in der Mobilisierung eigener Demonstrations- und Selbstschutztrupps, deren Durchspielen verschiedener Formen proletarischer Männlichkeit mit den Inszenierungen der SA vergleichbar ist, sowie in der gezielten Integration von Bildmaterial in die sozialistische Publizistik durch die Schaffung einer neuen Form sozialistischer Massenunterhaltung, der *Arbeiter-Illustrierte-Zeitung*. Besonders wichtig in diesem Zusammenhang ist die Arbeiter-Fotografen-Bewegung, die dem einzelnen Arbeiter half, nicht nur sich der neuen Technik zu bemächtigen, sondern auch sich selbst bildlich darzustellen. So artete der nationalsozialistische "Aufstand der Bilder" in eine parteipolitische Bilderschlacht aus, die in den Krisenjahren nach 1929 den Rahmen für die Straßenschlachten darstellte, die sich Nazis und Kommunisten mit wachsender Verbissenheit lieferten.

Hier geht es allerdings um Darstellungen der Männlichkeit. Daß das *Bild* des Proletariers ein so brisantes Politikum werden konnte, markiert eine Krise der Identität der Arbeiterklasse, die aus der Destabilisierung fast aller Bereiche der Selbstartikulation und Selbstverwirklichung des (männlichen) Arbeiters hevorging. Diese Identität hatte zwar eher im Bereich des Diskurses—insbesondere im Diskurs der sozialdemokratischen Arbeiterbewegung—existiert als in der konkreten Wirklichkeit. Die Einheit der Arbeiterklasse und die weltverwandelnde Kraft des Einzelarbeiters innerhalb der Arbeiterbewegung hatten aber vor dem Ersten Weltkrieg als Mythen, als zu realisierende Wahrheiten bewußtseinsbildende Wirkung und Bestand. Ihrer Struktur nach reflektierten diese Mythen ein Politikverständnis und eine Epistemologie, die mit dem Charakter der wilhelminischen Sozialdemokratie als Gegenöffentlichkeit organisch verbunden waren. Einerseits hegte die sozialdemokratische Arbeiterbewegung einen aufklärerischen Glauben an die Macht der Wahrheit. Diese werde das Bewußtsein der Menschen und damit die Gesellschaft verändern. Das verpflichtete gleichzeitig die Arbeiterbewegung zur Wahrheitsverkündung und machte das Wort zu deren bevorzugtem Medium. Dabei entwickelte die Sozialdemokratie eine Reihe von Praktiken, durch die sie die aktuelle Eingeschränktheit der Öffentlichkeit internalisierte und sich zunutze machte. Die Kulturvereine der Arbeiterbewegung machten Abgeschlossenheit und Marginalisierung zu den Voraussetzungen für Selbstbestimmung. Nicht nur, daß der Revolutionsoptimismus sozialdemokratischer Arbeiter durch die Möglichkeit genährt wurde, den Sozialismus hier und jetzt im Rahmen des Vereins zu erleben. Sondern die Arbeiterbewegung, die seit 1890 aus der Unsichtbarkeit der Illegalität hervorgetreten war, behielt sich stets vor, die Bedingungen und die Formen zu bestimmen, unter welchen sie sich "sehen" ließ. Im Mittelpunkt stand jeweils die Organisation; auch wenn sie sich manchmal verborgen hielt, konnte sie jederzeit in Massen erscheinen, wobei das Sichtbarwerden in der Form der Straßendemonstration immer eine mehrfache symbolische Funktion hatte.[42]

Nach dem Ersten Weltkrieg wurde dieses Gefüge aufgebrochen. Die politische Bewegung der Arbeiter war gespalten. Die Lebensbedingungen und Perspektiven verschiedener Teile der Arbeiterschaft—der Jugendlichen und Erwachsenen, der Arbeitslosen und Arbeitenden, der Ungelernten und Gelernten—entfernten sich zusehends voneinander. Im Zuge technischer Rationalisierung in der Industrie wurden die Kommunikationsstrukturen ausgehöhlt, die eine männliche Arbeitsplatzkultur als Stütze der politisierten Vereinskultur gefördert hatten. Gleichzeitig wurden zur Bestätigung der durch den Krieg potenzierten allgemeinen Verunsicherung der Geschlechterverhältnisse die Frauen und Töchter der Arbeiter wirtschaftlich und kulturell mobilisiert, aber dies im Rahmen von Entwicklungen im Bereich des Arbeitsmarktes und des Konsums, die sich nicht mehr als eindeutig "proletarisch" bezeichnen ließen. Auch wenn es Jungarbeiterinnen waren, die daran teilnahmen, war "Girlkultur" schon damals mit der Entstehung einer Angestelltenkultur identifiziert.

So wurden die Voraussetzungen einer einheitlichen Gegenöffentlichkeit der Arbeiterbewegung, wie sie vor dem Ersten Weltkrieg zu bestehen schienen, mehrfach untergraben. Aber selbst der sich seit Ende des Krieges abzeichnende Wandel in der Struktur der Öffentlichkeit stellte besondere Herausforderungen an die "alte" Arbeiterbewegung. Die Einführung einer demokratischen Verfassung bedeutete, daß die Arbeiterbewegung *de jure* voll an der breiteren Öffentlichkeit beteiligt war. Nicht mehr Außenseiterin, konnte und durfte sie sich nicht mehr abschließen, war stets gezwungen, sich zu stellen bzw. sich zur Schau zu stellen. Angesichts der Vorgeschichte der Sozialdemokratie mußte dieser Zwang zur Öffentlichkeit einen Verlust an Autonomie und somit an Identität bedeuten, einen Verlust, den die gleichermaßen zwanghafte Pflege einer "Lagerkultur"[43] höchstens kurzfristig kompensieren konnte. Die oben angedeutete Verschiebung zum Visuellen im kulturellen und politischen Raum stellte gleichzeitig den Wert des Wortes als Mittel der Wahrheitsverkündung in Frage. Und damit war nicht nur das publizistische Selbstverständnis, sondern auch das politische Geschick der Arbeiterbewegung herausgefordert. Denn sie mußte sich nunmehr mit Medien auseinandersetzen, die (wie der Rundfunk) einerseits öffentlicher und massenwirksamer waren als die Presse, indem sie leichter ein breiteres Publikum erreichen konnten, bei denen aber andererseits der Zugang zum Produktionsapparat durch wirtschaftliche oder politische Monopolbildung erschwert wurde.

---

42 Vgl. Bernd Jürgen Warneken u.a., Als die Deutschen demonstrieren lernten. Das Kulturmuster "friedliche Straßendemonstration" im preußischen Wahlrechtskampf 1908–1910. Tübingen 1986.
43 Vgl. Oskar Negt/Alexander Kluge, Öffentlichkeit und Erfahrung. Frankfurt a.M. 1972; Hartmann Wunderer, Arbeitervereine und Arbeiterparteien. Kultur- und Massenorganisationen in der Arbeiterbewegung (1890–1933). Frankfurt a.M./New York 1980, 20–23.

Es ist bezeichnend, daß die Oppositionsparteien, NSDAP und KPD, die vor 1933 ihre proletarischen Anhänger gezielt unter den Gruppen suchten, die aus dem Prozeß der Destabilisierung und Zersplitterung als Verlierer hervorgegangen waren, diejenigen waren, die sich am ehesten der neuen Propagandaformen bedienten. Sozialdemokratische Theoretiker und Propagandisten waren langsamer in der Anerkennung der eigenen Wirksamkeit der Bildpropaganda. Spätestens ab 1932 bemühten sie sich um die Entwicklung einer vergleichbaren Symbolik für die antifaschistische Bewegung, und das Zeichen der "Dreipfeile" der Eisernen Front wurde als Antwort auf das nationalsozialistische Hakenkreuz entworfen.[44] Den Befürwortern dieser neuen Symbolik ging es um die Überwindung eines "Sinnlichkeitsdefizits in der politischen Werbung der Sozialdemokratie".[45] Für sie hatten Bilder oder optische Momente im öffentlichen Raum instrumentelle Bedeutung; problematisch war höchstens die Anpassung der Bilder an die Mentalität eines Publikums, dessen Verhältnis zum Medium nicht eigens problematisiert wurde. Dieses gilt im großen und ganzen für die Einstellung linker Politiker und der Kulturkritiker, die im Umfeld der linken Parteien arbeiteten, zu der neuen visuellen Kultur: Für sie waren die neuen Medien interessant und gefährlich zugleich. Diese zielten mit ihrer Vermittlung "bürgerlicher" Werte und Vorbilder auf eine Aufweichung des Klassenbewußtseins der Arbeiter, und konkurrierten gleichzeitig mit den Kulturangeboten der Arbeiterbewegung. Dort, wo die Arbeiterbewegung selbst einen Teil des Medienbetriebs erobern konnte, etwa bei der Filmproduktion, bemühten sich ihre Vertreter zum größten Teil um eine "Proletarisierung" des Inhalts, anstatt die Logik des Mediums selbst zu reflektieren und alternative Darstellungsweisen auszuprobieren. Auch die Geschichtsschreibung über Arbeiterkultur und Massenkultur in der Weimarer Zeit bleibt weitgehend diesem Denkmuster verhaftet, indem sie den Blick auf die politische und psychologische Wirkung neuer Medien, auf die Aufnahmebereitschaft bestimmter proletarischer Gruppen und auf die Adäquatheit der Mittel, die die Arbeiterbewegung gegen diese Wirkungen einsetzte, richtet.[46]

Bei näherem Hinsehen gibt es selbst innerhalb der Arbeiterkulturbewegung Zeichen für ein Bewußtsein, das mehr veränderte als die Inhalte und Technik politisch-kultureller "Werbung". Schon die Art, in der viele links engagierte Künstler der zwanziger Jahre die neue Technik handhabten, zeugt von deren Fähigkeit, sowohl die nüchterne Wahrheit als auch wahrheitsgetreue Illusionen zu

---

44 Richard Albrecht, Symbolkampf in Deutschland 1932: Serge Tschachotin und der "Symbolkrieg" der drei Pfeile gegen den Nationalsozialismus als Episode im Abwehrkampf der Arbeiterbewegung gegen den Faschismus in Deutschland, in: Internationale Wissenschaftliche Korrespondenz zur Geschichte der deutschen Arbeiterbewegung 22 (1976), 498–533
45 Paul, Aufstand der Bilder, 177.
46 Murray, Film and the German Left, 236f.; John Williams, The Impulse to Watch: Social Democratic Reactions to the Influence of Film During the Weimar Republic. Ungedrucktes MS, Ann Arbor, Michigan, 1991; Lynn Abrams, Workers' Culture in Imperial Germany. London/New York 1992, Kap. 7; Friedhelm Boll (Hrsg.), Arbeiterkulturen zwischen Alltag und Politik. Wien 1986. Vgl. von Saldern, Massenfreizeitkultur, 45–54.

vermitteln und so die Gestalt der "Wahrheit" selbst in Frage zu stellen. Die Mischung von Dokumentar- und Spielfilm in Dudows *Kuhle Wampe*, z.B., die gleichzeitige Förderung der Dokumentarphotographie und der Technik der Fotomontage durch die *Arbeiter-Illustrierte-Zeitung* und nicht zuletzt das Theater Brechts, das nicht überzeugen, sondern durch Verfremdung die eigene Wahrheitsfindung provozieren sollte, lassen sich alle als Versuche deuten, das aufklärerische Projekt der Wahrheitsverkündung durch die Anerkennung des Überholtseins bzw. der Unzuverlässigkeit aufklärerischer Mittel zu retten.

An anderer Stelle findet man Zeichen dafür, daß innerhalb der Arbeiterbewegung die zwanziger und dreißiger Jahre als eine Epoche erfahren wurden, in der die Struktur der Öffentlichkeit selbst und somit die Bedingungen politischer Artikulation und Selbstbehauptung im Wandel begriffen waren. Sehen und gesehen werden, sich-selbst-darstellen und/oder darstellen lassen, wurden sehr wohl als Gebote der neuen Zeit empfunden. Man reagierte mit Unbehagen, teilweise mit Wut auf diese Entwicklung, denn eine solche Kultur war genau so sehr eine Herausforderung an das historische Politik- und Selbstverständnis der Arbeiterbewegung wie die soziale und wirtschaftliche Situation der zwanziger Jahre an deren Kraft und Einheit. Die neue "*specular culture*"[47], eine Kultur des Schauens, die ihren Ausdruck und ihren Motor in den neuen Medien fand, brachte nicht nur Wirklichkeit und Darstellung durcheinander, sondern sie setzte Hersteller und Ware, Produktion und Konsum in eine neuartige Beziehung zueinander.[48] Indem sie neue Subjekt- und Objektpositionen schaffte, deutete sie auch neue gesellschaftliche Machtverhältnisse an, die den tradierten Klassen- und Geschlechterhierarchien keine Rechnung trugen.

Zwei Gedichte aus der Produktion der "proletarisch-revolutionären" Literaturbewegung, also von Schriftstellern, die im Umfeld der Kommunistischen Partei agierten, scheinen eine solche Entwicklung mehr oder weniger bewußt zu reflektieren: *Die Dame in der Gießerei* von Emil Ginkel, 1928 im Internationalen Arbeiter-Verlag veröffentlicht, und *Ich weiß* von Wilhelm Tkaczyk, das 1932 in *Die Linkskurve* erschien.[49] Es handelt sich hier insofern um Ausnahmefälle, als beide Autoren die gängigen Topoi der parteioffiziellen Dichtung bzw. des "sozialistischen Realismus" entweder vermeiden oder kritisch umformen und dabei auch unkonventionelle Versformen wählen. Dabei gehörten beide zum *mainstream* der proletarisch-revolutionären Literatur, und sie werden heute noch als Klassiker der Bewegung angesehen.[50]

---

47 Zum Begriff des "*specular*", s. Doane, The Desire to Desire, Kap. 5.
48 Vgl. Benjamin, Das Kunstwerk, 487–495.
49 Texte in Günter Heinz (Hrsg.), Texte der proletarisch-revolutionären Literatur Deutschlands 1919–1933. Stuttgart 1980, 58–60, 55–57.
50 Vgl. ebd., 387, 417; Gerald Stieg/Bernd Witte, Abriß einer Geschichte der deutschen Literatur. Stuttgart 1973, 87; Friedrich Albrecht, Deutsche Schriftsteller in der Entscheidung. Berlin/Weimar 1975, 218, 272.

Wer wen anschaut ist das Thema des mitten in der Weltwirtschaftskrise veröffentlichten Gedichts Wilhelm Tkaczyks, *Ich weiß*. Das Gedicht bringt die Ansichten der revolutionären Arbeiterschaft in der Form eines Monologs, dessen Adressat der Bürger bzw. die bürgerliche Gesellschaft ist. Der Sprecher beschwört die gemeinsame Menschlichkeit, um gegen Ungerechtigkeit und Machtüberheblichkeit zu protestieren. Dabei heißt das Gemeinsame zwischen Arbeiter und Bürger ausdrücklich die gemeinsame Teilhabe an einer Kultur der Moderne, in der amerikanische Technik und neue Medien zu organischen Bestandteilen der Landschaft geworden sind:

> Ich weiß so gut wie du,
> daß Fische sind und Vögel,
> Ford Motoren baut, die Ufa Filme dreht.
> ...
> Wo liegt da der Unterschied?
> Du aber bist gestern an mir
> vorübergegangen und hast mich nicht gesehen.

Ist die Unsichtbarkeit, die Ausstoßung oder Marginalisierung des Arbeiters hier ein Grund zur Klage, wird in der folgenden Strophe der Spieß umgedreht, in einem zwiespältigen Bild:

> Weißglut war in mir, jetzt ist eisige Kälte.
> ...
> Ich will dir sagen, daß ich nicht mehr
> der Bettler bin an der Straßenecke,
> sondern Fahnenträger im Umzug.
> Ich bin der mit den Massen Gehende,
> dich alle Zeit Sehende,
> Beobachtende,
> der mit kalten Augen jede deiner Bewegungen folgt.
> ...

Die revolutionäre Bewegung der Arbeiter scheint hier gleichzeitig zwei Rollen zu spielen. Einerseits tritt sie in Massen auf, der Öffentlichkeit trotzend, indem sie dem Bewußtsein des stumpfsinnigen Bürgers ihre Präsenz aufzwingt. Zur gleichen Zeit aber zieht sie neue Kraft davon, daß sie selber zuschaut, als hätte sie dem Bürger das Privileg, zwischen hinsehen und wegschauen zu wählen, entrissen. Dieses Zuschauen ist allerdings (implizit) ein heimliches, wenn auch verbissenes, Beobachten: der Revolutionär als Geheimagent. Überhaupt zeichnet sich das Gedicht durch das Nebeneinander unterschiedlicher und einander scheinbar widersprechender Bilder und Textsorten aus. Diese, die längste der vier Strophen, aus denen das Gedicht besteht, liest sich wie eine Montage aus der Illustriertenpresse:

> Freu dich! Und gehe deinem Privatvergnügen nach.
> Lindbergh fliegt über den Ozean.
> Und die Nationen schreien: Unser Mann ist auch dabei!
> Freu dich! Ich höre dein Wort und sehe dein Bild.
> Dein Sohn wird einen Berg besteigen,
> deine Tochter Königin eines Weltbades sein.

In den nächsten Zeilen wird die Presse selbst als Thema eingeführt, um in der Schlußstrophe als Hauptziel revolutionärer Gewalt zu erscheinen:

> Aber ein Wort unter uns: lächelst du nicht auch
> über die Freudensprünge der Redaktionen?
> Es kommt der Tag:
> da werde ich mit meinem Ärmel,
> mit einer Gebärde des Ekelns dich
> wegputzen samt dem bezahlten Blätterwald.
> Der heute noch meine Karikatur bringen kann.

Die Persona Tkaczyks zieht ausdrücklich kämpferisch und vorbildlich diszipliniert in die publizistische "Bilderschlacht" der Krisenzeit, wobei auffällt, daß der allgemein politische Charakter dieser Person, einerseits als Opfer der Unterdrückung und Marginalisierung (des "Bettlers an der Straßenecke"), andererseits als Revolutionär, jede Klassen- oder Berufsspezifik verdrängt:

> Eingezogen die Schultern und den Kragen hoch,
> Lauf ich noch immer Spießruten zwischen
> "Eintritt nur für Herrschaften!"
> "Machen Sie, daß Sie fortkommen!"
> "Arbeiten Sie schneller, Mensch, oder Sie können gehen!"
> "Waas, Sie wollen auch was sagen?"

Anders das vier Jahre früher veröffentlichte Gedicht Emil Ginkels, bei dem eher Verzweifelung denn Militanz thematisiert wird. *Die Dame in der Gießerei* bringt in neun unregelmäßigen Strophen die Erzählung einer Episode, wie sie immer wieder in der Arbeiterliteratur bzw. in der Literatur des Industrialismus auftaucht: Eine Frau besucht als Gast des Direktors die Werkstatt; ein Arbeiter, den sie dabei ins Gespräch zieht, registriert seine Eindrücke. In den meisten Texten, in denen dieser Topos vorkommt, ist die Klassenzugehörigkeit der Besuchenden eindeutig; sie gehört derselben Klasse an wie der Direktor. Als Figur ist sie stellvertretend für das Bürgertum. Die Darstellung ihrer Reaktionen auf den Arbeitsvorgang und die Arbeiter sowie der Reaktionen der Arbeiter auf sie beinhaltet eine Aussage über den Charakter und die Zukunft der Beziehungen zwischen den Klassen: Sie bietet sich durch äußeres Erscheinen und menschliche Distanz als Haßobjekt an, oder aber sie zeigt Entsetzen und Mitleid und deutet somit die Möglichkeit eines Bündnisses zwische Arbeiterschaft und liberal-patriarchalischem Bürgertum an. Ginkels Dame in der Gießerei hingegen ist nicht eindeutig mit einer Klasse identifiziert ("was schert mich ihr Stand, was schert mich ihr Name", meint der Ich-Erzähler bei ihrer Abfahrt), sondern sie zeichnet sich durch die Merkmale der "neuen Frau", also durch geschlechts- und kulturspezifische Charakteristika, aus. (Es sei hier daran erinnert, daß eine der erfolgreichsten Frauenillustrierten der zwanziger Jahre *Die Dame* hieß.) Sie hat einen "Pagenkopf" und fährt ihren eigenen Wagen. Sie trägt einen kurzen Rock; indem sie über einen Sandhügel springt, sieht der Erzähler "ihre weiße Wäsche blitzen". Sie spricht den Arbeiter direkt an, fragt nach seinem Lohn, reicht ihm burschikos die Hand, scherzt mit ihm wie mit dem Direktor und schenkt ihm zum Schluß fünf Mark. Daß hier nicht Klassenbeziehungen sondern Machtverhältnisse anderer Art im Spiel sind, wird auch daran deutlich, daß die Besuchende nicht lange eine "Dame" bleibt, sondern in der Reaktion des Erzählers bald zum "Weib" wird:

> Weiß quoll der Stahl in die Pfannen aus Ton,
> zischend und sprühend, voll Haß und voll Hohn.
> Nicht darum wissend,
> scherzte das Weib mit dem Direktor;
> ich sah sie ein abwehrend Spitzentuch hissend:
> Dann hielten wir unsere Pfanne vor
> und rannten mit der gefüllten nach den Formen unseres Akkords!

Die Entlarvung der "Dame" als "Weib" geschieht im Kontext einer Darstellung des Arbeitsvorgangs, die sowohl jeden Heroismus als auch jeden Pathos entbehrt. Der in einer stark sexualisierten Sprache beschriebene Arbeitsplatz wird zum Schauplatz der Entmachtung, der Entmannung, der Frustration. In der Tat ist die Identifikation zwischen Arbeiterelend und sexuellem Frust das vordergründige Thema des Gedichtes; der Anblick der weißen Wäsche der Dame ("all diese Spitzen"), die der Erzähler zwanghaft mit dem "derben Bieber" seiner Frau vergleicht, löst in ihm eine überwältigende Sehnsucht aus. Wieder ein bekannter Topos, der geradezu ein Lieblingsthema des zeitgenössischen deutschen Kinos war: Indem der Arbeiter die "Dame" zum sexualisierten Objekt der eigenen Phantasie macht, erliegt er selber der Macht der weiblichen Sexualität, und er bäumt sich verzweifelt dagegen auf. Aber auch die Frau artikuliert in diesem Gedicht ihren Machtanspruch. Die Macht, die sie von selbst ausübt, ist nicht in erster Linie sexueller Art; die fünf Mark, die sie verschenkt, sind wenigstens genauso wichtig wie das, was sie (unbewußt) verweigert. Als die Frau fort ist, hört der Erzähler einen Motor anspringen, und denkt an "den blitzeblanken Wagen,"

> der sie dann eilends fortgetragen
> zu anderen Stunden freudigster Schau,
> zur Kurzweil der mondänen Frau.
>
> Doch die fünf Mark? Doch die fünf Mark?
> Versoffen wurd' der ganze Quark!
> Sie waren der Dame Eintrittsgeld
> ins Kino einer anderen Welt.
> Was konnte ich da anders tun,
> als nicht zu rasten, nicht zu ruh'n,
> bis ich sie mit meinem Spannmann am Abend vertrunken?
> Sie reichten nicht aus;
> das andere mußte der Wirt uns pumpen;
> und taumelnd kam ich zur Paula nach Haus.

Die Macht der Frau ist zwar eine Geldmacht, aber sie ist deshalb keine Klassenmacht. Die fünf Mark sind kein Lohn, der das Verhältnis zwischen Gebender und Empfänger als ungleiches besiegelt, aber gleichzeitig die Würde des Arbeitsmanns bestätigt hätte. Das geschenkte Geld erscheint zunächst als eine Art Trinkgeld, das den Erzähler in Verlegenheit bringt und seines Andersseins bewußt macht:

Fünf ganze Mark, das ist viel Geld.
Fünf ganze Mark erstaunt die Flosse hält.

Angesichts der Sexualisierung beider Kontrahenten haben die fünf Mark auch den Charakter eines verkehrten Hurenlohnes, als würde der Erzähler für seine sexuelle Demütigung belohnt. Zum Schluß aber bekommt das Geschenk eine zeitgemäße Auslegung: Die fünf Mark sind das Mittel, durch das die Frau die Welt des Arbeiters zum Objekt ihrer Schaulust macht. Durch das Geldgeschenk wird nicht der Arbeiter oder seine Arbeitskraft gekauft, sondern er wird zu einer Person in einem fremdbestimmten Drehbuch reduziert, die nichts anders kann, als die ihr zugeschriebene Rolle zu Ende zu spielen. Die im Geld kristallisierte Macht ist somit keine andere als die Macht des Schauens, die eindeutig weiblich besetzt ist. Es ist bezeichnend, daß hier, und zwar bereits in den "Goldenen Zwanziger Jahren", die neue Medienkultur den Bezugspunkt bietet für eine Erzählung, die die massive Verunsicherung der Arbeiteridentität thematisiert.

SCHLUSSWORT

Zwischen den Debatten über die Medien und der Tagespolitik der Arbeiterbewegung scheint eine große Kluft bestanden zu haben. In der Tat war in der Vorstellung der Arbeiterbewegung (sowohl der sozialdemokratischen wie der kommunistischen) die "Kulturpolitik" vom Alltag des praktischen politischen Handelns abgetrennt. Die Organisationsbereiche waren in beiden Organisationen voneinander getrennt und Verantwortlichkeiten waren strikt geteilt—und das, obwohl Kommunisten wie Sozialdemokraten sich über die politische Bedeutung von kultureller Produktion und deren Aneignung im klaren waren. Auch unter dem Aspekt "Amerikanisierung" betrachtet, bleibt die Kopplung zwischen dem politischen Tageskampf und der Massenkultur ungenügend. Gerade im Bereich der Kultur war Amerika die Chiffre für die Moderne schlechthin. Im Bereich der Medien, besonders des Kinos, wurde Amerikanisierung als ein Prozess deutlich und wurde als solcher diskutiert. Der Film war ein identifizierbar amerikanisches Produkt—mit der sichtbaren Macht des amerikanischen Kapitals im Hintergrund—, das ein identifizierbar amerikanisches Werteraster transportierte. Allgemein gesagt, Amerika stand als positive und negative Ikone für die moderne Massengesellschaft. Die Faktoren, die ihren Siegeszug bedingten, wurden fokussiert in der Massenkultur und ihrer Attraktivität: Technische Innovationen sollten die Wünsche der Konsumenten sowohl wecken wie befriedigen, mit dem Ziel, die Ideologie der Gleichheit auf dem Markt zu stützen. Alle wichtigen Merkmale dieser neuen Kultur—Konsum, das Vergnügen am Visuellen und der Vorstellung von Masse—hatten Bedeutung für das Geschlechterverhältnis. Modernität selber war häufig als weiblich definiert, als "neue Frau" und amerikanische "Girl-Kultur" zelebriert.

Die tagespolitischen Auseinandersetzungen und Kämpfe in den Krisenjahren in Deutschland scheinen in den zeitgenössischen Diskursen kein Echo gefunden zu haben. Männer stritten mit anderen Männern, v.a. wenn es ein Kampf mit den Fäusten war. Im Wettbewerb der Parteien untereinander, in dem man bestrebt war, sich glaubwürdig als Kämpfer für die geschlagene deutsche Nation zu profilieren, wurde Amerika häufig (wenn überhaupt) in der Rolle als unterdrückende Macht des internationalen Kapitals beschrieben. Die Gedichte von Wilhelm Tkaczyk und Emil Ginkel erinnern jedoch, in welchem Ausmaß die Bilder, die mit einer "amerikanisierten" Erfahrung von Moderne verbunden waren, selbstverständliche Elemente einer Kultur waren, in der sich auch Revolutionäre bewegten. Ich habe versucht zu zeigen, daß die demonstrative Männlichkeit, die die radikale Politik in den zwanziger und dreißiger Jahren kennzeichnete, Ausdruck der Verunsicherung und Destabilisierung sowohl der Klassen- wie der Geschlechteridentitäten war. Die Bilder, die die amerikanische Massenkultur transportierte, kündigten diese Veränderungen machtvoll an. Die Antwort auf die Krise der Klassenidentität, vor allem bei der KPD, war der Kampf um die politische und kulturelle Hegemonie des Proletariats. Die Propagandamethoden, die in diesem Kampf benutzt wurden, können als Reflex auf die Veränderungen in der Struktur der Öffentlichkeit gesehen werden. Die wesentlichste Veränderung war ein Wandel vom Diskursiven zum Visuellen in der öffentlichen Kommunikation: Die zeitgenössische Diskussion über die Massenmedien identifizierte diesen Wandel weitgehend mit gleichzeitigen Prozessen der Amerikanisierung und der Feminisierung der Gesellschaft. Die Arbeiterbewegung war sich zwar der Notwendigkeit bewußt, neue Propagandatechniken zu entwickeln und zu benutzen, tat dies jedoch selten mit Begeisterung und Engagement. Die neue "Kultur des Visuellen" wurde innerhalb der Arbeiterbewegung lediglich als Teil einer generellen Unsicherheit und Bedrohung wahrgenommen: Die meisten Repräsentanten der Arbeiterbewegung begriffen nicht, welch große Herausforderung diese für die historischen Grundlagen der Klassenpolitik darstellte.

Was bewirkt all dies für unser Verständnis der Massenkultur in politischen Entwicklungen im Allgemeinen und für das Verhältnis zwischen Massenkultur und Faschismus im Besonderen? Adelheid von Saldern hat argumentiert, daß die besondere Heftigkeit, mit der in Deutschland das Pro und Contra von Massenvergnügungen in den zwanziger Jahren diskutiert wurde, Ausdruck und Index der sozialen Krise ist. Zu einer Zeit, als die Stabilisierung eines in sich instabilen Systems das zentrale öffentliche Interesse war, boten die Massenmedien einen besonderen Rahmen für Auseinandersetzungen und Interventionen, eben weil die Systemverträglichkeit der neuen Medien nicht erprobt waren. Der Nationalsozialismus bot Lösungsmöglichkeiten in der Krise in diesen und anderen Feldern. Er integrierte Aspekte der Massenkultur in seine kulturellen und propagandistischen Aktivitäten. Das Ergebnis war, daß "der an sich politisch polyvalenten Massenkultur ... wichtige herrschaftsstabilisierende Funktionen zukamen". Ein wichtiger Faktor für die herrschaftsstabilisierende Macht der Medien im Faschismus war ihr anscheinend unpolitischer Charakter—der Schein einer heiteren Normalität wurde durch die offizielle Förderung eines Kinos *à la Hollywood* und einer internationalen Radio-Kultur aufrechterhalten.[51] Und während bis in den

---

51 Von Saldern, Massenfreizeitkultur, 56f. Zum "Schein der Normalität" im Nationalsozia-

Krieg hinein der aggressive kulturelle Nationalismus, der wesentlicher Bestandteil der Nazi-Ideologie vor 1933 war, in der Medienpolitik nicht oder nur leise artikuliert wurde, stand das in auffälligem Kontrast zu den Eingriffen des NS-Regime in Malerei, Grafik u.ä., die schon früh den typischen volkstümelnden deutschen oder besser nationalsozialistischen Stil ausprägten. Wenn wir daher untersuchen wollen, wie die Massenmedien im Faschismus (wie auch in anderen Perioden) arbeiteten, müssen wir nach der politischen Logik suchen, die der Form der Medien selbst—unabhängig von jedem spezifischen Inhalt—innewohnt.

Für die Rolle der Massenmedien gerade im Faschismus war die Verbindung zwischen Visuellem, Konsum und weiblicher Macht, die die neuen Medien schon bei ihrer Entstehung herstellten und potenzierten, besonders wichtig. Denn die Politik des NS-Regimes war wesentlich geprägt durch die Auseinandersetzung mit diesen drei Themen, obwohl der offizielle Diskurs sie selten ausdrücklich in einen politikrelevanten Zusammenhang brachte. In all diesen Feldern operierte die NS-Politik in einem Spannungsfeld zwischen Bestätigung und Eindämmung, so daß die Stabilität des Systems von der Aufrechterhaltung einer schwierigen Balance zwischen Erfüllung von Bedürfnissen und Aufrechterhaltung von Kontrolle—der sinnlichen Ökonomie der "reaktionären Modernität"[52]—abhing. Neuere Studien über die Arbeit und die Arbeiter im Dritten Reich haben die Aspekte des Umdefinierens, der Vereinnahmung und Kontrolle, die die Politik des NS-Regimes gegenüber den Arbeitern und Arbeiterinnen—und deren Reaktion—, kennzeichnete, betont. In dieser bedeutsamen Sphäre von nationalsozialistischer Politik spielten die visuellen und verbalen Darstellungen des nationalisierten Arbeiters jenseits der polizeilichen, organisatorischen und Wohlfahrtsmaßnahmen eine große Rolle bei der Aufrechterhaltung des Mythos, daß das Proletariat in die Volksgemeinschaft integriert sei.[53] Ich habe bereits darauf hingewiesen, daß dieser Versuch, das Bild des Proletariats zu besetzen, als ein probates Mittel zu sehen ist, die Arbeiter zu gewinnen und ihre Macht einzudämmen. Dies war bereits zentrales Moment in der politischen Agitation des NSDAP vor 1933. Die Logik der Kontrolle sowohl über einen Konsum, wie er typisch für den *American way of life* war, als auch über eine befreite Weiblichkeit,—beiden immanent waren Kräfte, die potentiell subversiv waren und nicht völlig unterdrückt werden konnten[54]—war die Kontrolle

lismus, vgl. Hans Dieter Schäfer, Das gespaltene Bewußtsein. Über deutsche Kultur und Lebenswirklichkeit 1933-1945. München 1981.

52 Zum Begriff: Jeffrey Herf, Reactionary Modernism: Technology, Culture and Politics in Weimar and the Third Reich. Cambridge 1984.

53 Z.B. Alf Lüdtke, "Ehre der Arbeit": Industriearbeiter und Macht der Symbole. Zur Reichweite symbolischer Orientierungen im Nationalsozialismus, in: Ders., Eigen-Sinn. Fabrikalltag, Arbeitererfahrungen und Politik vom Kaiserreich bis in den Faschismus. Hamburg 1993, 283-350. Vgl. auch die Darstellungen des Arbeitsdienstmannes und der Deutschen Arbeitsfront im Propagandafilm *Triumph des Willens* und im NS-Plakat, z.B. in: Hans Bohrmann (Hrsg.), Politische Plakate. Dortmund 1984, 273, 308.

54 Vgl. zum Verhältnis zwischen Frauenpolitik und Konsumismus bzw. kommerzialisierter Massenkultur im italienischen Faschismus: Victoria de Grazia, How Fascism Ruled Women. Italy, 1922-1945. Berkeley, CA, 1992.

über das Visuelle selber. Die Schlüsselfunktion der staatlichen Intervention in den Massenmedien lag nicht im Überbringen besonderer politischer Botschaften oder der Demobilisierung der Massen, sondern in der Kontrolle des "visuellen Vergnügens".[55]

55 Zum Verhältnis zwischen Medien bzw. *visual pleasure*, Konsumlenkung und Neopatriarchalismus in der deutschen Nachkriegszeit siehe Carter, Deviant Pleasures?, passim.

6

Internationalität und kulturelle Klischees am Beispiel der John-Kling-Heftromane der 1920er und 1930er Jahre

Inge Marßolek

DIE VERDIKTE ÜBER DIE HEFTROMANE—MORALISTEN, BILDUNGSBÜRGER UND MARXISTEN

EINE HISTORISCHE BESCHÄFTIGUNG mit Dreigroschenromanen setzt voraus, bestimmte Klischees und Bilder aus dem Kopf zu verbannen. Da ist tief verwurzelt die Reminiszens an das eigene schlechte Gewissen als 15–16jährige: die Jerry-Cotton-Hefte versteckt im Schulatlas, heimlich unter der Schulbank gelesen, oder schnell wieder unter den Büchern versteckt, wenn ein Erwachsener das Zimmer betrat. Jerry Cotton, das war Schundliteratur, von den kleinbürgerlichen Eltern ebenso wie von den bildungsbürgerlichen Gymnasiallehrern verpönt. Karl May hingegen wurde auch für Mädchen toleriert: Verboten war nur das heimliche Lesen im Bett. Amerika, das war für mich Winnetou und Old Shatterhand, das waren später die Straßenschluchten New Yorks, auf den Spuren der Verbrecherjagden von G-Man Cotton in seinem Jaguar.

Dieses Schundverdikt entsprang keineswegs allein einer Kritik an den Inhalten. Es war verknüpft mit dem Wissen, daß Dreigroschenhefte Lesestoff der Unterschichten war. Für eine Tochter aus einer aufstiegsorientierten Beamtenfamilie gehörte es sich einfach nicht, diese Hefte zu lesen. Nun ist diese Zuordnung so einfach nicht: Zwar sind die Konsumenten meist Leser mit Volksschulbildung[1], doch beschränkt sich der Leserkreis nicht ausschließlich darauf. Vor allem bei Jugendlichen und bei Frauen scheint der Anteil aus anderen Schichten größer zu sein. Außerdem sind die propagierten Wertmaßstäbe eher die der Mittelschicht—sowohl was Ordnungsvorstellungen, festgefügte Rollenzuschreibungen und Handlungsmuster angeht. Karl May und Jerry Cotton—so groß waren die Unterschiede offenbar nicht, wie später noch zu zeigen sein wird.

Massenhaft verbreitete Literatur in der Adenauer-Ära, das waren nicht die sogenannten Bestseller, die etwa in einer Statistik der "Erfolgreichsten Bücher der Schönen Literatur zwischen 1950–1958" aufgeführt wurden (die hier genannten Namen reichen von Wilhelm Busch, Thomas Mann, Alexander Spoerl bis hin zu Karl May), es waren nicht einmal Erfolgsautoren wie Johannes Mario Simmel, Annemarie Selinko oder Hans-Hellmut Kirst, sondern waren die Fortsetzungsromane in den Illustrierten und Zeitungen und die Heftromane, deren Leserschaft

---

1 Peter Nusser, Romane für die Unterschicht. Stuttgart 1973/81.

Amerikanisierung: Traum und Alptraum im Deutschland des 20. Jahrhunderts. Hrsg. v. Alf Lüdtke, Inge Marßolek und Adelheid von Saldern. (Transatlantische Historische Studien, Bd.6.) © 1996 by Franz Steiner Verlag Stuttgart.

ins Millionenfache ging.[2] Dieser Strukturwandel der Öffentlichkeit (Habermas), der u.a. gekennzeichnet ist von der Einführung neuer Technologien in den Printmedien und der Einführung des Rundfunks sowie einer Urbanisierung der gesamten Gesellschaft, vollzog sich verstärkt in den zwanziger Jahren. Illustrierte Zeitungen erschienen in einer Gesamtauflage von einigen Millionen pro Woche. Einen großen Marktanteil hatten Frauenzeitschriften, die in Auflagen zwischen 40.000 und 400.000 verbreitet wurden. Die Heftromane, insbesondere die immer beliebter werdenden Detektivromane und Frauenromane, überschwemmten in hunderttausendfacher Auflage pro Heft den Markt. Im umgekehrten Verhältnis zu ihrer massenhaften Verbreitung und Rezeption steht die wissenschaftliche Beschäftigung mit diesen, meist als Trivialliteratur bezeichneten Lesestoffen.

Erst in den siebziger Jahren, also in der Zeit, als im Gefolge der Studentenrebellion die "Blaue Blume" der Germanistik hold errötete, begann die literaturwissenschaftliche Beschäftigung mit Trivialliteratur ebenso wie mit anderen Texten ohne künstlerischen Anspruch. Die "Massenware Literatur" wurde nunmehr durch die rote Brille betrachtet, d.h. im Rahmen einer materialistischen Literaturwissenschaft. Statt der bisher üblichen moralischen Verurteilung gerieten die Heftromane nun in das Feuer der Kapitalismuskritik. Sie wurden v.a. als Literatur für die Unterschichten, die über den Markt vertrieben und für ihn hergestellt wurde, begriffen und in ihrer Funktion für die Aufrechterhaltung des kapitalistischen Herrschaftssystems beschrieben. Dieser Zugriff hatte einerseits zur Folge, daß einige wichtige Untersuchungen über die Produktion und den Markt der Dreigroschenhefte entstanden[3], andererseits jedoch die Interpretation der Stereotype und Bilder unter das gängige Schlagwort vom "Opium für das Volk" gepreßt wurde.

Auch die Pädagogen nahmen sich in dieser Zeit der Massenliteratur an. Die Beschäftigung mit ihr wurde zu einem Bestandteil der Curricula in den Schulen. Der erzieherische aufklärerische Impetus war klar: Die jugendlichen Leser sollten erkennen, daß Literatur als Massenware zur Stabilisierung des Herrschaftssystems beitrage, daß sie dazu diene "berechtigte Wünsche und Bedürfnisse anzusprechen, sie aber zugleich auf Ersatzobjekte umzulenken und damit zu pervertieren".[4]

Noch in den siebziger Jahren resümierte Rudolf Schenda, der eine erste sozialgeschichtliche Untersuchung über die populären Lesestoffe des 19. Jahrhunderts vorlegte, daß diese deswegen gefährlich seien, "weil sie reaktionäre Haltungen und Meinungen förderten und zementierten, weil sie eine ständige Inzucht betrieben, weil ihr geschlossenes System sich abkapselte von den Aufgaben der Gegenwart, weil sie nicht zum Denken anregten, sondern zur politischen Interesselosigkeit, weil sie geistig nicht Akte vollzogen, sondern nur onanierten".[5]

---

2 Jost Hermand, Unterhaltsame Entfremdung. Zur massenverbreiteten Literatur der Adenauer-Ära, in: Jürgen Schutte (Hrsg.), Erfahrung und Ideologie. Studien zur massenhaft verbreiteten Literatur. Argument Sonderband AS 101. Berlin 1983, 126–144.
3 Arnim Volker Wernsing/Wolf Wucherpfennig, Die "Groschenhefte": Individualität als Ware. Wiesbaden 1976.
4 Ebd., 4.
5 Rudolf Schenda, Volk ohne Buch. Studien zur Sozialgeschichte der populären Lesestoffe 1710–1910. Frankfurt 1970, 493–494.

Interessanterweise findet sich ein ähnliches Diktum über die Unterhaltungsromane, die das Bürgertum in der zweiten Hälfte des 19. Jahrunderts bevorzugte, nämlich Marlitt und Karl May. Die Bücher von Karl May mit ihrer Zivilisations- und Industriekritik zeigen deutlich, daß May Propagandist einer weitverbreiteten Kritik an der Moderne war. Er geißelt durch seine Helden stets das schrankenlose Streben nach individuellem Reichtum und bietet, da diese siegen, identifikationsstiftende Phantasien. Gegen die wilhelminische Gesellschaft werden rückwärtsgewandte Utopien gesetzt, die auf starke Individualitäten und die Besinnung auf innere Werte abzielen. Karl May ebenso wie Marlitt u.a. setzen so Hoffnungen frei, daß eine nostalgisch verklärte "kleinbürgerliche" Idylle wiederherstellbar sei, allerdings unter Negierung einer auf die Gesellschaft bezogenen Utopie, die an die Ideale der Aufklärung und der bürgerlichen Revolution anknüpft.[6]

HAPPY END—FLUCHT ODER UTOPIE

Das *happy end* in der Unterhaltungsliteratur wie in den Heftromanen kann auch begriffen werden als Kompensation für die "rauhe Gegenwart", aus der man sich in die heile, da geordnete Welt des Trivialen flüchtet. Schließlich haben alltags- und mentalitätsgeschichtliche Untersuchungen gezeigt, daß auch in der Arbeiterbewegung, die am Ende des letzten Jahrhunderts nicht nur Propagandist sondern Verkörperung einer kollektiven Utopie war, ein Gemenge von individuellen Zukunftsbildern und politischem Entwurf verbreitet war. Die Arbeiterinnen und Arbeiter, die sich für die Utopie des Sozialismus begeisterten, ignorierten das "Bilderverbot", das ihnen Karl Marx auf den Weg gegeben hatte. Auf die Frage von Ferdinand Domela-Nieuwenhuis, wie der sozialistische Staat zu gestalten sei, hatte Marx geantwortet: "Jene Frage . . . stellt sich im NEBELLAND, stellt also in der Tat ein Phantomproblem, worauf die einzige Antwort—die Kritik der Frage selbst sein muß."[7]

Während die Theoretiker der Sozialdemokratie den Zukunftsstaat in den siebziger Jahren eher zu einer Art Kasernenhofsozialismus degenerieren ließen[8], gaben sich die sozialdemokratischen Arbeiter und Arbeiterinnen keineswegs mit den abstrakten Idealen der Theoretiker zufrieden, sondern malten die "lichte Zukunft" in den schönsten Farben aus. Vor allem die romanhaften Ausgestaltungen des

---

6 Jochen Schulte-Sasse, Karl May. Amerika-Exotik und deutsche Wirklichkeit. Zur sozialpsychologischen Funktion von Trivialliteratur im wilhelminischen Deutschland. 123–145.
7 Marx an F. Domela-Nieuwenhuis, 22.2.1881, in: Karl Marx/Friedrich Engels, Werke. Bd. 35. Berlin 1960, 160. Dies bedeutete allerdings eine Abkehr von früheren Positionen. Dreißig Jahre zuvor, 1852, hatte Karl Marx geschrieben: "Die soziale Revolution des 19. Jahrhunderts kann ihre Poesie nicht aus der Vergangenheit schöpfen, sondern nur aus der Zukunft." Karl Marx, Der 18. Brumaire des Louis Bonaparte, zit. nach Hans-Josef Steinberg, Der 1. Mai als Zukunftsentwurf oder Vom Völkerfrühling zum Weltenmai, in: Inge Marßolek (Hrsg.), Hundert Jahre Zukunft. Zur Geschichte des 1. Mai. Frankfurt a.M. 1990, 41.
8 Hans-Josef Steinberg, Zukunftsvorstellungen innerhalb der deutschen Sozialdemokratie vor dem Ersten Weltkrieg, in: Soziale Bewegungen. Jahrbuch 2: Auf dem Wege nach Utopia. Frankfurt a.M. 1985, 48–58.

sozialistischen Zukunftsstaates fanden massenhafte Resonanz, aber auch August Bebels "Die Frau und der Sozialismus" wurde von den Massen verschlungen. Am meisten aber beflügelte die Vorstellung vom Weltenmai die Phantasien der Arbeiterfamilien. Der 1.Mai, das war die vorweggenommene und für jeden einzelnen schon erlebbare Zukunft. Diese Utopien, die gespeist waren aus einer religiösen und romantisierenden Natur-Metaphorik, wurden geschöpft aus einer nostalgisch verklärten rückwärtsgewandten Sicht auf die vorindustrielle Zeit oder aus kleinbürgerlichen Idyllen.[9] Diese, aus heutiger Sicht oft rührend anmutenden Beschreibungen, dienten als Entschädigung für den als leid- und mühevoll erlebten Alltag. Verbunden mit dem Ziel des Sozialismus sollten sie Kraft geben für den politischen Kampf. Insbesondere nach dem Ersten Weltkrieg, als die Arbeiterbewegungskultur zunehmend in Konkurrenz durch die neu entstandene Massenkultur geriet, wurden diese bildhaften Zukunftsbeschreibungen von den Funktionären der SPD und KPD höchst argwöhnisch beäugt.[10]

Während im 19. Jahrhundert die Fluchten aus dem Alltag, in denen die Arbeiter und Arbeiterinnen sich den Erziehungs- und Disziplinierungsversuchen des Bürgertums aber auch den Veredelungsabsichten der Arbeiterbewegung entzogen, im privaten oder halböffentlichen Raum stattfanden, wurden durch die Angebote der Massenkultur Zerstreuung und Vergnügen zum gesellschaftlich tolerierten Zweck der Freizeitgestaltung. Umso mehr gerieten die Produktionen der Massenkultur unter das "Schundverdikt" von rechts und links.[11] Dies betraf natürlich auch die Heftromane, die die früheren Kolportageromane ersetzten. Dabei wurden die zeitgenössischen Wertungen von der Frankfurter Schule bis Ende der 60er Jahre fortgeschrieben, die von linearen Wirkungen der Produktionen der Massenkultur auf das Bewußtsein der Konsumenten ausgingen und daher deren Manipulationsfunktion für die Herrschaftssicherung betonten.

Erst in jüngster Zeit wurde hier ein anderes Bild entworfen. Dieses speist sich einerseits aus Untersuchungen der modernen Massenkommunikationsforschungen, vor allem im angloamerikanischen Raum wie aus Ergebnissen der Alltagsgeschichtsforschung. Letzere hat seit Jahren den Blick geschärft für den "Eigensinn" der Menschen, insbesondere der Unterschichten, die sich den Zugriffen der Herrschenden, sei es am Arbeitsplatz, im Wohnbereich, sei es auf kulturellen, politischen oder ideologischen Ebenen, entziehen, nicht selten durch den Rückzug ins' Private, in gesellschaftlich tolerierte oder umkämpfte Nischen. Die Schwarz-Weiß-Zeichnungen von Ausbeutung, Unterdrückung auf der einen Seite und Herrschaftssicherung auf der anderen lösten sich auf zugunsten einer konfliktreichen Gemengelage, die allerdings ungleich strukturiert ist. Kultur- und Medienwissen-

---

9   So die Lyrik zum 1. Mai, oder etwa eine Skizze zum 1. Mai 1970, geschrieben 1910 in der Wiener Arbeiterzeitung; vgl. hierzu Marßolek (Hrsg.), Hundert Jahre Zukunft, 363ff.
10 In der Weimarer Republik finden sich im "Kulturwillen", der einzigen sozialistischen kulturpolitischen Zeitung, dem Sprachrohr der Kultursozialisten, diverse Philippika gegen die Arbeiterinnnen, die den "Kitsch" (gemeint sind die bildhaften Darstellungen etwa der Maiengöttin) der proletarischen Kunst vorzögen.
11 Vgl. hierzu den Beitrag von Adelheid von Saldern in diesem Band.

schaftler begreifen das Feld der Massenkultur als eine gesellschaftliche Arena, in der verschiedene gesellschaftliche Gruppen und der Staat mit asymmetrisch verteilten "Waffen" um Dominanz und Macht kämpfen.

Die Massenkultur (im anglo-amerikanischen Raum als *popular culture* zutreffender benannt) wird definiert als die Kultur der Unterdrückten, in der sich die Machtstrukturen widerspiegeln. Zugleich aber stellt sie sich als Feld dar, in dem sich Widerstandspotentiale entfalten, die sich den Versuchen von Disziplinierung und Kontrollen entziehen: Sie ist daher in sich widersprüchlich. In diesem Kontext werden die Wirkungen der Massenkultur nicht länger linear, im Sinne der Manipulation gedeutet. Die Aneignungslogiken sind mehrdimensional. Flucht aus der Realität durch Vertiefung in die Heftftromane kann auch heißen, den Helden eigene Bedeutungen zu geben, die aus der jeweils individuellen Alltagserfahrung stammen. Unabhängig von sonstigen politischen oder weltanschaulichen Einstellungen können sich elementare Bedürfnisse, Sehnsüchte, individuelle und kollektive Wünsche in Bildern artikulieren, die das in der Gesellschaft Vorgefundene an einer meist nostalgisch verklärten Vergangenheit messen und gegebenenfalls in die Zukunft projizieren. Für die Trivialliteratur heißt das, daß ihre Produzenten diese Bilder in irgendeiner Form anbieten müssen, die Leser aber werden diese Bilder in unterschiedlichster Weise konnotieren, sie mit den in der Gesellschaft vorfindlichen vergleichen, in Deckung bringen oder in Konkurrenz dazu einordnen. Außerdem können dieselben Stereotype und Bilder unterschiedlich konnotiert werden, eben je nach Erfahrungen, Sozialisation, Bildung, sozialer Schicht und lebensgeschichtlicher Prägung.[12] So kann die immanente Widersprüchlichkeit und Ambivalenz der Produktionen der Massenkultur sowohl Herrschaft und Unterdrückung als auch Macht und Widerständigkeit beinhalten. Insofern müssen auch die textlichen Produktionen der Massenkultur in zweifacher Hinsicht untersucht werden: Sie können ihre Funktion als Ware nur erfüllen, wenn sie zugleich Gelegenheiten zur Zerstreuung, zum Entkommen aus den ideologischen Zugriffen bieten. D.h. sie müssen auch auf die Angebote geprüft werden, die den LeserInnen helfen, den Zumutungen der Gesellschaft zu entkommen.[13] Sie sind abzuklopfen auf die kleinen Fluchten des Alltags, die ein Potential an Widerständigkeit und Eigensinn bieten[14]. Das *happy end*, das meist als Flucht gescholten wird, kann auch als Energiequelle verstanden werden, die Kraft gibt, die Konflikte des Alltags zu meistern.

---

12 Vgl. hierzu u.a. Frederic Jameson, Reification and Utopia in Mass Culture, in: Social Text 1979, Nr. 1; John Fiske, Understanding Popular Culture. Boston 1989, hier v.a. das Kapitel über "Productive Pleasures", 49ff.

13 Frederic Jameson beschreibt unter Rückgriff auf einen psychoanalytischen Ansatz die Rezeption von Massenkultur als einen Weg, in der Gesellschaft vorfindliche bzw. von ihr produzierte Ängste zu unterdrücken, da die Massenkultur imaginäre Lösungen und eine utopische Illusion von sozialer Harmonie anbietet: Jameson, Reification and Utopia, 141.

14 Fiske, Understanding Popular Culture, 105.

TRAMP, WORKING GIRL UND *KNIGHT OF LABOR*—DIE KINDERSCHUHE DER MODERNEN HEFTROMANE

Ein Blick auf die Wiege der Massenkultur, auf Amerika, schärft die Sinne für ihre Entstehung, mit den Vaudeville-Theatern, den *dime novels*, den *comics*, den Nickelodeons; sie wird in ihrer Anfangsphase in einem direkten Bezug zu den kulturellen Bedürfnissen der eingewanderten Arbeiter und Arbeiterinnen gesehen. Der reduzierte Wortschatz der Massenkultur bzw. die Übersetzung von Wörtern in Bilder nivellierte die Sprachschwierigkeit. Das Nickelodeon und später die ersten Kinos waren Ersatzversammlungsort, Kommunikationsplatz, eine Art säkularisierter Kirche.[15] Vaudeville wie auch die *dime novels* griffen die Schwierigkeiten der Einwanderer auf, setzten sie zum Teil in Farce und Spott um, oder aber kritisierten aus der Perspektive des Underdogs den *American way of life*. Damit wurde den frühen amerikanischen Produktionen der Massenkultur durchaus auch eine emanzipatorische Funktion zugewiesen, und zwar sowohl was die Kraft der Phantasie und Fiktion angeht, wie als ein Integrationsinstrument für den *melting-pot*.[16]

Gerade in den *dime novels* gelang den Helden, dem *tramp*, dem *knight of labor*, dem *working girl* oder später dem Detektiv der Sieg über die amerikanische Gesellschaft. Michael Denning konstatiert, daß, während die ersten *cheap stories* die Geheimnisse der Stadt beschreiben, die Hefte zwischen 1870 und 1880 Bühne für widersprüchliche Szenen zwischen Arbeitern und Kapitalisten sind, die sich z.T. in alten Kostümen abspielen. Nie aber sind sie Werkzeug der Kapitalisten oder Vehikel für die Arbeiter, Klassenbewußtsein zu artikulieren. Denning plädiert im folgenden dafür, die Figuren der Hefte als Allegorien zu interpretieren.[17] Das allegorische Lesen sei das Typische für die Arbeiterklasse am Ende des 19. Jahrhunderts gewesen. In diesem Falle, so Denning, werden Figuren wie Nemo, der *King of the Tramps,* zu den Erben der republikanischen Tradition Amerikas: Nemo nämlich ist der Sohn eines Unternehmers, der für diese republikanische Tradition steht. Nemo bleibt der *tramp*, mit dem der Arbeiter, der den Eisenbahnen nachzieht, sich identifiziert, und er bleibt es auch, als er seinen Vater trifft und dessen Erbe antritt. Dasselbe gilt für die anderen Figuren. Das *working girl* bleibt das *working girl*, auch wenn sie durch Heirat reich wird. Nur der Detektiv, der Meister der Verkleidung, kann alles sein, ja manchmal ist seine Verkleidung wichtiger und stärker als die Person. Erst mit Nick Carter wird der Detektiv zur Metapher für den jungen starken weißen amerikanischen Mann. Denning warnt

---

15 Vgl. hierzu Anton Kaes, Massenkultur und Modernität. Notizen zu einer Sozialgeschichte des frühen amerikanischen und deutschen Films, in: Frank Trommler (Hrsg.), Amerika und die Deutschen. Bestandsaufnahme einer 300jährigen Geschichte. Opladen 1986, 651–665.
16 Miriam Hansen weist daraufhin, daß die Filmindustrie weniger auf die Integration der Arbeiter und Arbeiterinnen in den "melting pot" abzielte, denn auf eine Integration in die Konsumgesellschaft und daß der Adressatenkreis weit über das proletarische Milieu hinausging. Dies trifft ähnlich für das Kinopublikum im Kaiserreich zu: Hansen, Early Silent Cinema. Whose Public Sphere, in: New German Critique 29 (1983), 145–184.
17 Michal Denning, Mechanic Accents: Dime Novels and Working Class in America. New York 1987.

davor, die *happy endings* nur als Fluchtmöglichkeit aus der Wirklichkeit zu begreifen: Sie enthalten utopische Dimensionen für die LeserInnen. Denn wenn der identifikationsstiftende Held siegt, so entstehe daraus auch eine Hoffnung für die Situation der LeserIn.

Nun sind, so hat Rudolf Schenda gezeigt, die Wurzeln der Massenkultur in Deutschland im 19. Jahrhundert andere als die in den USA. Zweifellos ist die Realitätsferne stärker ausgeprägt, eine Figur wie der *tramp* oder der *knight of labor*, der ehrliche, tapfere Arbeiter, ist keine genuine deutsche Figur und kommt praktisch im 19. Jahrhundert nicht vor. Vergleichbar aber ist ein anderer Aspekt: Während in den USA die *cheap novels* vor allem die sprachlichen Akkulturationsprozesse beförderten, wurde in Deutschland hierdurch (sehr viel mehr als durch die Vorlesekultur in der Arbeiterbewegung) das Lesen als bürgerliches Privileg aufgehoben. Der immense Anstieg von potentiellen Lesern—zwischen 1770 und 1870 von etwa 15% bis zu 70% der rapide wachsenden Bevölkerung—zeugt von einer dramatischen kulturellen Veränderung. Da die überwiegende Mehrheit dieser neuen Schichten, die nunmehr des Lesens fähig waren, allenfalls in der Lage waren, 10 oder 20 Pfennig für Lesestoff zu erübrigen, kamen den billigen Lesestoffen gewisse Initiationsfunktionen zu. Nun gilt das nicht unbedingt für die Heftromane des 20. Jahrhunderts: Es scheint so, daß Heftromane für eine sehr große Zahl der Bevölkerung die einzige Lektüre darstellten und bis heute darstellen.[18] Daneben aber gab es auch zahlreiche Leser und Leserinnen, für die die Heftromane zusätzliche Lektüre darstellten, eine Lektüre die eher beiläufig gelesen wurde, in der Schule, am Arbeitsplatz, in Verkehrsmitteln etc. Ihr Adressatenkreis beschränkte sich auch in den 1920er Jahren keineswegs auf die Unterschichten. Heftromane, so Epstein, wurden "von jüngeren und älteren Arbeitern, und von Schülern höherer Schulen gekauft und getauscht"[19]. Diffus bleibt der Leserkreis nicht zuletzt deswegen, weil Heftromane von Anfang an über ein Kolportagesystem vertrieben wurden und neben dem Verkauf Hefte antiquarisch erworben oder getauscht wurden. Offenbar erfüllten die Heftromane in unterschiedlichster Weise—neben der Befriedigung von Wünschen nach Zerstreuung und Ablenkung—auch ein Informationsbedürfnis breiter Leserschichten, sei es über mögliche private und soziale Konflikte oder über fremde Länder oder Erfindungen.

DIE AMERIKANISCHEN DETEKTIVHELDEN BETRETEN DIE WEIMARER REPUBLIK

Nach dem Ersten Weltkrieg nivellieren sich die Unterschiede zwischen den USA und Deutschland: Eine neue Figur betritt die Bühne der Heftromane, der Detektiv. Bereits 1906 wurde mit Nick Carter eine amerikanische Figur importiert, wobei bisher nicht festzustellen ist, ob die Nick Carter Geschichten schlicht

---

18 Leider gibt es hierüber keine genauen Untersuchungen. Einige Angaben für die Weimarer Republik bei Hans Epstein, Der Detektivroman der Unterschicht. Die Frank Allan-Serie. Frankfurt a.M. 1930; für die 1950er Jahre bei Hermand, Unterhaltsame Entfremdung, 126ff.
19 Epstein, Der Detektivroman, 4.

übersetzt oder für den deutschen Markt umgeschrieben wurden. 1919 trat ihm mit Harald Harst eine deutsche Figur zur Seite, Frank Allan, Tom Shark und viele andere folgten. Der unfehlbare Detektiv, unterstützt von einem Adlatus mit sehr viel menschlicheren Zügen, dem "Meister" unterlegen, ist vorwiegend ein Außenseiter, wie Harst oder John Kling, aber er ist ein Außenseiter aus dem Bürgertum. Ihm zur Seite steht in der Regel ein Schüler, der meist proletarische Züge trägt.[20]

Der Detektiv im klassischen Roman löst seine Fälle mit den Mitteln der Wissenschaft und der Logik. Er ist Kind des 19. Jahrhunderts, Held des Positivismus:

> Es ist die Idee der durchrationalisierten zivilisierten Gesellschaft, die sie mit radikaler Einseitigkeit erfassen. . . . Es zeigt den einen Zustand der Gesellschaft, in dem der bindungslose Intellekt seinen Endsieg erfochten hat, ein nur mehr äußeres Bei- und Durcheinander der Figuren und Sachen, das fahl und verwirrend anmutet, weil es die künstlich ausgeschaltete Wirklichkeit zur Fratze entstellt.[21]

Der Detektiv, Ausdruck einer Hoffnung auf die Wiederherstellung einer vermeintlich früher exisitierenden Ordnung oder auf eine nunmehr rationale Durchschaubarkeit einer Welt, die nicht mehr zu dechiffrieren ist? Dies ist zweifellos nur eine Dimension des Detektivromans. In den USA zeichnen in den dreißiger Jahren Raymond Chandler und Dashiell Hammett in ihren Romanen düstere Abbildungen der amerikanischen Gesellschaft, in der der Detektiv der Moralist ist. In den Heftromanen der Zwischenkriegszeit fehlt der Chandlersche Realismus fast völlig. Hier ist der Detektiv eine Mischung aus Abenteurer und Gentleman, ein Meister der Verkleidung und damit ein fiktiver Held par excellence, ein Held, in dem jeder sich wiederfinden kann, so unspezifisch sind seine Züge. Zugleich ist er ein wenn auch diffuser Repräsentant des anglo-amerikanischen *way of life:* Die Hauptfiguren sind entweder Amerikaner (wie Frank Allan), zum Teil von deutscher Abstammung (Tom Shark), oder sie sind Engländer oder wie Harald Harst Deutsche, deren Namen aber auch englisch klingen. Der Schauplatz ihrer Aktivitäten ist die ganze Welt, wobei die nationalen und geographischen Unterschiede malerischer Hintergrund bleiben.

JOHN KLING UND JONES BURTHE

1926 erscheint im Leipziger Verlag Werner Dietsch—einem der "Großen" auf dem Gebiet der Massenliteratur—in der Reihe "Weltkriminalliteratur" der Band 22, *Das Goldtal* von Ernst A. Czerwonka. Es ist die Geburtsstunde von John Kling und Jones Burthe, die zu einem der beliebtesten Gespanne der Heftromandetektive werden sollten, zugleich aber auch eines der merkwürdigsten und facettenreichsten.[22] Bis 1939 erscheinen 561 Hefte, dann wieder von 1949 bis 1954

---

20 Ebd., 41ff.
21 Siegfried Kracauer, Der Detektiv-Roman. Ein philosophischer Traktat. 1925. Frankfurt a.M. 1971, 9.
22 Bis 1933 erschienen 299 Hefte, bis 1939 waren es 561. Mit dem Ausbruch des Zweiten Weltkrieges verschwand John Kling, um von 1949 bis 1954 in 161 Ausgaben wieder zu erscheinen. Daneben veröffentlichte der Verlag ab 1931 eine weitere parallele Serie "John

(161 Hefte). Mitte der 1960er Jahre wurde Kling zum Helden einer Fernsehserie. Einer der Kenner der Heftromanserien, Werner Schmidtke[23], schreibt, daß keine andere deutsche Serie im Verlauf ihrer Erscheinungszeit derartige Veränderungen durchmachte und in keiner die gedanklichen und formalen Freiräume ähnlich groß waren.[24] Anders auch als etwa bei den Tom-Shark-Romanen[25] waren es viele Autoren, die John-Kling-Geschichten erfanden. Auch ist zu vermuten, daß Leserreaktionen dazu führten, daß John Kling schließlich als Serie lief. Diverse Widersprüchlichkeiten in der Skizzierung seiner Gestalt scheinen ebenfalls auf Lesereinfluß zurückzugehen.

DER OUTLAW ALS HELD

Bis 1933 war John Kling ein *outlaw,* ein moderner Robin Hood, der als Einzelner, unterstützt von Jones Burthe, seine Abenteuer und Aktionen ausschließlich dazu nutzte, den gesellschaftlichen Reichtum gerechter zu verteilen. Er war der Anwalt der armen Leute, der Arbeiter, der betrogenen Goldsucher, der Bettler etc. Diese Aktionen—Diebstahl bei den Reichen, Betrug, Gaunereien—brachten ihn in beständigen Konflikt mit der Staatsgewalt, personifiziert in einigen wenigen Gegenspielern. Kling war Weltbürger, zu Hause in den Metropolen der Welt, wobei London sein Lebensmittelpunkt war. Daneben aber waren New York und Chicago die Städte, die zu den Hauptschauplätzen seiner Abenteuer zählten. Eine entscheidende Wandlung trat 1933–1934 ein: Kling wurde nunmehr von der Polizei anerkannt. Er arbeitete eng mit ihr zusammen, nur selten noch ist er Fürsprecher von sozial Schwachen. Der *outlaw* als Held ist für das NS-Regime nicht tragbar: Kling wurde daher zum Repräsentanten von *law und order.* Allerdings vollzog sich diese Wandlung in mehreren Etappen: Bereits im Heft 263 (1933) erfährt der Leser, daß Kling für die USA eine Generalamnestie erhalten habe—er war vorher persona non grata—da er Geheimpapiere wiederbeschafft habe, aber erst ab Heft 300 wurde er zum offiziellen Helfer der Polizei in allen Ländern.

IDENTIFIKATIONSANGEBOTE

Schmidtke nennt John Kling den "Mann aus dem Schatten", so merkwürdig unspezifisch bleibt die Figur. Ein gutaussehender Mann um die vierzig mit grau-

---

Klings Erinnerung" und ab 1937 "John-Kling-Bücher". In der Nachkriegszeit erschienen nur ein neues Buch und 26 Hefte "Erinnerungen".

23 Jenseits der wissenschaftlichen Forschung gibt es eine Szene der Liebhaber, Sammler und Kenner von Heftromanen. In Österreich ist es der Verein der Freunde der Volksliteratur, der die *Blätter für Volksliteratur* herausgibt. In der Bundesrepublik erscheint in Braunschweig das *Magazin für Abenteuer, Reise und Unterhaltung,* in der Edition Corsar geben Dagmar und Thomas Ostwald kommentierte Reprints von Heften oder Berichte über Serien heraus. Werner Schmidtke veröffentlicht hier regelmäßig, ferner auch Heinz Galle.

24 Nachwort von Werner Schmidtke in: John Kling (Nachdruck der Hefte 134, 217, 255). Braunschweig 1978.

25 "Tom Shark" wurde von einer Frau, Elisabeth von Aspern, geschrieben, der einzigen Frau unter den Detektivromanschreibern der Weimarer Republik.

melierten Haaren, ist er ein Meister der Verkleidung und kann das Aussehen jeder Person annehmen, selbst die seiner Widersacher. Sein Hauptgegenspieler, Kommissar Chester von Scotland Yard, kennt sein Aussehen nicht. Kling ist edel und gebildet, entscheidet sich für das Leben als *outlaw*, um den Außenseitern der Gesellschaft zu helfen und das Verbrechen zu bekämpfen. Ganz zu Anfang wurde das Geheimnis um seine Person thematisiert:

> Aber wer war Kling? Nie hatte Burthe etwas über seine Vergangenheit erfahren könne. Auch später nicht. Die Vergangenheit Klings war ausgelöscht. Der Mann, der da geduckt am Steuer saß, besaß keine Gedanken, die in ein früheres Leben zurückgingen. Er war ein Räuber, aber ein verfeinerter Räuber: ein Räuber der Kultur [Heft 22].

Epstein wies für einen anderen Helden der Heftromane, Frank Allan darauf hin, daß hier die charakterlichen Zuordnungen—Allan wird u.a. als "Mensch besonderen Formats" und als "Künstler" beschrieben—dem Wertesystem der Oberschichten entnommen wurden, diese aber popularisiert wurden.[26] Die Attraktivität der Kunstfiguren wie Kling und Allan scheint nicht zuletzt darin zu bestehen, daß sie zwischen den Schichten stehen: Sie tragen durchaus aristokratisch-vornehme Züge, begreifen sich jedoch als "Rächer der Enterbten" (Allan) bzw. als "Rächer der Arbeitslosen" (Kling)—und stehen jenseits der bürgerlichen Gesellschaft.

Menschlicher ist Jones Burthe. Im ersten Band eingeführt als Sohn eines Taschenspielers, schlüpft er in die Rolle des Gehilfen von Kling. Ihr Verhältnis ist als Vater-Sohn-Beziehung konzipiert. Im Laufe der Serie emanzipiert er sich ein wenig, doch ist er, anders als Kling, nicht unfehlbar. Er ist auf sein eigenes Wohl bedacht, hitzköpfig und ein Frauenheld. Mit Burthe, dessen Äußeres ebenfalls nicht näher bestimmt wird, konnten sich Jugendliche leicht identifizieren. An der Seite von Kling lernt Burthe die Welt kennen, darf das ein oder andere Abenteuer auch allein bestehen, und wenn alles schief geht, so rettet ihn Kling. Manchmal auch streitet Burthe mit Kling, grummelt mit seinem Übervater, der jedoch immer recht behält.

DAS OBEN UND UNTEN

Der gesellschaftliche Raum, in dem die Helden der Serie sich bewegen, ist dichotomisch: Auf der einen Seite sind die Reichen, unter ihnen einige wenige Gute, die ihren Reichtum benutzen, um Schwächeren zu helfen. Meist aber sind sie geizig, dann kann Kling ihnen guten Gewissens eine Lektion erteilen und ihr Geld stehlen. Das gilt auch, wenn sie ihr Geld auf unehrliche Weise, mit dubiosen Geschäften erworben haben. Auf der anderen Seite die Armen, Arbeiter, Bettler, also die, die unten sind. Denen hilft der moderne Robin Hood. Dazwischen die Vertreter des Staates, die Polizei, und die Verbrecher, die so der Schauplatz in den USA ist, dem organisierten Verbrechertum angehören. Die Verbrecher bekämpft John Kling, er nimmt ihnen ihren Reichtum ab, befreit Unschuldige aus ihren Fängen und liefert sie—wenn er sie im ehrlichen Kampf nicht tötet—der Polizei

---

26 Epstein, Der Detektivroman, 21f.

aus. Die Vertreter der Staatsgewalt sind unfähig—in den USA nicht selten korrupt (Bd. 146), und stehen auf der Seite der Reichen (Bde. 134, 217, 259).

Entsprechend plakativ sind die Figuren: "Mr. Parker bewundert sich im Spiegel. Er findet sich immer noch unwiderstehlich. Er ist zwar schon fünfzig Jahre alt, und sein Bauch ähnelt immer mehr einer Tonne. Was macht das aber aus, wenn man ein rosiges Gesicht und eine dickgefüllte Brieftasche hat? "(Nr. 134, S. 4) Der Kapitalist ist—so das Stereotyp—dick, hat eine Glatze und raucht Zigarren. Natürlich hat er eine Geliebte, etwa die Tänzerin Fachette. Die hält er mit Diamanten bei Laune. Deswegen muß er Arbeiter entlassen, er kann sich Mitleid nicht leisten.

Ein bekanntes Bild also: es könnte einer Karikatur oder einer Satire des "Wahren Jacob" ebenso entnommen sein, wie einer Zeitung der KPD aus dem Jahre 1928. Es könnte aber auch der bürgerlichen Unterhaltungsliteratur des 19. Jahrhunderts entnommen sein.

Ebenso bekannt ist das Bild, das von den Arbeiterfamilien gezeichnet wird: es sind abgehärmte Gesichter, ehrliche Menschen, die Männer mit "massigen Händen", die darunter leiden, daß sie ihre Kinder und ihre Frau nicht anständig versorgen können. Die Arbeitersiedlungen sind ärmlich, aber sauber. Hier findet ein armer Bettler, der geistesgestört ist (es ist natürlich Jones Burthe) Menschen, die ihm zu essen geben und ihn beherbergen, während die Reichen ihn weggejagt haben. Natürlich entwenden unsere Helden dem reichen Geizhals seine Schätze, um sie an die Armen zu verteilen. Die Beschreibung der Lebensverhältnise war den Lesern aus Arbeiterkreisen aus eigener Anschauung vertraut:

> Da hatte man nun geschuftet jahraus, jahrein, von seinem vierzehnten Lebensjahre an. Ach, schon als kleiner Junge hieß es, Geld zu verdienen mit Zeitungsaustragen, mit vielen kleinen Botengängen. Arbeit, Arbeit, harte Arbeit, soweit er zurückdenken konnte! Und mit eiserner Energie hatte er Ersparnisse gemacht, um sich hier draußen anzusiedeln, eine Familie zu gründen. Ein kleines Häuschen, ein wenig Glück und wieder viel, viel Arbeit! Und dann kam die große Wirtschaftsnot! Dann kam die furchtbare Arbeitslosigkeit! Das Elend, die Krankheit, die Verzweiflung ... [Heft 259, S. 17]

Der Ausweg ist ein individueller: John Kling, der "Rächer der Arbeitslosen". Liest man die Hefte wie Michael Denning es vorschlägt, so lösten diese Geschichten Phantasien aus, die über die eigene reale Situation hinwegtrösteten, und setzten vielleicht über die Identifikation mit den Helden Handlungsphantasien bis hin zu Machtträumen frei. Sicher entstand auch Schadenfreude über die Polizei, die auf seiten der Geizhalse und Reichen stand, und gegen die Streikenden eingesetzt wurde, oder die versuchte, die Organisation der Bettler, die Kling initiert hat, zu zerstören—und die jedesmal gegenüber den Listen von Kling unterliegt. Zugleich konnten diese Texte—auch wenn es der Hilfe des Helden bedurfte—als Plädoyer für Selbsthilfe und solidarische Basisorganisationen gelesen werden. Auch wenn diese Geschichten meist im fernen London spielen, so sind sie übertragbar auf das Arbeitermilieu in Berlin oder im Ruhrgebiet etc. Die Geschichten erhielten Momente aus dem Erfahrungskontext der LeserInnen, sogar dann, wenn sie zeitlich nicht genau zu verorten waren.

AMERIKABILD

Bereits die allererste John-Kling-Geschichte spielt in ihrer zweiten Hälfte in Amerika. Von den mir vorliegenden 15 Heften aus den Jahren 1926 bis 1933 verlegen vier weitere Autoren den Schauplatz in die USA[27]. Bei der ersten Geschichte geht es um die Suche nach dem sagenhaften Goldtal. Ein alter Indianer hatte das Gerücht in die Welt gesetzt, daß sich in einem Tal Gold befinde, um Rache an den Weißen zu nehemen. Tatsächlich fielen viele darauf rein, das Goldtal wurde zum Spekulationsobjekt. John Kling entdeckt dieses Geheimnis mit Hilfe seiner Ex-Geliebten, die mit dem Sohn dieses Indianers liiert ist. Kling vermieste dem Hauptspekulanten, der wußte, daß das Goldtal nicht existierte, das Geschäft, indem er die Goldsucher aufklärte. In der zweiten Geschichte sorgte Kling dafür, daß der Chef eines Alkoholschmugglerrings aufflog, die Korruption der Polizei in Chicago aufgedeckt wurde. Das Vermögen des Gangsters stellte Kling den zahlreichen Opfern oder deren Hinterbliebenen zur Verfügung. Im Heft eingestreut sind zahlreiche durchaus realistische Beschreibungen über die Korruptheit der Polizei und über das organisierte Verbrechen in den USA der 20er Jahre: "Geschäftsleute! Nichts weiter. Und nur dadurch unterscheiden sie sich von den Kaufleuten der bürgerlichen Welt, daß sie ein Maschinengewehr ebenso gut bedienen wissen, wie etwa einen Automotor, daß sie einen unfairen Konkurrenten nicht vor den Richter laden, sondern ihm mit Hilfe einiger Geschosse die diesseitige Welt vollkommen vergessen lassen, und daß sie untereinander strenger auf Treu und Glauben achten, als jeder andere Geschäftszweig unserer Zivilisation. Im übrigen führen sie zumeist mit Frau und Kind ein glückliches Familienleben und bewegen sich in durchaus geordneten Verhältnissen" (Bd. 146, S. 3).

Ein weiterer Roman spielt am Michigansee, aber hat außer Naturschilderungen keine weiteren amerikanischen Bezüge, eine der Hauptfiguren heißt sogar Ursel. Die letzte Geschichte spielt in New York, und zwar im Milieu der Zeitungskonzerne, der Sensationen und des Filmes. Auch hier werden wiederum Informationen über die Stadt und über den american way of life eingestreut. Dieser wird aus der Sicht der Europäer kritisiert. So wird z.B. die amerikanische Erziehung, die die Selbständigkeit der Jugend allzu sehr fördere, kritisch kommentiert (Bd. 255, S. 58).

Auch das ist ein weiteres Merkmal der Heftromane: die Zeit löst sich auf, denn wohl kaum fand die Goldtalgeschichte zur selben Zeit wie der Alkoholschmuggel statt. Die Orte erhalten kein spezifisches Gesicht, sie bilden nur den Rahmen für eine Handlung.

Ähnlich diffus und ambivalent bleibt das Amerikabild. Dort, wo konkrete Informationen vermittelt werden, werden sie in kritische Kommentare eingekleidet: John Kling sieht und erlebt Amerika durch die europäische bzw. deutsche Brille. So finden sich nahezu alle Stereotypen des Amerikabildes der Zwischenkriegszeit: Amerika als Land der unbegrenzten Möglichkeiten, die Wolkenkratzer New Yorks

---

[27] Nach einer Aufstellung von H. Müller spielen mehr als 150 Geschichten in den USA, etwa ebensoviele in England, vor allem in London, der Rest verteilt sich über die Welt.

als Symbole des Fortschritts, die Straßenkreuzer, der Verkehr auf den Straßen, die faszinierende Welt der Werbung, der Medien und des großen business. Den positiv besetzten Ikonen des Fortschritts werden die negativen Seiten gegenübergestellt: das organisierte Gangstertum, die Oberflächlichkeit der Amerikaner, die Aufmüpfigkeit der Jugend und die emanzipierten und meist verwöhnten und egoistischen jungen Frauen. Insbesondere die Technikbegeisterung, vor allem für Autos und Flugzeuge, spielt in nahezu allen Geschichten eine große Rolle und ist keineswegs auf die USA bezogen. In diesem Kontext sind oft die Grenzen zur sciencefiction Geschichten verwischt. Allerdings geht es in den John-Kling-Geschichten bis 1933 weniger um moderne Technik, denn um Elemente von Parapschychologie. Das allerdings verändert sich in der NS-Zeit.

KLISCHEES: FRAUEN, JUDEN, VERBRECHER

Frauen kommen in den Geschichten—wen wundert es—,nur am Rande vor, dann allerdings nicht in eindeutigen Rollen. Zwar findet sich das Klischee von der tapferen aber hilflosen Tochter, die Kling um Hilfe anfleht, oder der Kling als Ritter zur Seite steht. Das übrige entspringt der Zuordnung von Oben und Unten. Die Frauen der Reichen sind verwöhnt, dick und dumm, die der Armen gut, mutig, aufopferungsvoll. Aber es gibt daneben auch die Abenteuerin Marga, mit Burthe liiert, die die beiden Männer tatkräftig unterstützt, eine Art weiblicher Burthe, oder die geheimnisvolle Inderin Durga, die Kling die Kunst des Gedankenlesens und der Hypnose lehrt. Diese "Hexe" muß sterben, denn sie war Kling überlegen. Daneben tritt das Weib als Verbrecherin, in die sich die Helden verlieben, was erwartungsgemäß Unheil bringt. Trotzdem—auch bei diesem Klischee gibt es ab und zu wenigstens ein Augenzwinkern, so bei der schönen Greta. Obwohl Greta ihn fast umgebracht hat, nimmt Burthe sich vor, sie bald einmal zu besuchen . . . denn "schön war Greta doch. Und . . . aber schweigen wir davon." (Bd. 240, S. 93).

Der Detektivroman der 20er Jahre, aber auch der 50er Jahre—und dies trifft wohl für alle Serien zu[28]—hielt, trotz Veränderung der Stellung der Frau in der Gesellschaft der zwanziger Jahre und der Ausdifferenzierung des Frauenbildes nicht zuletzt durch den Film und die Illustrierten am "heilen Bild" einer Männergesellschaft fest. Gerade in den Krisenjahren der Weimarer Republik, die von Frauen wie Männern auch als eine Zeit wahrgenommen worden, in denen die althergebrachten Normen und Werte wie kulturelle Traditionen in Frage gestellt wurden, schien es vielen so, als werde durch den Einbruch der Moderne,

---

28 Epstein stellt für die Frank-Allan- Serie fest, daß das erotische Moment fast völlig fehle und daß die Frauenbilder den Romane der Courths-Mahler entsprungen sein dürften, Epstein, Der Detektivroman, 47ff. Vgl. auch Schmidtke, Die nichtgestellte Frage. Emanzipation und Titelheldin im Heftroman, in: Magazin für Volksliteratur 14 (1977), 21–26. Laut Schmidtke aber gab es bereits vor dem 1.Weltkrieg und in den zwanziger Jahren einige wenige Frauen als Titelheldinnen in Abenteuer- und Detektivromanen, die sich zum Teil an beliebten Heldinnen der Stummfilme orientierten.

insbesondere durch die Massenkultur das Geschlechterverhältnis verändert oder zumindest die gewohnte männliche kulturelle Autorität angetastet[29]. Die Heftromane—und dies gilt nicht nur für den Detektivroman sondern im besonderen Maße für die Frauenromane—spiegeln diese Veränderung in keiner Weise wider, sondern scheinen letzte Bastionen von Welten zu sein, in denen Männer die öffentliche Sphäre uneingeschränkt beherrschen.

Auffällig ist weiter, daß sich bis 1933 kaum rassistische Sentenzen finden lassen. Zwar gibt es Klischees und Stereotypen: Der Jude Sally Löb in Paris, der mit allem und jedem handelt, aber er ist ein Vertrauter von Kling, hilft ihm in vielen Situationen. Oder der Chinese Chu Wong, der Kling vor der Polizei warnt und ihn versteckt. Beide, Sally Löb und Chu Wong, handeln auch aus eigennützigen Motiven, aber sie sind ehrlich um Kling besorgt und ihm so nah, daß sie ihm persönliche Ratschläge geben dürfen. Vor allem warnen sie ihn vor den Frauen, "die ihm immer Unglück bringen". Nach dem Sieg des Nationalsozialismus wurden beide verdrängt durch Hans Klar, einen Auslandsdeutschen, der nunmehr John Kling zur Seite stehen sollte. Da Klar aber nur bis ca. 1934, und da nur in einigen Heften auftaucht[30], ist zu vermuten, daß es sich hier um eine Art vorauseilenden Gehorsam des Verlages handelte. Dabei war die Absicht wohl, nicht nur Sally Löb und Chu Wong zu ersetzen, sondern die Serie insgesamt "einzudeutschen".

Anders sieht es mit den Verbrechern aus: Diese geraten nicht selten zum Klischee des Untermenschen, vertiert, verroht, wildes unbändiges Lachen bis zur Raserei, so werden sie etikettiert. Gerade weil John Kling ein *outlaw* war, mußten—so meinten die Autoren—die Unterschiede klar werden: "Selten nur kam er in diese Gegend. Er konnte sich unter den herabgekommenen, verschmutzten und vertierten Menschen nicht wohlfühlen, trotzdem er von der Polizei und der bürgerlichen Gesellschaft mit diesen auf eine Stufe gestellt wurde. Diese waren eben Verbrecher, er war auch Verbrecher. Einen menschlichen Unterschied kannte das Gesetz ebensowenig, wie die Menschen ihn kannten. Im Laufe der Jahre hatte er sich, wenn auch schwer, daran gewöhnen müssen. Eine Gemeinschaft jedoch mit dieser untersten Stufe des Menschentums hatte er nie empfinden können." (Bd. 71, S. 8) Von hier bis zu den Volksschädlingen, wie sie dann in den Heften ab 1933 häufig bezeichnet werden, ist es nur ein kleiner Schritt!

DAS ARSENAL DER BILDER IST NUTZBAR

Wie kaum ein anderes Produkt der Massenkultur fielen und fallen die Heftromane unter das Schundverdikt. Sie wurden hergestellt und massenhaft vertrieben einzig mit dem Ziel, die Leser und Leserinnen zu unterhalten und zu zerstreuen und erreichten tatsächlich die Massen. Wer jedoch die Leser waren, welche Bilder,

---

29 Vgl. u.a. Patrice Petro, Joyless Streets: Film, Photojournalism and the Female Spectator in Weimar Germany. Ph.D. diss., University of Iowa, 1986; Adelheid v.Saldern, Der Wochenend-Mensch. Zur Geschichte der Freizeit in den Zwanziger Jahren, in: MKF 30 (1992), 18ff.
30 Schriftliche Auskunft von W. Schmidtke, 19.9.1992.

Stereotypen, Verhaltensmuster die Serien vermittelten, darüber fehlen bisher Untersuchungen. Gerade die Detektivgeschichten knüpften durch das Genre und durch die Helden an amerikanische oder englische Vorbilder an, transportierten diese jedoch in eine Umgebung, die so unspezifisch blieb, daß auch deutsche Leser sie mit ihren Erfahrungen konnotieren konnten. Ähnlich polyvalent blieben die Angebote, sich mit den Helden zu identifizieren. Man geht wohl nicht falsch in der Annahme, daß sich Heftromane wie die John-Kling-Serie vorwiegend an junge Männer aus dem Arbeiter- und Kleinbürgermilieu wandte. Doch war der Leserkreis mit Sicherheit größer, und auch Mädchen und junge Frauen konnten in ihrer Phantasie in die Rolle von John Kling hineinschlüpfen oder sich als die Frau an seiner Seite imaginieren.

In jüngster Zeit ist die große Kontinuität von vielen Produktionen der Massenkultur, z.B. des Unterhaltungsfilms, die in das Dritte Reich hinein- und herausführt, betont worden. Dies gilt in besonderem Maße für die Heftromane. Offenbar galten diese als so unpolitisch, daß sie kaum vom Zugriff des NS-Regimes tangiert wurden. Wenn trotzdem die Verlage die Inhalte der "neuen Zeit" anpaßten, wie bei John-Kling geschehen, so waren diese Änderungen für die Leser nicht auf ersten Blick erkennbar—und wurden z.T. noch im Dritten Reich rückgängig gemacht. 1949 konnte bruchlos an die Serie von 1938 angeknüpft werden, wobei bezeichnenderweise der Jude Sally Löb, der bis 1933 ja als treuer Helfer von Kling fungiert hatte, nicht mehr auftauchte.

Dies galt nicht nur für die Heftromane, sondern für die Literatur insgesamt. In ihrem Vorwort zu verschiedenen Untersuchungen über die Bestseller in den Eichenschränken des deutschen Bürgertums in der Zwischenkriegszeit beschreibt Marianne Weill die Schwierigkeit für die Deutschen nach 1945, den Zettelkasten ihrer Bilder neu zu ordnen: "Das Nazi-Alphabet ist besiegt worden, aber ein neues gibt es noch nicht. Der alte Bestand wird weiter benutzt".[31] Die Hauptursache für diese Kontinuität der Lesestoffe nach 1945 bestand gerade darin, daß das Bilderarsenal der Nationalsozialisten bereits vor 1933 gefüllt war. Die Untersuchungen der Bestseller der Weimarer Republik, von Waldemar Bonsels Biene Maja über Schenzingers Anilin zur Idylle von Paul Keller u.a. zeigen, daß der Rückgriff in den bürgerlichen Bücherschrank für die Nationalsozialisten fruchtbarer war als das Blättern in den inkriminierten Dreigroschenromanen à la Kling. Ein Stereotyp der bürgerlichen Literatur von Hermann Löns bis Werner Sombart, das als Einfallstor für die nationalsozialistische Herrenmenschideologie diente, war die Verachtung der profanen rationalen Welt des Angloamerikanismus. Deutsche Innerlichkeit kontra englische Nüchternheit und Pragmatismus,[32] dieses

---

31 Marianne Weill (Hrsg.), Werwolf und Biene Maja. Der deutsche Bücherschrank zwischen den Kriegen. Berlin 1986, 35f.
32 Jeffrey Herf hat in seiner Studie nachgezeichnet, wie sehr die Versöhnung beider durch die Nationalsozialisten den Ingenieuren die Anpassung an das NS-Regime erleichtert hat. Jeffrey Herf, Reactionary Modernism: Technology, Culture and Politcs in Weimar and the Third Reich. Cambridge 1984.

Paar durchzog die zeitgenössische Literatur. Es ist keineswegs auf die deutsche Rechte beschränkt. In den "Sozialistischen Monatsheften" findet sich 1929 ein Artikel von Felix Stössinger über die Anglisierung Deutschlands, in dem er den "angelsächsischen Imperialismus" anklagt, seine "kulturelle Ideologie als Instrument der Weltherrschaft" zu benutzen. Positive Beispiele der amerikanischen Massenkultur reklamiert er als europäisch. Der allerdings gravierende Unterschied zu dem obengenannten Stereotyp ist, daß Stössinger nun nicht gegen die angelsächsischen Werte die deutschen Gemütswerte setzt, sondern auf europäische, insbesondere französische und deutsche gemeinsam setzt. Ähnlich kommentierte Herbert Kühnert im Kulturwillen von 1930: "Eines der schwersten Hindernisse für den Aufschwung eines europäischen Geistes ist die Suggestion des Amerikanismus, die unsere Geistigen fesselt und steril macht. Es ist ein Götze, den man sich selbst aufgerichtet hat."[33] In der bürgerlichen Diskussion aber läßt sich allzu leicht der antiangloamerikanische Effekt durch den Antisemitismus ersetzen. Marianne Weill kommt denn auch zu dem Schluß: "Auch der deutsche Antisemitismus schreibt den Juden bekanntlich eine auf Gewinn orientierte Weltanschauung zu, fürchtet von den Juden dominiert zu werden, hält sie gleichzeitig für raffiniert, kalkulierend, rationalistisch und machtsüchtig und vermißt an ihnen das (deutsche) Gemüt, (deutsche) Treue, (deutschen) Großmut und vor allem Tiefsinn."[34]

Nun soll hier nicht gesagt werden, daß in den Geschichten von John Kling ein Bollwerk gegen diese reaktionären Stereotypen errichtet werde. Denn letztlich bleiben die Schauplätze wie die Personen Kling und Burthe zu unspezifisch, als daß hieraus deren Internationalität abgeleitet werden könnten. Und die hier genannten Veränderungen in der NS-Zeit weisen daraufhin, daß vieles in den Heftromanen leere Hüllen waren, in die je nach Bedarf und Opportunität politische und ideologische Botschaften einflossen.

Eine andere, für die Detektivgeschichten der Weimarer Republik typische Dimension, die auch immer wieder einmal explizit entfaltet wird, scheint in diesem Kontext eher ein Einfallstor zu sein: John Kling ist mit der Potenz ausgestattet, "den Kampf mit der Welt aufzunehmen" (Bd. 28), "die Welt zu kaufen" (Bd 30). Kling als imperialer Herrenmensch, als blonder Siegfried, der auszieht, die letzte Schlacht um die Weltherrschaft zu schlagen? Ein Führer, der aufgrund parapsychologischer Kräfte in der Lage ist, alle Menschen sich ihm verfügbar zu machen? Zweifellos werden auch diese Phantasien geweckt, wenn auch Kling ihnen immer widersteht.

Dieser Streifzug durch die Stereotypen und Bilder einer Heftserie der Weimarer Republik wirft mehr Fragen auf als Antworten. Die vorgefundenen Muster und Klischees sind weder besonders gattungsspezifisch noch in besonderem Maße der Bodensatz von Blut-und Boden-Mythen. Sie sind aber auch keine herausragenden Transformationsriemen des "american way of life". Sie sind aber Teil der Bilder

---

33 Kulturwille 1930.
34 Weill (Hrsg.), Werwolf und Biene Maja, 31.

und Denkschemata, wie sie in den Köpfen der Zeitgenossen, unabhängig ihrer sozialen Positionierung, politischer Präferenz, Geschlecht und Alter vorhanden waren, und von Literatur und Politik aufgegriffen wurden. Die dichotomische Aufteilung der Gesellschaft, die Klischees von Reichen und Armen ziehen sich in dieser Form durch die Trivialliteratur des 19.Jahrhunderts ebenso wie durch die popularisierten Schriften der Arbeiterbewegung. Ähnliches gilt für den "starken Mann", der nicht nur als der Held und Abenteurer in den Romanen erscheint, sondern der auch als Arbeiter mit dem schweren Hammer für den Sozialismus kämpft[35]. Ein Beispiel, abgedruckt in der Zeitschrift des renommierten "Bücherkreises", der Buchgesellschaft der SPD, mag genügen: Der Arbeiterdichter Karl Henckel textete 1915 zu Ferdinand Lassalle:[36]

> Er ist nicht tot, der heute ruft. Er lebt . . .
> Er lebt, er atmet—Ferdinand Lassalle!
> Er redet—hört! Blank zieht er seine Worte.
> Ein Kolbenschlag—auf springt der Zukunft Pforte.
> Er redet Glut, und rastlos wallt der Brand . . .
> Auf seines Führers Spur in sichren Säulen
> Vordrang das Volk mit seiner Schlagkraft Keulen.

Die verschlungenen Pfade der Rezeption dieser Bilder sind kaum noch zu entwirren. Allerdings liegt die Vermutung nahe, daß in der Gesellschaft von Weimar die Kraft der subversiven Bilder nicht ausreichend war, um die nationalsozialistische Instrumentalisierung oder Umdeutung der Stichwörter des Zettelkastens zu verhindern. Auch die von der Arbeiterbewegung benutzten Bilder konnten in ihrer Systematik durcheinandergewirbelt werden, weil sich die Darstellungsformen denen von rechts immer mehr anglichen. Was aber das scheinbar Unpolitische war, so wurde auch in dessen Namen die letzten Schlachten geschlagen, wie es zum Beispiel die Biene Maja für ihr Bienenvolk tut. Und die Nationalsozialisten: Sie verstanden es meisterhaft, die verschwommenen Bilder der Dreigroschenromane braun zu konturieren, ihre Leerstellen zu füllen. Entscheidender aber war, daß die Leser und Leserinnen sie selber neu ausmalten. Denn die Deutschen hatten spätestens seit 1933 andere Bilder im Kopf, die sie die vertrauten Klischees der John-Kling-Hefte anders und neu konnotieren ließen. Während Amerika weiterhin die Folie für Technik und Urbanität bleiben konnte, wurde etwa das amerikanische Gangstertum zunehmend mit dem Sterotyp des internationalen Judentums von den LeserInnen selber verbunden. Das Gefährliche der Heftromane bestand also weniger darin, daß sie vor 1933 reaktionäres, rassistisches oder nationalsozialistisches Gedankengut transportierten, als darin, daß das vermeintlich Unpolitische, das auch nach 1933 unwesentlich oder gar nicht verändert schien, nunmehr mit den braunen Bildern kompatibel war.

---

35 Z.B. auf den Titelblättern der Maifestzeitungen in der Weimarer Republik.
36 Der Bücherkreis 7 (1925), 8.

7

America, Paris, the Alps: Kracauer and Benjamin on Cinema and Modernity

Miriam Hansen

GENEALOGIES OF MODERNITY

ON THE THRESHOLD TO THE TWENTY-FIRST CENTURY, the cinema may well seem to be an invention "without a future", as Louis Lumière had predicted somewhat prematurely in 1896.[1] But it is surely not an invention without a past, or pasts, at least judging from the proliferation of events, publications and broadcasts occasioned by the cinema's centennial. What actually constitutes this past, however, and how it figures in history—and helps to figure history—remains very much a matter of debate, if not invention.

For more than a decade now scholars of early cinema have been shifting the image of that past, from one of a prologue or evolutionary stepping-stone to the cinema that followed (that is, classical Hollywood cinema and its international counterparts) to one of a cinema in its own right, a different *kind* of cinema.[2] This shift has yielded detailed studies of early conventions of representation and address, of paradigmatically distinct modes of production, exhibition and reception. At the same time, it has opened up the focus of investigation from a

---

[1] The phrase was addressed to Félix Mesguich, the Lumières' cameraman, and is reported in his memoirs, Tours de manivelle. Paris 1933; it has been cited apocryphally ever since, notably by Godard in *Le Mépris*. See Georges Sadoul, Lumière et Méliès, ed. B. Eisenschitz. Paris 1985.

The research and writing of this essay has been generously supported by the Alexander von Humboldt Foundation. For discussions and critical readings I wish to thank Bill Brown, Tom Gunning, Andreas Huyssen, Gertrud Koch, Helmut Lethen, Tom Levin, Klaus Michael, Jonathan Rosenbaum, Heide Schlüpmann, Karsten Witte, Theresa Wobbe and, especially, Michael Geyer.

[2] See, for instance, Noël Burch, Porter, or Ambivalence, in: Screen 19 (Winter 1978/79), 91–105, and other essays partly collected in: Life to Those Shadows, ed. & trans. Ben Brewster. Berkeley, CA/Los Angeles 1990; Tom Gunning, The Cinema of Attraction[s], in: Wide Angle 8 (1983), 4–15; Charles Musser, The Emergence of Cinema: The American Screen to 1906. New York 1990; Kristin Thompson, Part 3 of David Bordwell/Janet Staiger/Kristin Thompson, The Classical Hollywood Cinema: Film Style and Mode of Production to 1960. New York 1985; as well as essays reprinted and introduced by Thomas Elsaesser in Thomas Elsaesser/Adam Barker (eds.), Early Cinema: Space, Frame, Narrative. London 1990. Also see Miriam Hansen, Babel and Babylon: Spectatorship in American Silent Film. Cambridge, MA, 1991, chaps. 1–3.

Amerikanisierung: Traum und Alptraum im Deutschland des 20. Jahrhunderts. Hrsg. v. Alf Lüdtke, Inge Marßolek und Adelheid von Saldern. (Transatlantische Historische Studien, Bd.6.) © 1996 by Franz Steiner Verlag Stuttgart.

more narrowly defined institutional approach to a cross-disciplinary inquiry into modernity, aiming to situate the cinema within a larger set of social, economic, political and cultural transformations.

In the measure in which historians have uncoupled early cinema from the evolutionist and teleological narratives of classical film history, studies of cinema and modernity have gravitated toward the nineteenth century. More specifically, there is a tendency to situate the cinema in the context of "modern life", prototypically observed by Baudelaire in nineteenth-century Paris. In this context, the cinema figures as part of the violent restructuration of human perception and interaction effected by industrial-capitalist modes of production and exchange; by modern technologies such as trains, photography, electric lighting, telegraph and telephone; and by the large-scale construction of metropolitan streets populated with anonymous crowds, prostitutes and not-quite-so anonymous *flaneurs*. Likewise, the cinema appears as part of an emerging culture of consumption and spectacular display, ranging from World Expositions and department stores to the more sinister attractions of melodrama, phantasmagoria, wax museums and morgues, a culture marked by an accelerated proliferation—hence also accelerated ephemerality and obsolescence—of sensations, fashions and styles.

These contexts give us considerable purchase on understanding the ways in which modernity realized itself in and through the cinema, whether early cinema in particular or the cinematic institution in general. They elucidate, for instance, how the cinema not only epitomized a new stage in the ascendance of the visual as a social and cultural discourse but also responded to an ongoing crisis of vision and visibility.[3] They account for the cinema's enormous appeal in terms of a structural "mobilization of the gaze"—which transmutes the traumatic upheaval of temporal and spatial coordinates, not just into visual pleasure, but into a "*flânerie* through an imaginary elsewhere and an imaginary elsewhen".[4] They complicate assumptions about the sexual and gender dynamics of the gaze predicated on the model of classical cinema by tracing detours and ambivalences in the development of female consumption. Moreover, once we locate the cinema within a history of sense perception in modernity, in particular the spiral of shock, stimuli protection, and ever greater sensations ("reality!"), we can recast the debate on spectatorship in more specific historical and political terms.[5]

---

3 Tom Gunning, Tracing the Individual Body: Photography, Detectives, Early Cinema and the Body of Modernity, in: Leo Charney and Vanessa Schwartz (eds.), Cinema and the Invention of Modern Life (forthcoming). Also see Jonathan Crary, Techniques of the Observer: On Vision and Modernity in the Nineteenth Century. Cambridge, MA, 1990.
4 Anne Friedberg, Window Shopping: Cinema and the Postmodern. Berkeley, CA/Los Angeles 1993, 2 and passim; also see Stephen Kern, The Culture of Time and Space. Cambridge, MA, 1983; and David Harvey, Time-Space Compression and the Rise of Modernism as a Cultural Force, in: id., The Condition of Postmodernity. Oxford/Cambridge, MA, 1989.
5 Susan Buck-Morss, Aesthetics and Anaesthetics: Walter Benjamin's Artwork Essay Reconsidered, 62 (Fall 1992), 3–41. Also see Vanessa Schwartz, Cinema Before the Apparatus: The Public Taste for Reality in *Fin-de-siècle* Paris, in: Charney/Schwartz (eds.), Cinema and the Invention of Modern Life.

But I am interested here in what this genealogy of cinema and modernity tends to leave out: the twentieth century—the modernity of mass production, mass consumption and mass annihilation, of rationalization, standardization and media publics. I wish in no way to contest the legitimacy and value of anchoring the cinema's modernity in the mid- to late-nineteenth century, but find something symptomatic in the ease with which so many studies seem to speak from one *fin de siècle* to another. What is at issue here is not just the choice of focus on different periods or stages of modernity, but the status of competing or alternative versions of modernism, as the cultural discourses co-articulated with modernity and processes of modernization.[6] In this competition, the eclipse of the twentieth century is not limited to cinema studies. Marshall Berman, for instance, explicitly endorses a Baudelairean vision of modernity, which he dubs "modernism in the streets", making it part of a cultural-political program for the present. As Berman proclaims: "It may turn out, then, that . . . remembering the modernisms of the nineteenth century can give us the vision and courage to create the modernisms of the twenty-first."[7]

Despite Berman's polemical stance against postmodernism, this is quite a postmodern gesture. Not only because of its patent nostalgia, but also because the very notion that there is more than one modernity, and that modernism can, and should, be used in the plural, only emerged with the passing of the modern as, to use Jameson's term, a "cultural dominant".[8] It became possible to think that way, among other things, with the decline of Fordist industrialism and the end of the Cold War; with the increased presence of marginalized social groups and cultures in institutions of art, literature and the academy; with the emergence of a global perspective that highlights modernism and modernity as specifically Western

---

6 If we take modernism, in the widest sense, to refer to the articulated intellectual, artistic, political responses to modernity and to processes of modernization (and to some extent their planned implementation), then the distinction between the terms can only be a sliding one: Baudelaire, to stick to the example, did not simply record the phenomena he perceived as saliently new and different in modern life but wrote them into significance—and, as a new type of literary intellectual, was also part of them. Nonetheless, it seems important not to collapse the two terms if we wish to maintain the heuristic claim that modernity comprises the material conditions of living (regardless of what intellectuals thought about them) as well as the general social horizon of experience, that is, the organization of public life as the matrix in which a wide variety of constituencies related to these living conditions and to each other, did or did not have access to representation and power. The literature on modernity and modernism is too vast to list here; Harvey, Condition of Postmodernity, chap. 2, offers an original, if often unreliable, summary. For a lucid contribution to the debate see Andreas Huyssen, After the Great Divide: Modernism, Mass Culture, Postmodernism. Bloomington, IN, 1986.
7 Marshall Berman, All That Is Solid Melts Into Air: The Experience of Modernity. [1982]; Harmondsworth: Penguin, 1988, 36; also see ibid., 171. For another attempt to retrieve an alternative, pre-classical modernism (in *fin-de-siècle* Orientalism, hedonism, androgyny, and decorative design), see Peter Wollen, Out of the Past: Fashion/Orientalism/The Body, in: id., Raiding the Icebox: Reflections on Twentieth-century Culture. Bloomington, IN, 1993.
8 Fredric Jameson, Postmodernism, or, The Cultural Logic of Capitalism. Durham, NC, 1991.

phenomena, tied to a history of imperialism and masculinism. In the wake of these multiple, staggered and interlinked shifts, it became possible to question the hegemony of modernism in the singular—a modernism that, its own attacks on the Enlightenment legacy notwithstanding, reinscribed the universalist therapies of the latter with the ostensibly unitary and value-free truths of technology and instrumental rationality. The critique of this hegemonic modernism casts a wide net, branching out from the narrowly defined modernism of literature and art into architecture, urban planning, philosophy, economy, sociology and social engineering. It traces the same utopian fallacies in functionalism, neo-positivism and behaviorism; in LeCorbusier and the Bauhaus; in abstract and constructivist art as well as the monumental murals of Diego Rivera; in Sergei Tretyakov and Bertolt Brecht as well as Ezra Pound and Wyndham Lewis; in political positions ranging from leftist Fordism to neo-classicist elitism.[9]

Whether motivated by postmodern critique or the search for alternative traditions of modernity, this attack on hegemonic modernism runs the risk of unwittingly reproducing the same epistemic totalitarianism that it seeks to displace. For one thing, it reduces the contradictory and heterogeneous aspects of twentieth-century modernisms to the claims of one dominant paradigm or, rather, the positions of a particular, canonical set of modernist intellectuals. For another, this attack collapses the discourse of modernism with the discourses of modernity, however mediated the two may be. That is, the critical fixation on hegemonic modernism to some extent undercuts the effort to open up the discussion of modernism from the traditional preoccupation with artistic and intellectual movements and to understand the latter as inseparable from the political, economic and social processes of modernity and modernization, including the development of mass and media culture. In other words, the attack on hegemonic modernism tends to occlude the material conditions of everyday modernity that distinguish living in the twentieth century from living in the nineteenth, at least for large populations in Western Europe and the United States.

If we want to make the juncture of cinema and modernity productive for the present debate, we need to grant twentieth-century modernity the same attention toward heterogeneity, non-synchronicity and contradiction that is currently being devoted to earlier phases of modernity. In principle, that is—since the attempt to reduce and control these dimensions is undeniably a salient feature of hegemonic modernism in so many areas. Still, if we seek to locate the cinema within the transformations of the life-world specific to the twentieth century, in particular the first half, we cannot conflate these transformations with, say, the *tabula rasa* visions imposed upon them in the name of an aesthetics and ideology of the machine. Modernist architecture and urban planning, for instance, may have had

9 See, for instance, Berman's attack on the modernism of the "highway" in Berman, All That Is Solid, 164ff.; Harvey, Condition of Postmodernity, part I; Wollen, Modern Times: Cinema/Americanism/The Robot, in: id., Raiding the Icebox; also see Miriam Hansen, Ezra Pounds frühe Poetik und Kulturkritik zwischen Aufklärung und Avantgarde. Stuttgart 1979, part I.

a tremendous, and perhaps detrimental, impact on people's lives, but it would be a mistake simply to equate modernist intention and actual social use.[10] Similarly, classical cinema may have been running on Fordist-Taylorist principles of industrial organization, functionally combined with neo-classicist norms of film style; but the systematic standardization of narrative form and spectatorial response cannot fully account for the *cultural* formation of cinema, for the actual theater experience and locally and historically variable dynamics of reception.[11]

Yet, conceiving of the relation between hegemonic modernism and modern lifeworld as an opposition may be as misleading as prematurely casting it in terms of an argument about reception, resistance and reappropriation. We should not underrate the extent to which modernism was also a popular or, more precisely, a mass movement. Whether the promises of modernization turned out to be ideological, unfulfilled, or both, there were enough people who stood to gain from the universal implementation of at least formally guaranteed political rights; from a system of mass production that was coupled with mass consumption (that is, widespread affordability of consumer goods); from a general improvement of living conditions enabled by actual advances in science and technology; and from the erosion of longstanding social, sexual and cultural hierarchies. To be sure, these promises have become staples of Western capitalist mythology and have in many ways contributed to maintaining relations of subordination in the West and in other parts of the world. But if we want to understand what was radically new and different in twentieth-century modernity, we also need to reconstruct the liberatory appeal of the "modern" for a mass public—a public that was itself both product and casuality of the modernization process.

From this perspective, the cinema was not just one among a number of perceptual technologies, nor even the culmination of a particular logic of the gaze; it was above all (at least until the rise of television) the single most expansive discursive horizon in which the effects of modernity were reflected, rejected or denied, transmuted or negotiated. It was both part and prominent symptom of the crisis as which modernity was perceived, and at the same time evolved into a social discourse in which a wide variety of groups sought to come to terms with the traumatic impact of modernization. This reflexive dimension of cinema, its dimension

---

10   See, for instance, recent studies devoted to urban housing estates built in Weimar Germany and their reception, that is, the actual living practices developed by their largely working-class inhabitants: Adelheid von Saldern, Neues Wohnen, Wohnverhältnisse und Wohnverhalten in Großwohnanlagen der 20er Jahre, in: Axel Schildt/Arnold Sywottek (eds.), Massenwohnung und Eigenheim: Wohnungsbau und Wohnen in der Großstadt seit dem Ersten Weltkrieg. Frankfurt a.M./New York, 1988, 201–221; id., The Workers' Movement and Cultural Patterns on Urban Housing Estates and in Rural Settlements in Germany and Austria During the 1920s, in: Social History 15 (1990), 333–354.

11   On classical cinema and Fordist-Taylorist modes of production, see Janet Staiger, part II of Bordwell/Staiger/Thompson, Classical Hollywood Cinema. On the significance of cultural formations of reception, see Hansen, Babel and Babylon, 87–98; also ibid., chaps. 3, 11 and 12.

of *publicness*, was recognized by intellectuals early on, whether they celebrated the cinema's emancipatory potential or, in alliance with the forces of censorship and reform, sought to contain and control it, adapting the cinema to the standards of high culture and the restoration of the bourgeois public sphere.[12]

In the following, I will elaborate on the juncture of cinema and modernity through the writings of Siegfried Kracauer and, by way of comparison, Walter Benjamin, both approximately the same age as the emerging cinema and both acutely aware of the key role the new medium was playing in the struggle over the meanings of modernity. Both were writing in Weimar Germany, which itself has become a topos of classical modernity in—and as—crisis, as a period that rehearsed the contradictions of modernization in belated and accelerated form.[13] Kracauer and Benjamin were friends and read and reviewed each others' writings; if their correspondence is relatively slim, it is because more frequently they saw each other and talked, especially during their common exile in Paris and, later, Marseille.[14] Neither of them held an academic position: Benjamin worked on a freelance basis for various literary journals and the radio; Kracauer wrote for and (from 1924 on) was an editor of the *Frankfurter Zeitung*, a liberal daily that Ernst Bloch once referred to as the "Urblatt der Gediegenheit".[15]

---

12 These attempts were particularly strong in the German case; see Anton Kaes, Literary Intellectuals and the Cinema: Charting a Controversy, in: New German Critique 40 (Winter 1987), 7-33, and texts collected in ders., (ed.), Kino-Debatte: Texte zum Verhältnis von Literatur und Film 1909-1929. Tübingen 1978; Ludwig Greve et al. (eds)., Hätte ich das Kino! Schriftsteller und der Stummfilm. Stuttgart 1976; Fritz Güttinger, Kein Tag ohne Kino: Schriftsteller über den Stummfilm. Frankfurt a.M. 1984; Heinz-B. Heller, Literarische Intelligenz und Film. Tübingen 1985.
13 Detlev J. K. Peukert, Die Weimarer Republik. Frankfurt a.M. 1987, 11f.
14 The letters collected in Walter Benjamin, Briefe an Siegfried Kracauer (Marbach 1987), suggest a generous, mutually respecting relationship; the difficulties of that relationship—rivalry, paranoia, imbalance of power as long as Kracauer was in charge of the review section of the most prestigious daily paper, an increasingly condescending attitude toward him once he was demoted—rather emerge from their correspondence with other friends, in particular Theodor W. Adorno, Leo Löwenthal and Gershom Scholem. For some of these personal-intellectual constellations, see Martin Jay, Permanent Exiles: Essays on the Intellectual Migration from Germany to America. New York 1985; also see Klaus Michael, Vor dem Café: Walter Benjamin und Siegfried Kracauer in Marseille, in: Michael Opitz/ Erdmut Wizisla (eds.), Aber ein Sturm weht vom Paradise her: Texte zu Walter Benjamin. Leipzig 1992, 203-221.
15 On Kracauer's position in the *Frankfurter Zeitung*, see Thomas Y. Levin, foreword to Siegfried Kracauer, The Mass Ornament. Cambridge, MA, 1994; and Andreas Volk, Siegfried Kracauer in der "Frankfurter Zeitung": Ein Forschungsbericht, in: Soziographie (Schweizer Gesellschaft für Soziologie) 4 (1991), 43–69. On the 1929 sell-out of the paper to IG Farben and its political consequences, see Wolfgang Schivelbusch, Intellektuellendämmerung: Zur Lage der Frankfurter Intelligenz in den zwanziger Jahren. Frankfurt a.M. 1985, 55–76; and Uwe Pralle, Eine Titanic bürgerlichen Geistes: Ansichten der "Frankfurter Zeitung", Frankfurter Rundschau, 20 Jan. 1990, ZB3. On the conception of the Feuilleton as a critical, "enlightening" address to the Weimar public, see Almut Todorow,

My discussion will focus on Kracauer, whose major writings on cinema, mass culture and everyday life (hundreds of articles and reviews dating from the interwar period) are less widely known than Benjamin's few canonized texts relating to the topic. If the latter are treated in a more critical tone, this has less to do with the texts themselves than with their reception, in particular the way Benjamin's historico-philosophical construction of Baudelaire's Paris is used to elide the specifically twentieth-century dimensions of both cinema and modernity. Obviously, one cannot simply align Benjamin with a nineteenth-century genealogy of modernity and Kracauer by contrast with one predicated on the twentieth. Benjamin explicitly derived his construction from an analysis of the crisis of the present (and his Artwork Essay as a telescope connecting the two sites)[16], and Kracauer, conversely, also turned to the nineteenth century, notably with his "social biography" of Jacques Offenbach, in which he analyzed the genre of the operetta as a prototype of the institution of cinema.[17] Nonetheless, the bulk of Kracauer's Weimar writing is engaged with twentieth-century modernity and thus, on a rather basic level, offers a wealth of observations and reflections on cinema and mass culture that we do not find in Benjamin.[18] On the basis of his persistent reflexive-empirical engagement with contemporary reality, Kracauer represents an early attempt to conceptualize different types of modernity or competing modernities. I will try to delineate these competing modernities in Kracauer's work, referring to them in terms of his own "thought-images" of, respectively, America, Paris and the Alps.

DISCOVERING "AMERIKA"

Sie glauben, daß Amerika erst verschwinde, wenn es ganz sich entdeckt.
Kracauer, Der Künstler in dieser Zeit (1925)

In both retrospective and contemporary accounts of Weimar culture, the cinema's status as a privileged figure of modern life is often associated with the discourse

---

"Wollten die Eintagsfliegen in den Rang höherer Insekten aufsteigen?": Die Feuilletonkonzeption der Frankfurter Zeitung während der Weimarer Republik im redaktionellen Selbstverständnis, in: Deutsche Vierteljahresschrift 62 (1988), 697–740.
16 See Walter Benjamin, letter to Werner Kraft, 28 Oct. 1935, in: Walter Benjamin, Gesammelte Schriften [hereafter GS]. ed. by Rolf Tiedemann and Hermann Schweppenhäuser. 7 vols. Frankfurt a.M. 1974–1989, V, 1151.
17 Siegfried Kracauer, Jacques Offenbach und das Paris seiner Zeit [1937]; Offenbach and the Paris of his Time, trans. Gwenda David and Eric Mosbacher. London 1937.
18 Kracauer himself noted this disjunction of cognitive interests and urged Benjamin, in a review of the latter's Origin of German Tragic Drama and Einbahnstraße, to apply the "Baroque book's method of dissociating immediately experienced unities" to an analysis of contemporary reality. Siegfried Kracauer, Zu den Schriften Walter Benjamins, Frankfurter Zeitung [hereafter FZ], 15 July 1928, in: Siegfried Kracauer, Schriften, vol. 5 in 3 parts. ed. by Inka Mülder-Bach. Frankfurt a.M. 1990, vol. 5.2, 119–124, 122f.; previously republished in Kracauer's own collection of his Weimar essays: Das Ornament der Masse. Frankfurt a.M. 1963 [Kracauer, OdM].

of Americanism, the invocation of "Amerika" as metaphor and model of a disenchanted modernity. This term encompassed everything from Fordist-Taylorist principles of production—mechanization, standardization, rationalization, efficiency, the assembly line—and attendant standards of mass consumption; through new forms of social organization, freedom from tradition, social mobility, mass democracy and a "new matriarchy"; to the cultural symbols of the new era—skyscrapers, jazz ("Negermusik"), boxing, revues, radio, cinema. Whatever its particular articulation (not to mention its actual relation to the United States), the discourse of Americanism became a catalyst for the debate on modernity and modernization, polarized into cultural conservative battle-cries or jeremiads on the one hand and euphoric hymns to technological progress or resigned acceptance on the other. Among the latter, the political faultlines ran between those who found in the Fordist gospel a solution to the ills of capitalism and a harmonious path to democracy (cf. the contemporary concept of "white socialism") and those who believed that modern technology, and technologically-based modes of production and consumption, furnished the conditions, but only the conditions, for a truly proletarian revolution (cf. "left Fordism").[19]

In the first years of the republic, the association of cinema and Americanism was by no means established, at least not until the implementation of the Dawes Plan beginning 1924 and with it a large-scale campaign of industrial rationalization according to Ford and Taylor; around the same time, and for related reasons, Hollywood consolidated its hegemony on the German market. In a report for the *Frankfurter Zeitung* on a conference of the Deutsche Werkbund in July 1924, Kracauer presents this gathering of designers, industrialists, educators and politicians as a site of missed connections. The conference was devoted to two main topics, "the fact of Americanism which seems to advance like a natural force", and the "artistic significance of the fiction film".[20] Before going into details, Kracauer observes a major failure to connect in the speakers' basic approach to Americanism: They went all out to explore its "total spiritual dis-

---

19   For a sample of Weimar texts on Americanism, see: Anton Kaes (ed.), Weimarer Republik: Manifeste und Dokumente zur deutschen Literatur 1918–1933. Stuttgart 1983, 265–286, partly overlapping with: Anton Kaes/Martin Jay/Edward Dimendberg (eds.), The Weimar Sourcebook. Berkeley, CA/Los Angeles 1994, chap. 15. For a survey, see Frank Trommler, The Rise and Fall of Americanism in Germany, in: Frank Trommler/Joseph McVeigh (eds.), America and the Germans: An Assessment of a Three-Hundred-Year History. 2 vols. Philadelphia 1985, vol. 2, 332–342. Also see Helmut Lethen, Neue Sachlichkeit 1924–1932: Studien zur Literatur des "Weißen Sozialismus". Stuttgart 1970; Erhard Schütz, Romane der Weimarer Republik. Munich 1986, 70ff.; Peukert, Weimarer Republik, 178–190. On the juncture of cinema and Americanism, see Thomas J. Saunders, Hollywood in Berlin: American Cinema and Weimar Germany. Berkeley, CA/Los Angeles 1994. On "left Fordism", see Wollen, Cinema/Americanism/The Robot. My theoretical approach to Americanism is indebted to Victoria de Grazia, in particular: Americanism for Export, in: Wedge 7–8 (Winter–Spring 1985), 74–81.

20   Kr. [Kracauer], Die Tagung des Deutschen Werkbunds, in: FZ, 29 July 1924. (Translations, unless otherwise noted, are mine.)

position" but, true to the Werkbund's professed status as an "apolitical organization", they left the "economic and political pre-conditions upon which rationalization . . . is based substantially untouched". While the proponents and critics of rationalization seemed to articulate their positions with great conviction and ostensible clarity, the second topic remained shrouded in confusion. "Merkwürdig genug verhielt man sich im allgemeinen, vielleicht aus tiefwurzelnden Vorurteilen heraus, dem Problem des Films gegenüber viel befangener und stimmungsmäßiger als dem Faktum der Mechanisierung, obwohl doch beide Phänomene: der Amerikanismus und die Filmkomposition durchaus der gleichen Sphäre des Oberflächenlebens angehören."

In an often quoted passage of his semi-autobiographical novel *Ginster*, Kracauer has the protagonist and his friend Otto debate questions of scientific methodology. While Otto proposes a method that emphasizes "secondary matters" (*Nebensachen*) and "hidden paths" (*Schleichwege*) so as to arrive at "scientifically cogent hypotheses", Ginster does not believe that the point is even to reconstruct an "original reality": "Kolumbus mußte nach seiner Theorie in Indien landen; er entdeckte Amerika. Eine Hypothese ist nur unter der Bedingung tauglich, daß sie das beabsichtigte Ziel verfehlt, um ein anderes, unbekanntes zu erreichen."[21] The choice of example is no coincidence. The episode not only illustrates Kracauer's own approach to "reality"[22], but also his peculiar engagement with "Amerika", with capitalist-industrial, mass-mediated modernity.

Kracauer's writings prior to the mid-1920s by and large participate in the period's culturally pessimistic discourse on modernity.[23] Within a predominantly philosophical and theological framework, modernity appears as the endpoint of a historical process of disintegration, an evacuation of meaning from life, a dis-

---

21 [Siegfried Kracauer] Ginster: Von ihm selbst geschrieben [1928], in: Schriften, vol. 7. ed. Karsten Witte. Frankfurt a.M. 1973, 34.
22 Kracauer's concept of "reality" is often characterized with reference to two programmatic statements from his article series on white collar workers, *Die Angestellten* (1929/30): "Only from its extremes can reality be opened up", and "A hundred reports from a factory do not add up to the reality of this factory, but will always remain that, a hundred views of a factory. Reality is a construction." Schriften, vol. 1. Frankfurt a.M. 1978, 207, 216. This empirico-skeptical concept of reality is important to bear in mind in reading Kracauer's late *Theory of Film* (1960), subtitled *The Redemption of Physical Reality*. On Kracauer's "realism", see Heide Schlüpmann, Phenomenology of Film: On Siegfried Kracauer's Writings of the 1920s, in: New German Critique 40 (Winter 1987), 97–114; dies., The Subject of Survival: On Kracauer's Theory of Film, in: ibid. 54 (Fall 1991), 111–126; and Miriam Hansen, "With Skin and Hair": Kracauer's Theory of Film, Marseille 1940, in: Critical Inquiry 19 (Spring 1993), 437–469.
23 On this phase of Kracauer's writing see Inka Mülder's pioneering study: Siegfried Kracauer—Grenzgänger zwischen Theorie und Literatur: Seine frühen Schriften 1913–1933. Stuttgart 1985, part I; Michael Schröter, Weltzerfall und Rekonstruktion: Zur Physiognomik Siegfried Kracauers, in: Text and Kritik 68 (1980), 18–40; also see David Frisby, Fragments of Modernity: Theories of Modernity in the Work of Simmel, Kracauer and Benjamin. Cambridge, MA, 1986, chap. 3.

sociation of truth and existence which has thrown the atomized individual into a state of "transcendental homelessness" (Lukács' "transzendentale Obdachlosigkeit"). Drawing on contemporary sociology, in particular Simmel, Scheler and Weber, Kracauer sees this process linked to the unfolding of a progressively instrumentalized *ratio*, of abstract, formal reason detached from human contingency, which incarnates itself in capitalist economy and the corresponding ideal of "a thoroughly rationalized civilized society" ("Gesellschaft" as opposed to "Gemeinschaft").[24]

It is significant that Kracauer elaborates his early metaphysics of modernity in a treatise on the detective novel, a genre of popular fiction which thrived on serial production and which in Germany occupied a lower rank on the ladder of cultural values than in England or France.[25] Kracauer reads this genre, not from the outside, as a sociological symptom, but as an allegory of contemporary life: "Wie der Detektiv das zwischen den Menschen vergrabene Geheimnis aufdeckt, so erschließt der Detektiv-Roman im ästhetischen Medium das Geheimnis der entwirklichten Gesellschaft und ihrer substanzlosen Marionetten." It thus transforms, by virtue of its construction, "incomprehensible life" into a "counter-image" of reality (116–17), a "distorted mirror" *("Zerrspiegel")* in which the world can begin to read its own features. When, around 1924, Kracauer begins to develop a theoretical interest in film, it is motivated in similar terms. Because of its formal capacities of displacement and estrangement, he argues then, film is singularly suited to capture a "disintegrating world without substance"; it therefore fulfils a cognitive, diagnostic function vis-à-vis modern life more truthfully than most works of high art.[26] Kracauer's turn to the "surface", to a topography of the ephemeral, culturally despised products of the period, is thus already programmed into his early

---

24 Siegfried Kracauer, Der Detektiv-Roman, in: Schriften, vol. 1, 105. The phrase "transcendental homelessness" comes from Georg Lukács' *Theory of the Novel* (1920) which Kracauer reviewed twice; see the longer version: Georg von Lukács' Romantheorie, in: Neue Blätter für Kunst und Literatur 4/1 (1921/22), reprinted in: Schriften, vol. 5.1, 117–123. The opposition of "Gemeinschaft" and "Gesellschaft", notably coined by Ferdinand Tönnies in 1886 (corresponding to oppositions of "culture" vs. "civilization" and "unity" vs. "distraction" *[Zerstreuung]*), was still highly popular after World War One and part of the anti-Americanist repertoire. Also see Kracauer's epistemological inquiry: Soziologie als Wissenschaft (1922), in: Schriften, vol. 1, and his important programmatic essay: Die Wartenden, FZ, 12 March 1922, in: ibid., vol. 5.1, 160–170 (also in OdM).

25 This treatise was written between 1922 and 1925 but not published until 1971, in vol. 1 of the still incomplete edition of Kracauer's selected writings *(Schriften)*. A version of the introduction was published under the title "Die Hotelhalle" (The Hotel Lobby) in OdM 157–170. For a summary, see David Frisby, Zwischen den Sphären: Siegfried Kracauer und der Detektivroman, in: Michael Kessler/Thomas Y. Levin (eds.), Siegfried Kracauer: Neue Interpretationen. Tübingen 1990, 39–58.

26 See Miriam Hansen, Decentric Perspectives: Kracauer's Early Writings on Film and Mass Culture, in: New German Critique 54 (Fall 1991), 47–76. The relevant texts are, among others, Kracauer's reviews of *Die Straße* (Karl Grune, 1923), FZ, 3–4 Feb. 1924, and his discussion of that film in another programmatic essay, "Der Künstler in dieser Zeit", Der Morgen 1/1 (April 1925), in: Schriften, vol. 5.1, 300–308.

metaphysics of modernity, the eschatologically tinged project of registering the historical process in all its negativity.[27]

For Kracauer, following his teacher Simmel, the fascination with the surface phenomena of modern life was simultaneously a rejection of the discipline of philosophy, in particular the tradition of German idealist philosophy: theoretical thinking schooled in that tradition was increasingly incapable of grasping a changed and changing reality, a "reality filled with corporeal things and people" ("die von leibhaftigen Dingen und Menschen erfüllt ist").[28] Accordingly, Kracauer's despair over the direction of the historical process turns into a despair over the lack of a heuristic discourse, over the fact that "the objectively-curious *[das Objektiv-Neugierige]* lacks a countenance *[Antlitz]*."[29] Like many of his generation, Kracauer sought such a heuristic discourse in the writings of Marx and contemporary Marxist theory which he began to read, intensely if idiosyncratically, around 1925/26. But if his own writings began to take a materialist turn during those years, it was also because actual developments in the discourse of modernization were demanding a different approach.

With the introduction of Fordist-Taylorist principles of production in both industry and the service sector and the accompanying spread of cultural forms of mass consumption, the very categories developed to comprehend the logics of modernity—"rationalization", "demythologization", "alienation", "reification"— gained a new dimension; the *ratio* assumed a more concrete, and more complex and contradictory, face. To be sure, there had been experiments in and debates on rationalization before the advent of Americanism, in fact before World War I. And while there was a distinct push for Fordist-Taylorist methods in the mid-twenties, it did not happen everywhere and at the same pace.[30] Yet even if thorough rationalization remained largely an aspiration and the discourse on its effects often lapsed into myth, it nonetheless assumed a powerful reality—in urban planning and architecture, in social engineering, in new cultural practices of living and leisure that Kracauer perceived as insufficiently grasped by prevailing accounts of modernity.

---

27 Hansen, Decentric Perspectives, 51ff. The theological, that is, Jewish-Messianic and Gnostic, underpinnings of Kracauer's writing never quite disappear; among other things, they subtend the concept of *Rettung*, or redemption, in his later *Theory of Film* (1940-1960). For a slightly different reading of Kracauer's turn to the "surface", see Inka Mülder-Bach, Der Umschlag der Negativität: Zur Verschränkung von Phänomenologie, Geschichtsphilosophie und Filmästhetik in Siegfried Kracauers Metaphorik der "Oberfläche", in: Deutsche Vierteljahresschrift 61/2 (1987), 359–373.

28 Kracauer, Die Wartenden, 169. The rejection of philosophy, which marks Benjamin's development as well, was pervasive among German intellectuals during the post-war years; see, for instance, Margarete Susman, Exodus aus der Philosophie, FZ, 17 June 1921. On Kracauer's anti-philosophical turn, see Eckhardt Köhn, Straßenrausch: Flanerie und kleine Form: Versuch zur Literaturgeschichte des Flaneurs bis 1933. Berlin 1989, 225–230.

29 Kracauer, Künstler in dieser Zeit, 304.

30 See Alf Lüdtke, Eigen-Sinn: Fabrikalltag, Arbeitererfahrung und Politik vom Kaiserreich bis in den Faschismus. Hamburg 1993, 244–254.

It was not that the critique of Western rationality ignored capitalist modes of production and exchange. But, for Kracauer, this critique itself remained marooned in the abstractions of transcendental philosophy because it posited the *ratio* as a transhistorical, ontological category of which the current phase of capitalism was just a particular, inevitable and unalterable, incarnation. He extended this reproach even to Georg Lukács, whose *History and Class Consciousness* (1923) had persuasively fused Weber's theory of rationalization with Marx's theory of commodity fetishism and thus provided a major impulse for Critical Theory.[31] Kracauer not only rejected Lukács's notion of the proletariat as both object and subject of a Hegelian dialectics of history; he also balked at the conception of reality as a totality that the theoretical intellect presumed to know from a position outside or above. For Kracauer, the recognition of the historical process required the construction of categories from within the material; bringing Marx up to date demanded a "dissociation *[Dissoziierung]* of Marxism in the direction of the realities."[32]

Kracauer's own dissociation into the realities of modern life can be seen, at the most obvious level, in his choice of topics and areas. Beginning around 1925, his articles increasingly revolve around sites and symptoms of change: quotidian objects (the typewriter, inkwells, umbrellas, pianellas); spaces (metropolitan streets, squares and architecture, arcades, bars, department stores, train stations, subways, homeless shelters, unemployment offices); media (photography, illustrated magazines, film), rituals and institutions of a new and changing leisure culture (tourism, dance, sports, cinema, circus, variety shows, amusement parks). As remarkable as the range of topics is the change of tone and differentiation of stance in Kracauer's writing. Although the critique of the capitalist grounding of modernization continues—and becomes fiercer by the end of the decade—the metaphysically based pessimistic and normative attitude recedes in favor of an "uncertain, hesitant affirmation of the civilizing process". "Diese ungewisse, zögernde Bestätigung des Zivilisatorischen", Kracauer concludes in his essay on "Travel and Dance" ("Die Reise und der Tanz"),

> ist wirklicher als ein radikaler Fortschrittskult, sei er nun rationaler Herkunft oder ziele er ungebrochen auf das Utopische hin, wirklicher aber auch als die Verdammungen derer, die romantisch der ihnen angewiesenen Situation entfliehen. Sie harrt der Verheißungen,

---

31 Martin Jay, The Dialectical Imagination: A History of the Frankfurt School and the Institute of Social Research, 1923-1950. Boston/Toronto 1973, 174 and passim; Eugene Lunn, Marxism and Modernism: An Historical Study of Lukács, Brecht, Benjamin and Adorno. Berkeley, CA/Los Angeles 1982, 188f., 198f.; Rolf Wiggershaus, Die Frankfurter Schule: Geschichte, Theoretische Entwicklung, Politische Bedeutung. Munich 1986, 95-97; Frisby, Fragments, 123f. On Kracauer's radicalization of Simmel and the anti-idealist pathos of *Lebensphilosophie*, see Rolf Wiggershaus, Ein abgrundtiefer Realist: Siegfried Kracauer, die Aktualisierung des Marxismus und das Institut für Sozialforschung, in: Kessler/Levin (eds.), Siegfried Kracauer, 284-295.
32 Kracauer, letter to Ernst Bloch, 27 May 1926, in: Ernst Bloch, Briefe 1903-1975, ed. Karola Bloch et al. Frankfurt a.M. 1985, Bd.1, 273.

ohne der Aussage sich zu begeben, sie begreift die Phänomene, die sich von ihrem Grund emanzipiert haben, nicht nur abschlußhaft als Entstellungen und verzerrten Widerschein, sondern gesteht ihnen eigene positive Möglichkeiten zu.[33]

What particular possibilities did Kracauer perceive in the cultural manifestations of Americanism? What in this particular regime of modernization was specifically new and potentially liberatory? While Kracauer still occasionally deplores the "machine-like" quality of modern existence, he begins to be fascinated by new entertainment forms that turn the "fusion of people and things" into a creative principle. He first observes this principle at work in the live musical revues that were sweeping across German vaudeville stages: "Das Lebendige wird dem Mechanischen angenähert, das Mechanische gebärdet sich lebendig."[34] With an enthusiasm that sounds unusually close to the discourse of "white socialism", Kracauer reports on the Frankfurt performance of the Tiller Girls (actually a British troupe) whose tour inaugurates the "American age" in Germany:

> Was sie [die Tiller Girls] leisten ist unerhörte Präzisionsarbeit, entzückender Taylorismus der Arme und Beine, mechanisierte Grazie. Sie rasseln mit dem Tambourin, sie exerzieren nach Jazzmusik, sie kommen als blaue Junges daher: alles auf einen Schlag, die reine Zwölfeinigkeit. Technik, deren Anmut verführt, Anmut, die geschlechtslos ist, weil sie auf die Freude an Exaktheit sich gründet. Eine Darstellung amerikanischer Tugenden, ein Flirt nach der Stoppuhr.[35]

Kracauer's pleasure in precision does not rest on an aesthetics of technology, but on the social and sexual configurations this aesthetics may yield. In the planned economy of the revue, the pay-off of standardization is a sensual manifestation of collective behavior, a vision—or mirage—of equality, cooperation and solidarity. It is also a vision of gender mobility (girls dressed up as sailors), if precariously close to a retreat from sexuality. Still, Kracauer conveys a glimpse of a different organization of social and gender relations—different at least from the patriarchal order of the Wilhelmine family and standards of sexual difference that clashed with both the reality of working women and Kracauer's own gay sensibility.[36]

---

33 Kracauer, Die Reise und der Tanz, FZ, 15 March 1925, in: Schriften, vol. 5.1, 295 (also in OdM).
34 Rac [Kracauer], Schumann-Theater, FZ, Stadt-Blatt, 4 March 1925.
35 Raca [Kracauer], Die Revue im Schumann-Theater, FZ, Stadt-Blatt, 19 May 1925. This review notes approvingly the American influence on German variety stages and by contrast excoriates the retrograde style of the Germanic numbers. Kracauer elaborates on the bad alliance of revue genre and patriotism, militarism, maternal femininity, high culture (the *Tannhäuser* overture with lighting effects) and Viennese *Gemüt* in: Die Revuen, FZ, 11 Dec. 1925, in: Schriften, vol. 5.1, 338–342; every item is punctuated with the stereotypical phrase, "In the age of technology". In this remarkable essay, the Tiller Girls too fall prey to Kracauer's scathing critique (340). After the 1929 Crash, Kracauer emphasizes the illusory, now anachronistic and "spook-like" character of American-style revues as a "simile become flesh" of economic prosperity: Girls und Krise, FZ, 26 May 1931, in: Schriften, vol. 5.22, 320–322.
36 On Kracauer's gender politics, see Heide Schlüpmann, Die nebensächliche Frau: Geschlechterdifferenz in Siegfried Kracauers Essayistik der zwanziger Jahre, in: Feministische Studien

The Taylorist aesthetics of the revue also suggests a different conception of the body. Writing about two "excentric dancers" *(Exzentriktänzer)* performing live in the Ufa theater, Kracauer asserts that the precision and grace of these gentlemen's act "transforms the body-machine into an atmospheric instrument". They defy physical laws of gravity and statics, not by assimilating technology to the fantasma of a complete, masculine body (the armored body of the soldier/hero), but by playing with the fragmentation and dissolution of that body: "Die Gesetze der Statik scheinen aufgehoben, wenn sie etwa das eine Bein in weitem Bogen so herumwerfen, daß es nicht eigentlich mehr am Körper sitzt, sondern dieser, leicht wie eine Feder geworden, ein Anhang des schwebenden Beines ist."[37] While resonating with a desire to overcome the limitations of the "natural" body, this image is a playful variant of Kracauer's peculiar masochistic imagination which (especially in his novels but also his essays) again and again stages the violation of physical and mental boundaries by extraneous objects and sensations. The jumbling of the hierarchy of center and periphery in the dancer's body, but also its prosthetic expansion, undermines bourgeois notions of an "integrated personality" as well as the proliferating attempts (in sports, in "body culture") to re-ground "the spirit" in an organic, natural unity.[38]

11 (May 1993), 38–47. For Kracauer's gay inclinations, see his two semi-autobiographical novels, *Ginster*, and especially *Georg* (completed in exile, 1933/34, first published 1973 in: Schriften, vol. 7), and his correspondence with Leo Löwenthal 1923/24, Kracauer papers, Deutsches Literatur-Archiv, Marbach a.N. On the Tiller Girls in the context of Weimar androgyny and sexual politics, see Maud Lavin, Cut with a Kitchen Knife: The Weimar Photomontages of Hannah Höch. New Haven, CT, 1993); Kirsten Beuth, Die wilde Zeit der schönen Beine: Die inszenierte Frau als Körper-Masse, and other essays in: Katharina Sykora et al. (eds.), Die Neue Frau: Herausforderung für die Bildmedien der Zwanziger Jahre. Marburg 1993. Helmut Lethen stresses the anti-patriarchal implications of Americanism in his excellent study of modernist "codes of conduct", Verhaltenslehren der Kälte: Lebensversuche zwischen den Kriegen. Frankfurt a.M. 1994; see, for instance, his discussion of Carl Schmitt's reassertion of paternal authority and the latter's rejection of Americanism as "the worst form of cannibalizing the father *[Vaterfraß]*" (233).
37 Raca [Kracauer], Exzentriktänzer in den Ufa-Lichtspielen, FZ, 16 Oct. 1928. On the protofascist imagination of the male body as armor, see Klaus Theweleit's by now classic study, Männerphantasien. 2 vols. Frankfurt a.M. 1977–1978; also see Hal Foster, Armor Fou, October 56 (Spring 1991), 64–97.
38 For Kracauer's polemics against "body culture", see, for example: Sie sporten, FZ, 13 Jan. 1927, in: Schriften, vol. 5.2, 14–18; also his second review of *Wege zu Kraft und Schönheit* [revised version, 1926], FZ, 5 Aug. 1926, reprinted in: Schriften, vol. 2. ed. by Karsten Witte. Frankfurt a.M. 1984, 398–399; and: Das Ornament der Masse, FZ, 9-10 June 1927, in: Schriften 5.2, 57–67, section 5 (also in OdM). For examples of an alternative (though always, for Kracauer, problematic) physicality, see: Langeweile, FZ, 16 Nov. 1924, in: ibid., 5.1, 278–281 (also in OdM); Der verbotene Blick, FZ, 9 April 1925, in: ibid., 296–300; Die Eisenbahn, FZ, 30 March 1930, in: ibid., 5.2, 175–179; Abschied von der Lindenpassage, FZ, 21 Dec. 1930, in: ibid., 260–265 (also in OdM); Heißer Abend, 15 June 1932, in: ibid., 5.3, 82–83.

Since the Fordist-Taylorist regime does not stop with the human body but takes on the realm of nature in its entirety, some of Kracauer's most interesting comments on rationalization can be found in his writings on the circus. While the circus is an Enlightenment invention and belongs to a manufactural mode of production, he notes the pervasiveness of rationalization even in an institution that was rapidly being pushed aside—and subsumed—by deterritorialized forms of media culture such as the cinema.[39] One of his articles on the "Zirkus Hagenbeck", published a year before his famous essay on the "Mass Ornament", reads like a sketch for that essay. Kracauer introduces the appearance of the giant "menagerie" in Frankfurt as an "International of animals", describing the animals as involuntary delegates from globally-extended regions. They are united under the spell of Americanism:

> Die Fauna bewegt sich rhythmisch und bildet geometrische Muster. Da ist von Dumpfheit nichts mehr geblieben. Wie das Anorganische zu Kristallen zusammenschießt, so fährt der lebenden Natur die Mathematik in die Glieder; und Klänge regeln die Triebe. Die Tierwelt auch bekennt sich zum Jazz. Unter Hackanson Petolettis Schenkeldruck tanzt ein Vollbluthengst die Valencia und glänzt in Synkopen; obwohl er aus Hannover stammt. . . . Jedes Tier wirkt nach seinem Vermögen an dem Aufbau des Figurenreichs mit. Fromme Brahminen-Zebus, schwarze tibetanische Kragenbären und Elefantenmassivs: alle fügen sich den Gedanken, die sie nicht gedacht. . . . Das dickste Fell wird von der dünnsten Idee durchdrungen, die Macht des Geistes bewährt sich wunderbar. Mitunter scheint er die Natur nicht nur hinterrücks zu bewältigen, sondern in ihr selber offenbar. Die Seelöwen jonglieren, als seien sie von Vernunft beseelt. Ihre spitzen Schnauzen werfen hoch und fangen wieder, was immer sie von Kapitän von Vorstel, ihrem Erzieher, erhalten: Fackeln, Bälle, Zylinderhüte. Dazwischen fressen sie Fische zur Stärkung der Halsmuskulatur; durchaus vernünftig.[40]

The regime of heteronomous reason rehearsed on the backs of the animals would be merely pathetic if it weren't for the clowns whose anarchic pranks debunk the imperialist claims of rationalization: "Sie [die Clowns und Auguste] möchten auch elastisch und linienhaft sein, aber es will nicht recht, die Elefanten sind geschickter, man hat zu viel innere Widerstände, irgendein Kobold macht einen Strich durch die ausgeklügelte Rechnung."[41] While their antics have a long tradition, the clowns assume an acute alterity in relation to the ongoing process of modernization; they inhabit the intermediary realm of *improvisation* and *chance*

---

39 Kracauer reflects on the relationship between circus and cinema in his numerous reviews on circus films; see, for instance, his enthusiastic review of Max Reichmann's film, *Die Manege* (1927), a film to which he returns in a number of subsequent reviews: Raca, Ein Zirkusfilm, FZ, 18 Jan. 1928, in: Schriften 2, 405–407.
40 Raca [Kracauer], Zirkus Hagenbeck, FZ, 19 June 1926. In contrast, see his pre-rationalization circus essay, Im Zirkus, FZ, Stadt-Blatt, 8 June 1923.
41 Ibid.; for Kracauer's identification with the clowns, see also his follow-up article: Geh'n wir mal zu Hagenbeck, FZ, Stadt-Blatt, 20 June 1926; and: Akrobat—schöön, FZ, 25 Oct. 1932, Schriften 5.3, 127–131.

which, for Kracauer, is the redeeming supplement of that process—which has come into existence only with the loss of "foundations" or a stable order.[42]

The institution in which the clowns could engage rationalization on, as it were, its own turf was, of course, the cinema. Here the clowns had succeeded in founding their own genre, slapstick comedy, in a medium that assured them an audience way beyond local and live performances. In numerous reviews, Kracauer early on endorsed slapstick comedy, the genre of the *Groteske*, as a cultural form in which Americanism supplied a popular and public antidote to its own system. Like no other genre, slapstick comedy brought into play the imbrication of the mechanical and the living, subverting the economically imposed regime in well-improvised orgies of destruction, confusion and parody. "Man muß es den Amerikanern lassen: sie haben sich in ihren Filmgrotesken eine Form geschaffen, die ein Gegengewicht bildet gegen ihre Wirklichkeit: disziplinieren sie in dieser die Welt auf eine oft unerträgliche Weise, so bauen sie im Film die selbst gemachte Ordnung wieder gehörig ab."[43]

Obviously, Kracauer was only one among a great number of European avant-garde artists and intellectuals (such as the Surrealists) who celebrated slapstick film, and their numbers grew with the particular inflection of that genre by Charlie Chaplin.[44] Benjamin, too, ascribed to slapstick comedy an acute political significance, which complemented his, often dutiful and at best sporadic, endorsements of Soviet film. In his defense of *Battleship Potemkin*, for instance, he puts American slapstick film on a par with the Russian revolutionary film, because it relentlessly pursues one particular "tendency": "Seine Spitze richtet sich gegen die Technik. Komisch ist dieser Film allerdings, nur eben, daß das Lachen, das er erweckt, überm Abgrund des Grauens schwebt."[45] When Benjamin later resumes the topic in conjunction with his Artwork Essay, he discusses slapstick comedy's engagement with technology in terms of the concepts of "shock" and "innerva-

---

42 On the significance of improvisation and chance in Kracauer see Hansen, Decentric Perspectives, 70 and With Skin and Hair, 450ff., 467.
43 Raca [Kracauer], Artistisches und Amerikanisches, FZ, 29 Jan. 1926. On the centrality of the slapstick genre in Kracauer's drafts and outlines (1940ff.) toward his later *Theory of Film*, see Hansen, With Skin and Hair, 460f., 467.
44 See, for instance, the texts collected in: Wilfried Wiegand (ed.), Über Chaplin. Zürich 1978; Klaus Kreimeier (ed.), Zeitgenosse Chaplin. Berlin 1978. Also see Sabine Hake, Chaplin Reception in Weimar Germany, in: New German Critique 51 (1990), 87–111; Saunders, Hollywood in Berlin, chap. 6: "Comic Redemption: The Slapstick Synthesis."
45 Benjamin, Erwiderung an Oscar A. H. Schmitz, in: Literarische Welt, 11 March 1927, reprinted in: Walter Benjamin, Gesammelte Schriften [GS]. 7 vols. ed. Rolf Tiedemann and Hermann Schweppenhäuser. Frankfurt a.M. 1977–1989, vol. 2, 753. In his Moscow Diary (30 Dec. 1926) he deplores the (self-)restricted range of Soviet film culture which, in addition to erotics and other topics of bourgeois life, has also no room for (imported) slapstick comedy. "Sie beruht auf einem hemmungslosen Spiele mit der Technik. Alles Technische aber hat hier Weihe, nichts wird ernster genommen als Technik." GS, vol. 4, 340. Also see Benjamin, Zur Lage der russischen Filmkunst (1927), ibid., vol. 2, 747–751, 750.

tion." In this context, Chaplin emerges as an exemplary figure because he pioneers a filmic analysis of assembly-line technology, a "gestic" rendering of perceptual discontinuity: "Es zerfällt die menschliche Ausdrucksbewegung in eine Folge kleinster Innervationen", "ein Vorgehen, welches das Gesetz der filmischen Bilderfolge zum Gesetz der menschlichen Motorik erhebt." By practicing such systematic self-fragmentation, "he interprets himself allegorically" ("legt er sich selbst allegorisch aus").[46]

Kracauer's Chaplin is neither as baroque nor as avantgarde as Benjamin's. Where the latter emphasizes allegorical mortification and "self-alienation" *(Selbstentfremdung)*, Kracauer locates the appeal of the Chaplin figure in an already missing "self": "Der Mensch, den Charlie verkörpert, nicht verkörpert, sondern gehen läßt, ist ein Loch. ... Er hat keinen Willen, an der Stelle des Selbsterhaltungstriebes, der Machtgier ist bei ihm eine einzige Leere, die so blank ist wie die Schneefelder Alaskas."[47] Whether lack of identity or inability to distinguish between self and multiplied self-images (as Kracauer observes with reference to the hall-of-mirror scene from *Circus*), Chaplin instantiates a "schizophrenic" vision in which the habitual relations among people and things are shattered and different configurations appear possible; like a flash of lightning, Chaplin's laughter "welds together madness and happiness".[48] The absent center of Chaplin's persona allows for a reconstruction of humanity under alienated conditions ("aus dem Loch strahlt das reine Menschliche unverbunden heraus—stets ist es unverbunden, in Bruchstücken nur, in den Organismus eingesprengt"). A key aspect of this humanity is a form of mimetic behavior that disarms the aggressor, whether person or object, by way of imitation and adaptation and which assures the temporary victory of the weak, marginalized and disadvantaged, of David over Goliath.[49]

For Kracauer, Chaplin is not just a diasporic figure but "the pariah of the fairy tale", a genre that makes happy endings imaginable and at the same time puts

---

46 Benjamin, draft notes relating to the Artwork Essay, in: GS, vol. 1, 1040, 1047. Also see the draft notes to the Kafka essay in which Benjamin considers Chaplin and Kafka in terms of the concept of "self-alienation" and the historical boundary marked by the demise of silent film, in: ibid., vol. 2, 1256f.
47 Raca [Kracauer], Chaplin *[The Gold Rush]*, 6 Nov. 1926, in: Kracauer, Kino. ed. by Karsten Witte. Frankfurt a.M. 1974, 165f.; this collection contains a number of Kracauer's extensive writings on Chaplin. On Kracauer's Chaplin criticism, see Witte, Nachwort, in: ibid., 268–274; Mülder-Bach, Kracauer, 99–100.
48 Kracauer, Chaplin: Zu seinem Film "Zirkus", FZ, 15 Feb. 1928, in: Kracauer, Kino, 167f.; Kracauer, Chaplin [*Gold Rush*], in: idib., 66; Kracauer, Chaplins Triumph, Neue Rundschau 42/1 (April 1931), in: ibid., 179.
49 The David-versus-Goliath theme is first singled out in Kracauer's review of *The Pilgrim*, Chaplin als Prediger, FZ, 23 Dec. 1929, in: Kracauer, Kino, 170–173, 172. It will become a recurrent motif in Kracauer's later work, in particular *Theory of Film* (1960, as well as earlier versions), where it is linked to cinematic techniques such as the close-up, and the capacity of film to give representation to "the small world of things", as opposed to the grand schemes of narrative and history.

them under erasure. The vagabond again and again learns "that the fairy tale does not last, that the world is the world, and that home *[die Heimat]* is not home."[50] If Chaplin is a Messianic figure for Kracauer (as Inka Mülder-Bach rightly argues), it is important to bear in mind that he represents at once the appeal of a utopian humanity and its impossibility, the realization that the world "could be different and still continues to exist".[51] Chaplin exemplifies this humanity under erasure both in his films and by the undeniable scope of his worldwide and ostensibly class-transcendent popularity. While Kracauer is skeptical as to the ideological function of reports of how, for instance, the film *City Lights* managed to move both prisoners in a New York penitentiary to laughter and George Bernhard Shaw to tears, he nonetheless tackles the slippery question of Chaplin's "power" to reach human beings across class, nations and generations[52]—the possibility ultimately of a universal language of mimetic behavior that would make mass culture an imaginative and reflexive horizon for people trying to live a life in the war zones of modernization.

Compared to Benjamin, Kracauer's interest in Chaplin and slapstick comedy —as in cinema in general—was not focused as much on the question of technology, nor did he conceive of technology as a productive force in the Marxian sense, let alone as a framing apparatus. He was concerned with mechanization as a socio-economic regime and cultural discourse that, more systematically than any previous form of modernization, addressed itself to the *masses*, constituted a specifically modern form of collective. The mechanical mediation may place mass culture in the realm of "the inauthentic" *(das Uneigentliche)*, but since the road to "the authentic" was blocked anyway, Kracauer increasingly asserts the reality and legitimacy of "Ersatz"; the very distinction becomes irrelevant in view of the perspective, however compromised, that the mass media might be the only horizon in which an actual democratization of culture was taking place. This perspective also defines the parameters of critique: not only is the critic himself in tendency always a member of the consuming mass, but the media also offer the conditions for critical self-reflexion on a mass basis.

CONFIGURATIONS OF THE "MASS"

The *locus classicus* of Kracauer's analysis of Fordist mass culture is his 1927 essay on the "Mass Ornament" ("Das Ornament der Masse"). Here the Tiller Girls have evolved into a historico-philosophical allegory which, as is often pointed out, anticipates key arguments of Horkheimer and Adorno's *Dialectic of Enlightenment* (1947). As a figure of capitalist rationalization, Kracauer argues, the mass

---

50 Kracauer, Chaplins Triumph 179. On Chaplin as a diasporic, Jewish figure also see Hannah Arendt, The Jew as Pariah: Jewish Identity and Politics in the Modern Age. ed. and intro. Ron H. Feldman. New York 1978, 79–81.
51 Mülder-Bach, Kracauer, 100; Kracauer, Chaplin *[Circus]*, 169.
52 Kracauer, Chaplins Triumph; also see Kracauer, Lichter der Großstadt: Zur deutschen Uraufführung des Chaplinfilms, FZ, 28 March 1928, in: Kracauer, Kino 173–176.

ornament is as profoundly ambiguous as the historical process that brought it forth—a process of demythologization or disenchantment that emancipates humanity from the forces of nature but, by perpetuating socio-economic relations "that do not include the human being", reproduces the natural and reverts into myth; rationality itself has become the dominant myth of modern society. Unlike his fellow Critical Theorists, however, Kracauer does not locate the problem in the concept of enlightenment as such (which for him at any rate is associated less with German idealism than with French empiricism and the utopian reason—and happiness—of fairy tales). Rather, he argues that the permeation of nature by reason has actually not advanced far enough: the problem with capitalism is not that "it rationalizes too much", but that it rationalizes "*too little*". Just as he foregoes investing in the alterity of autonomous art as the last refuge of a socially negated individuality, Kracauer rejects any attempt to resurrect pre-capitalist forms of community as a way out: "Der Prozeß führt durch das Ornament der Masse mitten hindurch, nicht von ihm aus zurück."[53]

The comparison with *Dialectic of Enlightenment* at once obscures and reveals an important distinction. For the essay on the "Mass Ornament" does not just present a critique of instrumental reason and corresponding views of history as technologically-driven progress; nor does it place faith in the critical self-reflexion of the bourgeois male intellect.[54] The underlying, and in my reading, crucial concern of the essay is the *mass* in "mass ornament". In Kracauer's rhetorical design, the Tiller Girls clearly stand for a larger social and political configuration. This configuration not only includes the abstract patterns of moving bodies in musical revues and sports displays arranged by the invisible hand of Taylorist rationality ("den Beinen der Tiller Girls entsprechen die Hände in der Fabrik"). It also includes the *spectating* mass "which relates to [the ornament] aesthetically and which represents nobody"—nobody, I would add, other than themselves. While the mass ornament itself remains "mute", without consciousness of itself, it acquires meaning under the "gaze" of the masses, "who have adopted it spontaneously". Against the "despisers among the educated" (likely the majority of the readers of the *Frankfurter Zeitung* where the essay was published), Kracauer maintains that the audience's "*aesthetic* pleasure in the ornamental mass movements is *legitimate*"; it is superior to the former's anachronistic investment in high-cultural values because at least it acknowledges "the facts" of contemporary reality. Even though the force of the *ratio* that mobilizes the mass is still "too weak to find [in it] the human beings and make its figures transparent to cognition", there is no

---

53 Kracauer, Das Ornament der Masse, in: Schriften, vol. 5.2, 62, 67.
54 Peter Wollen, for instance, argues that Kracauer's "utopian dream was of a Fordist rationality that would not be dehumanizing", but goes on to fault him for ignoring that "the problem is that of reintegrating reason not only with truth, but with the body" (Wollen, Raiding the Icebox, 56). For a different view see Heide Schlüpmann, The Return of the Repressed: Reflections on a Philosophy of Film History from a Feminist Perspective, Film History 6 (Spring 1994), 80–93; Schlüpmann, Die nebensächliche Frau, 46; and Hansen, With Skin and Hair, 458f., 464; also see above, n. 37.

question for Kracauer that the subject of such critical self-encounter has to be, can only be, the masses themselves.[55]

Already in his 1926 essay on the Berlin Picture Palaces, "Cult of Distraction", Kracauer's argument revolved around the possibility that in these metropolitan temples of distraction something like a self-articulation of the masses might be taking place—the possibility, as he puts it elsewhere, of a "self-representation of the masses subject to the process of mechanization" ("die Selbstdarstellung der dem Mechanisierungsprozeß unterworfenen Massen").[56] Bracketing both cultural disdain and a critique of ideology, he observes in Berlin (different from his native Frankfurt and other provincial cities) that "the more people perceive themselves as a mass, the sooner the masses will also develop creative powers in the spiritual domain which are worth financing". As a result, the so-called educated classes are losing their provincial elite status and cultural monopoly. "[Es] entsteht das *homogene Weltstadtpublikum*, das vom Bankdirektor bis zum Handlungsgehilfen, von der Diva bis zur Stenotypistin *eines* Sinnes ist."[57] That they are "of *one* mind" ("*eines* Sinnes") means no more and no less than that they have the same taste for sensual attractions, or rather distractions. They congregate in the medium of distraction or diversion *[Zerstreuung]* which, in the radical twist that Kracauer gives the originally cultural-conservative concept, combines the mirage of social homogeneity with an aesthetics that is profoundly decentering and dis-unifying, at least as long as it does not succumb entirely to gentrification. In "the discontinuous sequence *[zerstückelte Folge]* of splendid sense impressions" (which likely refers to an already elevated version of the "variety format"[58]), the audience encounters "its own reality", that is, a social process marked by an increased heterogeneity and instability. Here Kracauer locates the political significance of

---

55 Kracauer, Ornament der Masse, in: Schriften, vol. 5.2, 67, 60, 59, 65f. Kracauer takes up the gap between mass ornament (as object of surveillance and organization) and mass democracy (as the condition of any true justice) in his essay on unemployment agencies, Über Arbeitsnachweise: Kon-struktion eines Raumes, FZ, 17 June 1930, in: Schriften, vol. 5.2, 190–191.

56 Kracauer, Berliner Nebeneinander: Kara-Iki—Scala-Ball im Savoy—Menschen im Hotel, FZ, 17 Feb. 1933.

57 Kracauer, Kult der Zerstreuung: Über die Berliner Lichtspielhäuser, FZ, 4 March 1926, in: OdM, 313.

58 The term "variety format" was coined by Brooks McNamara, The Scenography of Popular Entertainment, in: The Drama Review 18 (March 1974), 16–24; also see Tom Gunning, Cinema of Attractions. Kracauer consistently defends the practice of mixed programming (live performances, shorts and features) just as he sees in live music an invaluable source of improvisation and unpredictability; see, for example, Ufa-Beiprogramm, FZ, 11 March 1928; Ein Monstretonfilm, FZ, 19 Oct. 1929. In a wonderful passage on moviegoing from his novel *Georg*, Kracauer unfolds the anecdote of the piano player who cannot see the screen and thus creates an amazing, epiphantic relation between image and music (428-429). As late as February 1933, that is, after the Nazis' rise to power, Kracauer maintains a surprisingly optimistic investment in the variety format; see Kracauer, Berliner Nebeneinander, FZ, 17 Feb 1933.

distraction: "daß sie genau und unverhohlen die *Unordnung* der Gesellschaft den Tausenden von Augen und Ohren vermitteln—dies gerade befähigte sie dazu, jene Spannung hervorzurufen und wachzuhalten, die dem notwendigen Umschlag vorangehen muß."[59]

It should be noted that Kracauer does not assume an analogical relation between the industrial standardization of cultural commodities and the behavior and identity of the mass audience that consumes them (an assumption derived from Lukács's theory of reification which would become axiomatic for Adorno's critique of the culture industry and, with different valorization, for Benjamin's theses on art and industrial re/production). For one thing, Kracauer (like Benjamin) did not object to serial production, standardization and commodification as such, as can be seen in his many reviews of popular fiction, especially detective and adventure novels, as well as his repeated, if sometimes grudging, statements of admiration for Hollywood over Ufa products.[60] For another, Kracauer would not have presumed that people who see the same thing necessarily think the same way; and if they did pattern their behavior and appearance on the figures and fables of the screen, the problem was the escapist ideology of German film production and the gentrification of exhibition. In other words, Kracauer's critique was aimed less against the lure of cinematic identification in general than against the cultural and political practices responsible for the unrealistic tendency of such identification, the growing denial of the discrepancies of the social process.[61]

The cinema is a signature of modernity for Kracauer not simply because it attracts and represents the masses, but because it constitutes the most advanced cultural institution in which the masses, as a relatively heterogeneous, undefined and unknown form of collectivity, can represent themselves as a *public*. As Heide Schlüpmann argues in an important essay, Kracauer sketches a theory of a specifically modern public sphere that resists thinking of the masses and the idea of the public as an opposition (as Habermas still does in his 1962 study, *Strukturwandel der Öffentlichkeit*). As Schlüpmann points out, "Kracauer behauptet die Idee der Öffentlichkeit nicht gegen deren Zerfall, auch nicht im Konzept der Gegenöffentlichkeit" (à la Negt/Kluge). Rather, Kracauer sees in the cinema a blueprint of an

---

59 Kracauer, Kult der Zerstreuung, 315.
60 See, for instance, Kracauer's obituary, Edgar Wallace, FZ, 13 Feb. 1932; "Berlin-Alexanderplatz" als Film [comparison with Sternberg, *An American Tragedy*], FZ, 13 Oct. 1931, in: Schriften, vol. 2, 510; Der heutige Film und sein Publikum, FZ, 30 Nov. and 1 Dec. 1928, reprinted as Film 1928, in: OdM, 295–310, 309f., 296: "Nicht die Typisierung des Films ist verwerflich. Im Gegenteil. . . ." For a similar stance, see Benjamin, Diese Flächen zu vermieten, in: Einbahnstraße, GS, vol. 4, 131–132.
61 [Anon.,] Die Ladenmädchen gehen ins Kino [series of 8 articles], in: FZ, 11–19 March 1927, reprinted as: Die kleinen Ladenmädchen gehen ins Kino, in: OdM, 279–294; Film 1928, in: ibid., 295–310; Not und Zerstreuung: Zur Ufa-Produktion 1931/32, FZ, 15 July 1931; Gepflegte Zerstreuung: Eine grundsätzliche Erwägung, FZ, 3 Aug. 1931, Schriften, vol. 2, 500–503.

alternative public that "can realize itself only through the destruction of the dominant public sphere", that is, bourgeois institutions of high art, education and culture that have lost all touch with reality.[62] Understandably, this construction has made Kracauer vulnerable to the charge that he naively tries to resurrect the liberal public sphere, once again bracketing capitalist interest and ideology.[63] To be sure, he adheres to political principles of general access, equality, justice, and, perhaps more so than his more orthodox Marxist friends, the right to and necessity of self-determination, that is, democratic forms of living and interaction. Yet Kracauer is materialist enough to know that these principles do not miraculously emerge from the rational discourse of communicatively competent, inner-directed subjects, let alone from efforts to restore the authority of a literary public sphere. Rather, cognition has to be grounded in the very sphere of experience in which historical change is most palpable and most destructive—in a sensual, perceptual, aesthetic discourse that allows for "the self-representation of the masses subject to the process of mechanization".

Such phrases were not uncommon among radical Weimar intellectuals; their critical usefulness ultimately depends upon the underlying concept of the subject in question. The modern mass, as a social formation which, to whatever effect, cut across boundaries of class and status, had entered public awareness in Germany only after World War I. If the revolution of 1919 had briefly mobilized the image of a powerful, active mass, the following years saw the creation of a mass primarily through the stigma of misery, culminating in 1923 with the great inflation that extended the experience of destitution and loss far beyond the industrial working class. During the shortlived phase of economic recovery, the masses began to appear less as a suffering and more as a consuming mass—the mass came into visibility as a social formation in collective acts of consumption. And since consumer goods that might have helped improve living conditions (for instance, refrigerators) were still a lot less affordable than in the United States[64], the main object of consumption were the fantasy productions and environments of the new leisure culture. In them, Kracauer discerned the contours of an emerging mass subject, a mass that, for better or for worse, was productive in its very need and acts of consumption.

Kracauer's concept of the mass or masses develops from one indebted to the typological constructions of contemporary social theory to a more empirical, sociologically and politically determined approach, although the former remains present in the latter as a regulative idea. This idea begins to take shape in Kra-

---

62 Heide Schlüpmann, Der Gang ins Kino—ein Ausgang aus selbstverschuldeter Unmündigkeit: Zum Begriff des Publikums in Kracauers Essayistik der Zwanziger Jahre, in: Kessler/Levin (eds.), Siegfried Kracauer, 267–284, 276.
63 See, for instance, Lethen, Neue Sachlichkeit, 102–104; Lethen has since revised his assessment of Kracauer; see his illuminating essay: Sichtbarkeit: Kracauers Liebeslehre, in: Kessler/Levin (eds.), Siegfried Kracauer, 195–228. A more recent version of this charge can be found in Schütz, Romane der Weimarer Republik, 32–33.
64 Peukert, Weimarer Republik, 175ff.

cauer's cautious revaluation of elitist-pessimistic assessments of the mass from LeBon through Spengler, Klages and Freud. Seemingly rehearsing the standard oppositions, he sets off the mass from the organic community of the people or folk *(Volk)*; from the higher, "fateful" unity of the nation; and, for that matter, from socialist or communist notions of the collective. While the ideal-type of the community is composed of unique, tradition- and inner-directed individuals ("Individuen, die von innen her geformt zu sein *glauben*"), the mass is an amorphous body of anonymous, fragmented particles that assume meaning only in other-directed contexts, whether mechanized processes of labor or the abstract compositions of the mass ornament.[65]

The liberatory aspect of the mass ornament rests for Kracauer precisely in this transformation of subjectivity—in the erosion of bourgeois notions of personality that posit "nature and 'spirit' as harmoniously integrated", in the human figure's "*exodus* from sumptuous organic splendor and individual shape into anonymity..."[66] The mass ornament's critique of an outdated concept of personality (including Kracauer's own early efforts to rescue it) turns the Medusan sight of the anonymous metropolitan mass into an image of liberating alienation and open-ended possibility, at times even a vision of diasporic solidarity—that is, he sees possibilities for living where others see only levelling and decline.[67] For Kracauer, the democratization of social, economic and political life, the possibility of the masses' self-organization, is inseparably linked to the surrender of the self-identical masculine subject and the emergence of a decentered, dis-armor-ed and disarming subjectivity that he found exemplified in Chaplin.

This vision, however, as Kracauer knows, has more to do with the happy endings of fairy tales than with the actual social and political developments. His more empirically oriented approach to mass society focused on a group that at once personified the structural transformation of subjectivity and engaged in a massive effort of denial—the mushrooming class of white-collar workers or employees to whom he devoted a groundbreaking series of articles, *Die Angestellten* (1929).[68] Although by the end of the twenties white-collar workers still made up

---

65 Kracauer, Ornament der Masse, in: Schriften, vol. 5.2, 58f. (emphasis added). I am deliberately using the terminology of post-World War II American mass sociology, notably David Riesman, The Lonely Crowd (1950). Riesman describes the emergence of a new, "other-directed" character type with recourse to the "radar" metaphor for which he credits the Marxist economic historian Karl August Wittfogel, a collaborator of the Frankfurt (later New York-based) Institute for Social Research. On this connection, see Lethen, Radar-Typ, in: id., Verhaltenslehren der Kälte, 235–243.
66 Kracauer, Ornament der Masse, section 5.
67 See, for instance, Abschied von der Lindenpassage, FZ, 21 Dec. 1930, in: Schriften 5.2, 260–265, 264 (also in OdM); Berg- und Talbahn, FZ, 14 July 1928, ibid., 117–119; Proletarische Schnellbahn, FZ, 24 April 1930, ibid., 179–180; Berliner Nebeneinander, FZ, 17 June 1933; also see Wiggershaus, Abgrundtiefer Realist, 288.
68 Published as a book in 1930, subtitled *Aus dem neuesten Deutschland*, now in: Schriften 1. ed. Karsten Witte. Frankfurt a.M. 1971. For a more detailed account see Frisby, Fragments, 158–172; and Walter Benjamin's remarkable reviews, Ein Außenseiter macht

only one fifth of the workforce, Kracauer considered them, more than any other group, the subject of modernization and modern mass culture. Not only did their numbers increase five-fold (to 3.5 million, of which 1.2 million were women) over a period during which the number of blue-collar workers barely doubled; but their particular class profile was deeply bound up with the impact, actual or perceived, of the rationalization push between 1925 and 1928. The mechanization, fragmentation and hierarchization of the labor process and the threatening effects of dequalification, disposibility and unemployment made the working and living conditions of white-collar workers effectively proletarian.Yet, fancying themselves as a "new middle class", they tended to deny any commonality with the working class and instead to recycle the remnants of bourgeois culture. Unlike the industrial proletariat, they were "spiritually homeless", seeking escape from their actual situation in the metropolitan "barracks of pleasure" ("Pläsierkasernen": entertainment malls like the *Haus Vaterland*, picture palaces, etc.)—the very cult of distraction to which Kracauer, three years earlier, had still imputed a radical political potential. With the impact of the international economic crisis, the employees' evasion of consciousness, as Kracauer was one of the first to warn, made them vulnerable to national-socialist messages; it was these "stand-up collar proletarians" ("Stehkragen-Proletarier") who were soon to cast a decisive vote for Hitler.[69]

The different conception of the mass is one of the most obvious distinctions between Kracauer's understanding of cinema and modernity and that of Benjamin. Like Kracauer, Benjamin sees the phenomenon of the mass manifest itself primarily in acts of consumption and reception, mediated by the fetish of the commodity (which Benjamin substantially defines from the perspective of reception rather than, as Marx did, from production and circulation). But where Kracauer's analysis focuses on the present, Benjamin projects the problematics of mass culture, art and technology back into the nineteenth century. In this genealogy, he traces the emergence of the metropolitan masses in the writings of Baudelaire, but also Hugo, Poe, and others. Like Marx, Benjamin contrasts the urban masses depicted by the literati with the "iron mass of the proletariat": "Von keiner Klasse, von

---

sich bemerkbar, in: Die Gesellschaft 7 (1930), I, 473–477, and: S. Kracauer, Die Angestellten [. . .], in: Die Literarische Welt 6/20 (16 June 1930), 5, in: GS, vol. 3, 219–228. In addition to this study, Kracauer wrote a number of reviews and articles focusing on female employees, for instance: Mädchen im Beruf, in: Der Querschnitt 12/4 (April 1932), in: Schriften, vol. 5.3, 60–65.

69 The term "Stehkragen-Proletarier" is used in the German edition of Kracauer's retrospective "psychological history of German film", From Caligari to Hitler, in: Schriften, vol. 2, 199; the American version (Princeton, NJ, 1947, 189) simply uses "white-collar workers". In his 1936 "Exposé" on "Mass and Propanda", a proposal for a "study on fascist propaganda" solicited by Adorno for the Institute for Social Research in New York, Kracauer actually differentiates among *three* groups within the "new masses" who, each in their way, responded to fascist ideology: 1. the proletariat; 2. the proletarianized middle class; and 3. the unemployed. Manuscript (9 pp.) published in Ingrid Belke/Irina Renz (eds.), Siegfried Kracauer 1889–196, in: Marbacher Magazin 47 (1988), 85–90.

keinem irgendwie strukturierten Kollektivum kann die Rede sein. Es handelt sich um nichts anderes als um die amorphe Menge der Passanten, um Straßenpublikum."[70] The ingenuity of Benjamin's reading is that he traces the presence of this urban crowd in Baudelaire's poetry as a "hidden figure", the "agitated veil" through which the poems stage moments of "shock", as opposed to the literal depictions one finds in the writer's lesser contemporaries. As in Baudelaire, Benjamin sees the epochal turn toward the masses encoded in the architecture, fashions, events, institutions of high-capitalist culture; he does not describe or analyze the masses, but traces their profound impact on just about every area of cultural practice.

As is often pointed out, Benjamin's vast project of "a material philosophy of history of the nineteenth century",[71] his never completed work on the Paris Arcades or *Passagen-Werk*, was methodologically inseparable from his concern with the "current crisis", that is, the rise of fascism, the complicity of liberal capitalism and the congealing of a socialist alternative in Stalinism. For Benjamin, it was this crisis that brought the "fate" of art in the nineteenth-century into the "now of recognition", made it recognizable as it was "never before and never will be again".[72] Within this historico-philosophical construction the masses appear in a number of key theoretical tropes. One has to do with the linkage of novelty and repetition that fascinated Benjamin in the dynamics of capitalist commodity production, in particular the phenomenon of fashion. Here the masses enter as the social corollary of mass production, and Benjamin draws a direct line from the figure of the prostitute as human "mass article" to the later revues with their exhibition of strictly uniformed "girls" (English in the original).[73] What fascinates him in mass production, however, is a particular dialectic of *temporality*, the return of the "always-again-the-same" in the shock-like acceleration of the new, with which capitalism has created a highly ambivalent, explosive conjuncture of

---

70 Benjamin, Über einige Motive bei Baudelaire [1939/40], in: GS, vol. 1/2, 619, 618.
71 Rolf Tiedemann, editor's introduction to Benjamin, PW, in: GS, vol. 5.1–2, 11. Also see Susan Buck-Morss's excellent study: Dialectics of Seeing: Walter Benjamin and the Arcades Project. Cambridge, MA/London 1989.
72 Benjamin, letter to Gretel Karplus [Adorno], 9 Oct. 1935, in: GS, vol. 5, 1148. Also see his letter to Horkheimer, 16 Oct. 1935, ibid., 1149 ("Wenn der Vorwurf des Buches das Schicksal der Kunst im neunzehnten Jahrhundert ist, so hat uns dieses Schicksal nur deswegen etwas zu sagen, weil es im Ticken eines Uhrwerks enthalten ist, dessen Stundenschlag erst in **unsere** Ohren gedrungen ist"); and his letter to Werner Kraft, 28 Oct. 1935, ibid., 1151.
73 Benjamin, PW J56a, 10 and J61a, 1, in: GS, vol. 5, 417, 427; similar (though without revue "girls") in: Zentralpark, in: GS, vol. 1, 668. Also see Buck-Morss, Dialectics of Seeing, chap. 6, 190ff. In his notes relating to the Artwork Essay, Benjamin extends the analogy to the sphere of reproduction: "Die massenweise Reproduktion von Kunstwerken steht ... nicht allein im Zusammenhang mit der massenweisen Produktion von Industrieerzeugnissen sondern auch mit der massenweisen Reproduktion von menschlichen Haltungen und Verrichtungen." (GS, vol. 1, 1042).

modernity and prehistory (mythical "Golden Age" / "Time of Hell").[74] Within that logic, the cinema would seem to be an answer to the historical imagination of Blanqui or Nietzsche rather than to the emergence of the masses as an economic, social and cultural subject: "Die Lehre von der ewigen Wiederkehr als ein Traum von den bevorstehenden ungeheuren Erfindungen auf dem Gebiete der Reproduktionstechnik."[75]

The mass is also figured in Benjamin's notion of the "dreaming collective" and the related image of capitalism as a "dreamsleep" that "came over Europe and with it a reactivation of mythic powers".[76] The enormous creativity of industrialization and commodity production in the nineteenth century had generated a matrix of collectivity in the phantasmagoria of consumption. That collectivity (which, in the Arcades Project, clearly cuts across class boundaries), however, remains "unconscious". The masses who flock to the World Fairs and other mass spectacles consist of isolated, anonymous individuals whose "self-alienation" is only enhanced by the "distractions" that "raise them to the level of the commodity".[77] While Benjamin's notions of dreaming and the unconscious were indebted to the Surrealists, his insistence on the moment of "waking up", on breaking the cycle of "aestheticization and anaestheticization" (Susan Buck-Morss), aligns him with Kracauer's efforts toward the masses' coming to (self)consciousness, literally, coming to their senses.[78] Except that they had somewhat different concepts of political change: if Benjamin fused Messianic theology and Marxism into the desperate hope for a proletarian revolution, Kracauer kept his eschatological yearnings mostly separate from the critical project of getting the masses to realize themselves as a democratic public.[79] But they agreed upon what would happen if the masses *didn't* wake up, if they were to continue in their illusory dream state. As the Nazis' mass-mediated spectacles of rallies and parades brought home with terrifying urgency, fascism offered the masses an "imaginary solution" *(Scheinlösung)* to real problems and contradictions that could end only in total oppression and mass annihilation. Echoing Kracauer's argument about the remythicization of the mass ornament, Benjamin, in the epilogue to his Artwork Essay (1935/36), elaborates on the fascist strategy of giving the masses an aesthetic *"expression"*, a mirror-like representation, as opposed to giving them their right, that is, acknowledging their claim to changed relations of property.[80]

---

[74] On the dialectics of capitalist temporality in the *Passagen-Werk*, see Buck-Morss, Dialectics of Seeing, part II, esp. 96–109.

[75] Benjamin, Zentralpark, in: GS, vol. 1, 680.

[76] Benjamin, PW K1a, 8, in: GS, vol. 5, 494; also see Buck-Morss, Dialectics of Seeing, chap. 8.

[77] Benjamin, Paris—the Capital of the Nineteenth Century [1935 exposé], in: GS, vol. 5, 50.

[78] Susan Buck-Morss, Aesthetics and Anaesthetics, (see n. 5 above).

[79] See Schlüpmann, Gang ins Kino, 275.

[80] Benjamin, Das Kunstwerk im Zeitalter seiner technischen Reproduzierbarkeit, in GS, vol. 1, 506.

The third, and in my view most problematic, troping of the mass in Benjamin's writings is in the notion of a "collective innervation" of technology and the role of film in this context. The problem is not with the concept of innervation as such, the technological interpenetration of "body and image space" which Benjamin thought through more radically than any of his contemporaries (with the exception perhaps of Ernst Jünger)[81]; rather, it is the attempt to hitch the proletariat to the cart of this process and make the cinema a rehearsal ground for polytechnical education. Like Kracauer, Benjamin is indebted to Béla Balázs' observation of a *structural* affinity between masses and cinema which is grounded in the medium's perceptual, phenomenological specificity—the insight that film, in Kracauer's words, "by breaking down the distance of the spectator which had hitherto been maintained in all the arts, is an artistic medium turned toward the masses. . ."[82] Unlike Kracauer, Benjamin also takes over Balázs' rather more tentative assertion that, with film, capitalist society has generated a means of production which promotes that society's own abolition, and that therefore the masses addressed by the cinema converge with the revolutionary proletariat—a notion that Kracauer repeatedly criticized as both dogmatic and romantic. More systematically than Balázs, Benjamin establishes the revolutionary potential of film from an argument about the fate of art in the age of industrial-technological re/production (which does not need to be elaborated here).[83] Suffice it to say that Benjamin's concept of the masses, at least in the Artwork Essay, derives primarily from the structural qualities of technical re/production—sameness, repeatability, closeness, "shock" (vs. uniqueness, distance, "aura"), the analogy of assembly line and cinematic reception—rather than the social, psychosexual and cultural profile of the moviegoing public.

Benjamin's concept of the masses as the subject of cinema passes over the actual and unprecedented mixture of classes—and genders and generations—that had been observed in cinema audiences early on (notably by sociologist Emilie Altenloh in her 1914 study); it also ignores, and no doubt implicitly opposes, the often

---

81 The term "innervation" appears in Benjamin's essay on surrealism: Der Sürrealismus: Die letzte Momentaufnahme der europäischen Intelligenz [1929], in: GS, vol. 2, 310; PW W7, 4, ibid., vol. 5, 777; the first version of the Artwork Essay, ibid., vol. 1, 445; the second version, ibid., vol. 7, 360, n. 4; Über einige Motive bei Baudelaire, ibid., vol. 1, 630. On Benjamin's use of the concept, see Buck-Morss, Dialectics of Seeing, 117; Hansen, Of Mice and Ducks: Benjamin and Adorno on Disney, in: South Atlantic Quarterly 92/1 (Winter 1993), 27–61, 38 and n. 24; also see Gertrud Koch, Kosmos im Film: Zum Raumkonzept in Benjamins "Kunstwerk"-Essay, in: Sigrid Weigel (ed.), Leib- und Bildraum: Lektüren nach Benjamin. Köln/Weimar/Wien 1992, 35–48.
82 Kracauer, Ein neues Filmbuch (review of Balázs, *Der Geist des Films*), FZ, 2 Nov. 1930; also see Kracauer's review of *Der sichtbare Mensch*, FZ, 10 July 1927. On Balázs' (unacknowledged) significance for Benjamin, see Gertrud Koch, Béla Balázs: The Physiognomy of Things, in: New German Critique 40 (Winter 1987), 167–177.
83 Buck-Morss, Aesthetics and Anaesthetics; Miriam Hansen, Benjamin, Cinema and Experience: "The Blue Flower in the Land of Technology", in: New German Critique 40 (Winter 1987), 179–224; Hansen, Of Mice and Ducks.

condemnatory, culturally conservative attitude toward the cinema on the part of the traditional working-class organizations, including the Communist Party (although there were, no doubt, important efforts to create a workers' cinema from the mid-1920s on).[84] While in the nineteenth-century masses as refracted through the dreamworld of commodities Benjamin can still recognize the contours of a different collective, in his assessment of the twentieth-century masses empirical and utopian intentions seem to fall apart. In the few places where he actually *describes* a contemporary mass formation (as in *One-Way Street*, 1928), he lapses into a pessimistic discourse that emphasizes the instinctual, animal-like yet blindly self-destructive behavior of "the mass".[85] In a long note to the second version of the Artwork Essay, Benjamin resumes this discourse with explicit reference to LeBon and mass psychology when he contrasts the "compact mass" of the petit bourgeoisie, defined by "panic-prone" behavior such as militarism, anti-semitism and blind striving for survival, with the "proletarian mass". The latter in fact, Benjamin argues, ceases to be a mass in the LeBonian sense in the measure that it is infused with class-consciousness and solidarity. Ultimately, the proletariat "works toward a society in which both the objective and the subjective conditions for the formation of masses no longer exist".[86]

For Benjamin, the masses that structurally correspond to the cinema coincide not with the actual working class (whether blue-collar or white-collar) but with the proletariat as a category of Marxist philosophy, a category of negation directed against existing conditions in their totality. Hence the "conspiracy of film technique with the milieu", which he discusses in his defense of *Battleship Potemkin*, comes to signal the passing of the bourgeois order: "Das Proletariat ist der Held jener Räume, anderen Abenteuer klopfenden Herzens im Kino sich der Bürger verschenkt, weil er das 'Schöne' auch und gerade dort, wo es ihm von Vernichtung seiner Klasse spricht, genießen muß."[87] Whether rejected in LeBonian terms or embraced as the self-sublating empirical prototype of the proletariat, the masses are attributed a degree of homogeneity that not only misses their complex reality, but also ultimately leaves the intellectual in a position outside, at best surrendering himself to their existence as powerful, though still unconscious Other. Where Kracauer self-consciously "constructs" the reality of the white-collar

---

84 Emilie Altenloh, Zur Soziologie des Kino: Die Kino-Unternehmung und die sozialen Schichten ihrer Besucher. Ph.D. diss. Heidelberg (Leipzig: Spamersche Buchdruckerei, 1914). On the proletarian film, see Bruce Murray, Film and the German Left in the Weimar Republic. Austin, TX, 1992; also see Adelheid von Saldern, Massenfreizeitkultur im Visier: Ein Beitrag zu den Deutungs- und Einwirkungsversuchen während der Weimarer Republik, in: Archiv für Sozialgeschichte 33 (1993), 21–58.
85 Einbahnstraße, in: GS, vol. 4, 95–96.
86 Benjamin, Das Kunstwerk im Zeitalter seiner technischen Reproduzierbarkeit [second version], in: GS, vol. 7, 370f.
87 Benjamin, Erwiderung an Oscar A. H. Schmitz, in: GS, vol. 2, 753. The flipside of this surrender is Benjamin's plea, in a note on "the political significance of film" in the *Passagen-Werk*, for a "dialectical" acceptance—and transcendence—of "Kitsch" in art that wants to reach "the mass"; K3a, 1, in: GS, vol. 5, 499–500.

workers through theorizing observation—quotations, conversations on location, his own situation as an employee[88]—Benjamin's image of the masses, whether projected backward into the 19th century or forward into the not-yet of the proletarian revolution, ultimately remains a philosophical, if not aesthetic abstraction.

One could argue that Kracauer's analysis of mass culture as white-collar or employee culture is just as one-sided as Benjamin's linkage of film and proletariat. After all, he himself stresses the specificity of Berlin's leisure culture as *Angestelltenkultur*, "das heißt [eine] Kultur, die von Angestellten für Angestellte gemacht und von den meisten Angestellten für eine Kultur gehalten wird".[89] Yet, to say that this particular focus eclipses the rest of society, in particular the working class, would be as misleading as to conceive of mass culture and employee culture as an opposition.[90] Rather, Kracauer's analysis recognizes a key element by which the culture of the employees, in their self-image as new middle class, was becoming hegemonic—in its fantasies of class-transcendence, its fixation on visuality, its construction of a social, national, and specifically modern, imaginary. Responding to similar historical developments as Lacan's lecture on the mirror phase[91], Kracauer locates the power of this imaginary in processes of identification and fantasy unmoored from class and economic interest, in the proliferation of "role-playing" as a model of social behavior.[92] The cinema offers a major rehearsal-ground for

---

88 Kracauer's position in the *Frankfurter Zeitung* was, with the exception perhaps of a few years between 1924 and 1929, hardly ever not precarious; yet, barred from an academic career for a variety of reasons (among them his speech impediment), he preferred being a dependent editor of a paper with a wide circulation, ranging from white-collar workers to the educated bourgeoisie, to the greater freedom he might have enjoyed at a paper like the *Weltbühne* (which repeatedly offered him an affiliation)—which, however, reached a more limited readership of mostly likeminded artists and literary intellectuals. On Kracauer's employee status see his own account in *Georg*, and Hans G. Helms, Der wunderliche Kracauer, part 1, in: Neues Forum 18 (June/July 1971), 28. Also see references above, n. 15.

89 Kracauer, Die Angestellten, 215. Kracauer elaborates on this culture in the chapter, "Asyl für Obdachlose" (Shelter for the Homeless), which tropes on Lukacs's phrase of "transcendental homelessness".

90 For the latter kind of argument, see Henri Band, Massenkultur versus Angestelltenkultur: Siegfried Kracauers Auseinandersetzung mit Phänomenen der modernen Kultur in der Weimarer Republik, in: Norbert Krenzlin (ed.), Zwischen Angstmetapher und Terminus: Theorien der Massenkultur seit Nietzsche. Berlin 1992, 73–101.

91 Lacan first presented his lecture at a meeting of the International Psychoanalytic Association at Marienbad in 1936; during the conference, he travelled to the Berlin Olympics to watch the fascist Imaginary in action; see Buck-Morss, Aesthetics, 37; David Macey, Lacan in Contexts. London/New York 1988, 214. On parallels between Kracauer and Lacan, cf. Thomas Elsaesser, Cinema—The Irresponsible Signifier or, "The Gamble with History", in: New German Critique 40 (Winter 1987), 65–89.

92 Kracauer, Die kleinen Ladenmädchen, 280: "In reality it may not happen easily that a scrubgirl marries the owner of a Rolls Royce; yet, is it not the dream of the Rolls Royce owners that the scrubgirls dream of rising to their level?" On "role-playing" and the emergence of a managerial caste, see Kracauer's remarkable essay on the actor: "Über den Schauspieler", in: Die Neue Rundschau 41/9 (1930), 429–431, in Schriften, vol. 5.2, 231–234.

new forms of social identity because of its mechanisms of perceptual identification in which the boundaries between self and heteronomous images are weakened (or, rather, recognized to be porous in the first place) and which permit the viewer to let him/herself "be polymorphously projected".[93] While in the mid-twenties this psycho-perceptual mobility still beckons the writer with pleasures of self-abandonment, emptiness and loss, by the end of the decade it makes him view the cinema as a transcript of contemporary mythology: "Die blödsinnigen und irrealen Filmphantasien sind die *Tagträume der Gesellschaft*, in denen ihre eigentliche Realität zum Vorschein kommt, ihre sonst unterdrückten Wünsche sich gestalten."[94]

The psychoanalytic concept of repression—which Benjamin and Kracauer agreed was needed to complement Marxist concepts of ideology and the notion of "false consciousness"[95]—cuts both ways. The film fantasies not only reveal society's repressed wishes; they also participate in the repression of those aspects of reality that would disturb the delusion of imaginary plenitude and mobility: "Die Flucht der Bilder ist die Flucht vor der Revolution und dem Tod."[96] With the intensification of the economic and social crisis, Kracauer increasingly stresses the compensatory economy between the everyday drudgery of business and the business of entertainment:

> Der genaue Gegenschlag gegen die Büromaschine aber ist die farbenprächtige Welt. Nicht die Welt, wie sie ist, sondern wie sie in den Schlagern erscheint. Eine Welt, die bis in den letzten Winkel hinein wie mit einem Vakuumreiniger vom Staub des Alltags gesäubert ist. Die Geographie der Obdachlosenasyle ist aus dem Schlager geboren.[97]

The image of the vacuum cleaner is no coincidence. Kracauer remained skeptical throughout of attempts to ground visions of social change in the model of technology, in particular the functionalist school of modern architecture (LeCorbusier, Mies van der Rohe, Gropius and the Bauhaus). The "culture of glass" that Benjamin so desperately welcomed as the death-blow to bourgeois culture (and attendant concepts of "Innerlichkeit", "Spur", "Erfahrung", "aura") leaves Kracauer, architect by training, filled with "scurrilous grief" *("skurrile Trauer")*—grief over the historical-political impasse that prevents the construction of apartments predicated on human needs.[98] And he responds to the functionalist crusade against the ornament (notably Adolf Loos) by showing how the repressed ornamental returns in the very aesthetics of technology that ordains the mass spectacles of choruslines, sports events and party rallies. In his analysis of *Haus*

---

93 Kracauer, Langeweile [Boredom], FZ, 16 Nov. 1924, in: Schriften, vol. 5.1, 279; also in OdM, 322.
94 Kracauer, Die kleinen Ladenmädchen, 280.
95 Benjamin, Ein Außenseiter, 223.
96 Kracauer, Die Angestellten, 289, also see 248. For his indictment of the current film production as "Fluchtversuche" or attempts to escape see, for instance, "Film 1928."
97 Kracauer, Die Angestellten, 287.
98 See especially Benjamin's programmatic essay of 1933: Erfahrung und Armut, in: GS II, 213–219; Kr [Kracauer], Das neue Bauen: Zur Stuttgarter Werkbundausstellung: "Die Wohnung", FZ, 31 July 1927, in: Schriften, vol. 5.2, 68–74, 74.

Vaterland, finally, he indicts the architectural style of *Neue Sachlichkeit*, which he finds there in exaggerated form, for its secret complicity with the business of distraction: "Wie die Verwerfung des Alters, so entspringt sie dem Grauen vor der Konfrontation mit dem Tod."[99] The reflection on death that functionalism evades and that Kracauer insists upon as a public responsibility is not simply an existential *memento mori*, however, but is aimed at German society's refusal to confront the experience of mass death bound up with the lost war.[100]

COMPETING MODERNITIES, HISTORICAL OPTIONS

I have so far emphasized that strand of Kracauer's reflections on cinema and mass modernity that shows his "uncertain, hesitant affirmation of the civilizing process" —his attempt to trace as yet undefined, autonomous developments however compromised, his willingness to grant them "their own, after all positive possibilities". But he was at no point ever uncritical of capitalist-industrial modernization, much as he immersed himself in the attendant new visual culture and with it the chance and challenge of an expanded horizon of experience. Especially toward the end of the decade, under the impact of the international economic crisis and the sharp rise in unemployment, the surrealist streak in Kracauer's writings on mass culture and modern living recedes in favor of an increasingly severe critique of ideology. If he had earlier shared the playful relief from burdens of tradition and hierarchy, he now stresses the inadequacy and posthumous quality of Americanist entertainment forms, specifically choruslines and jazz.[101] In this closing section, I will return to the darker side of Kracauer's assessment of Fordist-Taylorist modernity —not to end with it as somehow more "true" or more realistic, but to situate it in relation to both historically available and politically impending alternatives.

Kracauer's critique of modernization was primarily directed against the imperialism with which technological rationality seized all domains of experience and reduced them to coordinates of space and time, to "a depraved omnipresence in all dimensions that are calculable".[102] In particular, he assailed the destruction of memory advanced, in different ways, by architecture, urban planning, magazines, and photography. This critique oscillates between his earlier, culturally pessimistic stance on modernity and a recognition of the ways in which technological rationality itself was used to naturalize the contradictions of modernity, to turn it into a new mythical eternity.

---

99 Kracauer, Die Angestellten, 286–287. Kracauer elaborates on the relation(s) between photography and death in: Die Photographie, FZ, 28 Oct. 1927, in: Schriften, vol. 5/2, 83–98.
100 Michael Geyer, The Stigma of Violence in Twentieth-Century Germany: A History of Man-Made Mass Death (book-length study in progress); also see Hansen, With Skin and Hair, 465f., 468f.
101 See, for instance, Kracauer, Girls and Crisis; or Renovierter Jazz, FZ, 25 Oct. 1931, in: Schriften 5.2, 390–392.
102 Kracauer, Reise und Tanz, 293.

The site and symbol of presentness, contemporaneity or simultaneity *(Gleichzeitigkeit)* is the city of Berlin, the "frontier" of America in Europe.[103]

> Berlin ist der Ort, an dem man schnell vergißt, ja es scheint, als verfüge diese Stadt über das Zaubermittel, alle Erinnerungen zu tilgen. Sie ist Gegenwart und setzt überdies ihren Ehrgeiz darein, ganz Gegenwart zu sein. . . . Auch sonstwo verändern sich zweifellos Platzbilder, Firmennamen, Geschäfte; aber nur in Berlin entreißen die Veränderungen das Vergangene so radikal dem Gedächtnis.[104]

This tendency is particularly relentless on the city's major boulevard, the Kurfürstendamm, which Kracauer dubs a "street without memory", "Straße ohne Erinnerung." Its facades, from which "the ornaments have been knocked off", "now stand without a foothold in time and are a symbol of the ahistorical change which takes place behind them."[105] The spatial correlate of the congealing of time and memory into a seemingly timeless present is the imperialist gesture with which newsreels, illustrated magazines and tourism pretend to bring the whole world into the consumers' reach. The more distances are shrunk into exotic commodities, the more their proliferation occludes the view onto the "exotics" of what is close by, "normal existence in its imperceptible terribleness"; the daily life of Berlin's millions remains "terra incognita".[106]

Like Benjamin, Kracauer found a counter-image to contemporary Berlin in the city of Paris. There, the "web"—"maze", "mesentry"—of streets allows him to be a real flâneur, to indulge in a veritable "street high" ("Straßenrausch").[107] There,

---

103 Kracauer, Reise und Tanz, in: OdM, 45. On Kracauer's city images, see Inka Mülder-Bach, "Mancherlei Fremde": Paris, Berlin und die Extraterritorialität Siegfried Kracauers, in: Juni: Magazin für Kultur und Politik 3/1 (1989), 61–72; Köhn, Straßenrausch, 225–248; David Frisby, Deciphering the Hieroglyphics of Weimar Berlin: Siegfried Kracauer, in: Charles W. Haxthausen/Heidrun Suhr (eds.), Berlin: Culture and Metropolis. Minneapolis/Oxford 1991, 152–165; Anthony Vidler, Agorophobia: Spatial Estrangement in Simmel and Kracauer, in: New German Critique 54 (Fall 1991), 31–45. On Kracauer in the tradition of Weimar flâneurism, see Karl Prümm, Die Stadt der Reporter und Kinogänger bei Roth, Brentano und Kracauer, in: Klaus R. Scherpe (ed.), Die Unwirklichkeit der Städte: Großstadtdarstellungen zwischen Moderne und Postmoderne. Reinbek 1988, 80–105; and Anke Gleber, Criticism or Consumption of Images? Franz Hessel and the Flâneur in Weimar Culture, trans. Bill Rollins, in: Journal of Communication Inquiry 13/1 (Winter 1989), 80 93.
104 Kracauer, Die Wiederholung: Auf der Durchreise in München, FZ, 29 May 1932, in: Schriften vol. 5.3, 71–72.
105 Kracauer, Straße ohne Erinnerung, FZ, 16 Dec. 1932, in: Schriften, vol. 5.3, 173.
106 Kracauer, Die Angestellten, 298. The figure of the reversal of distance and closeness, exotic and familiar, is pervasive in Kracauer's essays and reviews; see, for instance, Exotische Filme, FZ, 28 May 1929; Die Filmprüfstelle gegen einen Russenfilm, FZ, 23 July 1930, last section ("Menschen im Busch") reprinted in: Schriften, vol. 2, 438–439; Die Filmwochenschau, in: Die Neue Rundschau 42/2 (1931), 573–575, rpt. in: Kracauer, Kino, 11–14; Reisen, nüchtern, FZ, 10 July 1932, in: Schriften, vol. 5.3, 87–90, 87f.
107 The term "Straßenrausch" appears in Kracauer's uncanny essay: Erinnerung an eine Pariser Straße, FZ, 9 Nov. 1930, in: Schriften, vol. 5.2, 243–248; for a description of a Berlin "street intoxication", see: Kracauer, Georg, 487. His other major articles on Paris

the crowds are constantly in motion, circulating, bustling, unstable, unpredictable, an "improvised mosaic" that never congeals into "readable patterns". The impression of flux and liquidity in Kracauer's writings on Paris is enhanced, again and again, by textual superimpositions of ocean imagery and evocations of the maritime tradition and milieu. The Paris masses display a process of mixing that does not suppress gradations and heterogeneity; they are themselves so colorful that, as Kracauer somewhat naively asserts, even people of African descent can be at home—and be themselves—without being jazzified or otherwise exoticized.[108] There, too, the effects of Americanization seem powerless, or appear transfigured, as in the case of the luminous advertising that projects undecipherable hieroglyphs onto the Paris sky: "Sie [die Lichtreklame] schießt über die Wirtschaft hinaus, und was als Reklame gemeint ist, wird zur Illumination. Das kommt davon, wenn die Kaufleute sich mit Lichteffekten einlassen."[109]

Paris for Kracauer is also the city of Surrealism and the site of a film production that stages the jinxed relations between people and things in different ways than films responding to the regime of the stopwatch. In the films of René Clair and Jacques Feyder (especially the latter's *Thérèse Raquin*), Kracauer praised a physiognomic capacity that endows inanimate objects—buildings, streets, furniture—with memory and speech, an argument that links Balázs's film aesthetics with Benjamin's notion of an "optical unconscious" (des "Optisch-Unbewußten")[110] It is this quality, by the way, which Kracauer also extols in the best Soviet films (cf. his remarkable review of Vertov's *Man with a Movie Camera*) and which there, too, he links with the Surrealist objective to "render strange what is close

---

are: Analyse eines Stadtplans: Faubourgs und Zentrum, FZ, n.d. (ca. 1926), in: Schriften, vol. 5.1, 401–403; Lichtreklame", FZ, 15 Jan. 1927, ibid., vol. 5.2, 19–21; Pariser Beobachtungen, FZ, 13 Feb. 1927, ibid., 25–36; Das Straßenvolk in Paris, FZ, 12 April 1927, ibid., 39–43; Negerball in Paris, FZ, 2 Nov. 1928, ibid., 127–129; Die Berührung, FZ, 18 Nov. 1928, ibid., 129–136; Ein paar Tage Paris, FZ, 5 April 1931, ibid., 296–301. A number of these articles were collected by Kracauer himself in the collection *Straßen in, Berlin und anderswo*. Frankfurt a.M. 1964. Kracauer's "social biography" of Jacques Offenbach (see above, n. 17), written after his occasional sojourns in Paris had turned into the hardships of exile, should also be considered in this context. On Kracauer's Paris, see especially Mülder-Bach, Mancherlei Fremde; and Remo Bodei, L'expérience et les formes: Le Paris de Walter Benjamin et de Siegfried Kracauer, trans. J. Liechtenstein, in: Heinz Wismann (ed.), Walter Benjamin et Paris. Paris 1986, 33–47.

108 Kracauer, Negerball in Paris, 128f.
109 Kracauer, Lichtreklame, 19.
110 Raca [Kracauer], Thérèse Raquin, FZ, 29 March 1928, Kino 136–38; Neue Tonfilme: Einige grundsätzliche Bemerkungen (on Clair's *Sous les toits de Paris*), FZ, 16 Aug. 1930, Kino 125-28 ("half-ironic expeditions through the peculiar inbetween-world [Zwischenwelt] in which things and people irritate, touch and caress each other" [127]); Wiedersehen mit alten Filmen: VI. Jean Vigo, in: Basler National-Zeitung, 1 Feb. 1940, Kino 120-24. On Benjamin's trope of an "optical unconscious" see Hansen, Benjamin, Cinema and Experience, 207ff., Of Mice and Ducks, 30f., 42f.; and Koch, Béla Balázs, 172f.; Kosmos im Film, 70f.

to us and strip the existing of its familiar mask".[111] In their dreamlike, physiognomic quality such films rehearse what Benjamin called the interpenetration of "body and image space", and what Kracauer discerned as the cinema's chance of staging shock-like, physiologically experienced encounters with mortality and contingency. Yet he also increasingly took contemporary French films (in particular Clair) to task for their lapses into sentimentality and artsiness, as well as for their romantic opposition to mechanization.[112]

As much as it offered the German writer asylum from the reign of simultaneity, speed and dehumanization, Paris was not the alternative to Berlin or, for that matter, "America"; nor did Kracauer, as did Benjamin, attempt a linkage between the nineteenth-century invention of modern life and the crisis of contemporary mass modernity. Just as "Berlin" is already present in the topography of Paris, in the constellation of Faubourgs and center that Kracauer traces in his "Analysis of a City Map", so does Berlin represent the inescapable horizon within which the contradictions of modernity demand to be engaged. France was, after all, "Europe's oasis" as far as the spread of rationalization and mass consumption were concerned, and Clair's "embarrassing" spoof on the assembly line (in *A nous la liberté*) was only further proof of the French inability to understand "how deeply the mechanized process of labor reaches into our daily life".[113] In his first longer essay on the French capital, "Paris Observations" (1927), Kracauer thematizes the perspective "from Berlin", sketching the perceptions of the persona of one who has lost confidence in the virtues of bourgeois life and who "even questions the sublimity of property", who "has lived through the revolution [of 1919] as a democrat or its enemy", and whose "every third word is America". While he does not exactly identify with this persona, by the end of the essay he clearly rejects the possibility that French culture and civility could become a model for contemporary Germany. "Der Deutsche kann nicht in die durchwärmte Wohnung einziehen, als die ihm Frankreich heute erscheint; doch vielleicht wird Frankreich einmal obdachlos sein wie Deutschland."[114] The price of Paris life and liveliness is the desolation and despair of the provinces and the *banlieus* which Kracauer

---

111 Kracauer refers to Vertov as "surrealist artist who registers the colloquy that the died-away, disintegrated life holds with the wakeful things", stressing the film's affinity with states of dreaming and dying as opposed to the usually emphasized themes of technology and collectivity; Mann mit dem Kinoapparat, FZ, 19 May 1929, in: Kracauer, Kino 88–92, 90. The quotation is from an actually fairly negative review of Clair's *Quatorze Juillet*, Idyll, Volkserhebung und Charakter, FZ, 24 Jan. 1933, partly in: Kracauer, Kino 132–135, 135. Kracauer's understanding of surrealism is indebted to Benjamin's essay of 1929 to which he occasionally alludes.
112 Kr [Kracauer], Neue Filme, section "Montmartre-Singspiel" [on Clair's *Le Million*], FZ, 18 May 1931, Kino 128–30; Rationalisierung [on Clair's *A nous la liberté*] und Unterwelt, FZ, 27 Jan. 1932, in: Kracauer, Kino 130–132.
113 Ibid., 131. On the historical context of France's resistance to "mechanization", see Richard F. Kuisel, Seducing the French: The Dilemma of Americanization. Berkeley, CA/Los Angeles 1993.
114 Kracauer, Pariser Beobachtungen, 25, 35.

depicts in his unusually grim piece on "La ville de Malakoff": describing Malakoff's melancholy quarters, he finds even in the barbaric melange of German industrial working-class towns signs of hope, protest and a will toward change.[115] When, finally, Kracauer returns from another trip to Paris in 1931, he is animated by a political discussion on the train, and as the train enters the Berlin station, Bahnhof Zoo, the nightly city appears to him "more threatening and torn, more powerful, more reserved and more promising than ever before".[116] In its side-by-side of "harshness, openness, . . . and glamor", Berlin is not only the frontier of modernity, but "the center of struggles in which the human future is at stake".[117]

Paradoxically, the more relentlessly Kracauer criticizes the products of mass-mediated modernity, the less he subscribes to his earlier utopian thought that, some day, "America will disappear".[118] In fact, the more German film production cluttered the cinemas with costume dramas and operettas reviving nationalist and military myths, and the more the industry adjusted to and promoted the political drift to the right, the more it became evident that "America" *must* not disappear, however mediocre, superficial and inadequate its current mass-cultural output.[119] The constellation that is vital to Kracauer's understanding of cinema and modernity is therefore not that between Paris and Berlin, but that between a modernity that can reflect upon, revise and regroup itself, albeit at the expense of (a certain kind of) memory, and a modernity that parlays technological synchronicity into the timelessness of a new mega-myth: monumental nature, the heroic body, the re-armored mass ornament—in short, a Nazi modernism exemplified by Leni Riefenstahl.

This constellation is illustrated in the juxtaposition of two vignettes that again project the problems and possibilities of mass-mediated modernity onto an earlier institution of leisure culture, the Berlin Luna park. In an article published on Bastille Day 1928, Kracauer describes a rollercoaster whose facade shows a painted skyline of Manhattan: "Die Arbeiter, die kleinen Leute, die Angestellten, die werktags von der Stadt niedergedrückt werden, bezwingen jetzt auf dem Luftweg ein überberlinisches New York." Once they've reached the top, however, the facade gives way to a bare "skeleton":

---

115 Kracauer, La ville de Malakoff, FZ, 30 Jan. 1927, in: Schriften, vol. 5.2, 22–24.
116 Kracauer, Ein paar Tage Paris, 301. For a similar turn, see Die Wiederholung, a companion piece to Erinnerung an eine Pariser Straße, which contrasts Berlin's presentist modernity with Munich's dreamlike evocation of the past and culminates in a veritable flight or escape back to Berlin.
117 Kracauer, Berliner Landschaft, FZ, 8 Nov. 1931, in: Schriften, vol. 5.2, 401; Unfertig in Berlin, FZ, 13 Sept. 1931, ibid., 375.
118 Kracauer, Der Künstler in dieser Zeit, in: Der Morgen 1/1 (April 1925), in: Schriften, vol. 5.1, 300–308, 305. Ernst Bloch resumes this formulation in Die Angst des Ingenieurs [1929], Gesamtausgabe. Frankfurt a.M. 1977, vol. 9, 347–358, 352.
119 See, for instance, Kracauer, Film 1928, 296, 309f.

Das also ist New York—eine angestrichene Fläche und dahinter das Nichts? Die kleinen Pärchen sind verzaubert und entzaubert zugleich. Nicht so, als ob sie die aufgebauschte Stadtmalerei einfach für Humbug hielten, aber sie durchschauen die Illusion, und der Sieg über die Fassaden bedeutet ihnen fortan nicht allzu viel. Sie weilen an dem Ort, an dem die Dinge sich doppelt zeigen, sie halten die zusammengeschrumpften Wolkenkratzer in der hohlen Hand, sie sind frei von der Welt geworden, um deren Pracht sie doch wissen.[120]

Even in the shrieks of the riders as they plunge into the abyss, Kracauer perceives not only fear but ecstasy, the bliss of "traversing a New York whose existence is suspended, which has ceased to be a threat." As I have argued elsewhere, this image evokes a vision of modernity whose spell as progress is broken, whose disintegrating elements become available in a form of collective reception that leaves space for both self-abandonment and critical reflexion.[121]

Two years later, in an article of May 1930 entitled "Organisiertes Glück", Kracauer reports on the reopening of the same amusement park after major reconstruction. Now the attractions have been rationalized, and "an invisible organization sees to it that the amusements push themselves onto the masses in prescribed sequence"[122]—a model for Disney World. Contrasting the behavior of these administered masses with the unregulated whirl of people at the Paris Foires, Kracauer makes the familiar reference to the regime of the assembly line. As in the Sarrasani Circus which he had criticized in similar terms a few months earlier, this regime does not leave "the slightest gap"; there is no more space for improvisation and reflexion.[123] When he arrives at the newly refurbished rollercoaster, the scene has changed accordingly. The cars are mostly driven by young girls, "poor young things who are straight out of the many films in which salesgirls end up as millionaire wives." They relish the "illusion" of power and control, and their screams are no longer that liberatory: "ja, es lohnt sich zu leben, wenn man nur hinabstürzt, um dann zu zweit in die Höhe zu sausen." The seriality of the girl cult is no longer linked to visions of gender mobility and equality, but to the reproduction of private dreams of heterosexual coupledom and the restoration of patriarchal power in fantasies of upward mobility. Nor is this critique of the girl cult available, let alone articulated in the same sphere or medium as the pheno-

---

120 Kracauer, Berg- und Talbahn, 117, 118.
121 Hansen, Decentric Perspectives, 75–76.
122 Kracauer, Organisiertes Glück, FZ, 8 May 1930.
123 Raca [Kracauer], Zirkus Sarrasani, FZ, 13 Nov. 1929. This piece relates to his earlier articles on the circus, e.g., "Zirkus Hagenbeck" (see above), in a similar way as "Organisiertes Glücks" does to "Berg- und Talbahn." The analogy between circus aesthetics and Fordist-Taylorist methods of production is made more explicitly and single-mindedly than in the earlier article ("does a factory rationalize more or does the circus?"); the symptom of the slippage between playful parody and dead-serious thoroughness is "the elimination [*der Ausfall*] of the clowns." "Gewiß, ein paar bemalte Zwerge kollern im Sand und bemühen sich komisch zu sein. ... Wo sind die echten Clowns hingeraten? ... Es fehlt an Zeit für die Clowns, wir müssen zuviel rationalisieren. Der Improvisation wird bald keine Stätte mehr gegönnt sein.

menon itself (as in Hollywood's own deconstruction of the girl cult that Kracauer had celebrated in Iribe and Ursons film *Chicago*[124]); rather, it speaks the language of a critique of ideology in which the male intellectual remains outside and above the public of mass consumption.

The hallmark of stabilized entertainment, however, is that the symbol of the illusion has been replaced. Instead of the Manhattan skyline, the facade is now painted with an "alpine landscape whose peaks defy any depression" ("eine mächtige Alpenlandschaft, deren Gipfel jeder Baisse trotzen"). All over the amusement park in fact, in the design above a boxing ring and that surrounding a roulette table, Kracauer notes the popularity of "alpine panoramas"—"sinnfälliges Zeichen der oberen Regionen, die man aus den sozialen Niederungen nur selten erreicht." The image of the Alps not only naturalizes and mythifies economic and social inequity; it also asserts a different, or rather identical, timeless Nature, a place beyond history, politics, crisis and contradiction. Against the metaphoric, mass-mediated "urban nature" (Stadtnatur) with "its jungle streets, factory massifs and labyrinths of roofs", the alpine panoramas, like the contemporary Mountain films, offer this presumably authentic, unmediated nature as a solution to modernity's discontents.[125] The recourse to anti-modern symbols does not make this alternative any less modern: as Kracauer increasingly observes—and objects to—the return of the Alps, the Rhine, Old Vienna and Prussia, lieutenants, fraternities, and royalty in German revues and films, he recognizes them as a specific version of technological modernity, an attempt to nationalize and domesticate whatever liberatory, egalitarian effects this modernity might have had.[126]

In his earlier discovery of "America", Kracauer had hoped for a German version of mass-mediated modernity that would be capable of enduring the tensions between a capitalist-industrial economy in permanent crisis and the principles and practices of a democratic society. Crucial to this modernity would have been the ability of cinema and mass culture to function as an intersubjective horizon in

---

124 Raca [Kracauer], Girldämmerung, FZ, 22 June 1928. Much as it betrays the writer's own ambivalence toward (New) women, this review once more demonstrates Kracauer's interest in Fordist mass culture's potential for critical self-reflexion, which was not limited to the genre of comedy but, as in this case, could also occur in social drama. The review concludes with the sentence: "Amerikanische Wunder geschehen in Hollywood."

125 Kracauer, Worte von der Straße, FZ, 7 July 1930, Schriften 5.2, 201. On the Mountain film, see Eric Rentschler, Mountains and Modernity: Relocating the Bergfilm, in: New German Critique 51 (Fall 1990), 137-61; for Kracauer's polemic against the Mountain film genre, see From Caligari to Hitler, chaps. 9 and 21, and, by contrast, his early, rather enthusiastic review of Arnold Fanck's film, *Der Berg des Schicksals*, entitled Berge, Wolken, Menschen, FZ, Stadt-Blatt, 9 April 1925. For an attempt to rescue the Alps from the discourse of reactionary kitsch, see Ernst Bloch, Alpen ohne Photographie (1930), Gesamtausgabe, 9: 488-498; also see Georg Simmel's remarkable vignette, Alpenreisen, in: Die Zeit (Vienna) 4 (1895), 23-24.

126 For an instance of such domestication in the genre of the musical, see Karsten Witte, Visual Pleasure Inhibited: Aspects of the German Revue Film, trans. J. D. Steakley/ Gabriele Hoover, in: New German Critique 24-25 (Fall/Winter 1981/82), 238-263.

which a wide variety of groups, a heterogeneous mass public, could negotiate and reflect upon the contradictions they were experiencing, in which they could confront the violence of difference and mortality rather than repressing or aestheticizing it. Whatever stirrings of such a modernity the Weimar Republic saw, it did not find a more longterm German, let alone European form—Berlin never became the capital of the twentieth century. Instead, "Berlin" split into irreconcilable halves: an internationalist (American, Jewish, diasporic, politically radical) modernism and a Germanic one that assimilated the most advanced technology to the reinvention of tradition, authority, community, nature, race. When the Nazis perfected this form of modernism into the millennial modernity of total domination and mass annihilation, "America" had to become real, for better or for worse, for Kracauer and others to survive.

8

Ikonen des Fortschritts.
Eine Skizze zu Bild-Symbolen und politischen Orientierungen in den 1920er und 1930er Jahren in Deutschland

Alf Lüdtke

ZWEI VORBEMERKUNGEN

A. DER WESTDEUTSCHE SOZIOLOGE und "linke" Gewerkschaftskritiker Theo Pirker berichtet in einem lebensgeschichtlichen Interview, ihn hätten als Acht- bis Zehnjährigen Bildbände über den Ersten Weltkrieg außerordentlich angezogen. Dabei meinte er sowohl Jubelberichte und Heldendarstellungen wie Antikriegspropaganda. Ohne Unterschied hätten ihn alle Darstellungen des Krieges "unfreiwillig, gerade was den technischen Krieg angeht . . . ungeheuer fasziniert."[1]

Pirker kam aus einer Familie "kleiner Leute", in der die Eltern marxistisch-kommunistische Positionen vertraten, zumindest proklamierten. Politik—als Anmelden und Durchsetzen von Bedürfnissen und Interessen—war im Wahrnehmungshorizont dieses Jungen mit Gewalt und Waffeneinsatz verknüpft. Es blieb auch nicht bei abwartender Verzückung, ausgelöst durch Bilder und Worte: Der junge Mann meldete sich 1940 freiwillig zu den Fallschirmjägern.

B. In den 1920er Jahren waren sich nicht nur industrielle Unternehmer mit Gewerkschaftern einig, daß ungeachtet allen Streits um den richtigen Weg allein "Rationalisierung" die Möglichkeit eröffnete, wirtschaftliche und damit politische Macht zurückzugewinnen.[2] "Rationalisierung" würde das Tor zu internationaler Gleichberechtigung wieder öffnen und die Niederlage im Weltkrieg 1914–18 überwinden. Aber auch nach innen schien "Rationalisierung" einen Ausweg aus aller Misere und allem Streit zu bieten. Richtig eingesetzt, würde "rationalisierte" Produktion die Arbeitslosigkeit überwinden und alle Not beseitigen.[3]

---

1 Martin Jander, Theo Pirker über Theo Pirker. Marburg 1988, 25ff., bes. 26; vgl. auch die Hinweise auf die älteren Brüder, bei denen erfolgreiche Politik den Einsatz oder das Androhen von Waffengewalt ausdrücklich einschloß: für den einen der Grund, nicht zur KPD, sondern zur SA zu gehen; ebd.

2 Dazu Thomas von Freyberg, Rationalisierung in der Weimarer Republik (untersucht an Beispielen aus dem Maschinbau und der Elektroindustrie). Frankfurt a.M./New York 1989; Alf Lüdtke, "Deutsche Qualitätsarbeit", "Spielereien" am Arbeitsplatz und "Fliehen" aus der Fabrik: industrielle Arbeitsprozesse und Arbeiterverhalten in den 1920er Jahren, in: F. Boll (Hrsg.), Arbeiterkulturen zwischen Alltag und Politik. Wien u.a. 1986, 155–197.

3 Martin Wagner, Rationalisierung des Glücks. Ausstellungskatalog. Berlin 1985; vgl. aber auch die Diskurse, die "ständische" Muster aufnahmen oder einsetzten, dazu bes. Thomas

Gewerblich-industrieller Fortschritt war in der Denkfigur der "Rationalisierung" aufs engste mit der Optimimierung von Technik und Maschinerie verbunden. Technische Geräte und Erzeugnisse signalisierten Ansprüche und Hoffnungen auf jenen Forschritt, der sich offenbar allein oder doch vornehmlich durch technischindustrielle Verbesserungen und Erneuerungen erreichen ließ.

I.

Vor wie nach 1933 glichen sich die Bilder: Kommerzielle Illustrierte ebenso wie politisch orientierte Agitationsschriften, aber auch Jahrbücher für (männliche) Jugendliche zeigten in fast jeder Nummer einen Zeppelin auf "Welt-" oder "Deutschlandfahrt". In der *Berliner Illustrierten Zeitung (BIZ)*, dem ambitionierten "Unterhaltungsblatt" des Ullstein-Verlages—mit ca. 1,5 Mio. Verkaufsauflage um 1930—waren ebenso wie in der Scherl-Konkurrenz *Woche* immer wieder "Riesenflugboote" beim Start zu bestaunen. Bis 1933 fand man dieselben Sujets aber auch in der prononciert marxistisch-revolutionären *Arbeiter-Illustrierten Zeitung (AIZ)*. Dieses Blatt wurde um 1930 immerhin mit ca. 500.000 Stück verkauft.[5]

Childers, The Social Language of Politics in Germany: The Sociology of Political Discourse in the Weimar Republic, in: American Historical Review 95 (1990), 331–358.

4 Vgl. Diethart Kerbs u.a. (Hrsg.), Die Gleichschaltung der Bilder. Zur Geschichte der Pressefotografie, 1930–1936. Berlin 1983, 198ff.

5 Heinz Willmann, Geschichte der Arbeiter-Illustrierten Zeitung, 1921–1938. Berlin 1974; zu diesen Bildgegenständen vgl. Stichproben in der AIZ 8 (1929), No. 26–32: No. 28, S. 2 u. 3: "Bilder der Woche"; S. 2 oben: Giftgasgranate; S. 3: Tränengas im Einsatz in den USA, gegen die "Arbeiterklasse"; No. 29, S. 2: Einmarsch ins Rheinland; eines der fünf Bilder zeigt einen Stahlhelm; S. 7: Dschunke und US-Schlachtschiff; No. 30, S. 3: "Heute 'fliegendes Hotel'-Morgen 'fliegender Tod'"—zwei Fotos des Flugbootes Do X; No. 31, Titelblatt: "Zu neuen Kriegen gerüstet", zwei Schlachtschiffe mit hochgereckten Kanonenrohren und rauchenden Schloten; S. 4: "Was Millionen erlebten ...". Unbekannte Soldaten; S. 5: "Wenn es wieder losgeht—Waffen des nächsten Krieges" (Kohlezeichnung eines fiktiven Luftangriffes sowie vier Fotos von Flugzeugen und Land-Waffen (davon eines: Probegasangriff), U-Boot sowie Schlachtschiff.—Stichprobe Jg. 9 (1930), No. 13–50: No. 14, S. 262: Vier Fotos aus aller Welt; das beherrschende zeigt ein Flugzeug vor dem Katapultstart vor gereckten Geschützrohren eines US-amerikanischen Schlachtschiffes; No. 20, S. 400: Wasserwerfer der Berliner Polizei; No. 22, Titelbild: Arbeiter an einem gigantischen Stahlmast; S. 422: Flugzeugparade in den USA; S. 440: Raketenauto, Max Valier; No. 24, S. 464, Bilder aus aller Welt: "Ankunft in Berlin" (ein zentrales Bild mit einem hilfreichen Schupo); S. 480: behelmte Soldaten in der Schweiz; No. 26, S. 520, letzte Seite des Heftes: Kriegsflugzeuge bei einem Bombardierungsmanövers; No. 28, S. 543: "Mac Donalds Sozialismus"—eine Fotomontage aus fünf Fotografien, von denen vier Militär bzw. Soldaten, Gasmasken, Panzer und Flugzeuge zeigen; S. 549: Pax Britannica; S. 558f.: "Imperialistischer Terror in Indien" gezeigt werden Soldaten und ihre Opfer, Einheimische, die ausgepeitscht werden; No. 31, Titelblatt: "Die Arbeiter und Bauern der Sowjetunion sind bereit zur Verteidigung des sozialistischen Aufbaues", dazu im Heft 10 Fotos, die vor allem Gewehr- und Bajonetträger zeigen; S. 603: "Sonnenfinsternis am befreiten Rhein": ein Stahlhelm, dessen Schatten sich über den Rhein senkt; S. 604f.: "Rüstung gegen die Sowjetunion": französische und englische Panzer und Flugzeuge; S. 607: "Dr. Rudi Breitscheid": der sozialdemokratische Reichstags-

"Schienen-Zepps" und "hochmoderne" Passagierschiffe, Automobil-, Flugzeug- und Motorradrennen, aber auch die massigen Geschütztürme "modernster" Schlachtschiffe der *Royal Navy* (oder eines der neuen Kreuzer der deutschen Reichsmarine) gehörten bis 1933 zum Bildrepertoire der "rechten" wie der "linken" Blätter. Nach 1933 bedurfte es für die "gleichgeschaltete" Presse keiner Veränderung dieser Linie.[6] "Moderne" Verkehrs- wie Militärtechnik wurde aber auch im *Neuen Universum* abgebildet und beschrieben, dem Jungen-Jahrbuch, das vornehmlich für den bürgerlichen Weihnachtstisch gedacht war.[7] Und hier änderte sich ebenfalls nichts zwischen 1925 und 1935 (oder 1938); in jedem Jahr erneut gab es hier die Sektion "Militärwesen, Marine, Flugwesen" zu besichtigen. Vielleicht noch stärker beachteten Jungen (und junge Männer) die Sammelbilder, die Käuferinnen und Käufern als Gratis-Beigabe zu Margarine, Tee oder Zigaretten erhielten.[8] In diesen Bilderserien beschränkte sich das visuelle Feld "moderner Technik" keineswegs nur auf Deutschland; gleichermaßen gezeigt wurden Beispiele aus Frankreich, England oder "Amerika".

Die Bilder glichen sich. Die Bildlegenden unterschieden sich um so mehr, waren zum Teil konträr. Die *BIZ* sah in den Kondensstreifen zweier Flugzeuge einen "fiktiven Luftkampf"—die *AIZ* entdeckte darin die "Schönheit der Tech-

---

politiker sitzt auf einem Kanonenrohr; No. 32, Titelbild: "Ägypten im Kampf': englische Kriegsschiffe; No. 38, S. 743: Bilder von Picards (Ballon-)Flug in die Stratossphäre; No. 44, Titelbild: Herbstmanöver der Roten Armee, "Wir schützen den sozialistischen Aufbau"; No. 47, Titelbild: "'Do X' fliegt nach Amerika" (auch S. 924–925: zwei Gesamtfotos der Maschine, zwei Einzelfotos sowie drei Interviews und ein Globus).

6 Für die Darstellung allein von Militär und Rüstung argumentiert Eva-Maria Unger vor allem anhand der *Berliner Illustrierten-Zeitung*, es lasse sich eine deutliche Veränderung—im Sinne der Forderung nach gleichberechtigter Rüstung—seit 1933 erkennen; s. Eva-Maria Unger, Illustrierte als Mittel zur Kriegsvorbereitung in Deutschland 1933 bis 1939. Köln 1984, 128ff. und 271ff.

7 Das neue Universum. Die interessantesten Erfindungen und Entdeckungen auf allen Gebieten, sowie Reiseschilderungen, Erzählungen, Jagden und Abenteuer. Mit einem Anhang zur Selbstbeschäftigung "Häusliche Werkstatt" (ab Mitte der 1930er Jahre: Mit einem bunten Anhang: Arbeit, Sport und Spiel), Bde. 45ff., Stuttgart u.a. 1924ff.; Der gute Kamerad. Illustriertes Jahrbuch für Knaben und Jungen, Bde. 50ff., Stuttgart 1929ff.; beide vorhanden im Institut für Jugendbuchforschung der Johann-Wolfgang-Goethe Universität, Frankfurt am Main. Als "Jungenbücher" erschienen zahllose Kriegsbücher zum "Großen" oder "Weltkrieg", häufig in vielfachen Auflagen (besonders über Kriegsschiffe und Fluggeräte bzw. Marine- sowie Luftkampfepisoden: z.B. den Kreuzer "Emden" oder den "roten Baron", den Fliegeroffizier Frhr. von Richthofen); Antiquariatskataloge geben Hinweise—in Bibliotheken ist diese Massenliteratur kaum bewahrt.

8 Dorle Weyers/Christoph Köck, Die Eroberung der Welt. Sammelbilder vermitteln Zeitbilder. Detmold 1992; vgl. zum Wahrnehmungsumfeld die "Groschenhefte", dazu Heinz J. Galle in seiner knappen, vor allem wegen der bibliographischen Angaben nützlichen Übersicht: Groschenhefte. Die Geschichte der deutschen Trivialliteratur, Frankfurt a.M./Berlin 1988; vgl. Kaspar Maase, Die soziale Konstruktion der Massenkünste: Der Kampf gegen Schmutz und Schund 1907–1918. Eine Skizze, in: Martin Papenbrock/Gisela Schirmer/Anette Sohn/Rosemarie Sprute (Hrsg.), Kunst und Sozialgeschichte. Pfaffenweiler 1995, 262–279.

nik". Während in der *BIZ* oder im *Neuen Universum* technische "Wunder"taten der Konstrukteure oder die "Kühnheit" von Fahrern, Kommandanten oder Piloten gefeiert wurden, geißelten die *AIZ*-Redakteure bei denselben Bildmotiven entweder Verschwendung (im Falle der Zeppeline oder Passagierdampfer)—oder die Gefährdung von Zuschauer"massen" bei den Vergnügungen der "Reichen", z.B. Autorennen.

II.

Aber wie wichtig waren den Betrachtern die Deutungen, die ihnen die Redakteure in Bildunterschriften nahelegten? Es waren die *Bilder*, welche die Zeitschriften- und Buch-Seiten beherrschten; die Texte beschränkten sich auf Untertitel, waren kurz und unscheinbar. Diese Bilder zeigten atemberaubende Motive—und vor allem waren es Fotos. Fotografien versprechen Authenzität. Fotografische Aufnahmen dokumentieren jene Lichtreflexe, die von den aufgenommenen Gegenständen in dem Moment reflektiert werden, in dem der Verschluß der Kamera geöffnet wird. Die Gegenstände freilich sind entweder arrangiert oder bieten sich dem Blick des Fotografen, der Fotografin. Und Betrachter von Fotografien verknüpfen sie mit jenen Bildern, die sie im Kopf haben. Zumal technisch reproduzierte Fotos erweisen sich als alles andere denn bloße Widerspiegelungen von Wirklichkeit. Sie schaffen, behaupten und beglaubigen zugleich eine Realität, die sich in der visuellen Repräsentanz bestätigt.[9]

Die Fotos der schnellen Lokomotiven und Flugzeuge, der "modernsten" Geschütze versammelten Aufsichten polierter Oberflächen und Untersichten imposanter Dimensionen. Sie präsentierten elegant geschwungene "Stromlinien"—und damit seit den späten 1920er Jahren zunehmend das "Bild" von "Amerika". Wenn es überhaupt einen Ort für die Wirklichkeit technischer "Moderne" gab, dann waren es in dieser Bilderwelt die USA.[10]

Zugleich war die Formensprachen der polierten Flächen und der Stromlinien blind für ihre Objekte; Rennauto und Geschützrohr sollten denselben Form-Kriterien genügen. Im Blick auf die "Ornamente der Technik" (Siegfried Kracauer) verknüpfte sich die Dynamik des *Visuellen* mit der des *Objekts*. Auch bildtechnische Verfremdungen wie Montage und Verschrägungen, die man in der *AIZ*

---

9 Dazu Alf Lüdtke, Industriebilder—Bilder der Industriearbeit?, in: Historische Anthropologie 1 (1993), 394–430.

10 In den 1930ern wurde "Amerika" bzw. die USA das Eldorado "stromlinienförmiger" Objekte; Donald J. Bush, The Streamlined Decade. New York 1975 und Raymond Loewy, Exhibition Catalogue, München 1990; Terry Smith, Making the Modern: Industry, Art, and Design in America. Chicago 1993, bes. Kap. 5, 10–12; s. auch Howard P. Segal, Technological Utopianism in American Culture. Chicago 1985, Kap. 6; vgl. aber vor allem die Bilder, die in populären Zeitschriften in den USA dominierten, z.B. dem *Popular Mechanics Magazine:* In den stichprobenartig ausgewerteten Bänden 54 (Juli–Dez. 1930) und 64 (Juli–Dez. 1935) finden sich jeweils Dutzende von "schnittigen" (Zivil-)Flugzeugen, Lokomotiven, Automobilen und Wohnwagenanhängern—aber auch von Haushaltsgeräten bzw. -maschinen.

fand und sowjetische Fotografen (wie Alexander Rodtschenko) sie anwandten, schienen die Übermacht der Motive und deren Formen nicht zu brechen[11].

Die Bilder der Technik zeigten Apparate und Maschinen. Zwar stammten die meisten aus Deutschland, Frankreich, England und den USA; aber die Bilder ignorierten solche Zuordnungen. Erst Bildunterschriften und Begleittexte gaben die nationale Konnotation. Zu den Bildern gehörten fast immer solche, die den Deutschen offiziell verwehrtes Militärgerät vorführten, von großkalibrigen Geschützen und Großkampfschiffen, von Flugzeugen, Panzern und U-Booten, mit denen in den meisten deutschen Blättern die "nationale Schmach" nach 1918 anschaulich gemacht werden sollte. Bilder von Schlachtkreuzern, Panzern oder Flugzeugen der französischen, der britischen oder der US-amerikanischen Streitkräfte machten entsprechende Verbote für Reichsmarine und Reichswehr nur fühlbarer. Nach dem Versailler Vertrag war dem Deutschen Reich keines dieser Kriegsgeräte erlaubt.[12]—Mit anderer Stoßrichtung berichtete die *AIZ*. Hier erschienen alliierte Sieger wie deutsche Besiegte vereint durch den Industriekapitalismus und die daraus resultierende Ausbeutung der "Massen" auf beiden Seiten, zugleich den weltweiten Imperialismus. Zentral war demgegenüber die Botschaft, daß modernstes Militärgerät nun auch der Weltrevolution bzw. ihrem Repräsentanten, der jungen Sowjetunion, zur Verfügung stünde.

III.

Schnappschüsse von fliegenden oder schnell fahrenden Geräten reklamierten: der technikbewehrte Mensch habe nun endlich die Erdenschwere überwunden. Mehr noch: "atemberaubendes Tempo" würde helfen, die vielfach beklagte politische, soziale und ökonomische Misere der Gegenwart zu meistern.[13] Derartige Hoffnungen konnten sich zudem an Aufnahmen technischer Großbauten stärken: In den Bildmedien spannten sich Brücken über den Rhein oder Nil, "Schnelldampfer" stachen in See, etwa die *Bremen*, die 1929 auf ihrer Jungfernfahrt das

---

11 Zur "Mobilität der neuen Sichtweise" vgl. Bernd Busch, Belichtete Welt. Eine Wahrnehmungsgeschichte der Fotografie. München 1989, 350ff.; Wieland Herzfelde, John Heartfield, 2. Aufl. Dresden 1988; Peter Panicke/Klaus Honnef (Konzeption), John Heartfield, Ausstellungskatalog. Köln 1991.

12 Ein Kernstück der militärischen Selbstauffassung wie Militärstrategie, aber auch der Militärsymbolik, die allgemeine Wehrpflicht, war gefallen. Der zahlenmäßige Umfang der Streitkräfte war eng begrenzt (100.000 Mann), jegliche militärische Luftfahrt war ebenso verboten wie das U-Boot-Wesen und der Besitz gepanzerter Landfahrzeuge. Fast der gesamte Bereich militärisch-technischer Innovation und damit auch dessen mögliche Vorführung bei Manövern und Paraden waren blockiert. Vgl. aber die geheime Zusammenarbeit mit der Roten Armee bei der militärischen Luftfahrt und der Entwicklung einer Panzerwaffe; dazu Manfred Zeidler, Reichswehr und Rote Armee 1920–1933. München 1993.

13 Dazu auch: Peter Fritzsche, A Nation of Fliers: German Aviation and the Popular Imagination. Cambridge, MA/London 1992; Peter Fisher, Fantasy and Politics. Visions of the Future in the Weimar Republic. Madison, WI, 1991; Michael J. Neufeld, Weimar Culture and Futuristic Technology: The Rocketry and Spaceflight Fad in Germany, 1923–1933, in: Technology and Culture 31 (1990), 725–752.

"Blaue Band" für die schnellste Atlantiküberquerung errang. In einem Bilder-Umfeld, in dem Sportwettbewerbe mit dem Wiener Opernball, heimeligen Tierszenen und exotisch-"wilder" Natur wechselten, ragten Monumentalität und Stromlinie technischen Geräts besonders hervor.[14] Den *basso continuo* der nationalen Zuschreibung gaben die Bildtexte. Wenn die Geräte aus Produktionsstätten in Deutschland stammten, fehlte selten der Hinweis auf die "*deutsche Qualitätsarbeit*". Niemand sollte übersehen, daß es deutsche Konstrukteure und Ingenieure, aber auch Facharbeiter waren, die den "Ozeanriesen" oder eine besonders tragfähige Brücke konstruiert und produziert hatten.

Nicht nur Funktionäre des "Reichsverbandes der Deutschen Industrie" oder des "Allgemeinen Deutschen Gewerkschaftsbundes", sondern auch Angehörige des "Vereins Deutscher Ingenieure" ließen solche Texte drucken bzw. fanden sie in ihren Verbandszeitschriften und zugehörigen Publikationen. Auch in der Arbeiterpresse, bei Sozialdemokratie wie KPD, und in den Gewerkschaften war das Selbstverständnis von der Besonderheit, wenn nicht Einzigartigkeit der "deutschen Qualitätsarbeit" ungebrochen. Vor allem zahllosen einzelnen Arbeiter(-Männern) selbst bot diese Vorstellung eine Selbstdeutung, die den täglichen Mühen Sinn gab—über den Lohn hinaus. Visuelle Selbstzeugnisse, d.h. fotografische Arbeiterselbstbilder, zeigen die Wirksamkeit dieses "Bildes in den Köpfen". Industrie symbolisierte sich in Werkszeitschriften wie in der *AIZ* in denselben rauchenden Schloten und glühenden Schmelzöfen; "richtige" bzw. "Qualitätsarbeit" wurde in denselben Posen von Erfahrungssicherheit und Körperkraft ausgedrückt und beansprucht. Der disziplinierte und gefügige Angehörige der "Werksgemeinschaft" sah dem Heros der Arbeiterklasse zum Verwechseln ähnlich. Gemeinsamer Nenner war ein Industrialismus, der auf "Männlichkeit" bezogen war. "Qualitätsarbeit" war seine Voraussetzung wie sein bildhafter Ausdruck.[15]

IV.

Den Bilderwelten korrespondierten Denkbilder (Walter Benjamin), in denen sich "Fortschritt" von National-Gesellschaft wie Menschheit an zweierlei knüpfte: technische Neuerungen und deren massenhafte Verbreitung. Klassengrenzen, aber auch solche zwischen politischen Lagern, sozialkulturellen Milieus oder "Generationenzusammenhängen" (Karl Mannheim) würden angesichts dieses "Fortschritts" zunehmend bedeutungslos.

Für Sozialdemokraten wie für Kommunisten waren Annahmen, wie sie August Bebel in die überarbeitete Fassung von *Die Frau und der Sozialismus* von 1909 aufgenommen hatte, keineswegs überholt. In diesem auch in den 1920er Jahren

---

14 Dem liegt eine teil-systematische Auswertung der oben genannten Zeitschriften für die Jahre 1925–1938 zu Grunde; es wurden jeweils die Monate August bis November untersucht, allerdings nicht detailliert ausgezählt.
15 Alf Lüdtke, Deutsche Qualitätsarbeit,; Ders., "Ehre der Arbeit": Industriearbeiter und Macht der Symbole, in: Ders., Eigen-Sinn. Fabrikalltag, Arbeitererfahrungen und Politik vom Kaiserreich bis in den Faschismus. Hamburg 1993, 283–350.

massenhaft verbreiteten Buch hatte Bebel prognostiziert: "Umfassende Anwendung der motorischen Kräfte und der vollkommensten Maschinen und Werkzeuge" würde zu ungeahnten Produktionssteigerungen führen.[16] Zumal die umfassende Nutzung der Elektrizität, aber auch das Fliegen mit "lenkbaren Luftschiffen und Flugapparaten" würde beitragen, die "Bande der bürgerlichen Welt nur um so rascher zu sprengen".

Damit war nicht nur die Sicht eines Führers der Sozialdemokratie umrissen. Die Maiplakate der Gewerkschaften, etwa des Deutschen Metallarbeiterverbandes, zeigten seit der Jahrhundertwende zwar keine "Flugapparate", aber doch rauchende Schlote und Zahnräder, als Verweise auf große wie kleine Maschinerie. Und grundsätzlich galt für die "moderne Technik": Sie erzwinge die unerläßliche Klassensolidarität. Mehr noch: Technik verlange "Menschenökonomie": Sie lehre, daß "der Mensch ebenso pfleglich behandelt werden muß wie die Maschine".[17]— Eine solche Perspektive konnte bizarre Phantasien ermuntern, wie die über elektrisch betriebene und "auf einem Lastauto . . . fahrbar untergebrachte" Krematorien, die 1925 im *Freidenker* zum "eisernen Bestand" einer zukünftigen klassenlosen Gesellschaft gezählt wurden.[18]

Und die (städtischen) Massen selbst? Hier sah man Bürger neben Arbeitern, aber auch Männer neben (oder vor) Frauen. Im wilhelminischen Berlin strömten hunderttausende zu einer Zeppelinankunft 1909, aber auch Jahr um Jahr auf den Flugplatz Johannisthal.[19] Nicht geringer war auch der Andrang zu Autorennen: Dabei waren zahlreiche industrielle Lohnarbeiter und gewiß auch -arbeiterinnen, fraglos dabei organisierte Sozialdemokraten.—Frauen kamen, schauten und nahmen teil. Es scheint allerdings, daß sie erheblich in der Minderzahl waren. Und dann galt ihre Aufmerksamkeit offenbar auch weniger einer Landung, einem Rennablauf, den Details der Überholmanöver oder den Gefahren eines Sturzes. Sie waren anwesend; inwieweit aber der sinnliche Reiz von Technik und Gefahr sie gleichermaßen anzog wie die meisten Männer, ist zumindest ungewiß.

V.

Maschinen und Geräte überragten im medialen Bilder-Universum die Menschen um ein Vielfaches. Aber Menschen waren nicht ausgeblendet: Sie meisterten die Technik. Ihre gelassenen Mienen signalisierten, daß sie die Risiken kannten, aber nicht scheuten. In den Bildern verlieh das *Gerät* die *Potenz*, es zeigte sich als starr—zugleich aber auch als windschlüpfrig. Die *Menschen* waren es, die die technischen Kräfte entfalteten und *beherrschten*. Piloten, Luftschiffer oder Kapitäne

---

16 August Bebel, Die Frau und der Sozialismus. Nachdruck der Jubiläums-Ausgabe v. 1929, 2. Aufl. Berlin/Bonn 1985, 353, 358.
17 Metallarbeiter-Jugend, 43 (1930), 298.
18 Freidenker (1925), 131–136.
19 Thomas Lindenberger, Straßenpolitik. Die Nutzung der Straße im wilhelminischen Berlin 1900–1914. Bonn 1995.

erschienen in Untersicht: Der Betrachter schaute auf zu den erfahrungssicheren Helden der Schnelligkeit, gleichermaßen kraftvoll und geschmeidig.

Dabei greifen Klischees von einer eindeutig-polaren *geschlechtsspezifischen* Unterscheidung der Adressaten wie der Nutzer "modernster" Technik zu kurz. Frauen waren aktiv beteiligt an der Nutzung modernster Technik. Sie fuhren Auto—auch über Land und in unwegsamem Gelände. Sie eigneten sich das Fliegen an. Und sie hielten sich dabei keineswegs versteckt. In Deutschland wurde in den 1930er Jahren Elly Beinhorn überaus populär—und intensiv popularisiert. Das publikumswirksame Beispiel hatte in den USA Amelia Earhart gegeben. Sie war ab 1926 mit rasch zunehmender öffentlicher Aufmerksamkeit als Pilotin aufgetreten. In Photos, die sie auch selbst verteilte und dann verschicken ließ, zeigte sie sich weder als Mannweib noch als Frau, die dem Rollenklischee der "Dame" entsprach. Die schlanke Gestalt trug Hosen, zugleich eine Fliegerjacke und vor allem die Fliegerhaube und die Rennfahrer- bzw. Pilotenbrille—dabei spielte auf einem der meistverbreiteten Photos die linke Hand lässig, aber demonstrativ mit der Perlenkette, die sie um den Hals trug.[20]

Eine polare Unterscheidung von Männern- und Frauenbildern wurde in den Darstellungen von Piloten und Pilotinnen nicht selten gleichsam aufgeweicht. Das Titelbild der *Berliner Illustrierte-Zeitung* vom 12. Juli 1931 brachte z. B. den Segelflieger Robert Kronfeld, der als erster in einem Segelflugzeug den Ärmelkanal im Sommer 1931 überflogen hatte. Dieses Foto zeigt einen jungen Mann in der Fliegerhaube und Brille. Das ebenmäßige Gesicht mit ausdrucksstarken Lippen und versonnen zur Seite gedrehten Augen ist fast deckungsgleich mit dem von Amelia Earhart auf zeitgleichen Porträts. Die Verbindung femininer und maskuliner Zeichen gehörte auch zum Bild der Jagdflieger der deutschen Luftwaffe, die ab Frühjahr 1935 auch offiziell auftraten. Demonstrativ und entgegen allen Vorschriften trugen sie helle Seidenhalstücher; gerade im Dienst und "Einsatz" schien das eine unentbehrliche "Lässigkeit". Sie verband der Gestus der Kompetenz mit jenem Reiz des Lasziven, der offenbar zum Kampf mit ungebärdigen Höhen und Gewalten gehörte.[21]

VI.

Bei den Benutzern oder (Fahrzeug-)Führern stand *Internationalität* außer Frage, wenn es heroische Einzelleistungen zu feiern galt. Charles Lindbergh wurde 1927, nach seiner West-Ost Atlantik-Überquerung, ebenso gefeiert wie die Deutschen Köhl und v. Hünefeldt in der umgekehrten Richtung 1928. Und stammte eine

---

20 Susan Ware, Still Missing: Amelia Earhart and the Search for Modern Feminism. New York 1993, 96.
21 Zur geschlechterverbindenden Aneignung von Medien wie Ikonographie s. auch die intensive Verwendung von Pilotenmotiven in der rasch sehr populären Kunden- bzw. Kinderzeitschrift *Lurchi*, mit der die Firma "Salamander" (Kornwestheim) ab 1937 ihre Kinderschuhe propagierte; vgl. Heft 4/1937. Dem Feuersalamander auf der Spur, Ausstellungskatalog Galerie der Stadt Kornwestheim. Kornwestheim 1994, 86–97.

Weltneuheit aus Deutschland, wie beim Raketenauto oder dem Raketenflugzeug (1928), dann wurden der Promotor/Pilot Fritz von Opel ebenso wie das Gerät genannt und gezeigt. Wurden aber namenlose Bediener und Fahrer abgebildet, rückte das Nationale deutlich nach vorn. Dann waren es "deutsche Mannschaften" oder Schiffe, Zeppeline. Nur der Bezug auf das nationale Kollektiv schien dann vorstellbar.

1933 änderte sich an dieser Präsentation mit Machtantritt und "Machtübernahme" der Nazis zunächst wenig. Eine *"Nationalisierung"* ist freilich ab 1935 unverkennbar. Seit dem Aufkündigen der Versailler Beschränkungen im Mai des Jahres waren es deutsche Flugzeuge und deutsche Panzer, die mehr und mehr anstelle der ausländischen Waffen traten. Internationale Vergleiche wurden aber selten konkret und direkt geführt.[22]—Für kurze Momente war Internationalität erneut dringlich: insbesondere während der Olympischen Spiele in Berlin 1936. Freilich blieb die Darstellung im Rahmen der Kontinuität; denn gezeigt wurde auch bei einem Schwarzen wie Jesse Owens stets der einzelne *Heros*.

VII.

Die Ikonen des Fortschritts fanden Resonanz in der Formgebung alltäglichen Geräts—von metallenen Schreibtischlampen bis zum "stromlinienförmig" gerundeten Holz-Vertiko. Diese alltagsbrauchbaren Formen wurden x-fach vervielfältigt in der Bild-Reklame, die zunehmend im Alltag präsent war.[23] Und zwischen 1924/25 und 1929/30, erneut ab 1937/38 gab es Kaufkraft für solche "langlebigen Gebrauchsgegenstände" in den Haushalten alleinstehender wie verheirateter kleiner Beamter und Angestellter und in "respektablen" Arbeitermilieus.

VIII.

In Raserei und Schnelligkeit, auch in den "himmelstürmenden" Dimensionen von Brücken oder Schiffen, blieben stets unkalkulierbare Gefahren einbezogen. Dieser "Fortschritt", der so ausgiebig fotografisch dokumentiert wurde, umfaßte Potenzen, die nicht nur Aufbau, sondern ebenso Vernichtung oder Tod bedeuteten.

---

22 Vgl. die Dokumentation zur (täglichen) NS-Presselenkung, in: Gabriele Toepser-Ziegert (Hrsg.), NS-Presseanweisungen der Vorkriegszeit, Bde. 1-4: 1933–1936ff. München u.a. 1984–1993ff.; einzelne Anweisungen galten auch der Bildberichterstattung—allerdings nicht dem fotografischen "Wie", sondern dem Motiv; vgl. Bd. 2: 1934, 260 (Zusammenhang der Roehm-Ermordungen). Zur Verwendung von Fotografie in der NS-Politk und Propaganda vgl. Gerhard Paul, Aufstand der Bilder. Die NS-Propaganda vor 1933, 2. Aufl. Bonn 1992, und—im Blick auf die Hitler-Bilder—Rudolf Herz, Hoffmann & Hitler. Fotografie als Medium des Führer-Mythos. München 1994, 200–297; zum Dokumentar-Film vgl. Martin Loiperdinger, Rituale der Mobilmachung. Der Parteitagsfilm "Triumph des Willens" von Leni Riefenstahl. Opladen 1987; generell zur NS-Herrschaftsästhetik auch Peter Reichel, Der schöne Schein des Dritten Reiches. Hamburg 1991.

23 Für die NS-Zeit s. Uwe Westphal, Werbung im Dritten Reich. Berlin 1989.

Lebensgefährliches Risiko für die Fahrer oder (Fahrzeug-)Führer gehörten dazu, aber auch Gefährdung, Verstümmelung oder Tod von Zuschauern. *Destruktion* war kein "Restrisiko", sondern Teil der Moderne. Flugzeugabstürze und Todesstürze vom Motorrad, Kesselexplosionen zu Lande oder zu Wasser—der Kitzel der Unfall- und Todesgefahr wurde beim Durchblättern einer Illustrierten zur gefahrlosen Attraktion.

Auch hier verwiesen die Bilder und Texte auf Sinneseindrücke, die hunderttausende Menschen insbesondere aus Arbeiter- und Kleinbürger"kreisen" bei Motorradrennen (1937 gab es 27 davon im Deutschen Reich, mit zum Teil weit über einhunderttausend Zuschauern, darunter wenige Zuschauerinnen) selbst genossen hatten: der dröhnende Lärm, der aufgewirbelte Dreck, die Menschenmassierung, aber auch das hautnahe Erleben, wie die Fahrer die Technik "meisterten"—oder ihr "zum Opfer fielen". Tabus des gesitteten Wohlverhaltens wurden für kurze Zeit gebrochen. Der *Hannoversche Anzeiger* schrieb 1937 von einer "Motorrad-Schlacht".[24]

IX.

Destruktion und Produktion schlossen sich nicht aus. Sie waren vielmehr zwei Seiten derselben Medaille, die *gleichzeitig* vor Augen traten.[25] Und diese Gleichzeitigkeit war in der Bilderwelt nicht auf einen bestimmten nationalen Rahmen beschränkt. Der ästhetische Genuß eines über Monumentalität, technische Raffinesse und Schnelligkeit vermittelten Fortschritts transportierte beides—das Versprechen von kollektiver Größe und Freiheit; aber auch das der Zerstörung der "Feinde", der "anderen".[26] Erkennbar wird eine "Innensicht", in der Vernichtung keineswegs als abscheulich galt, sondern als möglich, wenn nicht als notwendig und letzte Erfüllung.

Die Bild-Zeichen, die den Fortschritt von Welt und Geschichte mit technischen Entwicklungen und sportlichen Leistungen verknüpften, bezogen nicht nur Verletzung und Tod ein. Zu den Bildern gehörten stets auch die Arsenale der Destruktion. Immer dann aber verengte sich die Perspektive aufs Nationale: Gezeigt wurde "unsere Reichswehr" in Paradeformation, aber auch aktionsbereit im Gelände. Und wenn sie offiziell, d.h. bis 1935 keine eigenen "Tanks" besitzen durfte, dann waren es eben Verkörperungen der "Im-Felde-unbesiegt"-Landser, die bei Fluß-

---

24 Adelheid von Saldern, Cultural Conflicts, Popular Mass Cultur, and the Question of Nazi Success: The Eilenriede Motorcycle Races, 1924–39, in: German Studies Review 15 (1992), 317–338.

25 Die fließenden Übergänge einer Nutzung für produktive oder Genuß-Zwecke einerseits oder für Destruktion bzw. militärische Ziele andererseits machte z.B. auch eine Aufnahme aus den Schweizer Alpen 1919 sinnfällig: Mit der Überschrift "Französischer Alpen-Tank" wird hier ein kleines Kettenfahrzeug gezeigt, auf dem mehrere Personen bzw. "Vergnügungsreisende" zu den "höchsten Gebirgsspitzen" gebracht werden wollen; vgl. Frankfurter Allgemeine Zeitung, 25.5.1994, N5.

26 Vgl. Carl Wege, Gleisdreieck, Tank und Motor. Figuren und Denkfiguren aus der Technosphäre der Neuen Sachlichkeit, in: Deutsche Vierteljahresschrift 68 (1994), 307–322.

BILDLEGENDEN UND ABBILDUNGSNACHWEISE

1. Die Woche, 30 (1928) H. 30, 954: Bilder aus aller Welt. Luftkampf – das aufregendste Schauspiel
2. Das neue Universum, 47 (1926), 255: Die Fernsteuerung von Flugzeugflotten – In der Kontrollstelle hinter der Front
3. Berliner Illustrirte Zeitung (BIZ), 38 (1929) H. 30, 1328: Von Deutschland bis New York
4. BIZ, 38 (1929) H. 27, 1223: Torpedo-Boot in voller Fahrt: Eine besonders schöne Aufnahme von den Manövern der deutschen Torpedoboots-Flottille Nr. 1 vor Swinemünde. Phot. Dr.-Ing. F. Bley
5. Arbeiter-Illustrierte Zeitung, AIZ (1930) Nr. 47, 921: DO X fliegt nach Amerika
   (Stiftung Archiv der Parteien und Massenorganisationen der DDR im Bundesarchiv, Berlin)
6. BIZ, 40 (1931) H. 28, 1145: Titelblatt vom 12.7.1931, Der beste Segelflieger, Robert Kronfeld
7. BIZ, 40 (1931) H. 30, 1256: Die neue Seite ... im Rauch der III. Sorte
8. BIZ, 40 (1931) H. 31, 1311: Neue Erfindungen der Kriegstechnik
9. BIZ, 40 (1931) H. 27, 1107: Das Schnelligkeitsgespenst
10. Sonderheft BIZ, Der Tag der Nationalen Arbeit, 1. Mai 1933, Titelseite
    (Institut für Publizistik der FU Berlin)
11. Sammelbilder-Album, 1934: Das waffenstarrende Ausland
    (Umschlag eines Sammelalbums, in: Dorle Weyers und Christoph Köck, Die Eroberung der Welt. Sammelbilder vermitteln Zeitbilder, Detmold 1992, 38).
12. Das neue Universum, 56 (1935), 225: Flugzeuge und Kampfwagen auch in der siamesischen Armee. Phot. Associated Press, Berlin
13. BIZ, 47 (1938) H. 36, 1363: Meldung aus Amerika... Opel, der Zuverlässige
14. Das neue Universum, 56 (1935), 240: Das von dem Bildhauer Antes erdachte Einflügelflugzeug
15. Das neue Universum, 57 (1936), 65: Amerikanische Riesenlokomotive in Stromlinienform. Phot. Presse-Photo GmbH

1, 3, 4, 6–9, 13: Staatsbibliothek zu Berlin – Preußischer Kulturbesitz / Bildarchiv Preußischer Kulturbesitz, bpk
2, 12, 14, 15: Institut für Jugendbuchforschung, Johann Wolfgang Goethe-Universität, Frankfurt am Main

Die Bildlegenden sind die Originaltexte.

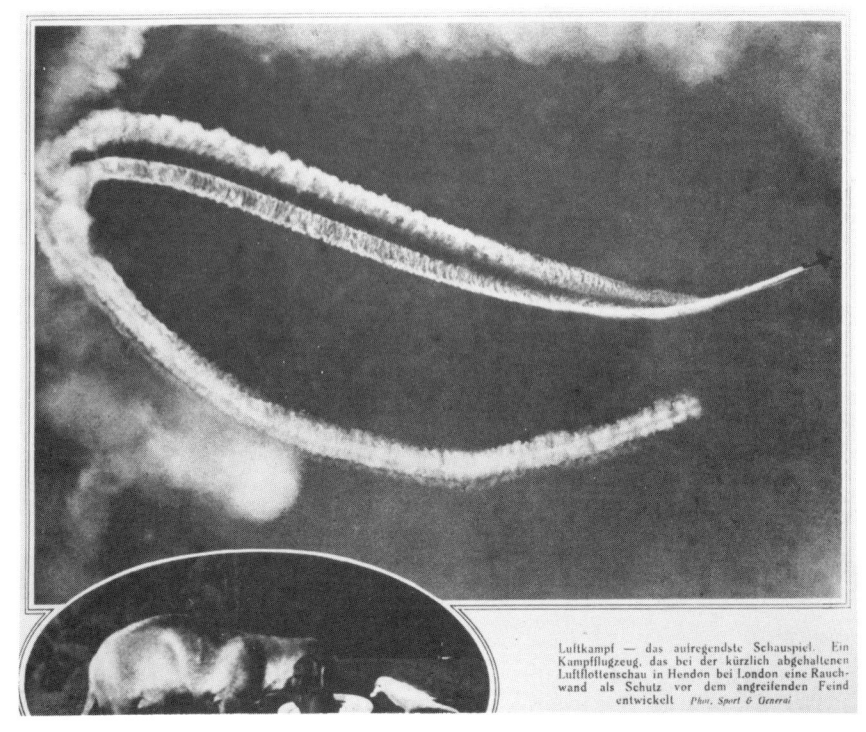

Abb. 1

Abb. 2	Abb. 3

Abb. 4

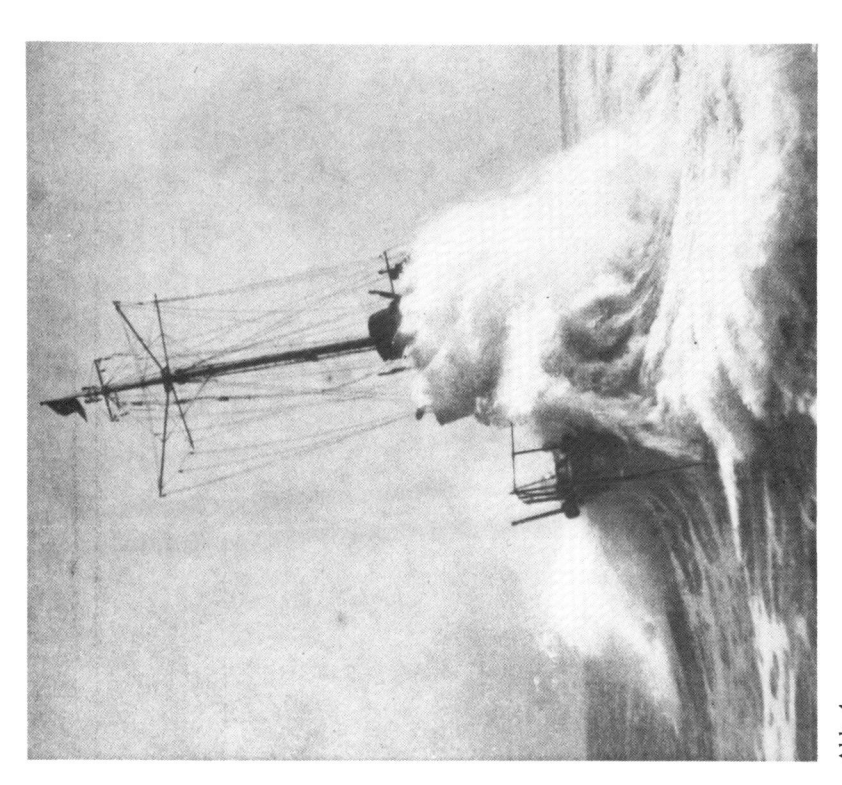

Abb. 5

Abb. 6

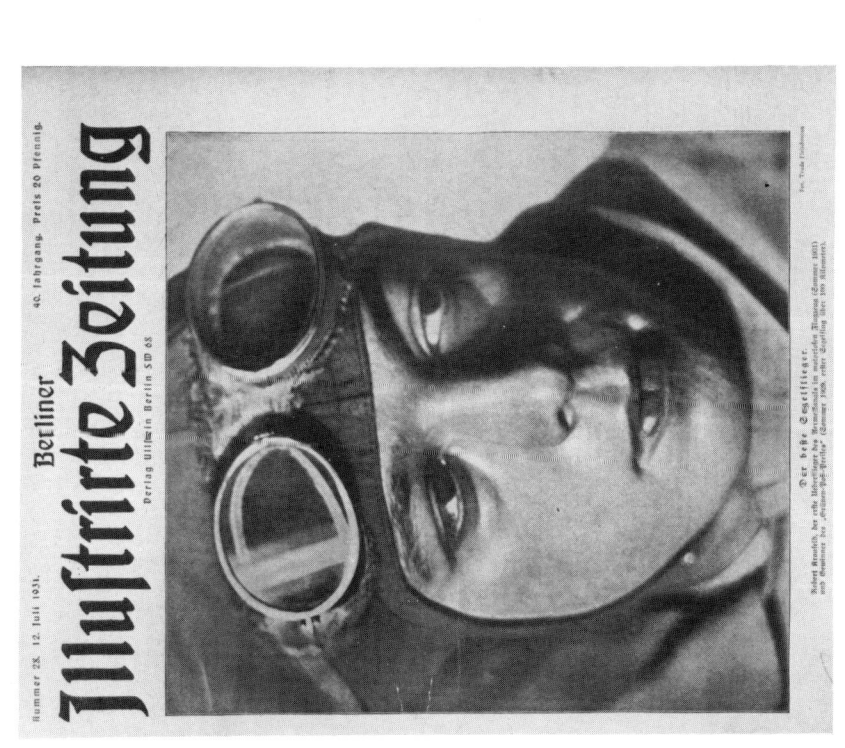

Abb. 7

Abb. 8

Abb. 9

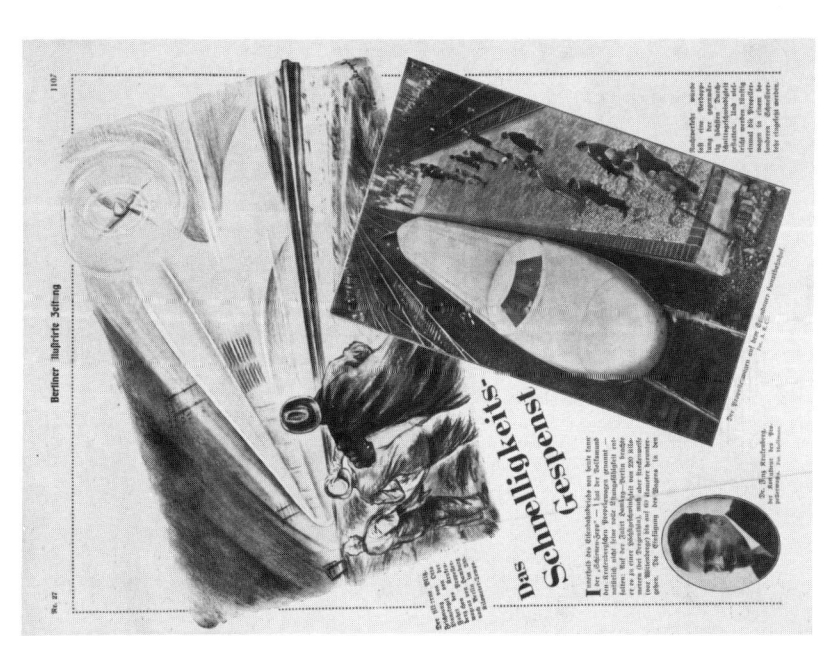

Abb. 10

Abb. 11

Abb. 12

Abb. 13

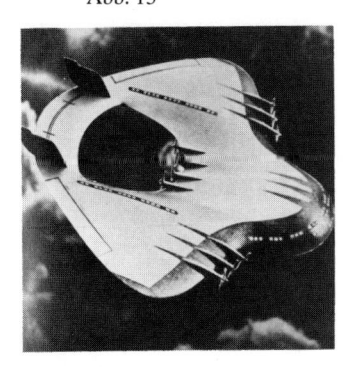

Abb. 14

Abb. 15

überquerungen, an Maschinengewehren oder Geschützen kriegerische Schlagkraft zeigten. Freilich war es immer das sauber-"schneidige" Auftreten, das sichtbar war. Verwundungen, Verstümmelungen und Tod waren höchstens im konsequenten Ausblenden ihrer Massenhaftigkeit präsent.[27] Gerade Kinder und Jugendliche hatten aber diesen Kontext nur dann parat, wenn in ihrer Lebenswelt diese Seite der Kriegsgewalt und Kriegsmaschinerie zum Thema wurde. Daß selbst die Niederlage noch heldenhaft würde, ließ sich ebenfalls mit Hilfe eines Bildes suggerieren. Jedenfalls paßt das häufige Zeigen von Bildern des "Linienschiff Schlesien": ein ebenso dräuender wie kärglicher Rest jener kaiserlichen "schimmernden Wehr", die sich schließlich 1919 in Scapa Flow selbst versenkt hatte.

X.

Symbole sind wirksam, weil sie einen "emotiven" mit einem "normativen" Pol gleichermaßen anleuchten—und damit verknüpfen (Victor Turner).[28] Sich ihrer zu bedienen, bietet die Chance, Orientierung und "Ordnung" in einer Welt zu finden, die in den alltäglichen Erfahrungen der Vielen als zerrissen und chaotisch erscheint. Die Attraktion des "Rot" roter Fahnen, die von Linken wie Nazis gleichermaßen genutzt wurde, aber auch die Popularität eines Diktums, wie des Hitlerschen von der deutschen Jugend, die "zäh wie Leder und hart wie Krupp-Stahl" werden müsse (1938), verweist auf die Orientierungswirkung symbolischer Verdichtungen.

Der Gebrauch der Symbole hatte freilich seinen Preis: Kollusion mit den Herrschenden, also Hinnahme von Herrschaft (Maurice Bloch).[29] Die national eingefärbten Fortschritts-Symbole erlaubten es auch den Vielen unterhalb der "Kommandohöhen", sich ihrerseits als Meister des Fortschritts zu fühlen. Das mochte die Rechtfertigung liefern, andere zu unterwerfen, auch durch kriegerische Aktion.

NACHSATZ:

In Deutschland blieb die Faszination des Fortschrittes durch Technik für die "Massen" in den 1920er wie den 1930er Jahren ein Medienereignis, war ein Produkt der Bilderwelt. Weder die Technik-Symbolik noch ihre Aufgipfelung im "Mythos Amerika" gab den "Massen" eine Chance, in ihrem Alltag die Ungleichheit zwischen den Klassen zu überwinden. In den USA verliehen hingegen vielfältige Fragmente von konkreter Egalitätserfahrung den (Technik-)Ikonen des Fortschritts eine ganz andere Alltags-Präsenz: Fortschritt als Befreiung vom Elend

---

27 Dazu Robert Whalen, Bitter Wounds. German Victims of the Great War 1914–1939. Ithaca, NY, 1984.
28 Victor Turner, The Forest of Symbols. Aspects of Ndembu Ritual, Ithaca, NY/London 1973, 27ff., bes. 48ff.; vgl. Ders., Symbols in African Ritual, in: J. L. Dolgin/J.S. Kemnitzer/D.M. Schneider (Hrsg.), Symbolic Anthropology. New York 1977, 183–194.
29 Maurice Bloch, From Blessing to Violence. History and Ideology in the Circumcision Ritual of the Meriana of Madagascar. Cambridge u.a. 1986, 187ff.

verdankte sich dort nicht dem Bruch mit allem Bisherigen, sondern dessen "stromlinienförmiger" Verbesserung und Nutzung. Für Deutsche mochte es scheinen, daß allein die Nutzung jener Form industrieller Rationalität, die nicht an private Verfügung gebunden war, eine Aussicht auf "realen" Fortschritt eröffnen würde: der Einsatz der Rüstung, die kriegerische Aneignung des "Fortschritts".

III

"AMERIKANISMUS" IM KREUZFEUER

II

AMERIKANISMUS
IM KREUZFEUER

9

Überfremdungsängste. Gegen die Amerikanisierung der deutschen Kultur in den zwanziger Jahren

Adelheid von Saldern

VIELE DEUTSCHE TUN SICH SCHWER, zu akzeptieren, daß sie de facto längst in einem Einwanderungsstaat leben und deshalb verschiedene Kulturen im "eigenen Land" existieren.[1] Statt dessen wollen sie ein Deutschland mit einer möglichst deutschen Kultur. Der Wunsch nach einer weitgehend homogenen deutschen Kultur hat eine längere Geschichte. Im Zuge der Nationalstaatsbestrebungen galten fremdländische Kultureinflüsse als eher kontraproduktiv. Dies hatte sich schon im Antinapoleonismus des frühen 19. Jahrhunderts bemerkbar gemacht. Später, im Kaiserreich, fiel hauptsächlich die Abwehr gegenüber der polnischen Kultur ins Gewicht.[2] Im frühen 20. Jahrhundert erhielten Überfremdungsängste eine besondere Note: Die aufkommende kommerzialisierte Massenkultur[3] signalisierte eine neue Welle fremder Kultureinflüsse, vor allem aus den USA, über deren Auswirkungen keinerlei historische Erfahrungen vorlagen.

Parallel zum Aufstieg der Vereinigten Staaten zur Weltführungsmacht auf ökonomischem und politischem Gebiet erlangte die USA auch eine internationale Vorreiterposition im Bereich der kommerzialisierten Massenkultur. Mit der neuen Massenkultur verband sich ein bestimmter Lebensstil, der als *American way of life* galt. So mehrgesichtig diese amerikanische Lebensart auch sein mochte, so bedeutete sie im allgemeinen eine Herausforderung für deutsche BildungsbürgerInnen, die den Anspruch erhoben, die Grundregeln der Lebensführung sowie die Werte und Normen der Gesellschaft weitmöglichst zu bestimmen. Deshalb tangierte die Diskussion über fremde Kultureinflüsse in der Gesellschaft die kulturelle Hegemonie des deutschen Bildungsbürgertums.

---

1 1993 machte der nicht-deutsche Anteil an der Bevölkerung ungefähr zehn Prozent (6,9 Millionen Menschen) aus. Deutsches Informationszentrum, Deutschland Nachrichten, April 1994.
2 Der sorgenvolle Blick richtete sich damals vor allem auf jene Polen und Polinnen, die im preußisch-deutschen Staatsgebiet lebten, und in der Regel die preußisch-deutsche Staatsbürgerschaft besaßen.
3 Der Begriff "Massenkultur" wird hier wertneutral im Sinne einer weitverbeiteten Populärkultur verwendet. Die Kommerzialisierung der Massenkultur ist zwar an sich historisch nichts Neues gewesen; neu waren jedoch die Entwicklungsschübe im Hinblick auf Quantität und Qualität, die auf Grund technologischer Verbesserungen und industrieller Fertigungsmethoden möglich wurden.

Amerikanisierung: Traum und Alptraum im Deutschland des 20. Jahrhunderts. Hrsg. v. Alf Lüdtke, Inge Marßolek und Adelheid von Saldern. (Transatlantische Historische Studien, Bd.6.) © 1996 by Franz Steiner Verlag Stuttgart.

Kein Wunder, daß in den zwanziger Jahren—nach der "Überschwemmung" des deutschen Marktes mit amerikanischen Filmen, amerikanischer Musik und amerikanischen Tänzen—über die transatlantischen Kultureinflüsse heftig diskutiert wurde. Die Auseinandersetzung mit der Amerikanisierung und dem Amerikanismus[4] nahm sogar zum Teil intensivere Formen an als jene über den sogenannten "Kulturbolschewismus" der damaligen Zeit. Während die Einflüsse aus der Sowjetunion stark unter politisch-ideologischem Aspekt bewertet wurden—mit dem Erfolg einer meist relativ klaren Ablehnung—abgesehen von der positiven Einstellung der linksorientierten Avantgarde und der kommunistischen Arbeiterbewegung—lag der "Fall Amerika" komplizierter.

Die politische Rechte konnte zwar bei ihrer Amerikanismus-Kritik an den Antiamerikanismus der Kriegszeit anknüpfen, zudem an die Enttäuschungen über den Präsidenten Woodrow Wilson, der den Vertrag von Versailles nicht verhindert hatte.[5] Doch mit der Annahme des Dawes-Plans im Jahre 1924, der auch von einem Teil der Deutschnationalen aus interessenpolitischen Erwägungen akzeptiert wurde, nahm man in nationalen Kreisen auf politischem Gebiet offiziell mehr und mehr eine positiv-zurückhaltende Einstellung gegenüber den Vereinigten Staaten ein. Die amerikanischen Anleihen nach 1924 und der Fordismus taten ein übriges, die Vorbehalte gegenüber der neuen Führungsmacht etwas abzubauen oder den politischen und wirtschaftlichen Einfluß der Vereinigten Staaten auf Deutschland—im Vergleich zu Frankreich—als das "kleinere Übel" aufzufassen.

Doch was für Politik und Wirtschaft aus Gründen nationaler Interessenpolitik galt, das wurde keineswegs auf den kulturellen Bereich übertragen. Diesen sah man nämlich als einen der wenigen Sektoren an, der Deutschland nach dem verlorenen Krieg noch zur Eigenbestimmung blieb. Umso brisanter war die Frage, ob

---

4 Was unter Amerikanisierung und Amerikanismus jeweils verstanden wurde, läßt sich nicht genau definieren. Zur Genesis des Begriffs "Amerikanismus" siehe Otto Basler, Amerikanismus. Geschichte eines Schlagworts, in: Deutsche Rundschau 224 (Aug. 1930), 142ff. Über die in die beiden Begriffe eingegangenen Komponenten bzw. Stereotypen siehe das Stichwort "Amerikanismus", in: Der Große Brockhaus. Leipzig 1928, 390; Zwischen dem Begriff "Amerikanisierung" und dem Begriff "Amerikanismus" gibt es in der zeitgenössischen Verwendung keine erkennbaren Unterschiede. Ursprünglich verstand man unter "Amerikanisierung" die Homogenisierung der Einwanderer in den USA—Einen guten Überblick über das Thema vermittelt der Aufsatz von Frank Trommler, Aufstieg und Fall des Amerikanismus in Deutschland, in: Ders. (Hrsg.), Amerika und die Deutschen. Opladen 1986, 276–287. Gedankenreich ist die Studie von Victoria de Gracia, Americanism for Export, in: Wedge 7/8 (1985), 74–82. Von literaturwissenschaftlicher Seite siehe die Arbeit von Ulrich Ott, Amerika ist anders. Studien zum Amerika-Bild in deutschen Reiseberichten des 20. Jahrhunderts. Frankfurt a.M. 1991, bes. 163ff. Dort weiterführende Literatur.

5 Dazu Klaus Schwabe, Anti-Americanism within the German Right 1917–1933, in: Jahrbuch für Amerika-Studien 21 (1976). An sich reichten antiamerikanische Einzelkomponenten, wie die dort angeblich vorherrschende materialistische Gesinnung, weit ins 19. Jahrhundert zurück. Doch lag Amerika im wörtlichen und übertragenen Sinne weit weg von Deutschland. Das änderte sich durch den Krieg und die Massenkulturimporte aus Amerika in der Nachkriegszeit. Einleitend zu den Anfängen des Antiamerikanismus siehe neuerdings Dan Diner, Verkehrte Welten. Antiamerikanismus in Deutschland. Frankfurt a.M. 1993, 38ff.

und wie sich die deutsche Kultur nach dem "ruhmlosen" Ende der Wilhelminischen Zeit, nach verlorenem Krieg und Revolution inmitten der dynamischen Entwicklung der neuen Massenkultur weiter behaupten könne. In diesem Kontext betrachtet, war der Diskurs über Amerikanisierung eigentlich einer über das Verhältnis zwischen deutscher Hoch- und Volkskultur einerseits und der kommerzialisierten Massenkultur andererseits.

Die Diskussionen über Amerikanisierung und Amerikanismus wurden hauptsächlich von der gebildeten Mittelschicht im weiteren und vom Bildungsbürgertum im engeren Sinne getragen.[6] Verwaltungsbeamte, Professoren, Lehrer, Juristen, Studenten und Pfarrer sowie zahlreiche Frauen aus bürgerlichen Sozialmilieus bildeten ihre Kerngruppen. Die Anti-Amerikanisten standen keineswegs nur konservativen Parteien nahe. Die in der Literatur häufig vertretene Auffassung, daß die rechtsgerichteten Parteien eine negative, die liberal und demokratisch orientierten Kreise dagegen oftmals eine positive Haltung zum kulturellen Amerika gehabt hätten, ist zu pauschal, obwohl es stimmt, daß amerikafreundliche Artikel eher in demokratisch und liberal gesinnten Publikationsorganen zu finden waren als in konservativen.[7] Zumindest ein gemäßigter kultureller Antiamerikanismus hatte einen relativ großen Verbreitungsgrad.[8] Kulturkritische Äußerungen über die USA konnte man nicht nur in allen bürgerlichen Parteien und Medien, sondern auch innerhalb der Sozialdemokratie und bei der kritischen Intelligenz finden.[9]

Die folgende Analyse beruht zum Teil auf der Auswertung der Protokolle der Verhandlungen des Preußischen Landtags und des Reichstags. Meist handelte es sich um Debatten im Zusammenhang mit dem Haushalt des Preußischen Ministeriums für Wissenschaft, Kunst und Volksbildung oder im Kontext diverser

---

6 Die amerikafreundlichen Äußerungen waren rein quantitativ gesehen in der Publizistik den amerikakritischen unterlegen und schon in den ersten Jahren der Weimarer Republik in der Defensive. Dieses Ergebnis, das Buchwald für die Publizistik ermittelte, kann auch auf Parlamentsöffentlichkeiten übertragen werden, während in der Sekundärliteratur nicht selten die amerikabegeisterten Stimmen das Übergewicht erhalten. Manfred Buchwald, Das Kulturbild Amerikas im Spiegel deutscher Zeitungen und Zeitschriften 1919–1932. Diss. phil., Kiel 1964, 237; Anton Kaes, Massenkultur und Modernität. Notizen zu einer Sozialgeschichte des frühen amerikanischen und deutschen Films, in: Trommler (Hrsg.), Amerika und die Deutschen, 657.

7 Buchwald, Kulturbild, 223; in der Tendenz anders: Peter Berg, Deutschland und Amerika 1918–1929. Über das Amerikabild der zwanziger Jahre. Lübeck/Hamburg 1963, 154f. Berg unterscheidet zu wenig zwischen der politisch-wirtschaftlichen und der kulturellen Ebene. Diese Kritik übte schon Buchwald, Kulturbild, 4f. Schwabe spricht von der harten Linie des Antiamerikanismus und verweist auf die außerparlamentarische Rechte (Alldeutscher Verband) sowie auf DNVP, NSDAP und, in abgeschwächter Form, das Zentrum. Klaus Schwabe, Anti-Americanism, passim.

8 So auch Schwabe, Anti-Americanism, 106; vgl. auch 91.

9 Die Sozialdemokratie und die sozialdemokratisch geführten Gewerkschaften bewerteten die modernen Neuerungen recht unterschiedlich. Einerseits äußerten sie kulturelle Vorbehalte gegenüber den USA und der amerikanisierten Massenkultur, andererseits unterstützten sie bestimmte neuere Entwicklungen, wie die Bauhaus-Moderne und—mit Abstrichen—den Fordismus.

kulturpolitischer Themen im Reichstag, zu denen VertreterInnen der verschiedenen Parteien sprachen. Der Amerikanismus wurde jedoch weder als Gesamtproblem noch in systematischer Form diskutiert, vielmehr wurden bestimmte Einzelphänomene, wie zum Beispiel die Revuen, herausgegriffen und mit kurzen, aber um so bissigeren Bemerkungen versehen. Die Parlamentsprotokolle wurden durch Zeitungs- und Zeitschriftenberichte sowie einige sonstige Materialien, vor allem aus Hannover, ergänzt. Damit wird die den bisherigen Studien in der Regel zugrunde liegende Quellenbasis, die meist auf den Schriften einiger herausragender Publizisten beruht, erweitert.[10] Auf diese Art werden Trendaussagen über die Breite des kulturellen Antiamerikanismus in der deutschen Öffentlichkeit der zwanziger Jahre möglich. Dabei zeigt es sich, daß eine etwaige Beschränkung auf eine bestimmte Zeitphase wenig sinnvoll ist. Teils trug der Antiamerikanismus in den einzelnen Phasen der Weimarer Republik unterschiedliche Akzente, teils zogen sich die Argumentationslinien durch die gesamte Zeit der Weimarer Republik hindurch. Die Amerika-Debatte erreichte jedenfalls schon vor der Weltwirtschaftskrise ihren publizistischen Höhepunkt.

Entgegen den vorherrschenden Tendenzen in der Literatur handeln die folgenden Ausführungen nicht von den vielen begeisterten Konsumenten und Konsumentinnen der amerikanisierten Massenkultur und auch nicht von der mit Teilen der Massenkultur und erst recht mit Amerika durchaus sympathisierenden Avantgarde[11], sondern ins Blickfeld kommen in erster Linie die "anderen", jene, die es indessen vermochten, beträchtliche Teile der formellen Öffentlichkeitskultur zu prägen.[12]

Der Antiamerikanismus muß auch in den weiteren Kontext der nationalen Identitätsbildung eingeordnet werden. Die nationale Identitätsbildung in moder-

---

10 Eine Ausnahme stellt die Studie von Buchwald dar. Aus seinem Buch entstammen eine Reihe zeitgenössischer Zitate dieses Aufsatzes. Unter den amerika-kritischen Buchveröffentlichungen war besonders populär: Adolf Halfeld, Amerika und der Amerikanismus. Kritische Betrachtungen eines Deutschen und eines Europäers. Jena 1927, 489–491.

11 Zum Beispiel ist hier zeitweise Bertolt Brecht und George Grosz zu nennen. Die Avantgarde erhoffte sich von der amerikanisierten Massenkultur Impulse, die der Demokratisierung und Egalisierung der deutschen Gesellschaft förderlich sein könnten. Vgl. Frank Costigliola, The "Americanization" of Europe in the 1920s, in: Gerald D. Feldman u.a. (Hrsg.), Konsequenzen der Inflation. Berlin 1989, 183; vgl. auch Kaes, Massenkultur, 657ff.

12 Zum Konzept der Öffentlichkeitskultur siehe ursprünglich Jürgen Habermas, Strukturwandel der Öffentlichkeit. Untersuchungen zu einer Kategorie der bürgerlichen Gesellschaft. Darmstadt/Neuwied 1962; Oskar Negt/Alexander Kluge, Öffentlichkeit und Erfahrung. Zur Organisationsanalyse von bürgerlicher und proletarischer Öffentlichkeit. Frankfurt a.M. 1972; dazu vgl. die Diskussion, Problematisierung und Weiterentwicklung des Theorems bei: David Horne, The Public Culture. London 1986; Craig Calhoun (Hrsg.), Habermas and the Public Sphere. Cambridge 1992; von feministischer Sicht: Belinda Davis, Reconsidering Habermas, Gender and the Public Sphere. The Case of Wilhelmine Germany, in: Geoff Eley (Hrsg.), Society, Culture and the State in Germany, 1870–1930, Ann Arbor, MI, 1994.

nen Gesellschaften ist als ein permanenter Prozeß anzusehen, bei dem die Nation als eine zusammengehörende Gemeinschaft auf der Ebene der Imagination und der Repräsentation immer wieder geschaffen bzw. repoduziert wird.[13] Deshalb spielt die Frage, welche Anteile einer Kultur als "eigene" betrachtet werden können, für die Identifizierungsmöglichkeiten der Menschen mit "ihrer" Nation eine wichtige Rolle. Was dem Sinne nach damals in Deutschland als (unerträglicher) Kulturimperialismus seitens der USA[14] aufgefaßt wurde, war in Wirklichkeit der Beginn einer Globalisierung des kulturellen Massenwarenmarktes in Folge eines besonders in den USA entwickelten Kapitalismus auf entsprechend hohem technologischen Niveau.[15]

1. AMERIKANISIERUNG, RASSISMUS UND HIERARCHISIERUNG DER NATIONALKULTUREN

Die Amerikanisierung wurde häufig unter Hinweis auf eine angebliche Rassenproblematik thematisiert. Besonderer Stein des Anstoßes war jener Teil der amerikanischen Kultur, der hauptsächlich von *black Americans* getragen wurde. Vor allem wurden die Jazz-Musik und die neuen Tänze thematisiert. Schnelle Rhythmen und exzentrische Ausdrucksformen sprachen die Sinne direkt an. Damit stieg nach Meinung der KulturpolitikerInnen die Gefahr, daß die Menschen ihre Beherrschung verlören, was bei jenen, die sich um den Bestand der kulturellen Ordnung sorgten, Angst und Schrecken hervorrief, während breite Schichten der Bevölkerung, vor allem Jugendliche, offenbar gerade diesen Reiz suchten—und fanden.[16]

Mit der Ablehnung des sogenannten "Negroiden" verband sich antisemitisches Denken. Beide Komponenten verschmolzen zum "Artfremden". Pfarrer Koch, ein Abgeordneter der Deutschnationalen Volkspartei, formulierte im Preußischen Landtag 1930 seine Kritik an der amerikanischen schwarzen Kultur wie folgt:

> Dazu kommt dann ein merkwürdiger Zug unserer Zeit, den ich als den negroiden Zug unserer Zeit bezeichnen möchte. . . . Die Niggerkultur, die über uns im Jazz hergefallen ist, kennen sie alle. Jonny mit seiner gestohlenen Geige ist der Typus in der Krenekschen Oper, der da singt:

---

13 Siehe dazu vor allem Benedict Anderson, Imagined Communities: Reflection on the Origin and Spread of Nationalism. London 1983; unter ontologischen Gesichtspunkten siehe Anthony Giddens, The Nation-State and Violence: Volume Two of A Contemporary Critique of Historical Materialism. Cambridge 1985.
14 Damals wurde in der deutschen und amerikanischen Publizistik in der Regel von "Amerika" gesprochen. Deshalb wird der Ausdruck hier auch verwendet, ungeachtet der zu kritisierenden Ungenauigkeit.
15 Vgl. dazu John Tomlinson, Cultural Imperialism. A Critical Introduction. Baltimore 1991, bes. 173–180.
16 Als der kulturellen Amerikanisierung aufgeschlossener Prototyp gelten die jungen weiblichen Angestellten. Dazu siehe Siegfried Kracauer, Die kleinen Ladenmädchen gehen ins Kino, in: Ders., Das Ornament der Masse. Frankfurt a.M. 1977, 279–294: kritisch gegenüber den antifemistischen Zügen seiner Argumentation siehe Sabine Hake, Girls and Crisis: The Other Side of Diversion, in: New German Critique, 40 (Winter 1987), 147–164.

> Da kommt die neue Welt über das Meer gefahren mit Glanz
> Und erbt das alte Europa durch den Tanz.
>
> Und anstatt nach unseren schönen alten deutschen Rhythmen tanzt jetzt alle Welt in dem Niggerrythmus, und man empfindet das als einen Fortschritt in der Kultur. Da muß sich einer unser hervorragendsten Schauspieler in "Jonny spielt auf" als Neger schwarz anstreichen lassen.
> (Lachen und Rufe links: Pfui, pfui! Und Othello?! Und Fisco?!—Große Unruhe)
> —Ach, meine Herren, wie nahe müssen Sie bereits dieser modernen Niggerkultur gekommen sein, wenn Sie "Othello" mit "Jonny spielt auf" [des Tschechen Krenek] vergleichen wollen.
> (Sehr wahr! rechts—Unruhe und Lachen links)
> Ich hatte mir auch schon "Othello" notiert, aber ich glaubte nicht, daß jemand so weit gehen würde, einen solchen Vergleich zu machen.
> Meine Damen und Herren, wir haben Niggerrevuen an uns vorbeiziehen sehen. Wir haben eine ekle Erscheinung, die bereits in allen Hauptstädten abgetan und abgetakelt war, Josephine Baker, in Berlins Westen Triumphe feiern sehen. Wir haben in Rundfunk Niggersongs übelster Art hören müssen. Ich will sie nicht vorführen, kann Sie Ihnen aber zur Verfügung stellen...
> Bis in die letzten Tage hinein haben wir diesen negroiden Zug in unserer modernen sogenannten Kunstrichtung beobachten können...
> Ich und meine Freunde—wir haben heute morgen darüber gesprochen—stehen unter dem Eindruck, daß man als Überschrift über dieses Kunstzeitalter der letzten zehn Jahre einstmals wird setzen können, wie man über andere Kunstzeitalter "Renaissance" und "Rokokozeit" gesetzt hat ... die Überschrift setzen können: "Die jüdisch-negroide Epoche der preußischen Kunst".
> (Lebhafte Zustimmung bei der D-nat.V.-P.—Lachen und lebhafte Zurufe links).[17]

Mit anderen Worten, die zeitgenössische preußische Kunst wurde—ungeachtet aller Polemik—offenbar schon als so stark überfremdet angesehen, daß dies—nach Kochs Auffassung—sogar die Epochenkennzeichnung rechtfertige.

Was bürgerliche Kulturkritiker im Preußischen Landtag 1930 von sich gaben, paßte dem Tenor nach zu dem, was seit den frühen Jahren in der Provinzpresse geschrieben wurde. Damals konzentrierten sich allerdings die Kritiken nicht nur auf die "Niggerkultur", sondern man nahm auch die weißen Amerikaner aufs Korn. Ein Journalist des parteilosen *Hannoverschen Tageblatts* bezeichnete 1922 die Tanzneuheiten "als Nachahmung des Gewackels amerikanischer Cowboys und Nigger..." Die Schritte des Shimmys seien "überhaupt nicht für die gewöhnlich gerade verlaufenden deutschen Beine zugeschnitten, sondern würden "sich nur für die von frühester Jugend auf fast ständig im Sattel befindlichen und aus diesem Grunde meist o-beinigen Cowboys (Kuhhirten) eignen".[18]

Der rechtsliberale und später eher konservative *Hannoversche Kurier* begegnete im gleichen Jahr dem "amerikanisch-negroiden" Einfluß mit Selbstmitleid und Ironie:

---

17 Preußischer Landtag 157. Sitz., 4.4.1930, 13463f.; Amerika wurde oft als Judenstaat gekennzeichnet. Vgl. Diner, Verkehrte Welten, 72. Diners Ansinnen, eine Übereinstimmung von rechten und linken Amerikabildern zu konstruieren, lenkt von der Tatsache ab, daß der kulturelle Antiamerikanismus in erster Linie im deutschen Bildungsbürgertum und nicht in bestimmten Parteilagern beheimatet war; vgl. ebd., 87f.
18 Hannoversches Tageblatt vom 26.2.1922.

Die neuesten amerikanischen Schallplatten, die Berichte der aus Amerika kommenden Künstler, die Abbildung der dort tätigen Musikkapellen und ihre Musikalien belehren uns rückständige Europäer darüber, was der arme Kontinent demnächst an neuen musikalischen Genüssen zu erwarten hat. . . . Man braucht nicht doppelten Kontrapunkt studiert zu haben, um sich über die Besetzung solch einer modernen amerikanischen Kapelle zu entsetzen. Aber man muß schon sehr modern sein, um diese Besetzungen musikalisch zu finden. . .[19]

Bei dieser Kritik amerikanischer Musikkultur wurde auf die Abbildung der in Amerika tätigen Musikkapellen angespielt. Vermutlich waren darauf vorwiegend schwarze Amerikaner als Musiker oder schwarze Amerikanerinnen als Sängerinnen zu sehen. Dabei war eine Zeitung wie der *Hannoversche Kurier* keineswegs durchgängig antimodern eingestellt. Über das Moderne in anderen Bereichen, beispielsweise das sogenannte Neue Wohnen oder den deutschen modernen Tanz, den "Ausdruckstanz" von Mary Wigman, findet man durchaus positive Äußerungen. Dies läßt auf den Wunsch schließen, die Massenkultur nach "Brauchbarem" und "Unbrauchbarem", nach Wünschenswertem und Nicht-Wünschenwerten zu selektieren. Zudem wurde in dem obigen Zitat wohl nicht zufällig der Ausdruck "sehr modern" benutzt, und zwar in dem Sinne, daß man gegen "modern sein" an sich nichts einzuwenden habe, aber "sehr modern" zu sein, galt als überzogen—im übrigen eine damals häufig getroffene Unterscheidung.[20]

Die *Niedersächsische Tageszeitung*, die Parteizeitung der NSDAP, überbot in ihrer rassistisch gefärbten Kritik an der Überfremdung die üblichen Darstellungen in kulturkonservativ ausgerichteten Zeitungen noch um einiges. Mit regelrechten Haßgefühlen schrieb sie beispielsweise 1931 über die Erstaufführung der Oper *Satuala* von E.R. v. Rezinek. Schlagworte waren "Judentum", "Musikbolschewismus", "Schimmygifix", "Jazzgeplärr" und "Neger-Niederrassentum".[21] Kein Wunder, daß behauptet wurde, daß für die Nationalsozialisten die hehre deutsche Klassik Ausdruck der hochwertigen deutschen Rasse war. So meinte zum Beispiel Dr. Freiherr von Gregore im Preußischen Landtag im Jahre 1932: "Wagner, Goethe, Beethoven, Schiller und all die anderen großen der deutschen Kunst,—sie sind geboren aus der deutschen Rasse aus dem deutschen Blut und aus dem Empfinden des deutschen Volkes und sind nicht anders denkbar."[22]

Daß auch andere Nationen große Dichter aufwiesen, wurde zurechtgebogen, indem man behauptete, die große Rezeption solcher Künstler sei durch Deutschland erfolgt: "Und haben wir nicht eine ganze Reihe von Dichtern . . ., die überhaupt

---

19 Hannoverscher Kurier: Amerikanische Unterhaltungsmusik von Poldy Schmidt vom 10. Mai 1922, in: Ines Katenhusen, Kunst und Kultur im Hannover der zwanziger Jahre, Magisterarbeit Universität Hannover 1991, 240. Das hannoversche Material verdanke ich zum großen Teil ihr.
20 Siehe dazu auch die Ausführungen von Adelheid von Saldern, Massenkultur im Visier. Ein Beitrag zu den Deutungs- und Einwirkungsversuchen während der Weimarer Republik, in: Archiv für Sozialgeschichte 33 (1993), 21–58, hier 25.
21 Niedersächsische Tageszeitung vom 4.2.1931.
22 Preußischer Landtag 12./13. Sitz., 24.6.1932, 1008.

erst in Deutschland groß geworden sind, durch die Deutschen überhaupt erst Dichter der Weltliteratur geworden sind?[23]

Hierarchisierende Bewertungen einzelner Kulturphänomene waren jedoch nicht nur unter jenen, die man als Kulturkonservative[24] bezeichnen könnte,—und in extremer Weise unter Nationalsozialisten—verbreitet, sondern fanden auch— wenngleich in eher gemäßigter Form—Eingang in sozialdemokratische Kreise. Kritisiert wurden—zumindest in den frühen zwanziger Jahren—wiederum vor allem die neuen Tänze aus Amerika. So las man 1920 in der Beilage der sozialdemokratischen Zeitung *Volkswille* aus Hannover folgende stark moralisierende Passage:

> Die Schiebe-, Schaukel- und Wackeltänze, welche von den vornehmeren Kreisen sowohl wie auch im gewöhnlichen Tanzsaal getanzt werden, zeigen in ihrer Form eine öde Steifheit, ja Schamlosigkeit, welche mit Schönheit und reiner Erotik nichts zu schaffen haben, der sensationslüsterne Entwicklungsprozeß hat den heutigen Tanz entartet.[25]

Offenbar steckte der moderne amerikanische Tanz die ArbeiterInnen ("gewöhnlicher Tanzsaal") genauso an wie die "vornehmeren Kreise"; die Kritik daran war heftig; der damals weit verbreitete Begriff "Entartung", der auch hier verwendet wurde, zeigt—zusammen mit dem indirekt entworfenen Gegenbild—welche kulturelle Herausforderung die amerikanisierte Massenkultur bedeutet hat und daß in der Sozialdemokratie zunächst ähnliche Denkmuster vorherrschten wie bei den bürgerlichen Parteien nahestehenden KulturkritikerInnen. Erst in der zweiten Hälfte der zwanziger Jahren konnten sich in der Sozialdemokratie auf massenkulturellem Gebiete kulturliberalere[26] und amerikafreundlichere Positionen durchsetzen, die schließlich sogar dazu führten, daß die SPD 1926 im Reichstag gegen das sogenannte Schmutz- und Schundgesetz gestimmt hat, womit sie sich in Opposition zu sämtlichen bürgerlichen Parteien setzte.[27]

Zusammenfassend zeigt sich, daß kulturhierarchisierende Wertungen vor allem in den frühen zwanziger Jahren eine breite Basis in der Öffentlichkeitskultur

---

23 So Schuster, DVP, Preußischer Landtag, 102. Sitz., 20.2.1922, 7237.
24 Mit "Kulturkonservativen" sind jene den bürgerlichen Parteien nahestehenden Personengruppen gemeint, die den amerikanischen Weg in die moderne Massenkultur-Gesellschaft für falsch hielten und diesen zu verhindern trachteten, wobei sie teilweise zum Zwecke der Aufrechterhaltung bestimmter traditioneller Werte (in zum Teil durchaus modernisierten Formen) eine staatliche Interventionspolitik (Gesetze, Verordnungen etc.) befürworteten. Der Begriff selbst ist ein zeitgenössischer. Kulturkonservative Einzelkomponenten konnte man auch in der Sozialdemokratie finden. Da diese aber in einem ganz anderen politischkulturellen Wertekanon eingebettet waren, unterscheiden sie sich in diesem wesentlichen Punkt vom Idealtypus (M. Weber) der "Kulturkonservativen".
25 Beilage zum "Volkswillen" vom 14.3.1920.
26 Der Begriff "kulturliberal" ist ein zeitgenössischer.
27 Allerdings befürchtete die SPD auch, daß sich das Gesetz eines Tages gegen ihre eigenen kulturellen Praxisformen richten könnte. Gegenüber den modernen Tänzen und der Jazzmusik ist sogar in bürgerlichen Zeitungen Hannovers nach 1925 die Einsicht zu spüren, daß diese "Modeerscheinungen" offensichtlich nicht zu bremsen seien; dies führte zu einer gewissen kulturellen Toleranz. Diese Aussage verdanke ich den diversen Zeitungsrecherchen von Elke Assenmacher.

hatten, insbesondere, wenn es um "Neger" ging. "Negerkunst" galt allenfalls als eine Art exotischer Unterhaltungsimport, den man wie die "wilden Tiere" und den damals noch gelegentlich zur Schau gestellten Farbigen in Zoologischen Gärten und Völkerschauen begaffen, allenfalls gewähren, aber keinesfalls akzeptieren konnte. Was für die "Niggerkultur" in besonderer Weise galt, läßt sich aus vielen Artikeln und Zitaten—oftmals gegen den Strich gelesen—auch im Hinblick auf die Kritik an der amerikanischen Massenkultur allgemein feststellen: Abwehr und Faszination. Hätte man die amerikanische Massenkultur allein in Ausstellungen präsentieren oder den Genuß den Oberschichten vorbehalten können, wäre die Sorge um Deutschlands Kultur begrenzt worden. So aber drohte die amerikanische Massenkultur das ganze kunstvoll aufgebaute Kulturgebäude des gesamten deutschen Volkes zum Einsturz zu bringen. Das verursachte Angst und Abwehr.

2. AMERIKANISIERUNG UND GESCHLECHTERORDNUNG

Die Diskussion über das Geschlechterverhältnis wurde, so ist zumindest der erste Eindruck, nicht in Parlamenten abgehandelt, sondern meist in zeitgenössischen Broschüren, Zeitschriften etc. Auffallend ist, daß mehrere Äußerungen in die zweite Hälfte der zwanziger Jahre fallen, also in jene Zeitphase, die im allgemeinen als relativ amerikafreundlich gilt. Solche tiefgreifenden strukturellen Problemkreise waren offensichtlich weniger "konjunktur"abhängig als andere.

Die Frage, welchen Einfluß die Amerikanisierung auf die geschlechterspezifischen Ordnungsvorstellungen habe, wurde in der Weimarer Republik zwar unter diversen Aspekten diskutiert; wichtige Bezugspunkte blieben jedoch die konventionellen Vorstellungen von öffentlicher Sitte und Moral. Unter einem solchen Gesichtspunkt wurden vor allem die Revuen kritisiert.[28] Während Linksintellektuelle, wie Siegfried Kracauer, Revuen als eine Enterotisierung interpretierten, glaubten wertekonservativ eingestellte KritikerInnen darin die Vorhut nicht nur des sogenannten "Sexualbolschewismus", sondern auch des amerikanischen Matriarchats zu erkennen.[29]

Die folgenden zeitgenössische Äußerungen belegen und konkretisieren die eine oder die andere Variante. So drückte der Zentrumsabgeordnete Georg Stieler 1925 sein Entsetzen über die Revuen recht drastisch aus: die dabei zu sehenden 50 oder 60 Zentner unbedeckten Frauenfleisches seien sogar schlimmer als die Prostitution und hätten nicht das geringste mit Kunst zu tun[30]; dafür um so mehr mit Rasse,

---

28 Vgl. z.B. Abg. Koch (DNVP), Preußischer Landtag, 167. Sitz., 11.5.1926, 11573.
29 Sigrun Anselm, Emanzipation und Tradition in den 20er Jahren, in: dies./Barbara Beck (Hrsg.), Triumph und Scheitern in der Metropole. Zur Rolle der Weiblichkeit in der Geschichte Berlins. Berlin 1987, 268.
30 Preußischer Landtag, 80. Sitz., 17.10.1925, 4610. Stieler, 1886 geboren, war Polizeipräsident in Gelsenkirchen, später in Bochum. Als besonderer Stein des Anstoßes galt in diesen Kreisen die Revue von James Klein, die angeblich "schamlose Schaustellungen" anbot. Abg. Koch (DNVP), Preußischer Landtag, 359. Sitz., 17.3.1928, 25688. In diesem Zusammenhang ging es auch immer wieder um die Frage, ob der Weltstadt Berlin eine Sonderstellung gebühre, wohingegen die Provinzkultur von solcherart Einflüssen reingehalten werden sollte.

wie zum Beispiel der schon erwähnte deutschnationale Abgeordnete Koch meinte. Wie oben ausgeführt, stellte Koch vor allem Josephine Baker im Zusammenhang mit den von ihm angeprangerten Revuen als Negativbeispiel heraus und verallgemeinerte seine Behauptungen, indem er zum Ausdruck brachte, daß die amerikanische Frau "verniggern" würde. Egon von Kapherr, ein nationalsozialistischer Publizist, brachte seine Kritik im Jahre 1927 mit folgenden Worten auf den Punkt:

> Kein Weib der Welt schminkt und malt sich so an wie die Amerikanerin, keine Evastochter donnert sich so auffallend auf. . . . Von Amerika aus geht die Seuche der Beinrevuen und "Schönheitswettbewerbe" durch die ganze Welt: "Wer hat die schönsten Beinchen?" Die geschminkte, gepuderte, angetakelte und parfumierte Neu-Indianerin ist's, die sich, trotz "Wissenschaft" und "Colleges", in Jazz, Jimmy, Charleston und Foxtrott verniggert und—entwürdigt und auch uns diese Pest der Geschmacklosigkeit überbracht hat.[31]

In dieser Stellungnahme kommt—obwohl sie von einem Nationalsozialisten stammt—vieles von dem zum Ausdruck, was Kulturkonservative damals zutiefst verunsicherte: Es ging zum einen um den Typ der emanzipierten Neuen Frau mit höherer Schulbildung *(colleges)* oder gar mit einem Studium (Wissenschaft), zum anderen um den modisch orientierten Typ von Frau (geschminkt, parfumiert und aufgetakelt), der in abfälliger Weise mit einer Indianerin verglichen wird[32], und schließlich um den kommerzialisierten Frauentyp (Schönheitswettbewerbe und Revuegirls). Bemerkenswert ist die gemeinsame Charakterisierung dieser drei Typen als eine Seuche (Pest der Geschmacklosigkeit), die von Amerika bereits auf Deutschland übergegriffen habe. Die biologistische Ausdrucksweise signalisiert zum einen, daß es sich um eine Krankheit handelt, die die Menschen "überfällt", zum anderen erfordert jegliche Seuche eine radikale Bekämpfung, um weitere Ansteckungen zu vermeiden. Zwar kann man sich in der Tat noch die Kombination der beiden erstgenannten Typen vorstellen—zum Beispiel in Form einer modebewußten und moderne Tänze liebenden Studentin—, aber daß diese dann auch gleich an Schönheitswettbewerben teilnimmt oder Revuen tanzt, ist eine recht außergewöhnliche Kombination und verlangt eine genauere Interpretation: Frauen wurden offensichtlich nicht als Individuen gesehen[33]; ignoriert wurde, daß es

---

Zum Beispiel befürwortete ein hannoverscher Rentner eine solche Unterscheidung selbst bei Theaterstücken und schrieb in diesem Sinn an "seinen" (konservativen) Oberbürgermeister Dr. Menge im Sommer 1928: "Die alten hannoverschen Familien lieben die neuen Theatermätzchen nicht und wollen keinen Betrieb, der für Berlin passend sein mag. . . . Schützen Sie die deutsche Kunst in Hannover." In: Katenhusen, Kunst und Kultur, 213. Über den Ausnahmecharakter Berlins als Weltstadt wurde im übrigen auch im Hinblick auf die Polizeistunde heftig diskutiert. 1926 wurde diese schließlich von ein Uhr auf drei Uhr nachts verlängert. Preußischer Landtag, 80. Sitz., 17.10.1925, 4687f. und 230. Sitz., 11.12.1926, 15987ff.

31 In: Die Sonne. Monatsschrift für Nordische Weltanschauung und Lebensgestaltung 4/7 (1927), 292, zit. nach Buchwald, Kulturbild, 75.
32 Hierbei wurde auf die matriarchalische Kultur der Indianerstämme angespielt.
33 Dazu vgl. auch Siegrid Weigel, "Die Städte sind weiblich und nur dem Sieger hold". Zur Funktion des Weiblichen in Gründungsmythen und Städtedarstellungen, in: Sigrun Anselm Barbara Beck (Hrsg.), Triumph und Scheitern, 223.

zahlreiche Typen von weiblichen Berufs- und Lebenswelten gab, und daß die Realität der meisten Frauen ganz anders aussah als Kapherr in diesem Zitat zum Ausdruck brachte; Kapherr abstrahierte hingegen von allen realen Differenzierungen—das war die Voraussetzung, um ein möglichst homogenes plakatives Negativbild konstruieren zu können. Ein derart homogenisiertes Bild war für seine Argumentation zentral.[34] Die Vorstellung von einer aus den USA kommenden Epidemie (Pest) deutet freilich bereits auf die bestehende Angst hin, daß bei den grenzüberschreitenden massenkulturellen Einflüssen neuen Ausmaßes auch die "Frauenwelt" nicht mehr ausreichend—entsprechend den für richtig gehaltenen Normen—"konstruiert", das heißt gesteuert werden könnte.

Die Abwehr gegen das amerikanische Matriarchat wurde mit dem Schlagwort "Kulturfeminismus" zum Ausdruck gebracht.[35] Dabei wurde der angeblich große Einfluß der amerikanischen Frauen im öffentlichen Leben der Vereinigten Staaten massiv kritisiert. Der Münchner Kaplan Joseph Roth kennzeichnete 1927 den amerikanischen Feminismus schlechtweg als Umkehrung des göttlichen Schöpferwillens:

> Nicht die verselbständigte, unfrauenhafte, innerlich verkitschte Amerikanerin, sondern die deutsche Mutter, wie sie uns Schiller im "Lied von der Glocke" zeichnet, ist das gottgewollte biblische Bild der Frau, vor der man auch Ehrfurcht haben kann. Amerika mit seinem Feminismus ist zweifellos eine Umkehrung des göttlichen Schöpferwillens.[36]

Auch in diesem Zitat wird—wie im obigen—mit Bildkonstruktionen gearbeitet, die charakteristischerweise polar angelegt sind: hier das von Schiller konstruierte Bild der deutschen Mutter (quasi madonnengleich), welches voll und ganz der Bibel entspreche—dort das Konstrukt der amerikanischen Frau, die letztlich Teufelswerk sei. Im Unterschied zum ersten Zitat subsummiert das hier zum Ausdruck gebrachte Negativbild jedoch nicht diverse Frauentypen, sondern bleibt allein auf den Typ der selbständigen Frau fixiert. Die Gleichsetzung von Frauenselbständigkeit mit dem Verlust von Frau-Sein war (und ist) ein bekanntes Argumentationsmuster, das wiederum auf einer reinen Konstruktion und einem Wunschbilddenken beruht: Das Wesen der Weiblichkeit wird mit Unselbständigkeit gleichgesetzt, und zwar nicht auf Grund empirisch-analytischer Erforschung gesellschaftlicher Strukturen, sondern als eine für richtig gehaltene Norm und Vorstellung. Die Statik dieser Konstruktion wurde noch durch den Hinweis auf die angebliche innerliche Verkitschung der amerikanischen Frau verstärkt. Kitsch als das schlechthin Unechte und Gekünstelte, aber an sich Äußere, habe sich bei dem Typ der selbständigen Frau in ihr Inneres hineinverlagert, könne damit nicht mehr abgestreift werden, sei widernatürlich und mache folglich ihre Identität unecht und unwahrhaftig, zerstöre sie somit.

---

34 Es ist davon auszugehen, daß sich Kapherr über den tieferliegenden Gehalt seiner Aussage selbst nicht im klaren war.

35 Obwohl der Begriff "Kulturfeminisierung" m.E. analytisch gesehen genauer ist, wurde in der zeitgenössischen Sprache der Begriff "Kulturfeminismus" verwendet.

36 In: Gelbe Hefte. Historische und politische Zeitschrift für das katholische Deutschland 3/1 (1927), 350; zit. nach Buchwald, Kulturbild, 74f.

Daß es sich bei dem Aufbau solcher Positiv- und Negativbilder von Frauen im Kern nicht allein um die Frauen, sondern um die gesellschaftliche Geschlechterordnung handelte, drückten die radikalen Konservativen am deutlichsten aus: Die Nation sei entmannt worden, klagte zum Beispiel Rudolf Hildebrand, Lizentiat der Theologie, und er führte dazu in den vaterländisch-lutherisch ausgerichteten *Eisernen Blättern* 1928 das folgende aus: "Amerikas Zivilisation ist Frauenzivilisation in dem Maße, daß Zivilisation gleichgesetzt wird mit Feminismus: Zähmung des Mannes durch die Frau."[37]

Bemerkenswert ist in diesem Zusammenhang der verwendete Begriff des "Zähmens", der im allgemeinen positiv assoziiert wurde, hier aber im ablehnenden Sinn Verwendung fand. Es bleibt unserer Phantasie überlassen, was am Manne angeblich gezähmt wurde, aber nicht abwegig ist, wenn dabei an männlichen Tatendrang, männliche Energien, männliche Schaffenskraft und ähnliches gedacht wird, woraus die Schlußfolgerung gezogen wurde, daß dann das eigentliche Subjekt gesellschaftlicher Gesamtentwicklung, nämlich der schaffende Mann, entfallen würde. Daß nicht nur das individuelle Geschlechterverhältnis, sondern vorrangig das gesellschaftliche in den Blick kam, zeigt überdies die Verwendung des Begriffs "Zivilisation". Diesen Begriff, der in Deutschland negativ konnotiert und der "Kultur" gegenübergestellt wurde, brachte Hildebrand in direkten Zusammenhang mit seiner Vorstellung über Frauenemanzipation und Männerzähmung in Amerika. Das gewünschte Gegenbild zu den Vereinigten Staaten wurde allerdings nicht eigens in Worte gefaßt. Gleichwohl läßt es sich aus dem Gesagten folgern: Deutschlands Kultur galt als eine Männerkultur, und zwar in dem Maße, wie Kultur mit dem Männlich-Allgemeinen, mit der Schaffenskraft des Mannes gleichgesetzt wurde.[38]

Erhärtet wird eine solche Interpretation durch parallele Befürchtungen über eine möglicherweise stattfindende Feminisierung des Mannes bzw. des Knaben. Wiederum mit dem Blick auf Amerika sprachen Konservative von "Knabenfeminisierung" und kontrastierten diese mit dem "gesunden Sinn unserer Männer".[39] Hier wurde die Angst kulturkonservativ eingestellter Männer vor dem Einfluß moderner Frauen auf die heranwachsende männliche Generation deutlich. Es wurde fraglich, ob die bestehende kulturelle Geschlechterordnung dann noch gewährleistet sein würde.[40]

Gewiß, die Befürchtung einer Knabenfeminisierung war wohl vor allem im Milieu der "Stahlhelme" und der "Frontkämpfer-Generation" sowie in bestimmten

---

37 In: Eiserne Blätter. Wochenschrift für Politik und Kultur 10/16 (1928), 260–261, hier 261.
38 Die Kennzeichnung der deutschen Kultur als eine männliche—im Unterschied zur "verweiblichten amerikanischen Zivilisation"—widerspricht nicht der Tatsache, daß in anderen Argumentationszusammenhängen bestimmte Teile des Kulturbereichs (im Unterschied zum Bereich der Politik und des Militärs etc.) als weibliche Sphäre angesehen wurden.
39 In: Buchwald, Kulturbild, 209.
40 Man muß solche Überlegungen auf dem Hintergrund des verbreiteten Männerbund-Denkens sehen.

evangelischen Kirchenkreisen verankert—aber eben nicht nur. Auch in der Sportzeitschrift *Sport und Sonne* konnte man 1927 ähnliches—wenn auch diesmal positiv formuliert—lesen: "Die deutsche Frau soll Sport treiben ... damit sie an sich erfährt und erlebt, wie sie ihre Söhne erziehen muß zu deutschen Männern, die dem verarmten Land die bessere Zukunft bringen."[41] Während hier wegen der erwünschten kraftvollen deutschen Söhne sporttreibende Frauen positiv ins Bild gerückt werden, betonte der Psychologe und Pädagoge Fritz Giese—politisch zur Mitte tendierend—daß für eine von ihm befürwortete Erneuerung der Gesellschaft ein anderer Typ von Frau wichtig sei. Neben der Hausfrau und Mutter als Idealbild, rückte Giese die Frau als (geistige) Freundin des Mannes ins Blickfeld. Er wünschte sich—mit kritisch-vergleichendem Blick auf die amerikanischen Verhältnisse—1926 jene

> Diotimalösung, die drüben aus Mangel an entsprechend tiefer Weiblichkeit fast restlos ausgeschlossen bleiben dürfte (wenigstens vorerst). Dort ist die Frau leicht Herrin, oft schon aus Bildungsüberlegenheit.
>
> Wir suchen als Kompensationswert für uns Menschen (nicht nur die Männer) den Atmosphärenwert der Frau. Er ist das, was man gelegentlich die "schöpferische Pause" des Menschen genannt hat.[42]

Giese betonte eigens, daß trotz der historischen Vorbilder der "Salons" seine Geschlechtervorstellung nichts zu tun habe

> mit biederen, braven Vorbildern einer Weiblichkeit der Vorzeitordnung. ... Vielmehr wurzeln unsere Anschauungen in der Erkenntnis des Sinnes und der besonderen Struktur der Zeit, deren Gepräge freilich wohl nur der versteht, ... der unmittelbar Beziehung zur Realität unseres modernen technisch-wirtschaftlichen Daseins ... besitzt.[43]

Nach Gieses Auffassung bedurfte gerade der Mann in der modernen Zeit des Fordismus den von einem bestimmten Frauentyp verkörperten "Atmosphärenwert" als Ausgleich.

Die damit verbundene Vorstellung von der angeblich fehlenden tiefen Weiblichkeit der amerikanischen Frau ist allerdings nicht nur bei Giese zu finden, sondern war offenbar weit verbreitet und reichte bis in sozialdemokratische Kreise hinein. So bedauerte die Bibliothekarin Meta Corssen 1928 in den *Sozialistischen Monatsheften*, daß die Amerikanerin ihre geistigen Kräfte nicht entfalten könne, weil "der Mann die Frau in einen Weihrauchnebel" einhülle und zu einem "Götzenbild" mache. Ihr war die amerikanische Frau ebenfalls zu oberflächlich und weit entfernt vom Ziel einer "freie(n) und ehrliche(n) Kameradschaft der Geschlechter".[44] Bei

---

41 Deutscher Frauensport marschiert, in: Sport und Sonne 8 (1927), 467.
42 Fritz Giese, Die Frau als Athmosphärenwert. Strukturelle Grundlagen weiblicher Bildungsziele. München 1926, vor allem 48.
43 Giese, Die Frau, 53.
44 In: Sozialistische Monatshefte 34 (67), 1928, II, Juli 1928, 619f. In der Bewertung der amerikanischen Frau ergänzt sich Corssens Auffassung mit jener von Luise Diel, die ebenfalls die Meinung vertrat, daß die Amerikanerin "hoch zu Roß" säße, und zwar weil dies dem Frauenbild und dem Wunschdenken der amerikanischen Männer entspreche. In: Westermanns Monatshefte 75 (1930/31), 149. Bd. (Jan. 1931), 491.

Corssen war die amerikanische Frau offenbar—ähnlich wie bei den anderen Kulturkritikern—ebenfalls zum Bild erstarrt, ohne daß sie zum Ausdruck brachte, welche Beobachtungen bzw. Überlegungen ihrer Annahme zu Grunde lagen. Ihr Gegenbild zur amerikanischen Frau war aber nicht die deutsche Mutter à la Schiller, wie bei den (bildungs-)bürgerlichen MassenkulturkritikerInnen, sondern die Geschlechterkameradschaft. Diese Zielvorstellung war schon in der Lebensreformbewegung und in der Sozialdemokratie der wilhelminischen Zeit formuliert worden. In der Geschlechterdebatte der Weimarer Republik galt sie weiterhin —wobei sich freilich im Hinblick auf die strukturellen Ungleichheiten zwischen den Geschlechtern in der Realität kaum etwas verändert hatte.

Das von Meta Corssen kritisierte "Götzenbild" der amerikanischen Frau hatte wohl auch etwas mit der Verbreitung der kommerzialisierten Massen- und Konsumkultur zu tun. Der Publizist Fritz von Haniel schrieb 1928, die amerikanische Verehrung der Frau gelte auf keinen Fall der "Frau als Mutter, sondern der Frau als girl". Und weiter heißt es bei ihm:

> Die Emanzipierung der Frau, die Abhärtung und bewußte Trainierung des Körpers durch den Sport, die ewige Profanierung des weiblichen Körpers durch exzentrische Tänze, Revuen und Reklameschauen, überhaupt der ganze unglückselige "girl-cult" haben die Frauen zu einer Art Fleisch gewordenem Schmuckstück erniedrigt.[45]

Dieses Zitat ähnelt in seiner Sichtweise und Bildkonstruktion der von Kapherr. Wichtig ist hier aber der spezielle Hinweis auf den "Girl-Kult", wobei Fritz von Haniel mit dem "Girl-Kult" offensichtlich ähnliches verband wie die Sozialdemokratin Meta Corssen: Was Corssen als in Weihrauch gehülltes "Götzenbild" kennzeichnete, war bei Haniel das "zu Fleisch gewordene Schmuckstück". Beiden in ihren jeweiligen Kontexten und Bezugspunkten extrem unterschiedlichen Auffassungen war die Vorstellung gemeinsam, daß der amerikanischen, emanzipierten Frau kein Individualcharakter eigen sei.

Solcherlei Auffassungen konnten durchaus mit einer Portion Kapitalismuskritik verbunden sein. Die amerikanische Frau genieße nur deshalb Privilegien, so meinte Richard Huelsenbeck 1927 in der *Weltbühne*, weil sie durch ihren Konsum ein zentraler Faktor der Volkswirtschaft geworden sei. Die "Girl-Kultur" und die "Verherrlichung der Frau" hätten einzig den Zweck, so meinte Huelsenbeck polemisch, die Bankkonten der Frauen zu verkleinern.[46]

Zusammenfassend zeigt sich, daß die Modernisierung der amerikanischen Gesellschaft—wegen der neuen massenkulturellen Einflußmöglichkeiten über den Ozean hinweg—massive Ängste in Deutschland aufkommen ließ: Würden sich die Kernstrukturen des Geschlechterverhältnisses in der Moderne noch aufrechterhalten lassen? Die Vermännlichung der Frau und die Verweiblichung des Mannes schienen in den USA unverkennbar und lösten unter den Kritikerinnen und

---

45 In: Der Deutschen-Spiegel. Politische Wochenschrift, 6/1 (1928), 42–47, hier 42; ähnlich auch Halfeld, Amerika, 491.
46 Weltbühne 23 (1927) 1. Halbjahr, 305. Die Recherchen aus der *Weltbühne* verdanke ich Harald H. John, Das Amerikabild der Weltbühne. Magisterarbeit, Univ. Hannover 1992.

Kritikern der Massenkultur große Ängste aus, denn durch eine solche Art von Modernisierung würde ihrer Meinung nach nicht allein das konventionelle Geschlechterverhältnis, sondern zugleich die Gesellschaftsordnung insgesamt in Frage gestellt werden. Dabei ging es ihnen nicht um die generelle Ablehnung jeglicher Modernisierung: Die moderne, rationell arbeitende und professionell wirtschaftende Hausfrau und die mit den Gegenwartsproblemen vertraute und "Atmosphärenwert" verkörpernde Frau und Mutter waren beispielsweise durchaus wünschenswert.[47] Auch hatten sie nichts gegen eine stärkere Einbindung des Privathaushalts in moderne volkswirtschaftliche, ernährungs- und hygienewissenschaftliche Zusammenhänge einzuwenden, ganz im Gegenteil.[48] Andere Formen von Modernität, vor allem jene, die in Amerika in ausgeprägter Form zu existieren schienen, wurden hingegen vehement abgelehnt: Am Pranger standen insbesondere der amerikanische "Girl-Kult", der als Chiffre für alles Negative im Geschlechterverhältnis verwendet wurde, sowie das angebliche amerikanische Matriarchat. Damit wurden indirekt auch frauenemanzipative Tendenzen innerhalb der Weimarer Gesellschaft angegriffen. Zu denken ist in diesem Zusammenhang an den Typ der Neuen Frau mit ihren erweiterten Bewegungs- und Handlungsspielräume u.a.m.[49] Lediglich die Sozialdemokratin Corssen versuchte, zwischen den diversen Typen von Modernisierung des Geschlechterverhältnisses zu unterscheiden. Dabei wurde gelegentlich der innere Zusammenhang zwischen "Girl-Kult" und kapitalistischen Vermarktungsprozessen vage angedeutet.

3. AMERIKANISIERUNG UND DEUTSCHE QUALITÄTSANSPRÜCHE

Als große Konkurrenz zum Theater wurde der Film angesehen. Und da Filme rasch die Assoziation "Amerika" weckten, kam es zu einer Art Frontenbildung zwischen dem (deutschen) Theater einerseits und dem (amerikanischen) Film andererseits. Die Tatsache, daß der (amerikanische) Film Oberhand gewann, wurde als Geschmacksverlust interpretiert, und diese Einschätzung rief bei den konventionell denkenden BildungsbürgerInnen äußerste Besorgnis hervor. So meinte der deutschnationale Abgeordnete Reinhard 1922: ". . . wenn das Kino sich ausgestaltet zur Darstellung—im besten Falle noch—des amerikanischen Schauerromans . . . dann verdirbt es den Geschmack des Volkes."[50]

Kam hier der verfilmte amerikanische Schauerroman noch vergleichsweise gut weg, so änderte dies nichts an der prinzipiellen Einstellung, daß solche (amerikanischen) Filme minderwertiger als (deutsche) Theaterstücke seien. Deutlich formu-

---

47 Dazu siehe die wohnkulturellen Recherchen in: Adelheid von Saldern, Neues Wohnen. Wohnungspolitik und Wohnkultur im Hannover der Zwanziger Jahre. Hannover 1993, 134ff.
48 Hier lag eines der Einfallstore, die sich zugunsten des Nationalsozialismus auswirkten. Vgl. die Einleitung von Ute Benz, in: Ute Benz (Hrsg.), Frauen im Nationalsozialismus. Dokumente und Zeugnisse, München 1993, 9–41, hier 30f.
49 Vgl. Atina Grossmann, Girlkultur or Thoroughly Rationalized Female. A New Woman in Weimar Germany? in: Judith Friedlander u.a. (Hrsg.), Women in Culture and Politics: A Century of Change. Bloomington, IN, 1982, 62–81.
50 Reinhard, DNVP, Preußischer Landtag, 102. Sitz., 20.2.1922, 7209.

lierte diesen Gedanken der deutschnationale Abgeordnete Koch im Preußischen Landtag 1926:

> Der Niedergang unserer Theater in materieller Beziehung ist furchtbar. Film und Radio scheinen ihnen das Lebenslicht auszublasen. Es wird ja wohl wieder einmal eine Zeit kommen, in der das deutsche Volk sich von diesen Surrogaten, von diesen Ersatzmitteln einer Nachkriegszeit losmachen und zur wahren, reinen Quelle der Kunst im Theater zurückkehren wird.[51]

Was selbst für den literarischen Film (als "Surrogat" betrachtet) galt, traf nach Meinung vieler bürgerlicher Kulturkonservativer erst recht für die meisten übrigen (amerikanischen) Filme zu. Diese Auffassungen vertraten im übrigen auch Sozialdemokraten. Arthur Holitzscher meinte 1930 im sozialdemokratischen *Vorwärts*, daß der amerikanische Film einem "Niagara von Unkultur" gleiche.[52] Der amerikanische Film stand vielfach—sieht man von den Chaplin-Filmen und einigen anderen Ausnahmen einmal ab—schlechthin für Kitsch und Schund.

Darüber hinaus wurde jedoch auch die Qualität des amerikanischen Theaters angezweifelt. 1921 war die Rede von der "Mittellinie des amerikanischen Theaters", die es für Deutschland zu verhindern gelte.[53] Dem amerikanischen Theater fehle geistiges Niveau, es sei flach und widme sich keiner "inneren Lebensproblematik".[54]

An der Kritik gegen die angebliche Mittelmäßigkeit des amerikanischen Theaters beteiligte sich zum Beispiel auch der hannoversche Landesbühnenausschuß. Mit "großer Verzweiflung", so ließ der Ausschuß im Februar 1929 verlauten, "wehrt sich die deutsche Schauspielerschaft gegen das Eindringen des Amerikanismus", der ihrer Meinung nach zwangsläufig zu einer Abwertung des Theaters führen müsse.[55]

Die Aufführung ausländischer Stücke wurde nicht als stimulierend, sondern als unnötige Konkurrenz angesehen: "Ich habe manchmal überhaupt das Empfinden, als ob sich das Ausland in Schauspiel und Oper zum Schaden der deutschen Künstlerschaft wieder mehr als nötig in den Vordergrund schöbe."[56] Gewiß, der liberale Abgeordnete Buchhorn (DVP), der diese Auffassung 1925 im Preußischen Landtag zum Ausdruck brachte, meinte—das geht aus dem Kontext seiner Rede hervor—damit an erster Stelle den "welschen Unrat"[57], stieß doch die französische Kultur offensichtlich ebensowenig wie die amerikanische auf Akzep-

---

51 Koch, DNVP, Preußischer Landtag, 167. Sitz., 11.5.1926, 11571.
52 In: Vorwärts 299 (29.6.1930).
53 Zit. nach Katenhusen, Kunst und Kultur, 84.
54 Vgl. Buchwald, Kulturbild, 133. Amerika war—zusammen mit Frankreich—gemeint, wenn von den vielen "ausländische[n] Stücken meist minderen Ranges" die Rede war. So Frau Garnich, DVP, Preußischer Landtag, 82. Sitz., 13.12.1921, 5796.
55 Zit. nach Katenhusen, Kunst und Kultur, 84. Im Landesbühnenausschuß waren die Leiter der verschiedenen Theaterbühnen sowie Schauspieler und Schauspielerinnen vertreten.
56 Buchhorn, DVP, Preußischer Landtag, 94. Sitz., 6.11.1925, 6138.
57 Buchhorn, DVP, Preußischer Landtag, 105. Sitz., 23.2.1922, 7462. Buchhorn zitierte zustimmend eine Äußerung von Frau Noack.

tanz.⁵⁸ Doch eine Passage später sprach er von der Vertrustung der deutschen Bühnen und von der dadurch verstärkten Einflußnahme einiger weniger. Auch beklagte er die angebliche Hemmungslosigkeit des deutschen Publikums im kulturellem Bereich. Dieses bräuchte seiner Meinung nach eine Erziehung auf künstlerischem Gebiet, falls es gelingen sollte, daß sich die Bevölkerung—und hier spielte er wohl auf die amerikanisierte Massenkultur an—von dem "Modenamen" Tarzan distanziert.

Bei der Diskussion über die Mittelmäßigkeit der amerikanischen Theaterstücke dominierte die Sorge darüber, daß das hohe (deutsche) Kulturleben verflachen könnte, insbesondere daß die deutsche Klassik an Bedeutung einbüßen würde und daß sich eine solche Entwicklung auf deren "Gralshüter", auf das Bildungsbürgertum bzw. was noch davon übriggeblieben war, negativ auswirken würde.

Auch die Sozialdemokraten wollten—entsprechend ihren konventionellen Vorstellungen von Kultur⁵⁹—der deutschen Klassik besondere Pflege angedeihen lassen, so beispielsweise der hannoversche Senator Weber. Weber äußerte sich anläßlich einer Diskussion um den Ankauf des ehemaligen Hoftheaters durch die Stadt Hannover im Jahre 1920:

> Das Theater ist in seiner bisherigen Form eine Pflegestätte in erster Linie der klassischen Kunst gewesen, und ich möchte wünschen, daß es auch unter städtischer Verwaltung bleiben wird. Mit Stolz blicken wir zurück auf unsere deutsche Geisteskultur, auf die Werke, die seit Walthers von der Vogelweide und dem Nibelungenliede bis zur Zeit Lessings, Schillers und Goethes geschaffen sind.... Wer sich diese Werke deutschen Geistes nicht zu eigen macht, wer sie nicht in sich aufnimmt, der kann nicht teilnehmen an der Geisteskultur unseres Volkes, dem fehlt die Kultur, die wir jedem Deutschen wünschen mögen...⁶⁰

---

58 Allerdings wurde die französische Kultur damals wohl als weniger offensiv empfunden als die amerikanische und—teilweise—als die sowjetische. Deswegen wurde sie seltener kritisiert. Zu fragen ist, ob sich das Verhältnis der deutschen Kulturkonservativen zur französischen Kultur auf Grund der Amerikanisierungswelle der zwanziger Jahre verändert hat, ob man sich beispielsweise—trotz der politischen Gegnerschaft—der Gemeinsamkeiten der europäischen Kultur stärker als in früheren Jahrzehnten bewußt wurde. Soweit zu dieser Frage recheriert werden konnte, überdeckte jedoch der politische Haß vieler Deutscher eine Annäherung. Siehe dazu die diesbezüglichen Beobachtungen eines Amerikaners, die dieser auf einer Reise durch Deutschland machte. Edwin W. Hullinger, The German Giant, in: The Outlook, October 6, 1926, 174f.

59 Dazu siehe für die Vorkriegszeit Brigitte Emig, Die Veredelung des Arbeiters. Sozialdemokratie als Kulturbewegung. Frankfurt 1980; für die Weimarer Republik: Adelheid von Saldern, Arbeiterkulturbewegung in Deutschland in der Zwischenkriegszeit, in: Friedhelm Boll (Hrsg.), Arbeiterkulturen zwischen Alltag und Politik. Beiträge zum europäischen Vergleich in der Zwischenkriegszeit. Wien etc. 1986, 29–71; und W.L. Guttsman, Workers' Culture in Weimar Germany. Between Tradition and Commitment. New York etc. 1990.

60 Sitzungsprotokoll der Finanzkommission vom 18. November 1920, in: Stadtarchiv Hannover XC10.II. Wie Buchwald herausarbeitete, haben die kulturkonservativen Amerikakritiker die Kritik der jungen Generation von amerikanischen Künstlern und Schriftstellern an ihrem eigenen Lande rezipiert, ohne zu erkennen, daß diese jungamerikanische Kritik viel

Gewiß war die Einsicht anzutreffen, daß die Klassiker nicht das ganze Kulturspektrum in Deutschland abdecken würden, so sei die dörfliche Kulturwelt ausgeschlossen. Doch das änderte nichts an dem Resumée, das der liberale Abgeordnete Dr. Bohner (DDP) 1926 wie folgt formulierte: "Trotzdem müssen wir die Klassiker in den Mittelpunkt stellen; denn wir können die sittliche Höhe und die innere Freiheit, die in den Klassikern erreicht ist, nicht aufgeben."[61]

Bemerkenswert an diesem Zitat aus dem Munde eines Linksliberalen ist, daß neben der sittlichen Höhe die innere Freiheit als Argument genannt wurde. Bohner spielte offensichtlich auf die traditionellen Werte des deutschen Bildungsbürgertums, insbesondere auf Persönlichkeit und Innerlichkeit, an. Der Doppelkonkurrenz von amerikanischem Theater und amerikanischem Film, so kann zusammengefaßt werden, schien noch am erfolgversprechendsten durch die "unsterblichen" deutschen Klassiker begegnet werden zu können. Die Suche nach einer deutschen Moderne im Theaterbereich, einem der bildungsbürgerlichen Kernbereiche, war aus der Sicht der konservativen MassenkulturkritikerInnen dagegen ein sehr unsicheres Unterfangen, falls sie diese überhaupt erstrebenswert erachteten. Die Zukunft des Theaters als einer vom Bildungsbürgertum getragenen sittlich-moralischen Anstalt war ungewisser denn je.

4. AMERICAN WAY OF LIFE

Mit der amerikanischen Alltagskultur hatten deutsche Publizisten besondere Probleme. Von den abwertenden Bemerkungen über die geschminkte Frau war schon die Rede. Schminken galt als aufdringlich, dirnenhaft und unanständig.[62] Auf dem Gebiet der Wohnkultur wurde den Amerikanern und Amerikanerinnen häufig nachgesagt, daß sie kein Interesse an Gemütlichkeit und Behaglichkeit der Wohnung hätten.[63]

Die Beispiele ließen sich vermehren. Im folgenden wird kurz auf die an sich kulturliberale Zeitschrift *Weltbühne* eingegangen, um zu zeigen, wie verbreitet die Vorbehalte gegenüber der amerikanischen Kultur selbst in einer solchen Zeitschrift waren. Der Amerika-Korrespondent Eduard Goldbeck, der im übrigen auch ein

---

differenzierter und konstruktiver war als der deutsche Antiamerikanismus, Buchwald, Kulturbild, z.B. 97, 168f., 236f.

61 Preußischer Landtag 167. Sitz., 11.5.1926, 11593. Amerikanische Theaterstücke und amerikanische Literatur waren damals in Deutschland recht beliebt. In der Literatur wurde Eugene O'Neill—nicht zuletzt wegen seiner gesellschaftskritischen Einstellung gegenüber seinem eigenen Land—anerkannt. Buchwald, Kulturbild, 137. Auffallend ist, daß über das amerikanische Theater und die amerikanische Literatur in den Zeitungen und Zeitschriften viel ausgiebiger diskutiert wurde als über den Film, obwohl für die Amerikanisierungswelle ja vor allem die hohen Filmimportquoten aus Übersee wichtig waren. 90 Prozent der 280 in den USA im Jahre 1925 produzierten Filmen wurde auch in Deutschland gezeigt. Vgl. auch ebd., 33, 109f.

62 Vgl. Buchwald, Kulturbild, 75.

63 So zum Beispiel Paul Rohrbach, Was heißt Amerikanismus? in: Deutsche Monatshefte 5 (1929), 467–470, hier 467, 469.

deutschsprachiges Wochenblatt in Chicago herausgab, beklagte 1926 in der *Weltbühne* die angebliche Minderwertigkeit der amerikanischen Umgangsformen: "Viel mehr als der Europäer hat der Amerikaner die Neigung, seine Landsleute auf die Schulter zu klopfen, in die Rippen zu puffen, kurz: sich ihm körperlich zu nähern."[64] Dies sei zwar egalisierend und demokratisch, doch seien auch Umgangsformen wichtig, denn wer "gegen Form gleichgültig ist, der kennt den Begriff nicht".[65]

Goldbeck beobachtete aber auch anderes genau, zum Beispiel die Sprache der Amerikaner: "Der Amerikaner spricht entsetzlich. . . . Dann aber glauben die meisten Männer, sauber und sorgfältig zu sprechen sei weibisch."[66] Die Sprechweise als Abgrenzung der Geschlechter—diese Sichtweise, die Goldbeck seinen amerikanischen Landsleuten unterstellt, signalisiert, daß die Geschlechterordnung in den USA keineswegs so klar konturiert war, wie dies in den Köpfen der MassenkulturgegnerInnen (s.o.) im allgemeinen den Anschein hatte. Goldbeck ließ sich darüber jedoch nicht weiter aus; statt dessen nahm er den Kaugummi auf's Korn: "Nur eine Nation, die ästhetisch gesehen in der Barbarei lebt, kann sich dem Kaugummikauen ergeben. Wenn man in der Bahn alle diese Gesichter sieht mit der uaufhörlichen einförmigen Bewegung der Kinnbacken, so verzweifelt man an der Zukunft der Menschheit . . ."[67]

Die Krönung sei aber der Zahnstocher:

> Der Amerikaner des Mittelstandes ist von seinem Zahnstocher unzertrennlich. Er kaut an ihm, saugt an ihm, schiebt ihn von einem Mundwinkel in den anderen, verschlingt ihn anscheinend, öffnet dann den Mund und reproduziert den Zahnstocher völlig unbeschädigt. Es gibt Leute, die Gummi kauen und den Zahnstocher im Munde halten—doppelt hohe Seligkeit![68]

Obwohl Goldbeck, der selbst Amerikaner war, durchaus den Gleichheitsgedanken in der amerikanischen Alltagskultur zu schätzen wußte, orientierte er sich offenbar in seinen Werturteilen an den Verhaltensnormen des klassischen bildungsbürgerlichen Europas. Auf einer solchen Folie erschienen die amerikanischen Umgangsformen schlechterdings als roh.[69]

Auch der amerikanische Autokult wurde angeprangert. Kurt Heine sprach 1924 distanziert-kritisch mit Blick auf Amerika in der *Weltbühne* vom "Autoismus".[70] Der angeblich übertriebenen Wertschätzung des Autos brachte die *Weltbühne* genausowenig Sympathie entgegen wie der grassierenden "Rekordgier".[71]

---

64 Weltbühne 17 (1921) 2. Halbjahr, 101.
65 Ebd.
66 Ebd., 101f.
67 Ebd., 102.
68 Ebd., 102.
69 Vgl. Weltbühne 17 (1921), 2. Halbjahr, 259.
70 Weltbühne 22 (1926) 1. Halbjar, 72–74.
71 Jonathan, in: Weltbühne 23 (1927) 2. Halbjahr, 363–367; allgemein einführend in die Geschichte der amerikanischen Kultur: Gert Raethel, Geschichte der nordamerikanischen Kultur. 2. Bd. Weinheim/Berlin 1988.

Die *Weltbühne*, die insgesamt gesehen also alles andere als eine Vorkämpferin eines neuen (amerikanisierten) Lebensstils war, thematisierte in einem Artikel von Hans Siemsen jedoch mit viel Ironie die große Herausforderung, die die neue amerikanisierte Massenkultur für die konventionellen politisch-kulturellen Herrschafts- und Ordnungsstrukturen bedeuten würde: Jazz fördere, davon war Siemsen in einem Beitrag von 1921 überzeugt, die Respektlosigkeit:

> Wer Angst davor hat, sich lächerlich zu machen, kann ihn nicht tanzen. ... Wären doch alle Minister und Geheimräte und Professoren und Politiker verpflichtet, zuweilen öffentlich Jazz zu tanzen! ... Hätte der Kaiser Jazz getanzt—niemals wäre das alles passiert! Aber ach! er hätte es nie gelernt. Deutscher Kaiser zu sein, das ist leichter, als Jazz zu tanzen.[72]

An dieser Aussage wird deutlich, daß zumindest Siemsen den möglichen Zusammenhang von Umgangsformen und politischer Kultur durchschaute und auch thematisierte. Arthur Goldbeck tat sich viel schwerer. Mit den Kategorien der Kulturkonservativen spottete er aus elitär-europäischem Ästhetik-Empfinden über die angebliche "Unkultur" der Amerikaner, in seinem ästhetischen Empfinden blieb er jedoch elitär-europäisch und sah darin den Ausdruck eines falsch verstandenen Gleichheitsideals. Im Unterschied zu den politisch Konservativen vertrat er jedoch auf politischer Ebene durchaus das Ideal der Gleichheit.[73]

5. AMERIKANISIERUNG UND DEUTSCHE EIGENWERTE

Die Verwendung bestimmter Begriffe in den kulturkonservativen Debatten deutet darauf hin, daß die Auseinandersetzung mit ausländischen Kultureinflüssen emotional aufgeladen war. Begriffe wie "Entsetzen", "Empfinden", "böse Instinkte" und "kranke Seele" sowie "Entartungserscheinungen"[74] zeigen, daß die Diskussionen mit Affektivem verknüpft wurden und der Erfolg der (amerikanisierten) Massenkultur als Krankheit bzw. als gröbliche Verletzung ethischer Prinzipien galt.[75] Die Vorstellung dominierte, daß sich die Deutschen "nach all dem

---

72 Weltbühne 17 (1921) 1. Halbjahr, 288. Hans Siemsen war der Bruder von Anna Siemsen, die sich innerhalb der SPD mit Bildung und Kultur beschäftigte.

73 Vgl. John, Amerikabild 169. Es wäre eine lohnende Aufgabe, auf die Frage einzugehen, wie die AmerikanerInnen auf den europäischen Antiamerikanismus reagiert und gleichzeitig versucht haben, ihre eigene Kultur zu definieren. Erste Recherchen hierzu machte ich während meines Aufenthaltes an der University of Chicago 1994 mit freundlicher Unterstützung des German Marshall Funds.

74 Beispiele in: Hannoverscher Kurier am 10. Mai 1922. Bewerbung Otto Ockerts, des ehemaligen Direktors des Stadttheaters Münster, vom 30. Dezember 1926, in: Stadtarchiv Hannover XC 10.4.1. Den Begriff "Entartungserscheinungen" verwendete der sozialdemokratische preußische Innenminister Severing, Preußischer Landtag, 76. Sitz., 29.11.1921, 5064.

75 Besonders deutlich wurde diese gedankliche Verbindung, als der Abgeordnete von Eynern meinte, daß die "Fragen der öffentlichen Sittlichkeit ... doch im Grunde Fragen unserer Volksgesundheit" seien, also nicht anläßlich des Haushalts des Innenministers, sondern im Zusammenhang mit dem Haushalt des Wohlfahrtsministeriums besprochen werden sollten. Von Eynern, DVP, Preußischer Landtag, 76. Sitz., 29.11.1921, 5080.

Furchtbaren, das unser Volk durchgemacht habe" in einer Nervenkrise befänden.[76] Der ausländische Einfluß würde die deutsche Seele noch mehr schädigen, und aus diesem Grunde müßte die "Amerika-Anbeterei" abgelehnt und Gegenkonzepte entwickelt werden.[77] Aufgabe sei es, so meinte der Abgeordneter der Deutschen Volkspartei Reinhardt im Preußischen Landtag, "dem Volke in seinen weitesten Schichten eine gesunde Kunstkost zu bieten", "Darbietungen einer gesunden deutschen Kunst" bereitzustellen.[78]

Auffallend war der wiederholte Rückgriff auf die sogenannten "Gemütswerte". Diese würden besonders die deutsche Kunst auszeichnen. Gemeint waren damit Vaterland und Heimat einerseits, Sitte und Religion andererseits. Die sogenannte "moderne Richtung" würde alle diese Werte ablehnen. Wer jedoch dem Volke seine Gemütswerte entzöge, raube "ihm auch die Grundlagen seiner Musik und seiner Volkskunst".[79]

So nimmt es nicht wunder, daß die deutsche Volkskultur—oder was dafür gehalten wurde—als probates Gegenmittel der häufig amerikanisierten Massenkultur in den Blick kam.[80] Dabei konnten sich deutschnationale Kulturpolitiker auf eine breite Unterstützung in der Bevölkerung stützen.[81] Man denke beispielsweise an die vielen deutschen Sängervereine, die sich nach wie vor großer Beliebtheit erfreuten. So thematisierte beispielsweise der hannoversche Männergesangsverein 1926, also zu jener Zeit, als die Tiller-Girls und die Charleston-Tanzpaare das Nachtleben eroberten, anläßlich seines 75jährigen Bestehens die Nähe von Volksmusik, Heimat und Natur, alles sich wechselseitig ausdrückend und einfließend in eine angeblich deutsche Harmonie:

> Wenn Musik nichts anderes ist als der Widerhall von Tönen in der Natur, so ist es leicht zu verstehen, daß Deutschland das Land der Musik, die Deutschen das Volk der Lieder sind, denn unsere Heimat gibt uns alles, was zur großen Natur-Symphonie gehört. . . . Im deutschen Lied sehen wir unser Volk wie in einem kleinen Spiegel. . . . Deutschland, Du Heimat der schönsten Lieder, wir lieben und grüßen Dich![82]

---

76 Ebd., 5081.
77 Vgl. zu Teilaspekten u.a. Fritz Behn, Amerikanismus in Deutschland, in: Süddeutsche Monatshefte 26 (Okt. 1928 bis Sept. 1929), 674.
78 Reinhard, DNVP, Preußischer Landtag, 102. Sitz., 20.2.1922, 7208f.
79 So der deutschnationale Abgeordnete Koch im Preußischen Landtag, 167. Sitz., 11.5.1926, 11573f. Koch sah die moderne Musik vom Dadaismus bedroht. Er bezog sich dabei auf Rosebery d'Arguto und zitierte sogar tatsächlich dadaistisch klingende Texte seiner Lieder.
80 Hinter der Förderung der Volkstradition verbarg sich oftmals eine Art Traditionserfindung *(invention of tradition)*, die im späten 19. Jahrhundert im Kontext der Heimatbewegung erneuten Auftrieb erhalten hatte. Dazu siehe Eric Hobsbawm/T. Ranger (eds.), The Invention of Tradition. Cambridge 1983.
81 Ein Gegenmittel schien auch die Pflege des Auslandsdeutschtums zu sein. Allerdings war man gerade vom amerikanischen Auslandsdeutschtum enttäuscht, hatten diese sich doch während des Ersten Weltkrieges indifferent oder gar amerikafreundlich verhalten, und als in den zwanziger Jahren dann teilweise ein Integrationsprozeß einsetzte, wurde dieser argwöhnisch betrachtet und als Assimilation wahrgenommen.
82 Hannoverscher Männer-Gesangsverein, ohne Ort, ohne Jahr, 55, zit. nach: Katenhusen, Kunst und Kultur 102.

Auch Sozialdemokraten traten nicht nur für die Förderung ihrer Arbeiterkulturbewegung, sondern auch für die der Volkskunst ein. Der Ortsverein Hannover lud beispielsweise am 20. Juli 1924 zu einem Volksfest ein, bei dem neben Gesangsvorträgen und turnerischen Vorführungen Volkstänze auf dem Programm standen.[83]

Ein anderes Beispiel: Die sozialdemokratische Abgeordnete im Preußischen Landtag Annemarie Oestreicher forderte im Zusammenhang mit der Unterstützung Ostpreußens eine besondere Förderung von "Volkskunst, Chorgesang, Volksmusik, Laienspiele[n] und Sprechchöre[n]"; sie wollte diese Art Förderung jedoch keineswegs nur auf Ostpreußen beschränkt sehen. So könnte ihrer Meinung nach die Landflucht gestoppt werden.[84]

Dominierten in dieser Art Argumentation handfeste soziale bzw. nationale Begründungen, so suchten Kulturkonservative, vor allem auf dem rechten politischen Spektrum, auf die Heimatbewegung zurückgreifend nach den richtigen Mitteln, die "Seele der Volkheit" (weiter) aufzubauen und überhaupt volksgemeinschaftlich zu wirken. Vom deutschen Volksempfinden und der deutschen Volksseele war wiederholt die Rede.[85] Die angestrebte Volksbildung sollte nach dem Vorbild der nordeuropäischen Länder bodenständig sein, das heißt um die Heimatkunde zentriert werden.[86]

Bei dem Versuch, die Überfremdungsängste zu artikulieren, wurde auch die angestammte Regionalkultur ins Spiel gebracht. Die niedersächsische Eigenart zum Beispiel sollte gewahrt und keinesfalls amerikanisiert werden, so hieß es einmal, als es um den Schutz des Einzelhandels gegen das Vordringen der Warenhäuser ging.[87] Und das war kein Einzelfall. Im hannoverschen sozialdemokratischen *Volkswillen* trug ein Artikel 1927 die Überschrift "Heimat und Amerikanismus", geschrieben von Dr. Hugo Weigold vom Provinzialmuseum Hannover. Der Autor kritisierte die Tendenz der Deutschen, die angeblich schlechten Eigenschaften der Amerikaner zu übernehmen, vor allem den Hang zur Gleichmacherei. "Die Menschen werden wie alles andere gleichgemacht, werden alle Durchschnitt,

---

83 Volkswille, 166 (22.7.1924). Diesen Hinweis verdanke ich Elke Assenmacher. Allerdings signalisierte man auch, daß für jene, die es [gar] nicht lassen könnten, Gelegenheit geboten werden würde, nach moderner Musik zu tanzen.
84 Preußischer Landtag, 261. Sitz., 21.3.1927, 18181; Oestreicher wurde 1875 geboren, war selbständige Dentistin, später Schriftstellerin. Ähnliche Äußerungen machte der Abgeordnete Erkes, SPD, Preußischer Landtag, 104. Sitz., 22.2.1922, 7433.
85 So zum Beispiel Frau Noack, DNVP, Preußischer Landtag, 104. Sitz., 22.2.1922, 7452.
86 So Reinhard, DNVP, Preußischer Landtag, 102. Sitz., 20.2.1922, 7208. Zur Heimatbewegung siehe Edeltraud Klueting (Hrsg.), Antimodernismus und Reform. Zur Geschichte der deutschen Heimatbewegung. Darmstadt 1991; Celia Applegate, A Nation of Provincials. The German Idea of Heimat. Berkeley, CA, u.a. 1990, besonders 120–197.
87 Rudolf Vogel, Der stadthannoversche Einzelhandel von heute, in: Paul Siedentopf (Hrsg.), Das Buch der alten Firmen der Stadt Hannover im Jahre 1927. Leipzig o.J. [1927], 240. Hier wurde der besonders unter Nationalsozialisten verbreiteten Vorstellung von den jüdisch-kapitalistischen Warenhäusern, die nach amerikanischem Vorbild in Deutschland Fuß fassen konnten, mit regionalistischen Argumenten begegnet.

Normenmenschen. Und ihre ganze Umgebung mit ihnen." Als Gegenbild zu den amerikanischen "Kultursteppen" zeichnet er von Deutschland ein überaus positives Bild. In den individuellen Höchstleistungen, "die in der Mannigfaltigkeit des vielstämmigen Volkes wurzeln", liege die eigentliche Stärke. Also müsse man diese pflegen, "dürfen wir unsere bodenständige Kraft nicht verlieren..." Und diese sei wiederum ein Produkt der Umgebung, "der mannigfaltigen Heimatkultur". So müßten auch die Eigenarten der diversen Heimatlandschaften erhalten bleiben. Diese seien jetzt in besonderer Weise bedroht, und zwar durch die "Wochenendbewegung nach amerikanisch-englischem Muster". Zwar sei dieser Drang in die Natur auf der einen Seite zu begrüßen, auf der anderen Seite würde aber dadurch der Natur großer Schaden zugefügt. Deshalb forderte der Autor eine bessere Naturerziehung. Zudem sollten auch Lagerplätze angelegt werden—hier verwies der Autor in positiver Weise auf die USA: Es gelte, die Seeufer von Parzellierung und Wochenendhäusern zu verschonen.[88] In diesem Artikel, der bemerkenswerterweise mit "Sozialem Naturschutz" überschrieben ist, vermischten sich eher ökologisch ausgerichtete Heimatschutzgedanken mit einem nationalen Kulturelitarismus regionalistischer bzw. föderalistischer Ausprägung. Im Unterschied zu westeuropäischen Regionalkulturen verfolgten die regionalen Kulturreformbewegungen in Deutschland "ausdrücklich das Ziel, den Zusammenhalt der Nation als ganzer zu fördern und das sich in seiner regionalen Vielfalt manifestierende Deutschtum gegen die zerstörerische und korrumpierende Moderne zu schützen."[89]

Bei der Betonung des Volkes setzten Kulturkonservative überdies einen Gegensatz zwischen Volk und Masse voraus. Das Volk sei durch Blutsverwandtschaft, Abstammung, Artgemeinschaft und historische Schicksalsgemeinschaft innerlich miteinander verbunden, und das Volk zwinge zur "völkischen Selbstbesinnung, zur Besinnung auf Eigenart"; demgegenüber zwinge die "Masse" zum Internationalismus.[90] Diese Vorstellung war in Deutschland tief verankert und verdichtete sich zu der Auffassung, daß "Amerikanismus" gleichbedeutend mit "Masse" und "Internationalismus" sei. Der deutschnationale Abgeordnete Koch meinte dementsprechend 1926, das "wahre, reine Menschentum" könne nur in der eigenen Nation gesucht und gefunden werden, insofern sei der Internationalismus der Linken zu kritisieren.[91] In der Weimarer Republik war es deshalb auch kein Zufall, daß die Bauhausarchitektur auf eine breite Ablehnung innerhalb des

---

88 Beilage zum Volkswillen, Nr. 171 vom 24. Juli 1927.
89 Ursula Becher u.a., Von der bürgerlichen Kultur zur modernen Massenkultur: Soziale Bewegungen und kulturelle Innovationen im 19. und 20. Jahrhundert in Deutschland. Unveröff. Manuskript für den Internationalen Historikertag in Montreal 1995, 13. In diesem Zusammenhang ist darauf hinzuweisen, daß auch die Bündische Jugend das Ausland von einer volkstumsbezogenen Warte zur Kenntnis nahm und kein internationales Bewußtsein entwickelte. Alice Gräfin Hardenberg, Bündische Jugend und Ausland. Diss. phil. München 1966, 164f.
90 Frau Lehmann, DNVP, Preußischer Landtag, 261. Sitz., 21.3.1927, 18173.
91 Koch, DNVP, Preußischer Landtag, 167. Sitz., 11.5.1926, 11574.

Kulturkonservatismus stieß, kein Zufall deshalb, weil das Bauhaus sich besonders international gab und deshalb auf die Protagonisten einer deutschnationalen bzw. regionalistischen Kultur abstoßend wirkte. Die Kämpfe für oder gegen das Flachdach trugen demnach nicht zuletzt symbolischen Charakter, standen stellvertretend für die Frage für oder gegen Nationalität oder Internationalität der Kultur.

Die amerikanische Zivilisation wurde häufig zudem als gefühlskalt gekennzeichnet. Sie sei ohne Seele, so hieß es nicht selten, und von daher gesehen sei sie auch für Deutschland ungeeignet. Mit "Seele" war Innerlichkeit und metaphysischer Tiefgang gemeint, der—so wurde verallgemeinernd angenommen—insbesondere die deutsche Kultur auszeichne. Alice Salomon, eine Vertreterin der linksbürgerlichen Frauenbewegung und an sich durchaus amerikafreundlich eingestellt, sprach 1923 ebenfalls davon, daß die USA noch keine Seele habe, weil diesem Land die "Tradition der Kultur" fehle.[92] Bemerkenswert ist, daß der große Amerikafreund Alfred Kerr sich zwar 1922 vehement gegen die Behauptung, Amerika habe keine Seele, zur Wehr setzte, aber nicht etwa indem er die Berechtigung der Frage nach der Seele einer Nation anzweifelte, sondern indem er nachzuweisen versuchte, daß in Amerika durchaus eine Seele entdeckt werden könne.[93]

Außer der deutschen Seele wurden vor der Negativfolie Amerika noch andere angebliche deutsche Charaktereigenschaften hervorgehoben. Als Charakteristikum der Deutschen bezeichnete der deutschnationale Abgeordnete Reinhard 1922 den deutschen Arbeitseifer. "Wir Deutschen sind das fleißigste Volk der Welt.... Wir sind das Volk der Arbeit. Deutschsein heißt eine Sache um ihrer selbst willen tun."

Des weiteren betonte Reinhard als deutsche Besonderheit den "Drang zur Bildung. Man hat uns Deutsche das Volk der Denker und Dichter genannt, und schließlich ist das heute der einzige Exportartikel, der uns geblieben ist." Außerdem verwies er auf die deutsche Kunst und schließlich auf die deutsche Sittlichkeit und den deutschen Glauben.[94]

Es fehlte ihm und anderen Kulturkonservativen die Einsicht in den Ambivalenzcharakter der hier so hochgepriesenen Sekundärtugenden. Außerdem mangelte es an Sensibilität für die Gefahren, die in solchem kulturellen Eigenlob und zirkulärgeschlossen wirkenden Selbstbezug steckten, indem so gut wie keine "kulturellen Importe", sondern lediglich Exporte erstrebenswert erschienen.

Unter einem solchen Aspekt verdient der Deutsche Werkbund besondere Beachtung. Ihm ging es seit seiner Gründung im Jahre 1907 darum, die moderne Produktion von Möbeln und Gegenständen, aber auch die Architektur mit dem nationalen Charakter der Deutschen in irgendeiner Weise zu verkoppeln. Der Deutsche Werkbund kritisierte die amerikanische Zivilisationsarchitektur und wollte die Architektur wieder mit der Seele, genauer: mit der deutschen Seele verbinden, um von mechanistischen Auffassungen loszukommen. Allerdings wandte sich der Werkbund nach dem Ersten Weltkrieg vom Kunstnationalismus

---

92 Berliner Tageblatt und Handelszeitung, Nr. 411 vom 2.9.1923.
93 Vgl. Berliner Tageblatt und Handelszeitung, Nr. 230 (17.5.1922); noch deutlicher: ebd. Nr. 283 (18.6.1922).
94 Reinhard, DNVP, Preußischer Landtag, 102. Sitz., 20.2.1922, 7207ff.

ab, arbeitete mit dem Bauhaus zusammen und stellte seine Internationalität 1927 durch sein Engagement bei der Ausstellung "Weißenhof" in Stuttgart unter Beweis. Dennoch war seine nationalorientierte Vergangenheit und sein früheres Eintreten für eine "deutsche Moderne" offensichtlich noch immer nicht vergessen.[95] Das preußische Kultusministerium, so wurde von der deutsch-demokratischen Abgeordneten Gertrud Klausner 1925 vorgeschlagen, könnte dem Werkbund helfen oder von sich aus dafür sorgen, daß deutsche Waren exportiert würden, die "künstlerisch und technisch einwandfreie Modelle" darstellten, durch deren "Verkauf ins Ausland wir unsere Handelsbilanz aufbessern könnten".[96] "Deutsches" sollte sich nicht nur auf kultureller, sondern auch auf ökonomischer Ebene bezahlt machen.

Rationalisierung und Fordismus[97] in der industriellen Produktion, im Management und in der privaten Haushaltsführung, wie sie in den USA gerade in den zwanziger Jahren zu beobachten waren, wurden in Kreisen der Wirtschaft, aber auch der Gewerkschaften sowie von einem Teil der publizistischen Öffentlichkeit positiv bewertet. Aber nach Auffassung vieler ReformerInnen war es unerläßlich, sie auf deutsche Verhältnisse zuzuschneiden. Nur dann seien sie akzeptabel. Als Beispiel dient die "rationelle Haushaltsführung":Irene Witte, die sich die Aufgabe stellte, die in den USA entwickelte moderne Haushaltsführung in Deutschland bekannt zu machen, vergaß nicht zu betonen, daß es ihr darum gehe, Verbesserungsvorschläge zu machen, um so "vielleicht einmal die deutschen Verhältnissen und deutschem Wesen angepaßte und erprobte deutsche Haushaltslehre" ... zu befruchten.[98] Sie strebte also eine "Verdeutschung" an, das heißt die Einpassung amerikanischer Neuerungen in das, was für sie die deutsche Kultur ausmachte.

---

95 Dazu siehe Sebastian Müller, Kunst und Industrie. Ideologie und Organisation des Funktionalismus in der Architektur. München 1974, bes. 77ff.; Joan Campbell, Der Deutsche Werkbund 1907-1934. Stuttgart 1981, bes. Kapitel 7.
96 Preußischer Landtag, 94. Sitz., 6.11.1925, 6147; Dr. Klausner, 1877 in Berlin geboren, übte seit 1911 den Beruf einer Studienrätin in Berlin aus.—Vgl. auch die Schrift von Georg Kutzke, Voraussetzungen zur künstlerischen Weltmission der Deutschen. Eisleben 1919. In einem anderen Zusammenhang betonte Schuster, Abgeordneter der Deutschen Volkspartei, "Deutschland sei der geistige Markt der Welt". Schuster, DVP, Preußischer Landtag, 102. Sitz., 20.2.1922, 7237.
97 Zur Propagierung des Fordismus diente vor allem das Buch von Julius Hirsch, Professor an der Universität in Köln und zeitweiliger Staatssekretär im Reichwirtschaftsministerium, das den Titel trug, *Das amerikanische Wirtschaftswunder* (1926). Einflußreich war auch Gottl-Ottlilienfeld, der energisch für den Fordismus als Stabilisator der kapitalistischen Wirtschaftsordnung und als "weißen Sozialismus" eintrat. Vgl. dazu Mary Nolan, The Infatuation with Fordism: Social Democracy and Economic Rationalization in Weimar Germany, in: Wolfgang Maderthaner/Helmut Gruber, Chance and Illusion. Labor in Retreat. Wien 1988, 166. Vgl. auch Berg, Deutschland 130f. Er spricht von den Liberalen und Nationalen, die den Fordismus begrüßt hätten. Darüber hinaus ist noch die Gewerkschaftsführung zu nennen.
98 Irene Witte, Die rationelle Haushaltsführung. Autorisierte Übersetzung des Buches von Christine Frederick, The New Housekeeping Efficiency Studies in Home Management. Berlin 1922, Vorwort, VIII.

Ähnliches läßt sich auch im Bereich der Reklame beobachten. Fraglos anerkannt waren die in den Vereinigten Staaten auf diesem Gebiet weiterentwickelten Methoden, allerdings wollte man diese nur in selektiver Weise in Deutschland verwenden. Es sollte sondiert werden, was für deutsche Verhältnisse angebracht sei und deshalb übernommen werden könne und was nicht. Im amerikanischen Reklamewesen würden der Witz, die guten Einfälle, der Humor und die Verwertung psychologischer Erkenntnisse positiv auffallen, wohingegen Verletzungen von Anstand und Sitte, von Intimsphäre und Taktgefühl abzulehnen seien.[99] Kritisiert wurde zum Beispiel, daß die amerikanische Reklame mit "unverschämter Skrupellosigkeit auch vor den intimsten Räumen des Hauses nicht halt" mache. Großes Befremden erregte eine Reklame, bei der sogar ungeborene Babys mit einbezogen worden seien; ebenso verwundert stellte man fest, daß selbst Beerdigungsinstitute und Kirchen öffentlich werben konnten. Um Taktgefühl ging es auch in folgender Kritik:

> Von einem nicht zu überbietenden Taktgefühl zeugt auch die Reklame einer Lebensversicherungs-Gesellschaft, die eine trauernde schöne Frau zeigt und darunter die vorwurfsvollen Worte setzt: "Wollen Sie, daß Ihre Witwe wieder heiratet? Wenn nicht, dann sichern Sie ihre Zukunft durch eine Lebensversicherungspolice bei uns!"[100]

Der Umformungsprozeß, der auf die Anpassung der Kulturimporte an deutsche Verhältnisse abzielte, wurde oftmals als kulturelle Aufgabe formuliert, so in einem Bericht über eine Einzelhandelstagung 1926: "Selbst die neue amerikanische Kunst der Reklame wandelt sich in den Händen des [deutschen] Einzelhändlers zu einer kulturellen Aufgabe, deren Ergebnis der Geschmack der Massen ist."[101]

Sozialdemokraten zeigten sich ebenfalls an der Strategie einer Anpassung amerikanischen Kulturimports an deutsche Mentalitäten interessiert. Der Sozialdemokrat Kurt Singer, der von Paul Whiteman positiv eingenommen war, begrüßte dessen Arbeit bezeichnenderweise nicht zuletzt als eine Art "Vorbereitung für deutsche Jazzkunst".[102]

Die Suche nach einer "deutschen bzw. umgedeutschten Moderne" konzentrierte sich vor allem auf das neue Massenmedium Film. Viele Filmkritiker bedauerten die Amerikanisierung des deutschen Films, darunter auch Robert Schacht oder

---

99 Uhu (Juni 1930), H. 9, 36–42.
100 In: Uhu (Juni 1930), H. 9, 42.
101 Franz Effer, Der Erfolg der Düsseldorfer Tagung des deutschen Einzelhandels, zit. nach Thomas Masselink, Modernisierungstendenzen im Einzelhandel der zwanziger Jahre unter besonderer Berücksichtigung der Stadt Hannover. Magisterarbeit, Universität Hannover, 1992, 52.
102 In: Vorwärts, Nr. 298 (27.6.1926). Keineswegs kann man von einer durchgängigen Amerikafeindlichkeit in der deutschen Öffentlichkeit, selbst nicht bei Kulturkonservativen, sprechen. Ein Beleg dafür ist auch die Errichtung und der Ausbau des Amerikainstituts, das seit 1911 dem preußischen Kultusminister unterstellt war. Das Institut betrieb seit 1874 den Tauschdienst amtlicher und wissenschaftlicher Druckschriften zwischen den Vereinigten Staaten und Deutschland und erweiterte allmählich seinen Aufgabenbereich, den es in der Pflege der geistigen Beziehungen zwischen Nordamerika und Deutschland sah. Vgl. Dr. Boelitz (DVP), Preußischer Landtag 260. Sitz., 19.3.1927, 18133.

Herbert Ihering.[103] Angestrebt wurde eine Assimilation des Films in die nationale hohe Kultur. Die Richtschnur hieß: nationaler und künstlerischer Film unter Einschluß des Kultur- und Lehrfilms.[104] Der nationale Film sollte für Deutschland das bedeuten, was Hollywood für Amerika war, allerdings auf einer anderen Ebene: nicht als Ausdruck von Massen"kultur", sondern als Teil der Hochkultur. Alfred Hugenberg als Chef des UFA-Konzerns kam es allerdings weniger auf ein Zusammenspiel von Film und hoher Kultur an, sondern mehr auf eine breite Produktionspalette, die den kommerziellen Erfolg sichern würde, sei es durch Filme mit "billigem" Unterhaltungsstoff, sei es durch nationalkonservative Inhalte. Schließlich wollte Hugenberg und sein Manager Ludwig Klitzsch die Amerikaner mit ihren eigenen Mitteln schlagen. Die Ufa verstand es, die wesentlichen Erfolgsgeheimnisse von Hollywood zu kopieren und sie auf die deutschen Verhältnisse zu transferieren. So trug sie dazu bei, eine Filmproduktion aufzubauen, die—ungeachtet der großen Wirtschaftskrise—im Sinne einer klassenübergreifenden, harmonisch gedachten und volksorientierten Nationalkultur wirken sollte.[105] In den Worten Saunders': "It was thus perfectly appropriate that the eclipse of Hollywood's presence by the breakthrough of a national cinema coincided with the rise of a movement which, while taking hold of film with both hands, promised to override class distinction and orient culture around the Volk."[106]

Das Streben nach Eindeutschung drückte sich in unterschiedlichen Strategien aus: Kontexte und Inhalte wurden an deutsche Traditionen und Mentalitäten angepaßt, was vielfach Mischungen, Verwässerungen, Abschleifen und Selektieren bedeutete. Oftmals sollte lediglich das technologische *know how* übernommen und auf "deutsche Inhalte" übertragen werden. Amerika forderte die Kulturkonservativen jedenfalls heraus, verstärkt nach einer Synthese von Deutschem und Modernem zu suchen. "The real German problem is how to fill the new political and social system with a soul that shall be both German and modern." Das war die Essenz eines Artikels des Berliner Korrespondenten der *Chicago Daily News* von 1929.[107]

---

103 Ihering sprach 1926 zum Beispiel vom amerikanischen Film als dem neuen Weltmilitarismus. "Er ist gefährlicher als der preußische. Er verschlingt nicht Einzelindividuen. Er verschlingt Völkerindividuen." In: Kaes, Massenkultur, 662. Ähnlich dachten schließlich auch linke Intellektuelle wie Lion Feuchtwanger und Bertholt Brecht. Ebd., 663. Im Vergleich zur Zeit unmittelbar nach dem Krieg hatte sich eine Wende vollzogen.

104 Hierzu gehörte aber auch die Suche nach einem neuen Realismus in der zweiten Hälfte der zwanziger Jahre, nachdem der Expressionismus seine Ausstrahlungskraft verloren hatte. Vgl. dazu Anton Kaes, Metropolis: City, Cinema, Modernity, in: Timothy O. Benson (Hrsg.), Expressionist Utopias. Los Angeles 1993, passim.

105 Beispiele sind: "Das Flötenkonzert von Sanssouci" 1930 und "Ein blonder Traum" 1932. Dazu allgemein: Anton Kaes, Film in der Weimarer Republik, in: Wolfgang Jacobsen u.a.(Hrsg.), Geschichte des deutschen Films, Stuttgart/Weimar 1993, 39–101.

106 Tom Saunders, Weimar, Hollywood, and the Americanization of German Culture 1917–1933. Ph.D. diss., University of Toronto. 1985, 375; vgl. auch 368ff.

107 Edgar Ansel Mowrer, Unseating "Kultur", in: The Survey, 41/9 (1929), 631. Übrigens brachte der Autor dieser Aufgabe viel Sympathie entgegen. *The Survey* war eine soziologische Halbmonatszeitschrift.

Und ein Jahr zuvor schrieb Ernst Thoms, der bekannteste Vertreter der hannoverschen Neuen Sachlichkeit, dem dortigen konservativ eingestellten Oberbürgermeister Menge ähnliches:

> Es gibt auch unter den jungen deutschen Künstlern ernste Menschen, die um den "deutschen Gedanken" in der Welt kämpfen. . . . Sehr bedauere ich es, daß durch die Stadt solchen Künstlern geholfen wird, die netten Wandschmuck bringen, aber selten zu den Pionieren des neuen und kulturell kämpfenden Deutschtums gehören. Auch unsere Zeit wird es ihren Kämpfern nicht leicht machen . . ."[108]

Thoms bezeichnete sich also als einen Pionier eines neuen kulturell-kämpfenden Deutschtums—ähnlich wie die Neokonservativen um die *Neue Rundschau*, die auch im Hinblick auf Staatsaufbau und politische Kultur nicht zum Alten zurückkehren wollten, sondern einem modernen Deutschtum das Wort redeten.[109] Was wir aus heutiger Sicht als "klassische Moderne" bezeichnen, wurde damals von den Kulturkonservativen hingegen als "gärende Elemente der Gegenwart"[110] betrachtet. Moderne Künstler wie Piscator oder die Bauhausbühne in Dessau wurden als geistige Reformansätze gewertet, die "im Sturmlauf über das Ziel" hinausgeschossen oder gar eine lokale Rarität geblieben seien.[111] Demgegenüber plädierte man für den "Weg der guten [deutschen] Mitte".[112] Was Kulturkonservative unter nationaler und deutscher Kultur verstanden, ist also—zusammenfassend gesehen—nicht mit den Kategorien des Antimodernismus und Traditionalismus zu fassen. Im Gegenteil, viele Kulturkonservative verfolgten das Ziel, eine moderne deutsche Kultur zu entwickeln oder, anders formuliert, die deutschen Traditionen zu modernisieren und moderne Kulturimporte, falls sie nicht verhindert werden könnten, wenigstens einzudeutschen.

SCHLUSSBETRACHTUNGEN

1. Zweifach herausgefordert durch die "Klassische (international ausgerichtete) Moderne" und die (amerikanisierte) Massenkultur setzten sich deutsche Bildungs-

---

108   Schreiben Ernst Thoms an Oberbürgermeister Menge vom 12. Januar 1928 in: Stadtarchiv XVG Nr. 356. Der Amerikakritiker Adolf Halfeld hatte hingegen die Neue Sachlichkeit abgelehnt, weil er sie als Ausdruck des Amerikanismus in Deutschland deutete. Vgl. Schwabe, Anti-Americanism, 106.

109   Daß die Vertreter eines neuen kämpfenden Deutschtums bestimmte moderne Tendenzen durchaus anerkannten und akzeptierten, sieht man beispielsweise daran, daß der erzkonservative hannoversche Oberstadtdirektor Tramm schon vor dem Ersten Weltkrieg Bilder von Liebermann mit großer Freude gesammelt hat.

110   Dr. Heß, Zentrum, Preußischer Landtag, 104. Sitz., 22.2.1922, 7436f.

111   Zit. nach: Katenhusen, Kunst und Kultur, 84.

112   So Dr. Heß, Zentrum, Preußischer Landtag, 104. Sitz., 22.2.1922, 7437. Eine "deutsche Moderne" wollte schon die bürgerlich-soziale Bewegung um den *Kunstwart* vor dem Ersten Weltkrieg. Siehe dazu den informativen Aufsatz von Gerhard Kratzsch, Der "Kunstwart" und die bürgerlich-soziale Bewegung, in: Ekkehard Mai/Stephan Waetzoldt/ Gerd Wolandt (Hrsg.), Ideengeschichte und Kunstwissenschaft. Berlin 1983, 371–396, hier bes. 373, 381.

bürgerInnen in den zwanziger Jahren mit Kultur und Kulturpolitik besonders intensiv auseinander. Die Kritik der amerikanischen Massenkultur war auf verschiedenen Ebenen angesiedelt, weit gefächert und zog sich durch die ganze Weimarer Republik hindurch, wobei die Abwehr gegenüber den amerikanischen Tänzen und gegenüber Jazz in den Anfangsjahren besonders heftig war. Seit der zweiten Hälfte der zwanziger Jahre dachte man insbesondere über Eindeutschungs- und Selektionsmöglichkeiten amerikanischer Kulturformen nach. Am Ende der Weimarer Republik wurde der Antiamerikanismus Teil einer akuten Kulturkrise und einer aggressiv-nationalistischen Frontstellung, wodurch sich die Diskussionsweise veränderte.[113]

2. Es muß der zukünftigen Forschung vorbehalten bleiben, den Antiamerikanismus in den einzelnen europäischen Ländern miteinander zu vergleichen, um genauere Gewichtungen vornehmen zu können. Deshalb können hinsichtlich dieser Frage nur einige kursorische Bemerkungen gemacht werden: In Frankreich kam es in den zwanziger Jahren ebenfalls zu einem ausgeprägten Antiamerikanismus. Am Pranger standen vor allem Mechanisierung und Standardisierung, Profitdenken und Geschmacklosigkeit.[114] Die amerikanische Art der gesellschaftlichen Modernisierung wurde abgelehnt. Einige sahen das Ende der Zivilisation gekommen, ja, Rechtsradikale wie Thierry Maulnier, bewerteten die Amerikanisierung sogar als einen neuen Barbarismus, bei dem der Mensch auf die tierischen Bedürfnisse reduziert werde. Die Franzosen, die sich selbst bekanntlich als die kultivierteste Nation betrachteten, erblickten in der Amerikanisierung Frankreichs, bei welcher auch dem amerikanischen Film eine bedeutsame Rolle zukam, eine Bedrohung der *grande nation*. Die französischen Kommunisten waren—wie die deutschen—sowieso prinzipielle Gegner Amerikas. Zwar relativierte sich der französische Antiamerikanismus, als Hitler in Deutschland die Macht übernahm[115], aber nach 1945 konnte der französische Antiamerikanismus erneut an die alten Stereotypen anknüpfen.[116]

In England trat ebenfalls ein Antiamerikanismus zu Tage. Dieser richtete sich nicht zuletzt gegen die "wilden Tänze", allen voran den Charleston. Diese wurden auch von englischen Kulturkonservativen als "degeneriert" und "negroid" ange-

---

113 Buchwald kommt zu dem Schluß, daß die Zeitungen und Zeitschriften mehr Medien und weniger Meinungsmacher in der öffentlichen Amerikanismus-Diskussion gewesen sein. Buchwald, Kulturbild, 224.
114 Richard F. Kuisel, Seducing the French: The Dilemma of Americanization, Berkeley, CA, u.a. 1993, 10ff.
115 David Strauss, The Rise of Anti-Americanism in France: French Intellectuals and the American Film Industry, 1927–1932, in: Journal of Popular Culture 10/4 (1977), 752ff. Allerdings gab es in Frankreich auch einen wirtschaftlichen Antiamerikanismus unter Bauern und Kleinbürgern. Für Hinweise zum französischen Antiamerikanismus danke ich Patrick Fridenson.
116 Während der französische Antiamerikanismus in der Zwischenkriegszeit vor allem von der politischen Rechten getragen wurde, waren es nach 1945 hauptsächlich die Linken, die— im Kontext des Kalten Krieges—gegen die USA agierten. Kuisel, Seducing, 13.

sehen.[117] Rassismus gepaart mit Elitarismus waren gleichfalls dort zu finden.[118] Ebenso wurde in England in den zwanziger Jahren ganz bewußt versucht, *popular culture* zu nationalisieren, das heißt eine *national popular culture* zu schaffen. So wurden bestimmte Sportereignisse und Stars als Repräsentanten der Nation aufgebaut und gefeiert. Dabei spielten die neuen Massenmedien eine wichtige Rolle.

Ungeachtet aller Ähnlichkeiten zwischen Deutschland und den anderen Ländern war die Kulturdebatte in Deutschland und damit auch die Einstellung zu Amerika in zweierlei Weise singulär: durch den verlorenen Krieg und durch die Staatsumwälzung 1918/19.[119] Viele, wenngleich nicht alle Kulturkonservativen sahen in der Kriegsniederlage und in der Staatsumwälzung jenen inneren und äußeren Rahmen zerschmettert, der es unter anderen Umständen möglich gemacht hätte, die kommerzialisierte und amerikanisierte Massenkultur gelassener zu kritisieren. So aber fielen die politischen Veränderungen, die für viele "VernunftrepublikanerInnen" eine große Identitätskrise bedeutet hatten, mit dem Durchbruch der Massenkultur und den damit verbundenen fremden Kultureinflüssen zusammen. Ein kulturelles "Versailles" schien sich anzubahnen, wogegen nur der Glaube an die einmalige Qualität deutscher Kultur als ein approbates Gegenmittel erschien.[120] Zudem galt die Kultur in den zwanziger Jahren als eines der wenigen noch verbliebenen und souverän zu gestaltenden Gebiete, das nicht zuletzt dazu dienen sollte, dem besiegten Deutschland in der Welt zu erneutem Ansehen zu verhelfen.[121] Die Auseinandersetzung um Nationalisierung und Homogenisie-

---

117 James Walvin, Leisure and Society 1830–1950. London 1978, 136. Zum Antiamerikanismus in England vgl. auch D.L. LeMathieu, A Culture for Democracy. Mass Communication and the Cultivated Mind in Britain Between the Wars. Oxford 1988.
118 LeMathieu, Culture, z.B. 150.
119 Der preußische Minister für Wissenschaft, Kunst und Volksbildung, Becker (Zentrum), brachte das Besondere auf den Punkt, als er sagte: "Nicht nur in Deutschland, sondern bei allen Völkern des Kontinents ist nach dem Kriege und durch diese gewaltigen Erlebnisse eine Umwälzung in ihrem geistigen Habitus zu verzeichnen. Daß die Verhältnisse bei uns in Deutschland noch besonders schwierig sind, ergibt sich daraus, daß mit dem Kriegserlebnis auch noch eine Staatsumwälzung verbunden war. Alle möglichen zurückgedämmten Triebe sind in Deutschland wieder lebendig geworden." Preußischer Landtag 91. Sitz., 3.11.1925, 5711.
120 Buchwald kommt zu einer ähnlichen Einschätzung: Wollte man den Glauben an die eigene Kultur, am "deutschen Geist" und an der "deutschen Seele" aufrecht erhalten, so mußte Amerika "kulturlos", "geistlos", "seelenlos" sein. Buchwald, Kulturbild, 234. Und weiter: "Als einziges Merkmal der Überlegenheit gegenüber Amerika blieb das Argument vom geistigen Mehrwert Deutschlands." Ebd., 236.
121 Der Abgeordnete Buchhorn von der rechtsliberalen Deutschen Volkspartei zeigte die politische Relevanz der Kulturpolitik auf, als er sagte: "... ohne praktische Kunstpolitik und ohne diese keine Erneuerung des innerdeutschen Menschen, der seit der Revolution jammerbar zerklafft ist; ohne diese Erneuerung wiederum kein Wiederaufstieg Deutschlands zu Macht und Größe ..." Preußischer Landtag, 91. Sitz., 3.11.1925, 6136. Die politische Dimension in der Auseinandersetzung um das Amerikabild betont auch Berg, Deutschland, passim; vgl. zudem Richard Müller-Freienfels, "Amerikanismus" und euro-

rung versus Internationalisierung und Pluralisierung der Kultur stand also in einem doppelten Kontext: der Auseinandersetzung mit der neuen Massenkultur sowie dem Versuch, die zukünftige (wieder führende) Rolle Deutschlands im Weltsystem zu fördern.

3. Die Auseinandersetzung mit dem Amerikanismus implizierte immer auch eine Diskussion über deutsches "Bildungsgut" und deren Träger sowie über die Rolle des deutschen Bildungsbürgertums in der Moderne. Die Inflation hatte die bildungsbürgerlichen Mittelschichten ökonomisch beträchtlich geschwächt. Nun bedrohte sie noch die amerikanisierte Massenkultur, mit der das "Schreckgespenst" der kulturellen Gleichmacherei—und damit der Verlust der kulturellen Eliteposition in der Gesellschaft verbunden war.[122]

Doch war der kulturelle Antiamerikanismus nicht nur eine Frage deutscher Bildungsbürger und -bürgerinnen. Auch Sozialdemokraten taten sich schwer mit der Amerikanisierung des Kulturbereichs—wenngleich aus anderen Gründen. Ihnen ging es um die Entwicklung des Neuen Menschen, der seine Kulturfähigkeit für die derzeitige, aber erst recht für eine zukünftige sozialistisch gedachte Gesellschaft "schon jetzt" unter Beweis stellen sollte ("Kultursozialismus"). Dies sollte zum einen dadurch geschehen, daß er oder sie sich des kulturellen Erbes (der Hochkultur), das der Arbeiterschaft so viele Jahrzehnte vorenthalten worden war, auch von sich aus als würdig erwies und an seiner Pflege aktiv teilnahm. Zum anderen sollten die Freizeitbedürfnisse im Rahmen der Arbeiterkulturbewegung genutzt werden. Für beide der gewünschten Verhaltensweisen erschien die amerikanisierte Masenkultur als kontraproduktiv, stieß auf großes Mißtrauen und zumindest partiell auf Ablehnung.

Wie eingangs schon gesagt wurde, sind die vorliegenden Ausführungen über den kulturellen Antiamerikanismus in Deutschland im wahrsten Sinn des Wortes einseitig. Es fehlt die andere Seite, die vielen positiven Stellungnahmen über Amerika und der große Publikumserfolg der (amerikanisierten) Massenkultur.[123] Doch wenn man beide Seiten gewichtet, so wird deutlich, daß die Seite des (gemäßigten wie des radikalen) Antiamerikanismus in relevanten Teilöffentlichkeiten verbreiteter war, als im allgemeinen aus der Literatur über die "wilden zwanziger Jahre" hervorgeht. Der Kampf gegen die (amerikanisierte) Massenkultur sollte der Rückgewinnung eigener bildungsbürgerlicher Identität und kultureller Hegemonie dienen. Die Auseinandersetzung mit dem Amerikanismus steht stellvertretend für die Auseinandersetzung mit der Massenkultur in der eigenen Gesellschaft, das heißt mit der Frage, ob und wie angesichts einer internationalisierten Massen-

---

päische Kultur, in: Der deutsche Gedanke. Zeitschrift für Außenpolitik, Wirtschaft und Auslandsdeutschtum, 4 (1927), 1. Juli-Nr., 30–35, hier 35.
122 Saunders, Weimar 368f.
123 Dazu siehe Buchwald, Kulturbild, passim; vgl. beispielsweise auch den Jesuiten Jakob Overmans, der die Amerikanisierung des Geistes als ein gutes Gegenmittel gegen die deutsche Schwerfälligkeit und Weltfremdheit bewertete. Jakob Overmans, Amerikanisierung des Geistes, in: Stimmen der Zeit 60 (1929/1930), 118. Bd., 161–173, hier 173.

kultur eine relativ homogene Entwicklung der Nationalkultur angestrebt oder noch aufrechterhalten werden solle und könne. Die eigenen Entwicklungs- und Identitätsfindungsprobleme wurden quasi exterritorialisiert.[124]

Der Nationalsozialismus schien eine gewaltsame Synthese von Deutschtum und nationalen Interessen einerseits mit einer stark selektierten "gesunden Moderne" andererseits zu ermöglichen. Der Versuch, alles Nichtpassende zu beseitigen und eine zwangshomogenisierte, eindeutige Nationalkultur als selbstmächtige Ordnung aufzubauen war jedoch nur um den Preis einer Diktatur zu haben, das heißt der gewaltsamen Unterdrückung freier Kunst- und Massenkulturproduktion sowie der terroristischen Entfernung alles "Fremden" und "Anderen"[125]: Die Selektions- und Ausmerzungsmaschinerie, einmal in Gang gesetzt, betraf schließlich Millionen von Menschen.

124 Die Exterritorialisierung eigener Entwicklungsprobleme thematisierte schon damals ein zeitkritischer Beobachter: "Wer in Deutschland den Amerikanismus angreift—häufig sind es die Schlechtesten nicht—lehnt sich also gegen die heraufkommende Zivilisation auf und sucht den Feind draußen, der schon längst im eigenen Lande waltet." Theodor Lüddecke, Amerikanismus als Schlagwort und Tatsache, in: Deutsche Rundschau 56 (1929/30), 222. Bd., 214-221, hier 214f.
125 Dazu siehe allgemein Zygmunt Bauman, Moderne und Ambivalenz. Das Ende der Eindeutigkeit. Hamburg 1992.

10

Eine andere Welt. Vorstellungen von Nordamerika in der DDR der fünfziger Jahre

Ina Merkel

Als Bill Clinton am 12. Juli 1994 das Brandenburger Tor durchschritt, feierte die *Bild-Zeitung* das "Ende des Antiamerikanismus". In anderen Tageszeitungen wurde etwas zurückhaltender vom "Ende des Kalten Krieges" gesprochen. Doch das Ende des Antisowjetismus oder vielleicht sogar des Antikommunismus wollte noch keiner ankündigen.

Fragt man nach den Vorstellungen, die man sich in der DDR von den USA gemacht hat, so müßte man eigentlich zugleich nach dem Bild von der Sowjetunion fragen. Denn beide beziehen sich fast spiegelbildlich aufeinander und ziehen ihre Substanz aus der jeweiligen Entgegensetzung. Es sind propagandistisch durchgearbeitete Vorstellungen vom anderen Lager, die in den Zeitschriften, in Schulbüchern und später im Fernsehen den DDR-Bürger/innen vorgehalten werden. Fotos, Nachrichten und Berichte werden zu Instrumenten des Kalten Krieges, sie sind also aggressiv und verletzend. Es sind Freund- und Feindbilder. Den vom Faschismus geprägten Vorstellungen von "bolschewistischen Horden" und "slawischen Untermenschen" werden Bilder von einem liebenswerten, arbeitsamen, intelligenten und fortschrittlichen Volk entgegengesetzt. Und das Amerika, das vor dem Dritten Reich als modern, arbeitsam und erfindungsreich galt, das Einwanderungsland, das jedem unternehmenden Geist Reichtum und Wohlstand zu versprechen schien, wird nun von der Propaganda als morbider, verfaulender Kapitalismus dargestellt, als eine vom Verfall gezeichnete Kultur ohne Zukunft.

> Amerika hat den traurigen Ruhm, die Atombombe erfunden zu haben. . . . Die Wissenschaftler der SU haben ebenfalls die Atombombe geschaffen, nicht um Amerika oder ein anderes Land damit anzugreifen, sondern um zu verhindern, daß die amerikanische Bombe eines Tages ein friedliches Land bedroht und vernichtet. Amerika hat daraufhin die Wasserstoffbombe geschaffen. . . . Die SU hat auch dieses amerikanische Monopol gebrochen. Sie benutzte die Bekanntgabe dieses Erfolges zu einem erneuten dringlichen Appell an die USA, die Abc-Waffen zu verbieten. . . . Die sowjetischen Wissenschaftler demonstrierten indessen der Welt, wie man die gigantischen Kräfte des Atomkerns positiv für das Wohl der Menschheit verwenden kann.[1]

Was den Westdeutschen Amerika war, sollte den Ostdeutschen die Sowjetunion sein. Deshalb finden sich eine Vielzahl von Bemerkungen über die USA in Repor-

---

1 Neue Berliner Illustrierte (im folgenden NBI), 46 (1953), 8.

Amerikanisierung: Traum und Alptraum im Deutschland des 20. Jahrhunderts. Hrsg. v. Alf Lüdtke, Inge Marßolek und Adelheid von Saldern. (Transatlantische Historische Studien, Bd.6.) © 1996 by Franz Steiner Verlag Stuttgart.

tagen über das große Sowjetland. In der Sowjetunion war alles größer[2], schöner, moderner, und vor allem waren die Menschen glücklicher. In der Sowjetunion wurden die entscheidenden Erfindungen gemacht, hier war das Mekka des Fortschritts und des Friedens. Der Optimismus und das Lob sind freilich oft etwas dick aufgetragen, und die Schwarz-Weiß-Malerei gerät ein wenig plump. Die Sowjetunion wird als der große Bruder und Freund dargestellt, die Figur des Amerikaners gerät mehr zum skrupellosen Abenteurer.[3]

Es ging darum, die Liebe zur Sowjetunion, den "Freunden", wie es später umgangssprachlich hieß, einzupflanzen und den Haß auf den Imperialismus, "unseren Todfeind". Mit diesem Ziel befand sich die Propaganda im Nachkriegsdeutschland in einer verzwickten Lage, denn sie hatte gegen tradierte, kulturell tief verankerte ethnische Vorurteile und Antipathien, bzw. Sympathien und Affinitäten anzukämpfen. Schließlich sollten diese in ihr jeweiliges Gegenteil verkehrt werden.

Es ist sehr schwierig zu ermessen, inwiefern die Propagandisten überhaupt erfolgreich sein konnten. Da keine konkreten Untersuchungen dazu vorliegen, kann man darüber nur spekulieren. Eines scheint mir jedoch ziemlich sicher zu sein, daß die Faszination, die von Amerika und vom amerikanischen Traum von grenzenloser Freiheit ausging, auch die DDR-Jugendlichen tief beeindruckte. Ein Zeichen dafür sind die permanenten Auseinandersetzungen mit Jugendlichen, die sich mit den Zeichen amerikanischer Kultur—Kleidung, Haarschnitt, Musik, Tanz —umgaben. Sie ziehen sich wie ein roter Faden durch die gesamte Geschichte der DDR.

Das unter diesen Bedingungen von der DDR-Propaganda gezeichnete Bild von den USA ist eine Montage aus sehr unterschiedlichen Elementen. Nicht die einfache Umwertung und Verkehrung ehemals sympathischer Vorstellungen von den USA ist das propagandistische Prinzip, sondern die Einlassung neuer Elemente und die Umgewichtung verschiedener Akzente innerhalb des Bildes. Die DDR-Medien bedienen sich zu einem großen Teil derselben Fotos, Berichte und Sensationen, die auch in Westdeutschland Aufregung verursachen. Die Empörung hat oftmals denselben Ansatz und ist nur anders akzentuiert. Ich werde dies im Einzelnen noch zu zeigen versuchen.

Für die DDR—und das macht möglicherweise die Besonderheit aus—gab es immer auch noch das "andere" Amerika, das Amerika der Indianer, der Schwarzen, der Demokraten und wahren Literaten. Die USA waren in diesem

---

2 "Wahrzeichen der Wissenschaft . . . Die Lomonossow-Universität entstand auf einem Gelände, das 20mal größer ist als das der größten Universität Amerikas, der Columbia University." NBI, 23 (1953), 4.

3 "Während die USA in Westdeutschland für 30 Milliarden wissenschaftliche Patente raubten, um sie zum Nutzen ihrer Maximalprofite systematisch auszuschlagen, erhielt die DDR von der SU als einer der wesentlichsten Freundschaftsgaben einen überreichen Schatz wissenschaftlicher Erkenntnisse, modernster Maschinen und Arbeitsmethoden. . . . Jenes Land, das noch vor einer Generation nur in 16 Städten Hochschulen besaß, . . . wurde zum Lehrmeister unseres Volkes, zu einem großzügigen Spender aller jener Hilfen, die uns in die Lage versetzten, die Grundlagen des Sozialismus zu errichten." NBI, 20 (1953), 4.

Sinne keine nationale Größe, sie waren in sich zweigeteilt, wie die ganze Welt: in Gut und Böse, in Demokraten und Imperialisten, in Arme und Reiche. Der in der Tat massiv propagierte Antiamerikanismus war nicht offensiv nationalistisch gemeint. Er war bar jeder ethnischen Komponente. Der ostdeutsche Antiamerikanismus war antiimperialistisch und funktionierte so als ein Mittel zur Abgrenzung und zugleich zur Selbstbestimmung des "sozialistischen" Deutschlands, seiner Zuordnung zum sozialistischen Lager. Die ideologische Aufteilung der Welt in Lager nach Wertkriterien wie: Fortschritt contra Reaktion, Frieden contra Krieg, Freiheit und Demokratie contra Ausbeutung, bescheidener Wohlstand contra Armut und Elend findet in diesem zweigeteilten Amerikabild einen konkreten propagandistischen Ausdruck.

In diesen Bewertungskanon eingebunden wurden Erscheinungen, die auch im Westen mit kulturkritischer Distanz beobachtet und bewertet wurden. Nur wurden sie in der DDR von einer anderen Position her kritisiert. Früher hätte man gesagt: vom Klassenstandpunkt ausgehend. Das heißt, in der DDR distanzierte man sich von denselben typisch amerikanischen Erscheinungen, insbesondere von denen in der Jugendkultur, die auch vom Westen und in den USA selbst problematisch beurteilt wurden. Doch für die DDR handelte es sich um *bürgerlichen* Schund und Schmutz und um *intellektuelle* Dekadenz, die vom Standpunkt der *arbeitenden* Klasse zu verurteilen war, weil sie als gegen deren Lebensweise gerichtet empfunden wurden. Dabei meinte man, sich mit all jenen zu solidarisieren, denen sich die DDR-Bürger verwandt oder ähnlich fühlen sollten: mit dem amerikanischen Arbeiter, der schwarzen Haushälterin, dem im Gefängnis schmachtenden Demokraten—mit den letzten Mohikanern. Dies als propagandistische Leitlinie durchzuhalten, war nicht immer ganz einfach und eindeutig, wie es zunächst den Anschein haben mag. Das Bild Amerikas hatte verschiedene Facetten: Es spielte zwischen Verurteilung imperialistischer Machtpolitik und Rassendiskriminierung, der stark puritanisch gefärbten Kritik an dekadenten Formen des Auslebens von Reichtum und an der für die Massen Schund und Schmutz produzierenden Kulturindustrie. Auf der anderen Seite wird die Achtung gegenüber dem amerikanischen Volk betont, was nicht nur die Bewunderung für den mutigen Kampf einzelner Demokraten, von Gewerkschaftern und Schwarzen einschließt, sondern auch die Leistungen amerikanischer Wissenschaft und Kunst, von Industrie und Landwirtschaft.

Ich möchte im folgenden versuchen, die angedeuteten Bedeutungsebenen des Bildes von den USA mit konkretem Material zu belegen und will dabei auf einige Widersprüche und Ambivalenzen hinweisen. Hierbei werde ich mich im wesentlichen auf die Auswertung des Jahrgangs 1953 der *Neuen Berliner Illustrierten* beziehen. Die 1950er Jahre und die in dieser Zeit entwickelten propagandistischen Grundmuster haben hinsichtlich der Analyse ideologischer Prämissen exemplarischen Charakter. Bis auf einige wenige Modifikationen hatten sie bis in die späten 1980er Jahre Bestand. Die *Neue Berliner Illustrierte* gehörte zu den meistgelesenen Illustrierten in der DDR, von denen es ohnehin nur einige gab. Obwohl Nachfolgerin der *Neuen Berliner Illustrierten*, der auflagenstärksten Illustrierten der 1920er und 1930er Jahre, stellte sie sich nach 1945 ganz in die Tradition der

Arbeiter-Illustrierten-Zeitung und hatte dementsprechend einen sehr hohen Bildanteil. Die Auflagenhöhe in den 1950er Jahren ist mir nicht bekannt, doch die *NBI* selbst ging davon aus, daß sie von ca. 1 Million Lesern regelmäßig gelesen wurde.

1. SEX UND KRIEG: DIE MONROE ALS OPIUM DES VOLKES

In Hollywood ist man dahintergekommen, daß auch die hartgesottensten Westler die ewige Schießerei und gewollte Brutalität satt bekommen haben. Man muß ihnen deshalb schleunigst etwas anderes bieten, damit sie nicht etwa gar anfangen nachzudenken. Das ideale Mittel für diesen edlen Zweck fand sich in der kurvenreichen Gestalt eines Girls und Aktfotomodells namens Norma Jeane Mortensen, verehelichte Dougherty, "gemachte" Marilyn Monroe. Künstlerische Talente sind bei ihr zwar nicht vorhanden, aber auch nicht vonnöten, da Marilyn nicht zu spielen, sondern nur auszusehen braucht. . . . Noch ehe Marilyn eine wirkliche Rolle hatte, prangten ihre Formen in sämtlichen Journalen. Auf diese Weise wurden zunächst die amerikanische Männerwelt Monroe-verrückt und dann die schwindsüchtigen Kassen etwa gesunder gemacht. Bis die Monroe nicht mehr zieht. Dann fliegt sie erbarmungslos zum alten Eisen. . . . "Blonde Wasserstoffbombe", "Miß Flammenwerfer", das sind die Prädikate, die "Hollywoods verführerischstes Mädchen" anpreisen. Wenn der amerikanische Film den amerikanischen Krieg auch mit einer doppelten Portion Sex verzuckert, das Vokabular bleibt dasselbe. . . . Der Monroe-Rausch soll vergessen machen, weshalb Joe und Tom in Korea sterben mußten, die Amis Westdeutschland kassieren oder das Leben immer teurer wird. Jeder Rausch verfliegt. Er wird sich nicht rentieren.[4]

1953 befindet sich der Kalte Krieg und damit auch die Antiamerikanismuskampagne in der DDR auf einem propagandistischen Höhepunkt. Das immer wiederkehrende Argumentationsmuster läßt sich auch in diesen wenigen Sätzen über die Monroe ausmachen: Das Kapital, der amerikanische Imperialismus ist verbrecherisch und aggressiv. Koreakrieg (später in den 1960er Jahren nimmt Vietnam diese Position ein), Rassismus, Sexismus, Arbeitslosigkeit, Prostitution und Rauschgiftsucht—das sind die Stichworte, mit denen der Zustand Nachkriegsamerikas beschrieben wird. Ausdruck seiner Krise seien auch die sich überschlagenden Bemühungen um die Betäubung der Massen: *sex and crime* als Opium des Volkes, die vom Klassenkampf ablenken sollen. Den Untergang des Systems könnten sie jedoch nur verzögern und hinausschieben aber letztlich nicht aufhalten. Die großbusige Marilyn Monroe, die bei dieser Gelegenheit im Großformat aus der *Neuen Berliner Illustrierten* lächeln darf, ist für die DDR nicht in erster Linie ein Sittlichkeitsproblem, und es geht hier auch nicht um die Aufrechterhaltung gefährdeter Moralnormen. Das Unmoralische an der Monroe ist, daß sie sich für die Betäubung der Massen—und zwar für deren Manipulierung für einen Krieg—mißbrauchen läßt. Doch die Monroe ist auch in der DDR ein vielbewunderter Star. Deshalb lenkt der Artikel später ein, auch Marilyn Monroe selbst würde nur benutzt und ausgebeutet. Sie sei selber bemitleidenswertes Opfer der Kulturindustrie, das irgendwann "zum alten Eisen" geworfen werden wird. Sie würde den eigentlich friedliebenden Massen den Krieg versüßen, ihr Elend ver-

---

4 Die Monroe-Invasion, NBI, 47 (1953), 15.

gessen machen. Und damit nicht auch die DDR-Männer auf die attraktiven Kurven hereinfallen, widmet die *NBI* dem Problem Monroe eine ganze Seite.

> "Oh, oh—Monroe!" Die superblonde Offensive gegen die Kultur, vorgetragen durch eine raffinierte Propaganda... Während der Premiere eines ihrer Filme in New York riß man ihr buchstäblich die Kleider vom Leib und bemerkte dabei kaum, daß ein McCarthy zu gleicher Zeit die großen demokratischen Traditionen des amerikanischen Volkes zerfetzte.

Entschleiern, aufdecken, entlarven, aufklären—das ist der Impetus dieses Artikels.

Diese Form der rationalen Aufklärung gegen irrationale Formen der Verdrängung und des Vergessens ist nicht nur ein Element der Rhetorik des Kalten Krieges, sie steht zugleich in einem übergreifenden Diskurs über Manipulation und Manipulierbarkeit der Massen durch faschistische Propaganda. Denn darin besteht die eigentliche Schuldzuweisung an das deutsche Volk, daß es sich hat verführen lassen. Und so wird dies zu einer der wichtigsten Lehren der Nachkriegszeit: sich nicht verblenden zu lassen von schönen Bildern und wohlfeilen Versprechungen.

2. DER *AMERICAN WAY OF LIFE* UND SEINE ZIVILISATORISCHEN FOLGEN

> Brütet Evelyn Thompson? Kaum! Diese Haltung fand jedoch der Fotograf symbolisch für die Ausgeburt der amerikanischen Möbelindustrie. Fürwahr, ein faules Ei! Der letzte Schrei aus dem Lande der unbegrenzten Geschmacklosigkeiten. Nicht schön und nicht bequem—aber neu um jeden Preis.[5]

Hypermoderne Stühle, auf denen man nicht sitzen kann, "Catcher-Lillies", die sich im Schlamm wälzen, barbusige Damen im Nachtlokal, Sekt in der Badewanne, Wettessen, Batman und Jitterbug—in der Verachtung amerikanischer Kulturlosigkeit schreckt die Zeitung vor keinem Foto zurück. Die DDR-Illustrierten bedienen sich beim *Stern* und anderen Westschriften. Die kleinen Sensatiönchen, der Klatsch und Tratsch aus der großen weiten Welt fehlen in keiner Nummer. Selbst das *Neue Deutschland*, Zentralorgan der Sozialistischen Einheitspartei Deutschlands, bringt solche Meldungen unter der Rubrik "Was sonst noch passierte", und auch der *Schwarze Kanal*[6] weidet sich immer wieder an den Ekstasen der westlichen Welt. Natürlich werden sie ideologisch abgeurteilt. Die Entrüstung über die Blüten, die die Dekadenz bei den Reichen treibt, ist sicher ganz ehrlich. Aber ich bin mir nicht ganz sicher, was für Emotionen die kleinen Bildchen und Berichte bei den Leser/innen noch auslösen. Die Fotos regen Phantasien an, sie sind ansehenswert, man kann sich darüber amüsieren oder aufregen. Auf jeden Fall bieten sie Abwechslung.

Der *American way of life*—das ist zunächst der Luxus und die Verschwendungssucht der besitzenden Klassen, die keine Grenzen kennen. Die amerikanischen Oberschichten sind vom kulturellen Verfall gekennzeichnet.[7] Kulturlosigkeit selbst

---

5 NBI, 48 (1953), 4.
6 Fernsehsendung, in der Ausschnitte aus dem Westfernsehen zusammenmontiert und kommentiert wurden.
7 "Das Bett der Milliardäre. Dekadenter Luxus und Verschwendungssucht der Oberschicht der kapitalistischen Gesellschaft stieg ins Unermeßliche mit der wachsenden Gier nach Maximal-

bei denen, die sich die wahre Kultur leisten könnten. Das bedeutet zivilisatorischen Verlust und wird wohl auch im westlichen Deutschland so empfunden. Die Amerikaner scheinen hier ganz in der schon von Plato in der Antike kritisierten Tradition neureichen Gehabes zu stehen. Geschmacklosigkeit als kulturelle Unbildung und avantgardistische Ästhetik als Dekadenz werden hier in einen Topf zusammengeworfen und miteinander verkocht, bis es keiner mehr auseinanderhalten kann. Mit diesem geschickten propagandistischen Schachzug schlagen die sozialistischen Ideologen zwei Fliegen mit einer Klappe—die Wohlstandswünsche des sozialistischen Kleinbürgers und die ästhetische Experimentierfreude der Kunst- und Kulturschaffenden werden als bürgerliche Kulturorientierungen abgelehnt. Der kulturellen Moderne der Nachkriegszeit wird so der Stempel des Überflüssigen aufgedrückt, eines Überflusses, so die ideologische Argumentation, der auf Kosten der einfachen Menschen gehe. Zur gleichen Zeit werden sozialistische Wohlstandsvorstellungen in den Wohnpalästen der Ostberliner Stalinallee vergegenständlicht. Luxus für die arbeitende Klasse lautet die Parole. Allerdings agiert die Architektur in den ästhetischen Formen der Vorzeit. So orientierte sich der sozialistische Wohnungsbau in der Stalinallee am Stalinschen Zuckerbäckerstil und nicht an der Modernität der ins amerikanische Exil gezwungenen Bauhäusler.

Die Niederungen der Massenkultur stellen die andere Seite des *American way of life* dar. An Western, Comic-Strips und Kriminalromanen wird kritisiert, daß darin an die niederen Instinkte im Menschen appelliert werden würde. *Sex and crime* als Handlungsalternativen für ein zur Handlungsunfähigkeit manipuliertes Volk. Von der Warnung, wohin das führen würde, sind zu dieser Zeit auch die westdeutschen Zeitungen voll: amerikanische Filme und Romanhefte würden zu Nachahmungshandlungen animieren. Die Folge sei steigende Kriminalität besonders unter Jugendlichen:

> Hans könnte noch leben, wenn es keine amerikanischen Kriminalschmöker gäbe, die den Westberliner und westdeutschen Büchermarkt überschwemmen. Sie wurden zur unmittelbaren Ursache des erschütternden Kindermordes von München, stellt der "Stern" treffend fest. Der "Lyncher" praktizierte jenen Antihumanismus im kleinen, den Dulles im großen betreibt.[8]

Aber auch die Verführung deutscher Mädchen zur Prostitution ist ein immer wieder gern aufgelegtes Thema. Junge Mädchen, die von einem schönen Leben in den Armen eines reichen Mannes träumten, finden sich am Ende in den schlimmsten Nachtlokalen wieder, aus denen es für sie kein Entrinnen mehr gibt. Und die jungen Männer fallen auf die Werbungen für die Fremdenlegion herein.[9]

---

profit. Der Kreis um die '60 Familien Amerikas' wetteifert beim Ausknobeln immer neuer Verrücktheiten, zu denen auch dieses an Komfort überquellende 'Überbett' gehört." NBI, 11 (1953), 4.

8 NBI, 41 (1953), 2.

9 "Durch Alkohol und schöne Worte eingenebelt sitzen die Jugendlichen vor ihren Bier- und Schnapsgläsern und lauschen beeindruckt den farbenprächtigen Erzählungen des Werbers. Der sucht sich die geeignetsten Plätze für sein übles Geschäft aus; er durchstreift die Wartesäle 3. Klasse und spricht streunende Jugendliche an; er fängt verzweifelte Ostzonen-

Die wichtigste Botschaft dieser gruseligen Geschichten: "Glaubt nicht den schönen Worten, Versprechungen und den schönen Bildern von dieser anderen Welt. Hinter ihnen verbirgt sich die Hölle der Kriminalität, der Prostitution, des Elends, der Rauschgiftsucht, aus der es kein Entrinnen gibt." Die Zeitschriften zeigen, wie die Orientierung an den Bildern einer glänzenden, schönen Illusion ins Verderben führt.

DER ANFANG ... An Schmerzen in der Magengegend und nervösen Zuckungen leidet der Jüngling (links) nicht. Er schwenkt lediglich seine Partnerin auf amerikanisch über das Parkett.—Das Ganze nannte sich "Jitterbug-Meisterschaften in Westberlin", bei denen die Qualität des Tanzes an der Quantität von Geschmacklosigkeit gemessen wurde. Daher errang das Pärchen (rechts), das seine im Ami-Club gesammelten Erfahrungen zur Schau stellte, einen Preis. Was nur zu leicht aus dieser an der amerikanischen Krankheit leidenden Jugend werden kann, zeigt ... DAS ENDE der Verbrecher Maiss und Maikranz. Sie hofften, durch den Überfall auf eine Bankfiliale in Frankfurt/M nach Chicago-Manier zu Geld zu kommen, wurden aber, nachdem sie zwei Angestellte erschossen hatten, verhaftet. Wie sagte doch Eisenhower in einer seiner vielen Wahlreden? "Wenn sich die Jugend heute ein sorgloses Leben wünscht, dann soll sie lieber ins Gefängnis gehen. Dort hat sie Essen, eine Lagerstatt und ein Dach über dem Kopf."[10]

Die Jugend wird immer wieder zum Adressaten propagandistischer Anstrengungen. In Kriegszeiten großgeworden, oft ohne väterliche Autorität aufgewachsen, hat sie in ihrer Kindheit viele Entbehrungen hinnehmen müssen. Diese Jugend erscheint nun besonders genußsüchtig und damit extrem gefährdet. In ihrer Sorge um die Jugend ist man sich in Ostdeutschland seltsam einig mit den Medien Westdeutschlands und Nordamerikas.[11]

3. AMERIKANISCHE POLITIK IN DEN POLEN VON KRIEGSTREIBEREI UND ANTIKOMMUNISMUS UND DAS "BESSERE AMERIKA"

"Gegenwärtig steht nichts geringeres als die amerikanische Herrschaft über die freie Welt in Frage", stellte angesichts der sowjetischen Friedensinitiative die USA-Zeitschrift 'Monthly Review' besorgt fest."[12]

Die US-amerikanische Politik wird 1953 durchgängig als expansive Großmachtpolitik beschrieben mit der Tendenz, einen 3. Weltkrieg vorzubereiten und anzetteln zu wollen. Die Ereignisse des 17. Juni sind dafür nur ein Beweis mehr:

---

flüchtlinge an der Zonengrenze bei Helmstedt und Hof-Morschendorf ab und verspricht ihnen ein paradiesisches Dasein. Wenn er ein Opfer gefunden hat, kauft er sofort eine Fahrkarte nach Landau oder Koblenz-Ehrenbreitstein, den westdeutschen Auffanglagern, und meldet die Namen der Angeworbenen diesen Sammelstellen. Dort wird dafür gesorgt, daß die Opfer keine Gelegenheit haben, zu entkommen." NBI, 8 (1953), 2.
10 NBI, 2 (1953), 6.
11 In dem Buch *A Cycle of Outrage: America's Reaction to the Juvenile Delinquent in the 1950s* (New York/Oxford 1986) beschreibt James Gilbert dieselben Ängste und disziplinierenden Forderungen amerikanischer Eltern wie Politiker gegenüber einer sich unkontrollierbar gebärdenden Jugend.
12 NBI, 36 (1953), 3.

Fast möchte man sagen, rollten die wohlvorbereiteten und beschämenden Ereignisse des 17. Juni mit automatischer Präzision ab. Beiderseits der Berliner Sektorengrenze. Unser Bildbericht beweist: Die Provokationen nahmen ihren Ausgang von den Westsektoren— unabhängig von der berechtigten Unzufriedenheit der Bauarbeiter und ihren Forderungen. Sie spielten sich in der Hauptsache unmittelbar an den Sektorengrenzen ab. Im Innern des demokratischen Sektors gab es keine oder doch so gut wie keine Brandstiftungen, Plünderungen, Überfälle, Schießereien, Bluttaten. Doch tief im Ami-Sektor brüteten hinter streng bewachten Türen Mr. Allan Dulles, Chef des USA-Spionage- und Sabotagedienstes, Kaiser, Bonner Minister "zur Verhinderung der gesamtdeutschen Einigung", wie ihn unsere westdeutschen Landsleute nennen, Wehner, Leiter des illegalen SPD-Ostbüros, das aus, was dann jenseits der Sektorengrenze brennende und blutige Wirklichkeit wurde. Dulles war aber nicht inkognito nach Berlin gereist, damit Kioske, Pavillons, Geschäfte in Flammen aufgingen. Sein "höheres" Ziel war, den Weltbrand in Berlin zu entfachen. Bis zum Mittag des 17. Juni hoffte Dulles auf Erfolg. Aber der "Tag X" endete nicht mit dem Ausbruch eines dritten Weltkrieges. Daran hatten außer der Mehrheit unserer Werktätigen, die der Hetze der Raufbolde und Provokateure nicht folgten, außer unseren Volkspolizisten, die besonnen und unerschrocken ihren Dienst taten, das Hauptverdienst die Sowjetsoldaten. Wieder einmal—wie schon so oft—erwies sich die Sowjetunion als wahre Friedensmacht. Durch ihr bloßes Dasein, durch das Anrollen ihrer Panzer retteten die Sowjetsoldaten den Frieden der Welt. Die Berliner konnten wieder aufatmen.[13]

In anderen Aufsätzen werden die USA als rücksichtslose Besatzungsmacht geschildert, die sich auf Kosten der westdeutschen Bevölkerung im Lande ausbreitet. Korea-Krieg, Aufrüstung, Spionage und Sabotage und Atombombe reizen die Journalisten immer wieder zu einem Vergleich mit Hitler und dem Faschismus.[14] Die Reportagen konzentrieren sich ganz auf Personen, die mit bestimmtem eigennützigem Interesse oder einfach aus Machtgier handeln und dabei permanent gegen die Interessen der werktätigen Bevölkerung verstoßen. Der Dualismus, der hier aufgemacht wird: Unterdrücker und Unterdrückte, Kriegstreiber und unschuldige Opfer, Kolonialmacht und um ihre Befreiung kämpfende Völker sollte eindeutige Sympathien erzeugen. Hier wird den DDR-Bürgern eine Vergleichsebene eröffnet, auf der sie sich mit "Ihresgleichen", nämlich Werktätigen, solidarisieren können und denen gegenüber sie sich zugleich wohlhabend und glücklich vorkommen dürfen. Die Kriterien dieses Vergleichs sind einfach und einsichtig: Arbeit, Brot und Wohnen im Frieden, die heilige Dreifaltigkeit sozialistischer Ideen. Sowohl im Vergleich mit den Entwicklungsländern als auch im Vergleich mit der arbeitenden oder oft auch arbeitslosen Bevölkerung Westeuropas und der USA dürfen sich die DDR-Bürger/innen bevorzugt fühlen.[15] Vom Kindergarten an werden

---

13   NBI, 27 (1953), 3.
14   "Großinquisitor Senator McCarthy, der der Hitler der USA werden will—natürlich unter Vermeidung der letzten Tage Hitlers." NBI, 45 (1953), 14. "Sind die USA auf dem Wege zum Faschismus mit McCarthy als dem Führer?" ebd.; "Um den neugierigen Leser nicht auf die Folter zu spannen, sei McCarthys Hauptidee (McCarthysmus) sofort vermerkt: Die Vereinigten Staaten müssen die Welt erobern, koste es, was es wolle." ebd.
15   "Wo der Dollar noch regiert . . . sind Menschen billiger als Treibstoff. Nicht nur Ausbeutungsobjekt auf den Plantagen, sondern auch billigstes 'Beförderungsmittel' sind die Eingeborenen in den Augen der Kolonialherren. Im Zeitalter der hochentwickelten Technik

solidarische Verhaltensweisen mit Schwächeren eingeübt. Die Indianerfilme der DEFA, in denen nicht wie in den Western der Cowboy, sondern der seines Lebensraums beraubte und unterdrückte Indianer der Held ist, stehen ganz in dieser Tradition.

Solidarität zu üben ist eines der höchsten sittlichen Gebote. Sie richtet sich nicht nur auf arme und unterdrückte Bevölkerungsschichten, sondern vor allem auch auf inhaftierte "Demokraten". 1953 werden Ethel und Julius Rosenberg Opfer des McCarthyschen Antikommunismus.[16] In der DDR wird das ganze Jahr über darüber berichtet. Kinder schreiben Briefe ins Gefängnis. Betriebskollektive verfassen Protestresolutionen. Die Rosenbergs, das sind die Vertreter des "anderen", des "wahren" Amerika.

> Weil sie Friedenskämpfer sind, wurden diese beiden 35 und 32 Jahre alten aufrechten Amerikaner zum Tode verurteilt: ein grausames Justizverbrechen nach dem Vorbild der Gestapo. "Ich habe mich nie für etwas Besonderes gehalten, ich bin ein einfacher Mann", schreibt Julius Rosenberg aus der Todeszelle. Der Elektroingenieur führte ein Leben wie jeder andere Amerikaner, erledigte seine Arbeit, freute sich auf den Feierabend im Kreise seiner Familie. Wie wir alle, hatten auch die Rosenbergs ihre Zukunftspläne; ihr größtes Glück waren ihre Kinder. Doch eines zeichnete das Ehepaar aus: Sie sind aufrechte Demokraten.[17]

In der Berichterstattung geht es nicht nur darum, solidarisches Verhalten einzuüben, sondern es geht um den Diskurs über Freiheit und Demokratie. Der Vorwurf an das sozialistische Deutschland, undemokratisch zu sein, Meinungsfreiheit nicht zuzulassen und sich totalitär zu verhalten, wird hier an den Westen postwendend zurückgegeben. Zugleich weiß man sich einig mit westdeutschen und amerikanischen Demokraten, denn auch die gibt es. Da sind Männer und Frauen mit Zivilcourage, die sich den Zumutungen amerikanischer Politiker entgegenstellen. In den DDR-Medien wird der Kampf der amerikanischen Gewerkschaften um höhere Löhne und sichere Arbeitsplätze intensiv verfolgt.[18] Und es werden

---

werden Menschen gezwungen, die Last ihrer Unterdrücker auf den Schultern zu tragen. Bedarf es noch mehr Beweise für die Menschenfeindlichkeit des verfaulenden Kapitalismus?" NBI, 18 (1953), 8.

16 Der Begriff "Demokrat" wird von der DDR-Propaganda ganz bewußt gebraucht. Im Kontext des Kalten Krieges gibt es auch einen Diskurs über Demokratie. Beide Seiten werfen sich gegenseitig Verstöße gegen demokratische Prinzipien vor und jede Seite behauptet von sich, die bessere oder "wahre Demokratie" zu praktizieren. Hier, in diesem speziellen Zusammenhang, soll er anzeigen, daß in den USA gegen die Grundprinzipien der Demokratie verstoßen wird. Diese beiden Menschen wurden, darüber gibt es heute keine Zweifel mehr, aufgrund von sich widersprechenden Indizien fälschlich für den Vorwurf der Atomspionage für die Sowjetunion zum Tode verurteilt. Zugleich soll in diesem Jahren der Verweis auf die demokratische Verfaßtheit der DDR ein übergreifendes Identifikationsmittel für die Selbstbestimmung als DDR-BürgerIn abgeben. Demokratisch ist damit nicht nur gegen antikommunistisch sondern auch gegen national gesetzt.

17 NBI, 6 (1953), 2.

18 "Streik der Arbeiter. Einen Tag, nachdem 8.200 New-Yorker Omnibusfahrer ihre Wagen stillgelegt hatten, zogen auch an den Kais Streikposten auf. 20.000 Hafenarbeiter streikten, um 3.500 Kollegen zu unterstützen, die auf 450 Schleppern und Brennstoffversorgungs-

"vernünftige" Weiße vorgestellt, die sich der Apartheid entgegenstellen und "Neger", die sich trotz der Unterdrückung ihre Menschenwürde bewahrt haben.[19]

Die hier geschilderten Grundmuster antiamerikanischer Propaganda ziehen sich durch die gesamte Mediengeschichte der DDR. Sie werden dem Zeitgeist entsprechend variiert und modifiziert. So sind in den 1960er Jahren "Nieten in Hosen unerwünscht"[20] beim Jugendtanz. In den 1970ern provoziert man die Lehrer mit langen Haaren und lauter Musik. In den 1980ern reagiert die Parteiführung schon etwas abgeklärter auf die Bedürfnisse Jugendlicher nach amerikanischer Musik. Filme aus den USA erreichen auch in den DDR-Filmtheatern immer wieder Millionen von Zuschauern, und die Filmkritik ist krampfhaft darum bemüht, die fortschrittlichen Inhalte und gesellschaftskritischen Akzente besonders herauszuarbeiten. Es scheint, als ob man am Ende auch mit den Negativbildern nur erreicht hat, daß das Interesse an den USA wachgeblieben ist. Das Amerika-Bild der DDR-Jugend scheint mir letzten Endes dennoch weitgehend romantisch verklärt gewesen zu sein. Der Geruch der großen weiten Welt, von unendlicher Freiheit und Abenteuer prägte auch die Sehnsüchte der Ostdeutschen. Trotz oder vielleicht gerade wegen der Propaganda.

schiffen den Kampf um höhere, der Teuerung angepaßte Löhne aufgenommen haben. . . . 1953 geht die Streikbewegung weiter—trotz Taft-Hartley-Gesetz." NBI, 8 (1953), 2.

19 "Ein kleines weißes Kleid. Violet beobachtete die große, hagere Negerin, die die Babywäsche sorgsam zusammenlegte. . . . Sie war eine gewissenhafte Wäscherin und Violet [die Weiße] liebte die stolze Art, wie sie die mitgebrachten Wäschestücke ausbreitete, mit arbeitsgewohnten, geschäftigen Händen. . . . Am nächsten Dienstag, als sie das kleine Bündel schmutziger Wäsche holen kam, brachte sie das Kind mit. Solch ein sauberes Baby, wohlgewaschen, gebürstet und herausgeputzt für den Besuch, sein grobes Kattunröckchen prächtig gestärkt wie das feinste Musselin. . . . [Das Baby stirbt und die Weiße verdächtigt die Schwarze, es in ihrem weißen Kleid beerdigt zu haben. Die Schwarze streitet das ab. Schließlich findet die Weiße zufällig doch noch das Kleid, das sie vermißte. Nun tut es ihr leid.] Dann aber sprach die Negerin mit Würde . . .: 'Aber ich werde nie wieder etwas für Sie waschen!'" Frau von heute, 1 (1946), 28.

20 Eintrittsverbot für in Nieten-Jeans gekleidete Jugendliche in Kulturhäuser und Jugendklubs.

IV

SIEG DES AMERIKANISMUS?

11

Die USA als "Kulturnation". Zur Bedeutung der Amerikahäuser in den 1950er Jahren

Axel Schildt

DIE AMERIKAHÄUSER, die es in ca. zwei Dutzend deutschen Groß- oder Universitätsstädten gibt, beflügeln als besonders auffällige Insignien amerikanischer Präsenz immer wieder die Phantasie beim Nachdenken über die USA und über die "Amerikanisierung" der westdeutschen Gesellschaft. Befördert wurde dies häufig schon durch die Architektur: gewollt "moderne" Gebäude, die in den 1950er Jahren bezogen wurden, nachdem diese Institution zuvor meist in alten Villen untergebracht war, die die US-Besatzungsmacht requiriert hatte. In der zweiten Hälfte der 1960er und Anfang der 1970er Jahre, während des Vietnamkriegs, wirkten die Amerikahäuser noch auffälliger im Stadtbild, weil sie oft monatelang mit rot-weiß gestrichenen Absperrgittern vor Demonstranten polizeilich geschützt wurden. Diese Gitter verschwanden danach, wurden nur noch zu besonderen Anlässen benötigt, zuletzt Anfang 1991, als Haltepunkt für Proteste in den Tagen des Krieges am Golf. Geblieben sind die Sicherheitsschleusen beim Betreten von Amerikahäusern, die versteckten Kameras als Vorsorge gegen terroristische Anschläge—aber die gibt es auch in Flughäfen, Banken und an anderen exponierten Orten.

Die "große Zeit" der Amerikahäuser ist vorbei. Sie dienen heute, durch ihre Bibliotheken, als Service für Englischlehrer oder Anglistik-Studenten, wie ähnliche britische, französische oder italienische Institutionen sprachliche und landeskundliche Interessen befriedigen. Demgegenüber fungierten die Amerikahäuser nach dem Zweiten Weltkrieg—der Höhepunkt ihrer Ausbreitung lag Anfang der 1950er Jahre—als zentraler Bestandteil des ehrgeizigen strategischen Programms der US-Regierungen zur *re-education* bzw. *re-orientation* der Bevölkerung ihrer Besatzungszone und dann des gesamten Bundesgebiets.

Nach einer knappen Skizze dieses Umerziehungs- und Umorientierungsprogramms soll in diesem Beitrag ein Überblick über die Entstehung der Amerikahäuser, ihre Reichweite in den 1950er Jahren und über ihr Aktivitätsspektrum gegeben werden. Im Mittelpunkt steht eine Programmanalyse der dort organisierten Vortragsabende. Am Schluß soll auf Erfolg und Mißerfolg der Amerikahäuser eingegangen und versucht werden, diese Form (hoch)-kultureller amerikanischer

Einflußnahme in Beziehung zum Gesamtphänomen alltagskultureller "Amerikanisierung" in den 1950er Jahren zu setzen.[1]

1. RE-EDUCATION UND RE-ORIENTATION

Deutschland bildete seit dem Ausgang des Zweiten Weltkriegs bekanntlich ein zentrales Problem strategischen Denkens der US-Außenpolitik.[2] Zum "Sinnhorizont" der für notwendig gehaltenen *re-education* der Bevölkerung gehörte die von unten herauf gedachte Konstruktion einer deutschen Demokratie nach dem Muster des westlichen Parteienpluralismus.[3] Ansätze eines "Bestrafungskonzepts", einer konsequent durchgeführten Entnazifizierung, wichen dabei, idealtypisch betrachtet, rasch den übergeordneten Bemühungen um eine Integration in die westliche Staatengemeinschaft. Die *re-education* konzentrierte sich vor allem auf die Felder der Bildungs- und Schulpolitik, der Medien sowie der Kultur.[4] Im Zuge der Umstellung der US-Militärregierung (OMGUS) auf das Hochkommissariat (HICOG) Ende der 1940er Jahre wurde allerdings nicht mehr von *re-education*, sondern nur noch von *re-orientation* gesprochen. Die weltanschaulichen Inhalte dieses Neuorientierungsprogramms sind bekannt: Angelsächsische pragmatische "Verantwortungsethik" wurde gegen (deutsche) "Gesinnungsethik" ins Feld geführt; Offenheit in der Suche nach Problemlösungen statt starrer weltanschaulicher

---

1 Es handelt sich dabei um die knappe Zusammenfassung eines Kapitels meiner Habilitationsschrift "Freizeit—Massenmedien—'Zeitgeist'. Studien zur sozialkulturellen Modernisierung der westdeutschen Gesellschaft der 1950er Jahre (Hamburg 1992). Die Veröffentlichung einer ausführlichen Fassung ist vorgesehen.
2 Vgl. Ulrich Borsdorf/Lutz Niethammer (Hrsg.), Zwischen Befreiung und Besatzung. Analysen des US-Geheimdienstes über Positionen und Strukturen deutscher Politik 1945. Wuppertal 1977; Alfons Söllner (Hrsg.), Zur Archäologie der Demokratie in Deutschland, Bd.1: Analysen politischer Emigranten im amerikanischen Geheimdienst, 1943–1945. Frankfurt a.M. 1982; Bd. 2: Analysen von politischen Emigranten im amerikanischen Außenministerium, 1946–1949. Frankfurt a.M. 1986; David Schoenbaum, Deutschland als Gegenstand der amerikanischen Nachkriegsplanung, in: Ludolf Herbst (Hrsg.), Westdeutschland 1945–1955. Unterwerfung, Kontrolle, Integration. München 1986, 27–36; Karl J. Brandstetter, Allianz des Mißtrauens. Sicherheitpolitik und deutsch-amerikanische Beziehungen in der Nachkriegszeit. Köln 1989; Hermann-Josef Rupieper, Der besetzte Verbündete. Die amerikanische Deutschlandpolitik von 1949 bis 1955. Opladen 1991.
3 Vgl. als klassische Lokalstudie John Gimbel, Eine deutsche Stadt unter amerikanischer Besetzung. Marburg 1945–1952. Köln 1964.
4 Vgl. Karl-Ernst Bungenstab, Umerziehung zur Demokratie? Re-education-Politik im Bildungswesen der US-Zone, 1945–1949. Düsseldorf 1970; Barbara Mettler, Demokratisierung und Kalter Krieg. Zur amerikanischen Informations- und Rundfunkpolitik in Westdeutschland 1945–1949. Berlin 1975; Hansjörg Gehring, Amerikanische Literaturpolitik in Deutschland 1945–1953: Ein Aspekt des Re-education-Programms. Stuttgart 1976; Hans Borchers/Klaus W. Vowe, Die zarte Pflanze Demokratie. Amerikanische Reeducation in Deutschland im Spiegel ausgewählter politischer und literarischer Zeitschriften (1945–1949). Tübingen 1979; Jutta-B. Lange-Quassowski, Neuordnung oder Restauration? Das Demokratiekonzept der amerikanischen Besatzungsmacht und die politische Sozialisation der Westdeutschen: Wirtschaftsordnung–Schulstruktur–Politische Bildung. Opladen 1979.

Doktrinen und ein Verhalten nach demokratischen Regeln sollten der Bevölkerung, vor allem der Jugend, nahegebracht werden.[5] Eine Flut von Übersetzungen anspruchsvoller amerikanischer Fachliteratur und Belletristik sollte die Bildung einer westlich aufgeschlossenen Elite fördern, die zugleich als Multiplikator für ein positives Bild von den USA wirken konnte. Im Rahmen des *re-orientation*-Programms reisten deshalb von 1948–1953 ca. 10.000 "führende Persönlichkeiten des öffentlichen Lebens" über den "großen Teich", Politiker, Kommunalbeamte, Journalisten, Richter, Gewerkschafter, Geistliche, Jugend- und Frauenverbandsfunktionärinnen usw.[6]

2. DAS NETZ DER AMERIKAHÄUSER

Zum hochkulturellen Zentrum amerikanischer geistiger Einflußnahmen entwickelten sich die US-Information-Centers. Das erste Informationszentrum dieser Art wurde 1946 in Frankfurt eröffnet, Gründungen in zahlreichen größeren Städten der US-Zone und im US-Sektor von Berlin folgten.[7] Häufig gingen die Amerikahäuser (die Bezeichnung "America Houses" wurde seit Herbst 1947 im amtlichen Schriftverkehr der Besatzungsmacht verwendet[8]) aus Bibliotheken und

---

[5] Zu erwähnen sind z.B. die vielfältigen Bemühungen, den philosophischen Altmeister des amerikanischen "Pragmatismus", John Dewey, auch in Deutschland für die Pädagogik bekanntzumachen; vgl. Otto Schlander, Der Einfluß von John Dewey und Hans Morgenthau auf die Re-education-Politik, in: Manfred Heinemann (Hrsg.), Umerziehung und Wiederaufbau. Die Bildungspolitik der Besatzungsmächte in Deutschland und Österreich. Stuttgart 1981, 40–52.

[6] Hinweise zur quantitativen Dimension bei Henry J. Kellermann, Cultural Relations as an Instrument of U.S. Foreign Policy: The Educational Exchange Program between the United States and Germany 194–1954, Washington D.C. 1978.

[7] Für die Gründungsphase der Amerikahäuser ist immer noch grundlegend Henry P. Pilgert, The History of the Development of Information Services through Information Centers and Documentary Films. Historical Division. Office of the Executive Secretary. Office of the U.S. High Commissioner for Germany. Mehlem 1951, 7–39; vgl. für die weitere Entwicklung Harold Zink, The United States in Germany, 1944–1955. Princeton, NJ, u.a. 1957, 245ff.; Karl-Ernst Bungenstab, Entstehung, Bedeutungs- und Funktionswandel der Amerika-Häuser. Ein Beitrag zur Geschichte der amerikanischen Auslandsinformation nach dem Zweiten Weltkrieg, in: Jahrbuch für Amerikastudien 16 (1971), 189–203; Gehring, Amerikanische Literaturpolitik, 31ff.; Manfred Strack, Amerikanische Kulturbeziehungen zu (West-)Deutschland 1945–1955, in: Zeitschrift für Kulturaustausch 37 (1987), 283–300; Arthur Dewey Browder, The Impact of the American Presence on Germans and the German-American Grass-Roots Relations in Germany, 1950–1960. The Louisiana State University 1987, 105ff.; die folgenden Angaben sind der o.a. Literatur entnommen.

[8] In der Anfangszeit standen verschiedene Bezeichnungen nebeneinander, wie "America House", "U.S. Information Center", "U.S. Information and Library Center", "U.S. Cultural and Information Center", "Reading Room", "American Information Library" (Klaudia Gering, Amerika-Häuser. Tore zu einer neuen Welt? Die geschichtliche Entwicklung der "Information Centers" in Westdeutschland und ihre Wirkung auf und Bedeutung für die Bevölkerung. Seminararbeit am Historischen Seminar der Universität Hannover, Sommersemester 1992, 4).

Lesestuben hervor, die von amerikanischen Stellen unmittelbar nach Kriegsende für die Zivilbevölkerung eingerichtet worden waren. Die Bibliotheken der Amerikahäuser und der ihnen angegliederten Lesesäle in kleineren Orten umfaßten 1950 durchschnittlich 16.000 Bände, davon etwa ein Viertel in deutscher Sprache. In manchen Städten bedeutete dies, daß Buchbestand und -ausleihen der Amerikahäuser doppelt so hoch waren wie die der städtischen Büchereien.[9] Außerdem kam in viele Dörfer im Umkreis von Amerikahäusern ein *bookmobile*. Die "fahrende Bücherei" des Heidelberger Amerikahauses hielt z.B. 1951 in 40 nordbadischen Orten. Nicht nur Bücher und Zeitschriften wurden dort angeboten; ein Farblichtbildervortrag über Florida, eine Ausstellung auf Bildtafeln und ein Tonfilm konnten gezeigt werden. In München wurde ein solches Gefährt 1952 angeschafft: ein großer LKW, in dem 4.000 Bücher in Regalen aufgestellt waren. Im Programm-Prospekt hieß es dazu:

> Jeder interessierte Bücherfreund kann über eine kleine Leiter in den Wagen hineinsteigen und wie in einer richtigen Bibliothek die Bücher anschauen, auswählen und kostenlos ausleihen. Die Bücherei enthält fast nur deutsche Übersetzungen amerikanischer Autoren und einige Kinderbücher. Anfang August wird das 'bookmobile' seine erste Reise durch die nähere und weitere Umgebung Münchens beginnen und dann in regelmäßigen Zeitabständen immer wieder dieselben Orte aufsuchen. Wir wollen auf diese Weise auch der ländlichen Bevölkerung Oberbayerns, die nicht in der Lage ist, ein Amerika Haus zu besuchen, die Möglichkeit geben, sich mit der amerikanischen Literatur zu befreunden, sich mit aktuellen Fragen zu befassen und sich politisch auf dem Laufenden zu halten.[10]

1956 besuchte diese "Autobücherei" regelmäßig (monatlich) 24 oberbayerische Orte. Das Kommen des Bücherautos wurde durch originelle Plakate angekündigt.

Während 1947 in der US-Zone und in Berlin 20 Amerikahäuser gezählt wurden, waren es Anfang 1951 im Bundesgebiet 27 mit 135 ihnen angegliederter Lesesäle. Damit hatte das Netz der Amerikahäuser seine größte Dichte erreicht. Während 1950 mit Neugründungen in Hannover und Hamburg über das bisherige Zonengebiet hinausgegangen wurde, begann ein Jahr später die Straffung der Programmarbeit. Der überwiegende Teil der angegliederten Bibliotheken in den kleineren Städten wurde in kommunale deutsche Verwaltung übergeben. Bisherige Aufgaben, z.B. englische Sprachkurse, wurden von Volkshochschulen und anderen Institutionen der Erwachsenenbildung übernommen.[11]

Um 1950 waren im übrigen eine Reihe von "Deutsch-Amerikanischen Instituten" (DAI) gegründet worden. Die Trägerschaft dieser Häuser, die eng mit den Amerikahäusern kooperierten, lag in deutscher Hand. Mitte der 1950er Jahre wurden aufgrund einer deutsch-amerikanischen Regierungsvereinbarung fünf Amerikahäuser in Deutsch-Amerikanische Institute umgewandelt, nämlich Darmstadt, Mannheim, Marburg, Regensburg, Tübingen, später auch Heidelberg. Die

---

9 Statistische Vergleiche für 1950 und 1951 in Martin Samuel Allwood, Die Freizeitgestaltung der arbeitenden Bevölkerung in Darmstadt. Diss. rer. pol. Darmstadt 1953, 154ff.
10 Munich Amerika Haus. Info vom 28.7.–9.8.1952.
11 Hans Edgar Jahn, Vertrauen, Verantwortung, Mitarbeit. Eine Studie über public relations-Arbeit in Deutschland. Oberlahnstein 1953, 231.

deutsche Seite verpflichtete sich jeweils, alle Gebäudekosten zu tragen, während Leitung, Bibliotheken und Programmarbeit von amerikanischer Seite übernommen wurden. Die Zahl der "echten" Amerikahäuser war nach der Straffung der Programmarbeit auf ca. ein Dutzend zurückgegangen.

3. ZU BEKANNTHEIT UND BESUCHERKREIS DER AMERIKAHÄUSER

Die Amerikahäuser hatten sich am Beginn der 1950er Jahre einen geachteten Platz in der Öffentlichkeit vieler westdeutscher Städte gesichert. Aus einer demoskopischen Erhebung aus dem Herbst 1948 hatten die amerikanischen Stellen erfahren, daß dort, wo es Amerikahäuser gab, die Mehrheit der Bevölkerung davon wußte—sie wurden dabei als Informationszentren und nicht als Propagandaeinrichtungen bewertet. Zum Besucherkreis zählte man allerdings nur 7% der Stadtbevölkerung[12]. Nach weiteren Erhebungen Anfang der 1950er Jahre wuchs der Bekanntheitsgrad der Häuser weiter an. Im Januar 1951 wurde ermittelt, daß drei Viertel der Bevölkerung im Gebiet der US-Zone diese Einrichtung kannte, 11% hatten danach schon einmal ein Amerikahaus bzw. einen Lesesaal besucht[13]. In einer weiteren umfangreichen Untersuchung wurde das Publikum 1952 auf über eine Million Menschen bzw. ca. 15% der Bevölkerung im Einzugskreis von Amerikahäusern geschätzt—ein überdurchschnittlich urbanes, junges und gebildetes Publikum; mehr als zwei Drittel der Studenten und Jugendlichen mit Abitur gehörten zum Besucherkreis, hingegen nur jeder zehnte Jugendliche mit Volksschulbildung.[14] Nach den Umfragen im Auftrag der amerikanischen Stellen zu urteilen, schwand seit Mitte der 1950er Jahre der Bekanntheitsgrad der Amerikahäuser, während sie in noch stärkerem Maß als zuvor eine Angelegenheit der Schichten mit höherer Schulbildung geworden waren.

4. DAS AKTIVITÄTSSPEKTRUM[15]

Der Werktag—an Wochenenden galten eingeschränkte Besucherzeiten—in einem Amerikahaus begann in der Regel am Vormittag um 10 Uhr mit der Öffnung der Bibliothek. Am frühen Nachmittag wurde dann ein Filmprogramm—vor allem für

---

12 OMGUS Report No. 145 vom 1.11.1948, The Amerika Haus in Five German Cities (die im folgenden zitierten OMGUS-, HICOG- und American Embassy-Reports wurden im Zentralarchiv für empirische Sozialforschung der Universität zu Köln eingesehen); es handelte sich hier um die Häuser in West-Berlin, Bremen, Frankfurt, Nürnberg und Stuttgart.
13 HICOG. Report No. 76. Series No. 2 vom 24.4.1951, Continuing Trends in Awareness and Patronage of the Amerika Hauser in the U.S. Zone; das Sample dieser Untersuchung umfaßte neben 1.500 Personen im Gebiet der US-Zone speziell 465 Frankfurter Schulkinder.
14 HICOG. Report No. 181. Series No. 2 vom 17.7.1953, The America House Evaluated. A Study of the Effectiveness of the U.S. Information Centers in West Germany; der Erhebung lag ein Sample von 2.000 Personen in Städten mit Amerika-Häusern zugrunde.
15 Die folgenden Angaben stammen aus Programmheften, die in den Amerika-Häusern in Frankfurt, Hamburg, Heidelberg und München eingesehen wurden.

Kinder—gezeigt; Vorlesestunden mit Märchen gab es ebenfalls. Häufig gezeigt wurden Marionettentheater. Gleichzeitig hatten die erwachsenen Besucher z.B. in Frankfurt Gelegenheit, im Musikzimmer Radioübertragungen zu lauschen. Der frühe Abend war in der Regel festen Gruppen vorbehalten, vor allem den Englisch-Kursen für Anfänger und Fortgeschrittene, sowie Zirkeln, die sich, meist in deutscher Sprache, über "moderne Musik", "moderne Literatur" oder "moderne Malerei" aussprachen. Im Münchner Haus gab es eine "Stunde der Frau", in der etwa die Rolle der Akademikerin oder der berufstätigen Frau in Deutschland und den USA erörtert, aber auch Modeschauen veranstaltet wurden. Müttern kleinerer Kinder war in den meisten Häusern die Teilnahme an Nachmittagsveranstaltungen möglich, da es dort Kindertagesräume gab, wo die Kinder betreut wurden. Den Jugendlichen wurden eigene Veranstaltungen angeboten, z.B. sogenannte "Diskussionsgruppen". In einem Programm des Hamburger Amerikahauses vom September 1950 wurde erklärt, warum die Verantwortlichen dieser Einrichtung so großen Wert auf die "Diskussion" legten. Dort hieß es erläuternd: "Jede Gruppe von Menschen hat ihre eigenen Grundprobleme. Die beste Idee entspringt in der Regel nicht fix und fertig dem Kopfe des einzelnen, sondern sie ist das Ergebnis des Sichmühens aller um eine Lösung. . . . Gleichzeitig wirkt die Aussprache dämpfend auf extreme Ansichten."[16] Diskutiert wurde hier z.B. über "politische Tagesfragen", "allgemeine Tagesfragen", "Jugendorganisationen", "Frauenrecht", "religiöse Zeitprobleme", "neutrales Deutschland"; außerdem gab es einen "jungen Filmkreis" und die "Jazzfreunde".

Wenn dann am Abend, in der Regel um 20 Uhr, die Bibliothek schloß, begannen die besonders angekündigten Abendveranstaltungen. Dabei handelte es sich häufig um musikalische Darbietungen, z.T. vom Schallplattenspieler; oder es wurden Gesangsrezitationen mit Begleitung am Flügel präsentiert, mitunter auch Streichquartette und kleinere Orchester. Dabei überwog eindeutig die "klassische Musik" bzw. die "klassische Moderne"; allerdings wurden auch weißer amerikanischer Jazz oder "Neger-Spirituals" von Zeit zu Zeit geboten.

Eine weitere Form der Abendveranstaltung war die Filmvorführung—sehr häufig Filme, die mit Landschaften und gesellschaftlichen Ausschnitten der USA bekannt machten. Die Amerikahäuser verfügten Anfang der 1950er Jahre über 3.800 16mm-Filme. Seltener geboten wurden Theateraufführungen, meist von Stücken amerikanischer Gegenwartsdramatik—an der Spitze standen solche von Thornton Wilder.

Mindestens an zwei Abenden in der Woche befand sich ein Vortrag auf dem Programm, mehrheitlich in deutscher, ansonsten in englischer Sprache, häufig von Lichtbildern oder Schallplattendemonstrationen begleitet. Oft wurde vermerkt, daß im Anschluß an den Vortrag eine Gelegenheit zur Diskussion bestehe; mitunter wurde auch eine "Podiums"- bzw. "Forums"-Diskussion angekündigt.

---

16 Amerika-Haus Hamburg vom 11.6.–16.9.1950.

5. INHALTLICHE TENDENZEN DER VORTRAGSPROGRAMME

Die folgende knappe Analyse des Vortragsangebots basiert auf der Auswertung der Programme von den Amerikahäusern in Frankfurt, München und Heidelberg in den 1950er Jahren.[17] In den wöchentlich, zweiwöchentlich oder monatlich erscheinenden Programmen sind meistens nur die Namen der Referenten, die Themen, häufig aber auch biographische Angaben zu den Referenten und in Einzelfällen kurze Inhaltsangaben der Vorträge überliefert; dies ermöglicht zumindest die Skizzierung eines Profils der Programmarbeit der Amerikahäuser. Als einzige Veröffentlichung einiger herausragender Vorträge von Gast-Stars im Zeitraum 1954–1961 sei verwiesen auf den Band *Zwei Völker im Gespräch*. Er enthält Beiträge u.a. von James B. Conant, Thornton Wilder, Carl J. Friedrich, Golo Mann, Arnold Bergstraesser und Arnold J. Toynbee.[18]

Die angekündigten Vorträge versprachen zunächst einmal einen authentischen und vertieften Einblick in die Gesellschaft der USA, fernab aller gängigen Vorurteile. Typische Vortragsthemen lauteten: "Amerika—Idee und Wirklichkeit"; Fragestellungen wie "Was können wir von Amerika lernen?", "Amerika—Abendland oder neue Welt?", "Was macht die Amerikaner zu Amerikanern?" oder "Gibt es eine amerikanische Zivilisation?" waren immer wieder anzutreffen. Das auch in der zeitgenössischen Amerika-Literatur gängige Gegensatzpaar von Individualismus und Konformismus zur Charakterisierung des amerikanischen Menschen wurde häufig strapaziert. Der Gedanke, daß das Amerikabild eine Projektion der westdeutschen bzw. westeuropäischen Auseinandersetzung mit der eigenen rasanten gesellschaftlichen Modernisierung sei, wurde dagegen erst Ende der 1950er Jahre des öfteren aufgegriffen.

Wenn man die Themen der Vorträge und die Vitae der Referenten durchgeht, kann man eine erste Unterscheidung treffen. Vorträge über die Geschichte der USA, die Biographie ihrer Präsidenten, ihre Außenpolitik (vor allem in den europäischen Bezügen) und vereinzelt über wirtschafts- und sozialgeschichtliche Entwicklungen des 19. und 20. Jahrhunderts, Vorträge über Außenpolitik (vor allem über amerikanische Deutschlandpolitik) und Vorträge über die Innenpolitik (fast ausschließlich über das Regierungs- und Parteiensystem und über die jeweiligen Präsidentschaftswahlen) wurden häufig von Wissenschaftlern und Publizisten bestritten, die aus Deutschland stammten, aber seit den 1930er Jahren—häufig als Emigranten—in den USA lebten und nun im Rahmen von Austauschprogrammen Gastprofessuren oder Besuchsreisen in Europa absolvierten, die sie auch in die Amerikahäuser führten[19]; eine Minderheit wurde von ameri-

---

17 Detaillierte Nachweise in meiner Habilitationsschrift (s. Anm. 1).
18 Zwei Völker im Gespräch (res novae). Frankfurt a.M. 1961.
19 Vgl. zum Hintergrund Axel Schildt, Reise zurück aus der Zukunft. Beiträge von intellektuellen USA-Remigranten zur atlantischen Allianz, zum westdeutschen Amerikabild und zur "Amerikanisierung" in den 50er Jahren, in: Exilforschung. Ein internationales Jahrbuch 9 (1991), 23–43.

kanischen Wissenschaftlern gestellt, die sich gleichfalls aus dienstlichen Gründen mehr oder weniger lange in Westdeutschland aufhielten.

Gegenüber diesen Themen wurden "amerikanische Impressionen" und Einblicke in verschiedene Bereiche des Alltags in der Regel von Bundesbürgern gegeben, die die USA—wie erwähnt—häufig im Rahmen des *re-orientation*-Programms für einige Monate bereist hatten. Aus den Programmübersichten läßt sich dabei zum einen die Tendenz herausfiltern, ein möglichst vielgestaltiges Panorama zu beleuchten, in dem New York nur einen untergeordneten Rang einnahm, sowie Betrachter aus den unterschiedlichsten Bereichen zu präsentieren. Gemeinsame Klammer war der Bericht über die immer wieder angetroffene Liebenswürdigkeit und Hilfsbereitschaft der Amerikaner untereinander und gegenüber den deutschen Reisenden. Sehr häufig wurde—wie auch in der zeitgenössischen Amerika-Literatur üblich—betont, daß man nicht das Spektakuläre, sondern das Alltägliche der US-Gesellschaft ins Bild rücken wolle: "Wie lebt man in Amerika?", "Amerikanisches Alltagsleben im Mittelwesten", "Was verstehen wir unter amerikanischem Lebensstil?", "Amerika—wie man es sich nicht vorstellt"—so oder ähnlich lauteten etliche der angebotenen Vorträge. Auffällig häufig wurde schon im Titel auf die Rolle der Psychologie bzw. der Psychoanalyse im amerikanischen Alltag abgehoben. Themen lauteten z.B.: "Psychologie im Leben des Durchschnittsamerikaners" oder "Rolle der Psychoanalyse im amerikanischen Leben und Denken". In den Vorträgen kamen Schilderungen der Arbeitswelt sehr selten vor, während Probleme der amerikanischen Arbeiterbewegung, des Arbeitsrechts und der Gewerkschaften (z.B. ihrer Infiltration durch die Mafia) durchaus öfter angesprochen wurden.

Weitaus stärkere Beachtung als die Arbeitswelt fanden Wohnung, Wohnungsausstattung, Haushaltsführung und Wohnumwelt der Amerikaner. In dieser Sphäre ließ sich zu Beginn der 1950er Jahre besonders eindrucksvoll der Kontrast im Lebenszuschnitt einer wohlhabenden mit einer noch in der Wiederaufbau-Kargheit befindlichen Gesellschaft schildern. Bald rückten dann auch die Probleme des Wohlstands in den Blick, vom Herzinfarkt der Städte durch das private Automobil bis zur Allgegenwart der Konsumwerbung.

Einen relativ breiten Raum nahm die Gleichberechtigung der Frauen ein. Angesprochen wurde dabei zum einen—als amerikanische Besonderheit—der "Beitrag der Frau im öffentlichen Leben", vor allem ihr ehrenamtliches Engagement in wohltätigen Vereinigungen und in der kommunalen Politik. Der zweite, ebenso häufig angesprochene Themenkreis galt der amerikanischen Hausfrau, häufig auch im Zusammenhang mit Schul- und Erziehungsproblemen der Kinder und Jugendlichen, die ihr Metier waren. Die Schilderungen über ihre Tätigkeit zwischen "Kindern-Küche-Kirche-Community" (so der Titel eines Podiumsgesprächs im Amerikahaus Heidelberg 1953) zeichneten vor allem das Bild der weißen Mittelklasse in der "Gemeinde der kleinen Stadt".

Von allen Themenkreisen, über die in den Amerikahäusern informiert wurde, nahm die amerikanische Kultur den größten Raum ein. Vorträge über amerikanische Literatur, amerikanisches Theater, über Architektur und Musik machten jeweils ein Vielfaches von denen über die erwähnten Aspekte des Alltagslebens und der Politik aus. Ich will nur ganz knapp einige Tendenzen skizzieren: Der wichtigste Gesichtspunkt, der sich herauslesen läßt, war, die USA als abendländische Kulturnation, als Land der Bücher, Theater und Museen zu profilieren sowie dabei die europäischen Wurzeln hervorzuheben. Themen lauteten: "Die Bedeutung Kants für die amerikanische Kultur" oder "Nietzsche in Amerika". Im Zentrum stand dabei die "Rolle der modernen [dieses Adjektiv fehlte selten] Kunst", am häufigsten Vorträge über die zeitgenössische amerikanische Literatur. Mit William Faulkner (Nobelpreis 1949), Ernest Hemingway (Nobelpreis 1954) und Norman Mailer ließ sich kulturelle Weltspitze anzeigen; ebenso war es bei der Dramatik mit Thornton Wilder (der meistgespielte Gegenwartsdramatiker), Eugene O'Neill und Arthur Miller. Durch Ausstellungen über die zeitgenössische US-Architektur ließ sich auch die Bewahrung und Weiterentwicklung der emigrierten europäischen und speziell der deutschen "Moderne" der Zwischenkriegszeit als Kulturleistung der USA anschaulich demonstrieren (z.B. Walter Gropius, Mies van der Rohe). Informationen über amerikanische Musik bezogen sich meist auf zeitgenössische "moderne" Komponisten sowie auf Traditionen des 18. und 19. Jahrhunderts. In einigen Beiträgen wurde auch versucht, Verständnis für den Jazz als ernsthafte Kunst zu wecken. Abgesehen davon konnte bei diesem Thema auch der kulturelle Beitrag der schwarzen US-Bürger, die ansonsten wenig vorkamen, gewürdigt werden. Daß Schwarze mehr als nur Jazz produzierten, wurde übrigens im Titel einiger Beiträge betont. Beispiel: "Negerkomponisten schreiben Symphonien und Kammermusik".

Daß im Hintergrund der Programmarbeit die Bemühung stand, sich als Kulturnation zu präsentieren und Vorurteile abzubauen, die USA sei lediglich wirtschaftlich und technisch ein Riese, kulturell hingegen im Verhältnis zu Europa unterentwickelt, zeigt auch der gegenüber den Beiträgen zu hochkulturellen Themen geringe Stellenwert von Naturwissenschaft und Technik. Sofern solche Themen angesprochen wurden, handelte es sich, zu Beginn der 1950er Jahre, vor allem um große Kraftwerksbauten und Flußregulierungen wie das Tennessee-Valley-Projekt oder den Colorado-Damm, danach um die friedliche Nutzung der Atomkraft und die Weltraumforschung, deren Präsentation nach den sowjetischen Erfolgen im All (Sputnik-Schock) 1957 spürbar forciert wurde.

Ob Geschichte, Politik, Alltagsleben oder Hochkultur—bei jedem Amerika-Thema mußten Vergleichs- und Projektionsebenen aufscheinen. Vergleiche einzelner Elemente der westdeutschen und der US-Gesellschaft wurden auch direkt als Themen zahlloser Vorträge angekündigt. Unterschiede im "Lebensstandard", in der wirtschaftlichen und technischen Entwicklung, in der Nachkriegsprosa, in der Schulbildung, im Fernsehverhalten der Kinder, in der Justiz, im Denkstil der Intellektuellen usw. Typisch ein Vortrag von Theodor W. Adorno 1957 zum Thema "Deutsche und amerikanische Kultur—sind sie vergleichbar?". Im *Mannheimer Morgen* hieß es über seinen Auftritt im dortigen Amerikahaus:

> Professor Adorno war mit der löblichen Absicht hierhergekommen, wechselseitige Mißverständnisse zwischen Deutschen und Amerikanern im kulturellen Bereich klären und schlichten zu helfen.... Eine der Hauptursachen dieser gegenwärtigen Diskrepanz sieht Adorno in dem Umstand, daß in Deutschland der Kulturbegriff enger gefaßt wird als in Amerika. Während in Deutschland sich die Kultur vor allem in den sogenannten

Geistesgütern manifestiere, beziehe der Amerikaner auch das Technische, Wirtschaftliche und Politische mit in den Kulturbereich ein. Für die in Deutschland offenbar unausrottbare Unterscheidung von Kultur und Zivilisation hat Amerika nicht viel Verständnis ... selbst die zugegebene Beherrschung des gesamten amerikanischen Lebens durch das Kommerzielle hat nach Adorno insofern auch eine "kulturelle" Seite, als an der Fülle der materiellen Güter Amerikas sich der Geist humanitärer Hilfsbereitschaft für andere zu entzünden vermag. ... Freilich gibt es auch in Amerika auf kulturellem Gebiet vieles, was uns Europäern als Schatten erscheint. Zur Bildung einer Geisteskultur nach europäischem Muster fehle es in Amerika an den feudalen Ansätzen. ... Prof. Adorno sprach mit viel menschlicher Sympathie für beide Teile, als scharfer Beobachter der Vorzüge und Schwächen beider Völker und zeigte mit gutem Humor, wie viel einer vom anderen lernen könne zum Nutzen beider.[20]

Die Programme der Amerikahäuser berücksichtigten nicht nur Themen über die USA und das deutsch-amerikanische Verhältnis, sondern enthielten eine sehr große Zahl von Vorträgen über die Idee eines vereinigten Europas, über einzelne europäische Länder und über die politische und wirtschaftliche Integration Westeuropas. Dies entsprach zwar den globalen amerikanischen Interessen nach dem Zweiten Weltkrieg; erstaunlich ist allerdings die Breite und Intensität der Beschäftigung mit Europa durch die Amerikahäuser in den 1950er Jahren. Neben dem Interesse an der Förderung der westeuropäischen Integration lag ein weiterer Grund wohl darin, daß eine Beeinflussung der intellektuellen Funktionseliten nur gelingen konnte, wenn man sich ein Stück weit auf die öffentliche Grundströmung einließ, dem "Zeitgeist" nachspürte und eigene Beiträge darauf abstimmte. Und diese geistig-kulturelle Grundströmung um 1950 war—ohne dies hier näher ausführen zu können—kulturpessimistisch. In einer ganzen Reihe von Vorträgen schlossen sich die Amerikahäuser in dieser Zeit der "abendländischen Selbstbesinnung" an, ließen auch auf ihren Podien über die "Lebensangst der heutigen Menschen" nachdenken, oder darüber, ob "unsere Zeit Grund zum Pessimismus" habe, ob es sich um "Untergang oder Aufstieg des Abendlandes" handle. Allerdings unterschied sich das Angebotsprofil der Amerikahäuser in spezifischer Hinsicht von dem anderer Foren europäisch-abendländischer Diskurse. Zum einen wurde durch die zentrale Informationsfunktion, die Berichterstattung über die USA, das Europa-Thema in den atlantischen Zusammenhang eingebunden. Zum anderen boten die Amerikahäuser eine große Zahl von Vorträgen über die weltweite Völkerverständigung an. Gegenüber konservativen Stilisierungen eines "Weltbürgerkriegs" mit einem Europa als "geistige Mitte" zwischen westlichem und östlichem Materialismus zielte die Thematisierung einer friedlichen Welt auf universelle, globale Werte westlicher Freiheit. Die Amerikahäuser wurden in diesem Sinne zu einer Propaganda-Agentur für die "Vereinten Nationen", die seinerzeit von den USA dominierte UNO; auch die "Woche der Brüderlichkeit", die seit 1952 in Westdeutschland begangen wurde, ist in diesem Zusammenhang zu erwähnen—die Amerikahäuser stellten ihre Programme jeweils auf diesen Anlaß ab (die "Woche der Brüderlichkeit" ist ein US-Produkt, wurde dort auf einer

---

20 Zit. nach einem undatierten Prospekt des Heidelberger Amerikahauses (1957).

christlich-jüdischen Konferenz 1932 von einem katholischen Geistlichen vorgeschlagen). Soweit in Vorträgen auf die NATO eingegangen wurde—nicht sehr häufig—geschah es auf der skizzierten Basis westlicher Friedens-und Freiheitspropaganda.

Das Ziel der Programmarbeit, ein positives "kulturvolles" Bild der USA und die friedliche Perspektive einer von Toleranz und Freiheit geprägten Welt zu zeichnen, die sich gegen die Gefahren des Totalitarismus auf einer gemeinsamen Wertebasis zu wehren habe, wurde in der immer wieder benutzten Selbstbezeichnung der Amerikahäuser als "Foren des Westens" deutlich. Zahlreiche Veranstaltungen galten den individuellen Freiheitsrechten, die Überlegenheit des westlichen "Teams" gegenüber dem östlichen "Kolchos" wurde erörtert, die "Wertwelt des freien Westens" von der "kommunistischen Ideologie" abgesetzt. Im letzten Drittel der 1950er Jahre wurde dann—Tendenzen im allgemeinen Diskurs folgend— angesprochen, daß es "keine westliche Ideologie" gäbe, die Idee der westlichen Freiheit kein verbindliches systematisches Denkgebäude haben könne. Dies konnte in eher besorgtem Tonfall geschehen: "Was hat der Westen dem Osten geistig entgegenzusetzen?" Bestimmend aber war wohl eher die Überzeugung, die sich in der Ankündigung eines Vortrags im Frankfurter Amerikahaus 1958 kundtat: "Der Westen ist moderner". In gewisser Weise schloß sich hier der programmatische Kreis der Amerikahäuser, denn der fortgeschrittenste Stand dieser westlichen Moderne konnte an der Gesellschaft der USA demonstriert werden, so daß unter der Hand fortwährend ein Verbindungsfaden zwischen "Modernität" und "Amerika" weitergesponnen wurde.

6. DAS SCHEITERN DER AMERIKANISIERUNG ALS *RE-ORIENTATION*

Der sich seit der Mitte der 1950er Jahre abzeichnende Bedeutungsverlust der Amerikahäuser in der westdeutschen Öffentlichkeit, der bereits erwähnt wurde, hing offenbar damit zusammen, daß die Propaganda für die westliche Moderne mittlerweile in breiterem Maße in die bundesdeutsche gehobene Publizistik, die kulturellen Hörfunkprogramme usw. Eingang gefunden hatte, so daß hier eine besondere Kompetenz der Amerikahäuser weniger nachgefragt wurde; und allgemeine Aufgaben der Volksbildung oder Englisch-Sprachkurse konnten nun auch von deutschen Institutionen geleistet werden. Übrig blieb der Informations-Service über die USA. Die zurückgehende Bedeutung der Amerikahäuser ist auch vor dem Hintergrund des insgesamt auslaufenden *re-orientation*-Programms zu sehen: Die letzte Tageszeitung der Besatzungsmacht, die in München herausgegebene *Neue Zeitung*, stellte 1953 ihr Erscheinen ein, die obligatorischen Voice of America-Programme im Rundfunk entfielen bei einem Sender nach dem anderen, zuletzt 1958 bei Radio Bremen, die USA-Besuchsprogramme liefen aus usw.

Da bisher noch wenig über die amerikanischen Kultur- und Medienbemühungen in den 1950er Jahren geforscht wurde—fast alle Darstellungen über die Nachkriegszeit gelten dem Zeitraum 1945–1949—, ist es schwierig, den längerfristigen Effekt der *re-orientation* zu bewerten, abgesehen von den sowieso bestehenden methodischen Problemen einer solchen Bewertung. Deshalb nur einige Indizien, die für ein Scheitern der amerikanischen *re-orientation*-Politik sprechen, gemessen an den offiziellen Zielen und nicht an eventuellen "geheimen Lehrplänen". Ein zentrales Ziel war der Abbau der zählebigen traditionellen deutschen bzw. europäisch-abendländischen Dünkel gegenüber den zwar zivilisatorisch weit fortgeschrittenen, aber kulturell unterentwickelten Amerikanern. Dem Abbau dieser Vorurteile als Basis für die Aufnahme "westlicher Werte", hatte die analysierte Programmarbeit der Amerikahäuser vor allem gegolten. Demoskopische Erhebungen über das Resultat solcher Bemühungen mußten die amerikanischen Stellen deprimieren. Bei einer Repräsentativ-Befragung im Gebiet der US-Zone 1950 war für neun Bereiche gefragt worden, ob darin eher die Amerikaner von den Deutschen oder die Deutschen von den Amerikanern lernen könnten. 62% der Befragten meinten, die Amerikaner könnten kulturell von den Deutschen lernen; nur 18% hielten dagegen einen Kulturtransfer aus den USA für wünschenswert. 1956 wurde diese Erhebung im Auftrag der US-Botschaft im gesamten Bundesgebiet wiederholt: Selbst der geringe Anteil von 18%, der 1950 der Auffassung gewesen war, man könne kulturell etwas von den Amerikanern lernen, war weiter auf 16% gesunken.[21] Dazu paßt auch der von Zeitgenossen immer wieder formulierte Befund, daß von einer "Amerikanisierung" des Bildungswesens keine Rede sein könne.

Zur Beurteilung des Effekts der offiziellen *re-orientation* wäre es wichtig, diese Ebene amerikanischer Einflußnahmen zur Ebene der massen- bzw. populären und alltagskulturellen "Amerikanisierung" in Beziehung zu setzen. Es wäre falsch, davon auszugehen, daß einer ersten erfolglosen hochkulturellen Amerikanisierung eine zweite, seit Ende der 1950er Jahre einsetzende massenkulturelle Amerikanisierungswelle gefolgt sei, die dann die westdeutsche Gesellschaft umgestaltet habe. Seit der Besatzungszeit hatten beide Formen kultureller Amerikanisierung, die hoch- und die massenkulturelle, nebeneinander gestanden, jeweils verwoben in ältere Traditionslinien. Wichtig ist es, die Größen-Dimensionen nebeneinander zu sehen: den Einfluß des US-Militärsenders AFN mit seiner US-Musik gegenüber den offiziellen Programmen von Voice of America; die Eindrücke westdeutscher Touristen in den USA (1950: 4.000; 1960: 40.000) und vom Verhalten der US-Touristen in Westdeutschland gegenüber den 10.000 *re-orientation*-Reisenden 1948–1953; US-Filme in Kinos und US-Vorabendserien im Fernsehen seit Ende der 1950er Jahre gegenüber den Vorträgen und Filmen der Amerikahäuser.

Der spektakuläre Erfolg amerikanischer Produkte der Kulturindustrie bei den Jugendlichen (nicht nur) in Westdeutschland seit Ende der 1950er Jahre hat wohl sogar Vorbehalte gegenüber den USA bei Pädagogen, besorgten Eltern und Geistlichen verstärkt—die Realgeschichte verlief hier wohl anders, als es in der gängigen

---

21 HICOG. Report No. 10. Series No. 2 vom 30.3.1950, Germans view the U.S. Reorientation program I. Extent of Receptivity of American Ideas; American Embassy. Report No. 237 vom 19.6.1956, West German Thoughts on U.S. and German Economic Life. III: Comparison of U.S. and German Economic Life; die Umfragen arbeiteten mit der gleichen Fragestellung; allerdings wurde sie 1950 nur in der US-Zone, 1956 im gesamten Bundesgebiet durchgeführt.

zeitgeschichtlichen Stilisierung einer vorbehaltlosen Öffnung der westdeutschen Nachkriegsgesellschaft gegenüber Amerika zum Ausdruck kommt.[22] Die antiamerikanischen Dünkel der 1950er Jahre, die sich in einer äquivalenten Ablehnung des östlichen und westlichen Materialismus ausdrückten, nahmen allerdings auch häufig die Gestalt einer bitteren Resignation gegenüber der eigenen Gesellschaft an, wie es in einer Bemerkung des konservativen Publizisten Friedrich Sieburg aus der Mitte des Jahrzehnts zum Ausdruck kam: "Uns war von den Siegern die Lehre Abraham Lincolns zugedacht, wir haben uns aber mit den Chesterfields begnügt."[23]

---

22 Dieses Klischee bei Dietrich Thränhardt, Geschichte der Bundesrepublik Deutschland. Frankfurt a.M. 1986, 130f. Eine Hypostasierung des kulturellen US-Einflusses speziell über die Amerika-Häuser war auch in der DDR-Historiographie geläufig; vgl. Erna Heckel u.a., Kulturpolitik in der Bundesrepublik von 1949 bis zur Gegenwart. Berlin 1987, 52f.
23 Friedrich Sieburg, Lust am Untergang. Selbstgespräche auf Bundesebene. Hamburg 1954, 169.

12

Die Bauhaus-Legende. Amerikanisch-Deutsches *Joint-Venture* des Kalten Krieges

Paul Betts

FÜR JAHRZEHNTE WAR DIE BAUHAUS-MODERNE eine einflußreiche pädagogische Sozialphilosophie, die von einem bahnbrechenden visuellen Vokabular getragen wurde.[1] Mit der Zeit verblaßte ihr Ruhm jedoch; spätestens seit Ende der 1960er Jahre wurde sie von einem beträchtlichen Teil der Öffentlichkeit fallengelassen, und es begann—forciert durch die offensichtliche Hybris ihrer herausragenden Figuren—eine lebhafte transatlantische Demontage. Tom Wolfes vielgelesene Satire *From Bauhaus to Our House* aus dem Jahre 1981 markierte für manch einen das letzte Wegstück von der Tragödie zur Farce, denn hier wurden für die, die es hören wollten, edle Träume begraben, in einem traurigen Reigen des Spotts und des Vergessenwollens. Auf die Gründe für den beachtlichen Erfolg des Bauhauses und dessen Kanonisierung in Westdeutschland und den USA nach 1945 haben jedoch erstaunlicherweise nur wenige Forscher bisher ihr Augenmerk gerichtet.[2] Der Erfolg des Bauhauses erklärt sich jedenfalls keineswegs aus sich heraus, zumal wenn man sich in Erinnerung ruft, daß die Geschichte des Bauhauses voll von Krisen ist. Erinnert sei an die Inflationsjahre, in denen das Bauhaus existentiell gefährdet war, ferner an die Auflösung durch die Nationalsozialisten und schließlich an die Schwierigkeiten, die die Bauhaus-Emigranten in den USA überwinden mußten, bevor sie—vor allem nach dem Zweiten Weltkrieg—durchschlagende Erfolge verbuchen konnten.

In den folgenden Ausführungen soll der Frage nachgegangen werden, wie es dazu kam, daß das Bauhaus nach 1945 zu einer konkurrenzlosen kulturellen

---

[1] Gedankt sei der Friedrich-Ebert-Stiftung, die die Recherche zu diesem Essay ermöglicht hat. Danken möchte ich außerdem Michael Geyer, Adelheid von Saldern, Werner Durth und Frederic Schwartz für ihre konstruktive Kritik und Unterstützung.

[2] Einige wenige Historiker, allen voran Winfried Nerdinger, haben begonnen, verschiedene Aspekte des Bauhauses neu zu interpretieren. Ihre Arbeiten zeigen, daß dem Bauhaus und der Bauhaus-Historiographie trotz scheinbar apolitischer Rhetorik und Schreibweise immer auch eine politische Funktion zukam. Vgl. Winfried Nerdinger, "Anstößiges Rot": Hannes Meyer und der linke Baufunktionalismus—ein verdrängtes Kapitel der Architekturgeschichte, in: Peter Hahn (Hrsg.), Hannes Meyer 1886–1954. Berlin 1989, 12–29; Peter Hahn (Hrsg.), 100 Jahre Walter Gropius & Schließung des Bauhauses 1933. Berlin 1983; Christian Gröhn, Die Bauhaus-Idee. Berlin 1991; William Jordy, The Aftermath of the Bauhaus in America: Gropius, Mies and Breuer, in: Donald Fleming/Bernard Bailyn (Hrsg.), The Intellectual Migration. Cambridge, MA, 1969, 485–543.

Autorität aufsteigen konnte. Meine These ist, daß der Kalte Krieg der wichtigste Grund war. Dabei geht es selbstredend nicht um irgendwelche Konspirationen zwischen Kalten Kriegern in Washington und Bonn. Vielmehr soll der Erfolg des Bauhauses in einen größeren transatlantischen Kontext gestellt und der Kalte Krieg als wichtigste Komponente der politischen Kultur beider Länder betrachtet werden.[3] In jener Nachkriegsphase zielte die Politik beider Länder darauf ab, Westdeutschland in das westliche Bündnis zu integrieren. In diesem Kontext kam dem Bauhaus auf beiden Seiten des Atlantiks—als *International Style*—die Funktion zu, eine Brücke zwischen den beiden Nationen, zwischen Kultur und Politik, zwischen dem liberalen deutschen Erbe der Vergangenheit und der liberalen Zukunft des neuen Westdeutschlands zu bilden. Eine Kultur des "freien Westens" sollte die Politik des Kalten Krieges untermauern.

DIE SCHWARZ-AFFÄRE

Im Januar 1953 wurde der Architekt Rudolf Schwarz von der Redaktion des führenden westdeutschen Architekturmagazins *Baukunst und Werkform* gebeten, einen Aufsatz zum Thema "Bauen und Schreiben" einzureichen. Da Schwarz kurz zuvor, im Jahre 1951, als einer der Hauptreferenten an der berühmten Darmstädter Konferenz "Mensch und Raum" teilgenommen hatte, erhofften sich die Redakteure von seinem Beitrag, daß damit eine allgemeine Diskussion über die Bedeutung westdeutscher Architektur und Städteplanung eröffnet werde. Schwarz nahm die Gelegenheit wahr, seine bereits in Darmstadt vorgetragene Kritik am Vermächtnis des Neuen Bauens in Bezug auf die Nachkriegsstädteplanung auszuweiten.[4] Schon während der Weimarer Republik hatte Schwarz das Neue Bauen als "künstlerischen Technizismus" und als "dummen zweckvergnüglichen Materialismus" bezeichnet.[5] Und 1932 hatte er festgestellt, daß sich der Bauhausstil in einer "Sackgasse" befände.[6] Doch 1951 ging er in seiner Kritik viel weiter.

---

3 Auf die Ablösung der Bauhaus-Moderne durch die Postmoderne kann hier nicht weiter eingegangen werden. Dazu siehe Tom Wolfe, Mit dem Bauhaus leben. Königstein 1981; Heinrich Klotz, Revision der Moderne. München 1984; Christian Borngräber, Stil Novo: Design in den Fünfziger Jahren. Berlin 1978; Klaus Herdeg, The Decorated Diagram: Harvard Architecture and the Failure of the Bauhaus Legacy. Cambridge, MA, 1984. Zum Kalten Krieg unter kulturellen Aspekten siehe vor allem Wolfgang Benz (Hrsg.), Die Geschichte der Bundesrepublik Deutschland, Bd. 2. München 1986; Jost Hermand, Kultur im Wiederaufbau 1945–1965. Frankfurt a.M. 1989, 89–108; Hermann Glaser, Die Kulturgeschichte der Bundesrepublik Deutschland, Bd. 1. Frankfurt a.M. 1985; Eckhard Siepmann (Hrsg.), Bikini: Kalter Krieg und Capri-Sonne. Berlin 1981.
4 In seiner Rede gegen die Erbschaft des Neuen Bauens verteidigte Schwarz die Jugendstil-Architektur. Rudolf Schwarz, Das Anliegen der Baukunst, in: Mensch und Raum: Das Darmstädter Gespräch 1951. Braunschweig 1991, 73–87.
5 Rudolf Schwarz, Neues Bauen, in: Die Schildgenossen 1929, wiederabgedruckt in: Rudolf Schwarz, Wegweiser der Technik und andere Schriften zum Neuen Bauen, 1926–1991, hrsg. von Maria Schwarz und Ulrich Conrads. Braunschweig 1979, 121–131.
6 Rudolf Schwarz, Baustelle Deutschland [1932], in: Ders., Wegweiser der Technik, 141. Einen guten Überblick über die Entwicklung von Rudolf Schwarz' Architekturphilosphie im

Er bezweifelte prinzipiell die kulturelle Autorität, die Gropius und das Bauhaus für sich in Anspruch nahmen. In seiner recht persönlichen und harschen Abrechnung, die unter dem Titel "Bilde Künstler, rede nicht" stand, bestritt er, daß die Nationalsozialisten verantwortlich dafür gemacht werden könnten, daß mit der "abendländische[n] Überlieferung" gebrochen wurde. Für ihn war das "große abendländische Gespräch", die "reine und gute Menschlichkeit", die die Architekturwelt vor dem Ersten Weltkrieg ausgezeichnet hätte—wobei er Otto Wagner, Hans Poelzig, Henry van der Velde und Otto Bartning nannte—durch den "ungeistigen Terrorismus diktatorischer Gruppen, namentlich der Bauhausliteraten und später natürlich der Meister vom tausendjährigen Reich" ruiniert worden. Schwarz fuhr fort:

> Das Schlimme am Bauhaus war überhaupt nicht sein Versagen im Technischen, sondern seine unerträgliche Phraseologie. Sehr früh war ihnen dort die Theorie zum Zweck in den falschen Hals gekommen, und dann bekannten sie sich vor der erschrockenen Mitwelt feierlich zum historischen Materialismus.

Für Schwarz begann der Anfang vom Ende nicht 1933 mit der Machtübernahme der Nationalsozialisten, sondern 1919 mit dem Bauhaus und seiner "sehr finstere[n] materialistische[n] Weltanschauung."[7]

Schwarz verlagerte also den Anfang vom Ende vom Jahr 1933 auf die Jahre 1918/19. Diese zeitliche Verschiebung und die damit verbundene Neuverortung des Bauhauses wurden aber bei der Auseinandersetzung um Schwarz in den frühen 1950er Jahren gar nicht aufgegriffen.[8] Statt dessen gerieten die Verwendung des Begriffs "Terrorismus" und das negative Urteil über Gropius in den Mittelpunkt. Schwarz konterte:

> Es soll auch gar nichts gegen Gropius als Künstler gesagt werden, der er zweifellos ist, aber er konnte offenbar nicht denken—ich meine damit das, was nun einmal im abendländischen Raum Denken heißt—, und das muß man nun einmal können, wenn man mehr sein will als ein unverbindlicher Künstler, ein großer Baumeister nämlich; er hatte es niemals gelernt.[9]

Danach schockierte Schwarz die Öffentlichkeit mit der Behauptung:

> Darf man aber dem unbekannten SA-Mann und seinem großen Feldwebel übelnehmen, daß sie nicht glauben wollten, was gestern alles so laut trompetet wurde, sei jetzt nicht mehr wahr? Mußte nicht der Verdacht der Tarnung aufkommen? "Das Bauhaus ist am Ungeist gestorben." Oh ja, aber am eigenen, für den es schon sehr bald ein Symptom gibt, das niemals täuscht: den Verfall der Sprache. Was diese Literaten schrieben, war kein deutsch, sondern ein Jargon der Komintern.[10]

Kontext der Schwarz-Kontroverse bietet Winfried Nerdinger, Das Bauhaus zwischen Mythisierung und Kritik, in: Ulrich Conrads u.a. (Hrsg.), Die Bauhaus-Debatte 1953. Braunschweig 1994, 7–19.

7 Rudolf Schwarz, Bilde Künstler, rede nicht, in: Baukunst und Werkform 6/1 (Januar 1953), 9–17; Zitate: 15, 11.
8 Vgl. Werner Durth, Deutsche Architekten. München 1992, 434–448.
9 Schwarz, Bilde Künstler, 15.
10 Ebd., 17.

Damit rechtfertigte Schwarz indirekt die Schließung des Bauhauses durch die Nationalsozialisten.

Obgleich Schwarz wußte, daß sein "Schreibsel keine Freude macht", war die *Baukunst und Werkform* auf den "Sturm der Entrüstung", der den Schwarz'schen Äußerungen folgte, nicht vorbereitet.[11] Dieser Artikel löste nämlich ein empörtes Echo in der Öffentlichkeit aus. Schwarz wurde als Nationalsozialist gebrandmarkt; Gropius und seine Mitstreiter sahen in diesem "Corpus delicti" eine unglückliche Neuauflage nationalsozialistischer Pamphlete. Eine Phalanx von Bauhaussympathisanten, in die sich nicht nur ehemalige Bauhäusler, sondern auch ein größeres Laienpublikum einreihte, erhob sich wütend ob der Schwarz'schen Schmährede und füllte unisono die beiden anschließenden Ausgaben von *Baukunst und Werkform* mit leidenschaftlichen Repliken zur Verteidigung von Gropius und dem Bauhaus gegenüber dem allgemein negativ gewerteten NS-"Stil 1934".[12] Die Kontroverse ging bald über die Fachwelt hinaus und beschäftigte auch Zeitungen und Zeitschriften wie *Die Neue Zeitung, Werk und Zeit* und *Frankfurter Allgemeine Zeitung*. Wiewohl Gropius von der ganzen Affaire seltsam unberührt schien, da das Bauhaus "ebensowenig mit der marxistischen Gedankenwelt identifiziert werden [konnte] wie mit der nazistischen"[13], äußerten sich die Artikelschreiber in erheblich bissigerem Tonfall: Verlautbarungen wie "Dieser Mann muß wissen, was man darf und was man nicht darf", "Grenzen überschritten", "Schock und Schauder über das Bauhaus" oder ". . . hört da der Spaß auf, weil es junge Leute geben könnte, die vielleicht glauben, was er über das Bauhaus und den Jugendstil sagt", waren Teil der Tiraden.[14] Einerseits wurde Schwarz in der Presse wiederholt mit Goebbels oder Schultze-Naumburg gleichgesetzt[15], andererseits nutzten die Verteidiger ihrerseits die Gelegenheit, das Bauhaus als segensreiche internationale Moderne zu kennzeichnen und Gropius zum Abkömmling von William Morris und Goethe hochzustilisieren.

Aus heutiger Sicht ist der Essay von Schwarz nicht nur ein Angriff gegen das Bauhaus gewesen, sondern auch ein Schlag gegen die Neuordnung der kulturellen Kollektiverinnerung in der Restaurationsphase unter Adenauer. Seit den späten 1940er Jahren wurde in der Öffentlichkeit verstärkt an der Rehabilitierung der deutschen Vergangenheit gearbeitet. Eine zaghaft wiedererwachende Teilnation zollte den Exilierten und den ehedem von den Nationalsozialisten Geschädigten und Bedrohten—zumindest bis zu einem Grade—ihre Referenz. Bücher

---

11 Alfons Leitl, Anmerkungen zur Zeit: Debatte um Rudolf Schwarz, in: Baukkunst und Werkform 6/2–3 (Februar/März 1953), 59.
12 Zur Auseinandersetzung um den "Stil von 1934" siehe Albert Schulze Vellinghausen, Indirekte Festschrift für Gropius: Auf Verursachung von Professor Rudolf Schwarz, in: Frankfurter Allgemeine Zeitung vom 22. Mai 1953; siehe auch Luis Schoberth, Schluß mit der Dolchstoßlegende, in: Baukunst und Werkform 6/2–3 (Februar/März 1953) 91–95.
13 Walter Gropius, Polemik nach Rückwärts, in: Die Neue Zeitung vom 11/12. April 1953.
14 Diese Zitate stammen aus Borngräber, Stil Novo, 24.
15 Über die Rolle von Schwarz im Dritten Reich konnte bisher nichts Besonderes festgestellt werden.

wie der *Almanach der Unvergessenen* von Josef Witsch und Max Bense aus dem Jahre 1946, Walter Berendsohns *Die humanistische Front* aus demselben Jahr oder *Verboten und verbrannt* von Richard Drews und Alfred Kantorowicz—erschienen 1947—hatten die Funktion, das "bessere Deutschland" in Erinnerung zu rufen.[16] Unter den neuen Verhältnissen war vor allem die liberal-demokratische Tradition aus der Zeit der Weimarer Republik gefragt. Dabei galt es, Vergangenheit und Gegenwart im Sinne eines westlichen Liberalismus neu zu ordnen. Walter Gropius, Thomas Mann und sogar die re-importierte "Frankfurter Schule" galten als Zeugen einer guten nazifreien Vergangenheit. Doch keiner wurde so in der Öffentlichkeit aufgebaut wie Gropius, wobei das Image, das er damals bereits genoß, eine große Rolle spielte.

Bei westdeutschen Architekten rief die Schwarz-Kontroverse erstaunlicherweise wenig Interesse hervor. Selbst auf Architektur spezialisierte Magazine veröffentlichten nichts zu jenem Vorfall. Unter den Mitgliedern der westdeutschen Architektenzunft, einer Mischung aus Traditionalisten und moderaten Modernisten, von denen die meisten im Dritten Reich reichhaltige Berufserfahrungen sammeln konnten, herrschte nämlich noch immer eine tiefverwurzelte Feindseligkeit gegen das Bauhaus vor; Bauhaus-Ideen sollten jedenfalls nicht die Nachkriegsplanung bestimmen.[17]

DIE REKONSTRUKTION DES BAUHAUS-IMAGES

Die Rekonstruktion des Bauhaus-Images erfolgte also weitgehend außerhalb der westdeutschen Architektenschaft. Beim Aufbau des Bauhaus-Bildes in und für die Öffentlichkeit wurde vor allem die Bauhaus-Schule als große Besonderheit und ihre Gründer als Ikonen einer liberalen Weimarer Kultur herausgestellt. Auch läßt sich aus der Tatsache, daß die Schwarz-Kontroverse weniger in Architekturjournalen, sondern mehr in Kulturmagazinen ausgetragen wurde[18], schließen, daß Gropius und das Bauhaus bereits damals als wertvolles und schützenswertes "kulturelles Kapital" angesehen wurden.[19]

Die Rehabilitierung des Bauhauses in der Öffentlichkeit erfolgte im Kontext der generellen Rehabilitierung der "klassischen Moderne" und der in der "Entartete[n] Kunst"-Ausstellung (1937) verunglimpften Künstler. In ihrer oftmals demonstrierten Wertschätzung für künstlerische Freiheit und Individualität eigneten sich insbesondere Paul Klee und Wassily Kandinsky hervorragend als Protagonisten für eine neue Ikonographie, die den Westen diesseits und jenseits des Atlantiks auf

---

16 Hermand, Kultur im Wiederaufbau, 89–108; Glaser, Kulturgeschichte der Bundesrepublik, 91–111.
17 Klaus von Beyme, Der Wiederaufbau. München 1987, 64f.
18 Eine umfassende Berichterstattung findet man zum Beispiel in: Die Neue Zeitung, Nr. 53 vom 4. März 1953 und Nr. 54 vom 11. März 1953.
19 Allgemein dazu Pierre Bourdieu, Die feinen Unterschiede: Kritik der gesellschaftlichen Urteilskraft. Frankfurt a.M. 1982. Über die Funktion der Kultur für die Imagebildung von Nationen siehe Eric Hobsbawm/Terence Ranger (Hrsg.), The Invention of Tradition. Cambridge 1985; und Benedict Anderson, Imagined Communities. London 1983.

kulturellem Gebiet zusammenfügen konnte.[20] Schon bei der ersten Bauhaus-Ausstellung nach dem Kriege 1950 in München, die sich dem Thema "Die Maler am Bauhaus" widmete, zeigte es sich, daß sich das im Dritten Reich vorherrschende Bild vom Bauhaus als einer angeblichen Brutstätte linker Architektur grundlegend gewandelt hatte. Dabei wurden einige Komponenten, die das Bauhaus auszeichneten, fallengelassen, so die kultische Verehrung des autonom gedachten Künstlers, die offenbar wegen der damit verbundenen Gefahren eines exzessiven Subjektwahns fragwürdig erschien. Vergessen war anscheinend die einschlägige Rede, die Gropius unter der Überschrift "Kunst und Technik—eine neue Einheit" im Jahre 1923 gehalten hatte.[21] Das wiederentdeckte Bauhaus erhielt statt dessen das Image eines Alibis für eine für viele schon verloren geglaubte Tradition des liberalen Humanismus.

Die Verehrung der Bauhaus-Moderne innerhalb der westdeutschen Öffentlichkeit förderte die Akzeptanz des Bauhausstils bei den westdeutschen Mittelschichten. Erinnert sei an die ansprechende Innenraum- und Möbelgestaltung, zum Beispiel die Braun-Produkte, Rasch-Tapeten und die Entwürfe des Bauhäuslers Wilhelm Wagenfeld für WMF.[22] Auch war das Bauhaus-Ideal unter den Pädagogen der Nachkriegsjahre äußerst populär. Gelobt wurde vor allem der berühmte Bauhaus-Vorkurs, der von Johannes Itten und Gropius einst in Weimar entwickelt worden war. Er galt als nachahmenswertes Modell humanistischer Erziehung für Handwerker, Künstler, Gestalter.[23]

DIE SÄUBERUNG DER BAUHAUS-GESCHICHTE

Einer Renaissance des Bauhauses standen Anschuldigungen, wie sie Schwarz hervorgebracht hat, im Wege. Seine Anklage, am Bauhaus sei es zu kommunistischen Umtrieben gekommen, war in der Zeit des Kalten Krieges besonders belastend, aber nicht so leicht zu widerlegen. Denn immerhin arbeiteten am Bauhaus links eingestellte Lehrer und Studenten, die nicht selten der Kommunistischen Partei

---

20 Martin Warnke, Von der Gegenständlichkeit und der Ausbreitung der Abstrakten, in: Dieter Bänsch (Hrsg.), Die 50er Jahre. Tübingen 1985, 209–221; Beachtung verdient Christine Hopfengart, Klee: Vom Sonderfall zum Publikumsliebling. Mainz 1989; eine gute Beurteilung der US-Kanonisierung des abstrakten Expressionismus liefert Serge Guilbaut, How New York Stole the Idea of Modern Art. Chicago 1983; Francis Francina (Hrsg.), Pollack and After. New York 1985, bes. 91–185.
21 Barbara Miller Lane, German Architecture and Politics, 1918–1933. Berlin 1985. Zur Kontextualisierung der Moderne siehe Detlev J.K. Peukert, Die Weimarer Republik. Frankfurt a.M. 1987; Adelheid von Saldern, "Statt Kathedrale die Wohnmaschine". Paradoxien der Rationalisierung im Kontext der Moderne, in: Frank Bajohr u.a. (Hrsg.), Zivilisation und Barbarei. Hamburg 1991, 169–191.
22 Andreas Schwarz, Design, Graphic Design, Werbung, in: Wolfgang Benz (Hrsg.), Die Geschichte der Bundesrepublik Deutschland, Bd. 4: Kultur. Frankfurt a.M. 1989, 290–369; Michael Kriegskorte, Werbung in Deutschland 1945–1965. Köln 1992.
23 Siehe auch Rainer K. Wick, Bauhaus-Pädagogik. Köln 1982; vgl. auch Rudolf Kossolapow, Design and Designer zwischen Tradition und Utopie. Frankfurt a.M. 1985, 186–198.

auf die eine oder andere Weise ihre Anerkennung zollten. Für die kommunistenfeindliche westdeutsche Kulturpolitik nach 1945 war der Tatbestand, daß Gropius bei der Nominierung seines Nachfolgers als Leiter des Bauhauses selbst aktiv geworden war, äußerst belastend. Dabei handelte es sich bekanntlich um Hannes Meyer (1927–1930), der sich damals offiziell zum Kommunismus bekannt hatte.[24] Im Zeichen einer Kultur des Kalten Krieges war ein Retouschieren der Bauhaus-Geschichte naheliegend: Hannes Meyer wurde entweder verschwiegen oder zum Sündenbock gemacht und ihm alles zugeschoben, was als "negatives Erbe" gelten konnte. In der oben erwähnten Ausstellung "Die Maler am Bauhaus" wurde Meyer schlicht zum "Anhänger eines doktrinären Materialismus" gestempelt. Deshalb interpretierte er, so hieß es, "den Funktionsbegriff eng und mechanisch und drängte den Artikel der Kunst zurück." Meyer habe das Gropiussche Gedankengebäude deformiert und die Bauhaus-Mission sabotiert.[25] Die Schwarz-Kontroverse nahm Gropius zum Anlaß, zur Person Meyers selbst Stellung zu nehmen und dabei in die gleiche Kerbe zu hauen wie Schwarz, indem er Meyer eine verurteilungswürdige Politisierung des Bauhauses anlastete:

> Die Behauptung des Herrn Schwarz, daß wir uns "feierlich zum historischen Materialismus bekannten", ist frei erfunden. Vermutlich verwechselt er mich mit meinem Nachfolger Hannes Meyer, der nach kurzer Amtszeit auf meinen Vorschlag entlassen und durch Mies van der Rohe ersetzt wurde, den ich der Stadtverwaltung von Dessau empfohlen hatte.[26]

Von Meyer blieb jedenfalls nichts Gutes übrig. Dadurch konnten die Schwarzschen Anklagen, die dem Bauhaus generell galten, kanalisiert und schließlich ausgegrenzt werden.

Nachdem die Schwarz-Kontroverse bereits vergessen war, veranschaulichte die Einweihung der Ulmer Hochschule für Gestaltung im Jahre 1955 erneut die Bedeutung des "Neuen Bauhauses" bei der Suche nach einer westdeutschen kulturellen Identität. Die Idee zur Gründung einer Hochschule in Ulm stammte von Inge Scholl, die—zum Gedenken ihrer als Mitglieder der Widerstandsgruppe "Weiße Rose" durch die Nationalsozialisten hingerichteten Geschwister[27]—eine Institution für demokratische Erziehung auf kulturellem Gebiet etablieren wollte. Der Hochschule kam beim Aufbau der amerikanisch-westdeutschen Kulturbezie-

---

24 Tatsächlich berief sich die DDR während der Rehabilitation des Bauhauses in den späten 1960er Jahren auf jenes "andere" Bauhaus, das ein linkes Vermächtnis präsentierte. Eine gute Darstellung dieses Teils der Nachkriegsgeschichte des Bauhauses findet man in Nerdinger, "Anstößiges Rot", 12–29. Zur Bauhaus-Rezeption in der DDR siehe Heinz Hirdina, Design in der DDR, 1949–1985. Dresden 1985; Regina Halter (Hrsg.), Vom Bauhaus zum Bitterfeld: 41 Jahre DDR-Design. Gießen 1991.
25 Ludwig Grote (Hrsg.), Die Maler am Bauhaus. München 1950, 10.
26 Gropius, Polemik. Gropius setzte seine Dämonisierung Meyers in einem Brief vom 24. November 1963 an Tomas Maldonado, Dozent an der Ulmer Hochschule für Gestaltung, fort. Siehe: Stellungnahmen zu "Ist das Bauhaus aktuell?", in: Ulm 11/12, (Mai 1964), 67–70.
27 Eine detaillierte Beschreibung der frühen Ulmer Hochschulgeschichte bietet Eva von Seckendorff, Die Hochschule für Gestaltung Ulm. Marburg 1989.

hungen nach dem Kriege große Bedeutung zu. Dies geht allein schon aus der Tatsache hervor, daß die Hochkommission (High Commission of Germany) auf amerikanischer Seite[28] und die Bundesregierung auf westdeutscher Seite übereinkamen, die Schule zu subventionieren. Die Berufung des Schweizer Künstlers, Architekten und ehemaligen Bauhäuslers Max Bill zum Rektor der neuen Hochschule markierte die konzeptionelle Nähe zum Bauhaus. Auch stand die Einweihungsfeier ganz im Zeichen des neuaufgebauten kulturellen Selbstverständnisses der jungen Bundesrepublik.[29] Kein geringerer als Gropius sprach das Grußwort an ein illustres Publikum, darunter Henry van de Velde, Carl Zuckmayer, Theodor Heuss und Ludwig Erhard. Alle sicherten die Unterstützung des Projektes zu, und auch die Presse stellte sich auf breiter Front hinter die "Idee des [heimgeholten] Bauhauses".[30] So wurde die Ulmer Hochschule schließlich zu einem Symbol der neuen bundesrepublikanischen Gesellschaft, einer Gesellschaft, die sich von der nationalsozialistischen Vergangenheit zu lösen trachtete, sich dabei mit bestimmten Widerstandsgruppen identifizierte und die im Zeichen einer "internationalen Moderne" enge Bindungen an den Westen suchte.[31]

DAS AMERIKANISCHE INTERESSE

Wie die Westdeutschen so glaubten auch die Amerikaner, daß die Rückkehr des Bauhauses in die Bundesrepublik einen bedeutsamen Schritt hin zu einer ge-

---

28 HICOG war auch verantwortlich dafür, daß das Frankfurter Institut für Sozialforschung wieder Fuß fassen konnte. Martin Jay, The Dialectical Imagination: A History of the Frankfort School and the Institute of Social Research, 1923–1950. Boston 1973.
29 Vgl. die 1955 gehaltene Einweihungsrede von Inge Scholl: "Dieser Bau ist so etwas wie ein Sieg über Resignation und Müdigkeit, über Pessimismus und Skepsis unserer Zeit—dies allerdings nicht durch Zufall, sondern weil er einer Aufgabe der Gegenwart und Zukunft zu dienen hat . . ."; in: Herbert Lindinger, Die Moral der Gegenstände. Berlin 1987, 18.
30 Seckendorf, Hochschule für Gestaltung, 89ff.; ferner Walter Dirks, Das Bauhaus und die Weiße Rose, in: Frankfurter Hefte 10 (Nov. 1955), 769–773, und Manfred George, Eine Helferin des "anderen Deutschlands", in: Aufbau (Berlin) vom 25. Mai 1956.
31 Dies besagt jedoch nicht, daß die Ulmer Schule lediglich das Gropiussche Konzept des Bauhaus-Vermächtnisses ausgeführt hätte. Nachdem Bill im Jahre 1957 seinen Abschied genommen hatte, wurde die Schule im Gegenteil zunehmend kritischer, was das Bauhaus-Erbe anbelangte. Die Meyer-Periode in Dessau wurde sogar für die Nachkriegsverhältnisse im Vergleich zu den Bauhaus-Jahren unter dem Direktorat von Gropius für wesentlich wichtiger erachtet; vgl. dazu den Text des Ulmer Dozenten Claude Schnaidt, Hannes Meyer: Bauten, Projekte und Schriften. Teufen 1965; und Tomas Maldonado, Ist das Bauhaus aktuell? in: Ulm 8/9. Ulm 1963, 5–13. Die Ulmer Kritik an Gropius' Bauhaus als einer an Industriebeziehungen desinteressierten Schule, die im wesentlichen die bildenden Künste gefördert hätte, war wohl weniger gegen die Gropius-Direktionsjahre selbst gerichtet als gegen die Art der Aufarbeitung und Verwertung des Bauhaus-Gedankens in der Phase des Kalten Krieges. Einen offensichtlichen Mißbrauch bedeutete es zum Beispiel, daß der Nierentisch als "angewandter Kandinsky" interpretiert wurde. Dazu näheres in meiner alsbald fertiggestellten Dissertation über: The Pathos of Everyday Objects: West German Industrial Design Culture, 1945–1965 (University of Chicago).

wünschten kulturellen Neuorientierung darstelle; und obwohl sich der amerikanische Enthusiasmus für die Ulmer Hochschule auf Architektur und Design beschränkte, kam es doch gelegentlich dazu, daß die Hochschule direkt in die Ideologie des Kalten Krieges eingespannt wurde. So kehrte beispielsweise die Sonderausgabe von *Atlantic Monthly* im Jahre 1957 die Bedeutung des Bauhaus-Images hervor. Sie machte ihrer Leserschaft, die sich erst an die neue Freundschaft mit der Bundesrepublik gewöhnen mußte, klar, daß sich die Bundesrepublik— ungeachtet ihrer nationalsozialistischen Vergangenheit—nunmehr ganz zum Westen hin orientiert habe, und daß umgekehrt auch die Werte, die für die "freie Welt" maßgeblich seien, auf die Bundesrepublik zuträfen.[32] Die Zeitschrift warf im übrigen ein überaus positives Licht auf westdeutsche Konservative um Konrad Adenauer, Ernst Jünger, Gottfried Benn und Hans Holthusen, denen es nicht zuletzt zu verdanken sei, daß die Bundesrepublik den Weg in die westliche Gemeinschaft gefunden habe. Die Ulmer Hochschule galt als unentbehrliches Vehikel, durch welches die Bundesrepublik "auf den Hauptweg kultureller Entwicklung in Europa" zurückgeführt, das heißt eine Verwestlichung ihrer Kultur sichergestellt werden könne.[33] So war es alles andere als ein Zufall, daß die Gründung der Ulmer Hochschule quasi als *joint venture* zwischen Amerikanern und Deutschen erfolgte, und daß das Projekt als eine Art "Vergangenheitsbewältigung mit amerikanischer Hilfe" verstanden wurde.[34]

In den USA der Nachkriegszeit waren namhafte Bestrebungen im Gange, sich von den regionalistischen und "hyperromantischen" Idealen in der Architektur (z.B. den "Bay Regional Style" oder Wrights anti-urbane Projekte), die nach wie vor die amerikanische Baupraxis weitgehend bestimmten, zu lösen.[35] Hingegen sahen namhafte Amerikaner in der Bauhaus-Moderne und ihrer internationalistischen Hinterlassenschaft zeitgemäßere kulturelle Ausdrucksformen, nicht zuletzt wenn diese gleichzeitig die Suche nach einer neuen politischen Identität der USA im Kalten Krieg erleichterten.[36]

---

32 Vorwort des Herausgebers. Atlantic Monthly. Boston, März 1957, 102.
33 Clemens Fiedler, The New Bauhaus in Ulm, ebd., 144. Wenn wir uns in Erinnerung rufen, daß in dieser Sonderausgabe zum *New Germany* etliche modernistische, am Bauhaus orientierte Neubauten die Seiten der Abteilung "Kunst als Ausdruck der Freiheit" füllten und daß ein Gebäude im Bauhaus-Stil den Umschlag zierte, dann wird evident, daß mit der Bauhaus-Moderne die Entwicklung Westdeutschlands nicht nur identifiziert, sondern auch beeinflußt werden sollte. Ein anderes Beispiel für die Bemühung, die Bauhaus-Moderne als Ausdruck und Norm der Bundesrepublik zu betrachten, findet man in der Sonderausgabe des *Design Quarterly*, Minneapolis, MN, März 1957, unter dem Titel "Industrial Design in Post-War Germany".
34 Borngräber, Stil Novo, 23.
35 Jordy, The Aftermath, 505.
36 Trotzdem äußerten sich nicht alle gleichermaßen enthusiastisch über die Kanonisierung des Bauhauses in den USA. Den "amerikanischen Regionalismus" verteidigte zum Beispiel Lewis Mumford in einem Artikel für den *New Yorker* vom 11. Okt. 1947; vgl. auch Vincent Scully, Wright vs. the International Style, in: Art News 53 (März 1954}, 32–35.

Vor diesem Hintergrund ist es erklärlich, daß amerikanische Autoren die Bauhausgeschichte ebenfalls umschrieben. Die amerikanische Begeisterung für das Bauhaus war bekanntlich nicht von Anfang an vorhanden. Doch davon war nun nicht mehr die Rede. Der offene Empfang der Bauhaus-Emigranten in den Vereinigten Staaten, der in Wirklichkeit nur ein Kapitel der Rezeptionsgeschichte des Bauhauses in Amerika ausmachte, wurde fortan zur Hauptsache erklärt.[37] Unter den vielen Studien, die die erfolgreiche Wanderschaft des Bauhaus-Gedankens zur Harvard University, zum Illinois Institute of Technology und zum Black Mountain College nachgezeichnet haben, seien stellvertretend Peter Blakes *Marcel Breuer* (1949), Philip Johnsons *Mies van der Rohe* (1953) und James Marston Fitchs *Walter Gropius* (1960) genannt. Im allgemeinen deuteten die Autoren das Bauhaus und die Bauhäusler auf ihre Weise und glätteten dabei vieles, nicht zuletzt, um dadurch die europäischen Immigranten dem amerikanischen Publikum näher zu bringen.[38] Die Bauhaus-Geschichte sollte formschön und paßgerecht sein. Interessanterweise bedienten sich dabei alle amerikanischen Chronisten ohne Ausnahme dreier Texte, die bereits vor Beginn des Kalten Krieges erschienen waren; der Text zur Ausstellung *The International Style* im Museum of Modern Art, New York 1932, von Henry Hitchcock und Philip Johnson verfaßt; ferner Nikolaus Pevsners *Pioneers of the Modern Movement* aus dem Jahre 1936 und schließlich Sigfried Giedions *Space, Time, and Architecture* (1941). Ursprünglich waren diese Texte entstanden, um für die internationale Moderne als einer legitimen Nachfolgerin der klassischen Architektur zu werben. Nun dienten sie dazu, um die scheinbar unpolitische Architekturgeschichte in die Kultur des Kalten Krieges einzupassen. Insofern diese Texte Gropius und das Bauhaus als die positiv bewerteten Endpunkte der Architekturgeschichte betrachteten, wurden die Vereinigten Staaten als das Land, das die Bauhäusler schließlich aufnahm, ebenfalls aufgewertet; gleichzeitig verwandelte sich das deutsche Bauhaus endgültig in die "internationale Moderne", die sich bestens eignete, vom amerikanischen Publikum akzeptiert zu werden.

Die deutsche Phase der Bauhaus-Geschichte während der Weimarer Republik wurde dabei von den amerikanischen Chronisten heruntergespielt: Sie deuteten—wie bereits erwähnt—die Migration als *das* entscheidende Ereignis. Die Übersiedlung des Bauhauses in die Vereinigten Staaten schmeichelte nicht nur dem Selbstbild Amerikas als dem Land der Freiheit, sondern diente auch seinem

---

37 Franz Neumann (Hrsg.), The Cultural Migration. Philadelphia 1953; Jerrell Jackman (Hrsg.), The Muses Flee Hitler. Cultural Transfer and Adaptation 1930–1945. New York 1983.

38 Der amerikanische Biograph James Fitch ging beispielsweise so weit zu behaupten, daß Gropius' Vision einer ästhetischen Erziehung "fast klingt wie ein Tolstoischer Lehrsatz zur persönlichen Regeneration: dies ist nicht einmal der Aufruf zur simplen Gewerkschafterei, geschweige denn zu radikalen politischen Handlungen . . . eine unverblümtere Ablehnung von Marxismus und verwandten Utopien ist kaum vorstellbar". Zur genaueren Darstellung siehe James Fitch, Walter Gropius. New York 1960, 29; ähnlich: Sigfried Giedion, Walter Gropius: Mensch und Werk. Stuttgart 1954.

"Image" als rechtmäßigem Erbe und Hüter westlicher Zivilisation. So wurde zum Beispiel in der Sonderausgabe von *L'Architecture D'Aujourd'hui* zum Thema "Bauhaus", die der Gropius-Schüler Paul Rudolph 1950 herausgab, ebenfalls die Auffassung vertreten, daß mit der Bauhaus-Diaspora in den USA eine Verschiebung kultureller Kräfte von Europa in die Vereinigten Staaten erfolgt sei.[39] Bezeichnenderweise sahen die Autoren keinerlei Widerspruch darin, den Bauhaus-Stil—als eine Form der internationalen Moderne—schließlich doch als genuin amerikanisch zu deuten. Dies war um so leichter möglich, als die Autoren davon überzeugt waren, daß die Grundsubstanz der amerikanischen Identitätsbildung im Kalten Krieg in der Kombination europäischer Kultur und amerikanischer *civil society* liege.[40] Daß die Bauhaus-Moderne nun unter der Flagge amerikanischen Kulturbesitzes lief, muß demnach insofern im Kontext der Kultur des Kalten Krieges gesehen werden, als den Amerikanern daran gelegen war, ein neues, europäisch vermitteltes Selbstbild als kulturelle und politische Führungsmacht der westlichen Welt zu verbreiten. Diese Betrebungen fanden beispielsweise in der von Gropius gestalteten amerikanischen Botschaft in Athen[41] und der Vermarktung des Bauhaus-Designs auf graphischem Gebiet ihren Ausdruck.[42] Im Unterschied zu westdeutschen Bemühungen, das Bauhaus-Vermächtnis primär zum Zwecke des Aufbaus einer liberalen (west)deutschen Vergangenheit zu nutzen, ging es auf

---

39 Eine facettenreiche Beschreibung der durch das Bauhaus vermittelten amerikanischen Apotheose findet man in dem Beitrag von Sigfried Giedion: Walter Gropius, in: L'Architecture D'Aujourd'hui. Paris, Febr. 1950. Mit der bedeutsamen Rolle Giedions im Hinblick auf die Veröffentlichung von Texten über die Moderne befaßt sich ausführlich Winfried Nerdinger: Historiograph der modernen Architektur, in: Neue Zürcher Zeitung vom 8. April 1988. Als ein früheres Beispiel für solcherart Bestrebungen ist Laszlo Moholy-Nagys Chicagoer Rede aus dem Jahre 1941 anzusehen, in der Gropius der Chicago School of Design vorgestellt wird. In: Bauhaus-Archiv Berlin.
40 Fleming/Bailyn (Hrsg.), Intellectual Migration, hier insbesondere die Einleitung.
41 Eine Beschreibung dieser Botschaft findet man in: The Boston Daily Globe vom 21. Juni 1959.
42 Die Bedeutung der Bauhaus-Moderne für das amerikanische *business* wird in einem Pamphlet aus dem Jahre 1959 mit dem Titel *Industrial Design in the United States* (veröffentlicht von der European Productivity Agency der Organisation for European Economic Co-Operation) illustriert: Eine Gruppe von Industriellen und Erziehern, die von den Vereinigten Staaten eingeladen worden war, die amerikanische kulturellen Aktivitäten auf dem Sektor des industriellen Designs zu beobachten, betonte in ihrer 80 Seiten langen Bestandsaufnahme die Bedeutung des Bauhauses für eine expandierende amerikanische Nachkriegsökonomie. Darin wurde der Erfolg des Bauhauses als Konsequenz seines Überwechselns in die USA hervorkehrt. Der anonyme Autor des Berichts vermerkte, daß die "Bauhaus-Ideen in den Vereinigten Staaten bald Bedeutung" erlangen würden und daß "die idealistischen Ansichten des Bauhauses mit der amerikanischen Geschäftsmentalität verknüpft wurden, um eine moderne Philosophie des Industrie-Designs zu begründen, *ein typisch amerikanisches Produkt*, bei welchem Idealismus und Geschäftstüchtigkeit Seite an Seite gedeihen" würden. (Akzer.tuierung von mir, P.B.) Über die Beziehungen zwischen dem Chicagoer Bauhaus und der amerikanischen Geschäftswelt siehe James Sloan Allen, The Romance of Commerce and Culture. Chicago 1983.

amerikanischer Seite vor allem darum, die besondere Kulturfähigkeit des politisch mächtigen Amerikas unter Beweis zu stellen, indem der *International Style* dort seinen Stammsitz zugewiesen erhielt.

Gropius trug selbst zu dieser Verlagerung bei. Darauf verweist schon die Ausstellung "Bauhaus 1919–1928" im New Yorker Museum of Modern Art im Jahre 1938, die von Walter Gropius, Ise Gropius und Herbert Bayer gestaltet wurde. Bei dieser Ausstellung fehlten jegliche Informationen über den vielgestaltigen politischen Hintergrund bzw. über die internen Probleme der Bauhaus-Schule. Die frühe expressionistische Phase, Gropius' eigene politische Arbeiten (z.B. sein Essay "Ja! Stimmen des Arbeiterrates für Kunst" [1919] oder sein Beitrag zum *Deutschen Revolutions-Almanach* [1919]), wurden ebenso übergangen wie die Bauhaus-Jahre unter der Direktion Meyers Ende der zwanziger Jahre. Statt dessen konzentrierte sich die Ausstellung auf die Gropius-Phase 1919–1928—mit dem Resultat, daß das Bauhaus mit einem bestimmten Bild von Gropius, das zu seinem neuen Image paßte, verkoppelt wurde.[43]

Nach dem Ende des Zweiten Weltkrieges war Gropius wieder aktiv. Er sah seine Aufgabe darin, das Bauhaus-Erbe den neuen politisch-kulturellen Verhältnissen anzupassen—ganz im Sinne der Amerikaner. 1947 und 1948 wurde Gropius eigens für zwei Vorträge ins zerbombte Berlin eingeflogen, um über die Zukunft des deutschen Wiederaufbaus zu referieren. Seine Ernennung zum "offiziellen Architekturberater des Generals Lucius Clay"[44]—und in dieser Funktion traf er auch in Berlin ein—war ein weiteres Indiz dafür, daß Gropius als eine der Schlüsselfiguren galt, als es darum ging, die Bundesrepublik nicht nur politisch, sondern auch kulturell in die neue Weltordnung des Kalten Krieges einzupassen.[45] Gropius wollte seinerseits keine Gelegenheit versäumen, seine Bauhaus-

---

43 Die drastische Vereinfachung der Bauhaus-Historie in dieser Ausstellung wird durch einen Katalogabschnitt mit dem Titel "Die Konfusion der Nachkriegszeit" offenkundig. Alexander Dorner faßt hierin die Situation von Weimar wie folgt zusammen: "Die allgemeine deutsche Haltung spaltete sich in zwei extreme Fraktionen. Auf der einen Seite waren all jene vereint, die nicht begreifen konnten, daß die Vorkriegsphase endgültig vorüber war; auf der anderen standen Männer und Frauen, die unbedingt aus dem Debakel lernen wollten, um eine neue Form des Lebens zu finden. Sogar außerhalb Deutschlands wurden die Letzteren vom Bauhaus wie einem Magneten angezogen; für diejenigen, die sich an die Vergangenheit klammerten, war das Bauhaus wie ein rotes Schmierblatt." In: Herbert Bayer u.a. (Hrsg.), Bauhaus 1919–1928. Boston 1959. Trotz des Ausstellungserfolges war eine unterschwellige Kritik am Bauhaus zu merken. Meistens erschöpfte sich die Kritik in der Behauptung, Gropius habe ungerechtfertigterweise den amerikanischen Beitrag zur architektonischen Moderne trivialisiert; vgl. Harvey Watt, Bauhaus Helotry, in: Art Digest vom 1. Aug. 1939, 26–28.
44 Hartmut Frank, Trümmer: Traditionelle und moderne Architekten im Nachkriegsdeutschland, in: Bernhard Schultz (Hrsg.), Grauzonen Farbwelten. Berlin 1983, 67–68.
45 Gropius, den ältere Deutsche als den Propheten einer kühnen urbanen Modernität kannten, plädierte keineswegs für eine radikale Moderne im Stil der 1920er Jahre, sondern empfahl statt dessen für den Wiederaufbau eine Kombination der Moderne mit regionalistischen Einschlägen. Er behauptete, daß die Wurzeln des Nationalsozialismus in der töd-

Geschichte auch in seinem Geburtsland zu präsentieren. Er warb deshalb für eine Bauhaus-Ausstellung im besetzten Deutschland mit dem Argument, daß dies eine effektive Unterstützung des kulturellen Wiederaufstiegs Deutschland bedeute.[46] Darüber hinaus wurde Gropius als lebendes Zeugnis einer guten deutschen Vergangenheit und einer mächtigen amerikanischen Gegenwart in CIA-finanzierten, westdeutschen Periodika, wie *Der Monat,* aufgebaut. Er konnte dort viele seiner Nachkriegsessays veröffentlichen; er wurde also in den gängigen Publikationen zu einer herausragenden Persönlichkeit. Zugleich verstärkte Gropius in den Vereinigten Staaten seine Bemühungen, sowohl die eigene Biographie als auch die des Bauhauses von allen schädigenden linken Tendenzen zu säubern, um dem Amerika Mc Carthys ein klares liberales "Image" des Bauhauses wie seiner selbst zu offerieren. Von Gropius, der während der Revolution von 1918/19 als Visionär der "Kathedrale des Sozialismus" aufgetreten war, war infolgedessen weniger denn je die Rede. Statt dessen gefiel sich Gropius in dem (Selbst-)Bild eines "Apollos in der Demokratie".[47]

Sicherlich hat sich Gropius von seinen frühen sozialistischen Gedanken während der 1920er und 1930er Jahre bereits getrennt, doch der entscheidende Punkt nach 1945 war die generelle Vereinfachung und Entpolitisierung der Bauhausgeschichte. Alle zentralen Gedanken, die Gropius schon in der Bauhaus-Ausstellung von 1938 propagiert hatte—vor allem die Auffassung, daß sich das Bauhaus in Gropius verkörpere, ferner, daß das Bauhaus jenseits von Politik agiere und schon immer als ein Synonym für Freiheit und kulturellen Liberalismus gegolten habe—, paßten vollauf in den Kontext des Kalten Krieges. Es ist beinahe unmöglich, neben den

---

lichen Kombination unkontrollierter Technokratie, ziviler Apathie und einer allgemeinen "Vermassung" gelegen hätten; deshalb schlug er vor, das Nachkriegsdeutschland mit Hilfe eines Netzwerkes von "nachbarschaftlichen Einheiten" zu je 5.000–8.000 Personen wiederaufzubauen, da nur ein solches Modell einen Sinn für Individualität, Eigeninitiative und Rechtsgefühl, unabdingbar für jede wahre Demokratie kultivieren könne; Walter Gropius, Bericht von Walter Gropius für General Lucius D. Clay, dem Militärgouverneur für Deutschland (US-Zone), in: Baurundschau 9 (Hamburg 1948) H. 10, 76–78. Obwohl die Äußerungen von Gropius mit jenen von Tessenow oder gar Schwarz gar nicht soweit auseinanderlagen, entfremdete ihn sein Status als Beauftragter der US-Regierung von westdeutschen Planern. Siehe hierzu Frank, Trümmer, 68.

46 In einem wichtigen Brief an Peter Hardnen, Information Control Officer der US-Armee, datiert vom 25. Aug. 1947, schrieb Gropius: "Vom Blickpunkt einer fortschrittlichen demokratischen Erziehung aus glaube ich, daß eine Bauhaus-Ausstellung einen konstruktiven Beitrag zum kulturellen Aufstieg Deutschlands bedeuten könnte. Die Ausstellung sollte jedoch nicht unter historischen Gesichtspunkten zusammengefügt werden, sondern als ein Dokument für eine wachsende Bewegung, deren Triebe von Hitler gekappt wurden, die jedoch als vielversprechende Zeichen einer progressiven Entwicklung in Kunst und Architektur wiederbelebt werden könnten." In: Bauhaus-Archiv Berlin.

47 Dies ist der Titel einer Sammlung von Reden, die Gropius als Rockefeller-Fellow auf seiner weltweiten Vortragstournee im Jahre 1954 hielt. Walter Gropius, Apollo in the Democracy. New York 1968. Allerdings begann dieser Wandlungsprozeß schon in den zwanziger Jahren.

Mies-Monographien[48] nach 1945 auch nur eine amerikanische Studie zu finden, die nicht im Gropius'schen Sinne geschrieben worden ist. Amerikanische Autoren verzichteten, ob bewußt oder unbewußt, auf genaue Recherchen und favorisierten statt dessen die Form einer monumentalisierten Biographie des großen Meisters.[49] Sie stärkten damit nachdrücklich den Trend zu einer einseitigen Rezeption des Bauhauses und seines Gründers in der Öffentlichkeit.

DIE GROPIUS-VEREHRUNG IN DER BUNDESREPUBLIK

Vor diesem Hintergrund ist es erklärlich, daß Gropius in der Bundesrepublik mit zahlreichen Kulturpreisen geehrt wurde. Der Hanse-Goethe-Preis in Hamburg von 1956 und der Frankfurter Goethe-Preis von 1961 vergrößerten nicht nur seinen Nimbus in Westdeutschland, sondern veranschaulichen auch, daß es Gropius gelungen war, sich als Vorkämpfer für Freiheit und Humanismus erfolgreich in der westdeutschen Öffentlichkeit zu plazieren. Dabei stellte er sogar noch die berühmten Bauhaus-Maler—trotz der oben erwähnten Ausstellung—in den Schatten. Wie zu erwarten war, gab es in der Republik auf die Preisverleihungen, die Gropius als dem neuen Goethe huldigten[50], ein weitgestreutes Echo in der Presse. In solch unterschiedlichen Publikationen wie den *Frankfurter Heften*, dem *Handelsblatt*, dem *Vorwärts*, aber auch der *Bild-Zeitung* ähnelten sich die Berichte im Hinblick auf den pathetischen Sprachstil. Immer wieder ging Gropius, befreit von jeglichem "historischen Ballast", im alles überragenden Bilde Goethes auf, stand er doch, wie einer der Journalisten euphorisch deklamierte, für "Goethes Ideen in Stein gefaßt".[51] Die Gleichsetzung mit Goethe ließ auch den Goethe-Kult wieder aufleben.[52] Auf diese Weise wurde gar der große Weimarer Dichter

---

48 Die Marginalisierung von Mies van der Rohe fing bezeichnenderweise mit jener Ausstellung an. Im allgemeinen wurde sein Werk—im Unterschied zu jenem von Gropius—als unabhängig und vom Bauhaus losgelöst betrachtet. Philip Johnson, Mies van der Rohe. New York 1955; Arthur Drexler, Mies van der Rohe. New York 1960; Werner Blaser, Mies van der Rohe. The Art of Structure. New York 1965. Bei der bundesrepublikanischen Feier des Gropius-Bauhauses wurde Mies dann auch praktisch vergessen.

49 Ein gutes Beispiel hierfür ist Reginald Isaac, Walter Gropius: Ein Mensch und sein Werk, 2 Bde. Berlin 1983/1984. Portraits von Gropius als einer überlebensgroßen mythischen Figur waren keineswegs auf die Vereinigten Staaten beschränkt. In seiner Gropius-Biographie schrieb der Südafrikaner Gilbert Herbert: "He [Gropius] has reiterated this message of order across the years with ever-increasing force, clarity and urgency as a divided world drifts to the brink of chaos. If we are ever to be rescued from the pit of disintegration, it will be through the synthetic vision of such men as Walter Gropius." Gilbert Herbert, The Synthetic Vision of Walter Gropius. Johannesburg 1959, 42.

50 Es sollte hier angemerkt werden, daß Gropius' Erwiderung auf Schwarz mit einem Goethe-Zitat schloß, das Goethe unter die Schwarz-Kritiker reihte: "Laß dich nur zu keiner Zeit/ Zum Widerspruch verleiten/ Weise fallen in Unwissenheit/ Wenn sie mit Unwissenden streiten." Gropius, Polemik.

51 Hanauer Anzeiger vom 29. Aug. 1961.

52 Walter Schmiede, Lehrer einer Generation. Walter Gropius und der Goethe-Preis, in: Handelsblatt vom 25. Aug. 1961.

zum Förderer des Bauhauses hochstilisiert. Gropius wie Goethe gehörten von nun an Seite an Seite in das Album deutscher Klassiker. Kontroversen aus den zwanziger Jahren, wie jener, bei der es um die Einführung des Flachdaches in den deutschen Wohnungsbau ging—flache Dächer waren als "kommunistischer" oder "ausländischer" Angriff auf das traditionelle deutsche Giebeldach verpönt[53]— wurden nunmehr, im Sinne eines prophetischen Auftrages, als eine von Goethe inspirierte, demokratische Form der Architektur interpretiert.[54] Für einige Beobachter hatte Gropius sogar Thomas Mann als "Praeceptor Germaniae" übertrumpft.[55]

Doch mit Goethe und der Klassik allein war es nicht getan. Gropius selbst versuchte auch eine Brücke zur ästhetisierend-romantischen Kunsttradition des 19. Jahrhunderts zu schlagen. Beim Empfang des Hanse-Preises in Hamburg pries er in seiner Rede "Apollo in der Demokratie" weder die amerikanische Modernisierung noch das bundesrepublikanische Erbe der liberalen Kultur der Weimarer Republik. Vielmehr stellte er überraschenderweise Alois Riegl und seine Vorstellung vom "Kunstwollen" heraus.[56] Alle Künstler sollten sich mit der Frage befassen, wie Schönheit geschaffen und in einer demokratischen Gesellschaft vermittelt werden könne. Schönheit sei wichtig, weil diese den Menschen nicht nur mit einem hohen Maß an Glück bereichere, sondern auch seine ethischen Kräfte mehre.[57] Damit versuchte Gropius, die Unterschiede zwischen der Ästhetik des Funktionalismus und jener der Romantiker und Regionalisten in einem alles- und nichtssagenden Schönheitsbegriff aufzuheben. Mit dem Rückgriff nicht nur auf Goethe, sondern auch auf Riegl sollte die Versöhnung von "deutscher Kultur" und "westlicher Zivilisation" quasi doppelt abgesichert werden.[58] Gropius gefiel sich offensichtlich in seiner Rolle als ein Künstler, der

---

53 Vgl. Miller Lane, German Architecture, bes. Kapitel 3.
54 Gerhard Laage, Goethe, Demokratie und das flache Dach, in: Der Architekt, Nr. 4, Stuttgart 1962, 131–137.
55 Dieser durch die Literatur irrende Begriff wurde zuerst von Hermann Mäckler in seiner zweiseitigen editorischen Erwiderung auf Schwarz verwendet; in: Baukunst und Werkform vom Febr. 1953, 65f. Zum Bestreben, Gropius statt Thomas Mann als "Praeceptor Germaniae" zu sehen, siehe Walter Schmiele, Walter Gropius und der Goethe-Preis. Hessischer Rundfunk, Frankfurt a.M. vom 20. Aug. 1961.
56 Gropius' "Kunstwollen-Konzept" beruht auf der Kunstphilosophie Alois Riegls. Die zentrale Bedeutung der Rieglschen Idee für die Architektur-Philosophie von Walter Gropius wird diskutiert in Winfried Nerdinger, Walter Gropius' Beitrag zur Architektur des 20. Jahrhunderts, in: Hahn, 100 Jahre, 17–36; dazu auch Marcel Franciscono, Walter Gropius and the Creation of the Bauhaus in Weimar. Chicago 1971.
57 Walter Gropius, Apollo in the Democracy, in: Gropius, Apollo, 3f.
58 Zu verschiedenen Zeiten wurden Gropius und das Bauhaus gleichermaßen als Embleme für die deutsche Kultur wie für die amerikanische Zivilisation verwendet. So betonte die Darmstädter Ausstellung "Walter Gropius: Werk und Persönlichkeit" (1952) Gropius' Beitrag zur Kultur und hob sein Bestreben zur ästhetischen Erziehung hervor. Eine Bostoner Ausstellung desselben Jahres mit dem Titel "Walter Gropius: Ein Weg zur Einheit künstlerischer Gestaltung" setzte einen anderen Akzent als die deutsche Gropius-Schau, indem sie sich mehr mit Gropius' Philosophie der Technologie auseinandersetzte.

bei der Gestaltung der gesellschaftlichen Normen in Kunst und Kultur maßgeblich war. Kam Gropius anfangs mit der Absicht nach Deutschland zurück, die Deutschen mittels der "Internationalen Moderne" zu amerikanisieren, so trat er wenige Jahre später vor die Deutschen, um sie mittels Riegl offenbar wieder ein Stück weit zu "regermanisieren". Daß sich dadurch Widersprüche mit dem "Bauhaus-Gropius" und mit der Nachkriegsdefinition des Bauhauses, die im Zeichen eines westlich-amerikanischen Modernismus und Internationalismus standen, anbahnten, schien niemanden sonderlich zu stören, am wenigsten Gropius selbst.

Es war schon eher ein Kunststück, alle Teilaspekte der Bauhaus-Legende "unter einen Hut zu bringen", also die 1920er und die 1950er Jahre ebenso wie Bonn und Washington, die deutsche Kultur und die amerikanische Zivilisation ebenso wie das nationale Erbe und die internationale Moderne. Der Zwiespalt und die Widersprüche ähnelten jenen, die damals der westdeutschen Identitätssuche generell zugrunde lagen. Dies mag erklären, warum die Widersprüche nicht als solche erkannt wurden. Denn auch die Antwort auf die Frage, was unter einer bundesrepublikanischen Identität zu verstehen sei, war genauso unbestimmt, widersprüchlich und vieldeutig wie die rekonstruierte Bauhaus-Legende.

Doch diese Mehrgesichtigkeit und Widersprüchlichkeit in der Bauhaus-Legende spiegelte sich in den zeitgenössischen Veröffentlichungen über das Bauhaus kaum wider. Diese waren vielmehr von eher eindimensionalem Zuschnitt. Bücher wie Wend Fischers *Bau-Raum-Gerät* (1957), Jürgen Joedickes *Geschichte der modernen Architektur* (1958) und Hans Maria Winglers *Das Bauhaus* (1962) tendierten dazu, die amerikanische Version der Bauhaus-Historie zu reproduzieren und priesen dabei den internationalen Architekturliberalismus. Dabei wurden die radikaleren Komponenten der Bauhaus-Geschichte ausgeblendet. Im Jahre 1961 wurde schließlich in Darmstadt das Bauhaus-Archiv eröffnet und damit der Öffentlichkeit signalisiert, daß das Bauhaus nun auch der systematischen wissenschaftlichen Forschung zur Verfügung stünde. Zugleich sollte diese Gründung aber auch demonstrieren, daß das Bauhaus-Erbe ein so zentraler Bestand sei, daß es ein eigenes Archiv "verdiene".

Dies alles bedeutet aber beileibe nicht, daß die Bauhaus-Moderne der herrschende Stil des Nachkriegsstädtebaus wurde. Die westdeutsche Architektur war statt dessen ein Gemisch von Tradition und Moderne, von organischen Formen (z.B. die "aufgelockerte Stadt") und harter Neuer Sachlichkeit.[59] Dennoch zeichnete sich eine deutliche Tendenz ab, die repräsentativen Öffentlichkeitsbauten der Bundesrepublik, beispielsweise das Bonner Bundeshaus (1951), die Berliner Ausstellung INTERBAU (1957), den westdeutsche Pavillon auf der Weltausstellung in Brüssel (1958) oder das Botschaftsgebäude der Westdeutschen in Washington D.C., im modernen Stil zu erbauen. Wenngleich die Architekten, die für diese Gebäudeentwürfe verantwortlich waren, Hans Schwippert, Egon Eiermann

---

59 Die Idee der "aufgelockerten Stadt" war eines der Hauptmotive der Nachkriegsarchitektur; Johannes Göderitz u.a., Die gegliederte und aufgelockerte Stadt. Tübingen 1957; dazu auch Werner Durth/Niels Gutschow, Träume in Trümmern. München 1993, 214–312.

und Sep Ruf, mit dem Bauhaus nichts zu tun hatten und sogar nichts zu tun haben wollten, rezipierte die Öffentlichkeit diese Architektur als Bauhausstil.[60]

Die Popularisierung des Bauhauses erfolgte demnach durch die Gleichsetzung der gebauten Moderne mit der Bauhaus-Moderne. Diese Gleichsetzung wurde ebenso—allerdings mit negativem Vorzeichen—von Seiten der DDR vorgenommen, die sich ihrerseits als die Hüterin des wahren Erbes des architektonischen Fortschritts definierte. Walter Ulbricht meinte 1952 bezeichnenderweise über die Bedeutung der Bauhaus-Moderne:

> Nachdem der Formalismus des sogenannten Bauhausstils und der Funktionalismus, der besonders von den Amerikanern in Westdeutschland eingeführt wurde, die Architektur völlig in die Sackgasse geführt haben, gilt es, unter Verwertung des klassischen Erbes der deutschen Architektur und der fortschrittlichen Architektur aller Völker, vor allem der Sowjetarchitektur, die Architektur des neuen Deutschlands zu gestalten.[61]

Während also die DDR den mit Amerika konnotierten Bauhausstil Westdeutschlands verwarf, kreidete umgekehrt die Bundesrepublik den Ostdeutschen eine nationalistische und an die Sowjetunion angebundene Architektursprache an.[62]

Die Uminterpretation des Bauhaus-Erbes in Westdeutschland läßt sich auch im Bereich des Designs feststellen. Einerseits bezog sich das Gestaltungsprinzip für die Designkultur des Nierentisches auf die abstrakten und organischen Motive der Bauhäusler Klee und Kandinsky; andererseits beanspruchte die Designkultur der Ulmer Hochschule für Gestaltung ebenso wie des Rates für Formgebung, der zahlreichen "Guten-Form"-Ausstellungen und solcher Design-Firmen wie Braun und WMF die "sachlichere" Variante der Bauhaus-Moderne. Beide Richtungen der Designkultur beanspruchten, das "eigentliche" Bauhaus-Erbe zu verkörpern und weiterzupflegen. Die offensichtliche Mehrdeutigkeit des Bauhaus-Erbes und die darauf beruhende breite Aneignung des Bauhaus-Images hat dieses als Symbol der progressiven transatlantischen Modernität befestigt. Die auf diversen Veranstaltungen präsentierten Design-Projekte, so auf der Mailänder Triennale (1957, 1960, 1964), ließen erkennen, in welchem Maße die Bauhaus-Moderne mittlerweile die offiziell zur Schau gestellte Kulturidentität der Westdeutschen repräsentierte.[63]

---

60 Dazu siehe zum Beispiel die Pressereaktion zur westdeutschen Beteiligung an der Brüsseler Weltausstellung, in: Deutschlands Beitrag zur Weltausstellung Brüssel 1958: Ein Bericht, hrsg. von Wend Fischer und G.B. von Hartmann. Düsseldorf 1958, 95–153.
61 Zitiert nach Hans Schmitt-Rost, Funktionalismusdebatte, in: Ot Hoffmann (Hrsg.), Der Deutsche Werkbund—1907, 1947, 1987. Berlin 1987, 42; dazu auch Andreas Schätzke, Zwischen Bauhaus und Stalinallee. Architekturdiskussion im östlichen Deutschland, 1945–1955. Braunschweig 1991.
62 Vittorio M. Lampugnani, Architektur und Stadtplanung, in: Benz, Bundesrepublik, Bd. 4, 200–243; 204. Die Berliner INTERBAU Ausstellung 1957, bei der 63 moderne Architekten, darunter Gropius, Le Corbusier, Alvar Aalto und Richard Niemeyer eingeladen wurden, um neue Entwürfe für den ausgebombten Berliner Hansa-Stadtteil zu erarbeiten, war von Anfang an als ein Symbol der westlichen Architektur gegen den Stalinallee-Stil des Ostens konzipiert. Dieter Hanauske, Bauen! Bauen! Bauen! Die Wohnungspolitik in Berlin (West), 1945–1961. Diss., Freie Universität Berlin 1990, 598ff.
63 Siehe zum Beispiel die Ausstellungskataloge: *Design in Germany Today 1960–1961*, Ryerson Library Chicago; dieser Katalog wurde von der BRD gesponsert und von der Smithsonian

Die Stuttgarter Ausstellung "50 Jahre Bauhaus" im Jahre 1968 war die Krönung der kulturellen Kanonisierung des Bauhauses und der Person Gropius. Die Schau, die von über 75.000 Menschen besucht wurde, diente als das "Großereignis" der Bauhaus-Historie und bestätigte alle Orthodoxien des Kalten Krieges. Aus dem Katalog ging Gropius als der einzige Heros des Bauhauses hervor. Mies, Breuer und die anderen wurden als zweitrangige Figuren betrachtet.[64] Meyer wurde in gerade zwei Sätzen als geschäftsführender Direktor während des Interregnums zwischen Gropius und Mies erwähnt. Auch ließen sich westdeutsche Kultusminister die Gelegenheit nicht entgehen, die Feier des Bauhauses zweckdienlich mit der westdeutschen Demokratie und der erfolgreichen bundesrepublikanischen Einbindung in den Westen zu verkitten.[65] Mit Fug und Recht konnte der damalige Kurator des Bauhaus-Archivs bemerken: "Das Bauhaus gilt Amerika als das wesentliche Geschenk Deutschlands an die moderne Kultur . . . es gehört der Welt—und was uns besonders angeht: Es ist für Amerikaner und Deutsche das leuchtende Symbol einer großen geistigen Solidarität."[66] Damit wurde zum Ausdruck gebracht, wie sehr die Bauhaus-Legende trotz aller Zwiespälte und Ungereimtheiten ihre wichtige politisch-kulturelle Funktion sowohl zur westdeutschen Identitätsbildung als auch zur Festigung des Westbündnisses meisterhaft erfüllte.

Trotz der Schwarzschen Anstrengungen, die Unantastbarkeit von Gropius und dem Bauhaus zu kritisieren, war eine offene und breite Diskussion über die Rolle des Bauhauses in Vergangenheit und Gegenwart nicht möglich. Das Bauhaus galt als geheiligter Bezirk. Kritik war tabu.[67] Wer es dennoch wagte, wurde des Illiberalismus verdächtigt. Gewisse Fragen wurden in dieser Zeitspanne vollkommen ausgeblendet: Ist es nicht unhistorisch und irreführend, alle Bauhaus-Gegner der zwanziger Jahre als quasi-Nationalsozialisten hinzustellen? Gab es nicht Konservative und Liberale, die das Bauhaus jenseits der plumpen "Blut- und Boden"-Ideologie kritisiert haben? Oder: Was machten jene Bauhäusler während des Dritten Reichs, die nicht emigrierten? Ferner: Ist es nicht wichtig, daran zu erinnern, daß selbst Gropius und Mies van der Rohe 1934 Entwürfe für die NS-Ausstellung "Deutsches Volk—Deutsche Arbeit" beigetragen haben und dabei

---

Institution verteilt; und *Made in Germany: Produktform*, hrsg. von Hans Wichmann. München 1966.

64 Die besondere Herausstellung von Gropius auf der Stuttgarter Ausstellung von 1968 löste viele Unmutsbezeugungen (u.a. von Josef Albers und Mies van der Rohe) aus; siehe Isaacs, Gropius, 1.148ff.
65 Zum Beispiel hielt Lauritz Lauritzen, Bundesminister für Wohnungswesen und Städtebau, auf der Eröffnung der Stuttgarter Bauhaus-Ausstellung am 4. Mai 1968 eine Rede, die eine Lobeshymne auf die politische Bedeutung des Bauhauses war; in: Bauhaus-Archiv Berlin. Eugen Betz, der Generalkonsul für (West)Deutschland, machte in seinem Vorwort zur englischen Ausgabe des Ausstellungskatalogs ähnliche Bemerkungen: 50 Years Bauhaus, 7f.
66 Hans Maria Wingler, Was hält Amerika von deutscher Kunst? in: Die Welt vom 14. Mai 1958.
67 Durth, Deutsche Architketen, 446.

Hakenkreuze einzeichneten?[68] Es geht nicht darum, den damals Handelnden Schuld zuzuweisen, sondern zu problematisieren, daß solche Handlungsweisen nicht kritisch thematisiert wurden. Daß dies in den 1950er Jahren nicht geschah, sondern die offene Diskussion über das Bauhaus vermieden wurde, fordert zur Kritik heraus.

Problematisch bleibt schließlich, daß die Bauhaus-Moderne, nach 1945 untrennbar verbunden mit der Politik des Kalten Krieges, in eine Art hegemoniale Vorstellung von "westlicher Moderne" eingepaßt wurde. Der auffällige Mangel an historischer Analyse bezüglich des Bauhauses, bis in die späten 1960er Jahre, war demzufolge weniger Ausdruck einer mangelhaften Architekturkritik, sondern Folge der politischen Funktion des Bauhauses. Da die USA und die Bundesrepublik nach dem Zweiten Weltkrieg danach strebten, ihre jeweilige kulturelle Identität auf der Basis von Liberalismus und dem *International Style* aufzubauen, wurden alternative Formen der Moderne—so zum Beispiel Frank Lloyd Wrights "egoistischer Romantizismus" oder Rudolf Schwarz' "illiberale" Neo-Jugendstilarchitektur —als unmodern oder gar anti-modern abgetan.[69] Die Bauhaus-Moderne wurde statt dessen als unantastbare Vertreterin einer internationalen Moderne inthronisiert. In ähnlicher Weise wie man die amerikanische Version des westlichen Liberalismus als Meßlatte zur Erfassung der politischen Reife anderer Nationen verwendete, diente die Bauhaus-Legende der internationalen Moderne als Barometer zur Messung kultureller Reife westlichen Stils. Die Bauhaus-Geschichte wurde also nicht nur als Zeugnis für amerikanische und westdeutsche Modernität in Anspruch genommen, sondern wurde zu einem wichtigen Element der positiv konnotierten Modernisierungstheorie des Kalten Krieges.[70] Westdeutschland und die Vereinigten Staaten, "Kultur" und "Zivilisation" der westlichen Hemisphäre galten als zwei Seiten der gleichen Medaille und wurden als hochwertiges, zu schützendes "kulturelles Kapital" des Kalten Krieges gehandelt.

AUSBLICK

Jenes Nachkriegsprojekt, bei dem es darum ging, die Bauhaus-Moderne dem liberalistisch verstandenen Modell eines *International Style* einzuverleiben, hat—wie eingangs erwähnt—in den vergangenen Jahren viel an Zugkraft verloren. Kritiker versahen die Bauhaus-Moderne mit den Attributen "niederdrückend" und "un-

---

68 Winfried Nerdinger, Bauhaus-Architekten im "Dritten Reich", in: Ders. (Hrsg.), Bauhaus-Moderne im Nationalsozialismus. München 1994, 153–178.
69 Es soll hiermit allerdings nicht gesagt werden, daß die Marginalisierung älterer moderner Strömungen stets auf ein positives Echo stieß; daß Wright bestenfalls als ein Vorläufer des Bauhauses herabgewürdigt wurde, war ein ständiger Zankapfel unter amerikanischen Architekturhistorikern. Siehe die erregte Korrespondenz aus dem Jahre 1962 zwischen Walter Gropius und Vincent Scully, der zu jener Zeit als Architekturhistoriker an der Yale University tätig war. In: Bauhaus-Archiv Berlin.
70 Zur Diskussion der Modernisierungstheorie in den 1970er Jahren siehe Hans Ulrich Wehler, Modernisierungstheorie und Geschichte. Göttingen 1973; Peter Flora, Modernisierungsforschung. Opladen 1974.

menschlich", und der Aufstieg des italienischen Designs galt als willkommene Ablösung des nunmehr als "kalt" empfundenen Bauhaus-Stils; hinzu kommt die Kritik an den politischen Haltungen von z.B. Gropius und Mies van der Rohe[71] —all dies hat vielfachen Schatten über das einst so sonnenbeschienene Reich des Bauhauses geworfen. Die Kritik "der 68er" stellte den Kernpunkt jenes Glaubensbekenntnisses in Frage, das die Bauhaus-Legende der Nachkriegszeit durchzog: die Gleichsetzung der Bauhaus-Moderne mit dem internationalen Liberalismus. So betrachtet, war es kein Zufall, daß die Kritik der Postmoderne im Bauhaus das vorrangige Angriffsziel sah.

Das eingangs erwähnte Buch von Tom Wolfe aus dem Jahre 1981 war in einer Hinsicht außerordentlich bedeutsam: Es analysierte kritisch die Rolle der Bauhaus-Moderne als Mittel internationaler Kulturtherapie. Daß Wolfe den Triumph der Bauhaus-Moderne in Amerika nicht als Zeichen kultureller Reife der Amerikaner interpretierte, sondern als eher ungewollten und unamerikanischen Import aus dem fernen Deutschland, deutet darauf hin, daß die einstige Strategie, in Anbetracht des Kalten Krieges das Bauhaus in ein gemeinsames amerikanisch-deutsches Erbe umzuschmelzen, in den frühen 1980er Jahren bereits erheblich an Überzeugungskraft eingebüßt hatte. Wolfes nationalistische Kritik am Bauhaus ging aber noch einen Schritt weiter. Er reflektierte das damals spürbare Auseinanderdriften von amerikanischer und westdeutscher Kulturgeschichte.[72] Die relative Entfremdung zwischen den USA und der Bundesrepublik muß auch im Zusammenhang der westdeutschen Suche nach einer "deutschen Identität" gesehen werden.[73] Sicherlich ist das Ende einer offiziell mit den USA verkoppelten westdeutschen Kulturidentität und das Bewußtwerden einer neuen eigenen westdeutschen Modernität nicht allein als "Ruck zum Deutschen" und als Nierentisch-Nostalgie zu deuten, sondern resultiert auch aus einer problemorientierten historiographischen Aufarbeitung der 1950er Jahre sowie aus der zunehmenden Relevanz der Alltagsgeschichte, die als "Geschichte von unten" die vorherrschende Interpretation des *International Style* "von oben" kritisiert.[74] Der Zusammenbruch der transatlanti-

---

71 Vgl. zum Beispiel Elaine Hochman, Architects of Fortune. New York 1989; Winfried Nerdinger, Walter Gropius. Berlin 1985.
72 Michael Geyer, Looking Back at the International Style: Some Reflections on the Current State of German History, in: German Studies Review, 13/1 (1990), 112–127, 115. Eine detailliertere Darstellung dieser Ideen findet man in: Michael Geyer, Deutsche–Europäer–Weltbürger: Eine Überlegung zum Aufstieg und Fall des Modernismus in der Historiographie, in: Ralph Melville u.a. (Hrsg.), Deutschland und Europa in der Neuzeit. Festschrift für Karl Otmar Freiherr von Aretin. Stuttgart 1988, 27–47.
73 Dazu siehe zum Beispiel Werner Weidenfeld (Hrsg.), Die Identität der Deutschen. München 1983. Für eine frühere Thematisierung dieses Aspektes siehe Peter Bender, Zwischen den Feuern: Drei deutsche Fragen, in: Merkur 31, Dezember 1977, Nr. 355, 1.146–1.159; kritisch dazu: Axel Drews u.a., Moderne Kollektivsymbolik: eine diskurstheoretisch orientierte Einführung mit Auswahlbibliographie, in: Internationales Archiv für Sozialgeschichte der deutschen Literatur (1985), Sonderheft 1, 256–374.
74 Vgl. zum Beispiel Götz Eisenberg/Hans-Jürgen Linke, Fuffziger Jahre. Gießen 1979; Nikolaus Jungwirth/Gerhard Kronschröder, Die Pubertät der Republik. Frankfurt a.M.

schen Bauhaus-Legende lief parallel zu der Lockerung der Beziehungen zwischen den Vereinigten Staaten und Westdeutschland, die seit den späten 1970er Jahren im Vergleich zu den heißen Phasen des Kalten Krieges erfolgte. Die Bauhaus-Geschichte, einst narrative Brücke, die die amerikanisch-deutschen Ähnlichkeiten und gemeinsamen Interessen zum Ausdruck brachte, betonte nun eher die Unterschiede.

(Übertragung aus dem Englischen: Jeannine Fiedler, Adelheid v. Saldern)

1978; Schulz (Hrsg.), Grauzonen; Rainer Gries, Gestylte Geschichte: Vom täglichen Umgang mit Geschichtsbildern. Münster 1989.

13

Amerikanisierung von unten.
Demonstrative Vulgarität und kulturelle Hegemonie in der Bundesrepublik der 50er Jahre

Kaspar Maase

> ... rock, the music of vulgar American democracy.
> – *Robert Pattison*

COCA-COLONISATION ODER DEMONSTRATIVE ANEIGNUNG?

DIE EINSCHLÄGIGEN DARSTELLUNGEN der bundesdeutschen Kulturgeschichte verzeichnen kein Stichwort "Amerikanisierung". Namen wie *Presley, Elvis Aron,* und *Dean, James,* tauchen aber in jedem Personenregister auf. Schlägt man auf den angegebenen Seiten nach, dann wird man informiert über den prägenden US-Einfluß auf Unterhaltungskultur und Geistesleben der jungen Republik, unter Verwendung von Worten wie "amerikanisiert" (Glaser), "Amerikanismus" (Hermand) oder "kulturelle Amerikanisierung" (Schwarz).[1] Um theoretisch gefüllte Begriffe handelt es sich dabei nicht; das Bedeutungsspektrum reicht von Hermands Charakterisierung als Manipulation bis zur Ambivalenz von Modernisierung und Verflachung bei Schwarz. Die allenfalls beiläufige und distanzierte Verwendung von "Amerikanisierung" in der jüngeren Forschung hat sicher zu tun mit der Geschichte des Terminus. Rechte wie linke Feindbildkonstruktionen haben ihn geprägt und insbesondere nach dem Zweiten Weltkrieg auf deutsche Kulturarroganz und rassistische Stereotype kalkuliert.[2] Die flotte Rede von der Coca-

---

1 Vgl. Hermann Glaser, Kulturgeschichte der Bundesrepublik Deutschland. Zwischen Grundgesetz und Großer Koalition 1949–1967. München 1986, 239; Jost Hermand, Kultur im Wiederaufbau. Die Bundesrepublik Deutschland 1945–1965. München 1986, 295; Wolfgang Benz (Hrsg.), Die Geschichte der Bundesrepublik Deutschland. Band 4: Kultur. Frankfurt a.M. 1989, 180f.; Hans-Peter Schwarz, Die Ära Adenauer. Gründerjahre der Republik 1949–1957. Stuttgart/Wiesbaden 1981, 426f.; ders., Die Ära Adenauer. Epochenwechsel 1957–1963. Stuttgart/Wiesbaden 1983, 331.
2 Vgl. Kaspar Maase, "Antiamerikanismus ist lächerlich, vor allem aber dumm", in: Johanna Borek/Birge Krondorfer/Julius Mende (Hrsg.), Kulturen des Widerstands. Texte zu Antonio Gramsci. Wien 1993, 9–27. Da ich in diesem Aufsatz einen Gedanken verfolge, der auf einer größeren Arbeit basiert, verweise ich für weitere detaillierte Belege auf Kaspar Maase, "Amerikanisierung der Jugend". Eine Studie zur Verwestlichung der Bundesrepublik in den 50er Jahren. Unveröff. Habilschrift, Bremen 1992; ders., BRAVO Amerika. Erkundungen zur Jugendkultur der Bundesrepublik in den 50er Jahren. Hamburg 1992.

Colonisation Europas ist gängig bis heute.³

Man sollte Amerikanisierung als den gewichtigsten Spezialfall internationalen kulturellen Austauschs behandeln. Dabei wird stets um Machtpositionen gerungen; die Exporteure wollen Märkte und Einfluß ausweiten, die Importländer Märkte und Traditionen schützen. Betrachtet man die meßbaren Ströme von Kulturwaren und Trends, so dominieren die Vereinigten Staaten spätestens seit den 1920er Jahren weltweit⁴—aber was schließlich in Mentalität und Verhalten der "Empfänger" eingeht, ist das Ergebnis komplexer Umarbeitung im Wechselspiel von Selbst- und Fremdstereotypen. Beim Einschwören der Westdeutschen auf das Bündnis im Kalten Krieg und auf die Überlegenheit der westlichen Wirtschaftsordnung halfen zweifellos einseitiger Angebotsdruck, Zensur, Repression und Propaganda seitens der USA⁵; aber es hieße doch die Menschen wenig ernstnehmen, fragte man nicht auch, welche—materiellen und symbolischen—Gebrauchswerte sie mit der Übernahme von Elementen des *American way of life* verbanden. Wir haben es mit einem Prozeß der Aneignung zu tun: Güter und Verhaltensweisen werden eingebaut in die Lebensweise der Aufnehmenden und damit in ein kulturelles Feld von Traditionen, Wahrnehmungs- und Bewertungsmustern, Zeichen und Distinktionsbezügen. Die Bedeutung dessen, was man als Amerikanisierung bezeichnet, wird erst produziert in den Diskursen und Auseinandersetzungen der jeweils rezipierenden nationalen Kultur.⁶

Im folgenden soll die These skizziert werden, daß gerade die demonstrative Amerikanisierung des Lebensstils in den 1950er Jahren Mittel eines "semiotischen Krieges" (Angela McRobbie) innerhalb der sich noch formierenden Bundesrepublik war; im Ergebnis verschob sich das symbolische Kräfteverhältnis zugunsten der "einfachen Leute"⁷, insbesondere der Arbeiterschaft. Dabei greife ich auf Überlegungen Antonio Gramscis zurück.

---

3 Vgl. Reinhold Wagnleitner, Coca-Colonisation und Kalter Krieg. Die Kulturmission der USA in Österreich nach dem Zweiten Weltkrieg. Wien 1991; die Studie ist zum Glück sehr viel differenzierter als der ressentimentgeladene Titel.

4 Das Stichwort gab 1901 der englische Publizist W.T. Stead; vgl. William Thomas Stead, Die Amerikanisierung der Welt. Berlin 1902. Für den Transfer US-amerikanischer Massenkultur nach Europa vgl. Christopher W.E. Bigsby (Hrsg.), Superculture: American Popular Culture in Europe. London 1975; Helmut Fritz, Das Evangelium der Erfrischung. Coca-Colas Weltmission. Reinbek 1985; Rob Kroes/Robert W. Rydell/Doeko F.J. Bosscher (Hrsg.), Cultural Transmissions and Receptions: American Mass Culture in Europe. Amsterdam 1993.

5 Vgl. als Fallstudie für Österreich Wagnleitner, Coca-Colonisation.

6 Vgl. ausführlicher Maase, BRAVO, 21–38. In dieselbe Richtung zielt das Bild einer "Kreolisierung" der aufnehmenden Kulturen; vgl. Rob Kroes, Americanisation: What Are We Talking about?, in: Kroes u.a. (Hrsg.), Transmissions, 302–318.

7 Gemeint sind die nicht an der Herrschaftsausübung partizipierenden, nicht "gebildeten" werktätigen Teile der Bevölkerung (Arbeiter, einfache Angestellte und Beamte, Gruppen der gewerblichen Mittelschichten und ihre Familien), für die es im Deutschen nun mal keine glücklichere Sammelbezeichnung gibt.

In den 1920er Jahren, als das intellektuelle Europa sich mit starken Worten gegen seine "Amerikanisierung" wehrte[8], verband Gramsci mit dem "Amerikanismus" die Vorstellung einer historischen Chance.[9] Er sah hier eine "passive Revolution", einen Umbruch der kapitalistischen Entwicklung, den die Arbeiterbewegung nutzen müsse. Die "Amerikanisierungs"-Warnungen waren für ihn Ausdruck des Versuchs, Alt-Europa den Pelz zu waschen, ohne ihn nass zu machen[10]: Mit fordistischen Methoden sollte die Wirtschaft modernisiert werden, ohne die parasitären Überbauten zu erschüttern. Gramsci sah jedoch voraus, daß der Geist des Amerikanismus die traditionelle Hegemonie zerstören werde. Den verbreiteten Vorwurf, die amerikanische Lebensweise sei zutiefst materialistisch, interpretierte er als Sorge vor einem Autoritätsverlust der herrschenden Klasse angesichts der Schwächung herkömmlicher Gefolgschaftsappelle. Gramsci nahm hier einen Hegemoniewandel vorweg, der in der postfaschistischen Bundesrepublik von Schelsky auf den Nenner der "skeptischen Generation" gebracht wurde.

> Der Tod der alten Ideologien zeigt sich als Skeptizismus gegenüber allen allgemeinen Theorien und Formeln und Hinwendung auf die rein ökonomische Tatsache (Verdienst usw.) und auf die Politik, nicht nur die tatsächlich realistische (wie es immer ist), sondern die in ihrer unmittelbaren Manifestation zynische . . . . Aber diese Reduktion auf die Ökonomie und auf die Politik bedeutet gerade Reduktion der höheren Überbauten auf diejenigen, die mehr zur Basis gehören, das heißt Möglichkeit [und Notwendigkeit] der Bildung einer neuen Kultur.[11]

Seit der wilhelminischen Ära versuchten die deutschen Eliten, mit Appellen zum Idealismus den Trend aufzuhalten, daß die "Einfachen" (Gramsci) ihr Handeln an nüchterner ökonomischer Interessenkalkulation ausrichteten. Diese Bemühungen waren aufs engste verknüpft mit der Abwehr von "Amerikanisierung"; das klingt noch bei Hans-Peter Schwarz an, der dazu Materialismus und Verflachung assoziiert.[12] Wirklich bedeutete für die einfachen Leute die Rezeption der amerikanischen Lebensweise den endgültigen "Übergang vom moralischen zum kommerziellen Code" (Rolf Lindner).

---

8 Vgl. Peter Berg, Deutschland und Amerika 1918–1929. Über das deutsche Amerikabild der zwanziger Jahre. Lübeck 1963; Manfred Buchwald, Das Kulturbild Amerikas im Spiegel deutscher Zeitungen und Zeitschriften 1919–1932. Diss. phil. Kiel 1964; Klaus Schwabe, Anti-Americanism within the German Right 1917–1933, in: Amerikastudien 21/2 (1976), 89–107; Rob Kroes/M. van Rossem (Hrsg.), Anti-Americanism in Europe. Amsterdam 1986.
9 Vgl. den Abschnitt "Amerikanismus und Fordismus" in Antonio Gramsci, Philosophie der Praxis. Eine Auswahl, hrsg. v. Christian Riechers. Frankfurt a.M. 1967, 376–404; zur Interpretation Giorgio Baratta, "Die Hegemonie geht aus der Fabrik hervor". Gramsci zu Amerikanismus und Sozialismus, in: Uwe Hirschfeld/Werner Rügemer (Hrsg.), Utopie und Zivilgesellschaft. Rekonstruktionen, Thesen und Informationen zu Antonio Gramsci. Berlin 1990, 157–173.
10 Gramsci, Philosophie, 378.
11 Antonio Gramsci, Gefängnishefte. Bd. 2, hrsg. v. Wolfgang Fritz Haug. Hamburg/Berlin 1991, 355 (Heft 3, § 34).
12 Schwarz, Epochenwechsel, 331.

In Konsum und Unterhaltung erwies sich Kommerzialisierung als *das* Mittel, um Geschmack und Lebensauffassungen der einfachen Leute gegen alle Kritik der Gebildeten größeren Raum und höheres Ansehen zu verschaffen. Der Streit um den *American way of life* kulminierte in der Auseinandersetzung um den proletarischen Jugendstil der Halbstarken. Den Schlüssel zum Verständnis der Hegemonieverschiebung, die hier ausgekämpft wurde, bieten Überlegungen Bourdieus zur Legitimität von Geschmack und Lebensstil.

Das Hegemoniekonzept wird im folgenden nicht auf bewußten Klassenkampf bezogen. Ich gehe vielmehr aus von Gramscis Frage, wie die Beherrschten an der Herstellung von Konsens und Folgebereitschaft mitwirken. Hegemonie ist ein umkämpftes Feld, auf dem die kulturellen und symbolischen Kräfteverhältnisse alltagspraktisch immer neu und in wechselnder Balance hergestellt werden. Die einfachen Leute kämpfen ständig um erträglichere, angenehmere Bedingungen, unter denen sie bereit sind, sich zeitweilig mit den Herrschenden zu arrangieren. E. P. Thompson hat in seinen Studien zur plebejischen Kultur im England des 18. Jahrhunderts das Hegemoniekonzept in diesem Sinn fruchtbar gemacht und dabei insbesondere den "theatralischen" Charakter rebellischen Aufbegehrens beleuchtet.[13] Demonstration von Unzufriedenheit, "erpresserisches" Ausnutzen günstiger Konstellationen und Verteidigung des Selbstwerts gegen die herrschende Verachtung populärer Lebensformen fielen in der Amerikanisierung von unten zusammen und führten zu einer Neutarierung der sozialen Balance.

GESCHMACK UND HEGEMONIE

Ein wesentlicher Strukturzusammenhang entwickelter kapitalistischer Gesellschaften ist der der Distinktion, der wechselseitigen Abgrenzung von Lebensstilen als Zeichen symbolischer Kräfteverhältnisse.[14] In kultursoziologischer Perspektive ist die Gesellschaft als sozialer Raum zu betrachten, in dem die Akteure durch ihre relative Stellung zueinander bestimmt sind. Der Raum bildet sich durch die Wirkung verschiedener Felder—"Ensemble objektiver Kräfteverhältnisse, die allen in das Feld Eintretenden gegenüber sich als Zwang auferlegen".[15] Die Felder unterscheiden sich durch die Formen von Macht, die in ihnen wirken, und entsprechend durch die Sorten von Kapital, die in ihnen gelten. Kapital wird hier verstanden als Verfügung über Ressourcen zur Erringung der Herrschaft im jeweiligen Feld.[16]

---

13 Vgl. Edward P. Thompson, Die englische Gesellschaft im 18. Jahrhundert: Klassenkampf ohne Klasse?, in: ders., Plebeische Kultur und moralische Ökonomie. Frankfurt/Berlin/Wien 1980, 246–289.

14 Vgl. zum folgenden Pierre Bourdieu, Zur Soziologie der symbolischen Formen. Frankfurt a.M. 1974; ders., Die feinen Unterschiede. Frankfurt a.M. 1982; ders., Sozialer Raum und "Klassen", in: ders., Sozialer Raum und "Klassen". Leçon su la leçon. Zwei Vorlesungen. Frankfurt a.M. 1985, insbes. 9–30.

15 Bourdieu, Sozialer Raum, 10.

16 Pierre Bourdieu, Antworten auf einige Einwände, in: Klaus Eder (Hrsg.), Klassenlage, Lebensstil und kulturelle Praxis. Theoretische und empirische Beiträge zur Auseinandersetzung mit Pierre Bourdieus Klassentheorie. Frankfurt a.M. 1989, 395–410, Zit. 400.

Bourdieu unterscheidet ökonomisches Kapital (als die tendenziell dominierende Sorte), soziales und kulturelles sowie symbolisches Kapital; letzteres bezieht sich auf die wahrgenommene und als legitim anerkannte Qualität der Stellung im sozialen Raum. In unserem Zusammenhang sind insbesondere die Kategorien des kulturellen und des symbolischen Kapitals bedeutsam.

In den Eigenschaften, die die einzelnen Menschen alltagspraktisch demonstrieren, steckt ebenso wie in den Gütern, mit denen sie sich umgeben, und in den Tätigkeiten, die sie wählen, eine innere Systematik: der *Geschmack* als Erzeugungsformel des Lebensstils. Der Begriff bezeichnet die Neigungen und Fähigkeiten zur (materiellen und symbolischen) Aneignung von Gegenständen und Praktiken, die im sozialen Raum der Lebensstile *klassifiziert* sind und *klassifizierend* wirken: Sie gehören eindeutig zu einem bestimmten sozialen Ort und Niveau, demonstrieren Zugehörigkeit; zugleich grenzen sich die Akteure durch Gegenstände und Praktiken wertend und distanzierend von anderen Gruppen ab, weisen ihnen einen sozialen Platz zu und reproduzieren so die wahrgenommene Hierarchie. "Der Geschmack bildet mithin den praktischen Operator für die Umwandlung der Dinge in distinkte und distinktive Zeichen . . .: durch ihn geraten die Unterschiede aus der *physischen Ordnung* der Dinge in die *symbolische Ordnung* signifikanter Unterscheidungen."[17]

Eine wichtige Front der Hegemonialkämpfe, in denen Geschmack und Lebensstil eingesetzt werden, bilden Auseinandersetzungen um soziale Legitimität—faktisch vor allem um die Legitimität gesellschaftlicher Ungleichheit und Herrschaft.[18] Geschmack bezeugt und vermittelt kulturelles und symbolisches Kapital —wenn er als legitim anerkannt ist. In modernen bürgerlich-kapitalistischen Gesellschaften ist "Kultur" eine Institution, die Legitimität verleiht und damit dem symbolischen Kapital seinen sozialen Kurswert gibt. Wer über "Kultur"[19] verfügt, gilt als legitimiert, gesellschaftliche Herrschaftspositionen zu besetzen und Privilegien zu genießen. Symbolisches Kapital mit seinem spezifischen Herrschaftseffekt wird in dem Maß erworben, wie die Willkür verdeckt und verkannt wird, die in der Verfügung über ökonomische, soziale und kulturelle Kapitalien

---

17 Bourdieu, Unterschiede, 284 (Hervorh. im Orig.).
18 Das ist insbesondere entwickelt in Pierre Bourdieu/Jean-Claude Passeron, Grundlagen einer Theorie der symbolischen Gewalt. Frankfurt a.M. 1973; vgl. auch Bourdieu, Antworten, 401f. Anerkennung von Legitimität meint bei Bourdieu nicht in erster Linie den von Max Weber akzentuierten Glauben an die Rechtmäßigkeit von Herrschaft (vgl. Max Weber, Wirtschaft und Gesellschaft. 5. Aufl. Tübingen 1976, insbes. 122–124). Es geht eher um eine spezifisch moderne Mischung von "Fügsamkeit" und zweckrational kalkuliertem "Gehorchenwollen" (Weber), der die Vorstellung von der kulturellen Überlegenheit der Herrschenden zugrundeliegt. Sie speist sich aus einem Netz von Spuren im individuellen wie kollektiven Gedächtnis, zu denen niederdrückende Erfahrungen des Sich-Schämens ebenso gehören wie Erinnerungen an Ohnmacht, Leid und Schmerz physischen Überwältigtwerdens; vgl. insgesamt die facettenreichen Überlegungen von Alf Lüdtke, Einleitung: Herrschaft als soziale Praxis, in: ders. (Hrsg.), Herrschaft als soziale Praxis. Göttingen 1991, 9–63.
19 In der deutschen Tradition ist hier noch (Allgemein-)"Bildung" hinzuzunehmen.

steckt, und wie ihr Besitz als Ausdruck legitimer Überlegenheit anerkannt wird. Zur ökonomischen und sozialen Gewalt, die die Inhaber der Macht ausüben können, tritt die symbolische Gewalt der Anerkennung ihrer Überlegenheit qua "Kultur" durch die Machtlosen, die sich selbst, ihrem Lebensstil und Geschmack, jede "Kultur" und damit legitime Machtansprüche verweigern.

Was als "Kultur" und "Geschmack"[20] anerkannt wird, ist jedoch in modernen Gesellschaften anhaltend dem Wechsel und der Infragestellung unterworfen. Welche Verhaltensweisen, welche Güter und welche ihrer möglichen Gebrauchsformen von "Kultur" und "Bildung" zeugen, ist nicht dauerhaft festgelegt; die Legitimität des dominanten Lebensstils wie die Illegitimität popularer Alternativen müssen ständig erneut hergestellt und eingeprägt werden. Daß "Kultur" das Recht auf Macht verleiht, heißt zugleich: Menschen, die über Macht und Privilegien verfügen, nutzen ihre Position, um dem Geschmack der Mächtigen und Privilegierten als dem einzig legitimen Ausdruck von "Kultur" Geltung zu verschaffen.

Mittel dazu ist nicht allein das Bildungssystem, das den Trägern des legitimen Habitus legitimierende Titel verleiht; der Kampf um die Geltung von Lebensstilen wird auch im Alltag sozialer Interaktionen ausgetragen. Wo Menschen Scham empfinden, weil sie herrschenden Standards von Geschmack, Benehmen, Wissen oder Ausdruck nicht genügen, ist Selbstabwertung integraler Bestandteil ihres Habitus geworden.[21]

Das ständige Ringen um Distinktion, um symbolische Unterscheidung und um die Bestätigung der eigenen Lebensform als legitimierend, ist erst in zweiter Linie als bewußte Strategie zu denken. Es geht aus der Struktur des kulturellen Feldes hervor, in dem die Positionen aus Klassifikationsprozessen nach den Kriterien legitimer Kultur resultieren. Und es ist subjektiv angelegt im Habitus[22], der das Klassifizieren und Streben nach symbolischem Kapital als gesellschaftlich natürliches Verhalten erzeugt. Besonders großes Gewicht haben Strategien der Distinktion in den Habitusformen jener Schichten und Klassen, die größere kulturelle Kapitalien vererben—wozu eben die Orientierung auf legitime Kultur und Taktiken zur Delegitimierung anderer Lebensformen gehören. Zwar waren die Angehörigen der lohnabhängigen Volksschichten in die hegemonial bedeutsamen Klassifizierungsprozesse bislang eher passiv einbezogen; aber mit dem Selbstbewußtwerden der Arbeiterschaft seit der zweiten Hälfte des 19. Jahrhunderts haben auch für sie das Streben nach sozialer (in geringerem Maße nach kultureller) Anerkennung ihrer Lebensweise[23] und die Nutzung von Konsumgütern zur symbolischen Aufwertung an Bedeutung gewonnen.

---

20 Die Anführungszeichen markieren jeweils den Legitimitätsanspruch.
21 Vgl. Sieghard Neckel, Status und Scham. Zur symbolischen Reproduktion sozialer Ungleichheit. Frankfurt a.M. 1991.
22 Zum Konzept des Habitus vgl. Pierre Bourdieu, Entwurf einer Theorie der Praxis auf der ethnologischen Grundlage der kabylischen Gesellschaft. Frankfurt a.M. 1979, insbes. 164–189.
23 Vgl. Axel Honneth, Kampf um Anerkennung. Zur moralischen Grammatik sozialer Konflikte. Frankfurt a.M. 1992.

Die 1950er Jahre, als Lebensstilangebote aus den USA in lockender Vielfalt präsentiert wurden und Gewinne an Zeit und Geld den Lohnabhängigen neue Wahlmöglichkeiten erschlossen, sind auch als heißumkämpfte Runde im Ringen um die Legitimität der in Bewegung geratenen Geschmacks- und Ausdrucksformen zu lesen. In einer Gesellschaft, deren Machtverhältnisse und Privilegien nach dem Zusammenbruch von 1945 noch nicht dauerhaft gefestigt waren, mußte der Kampf um die Legitimität verschiedener Lebensweisen mit großer Intensität geführt werden—vor allem seitens derer, die ihr kulturelles Kapital anerkannt haben wollten, um ihrem Hegemonialanspruch Legitimität und damit symbolische Gewalt zu verleihen.[24]

Jede wichtige Innovation in Lebensstil oder Mode eröffnet eine neue Runde kulturellen Bewertungsstreits; so erhalten kollektive soziale Akteure die Chance, ihr symbolisches Kapital zu vergrößern und damit ihre Position zu erhöhen. Sie versuchen, den Umgang anderer mit den Neuerungen abzuwerten und ihre eigene Haltung ins beste Licht zu rücken. In dieser Perspektive ist der Streit um kulturelle Amerikanisierung als Teil der Nachkriegsauseinandersetzungen um kulturelle Hegemonie zu lesen. Nach den Zusammenbrüchen von 1933 und 1945 stand die Frage: Würden Normen, Werte und Praktiken der "gebildeten" und "kultivierten" Klassen wieder als einzig legitime und legitimierende Kultur etabliert werden? Würden die einfachen Leute fortfahren, ihre Lebensweise, ihre Gewohnheiten und ihren Geschmack als kulturlos und damit als illegitim zu betrachten? Würden sie weiterhin die Gebildeten als die einzigen Kulturträger und damit als überlegene, legitime Führungsschicht akzeptieren? Diese Fragen standen hinter den Alltagsauseinandersetzungen um abgetragene Jeans oder korrekte Hosen, Elvistolle und Pony oder ordentliche Burschen- und Mädelfrisuren, zügellosen Rock 'n' Roll oder zivilisierte Tanzstunden, Comics oder Goethe, Chuck Berrys "Roll over Beethoven" oder Ludwig van Beethovens "Neunte".

AMERIKABILDER: DIE MACHT DER PROJEKTION

Der Amerikanisierungsstreit der Nachkriegsjahre entsprang nicht einfach der Tatsache, daß politische und ökonomische Westorientierung das Land in bisher ungekannter Weise für US-Einflüsse öffnete; er aktualisierte lange aufgehäufte mentale Polarisierungen. Auf die aktuelle Situation wurden Amerikabilder projiziert, die sich über Jahrhunderte herausgebildet hatten.

"Amerika" war stets eine ambivalente Konstruktion im Bewußtsein der Europäer—Utopie und Dystopie in einem. Verfolgt man Einstellungen und Wahrnehmungsmuster der Deutschen seit den ersten Berichten von Columbus' Entdeckungen[25], so fallen zwei Charakteristika auf: Es gibt einen Fundus von Stereotypen,

---

24 Vgl. Hannes Siegrist, Der Akademiker als Bürger. Die westdeutschen gebildeten Mittelklassen 1945–1965 in historischer Perspektive, in: Wolfram Fischer-Rosenthal/Peter Alheit/Erika M. Hoerning (Hrsg.), Biographien in Deutschland. Opladen 1994.
25 Vgl. Ernst Bloch, Das Prinzip Hoffnung. Gesamtausgabe Bd. 5. Frankfurt a.M. 1959, 873–929; Ernst Fraenkel, Amerika im Spiegel des deutschen politischen Denkens. Köln 1959;

die sich bis ins 16. Jahrhundert zurückverfolgen lassen; und es zeichnet sich eine deutliche soziale Polarisierung der Amerikabilder ab, die im 19. Jahrhundert entscheidend geformt und verankert wurden. Insbesondere in Verbindung mit der Auswanderung von mehr als 4,9 Millionen Deutschen zwischen 1820 und 1895[26] entwickelte sich "Amerika" zum "utopia of the common man".[27] Gleichzeitig wurde es, in den Worten von Hannah Arendt, zum "Alptraum für die reiche Bourgeoisie, die Aristokratie und für einen bestimmten Typ von Intellektuellen, der in der Gleichheit eher eine Bedrohung der Kultur als ein Freiheitsversprechen sah."[28]

Insbesondere seit der Entdeckung der "amerikanischen Gefahr" durch die Großwirtschaft[29] entwickelte sich unter den ökonomischen und politischen Eliten ein technokratischer "Amerikanismus von oben". Nach der Weltkriegsniederlage galten der Fordismus[30] und das amerikanische Wirtschaftswunder[31] als Vorbilder, um das Reich auf autoritäre Weise zu modernisieren und wieder zur Weltmacht zu machen. Von Oswald Spenglers Aufforderung, Zivilisation als Schicksal zu akzeptieren und Imperialismus und Cäsarismus nach römisch-amerikanischem Muster zu lernen[32], bis zur Orientierung wichtiger Teile der NSDAP-Führung an US-Vorbildern[33] ist die Faszination amerikanischer Effektivität und Macht im

---

Harold Jantz, Amerika im deutschen Dichten und Denken, in: Wolfgang Stammler (Hrsg.), Deutsche Philologie im Aufriß, Bd. 3. 2. Aufl. Berlin 1962, Sp. 309–372; Manfred Henningsen, Der Fall Amerika. Zur Sozial- und Bewußtseinsgeschichte einer Verdrängung. Das Amerika der Europäer. München 1974; Wagnleitner, Coca-Colonisierung. 1–27; Ulrich Ott, Amerika ist anders. Studien zum Amerika-Bild in deutschen Reiseberichten des 20. Jahrhunderts. Frankfurt a.M. u.a. 1991; Peter J. Brenner, Reisen in die Neue Welt. Die Erfahrung Nordamerikas in deutschen Reise- und Auswandererberichten des 19. Jahrhunderts. Tübingen 1991; Peter Mesenhöller (Hrsg.), Mundus novus—Amerika oder die Entdeckung des Bekannten. Essen 1992; Dan Diner, Verkehrte Welten. Antiamerikanismus in Deutschland. Frankfurt a.M. 1993.

26 Berechnet nach Günter Moltmann (Hrsg.), Deutsche Amerikaauswanderung im 19. Jahrhundert. Stuttgart 1976, 201.
27 Marcus Lee Hansen, The Atlantic Migration 1607–1860. Cambridge, MA, 1951, 146.
28 Hannah Arendt, Europa und Amerika [verf. 1954], in: dies.: Zur Zeit. Politische Essays. Berlin 1986, 71–93, Zit. 79.
29 Vgl. Ludwig Max Goldberger, Das Land der unbegrenzten Möglichkeiten. Beobachtungen über das Wirtschaftsleben der Vereinigten Staaten von Amerika. Berlin/Leipzig 1903; ders., Die amerikanische Gefahr, in: Preußische Jahrbücher 120 (1905), 1–33. Vgl. auch schon das deutsche Vorwort zu Stead, Amerikanisierung.
30 Friedrich von Gottl-Ottlilienfeld, Fordismus. Über Industrie und technische Vernunft. Jena 1924.
31 Julius Hirsch, Das amerikanische Wirtschaftswunder. Berlin 1926.
32 Vgl. seine Einleitung zum 1917 veröffentlichten 1. Band von *Der Untergang des Abendlandes*.
33 Vgl. Michael Prinz/Rainer Zitelmann, Vorwort, in: dies. (Hrsg.), Nationalsozialismus und Modernisierung. Darmstadt 1991, VII-XI, hier IX; Michael Prinz, Die soziale Funktion moderner Elemente in der Gesellschaftspolitik des Nationalsozialismus, in: ebd., 297–327, hier 320f.

konservativen und faschistischen Spektrum sichtbar. Ihr Korrelat war die Entfaltung eines kulturellen Antiamerikanismus, der unerwünschte Auswirkungen der Anwendung der US-Erfolgsrezepte im eigenen Land verhindern wollte. Holzschnittartig formuliert: Ja zu rücksichtsloser Rationalisierung und Beschleunigung—aber keine republikanische "Gleichmacherei" und keine Populärkultur, die den Volkserziehungsanspruch der Bildungsschichten ins Leere laufen ließ.[34]

Über das populäre Amerikabild dieses Jahrhunderts wissen wir sehr viel weniger als über die intellektuellen Amerikanismus-Debatten. Was bedeuteten Nick-Carter-Geschichten und Hollywood-Glamour, Berichte und Bilder von Wolkenkratzern und Boxkämpfen, Gangstern und Flappern, Autos und Kühlschränken für Wünsche und Lebensvorstellungen der einfachen Leute? Am Beispiel der Wiener "Schlurfs" und ihrer demonstrativen Verwendung von Mustern der amerikanischen Alltagskultur werden zwei Tendenzen sichtbar. Der Stil dieser männlichen Arbeiterjugendlichen bildete sich in den späten dreißiger Jahren heraus. Begeisterung für Swingmusik, ausgeprägt modische Oberbekleidung nach dem Vorbild amerikanischer Filmstars und lange, pomadisierte Haare kennzeichneten den Schlurf äußerlich. Einer erinnert sich: "Der wos si irgendwie zu de Schluafs zählt hot, muaß i schon sogn, des is amerikanisches Denken gwesen. Oiso jetzt net politisch, sondern Musik, Mode, und die Richtung woar rein amerikanisch."[35]

Mit Swing, wilden Tänzen und zur Schau getragener Lässigkeit demonstrierten die Schlurfs ihren Anspruch auf jugendliche Autonomie angesichts autoritärer Bevormundung in der proletarischen Stammkultur wie seitens der Unterdrückungsapparate des NS-Systems. Der modisch-"amerikanische" Stil und der hohe Aufwand für symbolische Güter wie Anzüge mit doppelreihig geknöpftem Sakko, lange und weit ausgestellte Hosen, bunte Krawatten, Schuhe mit möglichst dicken Sohlen etc. signalisierten aber auch schon das Streben nach modernem Wohlstands-Konsum. Proletarischer Amerikanismus war symbolische Auflehnung gegen alltägliche Unterordnung, gegen Mißachtet- und Geschurigeltwerden; und es war ein Versuch, nach transatlantischen Vorbildern den alten populären Traum vom guten Leben auf der Höhe der Zeit zu realisieren. Beide Motive entfalteten sich in der Bundesrepublik zu einer durchschlagenden Amerikanisierung von unten.

Die Debatten des 20. Jahrhunderts über Fluch oder Segen des *American way of life* trugen speziell in Deutschland ausgeprägt projektive Züge. Verhandelt wurden Probleme und Entwicklungsoptionen angesichts der Herausforderungen der industriell-kapitalistischen Moderne. Gerade in den Alltagsdimensionen von Konsum und Unterhaltung war das "Amerikanische" mit dem sozialen "Unten" verbunden; kultureller Antiamerikanismus verteidigte den Überlegenheitsanspruch einer auf "Bildung" und "Geschmack" gegründeten bürgerlichen Lebensweise.

---

34 Vgl. Adolf Halfeld, Amerika und der Amerikanismus. Kritische Betrachtungen eines Deutschen und Europäers. Jena 1927.
35 Christian Gerbel/Alexander Mejstrik/Reinhard Sieder, Die "Schlurfs". Verweigerung und Opposition von Wiener Arbeiterjugendlichen im "Dritten Reich", in: Emmerich Talos/Ernst Hanisch/Wolfram Neugebauer (Hrsg.), NS-Herrschaft in Österreich 1938–1945. Wien 1988, 243–268, Zit. 247.

JUGENDSTILE DER 50ER JAHRE

Die Komplexität von Amerikanisierung als einem "Krieg der Zeichen", der überwiegend zwischen Bundesbürgern ausgetragen wurde, möchte ich konkreter an der Rezeption von US-Populär- und Alltagskultur unter Jugendlichen beleuchten. Wenn man nach der Übernahme von Amerikanisierungselementen und nach ihrer Bedeutung fragt, so ist der Unterschied zwischen dem individuellem Gefallen an derartigen Symbolen und der Beteiligung an einem Kollektivstil wesentlich. Einzelheiten wie der Haarschnitt, das Hören bestimmter Musik oder das Tragen von Jeans waren in Millionen Familien, in Schulen und an Arbeits- und Ausbildungsplätzen Anlaß, Jugendliche zu kritisieren, ihnen Vorschriften zu machen oder sie gar zu bestrafen. Es waren diese massenhaften, von 1956 bis 1960 kaum abreißenden alltäglichen Auseinandersetzungen, in denen sich Amerikanisierung mit jugendlicher Selbstbehauptung verband und wirklich mentalitätsprägend wurde. Hier entstanden recht eigentlich die tiefen Eindrücke, die bestimmte US-Importe hinterließen. Eine große Mehrheit der damals Jugendlichen erinnerte sich in der ersten Hälfte der achtziger Jahre an Rock 'n' Roll, Rockmusikfilme sowie die Idole Bill Haley, Elvis Presley und James Dean als zeittypische Phänomene, die herausforderten, Stellung zu beziehen.[36]

Gefallen an Rock 'n' Roll oder Dixieland, Cola, Petticoats oder Lässigkeit war im städtischen Milieu weit verbreitet und keineswegs schichtspezifisch begrenzt. Aufschluß über die Bedeutung, die die Amerikanismen im Gesamt der Kultur hatten, geben uns die zeitgenössischen Gruppenstile, die jeweils einen ganzen Satz von Merkmalen zu einer geschlossenen Ausdrucksfigur verbanden. Derartige Stile[37] lassen sich relativ eindeutig im Schicht- und Klassengefüge verorten und geben Hinweise darauf, wie Jugendliche Amerikanisierung einsetzten, um Geschmack und Lebensauffassungen ihrer Herkunftsmilieus zu modernisieren und gegenüber konkurrierenden Haltungen aufzuwerten.

Im Zentrum der Auseinandersetzung standen Stil und Provokationen der Halbstarken. Bevor ich auf sie eingehe, sind kurz zwei konkurrierende Jugendstile zu charakterisieren; sie erhellen im Kontrast den ausgeprägten Sozialcharakter der

---

36 In 34 von 45 biographischen Interviews wurden ohne gezielte Nachfrage Elvis Presley, Bill Haley, James Dean oder/und Rock 'n' Roll erwähnt. In drei weiteren Gesprächen tauchten Jazz beziehungsweise Swing auf, in zweien Jeans beziehungsweise Jeans und Lederjacke als wichtige Momente jugendlicher Kleidung, in einem "Rocker in Jeans". Bei drei der fünf Interviews ohne Bezugnahme auf die importierte Jugendkultur waren die Befragten vor 1935 geboren, also 1956 nach damaliger Auffassung der Jugendphase schon entwachsen. Für genauere Informationen zu den Interviews vgl. die in Anm. 2 genannte Literatur.

37 Ich verwende "Stil" hier im Sinn der britischen Subkulturforschung für den Prozeß, in dem Kleidungsstücke, Gebrauchsgegenstände, Körper(teile) etc. auf kohärente Weise in Zeichen verwandelt werden; das System dieser Zeichen erhält seine Bedeutungen durch den Versuch einer Gruppe, Lebensprobleme in Auseinandersetzung mit herrschenden Hegemonialformen symbolisch zu bearbeiten (vgl. Dick Hebdige, Subculture. Die Bedeutung von Stil, in: Diederich Diederichsen/Dick Hebdige/Olaph-Dante Marx, Schocker. Stile und Moden der Subkultur. Reinbek 1983, 7–120).

verschiedenen "Amerikanisierungs-weisen". Nach dem von mir ausgewerteten Erinnerungsmaterial dominierte unter Oberschüler/innen und Student/innen weitgehend der skizzierte kulturelle Antiamerikanismus mit ausgeprägt bildungsbürgerlicher Begründung; Distanzierung vom angeblich niedrigen geistigen Niveau der Amerikaner und von ihrem "plebejischen"[38] Habitus verschmolzen bis zur Ununterscheidbarkeit.

Wo das Bildungsmilieu sich für einen politischen Neubeginn öffnete, bezog man kulturelle Orientierungen aus den "alten Demokratien" Englands und Frankreichs. Oppositionelle Impulse gegen das Restaurationsklima speisten sich aus französischen Quellen; Protestsstil an Oberschulen und Universitäten waren die "Exis"—demonstrativ angelehnt an den französischen Existenzialismus.[39]

Männliche Exis suchten sich intellektuell zu geben, mit Bürsten- oder Cäsarfrisur, massiven Brillen, Backenbart und Pfeife, ausgeleierten Cordhosen und schweren Jacketts oder Pullovern. Weibliche Exis nahmen oft Juliette Greco zum Vorbild; frau trug möglichst Schwarz, dreiviertellange Hosen, Rollkragen- oder Schlabberpullover, dazu Pferdeschwanzfrisur mit Pony oder streichholzkurzem "Raspel"haarschnitt wie Jean Seberg in der Verfilmung von Sagans *Bonjour Tristesse*. Schwarze Zigaretten wie Rothhändle, Gauloises oder Gitanes, Rotwein und Pariser Chansons rundeten das Stil-Paket ab, in dessen geistigem Zentrum der—oft nicht nennenswert durch Kenntnisse erster Hand belastete—Bezug auf Sartre, Camus und Sagan stand.

Das eigentliche, musikalische Leitmotiv des Exi-Stils bildete der Cool Jazz, von Miles Davis oder dem Modern Jazz Quartet beispielsweise. Diese der Herkunft nach amerikanische Musikrichtung wurde zur Kunstmusik in der Tradition Bachs verklärt.[40] Als autonome E-Musik diente sie der Abgrenzung gegenüber Jugendstilen, die sich um andere musikalische Sprachen gruppierten. Dixieland oder Rock 'n' Roll trugen für die Exis das Stigma des "Amerikanischen", während der Cool Jazz als Zeichen einer "französischen", vom kulturellen Antiamerikanismus durchdrungenen Haltung diente. Ein Gymnasiast erinnert sich: "Ich hatte mich ... früh zu Modern Jazz abgeseilt, eben weil ich Aversionen gegenüber Amerika hatte."[41]

Als musikzentrierter Kollektivstil deutlich abgegrenzt waren Jugendliche, die Jazz als Zeichen für Zivilität, Weltoffenheit und Demokratie einsetzten. Ihnen bedeutete die amerikanische Musik Freiheit von Konventionen, Toleranz und

---

38 Eine mehrfach verwendete zeitgenössische Charakterisierung.
39 Vgl. Heinz-Hermann Krüger, "Exis, habe ich keine gesehen"—Auf der Suche nach einer jugendlichen Gegenkultur in den 50er Jahren, in: Ders. (Hrsg.), "Die Elvis-Tolle, die hatte ich mir unauffällig wachsen lassen". Lebensgeschichte und jugendliche Alltagskultur in den 50er Jahren. Opladen 1985, 129–151; Ders.: Viel Lärm ums Nichts? Jugendliche Existenzialisten in den 50er Jahren, in: Willi Bucher/Klaus Pohl (Hrsg.), Schock und Schöpfung. Jugendästhetik im 20. Jahrhundert. Darmstadt/Neuwied 1986, 263–268.
40 Vgl. Ulrich Kurth, Als der Jazz "cool" wurde, in: Hans-Werner Heister/Dietrich Stern (Hrsg.), Musik der 50er Jahre. Berlin 1980, 110–122.
41 Werner Bartels, Jg. 1938.

Internationalität, Lässigkeit und Gegnerschaft zu allem, was spießig (im Szene-Jargon: square), muffig, uniformierend erschien.[42] Diese Haltung verband sich mit unterschiedlichen Jazzvarianten, insgesamt aber eher mit dem traditionellen Mainstream; den meisten Erfolg unter Jugendlichen hatte in den 50er Jahren das vor allem von britischen Bands betriebene Dixieland-Revival.[43]

Bei allen Ausfransungen war der Sozialcharakter der Jazz-Kultur unverkennbar. Sie wurde getragen von männlichen Mittel- und Oberschichtangehörigen[44] und zeigte elitäres Selbstbewußtsein. Améry konstatierte, Jazz sei "Sache einer sich von der Masse streng und nicht ohne einigen Snobismus abgrenzenden 'Elite'".[45] Die Stilmerkmale der Jazz-Fans, das Coole, Legere, Schlabbrige und die Zurücknahme von Körperlichkeit, grenzten sie sowohl vom aggressiv machistischen Gepräge der Halbstarken wie von der Spießigkeit und dem zackig-soldatischen Habitus korrekter[46] Mittelschicht-Milieus ab.

Die entscheidende sozialkulturelle Grenze zwischen den Jugendstilen der 50er Jahre wurde jedoch musikalisch durch den Rock 'n' Roll, von den Milieus her durch die "Realschullinie" markiert. Sie trennte die Halbstarken als Volksschüler vom Rest der Welt. Die halbstarke Subkultur verkörperte für die Zeitgenossen alle bedrohlichen Folgen kultureller Amerikanisierung. Das heißt umgekehrt: Es war das demonstrative Auftreten einer relativ kleinen Zahl Jugendlicher (der harte Kern der Halbstarken wurde auf höchstens fünf Prozent der männlichen Halbwüchsigen

---

42 Jazz sei eine ganze Geisteshaltung, schrieb ein Befürworter. "Es wird keinen Jazzfan geben, der nationalistisch, rassenfanatisch, intolerant oder reaktionär ist. (...) Die Virtuosität und das 'Jazzfeeling' ... sind unabhängig von Hautfarbe und Vaterland. (...) ... eine herrliche Schule der Demokratie, nicht wahr? Ein Dorn sind die Jazzfreunde allerdings im Fleische der Anhänger der Marschmusik. Denen paßt eben gerade die Toleranz und die Internationalität nicht in den Marschtritt-Takt. Und außerdem Jazzfreunde sind ... selten gute Marschierer in Reih und Glied. Aber ...: Vom Jazz ist noch keiner gestorben, von der Marschmusik immerhin schon ein paar Millionen." (Welt der Arbeit, 30. 5. 1958) Für eine ähnliche Betonung der demokratischen und zivilen Züge des Jazz vgl. "Es ist nicht alles Jazz", Weserkurier, 14. 9. 1957.

43 Nach Umfrageergebnissen zählten zwischen zehn und zwanzig Prozent der Jugendlichen zu den Jazzanhängern, wobei angesichts der verschwommenen zeitgenössischen Begrifflichkeit die niedrigeren Angaben realistischer scheinen. Vgl. Ruth Münster, Geld in Nietenhosen. Stuttgart 1961, 75; Jürgen Zinnecker, Jugendkultur 1940-1985. Opladen 1987, 161 f.

44 Vgl. Zinnecker, Jugendkultur, 160-162.

45 Jean Améry, Teenager-Stars. Zürich 1960, 37. Distinktionsbemühen kommt noch bei dem durchaus nicht bürgerlich sozialisierten Dixieland-Liebhaber Michael Kohn (Jg. 1944) zum Ausdruck: "Wir hatten das Gefühl, wir müßten uns absondern, wir machen nicht das, was der Großteil der Leute macht" Zur Abgrenzung der seriösen Jazzfans von "Schlagerliebhabern, Swingheinis, Boogie-Woogie-Tänzern, Rock 'n' Roll-Hopsern und primitiven Krawallmachern" vgl. eine Diskussion im Leserbriefteil der Frankfurter Rundschau vom 7. bis 30. April 1952.

46 Vgl. Thomas Ziehe, Die alltägliche Verteidigung der Korrektheit, in: Bucher/Pohl, Schock, 254-258.

geschätzt)[47], das viele "Amerikanismen" zur Herausforderung eines auf "Kultur" und "Idealismus" gegründeten Hegemonieanspruchs machte. Es ist nicht ganz leicht, die Halbstarken abzugrenzen[48]; die Bezeichnung konnte jeden auffälligen Jugendlichen treffen. Im strengen Sinn gilt der Begriff für die in "Cliquen", "Blasen" und "Clubs" auftretenden "Avantgarde" männlicher Arbeiterjugendlicher, die als stilprägendes Vorbild für ein auch sozial breiter gespanntes Umfeld wirkten.[49] Der zeitgenössischen Wahrnehmung galten als Identifizierungsmerkmale "das Moped, mit dem sie Lärm machen und den Verkehr stören"[50], der "genormte Dreß von genieteten Texashosen, Lederjacken oder buntgestreiften Rollkragenpullovern"[51], die "überlangen Männerlocken"[52] der Elvis-Tolle und vor allem "die willige ekstatische Hingabe an die Rock 'n' Roll-Rhythmik"[53]. Nachdem im Herbst 1956 im Anschluß an den Bill-Haley-Film "Außer Rand und Band" Jugendliche Kinoeinrichtungen beschädigten und "Rock 'n' Roll" skandierend durch die Innenstädte zogen, war die Gleichsetzung von "Halbstarken" und kultureller Amerikanisierung vollzogen.

47 Günther Kaiser, Randalierende Jugend. Eine soziologische und kriminologische Studie über die sogenannten "Halbstarken". Heidelberg 1959, 54.
48 Vgl. Hans-Jürgen von Wensierski, "Die Anderen nannten uns Halbstarke"—Jugendsubkultur in den 50er Jahren, in: Krüger, Elvis-Tolle, 102-128; Heinz-Hermann Krüger, "Es war wie ein Rausch, wenn alle Gas gaben". Die "Halbstarken" der 50er Jahre, in: Bucher/Pohl, Schock, 263-268; Werner Sträter, "Das konnte ein Erwachsener nicht mit ruhigen Augen beobachten." Die Halbstarken, in: Berliner Geschichtswerkstatt (Hrsg.), Vom Lagerfeuer zur Musikbox. Jugendkulturen 1900-1960. Berlin 1985, 137-70; Martina Fischer-Kowalski, Halbstarke 1958, Studenten 1968: Eine Generation und zwei Rebellionen, in: Ulf Preuss-Lausitz u.a., Kriegskinder Konsumkinder Krisenkinder. Zur Sozialisationsgeschichte seit dem Zweiten Weltkrieg. Weinheim 1983, 53-70; Detlev Peukert, Die "Halbstarken". Protestverhalten von Jugendlichen zwischen Wilhelminischem Kaiserreich und Ära Adenauer, in: Zeitschrift für Pädagogik 30 (1984) 533-48; Kaspar Maase, Rhythmus hinter Gittern. Die Halbstarken und die innere Modernisierung der Arbeiterkultur in den fünfziger Jahren, in: Andreas Kuntz (Hrsg.), Arbeiterkulturen. Vorbei das Elend, aus der Traum? Düsseldorf 1993, 171-204; Ders., 'Halbstarke' and Hegemony: Meanings of American Mass Culture in the Federal Republic of Germany During the 1950s, in: Kroes et al, Transmissions, 152-170.
49 Zu dieser Avantgarde gehörten männliche Jugendliche, die "weitgehend nach dem Vorbild amerikanischer Filme wie 'Saat der Gewalt' oder '... denn sie wissen nicht, was sie tun' eigene Formen der äußeren Aufmachung, des gesellschaftlichen Umgangs und der Freizeitgestaltung entwickeln." Im Mittelpunkt des Interesses stünden "fast überall ... amerikanische Unterhaltungsmusik, besonders Rock'n Roll, und Motorräder" (Curt Bondy/Jan Braden/Rudolf Cohen/Claus Eyferth, Jugendliche stören die Ordnung. Bericht und Stellungnahme zu den Halbstarkenkrawallen. München 1957, 25, 26).
50 Ebd., 27.
51 Westdeutsche Allgemeine Zeitung, 3. 12. 1956, zit. n.: Heinz-Hermann Krüger, Sprachlose Rebellen? Zur Subkultur der "Halbstarken" in den 50er Jahren, in: Wilfried Breyvogel (Hrsg.), Autonomie und Widerstand. Zur Theorie und Geschichte des Jugendprotestes. Essen 1983, 78-82, hier 78.
52 BRAVO 10/1958, 39.
53 Kaiser, Randalierende, 176.

KRIEG DER ZEICHEN: DIE HALBSTARKEN

Wer waren die Halbstarken, und welchem Code folgte die Sprache ihres Stils? Von der Herkunft wie von der eigenen sozialen Stellung her handelte es sich gerade beim aktiven Kern um männliche Arbeiterjugendliche. Un- und Angelernte, Facharbeiter und Lehrlinge stellten über 90% der Aktivisten und 80% der restlichen Krawallbeteiligten. Angestellte waren rund 7 bzw. 9%, Arbeitslose 5 und 2%, Beamte fanden sich nur vereinzelt unter den Mitläufern. Gut 1% der Haupttäter und 10% der Übrigen gingen zur Schule oder studierten.[54] Von den Vätern waren mehr als 60% Arbeiter, rund 17% einfache Angestellte, 9% Beamte fast ausnahmslos aus dem einfachen und mittleren Dienst (untere Post-, Bahn-, Justiz- und Kommunalbeamte) sowie etwa 13% Selbständige—fast ausschließlich aus dem Proletariat eng benachbarten sozialen Lagen: kleine Handelsvertreter, ambulante Händler, Handwerker und Geschäftsinhaber ohne oder mit nur wenigen Beschäftigten. Als Bildungsniveau nimmt Kaiser durchgängig Volksschulbesuch an.[55] Die Aktivisten zählten keineswegs nur zu den unteren Schichten der Arbeiterklasse (Facharbeiter und Lehrlinge stellten mehr als ein Drittel); berufliche Situation, soziale Lage und die Einschätzung der Herkunftsfamilien durch die Sozialbehörden lagen aber deutlich unter dem Schnitt der Arbeiterjugend insgesamt.

Soweit die Aktivisten, die in die Mühlen der Justiz gerieten. Die Daten von Bondy u.a.[56] erfassen in größerem Maße auch "Mitläufer" am Rande der Krawalle, gegen die kein Verfahren eingeleitet wurde. Hier entsprach die Sozialstruktur fast dem gesellschaftlichen Durchschnitt, was die Anziehungskraft der Halbstarken auf Jugendliche der Mittel- und Oberschicht belegt.

Mit den Schlurfs habe ich schon angedeutet, daß die Halbstarken in der Tradition moderner Arbeiterjugendkultur standen. Dem entsprachen die Bereitschaft, Gebrauchsgüter zu erwerben, die durch Aufmachung und Technik als besonders modern galten; dazu zählte die Begeisterbarkeit für "wilde", körperbetonte Tänze nach ausgeprägt rhythmischer, lautstarker Musik; hierhin gehört der öffentliche Charakter von Freizeitgesellung und -unterhaltung. Gerade das Auftreten der Halbstarken in den 50er Jahren trug bis in die Details hinein demonstrativen Charakter. Anthropologen wie Clifford Geertz haben darauf hingewiesen, daß jede Kultur, insbesondere in ihren demonstrativen und ritualisierten Formen, "Selbstinterpretation und Selbstübertreibung" der grundlegenden Prinzipien und Werte vollzieht, die ihren Alltag regieren.[57] So ist der Stil der Halbstarken auch zu lesen als provokative, überspitzende Selbstauslegung zeitgenössischer Arbeiterkultur.

Was die Arbeiterjugendlichen aus dem Fundus "amerikanischer" Güter, Haltungen und Verhaltensweisen auswählten und wie sie es präsentierten, fügte sich

---

54 Ebd., 149.
55 Ebd., 136–137.
56 Bondy u.a., Jugendliche, 55.
57 Vgl. Hans Medick, "Missionare im Ruderboot"? Ethnologische Erkenntnisweisen als Herausforderung an die Sozialgeschichte, in: Geschichte und Gesellschaft 10 (1984), 295–319, hier 306.

zusammen zum Projekt demonstrativer und gezielter Herausforderung bürgerlicher Normen von Sitte, Kultur und Geschmack. Aura und Symbole des Protests aus den US-Jugendfilmen artikulierten nicht nur einen Generationskonflikt, sondern gleichermaßen Auflehnung gegen die reglementierenden Apparate der bürgerlichen Ordnung: Schule, Benimmvorschriften, Polizei, das Normensystem der Kleinbürger. Darüber hinaus drückten die Halbstarken mit ihrem Stil und ihren Krawallen Frustration und Protest angesichts eines "Wirtschaftswunders" aus, in dem die Arbeiter wieder nur das kleinste Stück vom Kuchen erhielten.

Auto, Fernseher und Kühlschrank, Hollywoodfilm, Farbigkeit in Mode und Design—die propagandistisch herausgestellten Reize des *American way of life* wurden wahrgenommen als Verwirklichung des jahrhundertealten Traums der einfachen Leute vom guten Leben: materieller Überfluß, Maschinen, die dem Alltag die Beschwernisse nehmen, Raum für Sinnlichkeit, Vergnügen, Genuß. Gerade die bildungsbürgerliche Verachtung für den "Materialismus" der amerikanischen Lebensweise machte die demonstrative Übernahme der Wohlstandssymbole zur kulturellen Herausforderung. Über Statusstreben hinaus wurde damit die Legitimität spontanen, sinnlichen Auslebens und Genießens im Hier und Jetzt eingeklagt—am stärksten von den Jugendlichen.

Die verbreitete Charakterisierung von Verhalten und Massenkünsten der Amerikaner/innen als geschmacklos, vulgär und grell griff Stereotypen auf, mit denen seit Generationen die Vergnügungen der einfachen Leute abgewertet wurden. Da lag es nahe, aus der Wahlverwandtschaft popularen Geschmacks wie als zumindest halbbewußte Provokation bürgerlicher Kulturstandards, aus dem Spektrum amerikanischer Kulturangebote nicht die glatten, der weißen Mittelschichtnorm entsprechenden Idole wie Perry Como oder Doris Day herauszugreifen; die Arbeiterjugendlichen machten sich den Inbegriff der Vulgarität zu eigen: Rock 'n' Roll. Ihm ging schon die Aura von "Urwaldmusik", Kulturzerstörung, Geschmacklosigkeit, sexueller Provokation und Zügellosigkeit voraus—und nach den ersten, von der Presse in der Vorberichterstattung geradezu herbeigeschriebenen Krawallen um Rockmusikfilme war das Wahrnehmungsmuster hierzulande etabliert.

Rock 'n' Roll stand im Zentrum des halbstarken Stils, und die Botschaft der Herausforderung von Geschmack und Kultur wurde mit Hilfe weiterer Amerikanismen offensiv verbreitet. Dem Territorialmotiv der Arbeiterjugendkultur entsprechend, besetzten die Halbstarken soziale Räume kulturell. Sie beherrschten die Straßen weit über die eigenen Viertel hinaus mit ihren Motorrad- und Mopedclicquen—wie Marlon Brando und seine Gang in "Der Wilde". Sie spielten Rock 'n' Roll in den Musikboxen und tanzten dazu in den Gastwirtschaften. Sie trugen ihre Rhythmen mit Transistorradios und batteriegetriebenen Plattenspielern in die Öffentlichkeit und in die Freibäder. Sie versammelten sich auf den Rummelplätzen, wo Presley & Co. gespielt wurden. Wenn Filme wie "Die Saat der Gewalt" oder "Außer Rand und Band" liefen, gar wenn prominente Rockstars auftraten, wurden die Säle zu Zitadellen der Rock 'n' Roll-Kultur; zerstörtes Mobiliar oder Schlachten mit Ordnern und Polizei sorgten dafür, daß die Medien die Botschaft der Herausforderung öffentlich machten. Schließlich fanden im Anschluß an Kinovorstellungen, aber auch ohne derartigen Anlaß, Umzüge Jugendlicher statt, die gezielt die Losung "Rock 'n' Roll" in die Innenstädte trugen.

Der amerikanische Rock 'n' Roll und seine Interpreten stellten die leibhaftige Negation all dessen dar, was den Gebildeten als Kunst heilig war. Hier triumphierten "innere Verlogenheit" und "lärmende Häßlichkeit", während "die wirklichen kulturellen Werte und Schätze unseres Volkes im Herzen der Masse verpönt und vergessen, geleugnet und gelästert" würden. Die Aufgipfelung der Verfallstendenzen offenbarte sich der *Deutschen Allgemeinen Lehrerzeitung* in Bill Haleys "'Rock Around the Clock', der inzwischen zum Lieblingsschlager bestimmter Jugendkreise geworden ist."

> ... der Einfluß *dieser* Art von Jazz und die Uebung der von ihm geprägten Tanzformen tragen die tiefste Schuld an dem Zustand der "Verlorenheit" dieser Jugend. Denn dieser Jazz ist keine Musik! Er ist die in Klang und Rhythmus umgesetzte Philosophie des Häßlichen und gewinnt durch die langweilige, stereotype Wiederholung seiner immer armseligen, zerrupften Melodiefetzen, in der bleckernden Klangfärbung schrill nach oben getriebener Trompetenvariationen und breiig untermalender Saxophonakkorde, in den aufreizenden, rülpsenden *[sic]* Basspizzicati und in dem Feuerwerk eines wilden, an primitiven Urzuständen abgelesenen Schlagzeugs einen hypnotischen Einfluß auf eine... wehrlose und im Musikalischen völlig unvorbereitete Jungenseele, und die Ekstase, die wir in frenetischem Pfeifen, Heulen unserer beifalltobenden Fans sowohl als auch in der getanzten Ausführung dieses Jazz beobachten, scheint doch vielmehr ihre Ursache in einer Hypnose als in einem Musik- und Hörerlebnis zu haben.[58]

Das meistreproduzierte Foto von Bill Haleys Auftritten zeigte den Bassisten der "Comets", im buntkarierten Jackett grinsend auf seinem Instrument reitend. Welch eine Blasphemie für das seriöse Konzertpublikum! In der geradezu kultischen Verehrung einzelner Künstler suchte das Bürgertum den historischen Erschütterungen Kontinuität entgegenzusetzen. Neben dem Dirigenten Wilhelm Furtwängler verkörperte die 1882 geborene Pianistin Elly Ney mit ihrem Beethoven-Spiel diesen rückwärtsgewandten Kulturanspruch.

> ... in den Konzertpausen rezitiert sie aus dem Heiligenstädter Testament: dem Schicksal in den Rachen greifen, während weißgekleidete Mädchen im Publikum für den Wiederaufbau der Bonner Beethovenhalle sammeln. Man steckt das Geld wie in der Kirche in herumgereichte samtene Beutel.[59]

Rock 'n' Roll war die absolute Negation weihevoller Kultur-Inszenierung.

> Presley erscheint auf der Bühne in farbenfroher Kostümierung—er trägt mit Vorliebe lila Hemden—und schlägt ein paar Akkorde auf seiner Gitarre. Er greift das Mikrophon und schreit, stöhnt, wimmert, gluckst, hechelt unartikulierte, abgehackte und stereotyp wiederholte Wortfetzen in das Mikrophon, während sein Unterleib zum heiseren Rhyth-

---

58 Friedel Schröder, Gefahr und Not der Halbstarken, in: Deutsche Allgemeine Lehrerzeitung 8 (1956), 326–328, Zit. 327. Das Ineinssetzen von Rock 'n' Roll und Jazz findet sich häufig in einer Amerikanisierungskritik, die am Ideal großer Kunst maß und daher alle "Antikunst" aus USA in einen Topf warf.

59 Dieter Bänsch, Vorwort mit Bildern, in: Ders. (Hrsg.), Die 50er Jahre. Beiträge zu Politik und Kultur. Tübingen 1985, 8–26, Zit. 10f.

mus der Rock 'n' Roll-Musik Windungen und Zuckungen vollführt, die . . . der Gestik einer talentierten Entkleidungstänzerin gleichen.[60]

Jugendliche Rock 'n' Roll-Stars schockierten durch sexuelle Eindeutigkeiten (Presleys Beckenschwingen) wie durch einen Auftritt, der unübersehbar den Charakter körperlicher Arbeit annahm. Verschwitzte, aufgelöste Kleidung und Frisur demonstrierten eine neue Beziehung zwischen dem nicht mehr unnahbaren, sondern für seine Fans hart arbeitenden Star und dem Publikum.

Rock 'n' Roll war nach den Worten von Robert Pattison die Musik der vulgären amerikanischen Demokratie[61]—und entsprechend fielen die deutschen Urteile aus. "Wenn dies des Volkes wahrer Himmel ist", kommentierte die *Frankfurter Neue Presse* ein Bill-Haley-Konzert, "meldet sich der Rezensent freiwillig zur Hölle." Und da eine Goethe-Sentenz offensichtlich nicht reichte, griff er zum Ausdruck seines Entsetzens gleich noch einmal in den Zitatenschatz. "Goethe: 'Es möchte kein Hund so länger leben.'"[62]

Aber nicht allein "vulgäre" Formensprache und "plebejisches" Publikum machten die von den Halbstarken vertretene Populärkultur zum Sakrileg. Das gesamte amerikanische Showbusiness entzog sich ästhetischer Kritik und pädagogischer Einflußnahme. Seine Vertreter bekannten sich offen zur Kommerzialisierung der Kunst, protzten mit Verkaufszahlen und Rekordgagen und erklärten den Geschäftserfolg zum einzig legitimen, weil demokratischen Maßstab ihrer Leistung. Unterhaltungsproduktion als Geschäftszweig war in den 50er Jahren keine Besonderheit der USA—wohl aber das programmatische Bekenntnis dazu. Über Illustrierte und Filmzeitschriften, insbesondere über das 1956 auf den Markt gebrachte Jugendmagazin *BRAVO* wurde die Ideologie des Showgeschäfts verbreitet. Sie mußte Widerhall finden bei Jugendlichen, deren Geschmack unter Berufung auf moralische und ästhetische Expertenurteile diskriminiert, in den Ruch des Barbarischen und Kriminellen gerückt wurde. Das US-Showbusiness diente zur Legitimierung kommerzieller Maßstäbe für die Massenkünste und entwertete damit auf "Bildung" beruhende Hegemonialansprüche.

Im März 1957, als die Wogen der Empörung über Elvis Presley noch hoch schlugen, meldete *BRAVO*[63] lapidar: *"Zahlen sprechen für Elvis.* Elvis Presley übertrifft weiterhin die kühnsten Erwartungen der Verkaufsexperten seiner Platten-Firma." Nach der Parade der Millionenzahlen hieß es: "Das ist wohl die überzeugendste Abstimmung für Presley, die man sich vorstellen kann. Schließlich wurden diese Millionen Platten Stück für Stück mit sauer verdienten Dollars bezahlt!"

Die Stichworte "Abstimmung" und "sauer verdiente Dollars" riefen einen Diskurs auf, der den popularen Geschmack gegen bildungselitäre Vormundschaftsansprüche verteidigte. Die Grundstruktur sah etwa so aus. Auf dem Unterhaltungsmarkt ging es ehrlich und demokratisch zu; was dort Erfolg hatte, war legitimiert,

---

60 Der Spiegel, 12.12.1956, 56.
61 Vgl. Robert Pattison, The Triumph of Vulgarity: Rock Music in the Mirror of Romanticism. New York 1987.
62 "Der große Krach", Frankfurter Neue Presse, 24.10.1958.
63 Heft 12/1957, 12.

griff zu verteidigen, der nach den Worten eines vielgelesenen Kritikers unter dem "Tackern des Zivilisations-MG's"[70] vorgetragen wurde.

Jugendliche Begeisterung für Rock 'n' Roll und das Aufgreifen der "materialistischen" Wohlstandsversprechen nach US-Vorbild (auch durch erwachsene Arbeiterinnen und Arbeiter) stellten die kulturelle Hierarchie nicht auf den Kopf. Aber die Auseinandersetzungen vermittelten die Erfahrung, daß popularer Lebensstil nicht unbegrenzt als Barbarei und Antikultur zu verteufeln war. Vielmehr verlieh der Erfolg von Blue jeans, "Rock around the clock" und James Dean Massenkunst und popularem Geschmack eine eigene Legitimität. Letztlich rechtfertigte die Kaufkraft der einfachen Leute das Drängen auf eine Alltagskultur nach ihrem Gusto moralisch und demokratisch.

Wie heftig Besitz- und Bildungsbürgertum auch ihren Anspruch verfochten, Legitimes vom Illegitimen zu scheiden—die einfachen Leute, insbesondere die jungen, setzten ihre Wünsche durch. Das war die Lektion, die die Halbstarken lernten; sie lernten sie in erster Linie aus dem Erfolg der amerikanisierten Alltagskultur, die sie sich zu eigen gemacht und gegen scheinbar übermächtigen Widerstand behauptet hatten. Im Ergebnis entstand eine neue kulturelle Balance, in der der Geschmack und die Lebensauffassung der subalternen Klassen (Gramsci) ein Stück eigener Legitimität erobert hatten. Sie wurden weiterhin als vulgär und kulturlos verachtet; aber sie selber hatten sich teilweise von diesem Urteil befreit und im Maß der Selbstanerkennung das symbolische Kräfteverhältnis zu ihren Gunsten verschoben. Das "Recht der Gewöhnlichkeit", vom Erfolgsautor der 50er Jahre, Ortega y Gasset, noch vehement bekämpft[71], war faktisch etabliert.

Es wurde bisher nicht untersucht, wie derartige Erfahrungen die gesellschaftliche Machtbalance beeinflußten. Zwei Vermutungen liegen nahe. Wo alltägliche Grundlagen der Legitimität von Ungleichheit und Herrschaft fragwürdig werden oder gar bröckeln, ist aus der Sicht von oben besondere Vorsicht im Umgang mit sozialen Konfliktstoffen angebracht. Wo sich populare Geschmacksformen, Umgangsweisen und Sinngebungen öffentlich ausbreiten, wo sie durch kommerziellen Erfolg anerkannt und aufgewertet werden, da läßt der Druck kultureller Illegitimität auf Handlungsfähigkeit und Selbstachtung nach und selbstbewußtere Verfolgung von Interessen wird möglich.

Amerikanisierung von unten beeinflußte—neben anderen Faktoren—die Austarierung des Klassenkompromisses mit Hilfe des Sozialstaatsprinzips.[72] Verschiebung der symbolischen Kräfteverhältnisse muß keineswegs Schwächung hegemo-

---

70 Ulrich Beer, Geheime Miterzieher der Jugend. 3. Aufl. Düsseldorf 1961, 17.
71 José Ortega y Gasset, Der Aufstand der Massen. Hamburg 1956, 12, passim. Allein von Januar bis April 1956 betrug die Auflage 60.000 Exemplare, Anfang 1960 lag sie bei 135.000.
72 Zum Kompromißcharakter der Sozialordnung des Grundgesetzes und seiner Auslegungen vgl. Wolfgang Abendroth, Das Grundgesetz. Eine Einführung in seine politischen Probleme. 5. Aufl. Pfullingen 1975, 63–79; Ders., Arbeiterklasse, Staat und Verfassung. Frankfurt/Köln 1975, 64–69, 179–201.

mus der Rock 'n' Roll-Musik Windungen und Zuckungen vollführt, die . . . der Gestik einer talentierten Entkleidungstänzerin gleichen.[60]

Jugendliche Rock 'n' Roll-Stars schockierten durch sexuelle Eindeutigkeiten (Presleys Beckenschwingen) wie durch einen Auftritt, der unübersehbar den Charakter körperlicher Arbeit annahm. Verschwitzte, aufgelöste Kleidung und Frisur demonstrierten eine neue Beziehung zwischen dem nicht mehr unnahbaren, sondern für seine Fans hart arbeitenden Star und dem Publikum.

Rock 'n' Roll war nach den Worten von Robert Pattison die Musik der vulgären amerikanischen Demokratie[61]—und entsprechend fielen die deutschen Urteile aus. "Wenn dies des Volkes wahrer Himmel ist", kommentierte die *Frankfurter Neue Presse* ein Bill-Haley-Konzert, "meldet sich der Rezensent freiwillig zur Hölle." Und da eine Goethe-Sentenz offensichtlich nicht reichte, griff er zum Ausdruck seines Entsetzens gleich noch einmal in den Zitatenschatz. "Goethe: 'Es möchte kein Hund so länger leben.'"[62]

Aber nicht allein "vulgäre" Formensprache und "plebejisches" Publikum machten die von den Halbstarken vertretene Populärkultur zum Sakrileg. Das gesamte amerikanische Showbusiness entzog sich ästhetischer Kritik und pädagogischer Einflußnahme. Seine Vertreter bekannten sich offen zur Kommerzialisierung der Kunst, protzten mit Verkaufszahlen und Rekordgagen und erklärten den Geschäftserfolg zum einzig legitimen, weil demokratischen Maßstab ihrer Leistung. Unterhaltungsproduktion als Geschäftszweig war in den 50er Jahren keine Besonderheit der USA—wohl aber das programmatische Bekenntnis dazu. Über Illustrierte und Filmzeitschriften, insbesondere über das 1956 auf den Markt gebrachte Jugendmagazin *BRAVO* wurde die Ideologie des Showgeschäfts verbreitet. Sie mußte Widerhall finden bei Jugendlichen, deren Geschmack unter Berufung auf moralische und ästhetische Expertenurteile diskriminiert, in den Ruch des Barbarischen und Kriminellen gerückt wurde. Das US-Showbusiness diente zur Legitimierung kommerzieller Maßstäbe für die Massenkünste und entwertete damit auf "Bildung" beruhende Hegemonialansprüche.

Im März 1957, als die Wogen der Empörung über Elvis Presley noch hoch schlugen, meldete *BRAVO*[63] lapidar: *"Zahlen sprechen für Elvis.* Elvis Presley übertrifft weiterhin die kühnsten Erwartungen der Verkaufsexperten seiner Platten-Firma." Nach der Parade der Millionenzahlen hieß es: "Das ist wohl die überzeugendste Abstimmung für Presley, die man sich vorstellen kann. Schließlich wurden diese Millionen Platten Stück für Stück mit sauer verdienten Dollars bezahlt!"

Die Stichworte "Abstimmung" und "sauer verdiente Dollars" riefen einen Diskurs auf, der den popularen Geschmack gegen bildungselitäre Vormundschaftsansprüche verteidigte. Die Grundstruktur sah etwa so aus. Auf dem Unterhaltungsmarkt ging es ehrlich und demokratisch zu; was dort Erfolg hatte, war legitimiert,

---

60 Der Spiegel, 12.12.1956, 56.
61 Vgl. Robert Pattison, The Triumph of Vulgarity: Rock Music in the Mirror of Romanticism. New York 1987.
62 "Der große Krach", Frankfurter Neue Presse, 24.10.1958.
63 Heft 12/1957, 12.

weil es vielen zusagte. Massenkultur war ein Geschäft; gerade das garantierte, daß keine moralische Empörung der Älteren den Rock 'n' Roll—und mit ihm die symbolische Rebellion der jungen Generation—aufzuhalten vermochte. Die Vertreter von Anstand, Ordnung und Kultur mochten den Geschmack der Halbstarken und "Proleten" als banausisch verachten—letztlich würden die einfachen Leute die Musik bekommen, die ihnen gefiel: Der Anziehungskraft ihres Geldes konnte das Showbusiness auf Dauer nicht widerstehen. Zusätzlich hatten die kulturell Abgewerteten auch noch die Moral auf ihrer Seite, wenn sie nun wirklich einmal als Kunden Könige sein wollten.[64] Sie durften für ihr mühsam verdientes Geld einen ehrlichen Gegenwert in Form guter Unterhaltung verlangen.

AMERIKANISIERUNG ETABLIERT SICH: DIE TEENAGER

Im Unterschied zur bisherigen Forschung verstehe ich den seit 1958 boomenden Teenagerstil[65] als erfolgreichen Abschluß der zunächst von den Halbstarken vorgetragenen Amerikanisierung von unten. Abgemildert, aber gerade dadurch mehrheitsfähig, machten sich nun Mädchen sowie der Nachwuchs der Mittelschichten die Insignien des *American way of life* zu eigen: Jeans und Lässigkeit, Petticoats und körperbetonte Tänze, Coca-Cola und James-Dean-Kult. Das Motto "Jungsein macht Spaß" wurde zum Grabspruch für das bürgerliche Konzept von Jugend als Schutzraum, Bildungszeit und Triebaufschub. Wer hier nur Verwässerung und Zähmung der authentischen Rebellionsimpulse konstatiert, übersieht den durchschlagenden Erfolg des Halbstarkenstils, die Verallgemeinerung wesentlicher Züge aus der Arbeiterjugendlichen-Subkultur.

Der angeblich brave Teenager war nicht die "Antwort der Kulturindustrie" auf den wilden Halbstarken. Im wesentlichen handelte es sich um Jugendliche, für die von ihren kulturellen Voraussetzungen her halbstarker Stil gar nicht in Frage kam. Was nach dem Maßstab rauh-machistischen Auftretens und spektakulärer Aktionen als Zähmung erscheint, war im Leben ein Wechsel der Trägergruppen. Arbeitermädchen und Jugendliche aus dem aufstiegsorientierten Arbeitermilieu, aus

---

64 Angesichts der Sorge vor den Auswirkungen des Geschmacks der einfachen Leute verwundert es nicht, daß auch in der ökonomischen Debatte der Zeit aus dem Kunden als "Souverän des Marktes" das Schreckbild des "orientierungslosen Konsumenten" wurde; Erich Egner, Die Marktstellung des Konsumenten, in: Jahrbücher für Nationalökonomie und Statistik, Bd. 165 (1953) 33, zit. n.: Michael Wildt, Konsum und Modernisierung in den 50er Jahren, in: Frank Bajohr/Werner Johe/Uwe Lohalm (Hrsg.), Zivilisation und Barbarei. Die widersprüchlichen Potentiale der Moderne. Detlev Peukert zum Gedenken. Hamburg 1991, 322–345, hier 337f.
65 Vgl. Rolf Lindner, Teenager. Ein amerikanischer Traum, in: Bucher/Pohl, Schock, 278–283; Christine Bartram/Heinz-Hermann Krüger, Vom Backfisch zum Teenager. Mädchensozialisation in den 50er Jahren, in: Krüger, Elvis-Tolle, 84–102; Ingrid Volkmer, Teenager—Ausgangspunkt medialer und ästhetischer Kommerzialisierung der Jugendphase, in: D. Baacke/H. Lienker/R. Schmölders/I. Volkmer (Hrsg.), Jugend 1900–1970. Opladen 1991, 142–154.

Angestelltenkreisen und dem Bürgertum[66] konnten die machistische, durch Körperlichkeit, Direktheit und Traditionen proletarischer Jugendbanden bestimmte Rock'n'Roll-Kultur nicht zu ihrer Ausdrucksform machen. Sie wurden durch den Teenager-Stil nicht gezähmt, sondern ergriffen im Gegenteil das für sie realisierbare Autonomisierungsangebot. Diese Jugendlichen boten der stets nach modischer Innovation suchenden Industrie einen Resonanzboden und etablierten die Teenager neben Halbstarken und Jazzfans als weiteren amerikanisierten Stil.

Der Vorstoß der Halbstarken hatte Grenzen verschoben, so daß die—daran gemessen—zurückhaltenderen Teenager geradezu mit Erleichterung aufgenommen wurden.[67] Die Arbeiterjugendlichen setzten mit ihrer "amerikanischen" Vorstellung vom guten Leben Maßstäbe für Konsumteilhabe, die den kürzer gehaltenen Mittelschicht-Kindern bei der Ausweitung ökonomischer Dispositionsräume half. Die auf US-Vorbilder zurückgehende Generationsmaxime "Jungsein macht Spaß" eröffnete eine Lebensphase mit Eigenwert und eigenständigen Genußmöglichkeiten. Lernen, gehorchen, an der Aussteuer arbeiten und sich nach der besten Partie umsehen—das konnte nicht alles sein! Man war nur einmal jung und hatte das Recht, diese Zeit nach den modernen Maßstäben der eigenen Generation zu genießen. Die Teenager machten den Weg frei für die "Konsumkinder"[68], die sich endgültig den Normen einer durch Verachtung des Materiellen und idealistische Bildung geprägten Erziehung entzogen.[69] Mit den Teenagern etablierte sich, was die Gegner der Amerikanisierung bekämpft hatten.

EINE NEUE KULTURELLE BALANCE

Inwiefern verschob nun die erfolgreiche Amerikanisierung von unten die hegemoniale Balance in der Bundesrepublik? Wir sahen, daß Halbstarke und Teenager sich in Umgangsformen, Freizeitvergnügen und Konsumorientierung der Güter des *American way of life* als Zeichen bedienten, um die Maßstäbe der Gebildeten und Besitzenden für "Kultur" real und symbolisch zu negieren. Diese Generation ließ die Vertreter tradierter Hegemonie erschrecken. Für sie bedeutete der amerikanisierte Jugendgeschmack: Neue Praktiken, vor allem aber neue Maßstäbe zur Legitimierung des gewandelten Verhaltens nahmen den Platz ein, der eigentlich der "Kultur" zukam. Mir scheint, diese Sicht auf "Amerikanisierung" verband die (im einzelnen unterschiedlichen) verzweifelten Bemühungen, "Kultur" gegen den An-

---

66 Zur weiblichen Dominanz und dem überdurchschnittlichen Bildungsniveau unter den Teenagern vgl. Zinnecker, Jugendkultur, 162f.
67 Für die zeitgenössische Kritik, die sich gegen die Teenager als amerikanisiert richtete, vgl. Helmut Lamprecht, Teenager und Manager. München 1960; Heinz Loduchowski, Teenager und Koedukation? Jugend der freien Welt in Gefahr. 2. Aufl. Freiburg 1961.
68 Vgl. Preuss-Lausitz u.a., Kriegskinder.
69 Zum Abbau idealistischer Kulturkonzepte unter den Nachkriegsgenerationen der Akademiker vgl. Albrecht Göschel, Die Ungleichzeitigkeit in der Kultur. Wandel des Kulturbegriffs in vier Generationen. Stuttgart/Berlin/Köln 1991; Kaspar Maase, Spiel ohne Grenzen. Von der "Massenkultur" zum "Erlebnisgesellschaft": Wandel im Umgang mit populärer Unterhaltung, in: Zeitschrift für Volkskunde 90 (1994) Bd.1.

griff zu verteidigen, der nach den Worten eines vielgelesenen Kritikers unter dem "Tackern des Zivilisations-MG's"[70] vorgetragen wurde.

Jugendliche Begeisterung für Rock 'n' Roll und das Aufgreifen der "materialistischen" Wohlstandsversprechen nach US-Vorbild (auch durch erwachsene Arbeiterinnen und Arbeiter) stellten die kulturelle Hierarchie nicht auf den Kopf. Aber die Auseinandersetzungen vermittelten die Erfahrung, daß popularer Lebensstil nicht unbegrenzt als Barbarei und Antikultur zu verteufeln war. Vielmehr verlieh der Erfolg von Blue jeans, "Rock around the clock" und James Dean Massenkunst und popularem Geschmack eine eigene Legitimität. Letztlich rechtfertigte die Kaufkraft der einfachen Leute das Drängen auf eine Alltagskultur nach ihrem Gusto moralisch und demokratisch.

Wie heftig Besitz- und Bildungsbürgertum auch ihren Anspruch verfochten, Legitimes vom Illegitimen zu scheiden—die einfachen Leute, insbesondere die jungen, setzten ihre Wünsche durch. Das war die Lektion, die die Halbstarken lernten; sie lernten sie in erster Linie aus dem Erfolg der amerikanisierten Alltagskultur, die sie sich zu eigen gemacht und gegen scheinbar übermächtigen Widerstand behauptet hatten. Im Ergebnis entstand eine neue kulturelle Balance, in der der Geschmack und die Lebensauffassung der subalternen Klassen (Gramsci) ein Stück eigener Legitimität erobert hatten. Sie wurden weiterhin als vulgär und kulturlos verachtet; aber sie selber hatten sich teilweise von diesem Urteil befreit und im Maß der Selbstanerkennung das symbolische Kräfteverhältnis zu ihren Gunsten verschoben. Das "Recht der Gewöhnlichkeit", vom Erfolgsautor der 50er Jahre, Ortega y Gasset, noch vehement bekämpft[71], war faktisch etabliert.

Es wurde bisher nicht untersucht, wie derartige Erfahrungen die gesellschaftliche Machtbalance beeinflußten. Zwei Vermutungen liegen nahe. Wo alltägliche Grundlagen der Legitimität von Ungleichheit und Herrschaft fragwürdig werden oder gar bröckeln, ist aus der Sicht von oben besondere Vorsicht im Umgang mit sozialen Konfliktstoffen angebracht. Wo sich populare Geschmacksformen, Umgangsweisen und Sinngebungen öffentlich ausbreiten, wo sie durch kommerziellen Erfolg anerkannt und aufgewertet werden, da läßt der Druck kultureller Illegitimität auf Handlungsfähigkeit und Selbstachtung nach und selbstbewußtere Verfolgung von Interessen wird möglich.

Amerikanisierung von unten beeinflußte—neben anderen Faktoren—die Austarierung des Klassenkompromisses mit Hilfe des Sozialstaatsprinzips.[72] Verschiebung der symbolischen Kräfteverhältnisse muß keineswegs Schwächung hegemo-

---

70 Ulrich Beer, Geheime Miterzieher der Jugend. 3. Aufl. Düsseldorf 1961, 17.
71 José Ortega y Gasset, Der Aufstand der Massen. Hamburg 1956, 12, passim. Allein von Januar bis April 1956 betrug die Auflage 60.000 Exemplare, Anfang 1960 lag sie bei 135.000.
72 Zum Kompromißcharakter der Sozialordnung des Grundgesetzes und seiner Auslegungen vgl. Wolfgang Abendroth, Das Grundgesetz. Eine Einführung in seine politischen Probleme. 5. Aufl. Pfullingen 1975, 63–79; Ders., Arbeiterklasse, Staat und Verfassung. Frankfurt/Köln 1975, 64–69, 179–201.

nialer Bindungen bedeuten; die Amerikanisierungserfahrungen schrieben sich ein in jene Form bürgerlich-kapitalistischer Herrschaft, die ihre hegemoniale Kraft gerade aus der Tatsache zieht, daß sie populare Vorstellungen vom guten Leben Realität werden ließ wie nie zuvor.

Eine Episode aus Jürgen Theobaldys Roman *Sonntags Kino*, der Anfang der sechziger Jahre spielt, fängt den Mentalitätswandel ein. Lehrling Riko ist auf dem Weg ins Büro:

... die Jeans klebten am Arsch, rutschten in die Spalte, er zog, er sollte sie gar nicht anhaben. Im Büro sollte er eine Hose mit Bügelfalten tragen, die Farbe gedeckt, Gabardin oder sowas, und beim Hinsetzen wie die anderen Angestellten den Stoff nach der Seite zerren, damit die Falten länger hielten und die Hosen nicht ausgebeult wurden.

Aber Riko hatte die Jeans anbehalten, stand trotzig vor dem polierten Schreibtisch des Abteilungsleiters und ließ nicht nach mit den Entgegnungen, nein, diese Hosen waren nicht schmutziger als andere, im Gegenteil, man konnte sie öfter waschen lassen, sie waren strapazierfähiger, nein, sie sahen auch nicht schlechter aus, sie waren längst nicht so unansehnlich wie die grauen Bürokittel.... Na gut, sagte er, er überlegte es sich noch einmal, nahm die Mappe mit den Briefen, die der Chef inzwischen unterschrieben hatte
...

Schau mir nur nach, laß deinen Blick doch streng auf mir ruhen, wie du meinst, denke, was du willst, Arschloch, ich habe gewonnen, ich komme weiter in Jeans, Idiot, ich habe mich verteidigt![73]

AMERIKANISIERUNG—EIN AMBIVALENTES ERBE

Man kann einwenden, die skizzierte Hegemonieverschiebung sei die Konsequenz des Modernisierungsschubs, der alle westeuropäischen Gesellschaften in den 50er Jahren erfaßte. Man könnte speziell auf den Aufstieg der Kulturindustrie und auf die Ökonomie des Fordismus hinweisen, in der Massenkonsum zur Basis des Wachstums wurde. Aber derartige Argumente beinhalten doch einen Verlust an historischer Konkretion. Faktisch wurde in der Bundesrepublik die kulturelle Akzeptanz popularen Geschmacks und popularer Vorstellungen von einem guten Leben nicht von oben oder vom Markt durchgesetzt; sie mußte vielmehr in jahrelangen, für die Jugendlichen nicht selten schmerzhaften Auseinandersetzungen gegen Widerstand und Snobismus der alten kulturellen Eliten, gegen "Schmutz- und Schund"-Kampagnen, gegen Lehrer, Publizisten, Kirchenvertreter und Politiker erkämpft werden. Der Streit um die Amerikanisierung stand im Mittelpunkt der Auseinandersetzung darum, welche kulturelle Ordnung in der sich ökonomisch modernisierenden und geistig nach Westen öffnenden Bundesrepublik gelten sollte. In diesem Kampf agierten die Halbstarken mit ihrer Amerikanisierung von unten an vorderster Front. Sie stärkten ihre Position, indem sie sich symbolisch mit "Amerika" als Inbegriff des Fortschritts verbündeten; ihren Gegnern war Zurückhaltung geboten, wenn sie keine Zweifel an ihrer Treue zur neuen Westallianz erwecken wollten. Diese Konstellation der Akteure und der symbolischen Kampf-

---

73 Jürgen Theobaldy, Sonntags Kino. Berlin 1978, 149.

felder hat die Erfahrung der Westdeutschen in den 50er Jahren geprägt und ihre Spuren im kollektiven Gedächtnis hinterlassen.

Diese Spuren sind, wie alles mentale Erbe, ambivalent und entsprechend Gegenstand widerstreitender Deutungsversuche. Man kann mit gewissem Recht die Amerikanisierung von unten als Durchsetzung des Konsumismus[74] in der Bundesrepublik interpretieren.[75] Aber abgesehen davon, daß es keine wissenschaftlich brauchbare Definition des angeblichen "Zwangs zum Konsum" gibt—gerade, wer das gegenwärtige Wachstums- und Wohlstandsmodell für global unverantwortbar hält, sollte sich mit seiner historischen Einwurzelung befassen. Zu der gehört, daß die Legitimität "materialistischen" Gegenwartsgenusses von den Lohnabhängigen in den 50er Jahren erkämpft werden mußte—gegen Verachtung und Abwehr aus genau den Schichten, die seit den 1970ern mit ökologischen Argumenten den mühsam errungenen und legitimierten Lebensstandard der "Masse" erneut in Frage stellen.

Der Verweis auf die Bedeutung, die die Legitimität von materiellem Konsum historisch für das Selbstbewußtsein der einfachen Leute gewonnen hat, ist beileibe kein Argument für Wohlstandswachstum ohne Rücksicht auf die ökologischen Kosten. Aber geschichtliches Verständnis ist unabdingbar, wenn effektiv für eine neue Lebensweise geworben werden soll, in der sinnliches Genießen geschätzt und zugleich in erfahrbare Sinngebungen verantwortlicher Lebensführung eingebunden wird.

Amerikanisierung von unten läßt sich durchaus interpretieren als Einstiegsdroge in die politische und militärische Westbindung der Bundesrepublik. Es werde den Deutschen so gut gehen wie dem angeblichen Durchschnittsamerikaner, dessen Wohlstand Filme, Illustrierte und Propaganda in lockenden Bildern zeigten—dieses Versprechen warb erfolgreich für die Einordnung in die antikommunistische Front des Kalten Krieges. Über Jahrzehnte, vom Kampf für die Einheit Deutschlands bis zum Widerstand gegen die "Nachrüstung", hat die Linke die angebliche Unterordnung bundesdeutscher Politik unter US-Interessen kritisiert. Wie berechtigt das Argument in den unterschiedlichen Auseinandersetzungen war, braucht hier nicht erörtert zu werden. Jedenfalls schien "Antiamerikanismus", wie der Vorwurf lautete, fast ausschließlich die Linke zu betreffen.[76]

---

74 Der Begriff geht zurück auf Pier Paolo Pasolini, Freibeuterschriften. Die Zerstörung der Kultur des Einzelnen durch die Konsumgesellschaft. Berlin 1978.
75 So beispielsweise Wolfgang Kreuter/Joachim Oltmann, Coca-Cola statt Apfelmost. Kalter Krieg und Amerikanisierung westdeutscher Lebensweise, in: Englisch-amerikanische Studien 6 (1984), 22–35.
76 Vgl. James A. Cooney/Gordon A. Craig/Hans Peter Schwarz/Fritz Stern (Hrsg.), The Federal Republic of Germany and the United States: Changing Political, Social and Economic Relations. Boulder, CO, 1984; Günter C. Behrmann, Geschichte und aktuelle Struktur des Antiamerikanismus, in: Aus Politik und Zeitgeschichte, B 29–30/1984; Ders., Antiamerikanismus in der Bundesrepublik: 1966–1984, in: Amerikastudien 31 (1986), 341–353; Günter Moltmann, Antiamerikanismus in der Bundesrepublik: Eine Legende?, in: ebd., 363–370.

Seit der Vereinigung hat sich die Konstellation mit erschreckender Geschwindigkeit gewandelt. Heute stellen vor allem rechtspopulistische Politiker und jungkonservative Historiker[77] die politische und geistige Westbindung in Frage. Es ist durchaus offen, welche Resonanz sie finden werden unter denen, die von Armut, Arbeitslosigkeit, Chancenabbau und wachsender sozialer Unsicherheit betroffen oder bedroht sind. Dies gilt insbesondere für die ehemalige DDR, wo der Schock, sich über Nacht in einer durch und durch kommerzialisierten Konkurrenzgesellschaft behaupten zu müssen, noch längst nicht überwunden ist. Diese Erfahrung auf den Nenner "Amerikanisierung" zu bringen, liegt nahe—hat doch die SED-Propaganda die Klischees des kulturellen Antiamerikanismus über Jahrzehnte gepflegt.[78]

Der Blick auf den Amerikanisierungsstreit der 50er Jahre nährt die Vermutung, daß der antizivilisatorische, antiwestliche Unterstrom der deutschen Überlieferung, vor dem Adorno warnte[79], seither keineswegs ausgetrocknet ist (auch nicht bei den einfachen Leuten). Der konservative Antiamerikanismus und die Wiederbelebung deutschen Sonderbewußtseins richten sich gegen die durchaus begrenzten Züge von Egalitarismus, Lebensstil-Pluralität und antiideologischem Skeptizismus im Sinne Gramscis, die nach 1945 im Westen Deutschlands durchgesetzt wurden. Bei allen Ambivalenzen hat die Amerikanisierung von unten beigetragen zum Abbau autoritärer Segmentierungen der Gesellschaft und zur Entwicklung einer Gemeinkultur[80] in der alten Bundesrepublik. Dies anzuerkennen, wäre ein wichtiger Schritt zur demokratischen Aneignung des Erbes kultureller Verwestlichung im vereinigten Deutschland.

77 Vgl. Rainer Zitelmann, Adenauers Gegner. Streiter für die Einheit. Erlangen 1991; Ders./Karlheinz Weißmann/Michael Großheim (Hrsg.), Westbindung. Chancen und Risiken für Deutschland. Berlin 1993.
78 Vgl. etwa: Gift in bunten Heften. Ein Münchner Kiosk als Spiegel des westdeutschen Kulturverfalls. Berlin/DDR 1960; Klaus Ziermann, Kultur für die psychologische Kriegsführung. Amerikanisierung und Neonazismus im gegenwärtigen westdeutschen Kulturbetrieb, in: Einheit 1/1969, 101–109; Günter Herlt/Klaus Ziermann, SDI und "Denver-Clan". Zu den Kulturexporten des American way of life. Berlin/DDR 1987.
79 Theodor W. Adorno, Was bedeutet: Aufarbeitung der Vergangenheit, in: Ders., Eingriffe. Neun kritische Modelle. Frankfurt a.M. 1971, 125–146, Zit. 137.
80 "Gemeinkultur" bezieht sich auf das britische Konzept einer *common culture*. Vgl. Raymond Williams, Was heißt "gemeinsame Kultur"? [engl.: Culture and Revolution: a Comment], in: Ders., Innovationen. Frankfurt a.M. 1983, 74–81; Maase, "Amerikanisierung", Kapitel 9; D.L. LeMahieu, A Culture for Democracy. Mass Communication and the Cultivated Mind in Britain Between the Wars. Oxford 1988.

Personenregister

Adenauer, Konrad 273, 278
Adorno, Theodor 10, 178, 181, 265, 266, 313
Altenloh, Emilie 187
Apel, Erich 115
Arden, Elizabeth 92
Arendt, Hannah 298
Aron, Robert 29

Baker, Josephine 222
Balázs, Béla 187, 193
Bartning, Otto 272
Baudelaire, Charles 162, 167, 184, 185
Bauer, Bruno 12
Bauer, Otto 17
Bayer, Herbert 281
Bebel, August 80, 147, 204, 205
Bedaux, Charles E. 74
Beethoven, Ludwig van 219, 297, 306
Beinhorn, Elly 206
Benjamin, Walter 23, 120, 121, 166, 167, 176–178, 181, 184–190, 192–194
Benn, Gottfried 25, 278
Bense, Max 274
Berendsohn, Walter 274
Bergstraesser, Arnold 263
Berman, Marshall 163
Berry, Chuck 297
Bill, Max 277
Blake, Peter 279
Blanqui, Louis August 186
Bloch, Ernst 166
Bloch, Maurice 209
Bohner, Abg. 230
Bonsel, Waldemar 158
Boorstin, Daniel 32
Bourdieu, Pierre 294, 295
Brando, Marlon 305
Braun, Lily 81
Brecht, Bertolt 25, 164, 124, 127, 136
Bredow, Hans 128
Buchhorn, Abg. 228
Buck-Morss, Susan 186
Busch, Wilhelm 144

Chandler, Raymond 151
Chaplin, Charlie 123, 176–178, 183

Clair, René 193, 194
Clay, Lucius 281
Clinton, Bill 245
Como, Perry 305
Conant, James B. 263
Corssen, Meta 225–227
Cotton, Jerry 144
Czerwonka, Ernst A. 151

Darwin, Charles 10
Davis, Miles 301
Day, Doris 305
Dean, James 291, 300, 308, 310
Denning, Michael 149, 154
Dichter, Ernest 92
Diner, Dan 27
Domela-Nieuwenhuis, Ferdinand 146
Drews, Richard 274
Duhamel, Georges 29
Dulles, Allan 252

Earhart, Amelia 206
Eiermann, Egon 285
Einfeldt, Anne-Katrin 86
Epstein, Hans 150, 153
Erhard, Ludwig 277

Faulkner, William 265
Fayol, Henri 69
Feyder, Jacques 193
Fischer, Wend 285
Fitch, James Marston 279
Ford, Henry 16, 18, 41–43, 50, 69, 73, 97
Frederick, Christine 79
Freud, Sigmund 127, 183
Friedrich, Carl J. 263
Furtwängler, Wilhelm 301

Gaulle, Charles de 29
Giedion, Sigfried 279
Giese, Fritz 225
Ginkel, Emil 136, 138, 141
Goebbels, Joseph 132, 273
Goethe, Johann Wolfgang von 219, 273, 283, 284, 297, 307
Goldbeck, Arthur 232
Goldbeck, Eduard 230, 231
Graf, Oskar Maria 42

Gramsci, Antonio 292-294, 310, 313
Gregore, Dr. Freiherr von 219
Gropius, Ise 281
Gropius, Walter 190, 265, 272–277, 279–85, 287, 289

Habermas, Jürgen 145, 181
Habricht, Frieda 76
Haley, Bill 300, 303, 30, 307
Hammett, Dashiell 151
Haniel, Fritz von 226
Heine, Heinrich 8
Heine, Kurt 231
Hemingway, Ernest 265
Henckel, Karl 160
Hersel, Carola 128
Heuss, Theodor 277
Hildebrand, Rudolf 224
Hitler, Adolf 37–39, 41–43, 52, 126, 132, 184, 252
Holitzscher, Arthur 228
Holthusen, Hans 278
Horkheimer, Max 10, 178
Huelsenbeck, Richard 226
Hugo, Victor 184

Ihering, Herbert 239
Itten, Johannes 275

Jameson, Fredric 163
Joedicke, Jürgen 285
Johnson, Philip 279
Jünger, Ernst 24, 187, 278
Jungk, Robert 90

Kandinsky, Wassily 274, 286
Kantorowicz, Alfred 274
Kapherr, Egon von 222, 223
Keaton, Buster 123
Keller, Paul 158
Kirchner, Rudi 101
Kirst, Hans-Hellmut 144
Klages, Ludwig 183
Klausner, Gertrud 237
Klee, Paul 274, 286
Klitzsch, Ludwig 239
Klutke, Oskar 72, 74
Koch, Abg. 217, 222, 227, 235
Kolshorn, Else 77
Kracauer, Siegfried 23, 166–198, 202, 221
Kraepelin, Ernst 68
Krückels, Theodor 83

Kuczynski, Jürgen 17
Kühnemann, Eugen 13
Kühnert, Herbert 159

Lacan, Jacques 189
Lange, Karl 51
Lassalle, Ferdinand 160
LeBon, Gustave 12, 126, 183, 188
LeCorbusier, Eduard 190
Lehmann, Otto 110
Lenin, Vladimir Ilich 97
Lewis, Wyndham 164
Lincoln, Abraham 269
Lindbergh, Charles 206
Lindner, Rolf 29
Lloyd, Harold 123
Löns, Hermann 158
Loos, Adolf 190
Lukács, Gyorgy 170, 172, 181
Lumière, Louis 161

Mailer, Norman 265
Mann, Golo 263
Mann, Thomas 144, 274, 284
March, Walter 78
Marlitt, Eugenie 146
Marx, Karl 12, 146, 171, 172, 178, 184
Maulnier, Thierry 241
May, Karl 8, 144, 146
McRobbie, Angela 292
Meuschel, Sigrid 113
Meyer, Hannes 276, 281, 287
Meyer, Erna 79
Meyer, Adolf 78
Miller, Arthur 265
Monroe, Marilyn 248
Morris, William 273
Muche, Georg 78
Mülder-Bach, Inka 178
Müller, Katharina 76
Münsterberg, Hugo 69, 73, 74

Naegele, Johanna 83
Neumann, Alfred 112
Ney, Elly 30
Nietzsche, Friedrich Wilhelm 186

O'Neill, Eugene 265
Oestreicher, Annemarie 234
Olivier, O. 73–75
Ortega y Gasset, José 12, 310
Osterloh, Elke 80

Personenregister

Pattison, Robert 307
Petzoldt, Gerlinde 107
Peukert, Detlev 26
Pevsner, Nikolaus 279
Pirker, Theo 199
Plessner, Helmuth 13
Poe, Edgar Allan 184
Poelzig, Hans 272
Pound, Ezra 164
Presley, Elvis 291, 300, 303, 307, 308

Reinhard, Abg. 227
Rettmann, Fritz 111
Rezinek, E.R. v. 219
Riefenstahl, Leni 195
Riegl, Alois 284, 285
Rivera, Diego 164
Rodtschenko, Alexander 203
Rohe, Mies van der 190, 265, 276, 279, 287, 289
Rohrbach, Paul 13
Roosevelt, Franklin D. 24, 25
Rosenberg, Ethel 253
Rosenberg, Julius 253
Rosenthal-Deussen, Erika 76
Roth, Kaplan Joseph 14, 223
Rubbel, Rudi 111
Rudolph, Paul 280
Ruf, Sep 286

Saldern, Adelheid von 141
Salomon, Alice 236
Sartre, Jean Paul 30
Schacht, Robert 239
Scheler, Max 170
Schell, Adolf von 51
Schenda, Rudolf 145, 150
Schenzinger, Karl Aloys 158
Schiller, Friedrich von 219, 223
Schlüpmann, Heide 181
Schmidtke, Werner 152
Schreiber, Adele 129
Schütte-Lihotzky, Grete 79, 81
Schwarz, Hans-Peter 293
Schwarz, Rudolf 271–276, 287, 288
Schwippert, Hans 285
Seebauer, Georg 51
Selinko, Annemarie 144

Shaw, George Bernhard 178
Sieburg, Friedrich 269
Simmel, Georg 170, 171
Simmel, Johannes Mario 144
Sombart, Werner 158
Speer, Albert 52
Spengler, Oswald 183, 298
Spoerl, Alexander 144
Stead, William T. 9
Stieler, Georg 221
Stössinger, Felix 159

Taut, Bruno 78
Taylor, Frederick Winslow 15, 16, 40, 44, 68, 69, 79, 91, 97
Thalmann, Hans 110, 111
Theobaldy, Jürgen 311
Thompson, E.P. 294
Thoms, Ernst 240
Tkaczyk, Wilhelm 136–138, 141
Toynbee, Arnold J. 263
Treitschke, Heinrich von 10
Tretyakov, Sergei 164

Ulbricht, Walter 100, 108, 112, 286

Velde, Henry van der 272, 277
Vogt, Hans 84

Wagenfeld, Wilhelm 275
Wagner, Otto 272
Wagner, Richard 219
Warnke, Herbert 108, 111–113
Weber, Max 170, 172
Weber, Sen. 229
Weigold, Hugo 234
Weill, Marianne 158, 159
Wigman, Mary 219
Wilder, Thornton 262, 263, 265
Wilson, Woodrow 214
Wingler, Hans Maria 285
Witsch, Josef 274
Wolfe, Tom 270, 289
Wright, Frank Lloyd 288

Zahn, Ernest 94
Ziller, Gerhart 106
Zuckmayer, Carl 277

TRANSATLANTISCHE HISTORISCHE STUDIEN
Veröffentlichungen des Deutschen Historischen Instituts Washington, DC.
Begründet von **Norbert Finzsch** und **Hartmut Lehmann**.
Fortgeführt und herausgegeben von **Detlef Junker**

1. **Norbert Finzsch / Hermann Wellenreuther,** Hrsg.: **Liberalitas.** Festschrift für **Erich Angermann** zum 65. Geburtstag. Unter Mitwirkung von Manfred F. Boemeke und Marie-Luise Frings. 1992. 545 S., geb.
ISBN 3-515-05656-4
2. **Thomas J. Müller: Kirche zwischen zwei Welten.** Die Obrigkeitsproblematik bei Heinrich Melchior Mühlenberg und die Kirchengründung der deutschen Lutheraner in Pennsylvania. 1994. 302 S., kt. 6464-8
3. **Claudia Breuer: Die ‚Russische Sektion' in Riga.** Amerikanische diplomatische Berichterstattung über die Sowjetunion, 1922–1933/40. 1995. 238 S., kt. 6508-3
4. **Ute Mehnert: Deutschland, Amerika und die „Gelbe Gefahr".** Zur Karriere eines Schlagwortes in der Großen Politik. 1995. 387 S., geb. 6820-1
5. **Jürgen C. Heß, Hartmut Lehmann, Volker Sellin,** Hrsg.: **Heidelberg 1945.** 1996. 438 S., 8 Taf., geb. 6880-5
6. **Alf Lüdtke, Inge Marßolek, Adelheid von Saldern,** Hrsg.: **Amerikanisierung.** Traum und Alptraum im Deutschland des 20. Jahrhunderts. 1996. 317 S., geb. 6952-6

FRANZ STEINER VERLAG STUTTGART

ISSN 0941-0597